Erwin Brunner (Hg.)

Das Fenster zur Welt

Erwin Brunner (Hg.)

Das Fenster zur Welt

Die besten NATIONAL GEOGRAPHIC-Reportagen

Mit 92 Farbabbildungen,
25 Schwarz-Weiß-Abbildungen und
12 Karten

MALIK NATIONAL GEOGRAPHIC

Mehr über unsere Autoren und Bücher:
www.malik.de

Bibliografische Information der Deutschen Nationalbibliothek
Die Deutsche Nationalbibliothek verzeichnet diese Publikation in der Deutschen Nationalbibliografie; detaillierte bibliografische Daten sind im Internet über http://dnb.d-nb.de abrufbar.

MALIK NATIONAL GEOGRAPHIC

Originalausgabe
März 2011

Alle Reportagen und Fotografien stammen aus dem National Geographic Magazin (detaillierter Quellen- und Rechtenachweis auf den S. 393–400).
Umschlaggestaltung: Dorkenwald Grafik-Design, München
Umschlagfotos: Simon Norfolk (vorne), Martin Schoeller (hinten links), Gerry Ellis (hinten rechts)
Autorenfoto: Nic Frechen/NATIONAL GEOGRAPHIC DEUTSCHLAND
Redaktion: Margret Woitynek
Satz: Büro Sieveking, München
Papier: Naturoffset ECF
Druck und Bindung: CPI – Clausen & Bosse, Leck
Printed in Germany ISBN 978-3-492-40400-6

Das Papier wurde aus chlorfrei gebleichtem Zellstoff hergestellt.

Inhalt

NATIONAL GEOGRAPHIC SOCIETY

INCORPORATED A.D. 1888

»Die Welt und alles, was in ihr ist.«

Vorwort von Erwin Brunner

»Warum ist ein Buch wie Charles Darwins ›Reise um die Welt‹ ein Bestseller geworden? Weshalb werden die ›Historien‹ von Herodot nach 2000 Jahren immer noch gelesen?« Diese Fragen stellte sich im Jahr 1899 der erste Chefredakteur des amerikanischen NATIONAL GEOGRAPHIC MAGAZINE, in einer Zeit, die diese Berufsbezeichnung noch gar nicht kannte.

Die Antwort gab sich Gilbert H. Grosvenor gleich selber: »Weil es Berichte aus erster Hand sind. Direkt und einfach geschrieben – um dadurch Bilder in der Vorstellung des Lesers zu erzeugen.« Grosvenor hätte auch sagen können: Weil Darwin nicht nur ein Fenster, sondern (noch ohne es zu ahnen) gleich ein Tor zur Welt aufgestoßen hat. Weil der griechische Chronist Herodot der wohl früheste Forschungsreisende war, oder journalistisch pointierter formuliert: der erste Reporter.

Die direkte Beobachtung, das Erzählen in der Ich-Form, kurzum: die Reportage, ist seit jenen frühen Tagen von NATIONAL GEOGRAPHIC, als das Blatt begann, sein Image als biederes Bulletin zur »Förderung und Verbreitung geographischen Wissens« abzulegen, eines seiner unverkennbaren Stilmittel. Um das Unbekannte zu erkunden und zu verstehen. Um die fernen, fremden, geheimnisvollen Länder und Lebenswelten »da draußen« in die Lesesessel wissensdurstiger Zeitgenossen zu holen.

Dafür bot die Geographie – als *geographia:* Beschreibung der Erde – ein herrlich weites Feld. »Sie ist universal im Anspruch und alle Staaten, Völker, Pflanzen, Tiere, Vögel und Fische umfassend«, schrieb Grosvenor, »und wir werden niemals einen wichtigen Gegenstand auslassen.« Sein Herausgeber Alexander Graham Bell – Forscher, Geschäftsmann und rastloser Ideenproduzent der 1888 gegründeten National Geographic Society – regte auch gleich noch an, »populäre Bücher über geographische Themen« zu publizieren.

Der Briefwechsel, der sich in dieser Sache entspann (zum Glück gab es noch keine E-Mails, sie hätten sich ins elektronische Nirwana versendet!), wurde zur Legende.

»Was sind denn Ihrer Meinung nach ›geographische Themen‹?«, fragt Grosvenor.

»Die Welt und alles, was in ihr ist, ist unser Thema«, antwortet ihm Bell kurz und selbstbewusst.

Sie halten jetzt ein solches »populäres Buch« in Händen. Eine Sammlung von fünfzehn Reportagen, entstanden im Geiste von Grosvenor und Bell. Es sind starke Geschichten und fesselnde Fotos, die von Erkundungen und Abenteuern, von Naturwundern und Kulturleistungen, vor allem aber von Menschen, von ihren Schicksalen und Hoffnungen erzählen.

Die Sammlung ist zugleich der 400. Band der größten Abenteuerreihe der Welt, die seit nunmehr zehn Jahren das Gütesiegel NATIONAL GEOGRAPHIC trägt.

Zur Feier dieser Jubiläen die »besten« NATIONAL GEOGRAPHIC-Reportagen auszuwählen schien mir eine vergnügliche Aufgabe zu sein. Ich griff in die zwei Meter lange Front gelber Heftrücken im Regal – und wenig später verschwand mein Schreibtisch unter einem Haufen packender, mit pathetischen Post-its versehener Geschichten. So vor mir ausgebreitet, hatten diese zu einem lebendigen Kaleidoskop aufgeblätterten Welten gerade noch genügend Platz. Aber wie viele von ihnen würden in einen einzigen Reportageband passen?

Schnell geriet das erwartete Vergnügen zu einer seltsamen Mühsal. Eine solche Fülle – wie damit umgehen? Themen und Texte gegeneinander abwägen. Autoren und Länder anderen Autoren, anderen Ländern vorziehen. Aus den Dutzenden von Texten, die in einem Rückblick auf das gerade zu Ende gegangene Jahrzehnt eigentlich nicht fehlen *dürfen,* habe ich schließlich fünfzehn zusammengestellt, die nicht fehlen *können.*

Den zeitlichen Rahmen meiner Auswahl hat dabei die Tatsache vorgegeben, dass das berühmte, mittlerweile 123 Jahre alte amerikanische Wissensmagazin mit dem gelben Rahmen seit Oktober 1999 jeden Monat auch auf Deutsch erscheint. Es war damals die neunte landessprachliche Ausgabe, heute ist diese ansehnliche Reihe auf 32 Versionen angewachsen. Schon seit 1995 können Sie NATIONAL GEOGRAPHIC auf Japanisch lesen. Seit ein paar Jahren auch auf Serbisch, Russisch, Chinesisch, Litauisch. Und neuerdings auch auf Arabisch: Die von einem libanesischen Chefredakteur betreute Edition wird in Abu Dhabi herausgebracht.

»Inspiring People to Care About the Planet« – dieser vor einigen Jahren neu formulierte Leitspruch der National Geographic Society könnte als Motto über einer ganzen Reihe von Beiträgen stehen, die für mich zu den besten gehören. Etwa Peter Benchleys Text über Galápagos, in dem der Autor des von Steven Spielberg verfilmten Bucherfolgs »Der weiße Hai« schon 1999 den Umweltfrevel anprangert, der dem Archipel der Artenvielfalt heute schwer zu schaffen macht. Die Reportage von Scott Wallace über eine Expedition zu den letzten unbekannten Indianerstämmen am Amazonas, die zu einem drastischen Schluss kommt: Lasst sie in Ruhe! Die couragierte Aufklärung der Ermordung von sieben Berggorillas im Kongo – unter Lebensgefahr recherchiert durch ein Reporterteam von NATIONAL GEOGRAPHIC. Michael

Finkels Bericht von seinen zwei Wochen in Tansania beim Volk der Hadza – eine Erfahrung, die ihn »gelassener und glücklicher« macht, ihm aber auch vor Augen führt, dass der moderne Mensch in der Wildnis wohl nicht überleben könnte. Es sei denn mit Glück: Der NG-Reporter und Pulitzer-Preisträger Paul Salopek wurde in Darfur gekidnappt; er kam frei, und seine Reportage aus dem Sahel, einem mörderischen Hotspot des Klimawandels, konnte erscheinen.

Nicht fehlen durften in dieser Auswahl große Kulturthemen. Die Suche nach der Herkunft des Menschen. Aufstieg und Untergang der Maya. Vitus Berings Expedition nach Kamtschatka. Ötzi und die Detektive. Unnötig zu sagen, dass hier erstklassige Texte gleich im Dutzend außen vor bleiben mussten. Um Ihnen Einblicke in zumindest jene Länder zu bieten, in denen Weichen für unser aller Zukunft gestellt werden: Alexandra Fullers bewegende Versöhnungsparabel aus Südafrika, die Sozialreportage »Moskau bei Nacht« von Martin Cruz Smith, Peter Hesslers »Wahnsinn China« – durchweg Texte weltbekannter Autoren.

Und die Wissenschaft? Die Evolution? Da hätte ich Darwin, Linné, Wallace, Wilson und die vielen Folgen ihrer Erkenntnisse in exzellenten Beiträgen zur Hand gehabt. Und habe mich dann doch für die Liebe entschieden. Will sagen: für die kurzweiligste Verbindung von Evolution und Wissenschaft. Viel Vergnügen also mit den beiden hervorragenden Reportagen über die Liebe der Autorin Lauren Slater und das nun wirklich sehr exquisite Liebesleben ... ja, der Orchideen.

Viele Geschichten, die Reporter von NATIONAL GEOGRAPHIC entdeckt und erkundet, erlebt und oft auch erlitten, vor allem aber meisterhaft aufgezeichnet haben, mussten unberücksichtigt bleiben. Abenteuer wie die des Ökologen J. Michael Fay, der in den Jahren 1999/2000 zu Fuß quer durch halb Afrika gegangen ist, um zu dokumentieren, wie bedroht der Regenwald selbst in so unzugänglich erscheinenden Gegenden ist. Die eindrucksvollen Darstellungen des fast religiösen Ansturms der Japaner auf den Fudschijama oder des Lebens in Dharavi, dem größten Slum der Welt in der indischen Megalopolis Mumbai. Sie sind zweifellos besondere, ja einzigartige journalistische Leistungen. Aber sie können an dieser Stelle nur erwähnt werden, als Hommage und mit der Bitte um Nachsicht – J. Michael Fay und all die anderen mögen es mir nachsehen.

Und so möchte ich Ihnen hier die am besten geschriebenen, die neugierigsten, die ungewöhnlichsten der vielen guten Reportagen von NATIONAL GEOGRAPHIC mit auf den Weg geben. Um Sie – wie mit dem absolut Nötigen bei einer Expedition – für eine Lesereise zu versorgen, die Sie, so hoffe ich, begeistern und bereichern wird.

Eine stille, anrührende Geschichte konnte ich Ihnen einfach nicht vorenthalten. Es ist eine traurige Geschichte, aber mit gutem Ende. Bill Allard, einer der großen Fotografen von NATIONAL GEOGRAPHIC, verlor 2005 seinen Sohn Scott – und fand Trost bei seiner Reportage über die Gemeinschaft der Hutterer in Montana. »Anders hätte ich das wohl nicht überlebt«, erzählte er mir letzten September auf dem Fotofestival in Perpignan.

Was könnte ich Ihnen Schöneres über die besten Reportagen von NATIONAL GEOGRAPHIC sagen?

Hamburg, im November 2010

Eine Rekonstruktion von *Ardipithecus ramidus.*

Seit fast sechs Millionen Jahren haben unsere Vorfahren die Gegend am Mittleren Awash in Äthiopien ununterbrochen besiedelt. Heute legt die Erosion ihre fossilen Knochen wieder frei. Die Funde belegen, wie sich primitive Primaten Schritt für Schritt zu den Herren des Planeten entwickelten. Nirgendwo kann man besser erforschen, wie wir zu Menschen wurden.

Der erste Mensch

In der Afar-Wüste kann ein Mensch auf viele Arten ums Leben kommen: durch Krankheit, durch Löwen oder den Biss einer Schlange. Er kann hier, im Zentrum Äthiopiens, von einem Felsvorsprung stürzen oder in eine Schießerei zwischen verfeindeten Clans geraten.

Aber in Afrika ist das Leben beinahe überall mehr gefährdet als anderswo auf der Welt. Auffällig an der Afar-Region ist jedoch, dass die Überreste der Toten hier zuweilen erstaunlich lange überdauern. Millionen von Jahren. Dazu trägt eine geologische Besonderheit bei: Die Senke von Afar liegt unmittelbar über einem Riss der Erdkruste, der immer breiter wird. Vulkane, Erdbeben und die langsame Anhäufung von Sedimenten – Ablagerungen von Schutt und Staub – haben vor Urzeiten zusammengewirkt und viele Knochen begraben. Viel später faltete sich der Erdboden wieder auf, und die Erosion legt nun die fossilierten Gebeine wieder frei. »Hin und wieder haben wir Glück und finden das, was von ihnen übrig geblieben ist«, sagt der Paläoanthropologe Tim White von der Universität von Kalifornien in Berkeley.

White leitet zusammen mit seinen äthiopischen Kollegen Berhane Asfaw und Giday WoldeGabriel das Forschungsprojekt »Mittlerer Awash«. Der Name bezieht sich auf einen Abschnitt des Flusses Awash in der Afar-Region. Im Oktober 2009 hatten die Forscher eine Sensation publik gemacht – 15 Jahre nachdem sie dort, an einem Ort namens Aramis, rund 30 Kilometer nördlich des heutigen Yardi-Sees, das Skelett eines Frühmenschen gefunden hatten, der vor 4,4 Millionen Jahren gestorben war.

Die Tote war weiblich und gehört zur Spezies *Ardipithecus ramidus.* Deswegen wurde sie kurz »Ardi« getauft. Die Überreste sind mehr als eine Million Jahre älter als das Skelett von »Lucy«, jener weltberühmten Frau der schon moderneren Gattung *Australopithecus.* Von »Ardi« erhoffen sich die Forscher neue Aufschlüsse über eine Kernfrage der Evolution: Wie sah der Vorfahr aus, den Mensch und Schimpanse gemeinsam haben?

Für den, der die Entwicklung vom Affen über frühe Menschenformen bis hin zu jener Art nachvollziehen will, die heute das Schicksal der Erde bestimmt, gibt es auf der ganzen Welt keinen besseren Ort als den Mittleren Awash. Neben der Fundstätte bei Aramis haben Bodenschichten aus 14 weiteren Zeitabschnitten Fossilien von Homininen freigegeben. (Das ist der biologische Sammelbegriff für die lebenden und ausgestorbenen Mitglieder der menschlichen Abstammungslinie.) Zusammen mit den Menschenaffen gehören die Homininen zur übergeordneten Gruppe der Hominiden. Viele dieser Fundstellen liegen hier geografisch so dicht beieinander, dass man die Geschichte der Evolution des Menschen innerhalb weniger Tage buchstäblich zu Fuß durchwandern kann. White lädt mich ein, sein Team zu begleiten, um das zu beweisen. Wir haben vor, am Yardi-See in der Jetztzeit zu beginnen und von dort immer tiefer in die Vergangenheit zu gehen. Dabei sollten wir Schritt für Schritt, Art für Art und Merkmal für Merkmal bei den Fossilien immer weniger von dem finden, was uns zu Menschen macht.

Herto: Ein alter Bekannter

Mit zwei Dutzend Wissenschaftlern und Studenten sowie sechs bewaffneten Wächtern fahren wir ins Gelände. Unsere Karawane aus elf Fahrzeugen führt Lebensmittel und Ausrüstung für sechs Wochen mit. Auf sorgfältig angelegte Terrassenfelder mit Mais und Hirse folgen bald neblige Wälder. Strandgut der Zeitgeschichte säumt die Straße: Hinter einer Kurve liegt das Blechgerippe eines gepanzerten Truppentransporters aus dem Bürgerkrieg der Neunzigerjahre, ein Stück weiter ist über einem Tunnel der Name »Mussolini« eingemeißelt – ein Hinweis darauf, dass das Land vor 80 Jahren noch von Italien besetzt war.

Vom oberen Ende eines Steilhangs holpern wir in Serpentinen eine gigantische natürliche Treppe hinab. Sie ist dadurch entstanden, dass die Arabische Kontinentalplatte von Afrika wegdriftet. Das begann vor etwa 30 Millionen Jahren und ließ die Senke von Afar immer tiefer rutschen. Je weiter wir hinabkommen, desto spärlicher wird die Vegetation, die Sonne brennt immer heißer. Hundert Meter über dem Boden der Senke halten wir an. Am südöstlichen Horizont, hinter dem grünen Band des Flusses Awash, scheint das Hochland mit dem Gipfel des jungen Vulkans Ayelu zu verschmelzen. Unter dem Ayelu glitzert der Yardi-See.

Zwei Tage später ziehen wir an seinem Ufer entlang: White, Asfaw, WoldeGabriel sowie der amerikanische Geologe Bill Hart und Ahamed Elema, das Oberhaupt der Afar-Sippe Bouri-Modaito.

Bunte Libellen tanzen um unsere Füße. Dies ist heute wie früher ein ideales Umfeld für die Entstehung von Fossilien. Tiere kommen, um zu fressen, zu trinken, zu töten. Knochen werden im Schlamm begraben und vor der Zersetzung bewahrt. White – 58, zäh und dünn wie ein Schakal – stochert mit seinem Eispickel in den Kadavern kürzlich verendeter Tiere: im Skelett eines Welses, das ein Adler zurückgelassen hat; im Kopf einer Kuh, überzogen mit einer ledrigen Maske aus getrocknetem Fleisch.

»Ein erstklassiger Platz, um zum Fossil zu werden«, sagt er.

Am ersten Tag begehen wir die hoch aufragende Landzunge der Bouri-Halbinsel. Hier liegt das Afar-Dorf Herto. Ein Junge und ein Mädchen kommen mit ihren Ziegenherden neugierig auf uns zu. Die Afar betreiben Weidewirtschaft, und wenn man von Gewehren absieht, leben sie heute nicht viel anders als vor 500 Jahren. Wir gehen in der Hitze zwischen den leise blökenden Tieren hindurch, und dabei ist uns, als würde die Geschichte mit jedem Schritt ein Stück weiter zurückgedreht.

»Passen Sie auf, wo Sie hintreten«, sagt Asfaw, als wir uns den grasbewachsenen Hütten des mit Dornbüschen eingefriedeten Dorfs nähern. Um mich herum hat die Erosion im gelblichen Sand Stücke eines fossilen Flusspferdschädels freigelegt. Nicht weit davon liegt ein tropfenförmiges, rund zwölf Zentimeter langes Steinbeil. Die Afar stellen keine Steinwerkzeuge her: Wir haben das erste Fenster in die Vergangenheit erreicht.

Genau an dieser Stelle hat ein Mitglied des Teams im November 1997 das Bruchstück eines Hominidenschädels gefunden. Seine Lage wurde mit einem gelben Fähnchen markiert, und das Team schwärmte aus, um nach weiteren Fragmenten zu suchen. Wenig später standen die gelben Fähnchen wie ein Feld voller Blumen, besonders dicht aber an einer Stelle. Hier lag, im Sandboden begraben, ein bemerkenswert vollständiger menschlicher Schädel.

Ein Mann vom Stamm der Afar beobachtet ein internationales Forscherteam bei der Suche nach Fossilien.

Während die anderen Teammitglieder Knochen ausgruben, sammelte der Geologe WoldeGabriel Gesteinsproben: Obsidian- und Bimssteinbrocken, manche so groß wie Tennisbälle. Solches Gestein, das die Erde bei Vulkanausbrüchen ausspeit, ist für Geologen Gold wert, denn in vielen Fällen kann man sein Alter sehr genau bestimmen. Die Untersuchungen ergaben, dass der Schädel 154 000 bis 160 000 Jahre alt war.

Diese zeitliche Einordnung ist enorm wichtig. Genetiker haben die DNA heutiger Menschen aus vielen Gegenden der Welt analysiert und aus Ähnlichkeiten und Abweichungen im Erbgut errechnet, dass wir alle von einer Population abstammen, die vor 100 000 bis 200 000 Jahren in Afrika lebte. Fossilien, die das genetische Modell absichern könnten, gab es aus dieser Zeit jedoch kaum. Bis zu jenem Fund.

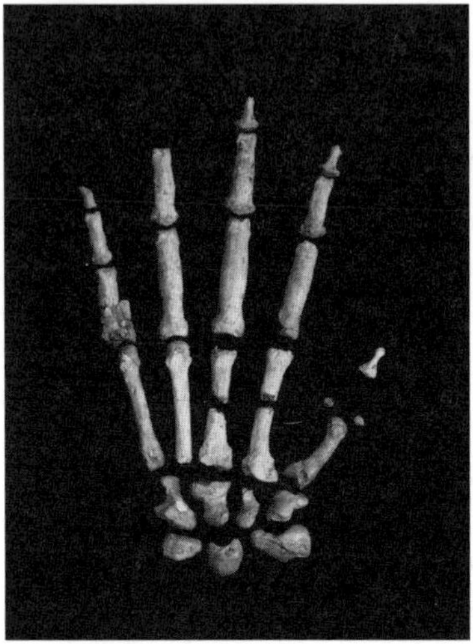

»Ardis« Hand, hier deren Knochen in Lebensgröße, war etwa so groß wie die Hand eines modernen Menschen, obwohl der *Ardipithecus* viel kleiner war als der *Homo sapiens* (rechte Seite).

Der breite männliche Schädel mit seinen kräftigen Brauenwülsten erwies sich als das ideale Gesicht für die »Out of Africa«-Theorie. Er stammt von einem sehr frühen modernen *Homo sapiens.* Tim White nimmt an, dass es sich sogar um den ältesten jemals gefundenen Vertreter unserer Art handelt. Der hohe, gewölbte Hirnschädel ist erstaunlich groß: Er hat ein Volumen von 1450 Kubikzentimetern – mehr als ein durchschnittlicher Mensch heute. Andererseits stellen das lange Gesicht des Fossils und einige Merkmale auf der Schädelrückseite auch eine Verbindung zu älteren Formen der Gattung Homo her, etwa zu einem 600 000 Jahre alten Schädel, den andere Forscher 1976 auf der gegenüberliegenden Seite des Flusses Awash entdeckt hatten, an der Fundstätte Bodo.

»Eines wissen wir über die Menschen von Herto: Sie mochten Fleisch. Vor allem von Flusspferden«, sagt White, während er

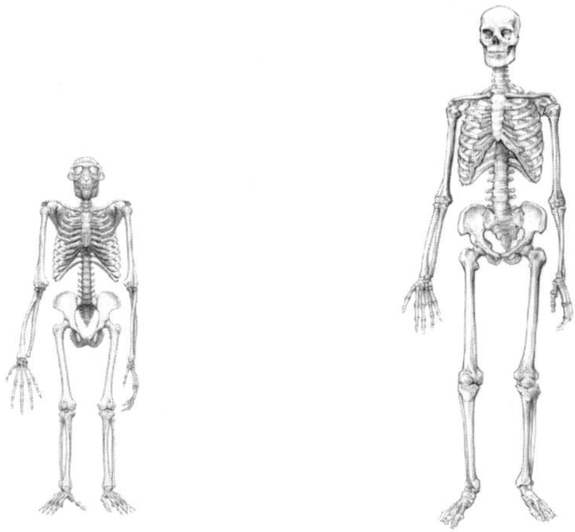

Sand von einem Hipposchädel bürstet. Viele Säugetierknochen, die hier gefunden wurden, tragen Schnittspuren von Steinwerkzeugen. Ob die Menschen die Tiere aktiv jagten oder die von Raubtieren übrig gelassenen Kadaver verwerteten, lässt sich nicht feststellen. Schneckengehäuse im Sand weisen darauf hin, dass sie die Tiere wohl am Ufer eines Süßwassersees zerlegten, der dem heutigen Yardi ähnelte. Spuren von Feuer oder Anzeichen für eine Siedlung gibt es allerdings nicht.

Nach der Größe des Gehirns zu schließen, war der Mensch von Herto ebenso »menschlich« wie irgendjemand, der heute lebt. Auffällig ist aber: Seine Steinwerkzeuge sind zwar recht fortschrittlich, unterscheiden sich allerdings kaum von Funden, die 100 000 Jahre älter oder 100 000 Jahre jünger sind. Es gibt auch keine durchbohrten Perlen wie an anderen, rund 60 000 Jahre jüngeren afrikanischen Fundstätten. Ebenso fehlen geschnitzte

Gute Laune haben der Projektleiter Tim White und Afar-Häuptling Ahamed Elema in einer Arbeitspause (oben), dann ist wieder Konzentration angesagt. Berhane Asfaw, der zweite Projektleiter, bei der Arbeit (unten).

Figuren, wie man sie aus der Altsteinzeit in Europa kennt, aus jener Epoche vor rund 40 000 Jahren, in der der Mensch die Kunst erfand. 160 000 Jahre sind in der Evolutionsgeschichte kaum mehr als ein Augenblick – und dennoch haben wir auf unserer Reise in die Vergangenheit hier in Herto schon ein wesentliches Merkmal des Menschseins hinter uns gelassen: die Fähigkeit zur Innovation.

Einige besondere Knochen zeigen freilich ein Merkmal, das mit aller Vorsicht als Vorbote späteren Sozialverhaltens zu deuten sein könnte. Sie gehören zu einem Kind, das etwa sechs oder sieben Jahre alt war. Schnittspuren an seinem Schädel zeigen, dass er sorgfältig vom Fleisch gereinigt wurde, als die Knochen noch frisch waren. Die Art der Schnitte schließt Kannibalismus vermutlich aus. Sie weist eher auf eine rituelle Handlung hin. Die Oberfläche des jugendlichen Schädels ist unversehrt, wirkt aber an einer Stelle wie poliert, als ob er öfter in die Hand genommen wurde. Vielleicht diente er als eine Art Reliquie, ehe ihn irgendjemand hier in Herto zur letzten Ruhe bettete.

Daka: Schon auf unserer Seite

Nach einem schnellen Mittagessen setzen wir unseren Spaziergang auf der anderen Seite des Dorfs fort. Hier fällt der östliche Abhang des Bouri-Bergrückens in eine sonnenverbrannte Mondlandschaft ab: grauer Sandstein, öde und bizarr, hier und da unterbrochen von kleinen Höhlen. WoldeGabriel erklärt mir, wie die Bodenschichten hier einst durch geologische Verwerfungen gekippt und dann über Jahrtausende von Wind, Wasser und Schwerkraft wieder freigelegt und geformt wurden.

Dann stehen wir an einem weiteren Zeitfenster, der Dakanihylo- oder Daka-Schicht der Bouri-Formation. Diese Sedimente sind rund eine Million Jahre alt. Hier hatte Ende Dezember 1997 der Anthropologe Henry Gilbert die Oberseite eines Schädels entdeckt, den die Erosion zum Teil freigelegt hatte. Der Fund wurde, eingebettet in einen 50 Kilo schweren Sandsteinblock, nach Addis Abeba geschafft und dort im Museum mit Zahnarztbohrern und Stachelschweinstacheln vorsichtig gesäubert. Dabei kam das vollständige Schädelgewölbe eines Exemplars der Spezies *Homo erectus* zum Vorschein, leider ohne Gesichtsknochen.

Die Überreste eines *Homo erectus* waren erstmals 1891 in Indonesien entdeckt worden. Die Art gehört zu den am besten bekannten Frühmenschen. In Körpergröße und Proportionen ähnelte er uns, den modernen Menschen, schon sehr. Die Periode, in der er seine Steinwerkzeuge schuf, wird Acheuléen genannt, nach einem bekannten Fundort in Frankreich, Saint Acheul.

Typisch sind große, symmetrisch geformte Faustkeile. Elema hebt einen auf: Es ist ein Brocken aus schwarzem Basalt. Das dicke Ende liegt gut in der Hand, zu den Rändern und zur Spitze hin sind auf allen Seiten Splitter abgeschlagen worden. Es ist ein gröberes Gerät als die Werkzeuge, die ich in Herto gesehen habe, aber in seiner Symmetrie spiegelt sich die Fähigkeit wider, in einem Stück Stein eine Form zu erkennen und sie durch gezielte Schläge zu verfeinern.

Aufrechten Gangs und ausgerüstet mit solchen Werkzeugen, verließ der *Homo erectus* vermutlich als erster Hominide vor fast zwei Millionen Jahren den afrikanischen Kontinent und wanderte bis nach Südostasien. In älteren Lehrbüchern wird er noch als »Pekingmensch« aufgeführt.

Auf dem kurzen Spaziergang von Herto hinüber nach Daka ist abermals ein Teil unseres Menschseins verschwunden: einige hundert Kubikzentimeter an grauer Gehirnsubstanz. Der Hirnschädel von Daka hat ein Volumen von tausend Kubikzentimetern – typisch für *Homo erectus,* aber viel weniger als beim frühen modernen Menschen von Herto oder dem dazwischen datierten, 600 000 Jahre alten Schädel von Bodo. Außerdem blieben die von *Homo erectus* hergestellten Acheuléen-Werkzeuge nicht nur 100 000, sondern gut eine Million Jahre lang nahezu gleich.

Für White gibt es dennoch keinen Zweifel daran, »dass diese Spezies ungeheuer erfolgreich war. Sie hat ihren Lebensraum über Afrika hinaus vergrößert. Der *Homo erectus* stand durchaus schon auf unserer Seite einer Scheidelinie in der Evolution zum Menschen. Wenn wir nun weiter in die Vergangenheit zurückgehen, werden wir in eine völlig fremde Welt blicken.«

Hata: Die Überraschung

Dazu brauchen wir nicht mehr als einen einzigen Schritt. Unterhalb der Sedimente in der Daka-Schicht gibt es eine Unterbrechung in der geologischen Abfolge. Gesteinsverschiebungen und die Erosion haben einen ganzen Zeitabschnitt entfernt. Ein großer Schritt reicht – und wir haben anderthalb Millionen Jahre übersprungen. Wir wandern nun über eine kahle, von ausgetrockneten Flussbetten durchschnittene Ebene, die in der Nachmittagshitze rötlich grau flimmert.

Die rötlichen Schichtungen werden Hata genannt. Schon Mitte der Neunzigerjahre eröffnete hier eine Reihe von Entdeckungen den Blick auf eine der größten Umwälzungen in unserer Evolution. An Knochen von Antilopen, Pferden und anderen Säugetieren sind die charakteristischen Schnittspuren von Steinwerkzeugen zu erkennen. Mit einem Alter von zweieinhalb Millionen Jahren gehören sie zu den ältesten Zeugnissen des Gebrauchs von Werkzeugen. »Kerben auf der Innenseite eines Antilopenkiefers zeigen uns zum Beispiel, dass die Frühmenschen dem Tier die Zunge

Unser aller Stammbaum

Die Belege für die Herkunft des Menschen reichen nun sechs Millionen Jahre zurück. Am Awash in Äthiopien fand man Fossilien aus den drei Hauptphasen seiner Evolution: *Ardipithecus, Australopithecus* und *Homo.*

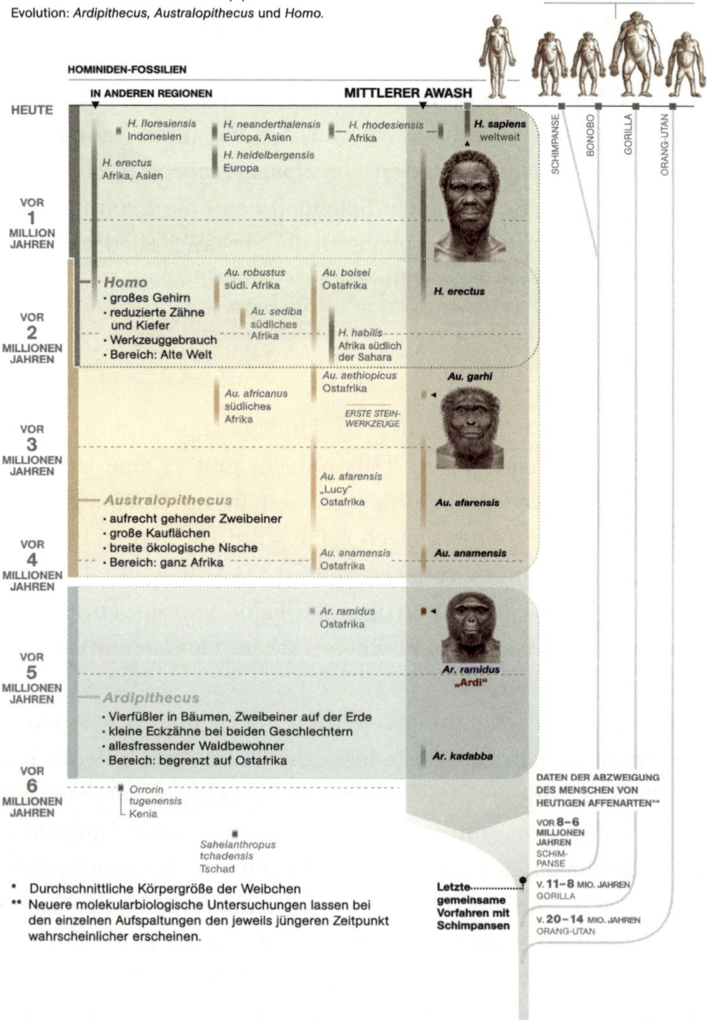

* Durchschnittliche Körpergröße der Weibchen

** Neuere molekularbiologische Untersuchungen lassen bei den einzelnen Aufspaltungen den jeweils jüngeren Zeitpunkt wahrscheinlicher erscheinen.

Eine Zeitreise

Der Große Ostafrikanische Graben ist ein Füllhorn für Fossilien. Hier driften zwei Kontinentalplatten auseinander (Karte rechts). Über Jahrmillionen hinweg haben Umgestaltungsprozesse der Erdkruste die Knochen von Mensch und Tier begraben. So blieben sie erhalten, bis die Erosion sie nun wieder ans Tageslicht befördert: eingebettet in Vulkangestein, dessen Alter sich gut bestimmen lässt.

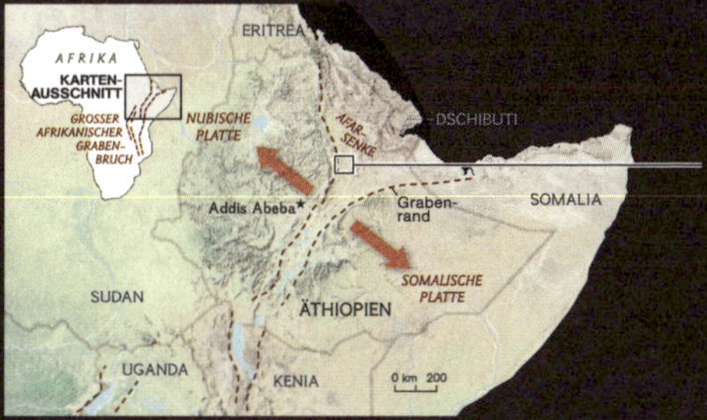

»ARDIS« WEG
Nach ihrem Tod wurden ihre Überreste rasch zugeschüttet. Als der Graben breiter wurde, sank die Tiefebene von Afar ab und füllte sich mit Sedimenten. Später faltete sich das Gestein auf; Wind und Wasser trugen es ab, bis die fossilen Knochen wieder freilagen.

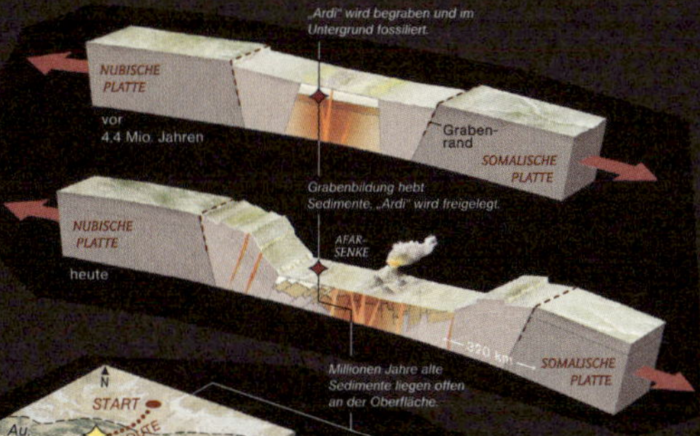

ROUTE des Autors
Innerhalb von zwei Tagen durchmaß Jamie Shreeve einen Zeitraum von ungefähr fünf Millionen Jahren.

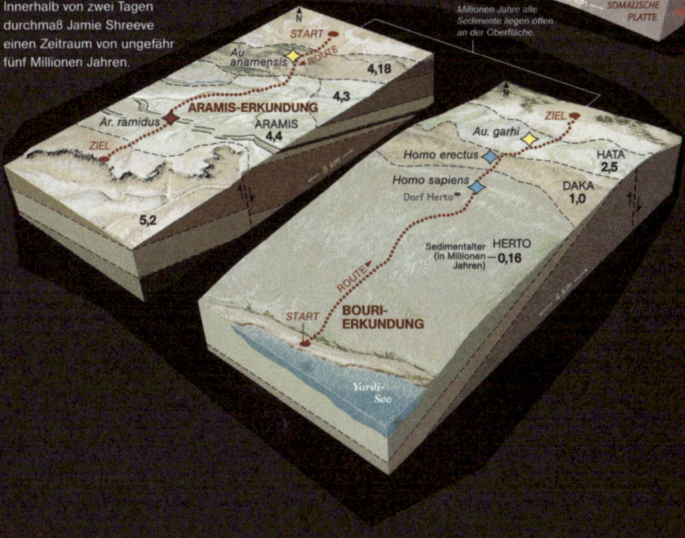

herausgeschnitten haben«, sagt White. »Wir wissen also nicht nur, dass sie Werkzeuge herstellten, sondern auch, wozu: um sich an Säugetierkadavern mit Nahrung zu versorgen.« Weil die Wissenschaftler bei den Knochen aber nicht die passenden Werkzeuge fanden, habe wer auch immer das Tier zerlegte sein Werkzeug wohl mitgenommen. »Diese Menschen hatten keine festen Siedlungen«, sagt White. »Sie kamen und gingen.«

Doch wer waren »sie«? Nur wenige Meter von den Säugetiergebeinen mit den Schnittspuren entfernt kamen ein Oberschenkelknochen, einige Armknochen und ein Unterkieferfragment ans Licht – fossile Überreste eines einzigen Hominiden. Der Oberschenkelknochen war lang; das erinnerte an die Gattung Homo. Der Unterarm war aber ebenfalls lang; das passte zu einem Menschenaffen. Was da lag, schien der Traum jedes Paläoanthropologen zu sein: der fossile Nachweis für die Aufspaltung der Hominiden in zwei Entwicklungslinien.

Zu jener Zeit entwickelte ein Ast der Gattung *Australopithecus* gewaltige Kiefermuskeln und mächtige Backenzähne: Hilfsmittel zum Zerbeißen zäher Wurzeln und anderer harter Nahrung. Der andere Zweig brachte Homininen mit immer kleineren Backenzähnen, leichterem Körperbau, längeren Beinen und einem größeren Gehirn hervor. Er führte – zu uns.

Ein größeres Gehirn ist natürlich nützlich, sein Unterhalt aber aufwendig. Es braucht ständig kalorienreiche Nahrung. Die kann man sich beispielsweise beschaffen, wenn man von Löwen gerissene Tiere verwertet und die Knochen zerschlägt, um das nahrhafte Mark herauszusaugen. In Hata fehlte nur noch ein passender Schädel, um diese Annahme zu belegen: Er sollte kleiner sein als der eines *Homo erectus,* aber eindeutig auf dem Entwicklungsweg in dessen Richtung. Prompt entdeckte Yohannes Haile-Selassie, der heute eine Abteilung für Anthropologie am Cleveland-Museum für Naturgeschichte leitet, in der folgenden Grabungssaison das erste Stück eines solchen Schädels. Mit dem so sehr erhofften »Anthropologentraum« hatte es allerdings nicht viel gemein.

Berhane Asfaw wendet sich hinaus in die flache Ebene, um mir die Fundstelle zu zeigen. Steinhaufen zeugen von den sieben Wochen harter Arbeit, die zur Bergung der Knochenstücke notwendig waren. Doch schließlich hatte man den Schädel zusammen: Die Größe der Schneidezähne und einige andere Merkmale erinnerten an die Gattung Homo. Aber die Backenzähne waren riesig. Und der Hirnschädel fasste höchstens 450 Kubikzentimeter, nicht mehr als der eines typischen *Australopithecus.* Das hier waren nicht die Überreste eines Lebewesens, das wie der *Homo erectus* seine Umwelt beherrschte. Sie gehörten zu einem schlauen, auf zwei Beinen gehenden Primaten, der sich zwischen größeren, schnelleren Raubtieren behaupten musste, immer bemüht, ihren Kiefern lange genug zu entgehen, um seine wachsende Intelligenz an die nächste Generation weiterzugeben.

Die Forscher nannten ihn *Australopithecus garhi.* Garhi bedeutet in der Sprache der Afar »Überraschung«. Die Zeit und der Ort stimmen, um als Vorfahr der Gattung Homo infrage zu kommen. Aber war er es wirklich? »Darauf werden Sie bald eine Antwort bekommen«, sagt Asfaw auf dem Rückweg ins Lager. »Und Sie werden sie hier am Awash bekommen.«

Aramis: Großes Forscherglück

Am folgenden Morgen finde ich Asfaw, White, WoldeGabriel und Elema um einige Landkarten versammelt. Unser Weg wird uns durch das Gebiet einer feindseligen Afar-Sippe führen, der Alisera. Um Schwierigkeiten zu vermeiden, wollen wir zuerst ihrem Dorf Adgantole einen diplomatischen Besuch abstatten und dabei die sechs Afar-Polizisten mitnehmen. Außerdem genießt Elema als Distriktbeamter und Oberhaupt der Bouri-Modaitu den Respekt aller Afar-Sippen am Mittleren Awash. Nach einem hoffentlich freundlichen Zusammentreffen soll das Forschungsteam in Richtung Bouri-Modaitu fahren und außer Sichtweite ein paar von uns absetzen. Von dort wollen wir unsere Exkursion in die Vergangenheit fortsetzen.

Adgantole ist ein muffig riechendes, staubiges Dorf am Rand der Überflutungsebene des Awash. Die Afar begrüßen sich gegenseitig traditionell mit dem *dagu,* einem Hagel von Handküssen und dem Austausch von Neuigkeiten. Doch hier erscheinen nur wenige Bewohner. Der Häuptling der Sippe ist offenbar krank und bleibt in seiner Hütte. Elema geht allein hinein, um mit ihm zu sprechen. Danach machen wir uns wieder auf den Weg. Streng genommen müssten wir auf unserem Spaziergang durch die Zeit jetzt zunächst an einer 3,4 Millionen Jahre alten Fundstätte namens Maka Station machen. Dort hat man das Stück eines Kiefers und andere Überreste eines *Australopithecus afarensis* gefunden. Aber Maka liegt auf der anderen Seite des Flusses. Seit einem blutigen Krieg zwischen den Afar und den Issa ist dieses Gelände gefährliches Niemandsland – gut für Wildtiere, schlecht für Fossiliensucher.

Der bekannteste *Australopithecus afarensis* ist »Lucy«. Donald Johanson hat ihr Skelett 1974 unweit von hier in Hadar gefunden. »Lucy« ist etwa 3,2 Millionen Jahre alt. Sie hatte eine vorspringende Schnauze, und ihr Gehirn war nicht viel größer als das eines Schimpansen. Aber ihr Becken und die Beinknochen zeigten, dass sie einer Art angehörte, die bereits aufrecht ging. Ihre langen, gebogenen Finger und die langen Unterarme ließen andererseits vermuten, dass sie auch fähig war, sich wie ein Schimpanse in den Bäumen fortzuhangeln. Die meisten Wissenschaftler unterstellten deshalb, »Lucys« Vorfahren hätten noch stärker Schimpansen geglichen. Man brauche nur noch die Knochen, um das zu beweisen. Doch die Fossilien, die man dann fand, sorgten für eine Überraschung.

»Wir haben ja geglaubt, ›Lucy‹ sei urtümlich«, sagt White, während wir uns mit unseren Autos dem Ort Aramis nähern. »Wir hatten ja keine Ahnung, was wirklich primitiv ist.« Er gibt über Funk die Anweisung anzuhalten. Von hier aus setzen wir unseren Weg zurück durch die Zeit zu Fuß fort. Wir gehen Richtung Südwesten und durchqueren eine triste Landschaft, die als Central Awash Complex (CAC) bezeichnet wird. Mitten in dieser Region liegt Aramis, »Ardis« Heimat.

Giday WoldeGabriel erklärt mir die komplizierten geologischen Verhältnisse des CAC. Vor rund 5,2 Millionen Jahren ergoss sich hier ein Lavastrom über eine gewaltige Überschwemmungsebene. Auf dem erstarrten Basalt lagerten sich im Laufe der Zeit viele Schichten von Sedimenten ab. Hin und wieder hinterließen Vulkanausbrüche dünne Ascheschichten. Vergleichbar etwa den Cremelagen zwischen den Schichten einer gewaltigen Torte. Aus dem Erdinneren aufsteigendes Magma drückte unter eine Seite dieser Torte und ließ sie nach Westen kippen. Dadurch wurden einige der unteren Schichten wieder freigelegt. Unser Weg führt uns zwischen solchen gekippten Ablagerungen hindurch: Wir bewegen uns zwar waagerecht durch den Raum, dringen dabei aber senkrecht in die Zeit vor.

Schließlich steigen wir einen Abhang hinab. WoldeGabriel bleibt plötzlich stehen und klopft mit seinem Geologenhammer an einem Streifen Vulkangestein herum, dem sogenannten Lubaka-Tuff. Der enthält zwar selbst keine Mineralien für eine sichere Altersbestimmung, wohl aber das Material direkt darunter. Es ist magnetisches Gestein. Die Magnetpole der Erde haben über die Äonen immer mal wieder Süd- und Nordpol vertauscht, und das zeigt sich an der Orientierung magnetischer Mineralien. Eine solche Polaritätsumkehr hat vor 4,18 Millionen Jahren stattgefunden, und dieses Ereignis hat in den Sedimenten des CAC für geübte Geologen eine sichtbare Markierung hinterlassen.

Unmittelbar unterhalb der Schicht mit diesem »Kalendereintrag« liegt unser erstes Ziel: eine mit vereinzelten Büschen bestandene Ebene, in der 1994 ein fossiler Kieferknochen gefunden wurde. Er passte gut zu Fossilien, die Meave Leakey und ihr Team einige Zeit früher in Kenia entdeckt und auf den Namen *Australopithecus anamensis* getauft hatten. Ähnliche Knochen fanden sich am Mittleren Awash an einer Stelle namens Asa Issie, ungefähr zehn Kilometer von unserem gegenwärtigen Standort entfernt. All diese Fossilien sind ein wenig älter und urtümlicher als die von *Australopithecus afarensis,* aber nach dem Schienbein aus Kenia und einem Oberschenkelknochen von Asa Issie zu urteilen, ging auch der *Australopithecus anamensis* aufrecht. Möglicherweise sind *afarensis* und *anamensis* nur unterschiedlich alte Vertreter ein und derselben Art, zwei Knospen einer einzigen evolutionsgeschichtlichen Linie am Stammbaum des Menschen. Eine klare Grenze zwischen ihnen gibt es nicht.

Geht man noch weiter in die Zeit zurück, dann öffnet sich nun unterhalb der Schicht des *Australopithecus anamensis* eine Lücke in den Belegen über die Hominidenevolution am Mittleren Awash. Der Lehm, über den wir jetzt wandern, wurde vor 4,4 bis 4,3 Millionen Jahren abgelagert. Damals lag hier ein See, und außer den Überresten von Fischen ist davon nichts erhalten geblieben. Doch in der Schicht darunter lag der schönste Fund von allen.

Dabei scheint die von der Sonne versengte Niederung, durch die wir nun stapfen, keine Besonderheiten zu enthalten. Mit Ausnahme eines Halbkreises aus Basaltsteinen. Er kennzeichnet die Stelle, an der Gen Suwa, ein Paläoanthropologe der Universität Tokio, am 17. Dezember 1992 einen rätselhaften Backenzahn aus dem Boden ragen sah. Er war gerade noch als Zahn eines Menschen zu erkennen. Wenige Tage später fand der Fossiliensammler Alemayehu Asfaw in der Nähe das Stück eines kindlichen Unterkiefers. Darin steckte der vorderste Backenzahn eines Milchgebisses.

»Dieser Backenzahn war anders als alle Kleinkindzähne früher Menschen, die ich jemals gesehen hatte, und ich habe alle gesehen«, erklärte mir White. »Gen Suwa und ich haben uns nur angeschaut. Wir mussten nichts sagen. Dieser Zahn war bei Weitem primitiver als der eines *Australopithecus.*«

Das Team steckte ein Forschungsareal ab und begann mit der mühsamen Suche nach weiteren Fossilien. WoldeGabriel übernahm die geologische Altersbestimmung. Die Schicht mit den frühmenschlichen Überresten lag zwischen zwei Lagen von Tuff. Beide waren gleich alt: 4,4 Millionen Jahre. Demnach hatten zwei Vulkanausbrüche einen scharf abgegrenzten Zeitraum markiert – vielleicht lagen nicht mehr als tausend Jahre dazwischen. Und überall, wo diese Schicht an die Oberfläche trat – in Form eines neun Kilometer langen Bogens –, gab es Fossilien: von Affen, Antilopen, Nashörnern, Bären, Vögeln, Insekten. Fossiles Holz und andere Pflanzenteile. Ja sogar versteinerte Brutkammern von Mistkäfern. Nach dem Afar-Namen für ein nahe gelegenes, ausgetrocknetes Bachbett bezeichneten sie die Stelle als Aramis.

Im folgenden Jahr kamen weitere Hominidenfossilien ans Licht: ein kaum abgenutzter Eckzahn, ein schöner Backenzahn, weitere Zähne, schließlich ein Armknochen. Noch wichtiger waren aber die Anhaltspunkte für die Landschaft, in der dieses Wesen gelebt hatte.

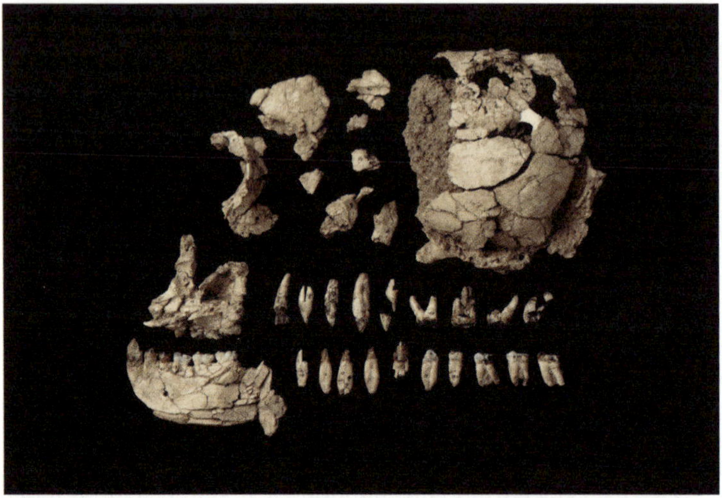

»Ardis« Schädel (oben) war so zerbrechlich und unvollständig, dass die Forscher die Teile nicht von Hand zusammensetzen konnten. Stattdessen rekonstruierte Gen Suwa von der Universität Tokio ihn am Computer. Aus mehr als 5000 Tomografie-Aufnahmen der Knochenfragmente erstellte er 64 digitale Teile (rechts,

Seit fast einem Jahrhundert hatten die Wissenschaftler angenommen, dass unsere Vorfahren zum aufrechten Gang wechselten, als sie den Wald verließen, in dem Gorillas und Schimpansen noch heute leben. Im offenen Grasland hätten sich unsere menschlichen Ahnen aufrecht gehend besser über große Entfernungen fortbewegen können. Außerdem hätten sie weiter sehen können. Der größte Teil der in Aramis gefundenen Säugetierknochen stammte aber von Kleinaffen und Antilopen, die im Wald lebten. Das Abnutzungsmuster der Hominidenzähne und die Analyse des Zahnschmelzes ließen außerdem auf eine Ernährung schließen, die eher zu einem bewaldeten Umfeld passt. Wenn diese Wesen tatsächlich auf zwei Beinen gingen, wäre die These,

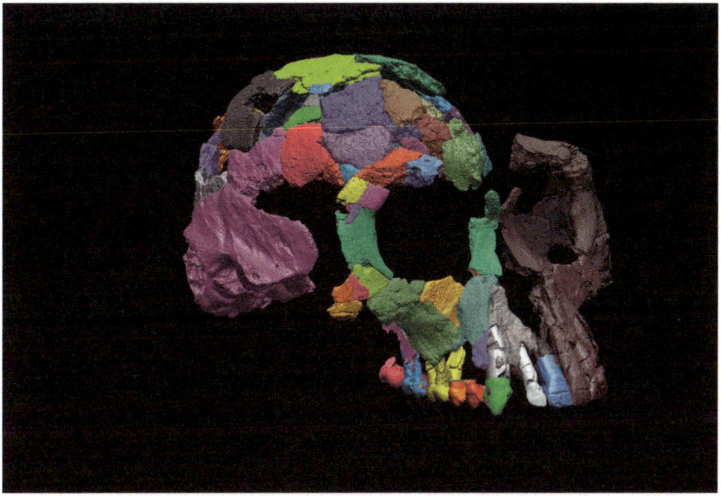

farblich unterschieden). Daraus setzte er den Schädel virtuell zusammen, wobei ihm der Vergleich mit den Knochen anderer vorzeitlicher und heutiger Primaten wichtige Hinweise lieferte. Weil ein Großteil der linken Gesichtshälfte fehlt, erzeugte er von der rechten Hälfte ein Spiegelbild (braun).

dass sich der aufrechte Gang erst mit dem Leben in der Savanne entwickelte, widerlegt. Der neue Hominide erhielt den Namen *Ardipithecus ramidus* (*ardi* bedeutet auf Afar »Boden«, *ramid* heißt »Wurzel«.)

Dann kam das Jahr 1994. Am ersten Tag einer neuen Grabungssaison reicht es normalerweise allen, zunächst das Lager einzurichten. Diesmal nicht: Noch im letzten Abendlicht des ersten Tages eilten die Forscher sofort wieder zum bekannten Fundort. Und die Sonne war noch nicht untergegangen, da stieß Yohannes Haile-Selassie, keinen Steinwurf von der Stelle entfernt, an der man im Jahr zuvor die Zähne entdeckt hatte, auf den Knochen einer Hand.

Am folgenden Tag siebte das Team den ganzen Lehmboden durch, wobei weitere Hand- und Fußknochen ans Licht kamen. Dann ein Schienbein. Und schließlich Schädel und Becken, beide allerdings ziemlich zerstückelt. Jedes Knochenteil, das die Wissenschaftler fanden, 125 insgesamt, begossen sie mit einer Härtungslösung. Dann wickelten sie es samt umliegendem Gestein in Gips, damit das Fossil den Transport nach Addis Abeba möglichst ohne weitere Schäden überstehen konnte.

Inzwischen war allen klar, was anfangs keiner zu glauben gewagt hatte: Sie hatten das Skelett eines einzigen Individuums gefunden. Es war ebenso vollständig wie das von »Lucy«, sah aber anders aus als alles, was sie je gesehen hatten.

Die meisten Tierknochen in Aramis zeigten Bissspuren von Hyänen, doch das Hominidenskelett wunderbarerweise nicht. Die sterblichen Überreste dieses weiblichen Wesens waren vielleicht von Flusspferden oder anderen Pflanzenfressern in den Schlamm getrampelt worden, sodass Aasfresser sie nicht fanden. 4,4 Millionen Jahre lang waren sie begraben gewesen, doch hätten ihnen nun Wind und Sonne noch ein oder zwei weitere Jahre zugesetzt, wären sie wohl zu Staub zerfallen.

»Dass wir genau zu dieser Zeit genau an diesem Ort darauf gestoßen sind«, sagt White, »für diesen Zufall ist das Wort Glück viel zu wenig.«

Zwei weitere Jahre waren notwendig, um das Skelett zu bergen, weitere Jahre vergingen mit der Reinigung und dem Präparieren der Knochen. Parallel dazu fertigte Suwa, ein Experte auf dem Gebiet der virtuellen Anthropologie, Computertomogramme der Knochen an. Die digitalen Versionen konnte man analysieren, ohne die zerbrechlichen Originale anfassen zu müssen. 15 lange Jahre hatten nur er, White und eine Handvoll Kollegen Zugang zu dem Skelett.

»So etwas wie Heureka-Momente gab es eigentlich nicht«, erzählt White in der Rückschau nüchtern – doch dann beschreibt er gleich ein halbes Dutzend eben solcher Augenblicke.

Da war etwa der Tag, an dem er den Gips rund um das mittlere Keilbein entfernte, einen kleinen Mittelfußknochen am Hinterende der großen Zehe. Bei Menschen und allen anderen Homininen ist er so ausgerichtet, dass die große Zehe in einer Reihe mit den anderen Zehen steht, Druck auf den Boden ausüben kann und so das Abstoßen beim Gehen unterstützt. Bei Menschenaffen ist die Form dagegen so, dass die große Zehe abgespreizt werden kann, was zum Greifen und Festhalten im Geäst nützlich ist. In diesem Merkmal glich »Ardi« den Menschenaffen. Viele andere Merkmale im Fuß waren aber überhaupt nicht menschenaffenähnlich, sondern Belege für das aufrechte Gehen.

Wohin die Wissenschaftler auch blickten, überall fanden sie ein ähnlich bizarres Mosaik: manche Merkmale waren sehr primitiv, andere weit entwickelt. Deswegen riskiere ich es, Tim White zu fragen, ob *Ardipithecus ramidus* vielleicht das lange gesuchte *missing link* ist, das »fehlende Bindeglied« zwischen Affe und Mensch. »Quatsch«, antwortet er ungewöhnlich barsch. »Dieser Begriff ist völlig falsch. Und am schlimmsten ist die Vorstellung, es habe irgendwann in der Evolution ein Wesen gegeben, das auf halbem Weg zwischen Schimpansen und Menschen stand. Diese Fehleinschätzung hat das Nachdenken über die Entwicklung des Menschen lange Zeit sehr erschwert. Mit dem Fund von ›Ardi‹ sollten wir sie endgültig beerdigen.« Sie sei ganz sicher kein Affe auf dem Weg zum aufrecht gehenden Menschen gewesen.

Richtig sei, dass Menschenaffen und Menschen einen gemeinsamen Vorfahren gehabt hätten. Aber ihre Entwicklungslinien hätten sich schon früh getrennt und ganz unterschiedliche Wege eingeschlagen.

Zuletzt: Der gemeinsame Vorfahr

Nun habe ich vor dem Abendessen noch einen Spaziergang durch eine Million Jahre vor mir. Von Aramis aus wandern wir über eine Geröllebene, bis wir einen Aussichtspunkt erreichen. Unter einem ungeheuer weiten, blauen Himmel überblicken wir 250 Quadratkilometer des Forschungsgeländes. Links sehen wir den flachen Höcker eines erloschenen Vulkans namens Dulu Ali, dahinter erkennt man die Bouri-Halbinsel sowie den Yardi-See, wo wir tags zuvor aufgebrochen sind. Dies ist die richtige Stelle, um die Evolution von »Ardi« hin zu uns, den modernen Menschen, noch einmal zusammenzufassen.

»Nach heutigem Wissen können wir die Evolution des Menschen in drei Stadien einteilen«, sagt White. »Aber die Grenzen dazwischen sind willkürlich gezogen und dienen nur der besseren Übersicht.« Das erste Stadium sei am besten durch *Ardipithecus* repräsentiert, einen urtümlichen Zweibeiner, der mit einem Teil seines Fußes in der Vergangenheit und mit dem anderen in der Zukunft stehe. Die Eckzähne waren bei den männlichen Individuen bereits zurückgebildet, sein Lebensraum war der Wald. Dann folgte der *Australopithecus:* Er hatte immer noch ein kleines Gehirn, ging aber bereits aufrecht und lebte nicht mehr nur im Wald. Er weitete sein Verbreitungsgebiet weit nach Westen bis in den heutigen Tschad und nach Süden bis nach Südafrika aus. *Australopithecus* lebte mindestens zwei Millionen Jahre lang, zehnmal länger als es uns, den *Homo sapiens,* bisher gibt.

Aber ob sich *Australopithecus* aus *Ardipithecus* entwickelte, ist schwer zu sagen. Bisher gibt es keine Funde, die das klären könnten. Möglich ist, dass »Ardi« zu einer Linie gehörte, die irgendwann ausstarb. Denkbar wäre aber auch, dass sich eine zufällige Veränderung der Fußknochen, um ein Beispiel zu nennen, für

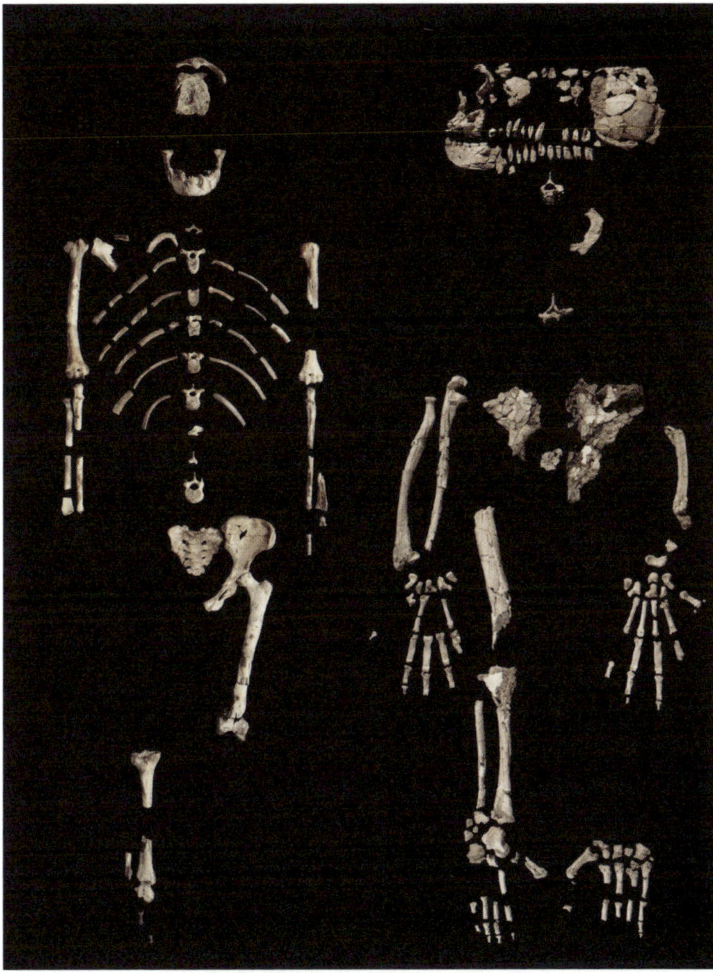

»Lucy« (links) und »Ardi« (rechts). Zwischen der Lebenszeit der beiden liegen mehr als eine Million Jahre. Nun ist die 3,2 Millionen Jahre alte »Lucy« nicht mehr das älteste bekannte Homininenskelett. Ihr Becken und ihre Gliedmaßen zeugen von einem vollständig aufrechten Gang – einer Neuerung der Evolution, die »Ardi« noch vor sich hatte.

den aufrechten Gang als so vorteilhaft herausstellte, dass jene Individuen besser überlebten, sich zahlreicher fortpflanzten und dass nach wenigen Tausend Jahren die natürliche Selektion aus einer Greifzehe eine Abstoßzehe geformt hatte.

Ähnliches gelte, sagt White, für den Übergang von *Australopithecus* zum dritten Stadium unserer Entstehungsgeschichte, zum Homo. Man lerne, sich kalorienreichere Nahrung zu beschaffen, sorge so für das Wachstum des Gehirns, mit dessen Hilfe man sich noch besser ernähren könne, und siehe da, man habe die Linie komplett: Daka, Bodo, Herto, heute.

Damit ist aber der Mittlere Awash als Schatztruhe für Funde zur Evolution des Menschen noch nicht erschöpft. Von unserem Aussichtspunkt blicken wir weit nach Westen. Dort, am Rand des Untersuchungsgebiets, hat Yohannes Haile-Selassie Bruchstücke von Hominidenknochen gefunden, die 5,8 Millionen Jahre alt sind. Man hat der Art den Namen *Ardipithecus kadabba* gegeben, doch nach Ansicht der meisten Fachleute ist das nur eine »Chronospezies« zu *Ardipithecus ramidus:* Sie sei nur eine ältere Version der gleichen Art, genauso wie *Australopithecus anamensis* und *Australopithecus afarensis* wohl Vertreter der gleichen Spezies seien, nur aus verschiedenen Zeiten.

In der gleiche Reihe sehen White und seine Kollegen auch zwei noch ältere Funde: sechs Millionen Jahre alte Oberschenkelknochen aus Kenia – man gab der Art den Namen *Orrorin tugenensis* – und einen rätselhaften Schädel aus dem Tschad, der vorläufig auf ein Alter von nahezu sieben Millionen Jahren datiert und der *Sahelanthropus tchadensis* genannt wurde.

Wo sie im Stammbaum des Menschen stehen, ist unklar, und die Verbindungen zwischen den Arten sind spekulativ. Die besten Erkenntnisse über die allerersten Anfänge der menschlichen Abstammungslinie, auf den letzten Vorfahren, den wir mit den

Schimpansen gemeinsam haben, liefert derzeit wohl *Ardipithecus ramidus.* Hat White denn eine Vorstellung, wie dieser Vorfahr ausgesehen haben mag?

Er stelle sich ein Wesen wie »Ardi« vor, antwortet er, allerdings noch ohne die Merkmale, die ihr einen – wenn auch unbeholfenen – aufrechten Gang ermöglichten. Aber das sei nur eine Mutmaßung. Und wenn er am Mittleren Awash eines gelernt habe, dann das: »Wenn man wirklich wissen will, wie etwas ausgesehen hat, gibt es nur eine Möglichkeit«, sagt White. »Man muss hingehen, suchen und es finden.«

Text: Jamie Shreeve
Fotos: Tim D. White, David L. Brill, Gen Suwa

Fußballbegeisterter Junge in der Sozialsiedlung Eden Park bei Johannesburg.

Die Fußballweltmeisterschaft 2010 zeigte Südafrika als Land voller Hoffnungen. Aber lassen sie sich auch verwirklichen? Der berühmte Fotograf James Nachtwey zeigt, wie die Menschen dort heute leben, und unsere Autorin Alexandra Fuller erzählt eine sehr eindringliche Geschichte über den langen Schatten der Apartheid.

Das neue Südafrika

Ein Tag der Hoffnung

Die Stadt Worcester, ein verschlafenes Städtchen mit vielen weißen Kirchtürmen, liegt etwa anderthalb Stunden nordöstlich von Kapstadt. Im Winter sind die umliegenden Berge schneebedeckt. Im Sommer steht die Hitze im Tal wie der Atem der Hölle und schmilzt den Asphalt. Malerische Giebelhäuser säumen die Straßen, an den Veranden ranken Weinreben. Es ist jene Art von Stadt, in der man sich wünscht, man hätte einen längeren Rock und eine weniger tief ausgeschnittene Bluse angezogen.

Mitte der Neunzigerjahre waren die geografischen und psychischen Grenzlinien, die die Apartheid in der Stadt hinterlassen hatte, zwar noch erkennbar, aber auch nicht mehr als in anderen Landesteilen. Die meisten Schwarzen lebten noch in der Township Zwelethemba – das ist Worcesters unterernährte Zwillings-

Im Bannkreis der Tradition: Teenager aus dem Volk der Xhosa in der Provinz Eastern Cape werden mit einem uralten Beschneidungsritual – *ulwaluko* – in die Gemeinschaft der Männer aufgenommen. Sie sind in zeremonielle Decken gehüllt und zum Zeichen der Reinigung mit weißer Tonerde bemalt.

schwester auf der anderen Seite des Flusses Hex – und die Weißen nach wie vor in den gepflegten Straßen der Stadt. Doch es gab in Worcester bereits einen ersten farbigen Bürgermeister und eine erste schwarze Vizebürgermeisterin.

Überdies hatte die Truth and Reconciliation Commission (TRC) hier im Jahr 1996 eine Anhörung abgehalten. Die »Wahrheits- und Versöhnungkommission« war ein gerichtsähnliches Gremium. Gegründet, um nach der Abschaffung der Apartheid die Opfer von Folter oder Misshandlungen und die dafür verantwortlichen Täter zum Aussagen zu bewegen. Die Gewalt der Vergangenheit galt vielen damit als beendet.

Umso größer war der Schock, als am brütend heißen Nachmittag des Heiligabends 1996 zwei Bomben in einem Einkaufsviertel hochgingen, in unmittelbarer Nähe des Polizeireviers und der Niederländisch-Reformierten Kirche. Die Explosionen töteten vier Menschen – darunter drei Kinder – und verletzten fast 70 weitere. Alle Opfer waren schwarz oder farbig.

Bei der ersten Detonation um 13.20 Uhr wurde Olga Macingwane so getroffen, dass ihre Beine binnen Sekunden auf die Dicke von Traktorreifen anschwollen. Als Minuten später die zweite Bombe explodierte, verlor sie das Bewusstsein. »Das war vor 13 Jahren. Den Menschen, der mir das antat, hatte ich nie gesehen«, erzählt mir Macingwane an einem Sonntagmorgen Ende November 2009 in ihrem Wohnzimmer in Zwelethemba. Macingwane ist eine nicht mehr ganz junge Frau und eine überaus korrekte Erscheinung. Sie trägt einen knöchellangen rosafarbenen Rock, dazu eine passende Jacke. Außerhalb ihres Hauses finden in der Township gerade Gottesdienste unter freiem Himmel statt, und sie muss die Stimme anheben, um sich verständlich zu machen. Dann steht sie mit steifen Gliedern auf – das Gehen bereitet ihr offensichtlich Mühe – und schließt die Tür zum Hof und zum Rest der Welt.

»Ich habe mir ausgemalt, wie er aussieht«, fährt sie fort, während in der sengenden Hitze die Chöre mehrerer Kirchen miteinander wetteifern. »In meinem Kopf ist er ein Mann von 50 Jahren, groß und stark, mit einem langen Bart. Das ist der Mensch, der diese Tat begangen hat. Der mir in meinen Albträumen begegnet.«

Ein Wendepunkt

Dass Südafrika zum Austragungsland der Fußballweltmeisterschaft 2010 gewählt wurde, hat den Menschen neues Selbstbewusstsein gegeben. Nun wird die Welt ihr Land nicht mehr

Soccer City, Johannesburgs neues Stadion, der Form einer traditionellen afrikanischen Kalebasse nachempfunden, fasst 94 000 Zuschauer. Als Gastgeber der WM

nur mit der Apartheid in Verbindung bringen, sondern auch mit dem Sportereignis. Die moderne Infrastruktur, die beneidenswert schicken Flughäfen und kosmopolitischen Restaurants – das öffentliche Gesicht des Landes – unterstreichen den Eindruck, dass Südafrikas tragische Vergangenheit eben doch schon Geschichte ist.

Soweto, die berüchtigte Johannesburger Township, in der es zu Zeiten der Apartheid zu gewalttätigen Auseinandersetzungen kam, die in den ausländischen Medien das Bild des Landes geprägt haben, besteht heute zu großen Teilen aus nahezu idyllischen Vororten mit kurz geschorenen Rasenflächen und schnittigen Importwagen in den Auffahrten der Häuser. Heute hat Südafrika eine

wollte sich Südafrika von seiner besten Seite zeigen: Seit dem Ende der Apartheid (1994) sei 2010 das wichtigste Jahr, sagte Präsident Jacob Zuma.

aufstrebende schwarze Mittelschicht, und seit 1993 ließ der Staat fast drei Millionen Häuser bauen. In Johannesburg, direkt gegenüber dem Casino und einem Vergnügungspark, können Touristen das Apartheid-Museum besuchen.

Aber wenn man an der Fassade kratzt, stößt man auf die eine oder andere Weise – ganz gleich, in welcher Gemeinde – immer wieder auf das »A-Wort«. Im Mai 2008 wurden bei fremdenfeindlichen Ausschreitungen, die sich hauptsächlich gegen Mosambikaner und Simbabwer richteten, mehr als 60 Menschen getötet und Zehntausende vertrieben. Die Apartheid erzeugte ein tiefes Misstrauen gegenüber dem »anderen« und ein nationalistisches Besitzstandsdenken, das sich über die ethnische Identität defi-

Swasiland und Lesotho, beides Binnenstaaten und Königreiche, erlangten in den Sechzigerjahren die Unabhängigkeit vom Vereinigten Königreich.

nierte – eine Haltung, die in der heutigen Gesellschaft noch unverkennbar nachwirkt.

Es ist unmöglich, Ausmaß und Brutalität der Apartheid zu überschätzen. Zwischen 1948 und 1994, dem Jahr, in dem das System abgeschafft wurde, wandte die südafrikanische Nationalpartei (NP) die extreme Rassentrennung auf alle nur denkbaren Bereiche des Lebens an.

»Während der Apartheid wurden einige wenige auf Kosten der herabgewürdigten Mehrheit – ganz zu schweigen von den vielen Menschen, die inhaftiert oder ins Exil getrieben wurden, verschwanden oder gewaltsam zu Tode kamen – so ungeheuer reich, dass mit dem Ende des Systems allein der entstandene Schaden nicht einmal ansatzweise wiedergutgemacht werden konnte«, sagt Tshepo Madlingozi. Der 31-Jährige ist Juraprofessor an der Universität Pretoria und Rechtsberater sowie Kampagnenkoordinator der Khulumani Support Group, einer Vereinigung von 58 000 Opfern politischer Gewalt, vor allem als Folge der Apartheid.

»Einige Leute sagen: Jetzt sind alle gleich, jetzt kann es weitergehen. Das passt jenen, die von dem System profitiert haben. Aber es trägt nicht zur Wiedergutmachung bei. Und es kann den über Generationen gewachsenen Rassismus – den greifbaren Hass auf der einen und die Minderwertigkeitsgefühle auf der anderen Seite – nicht ungeschehen machen.«

Der Gefangene

Einen Monat nach den Bombenanschlägen in Worcester rief der damals 19 Jahre alte Daniel Stephanus »Stefaans« Coetzee die Polizei an. Er hielt sich auf einer Farm in der Großen Karoo versteckt, einer dünn besiedelten Halbwüste im zentralen Westen des Landes. Mit dem Anruf bekannte er sich zu seiner Mittäterschaft bei den Attentaten. Respektvoll wandte er sich an den Polizeibeamten im Dienst und nannte ihn *»Oom«* – Onkel. Er sagte, nachdem er gehört habe, dass drei Kinder unter den Toten waren, bleibe ihm keine andere Wahl, als sich zu stellen.

Zum Zeitpunkt seiner Inhaftierung und während der ersten Jahre seiner Gefangenschaft war Coetzee Mitglied in fast allen rechtsextremen Organisationen Südafrikas. Einige sind derart obskur, dass anscheinend nicht einmal ihre Anhänger genau erklären können, welche Ziele sie verfolgen. Sie heißen: Wit Wolwe, Israel Visie, Boere Aanvals Troepe. Aus dem Gefängnis heraus hielt Coetzee Kontakt zu deutschen Neonazis sowie zu Mitgliedern des amerikanischen Ku-Klux-Klan und bestärkte sie in ihren Vorhaben. Innerhalb der pseudomilitärischen Strukturen der nationalen Organisationen stieg er immer höher auf. Ein Vorzeigejunge der weißen Extremisten.

Aber in der Hackordnung des Helderstroom-Hochsicherheitsgefängnisses in der Provinz Western Cape war er ein Niemand. »Ich war 19 Jahre alt und weiß. Jeder wollte mich vergewaltigen«, sagt Coetzee über seine ersten Jahre in überfüllten Großraumzellen, in denen 60 bis 120 Männer untergebracht waren. »Es gelang mir nicht, eine untere Pritsche zu bekommen. Nicht einmal eine obere Pritsche. Ich bekam überhaupt keine Pritsche.« Coetzee schlief auf dem Fußboden.

Als ich ihn im November 2009 im Zentralgefängnis von Pretoria kennenlerne, wo er seit mehr als zehn Jahren einsitzt, ist Coetzee gerade 32 geworden. Obwohl er noch immer erstaunlich jung wirkt, hat er feine Fältchen um die Augen, wie man sie sonst nur bei wesentlich älteren Männern sieht. Sein dunkles Haar ist flaumig und sehr kurz geschnitten. Die Schnalle des Ledergürtels, der seinen orangefarbenen Gefängnisoverall hält, sitzt im letzten Loch. Man glaubt gern, dass er vor seiner Inhaftierung ein schneller und ausdauernder Läufer war, der auch bei großer Hitze mit wenig Proviant und Wasser auskam. »Ich bin für mein Leben gern gelaufen«, sagt er, als ob er, wenn er die Worte laut ausspricht, die Beine wieder frei bekäme. »Ja, ich war ein guter Läufer.«

Coetzee und ich sitzen einander gegenüber, Knie an Knie, in dem großen, gelben Besucherraum der Haftanstalt. Durch ein paar Fenster fällt ein trübes Tageslicht herein, das aber gegen den grünlichen Schein der Neonröhren nichts ausrichten kann. Es ist später Vormittag, und schon seit dem frühen Vorabend regnet es ununterbrochen. Deshalb ist es kalt, und wir frösteln beide. Coetzee erzählt mir, er sei 1977 geboren, als Sohn einer nachlässigen Mutter und eines ständig betrunkenen Vaters. Anfangs wohnte er bei seinem Vater im damals unabhängigen Oranje-Freistaat, der heutigen Provinz Free State. Als er acht oder neun war, machte sich sein Vater aus dem Staub. Nachdem er eine Zeit lang in einem Waisenhaus gelebt hatte, wurde er wieder bei seiner Mutter untergebracht, in Upington in der Provinz Northern Cape.

In den folgenden sechs, sieben Jahren fiel Coetzee immer wieder durch die Maschen des sozialen Netzes und wurde von einem Heim ins andere abgeschoben. Bis ihn schließlich im Alter von 15 oder 16 ein Mann namens Johannes van der Westhuizen unter seine Fittiche nahm.

Van der Westhuizen, ein Anführer der ultrarechten weißen Suprematistensekte Israel Visie, war strenger Vegetarier. Er nahm keine Drogen, trank keinen Alkohol und besaß eine umgeschriebene Bibel, in der die Idee propagiert wurde, jeder Nichtweiße sei ein wildes Tier. Für Coetzee war van der Westhuizen so etwas wie ein Vater.

Rund 500 Kilometer nordöstlich von Kapstadt liegen die Hochebenen der Great Karoo. Hier ist der Nachthimmel so schwarz, dass man gewissermaßen bis zum Anbeginn der Zeit zurückblicken kann. Zu Anfang des 19. Jahrhunderts versteckten sich auf den weiten Ebenen unterhalb der blauschwarzen Nuweveldberge noch Banditen, Viehdiebe und Waffenschmuggler. Selbst heute gibt es hier so wenige Menschen, die zäh oder verrückt genug sind, der harten, nach Pfeffer duftenden Erde ihren Lebensunterhalt abringen zu wollen, dass die Gegend als ein Dorado für Sterngucker gilt – und auch für jene Zeitgenossen, die von der modernen Welt nicht gefunden werden wollen.

Diese tiefe Abgeschiedenheit war ganz nach dem Geschmack von van der Westhuizen, einem Mann, der die südafrikanische Realität nach der Apartheid beharrlich ignorierte. Auf der Farm, die er in dieser Einöde gepachtet hatte, wurden die Bombenanschläge von Worcester geplant.

»Zu Beginn meiner Haft ließ ich mir wieder eine Bibel geben«, sagt Coetzee. Dann erzählt er mir, wie er nach und nach jenen Hass überwand, dem er es zu verdanken hatte, dass er in einem Hochsicherheitsgefängnis auf dem Fußboden einer überfüllten Zelle gelandet war. »Aber in der Bibel, die ich bekam, stand nicht dasselbe, wie in der, die ich bei van der Westhuizen gelesen hatte. Ich erkannte, dass seine Bibel verfälscht war. So fing es an.«

Coetzee wurde in das Zentralgefängnis nach Pretoria verlegt. Dort absolvierte er ein Anti-Aggressions-Training und besuchte Kurse für Möglichkeiten der Wiedergutmachung. In einem Brief an die Gefängnisverwaltung bat er um die Erlaubnis, sich bei seinen Opfern und deren Familien entschuldigen zu dürfen (man riet ihm davon ab). Doch obwohl Coetzee seine Tat bereute, war er noch immer ein Rassist.

Anfang 2002, fünf Jahre nach seiner Inhaftierung, wurde er bei einem Arbeitseinsatz einem älteren Insassen zugeteilt: Eugene de Kock. Der Mann, heute Anfang 60, verbüßt eine Strafe von zweimal lebenslänglich plus 212 Jahre für Verbrechen, die er während seiner Zeit als Leiter der berüchtigten geheimen Antiterroreinheit C1 der südafrikanischen Polizei begangen hatte. (Seine Leute nannten ihn »prime evil« – etwa: den »Teufel in Menschengestalt« –, ein Name, unter dem er auch in den Medien bekannt wurde). Die beiden Männer mussten stundenlang gemeinsam Fußböden wischen.

Coetzee erzählt von ihrer Begegnung: »Eugene hat gesagt: ›Pass auf, Stefaans, du musst aufhören, dich nur wegen deiner Hautfarbe für etwas Besseres zu halten. Glaub mir, ich musste es auch auf die harte Tour lernen.‹ ›Verschon mich damit‹, hab ich ihm geantwortet. Aber er ließ nicht locker. ›Solange du ein Rassist bist‹, erklärte er mir, ›steckst du in zwei Gefängnissen. Mit dem Körper im einen – und mit dem Herzen im anderen.‹«

Wenn jedes südafrikanische Kind, das aus schwierigen häuslichen Verhältnissen kommt, als Erwachsener eine Gewalttat begehen würde, wäre das Land menschenleer. Doch auch so gibt es jeden Tag 50 Morde und 140 angezeigte Vergewaltigungen – bei einer Dunkelziffer, die vermutlich in die Hunderte geht.

»Ja, die Gewalt ist tief in dieser Kultur verwurzelt«, sagt Marjorie Jobson, die nationale Leiterin der Khulumani Support Group. »Man darf nicht vergessen, dass die Kinder, die in der Atmosphäre der Apartheid aufwuchsen – mit allen Lektionen, die diese Ära zu lehren hatte –, die Erwachsenen von heute sind.«

Jobson ist eine einnehmende, freundliche Ärztin Mitte 50. An einem makellosen Sommernachmittag Ende 2009 nimmt sie mich von Johannesburg im Auto mit nach Pretoria. In den Vororten der südafrikanischen Verwaltungshauptstadt stehen 50 000 Jakarandabäume in voller Blüte und verleihen ihr einen kitschigen, lilafarbenen Glamour. Beete mit Schmucklilien säumen die Straßen. Überall hängen Werbeplakate für die Fußballweltmeisterschaft; parallel zur Straße wird die Trasse eines Hochgeschwindigkeitszuges gebaut.

»1994 waren alle Menschen erschöpft. Ich glaube, sie wollten nur noch, dass die Apartheid aufhört. Alles Weitere würde die Regierung schon regeln. Aber so kam es nicht«, sagt Jobson. »Es liegt an jedem einzelnen Südafrikaner, sich aktiv für die Restitution einzusetzen. Es geht um die Macht des Einzelnen. Darum, entweder unsere gewaltsame Geschichte fortzuschreiben oder einen Beitrag zu einer gerechten und friedvollen Gesellschaft zu leisten.«

So kommen wir auch auf Coetzee zu sprechen. Irgendwann im Jahr 2004 bekam Jobson einen Anruf von Eugene de Kock. Er hatte die Khulumani-Gruppe lange Zeit dabei unterstützt, den Verbleib der Menschen aufzuklären, die in den Jahren der Apartheid verschwunden waren – denn er ist verantwortlich dafür, was mit ihnen geschah.

De Kock erzählte Jobson, dass er seit zwei Jahren einen jungen Mann namens Stefaans Coetzee kenne. »Stefaans wollte seine Opfer treffen und sie für seine Tat um Verzeihung bitten«, sagt sie. Jobson erklärte sich bereit, ihm zu helfen. Nur hatte Coetzee leider keine Ahnung, wie seine Opfer heißen. Er wusste nur, dass drei der Toten Kinder waren. Mehr nicht.

Die Präsidenten

Während seiner zweiten Amtszeit als Präsident von Südafrika entließ Thabo Mbeki 2005 den Vizepräsidenten Jacob Zuma. Der hochrangige Politiker war in einen Korruptionsskandal verwickelt, bei dem es um ein Waffengeschäft im Umfang von fünf Milliarden Dollar ging (die Anklage wurde im April 2009 fallen gelassen). Mbeki muss geglaubt haben, es sei eine zukunftssichernde Entscheidung, sich von diesem lästigen Hohepriester des Populismus zu befreien. Stattdessen erwies sich dessen Entlassung als politischer Todesstoß für Mbeki, denn sie führte zu einer tiefen Spaltung der Regierungspartei, des African National Congress (ANC). Im Oktober 2005 verbrannten Zumas Anhänger bei einer Protestaktion T-Shirts mit Mbekis Konterfei.

Zuma und Mbeki könnten – obwohl beide gleichermaßen langjährige ANC-Aktivisten waren – unterschiedlicher nicht sein. Mbeki ist ein Xhosa aus der Provinz Eastern Cape, hochgebildet und emotional unnahbar. Zuma ist ein Zulu aus KwaZulu-Natal. Er hat keine formale Schulbildung. Sein Kampf gegen die Apartheid brachte ihn hinter Gitter; zehn Jahre lang war er auf der

Gefängnisinsel Robben Island inhaftiert. Er hat drei Ehefrauen. Er musste sich in einem Vergewaltigungsverfahren verantworten; 2006 wurde er freigesprochen.

Auf einer gemeinsamen Sitzung beider Kammern des südafrikanischen Parlaments am 21. November 2007 verkündete Mbeki, er wolle einen besonderen Amnestieprozess einführen: Dieser umfasse bestimmte Gnadengesuche für politisch motivierte Verbrechen, die zwischen 1994 und 1999 begangen worden waren. Mbekis offizielle Begründung dafür lautete, dass er die Aktivitäten der Wahrheits- und Versöhnungskommission TRC beenden wolle. Inoffiziell sahen viele in diesem Vorhaben einen Versuch des schwächelnden Präsidenten, sich dringend benötigte Unterstützung zu verschaffen.

Im folgenden Jahr legte eine Arbeitsgruppe, die aus je einem Vertreter der 15 amtlich zugelassenen politischen Parteien bestand, dem Präsidenten eine Liste mit 120 Häftlingen vor, die für eine Begnadigung infrage kämen.

»Es war ein Versuch, politisch die Hand auszustrecken«, sagt Tshepo Madlingozi von der Universität Pretoria. Aber dieser neue Begnadigungsprozess ließ den moralischen, emotionalen und politischen Kern der TRC außer Acht: Fortan sollten die Häftlinge ohne Anhörung der Opfer amnestiert werden. Menschenrechtsgruppen kritisierten, es gehe bei diesem präsidialen Gnadenerlass nicht um Aussöhnung, sondern um politisches Kalkül – also darum, einen Schlussstrich zu ziehen.

Acht Organisationen, darunter auch die Khulumani Support Group, strengten dagegen eine Klage an, über die schließlich am 10. November 2009 vor dem südafrikanischen Verfassungsgericht verhandelt wurde. Mbeki hatte inzwischen seinen Rücktritt eingereicht, und Jacob Zuma – JZ, wie er allgemein genannt wird – war Südafrikas neuer Präsident.

Der Vermittler

Von der Liste der politischen Gefangenen, die für eine mögliche Begnadigung infrage kamen, sprang Marjorie Jobson der Name des Mannes entgegen, den Eugene de Kock bei seinem Anruf aus dem Gefängnis erwähnt hatte: Stefaans Coetzee.

»Einerseits gehörte die Khulumani-Gruppe zu den Klageführern, die gewährleisten wollten, dass die Rechte der Opfer beim Begnadigungsprozess berücksichtigt werden«, sagt Jobson. »Andererseits bekam ich zu dieser Zeit immer öfter Anrufe von Stefaans' Betreuer und seinem Pastor. Sie baten mich, ihm dabei zu helfen, ihn mit seinen Opfern zusammenzubringen. Wie nicht anders zu erwarten, waren die Opfer der Bombenattentate von Worcester skeptisch. Sie hatten Fragen. Was soll dieses Treffen jetzt? Was bringt es uns? Plagen ihn Schuldgefühle? Hat er sich wirklich geändert?«

»Ich kämpfe für die Gerechtigkeit«, fährt sie fort, »und mehr noch für den Prozess der Aussöhnung. Es ist nicht immer leicht, diese beiden Ziele zu vereinen.« Deshalb wandte sich Jobson Hilfe suchend an einen bewährten Kollegen: Tshepo Madlingozi.

An dem Tag, an dem ich mich in seinem Büro an der juristischen Fakultät mit ihm treffe, trägt Madlingozi schwarze Jeans und ein Hemd mit hochgekrempelten Ärmeln. Zu unserem Gespräch gibt es die traditionelle Tasse Tee. »Rooibos oder normal?«, fragt mich Madlingozi und lässt mir die Wahl zwischen dem heimischen südafrikanischen Getränk oder gewöhnlichem schwarzem Tee. Dann bläst er in seine Tasse und blickt mich über ihren Rand hinweg an. »Wir beschlossen, dass ich Coetzee besuchen sollte, um festzustellen, ob er es ernst meint. Ich war sehr nervös, sehr skeptisch. Ich wusste nicht, wie ich auf ihn reagieren würde.«

Die Begegnung zwischen Madlingozi und Coetzee wurde für Mitte April 2009 im Büro des Betreuers im Gefängnis von Pretoria vereinbart. »Ich erwartete einen Menschen, den ich mir von seinem Äußeren her sehr rassistisch vorgestellt hatte, wissen Sie? Nicht diesen Burschen, der dann ins Büro kam. Einen jungen Mann, ungefähr in meinem Alter. Er sah nicht schlecht aus und war sehr zurückhaltend. Er war genauso überrascht wie ich. Er hatte mit einem alten, radikalen ANC-Aktivisten gerechnet.«

Madlingozi gab Coetzee die Hand und stellte sich vor. Coetzee gab Madlingozi die Hand und dankte ihm für sein Kommen. Die beiden Männer saßen zwei Stunden zusammen und unterhielten sich. »Hauptsächlich über uns selbst«, sagt Madlingozi. »Was ihm im Gefängnis fehlt. Wie ich Anwalt geworden bin. Wie er im Gefängnis gelandet ist. Was wir uns vom Leben erhoffen. Und für unser Land.«

Madlingozi ist einige Monate jünger als Coetzee. Er wurde in der Township Mangaung geboren, einem schwarzen Wohngebiet außerhalb von Bloemfontein im ehemaligen Oranje-Freistaat – geografisch nicht weit von Coetzees Geburtsort gelegen, kulturell aber Welten davon entfernt. »Es war ziemlich trostlos und sehr gewalttätig«, erzählt er.

Madlingozis Vater verdiente sein Geld als Wanderarbeiter in einem Goldbergwerk. »Die Wanderarbeit war einer der verheerendsten Aspekte der Apartheid«, sagt Madlingozi. »Sie zerstörte Familien und Gemeinden. Für die Apartheidregierung war sie ein Weg, um an Kapital zu kommen, aber sie raubte den Männern ihre Würde, weil sie nicht zu Hause sein konnten, um für ihre Familien zu sorgen. Für die Angehörigen, die zurückblieben, bedeutete dies, dass sich der Vater, wenn er nach drei Monaten zurückkam, nicht mehr in die Familienstruktur einfügen konnte. Viele Männer behaupteten ihre Stellung mit Gewalt.«

Der harte Arm des Gesetzes: Die Slums vor Kapstadt sind von Gewalt und Drogen geprägt. Bei einer Razzia in den Cape Flats zwang die Polizei diesen Mann, sich zu entkleiden, nahm ihn aber nicht fest. Die Problemviertel lassen keine Zweifel, wie dringend der Handlungbedarf bei der Verbrechensbekämpfung ist.

Madlingozis Vater starb an einem Herzinfarkt, als sein Sohn 14 war. »Meine Mutter und ich waren in eine Bergwerksstadt in seiner Nähe gezogen. Wir fingen gerade erst an, wieder miteinander vertraut zu werden. Er verschlang einen Roman nach dem anderen, wir haben viel zusammen gelesen.« Madlingozi beendete die Schule in Welkom, einer Goldminenstadt, die in den Vierzigerjahren von der Anglo American Corporation gegründet worden war.

Madlingozi beugt sich vor. »Die Begegnung mit Stefaans hat mich in meinem Glauben an die Zukunft Südafrikas neu bestärkt«, sagt er. »Meine Weltanschauung ist geprägt vom schwarzafrikanischen Selbstverständnis – wir nennen es Black Consciousness –,

Soweto lebt auf. Die chaotische Township wandelt sich zum blühenden Johannesburger Vorort. Diese Entwicklung wurde durch die 65 000 Quadratmeter große Maponya Mall noch beflügelt. Der Einkaufskomplex aus Glas und Stahl wurde 2007 eröffnet. Er zieht jeden Monat rund 1,5 Millionen Besucher an.

und daran ändert sich nichts, nur weil ich Stefaans kennengelernt habe. Aber die Begegnung mit ihm hat mir gezeigt, dass sich selbst der glühendste Rassist – ja sogar ein Mörder – wandeln kann. Und demütig werden kann. Ja, Stefaans hat mich inspiriert. Mit seiner Intelligenz, seiner Bescheidenheit, seinem sicheren Gespür für die Folgen seiner Taten und die des Apartheidsystems. Und mit seinem Wissen darum, dass es bei der Aussöhnung nicht nur darum geht, guten Willen zu zeigen.«

Madlingozi stützt das Kinn in beide Hände. »Ich kann verstehen, wenn mich manche Leute kritisieren und sagen, dass ich unsere Sache verraten habe. Wie kann ich mich bloß in diesen Mann hineinversetzen? Aber es geht eben nicht nur um den Sieg.

Wenn wir nur darauf aus sind zu gewinnen, wird es immer Verlierer geben. Es muss doch unser Ziel sein, gemeinsam weiterzukommen.« Dann lacht er und sieht mich fast herausfordernd an. »Ja, es ist kompliziert – und es kann sehr persönlich werden. Aber das ist nun mal die Realität. Und damit müssen wir arbeiten.«

Das Opfer

Die Autofahrt von Worcester nach Pretoria dauert zwei Tage, rund 16 Stunden, mehr oder weniger. Marjorie Jobson hat für Olga Macingwane und drei andere Einwohner aus Zwelethemba einen Mietwagen organisiert, um am 10. November 2009 zu der Anhörung vor dem Verfassungsgericht zu fahren. Die vier erklären sich bereit, am Tag zuvor Stefaans Coetzee im Gefängnis zu besuchen – aber nur unter der Bedingung, dass sie es nicht täten, um ihm zu verzeihen.

»Ich bin nicht hier, um ihm zu vergeben«, sagt Olga Macingwane mit Nachdruck. »Ich bin hier, um dem Mann in meinem Kopf in die Augen zu sehen. Und ich will hören, was er zu seiner Verteidigung zu sagen hat.«

Nach dem Attentat hat es das Leben nicht gut mit ihr gemeint – und nicht nur in gesundheitlicher Hinsicht. Die Kader der Regierungspartei ANC missbrauchten die Begräbnisse nach den Bombenanschlägen zur politischen Selbstdarstellung. Sie fuhren behinderte Überlebende im Rollstuhl durch die Straßen und sangen dabei alte Kampflieder.

Polarisierende Gesänge auf beiden Seiten der alten Gegner verhärten gerade jetzt abermals die Fronten, seit am 3. April 2010 der Rechtsextremist Eugène Terre'Blanche ermordet wurde. Während Julius Malema, Anführer der ANC-Jugendliga, das inzwischen gerichtlich verbotene Lied »Tötet den Buren« wiederbelebte, sangen Hunderte Gäste bei der Trauerfeier für Terre'Blanche die alte Landeshymne aus der Apartheidszeit: »Die Stimme Südafrikas«. Keine guten Signale für die WM.

Der 9. November 2009 ist ein heißer Tag. Olga Macingwane und ihre Mitfahrer aus Zwelethemba – darunter auch Harris Sibeko, der Mann jener Frau, die zur Zeit des Attentats stellvertretende Bürgermeisterin war – betreten im Zentralgefängnis von Pretoria das Büro des Sozialarbeiters. Coetzee ist bereits da. Er trägt einen orangefarbenen Overall mit dem Aufdruck »Häftling«. »Ich war schockiert«, sagt Macingwane später. »Was ich da sehe, ist ein Junge! Nicht der Mann, den ich seit all den Jahren im Kopf habe. Wie kommt der hierher?«

Macingwane bittet darum, dass das Treffen mit einem Gebet beginnt. Es wird still. Sie kniet nieder – es fällt ihr schwer, weil ihr nach den zwei Tagen im Mietwagen die Beine schmerzen – und beginnt, auf Xhosa zu beten. Sie dankt Gott dafür, dass er Südafrika einen neuen Tag geschenkt hat. Sie bittet Gott, ihr ihre Schuld zu vergeben, wie auch sie ihren Schuldigern vergeben wird. Sie bittet Gott, dass er heute, in diesem Raum, seinen Willen geschehen lassen möge.

Die Unterhaltung wird in einer Mischung aus Xhosa, Afrikaans und Englisch geführt. Macingwane schweigt die meiste Zeit. »Bevor ich etwas sage, muss er sich rechtfertigen«, hatte sie zuvor angekündigt. Coetzee erzählt von der Planungsphase, die den Bombenattentaten vorausging, und dass er wegen seiner militärischen Fähigkeiten dafür ausgesucht wurde. Er redet über seine Jahre im Gefängnis.

Dann erklärt er sich bereit, Fragen zu beantworten. Die Gruppe reagiert, als ob sie darauf gewartet hätte. Woher sein Hass auf Schwarze rühre. Wie er den Hass überwunden habe. Ob er seine Tat bereue. Was er ihnen als Wiedergutmachung anbieten könne.

Zwei im Glück. Die Frischvermählten Felicity Nyikadzino Berold und Ralph Berold, beide 33, genießen eine Partie Scrabble am Zoo Lake in Johannesburg. »Es hat sich viel verändert«, sagt Ralph: »Es gibt zwar noch Rassismus, aber die neue Generation ist für die Vielfalt der Gesellschaft.«

Coetzee sagt, dass er keine materiellen Werte besitze, nur den Ledergürtel, den er um den Overall geschnallt hat. Aber, sagt er, so Gott will, möchte er, wenn er freikommt, versuchen, seine Schuld abzutragen. »Es gibt Kinder in Südafrika«, sagt er, »die keine Eltern haben. Sie könnten in Versuchung geraten, sich gewalttätigen Banden anzuschließen und den Weg des Zorns statt den der Liebe zu gehen. Ich kann ihnen zeigen, dass man als Erstes sein eigenes Leben verändern muss.«

Auf die Frage, was er sich für seine Zukunft erträume, antwortet Coetzee, dass er gern heiraten würde. Dann müsse er auch seiner zukünftigen Frau und seinen Kindern, wenn er welche haben sollte, beichten, dass er ein Mörder ist. Hier meldet sich

Blick nach vorn: Der Stacheldraht, an dem diese Frau in Soweto ein Spitzentuch zum Trocknen aufgehängt hat, soll Kriminelle fernhalten. Nelson Mandelas Worte – geäußert im Jahr 1976 nach Sowetos Anti-Apartheids-Aufstand – gelten noch heute: »Viel wurde erreicht, und viel bleibt noch zu tun.«

Harris Sibeko zu Wort. »Hör mal, Junge, damit musst du aber warten, bis das Kind alt genug ist. Es muss verstehen können, was du sagst, sonst wird es dich hassen.«

Sibeko wendet sich der Gruppe zu und fragt: »Meint ihr wirklich, dass wir diesen jungen Mann einen Mörder schimpfen können? Gibt es für ihn nicht ein besseres Wort?« Er beantwortet sich die Frage gleich selbst: »Ich finde, man sollte ihn einen militärischen Kämpfer nennen.«

Die Gruppe gibt Sibeko recht. Dann fragt Sibeko Coetzee, ob er im Gefängnis Besuch bekomme. Coetzee antwortet, dass ihn manchmal ein ehemaliger Mithäftling besuche. Sibeko ist entsetzt. »Und keiner aus deiner Familie?« Coetzee antwortet: »Nein.« Das

Gespräch dauert zwei Stunden. Schließlich steht die Frau auf. Sie kämpft mit ihren Emotionen, das ist für sie ungewöhnlich. Sie sagt: »Stefaans, wenn ich dich sehe, sehe ich den Sohn meiner Schwester in dir, und ich kann dich nicht hassen.«

Sie breitet die Arme aus. »Komm her, Junge«, sagt sie auf Xhosa. Coetzee lässt sich von ihr umarmen. »Ich vergebe dir«, sagt Olga Macingwane leise. »Ich habe gehört, was du zu sagen hattest, und ich vergebe dir.«

Das Gesetz

Von den 120 politischen Häftlingen, die für eine Begnadigung durch den Präsidenten infrage kamen, war Daniel Stephanus Coetzee der einzige Täter, der seine Opfer kennenlernte. Am folgenden Tag, dem 10. November, versammelt sich das südafrikanische Verfassungsgericht. Vier der Richter sind von Präsident Zuma neu ins Amt berufen worden. Beim ersten Punkt auf der Tagesordnung geht es um die Gründe, die dafür oder dagegen sprechen, dass der Präsident das Recht haben soll, politische Häftlinge ohne Anhörung ihrer Opfer zu begnadigen. Zumas Anwalt plädiert für uneingeschränkte Befugnisse. Der Anwalt eines der Häftlinge spricht sich ebenfalls dafür aus. Ein Vertreter der Menschenrechtsgruppen hingegen sagt, dass keinem politischen Straftäter Amnestie gewährt werden dürfe, ohne dass die Betroffenen seiner Taten angehört werden. Am 23. Februar 2010 wird das Verfassungsgericht zugunsten der Opfer urteilen.

Vor Gericht anwesend sind mehr als drei Dutzend Leidtragende politisch motivierter Straftaten. Mehrere der Opfer tragen T-Shirts mit der Aufschrift: »Keine Aussöhnung ohne Wahrheit, Entschädigung, Wiedergutmachung«. Zu ihnen gehört auch Olga Macingwane. »Ich vergebe ihm, aber ich kann ihn nicht begnadigen«, sagt sie. »Wir sind jetzt ein Rechtsstaat. Ein Land, in dem die Stimmen aller Menschen respektiert werden. Ob Stefaans begnadigt werden soll oder nicht, muss das Gesetz entscheiden.«

Am 23. Januar 2010 versammeln sich Repräsentanten aus Worcester und Zwelethemba in der Niederländisch-Reformierten Kirche in Worcester. Auf der anderen Straßenseite, in einem weitläufigen Park, steht ein Mahnmal für die vier Menschen, die 1996 bei den Attentaten ums Leben kamen. Macingwane und Sibeko berichten von ihrer Begegnung mit Coetzee und dass sie ihm vergeben haben. Möglichkeiten der Wiedergutmachung werden diskutiert – ein Jugendzentrum und eine Arbeitsvermittlungsstelle sind zwei Vorschläge. Die Gruppe einigt sich darauf, Coetzee zu einem Gottesdienst nach Worcester einzuladen, falls es die Gefängnisverwaltung genehmigt. Der Termin für ein Folgetreffen wird festgelegt. Olga Macingwane wird in das Präsidium gewählt, das in den kommenden Monaten und Jahren die Fortschritte beim Wiedergutmachungsprozess beobachten soll.

»Nachdem ich Stefaans vergeben hatte«, sagt sie, »verlor das Etikett ›Opfer‹ die Macht über mich. Körperlich werde ich wohl immer unter den Schmerzen leiden. Aber seelisch habe ich endlich so etwas wie Frieden gefunden. Ich bin nicht mehr Olga das Opfer. Nur noch Olga. Ich bin Mrs. Olga Macingwane.«

Text: Alexandra Fuller
Fotos: James Nachtwey

Fliegen können dem Aas-Parfüm der Orchideenblüte nicht widerstehen.

So bunt treiben es Blumen und Bienen – und das nur, weil die Orchideen ihre Gene so weit wie möglich verbreiten wollen.

Liebe und Lügen – Orchideen

Anders als andere Tiere zollen wir Menschen den Pflanzen zu wenig Respekt. Dabei existierten Pflanzen schon Jahrmillionen, ehe wir die Bühne der Evolution betraten. Gut, sie können nicht laufen, keine Werkzeuge herstellen oder Feuer machen, und sie haben keine Sprache in unserem Sinne. Für Tiere wie uns sind das Fähigkeiten und Eigenschaften, die wir »hoch entwickeltem« Leben zuschreiben. Wenn Sie nun das nächste Mal das menschliche Bewusstsein als Krone der Evolution preisen, überlegen Sie vielleicht mal kurz, woher diese Einschätzung kommt. Aus Ihrem eigenen menschlichen Bewusstsein. Also nicht unbedingt einer objektiven Quelle.

Bestaunen wir lieber ein paar andere Bestleistungen der Evolution. Während wir uns an Fortbewegung, Bewusstsein und Sprache übten, schufen die Pflanzen ein ganz anderes Repertoire für erfolgreiches Überleben. Die Hauptfrage war: Wie verbreitet man am besten die eigenen Gene, wenn man festgewachsen ist? Nun, die Pflanzen fanden spektakuläre Lösungen mithilfe von Biochemie, Ingenieurstechnik, Design und Farbe; und in der Kunst, die »höheren« Wesen bis hin zu Tieren wie uns zu manipulieren.

Ganz besonders gilt das für eine der größten Familien von Blütenpflanzen: für die Orchideen.

Wir kennen derzeit rund 25 000 Orchideenarten. Diesen Pflanzen ist es im Laufe von etwa 80 Millionen Jahren gelungen, sechs Kontinente und praktisch jeden Lebensraum an Land zu kolonisieren – von den Wüsten Westaustraliens bis zu den Nebelwäldern Mittelamerikas, vom Dach des Regenwalds bis unter die Erde, von entlegenen Gipfeln bis in Wohnzimmer und Büros auf der ganzen Welt.

Das Geheimnis ihres Erfolges? Kurz gesagt: Betrug. Versprechen, die nicht gehalten werden. Einige Orchideen bieten zwar Insekten und Vögeln, die ihren Pollen von einer Pflanze zur nächsten transportieren, immer noch eine Belohnung in Form von Nahrung. Doch etwa jede dritte Orchideenart hat schon vor langer Zeit entdeckt, dass sie den Aufwand an Nektar reduzieren und ihre Vermehrungschancen verbessern kann, indem sie Leistungen in Anspruch nimmt, ohne dafür zu bezahlen. (Kleiner Hinweis: Wenn ich im Zusammenhang mit Orchideen Worte wie »entdecken«, »täuschen« oder »austricksen« verwende, ist mir schon klar, dass es eigentlich um einen komplizierten Mechanismus der Evolution geht, in dem sich Pflanzen und Tiere aneinander anpassen. Es ist, wenn Sie so wollen, eine sehr vermenschlichende Wortwahl.)

Orchideen »betrügen« also, sie täuschen Augen, Nasen oder Tastempfindungen, und manchmal alle drei auf einmal. Manche Orchideen locken Bienen mit der Aussicht auf Nahrung an, indem sie das Aussehen anderer nektarproduzierender Arten nachahmen. *Dracula*-Blüten imitieren Düfte von Pilzen und faulendem Fleisch, von Katzenurin und vollen Babywindeln (wirklich, ich habe an ihnen gerochen) und ziehen damit Fliegen an. Manche Orchideen versprechen Obdach und setzen dazu Blütenformen ein, die aussehen wie Bohrlöcher von Insekten oder wie Bruträume ihrer Larven. Andere imitieren Drohnen – männliche Bienen – und hoffen auf Attacken von Konkurrenten, die dabei als Bestäuber fungieren. Aber der wirksamste Trick der Orchideen ist es, leicht erreichbaren Sex zu versprechen.

Dabei wollte ich zusehen und reiste nach Sardinien. Diese bergige, dünn besiedelte Insel vor der italienischen Westküste ist für die Artenvielfalt ihrer Blumen bekannt. Ganz besonders interessierte mich dort die Ragwurz. Manche nennen sie »Hurenorchidee«. Ich hatte einen Pflanzenführer zur Hand, in dem steht, zu ihren Methoden zählten Sexualtäuschung und Pseudokopulation. Den bestäubenden Insekten wird demnach guter Sex versprochen. Aber nur die Pflanze hat etwas davon.

Im Fall der Ragwurz kann das betrogene Tier eine Fliege, Biene oder Wespe sein. Diese Orchidee hat weder Nektar noch verzehrbaren Pollen zu bieten. Sie stellt die eigene Bestäubung nur sicher, indem sie einem Insektenmännchen vormacht, hier würde ein williges Weibchen warten. Bei der Art, die ich mir näher anschaue, imitiert die Orchidee nicht nur das Aussehen, sondern auch den Duft einer Biene und sogar die Art, wie sie sich anfühlt.

In vielen Regionen ist die Orchideensuche mühsam. In den sardischen Bergen allerdings wächst die Ragwurz wie Unkraut. Zur Blühzeit im April erkennt man sie sogar aus dem fahrenden Auto heraus, obwohl die Blüten nur ein bis zwei Zentimeter groß sind. Aus der Nähe betrachtet, hat die untere Lippe der Blüte (das Labellum) wirklich eine erstaunliche Ähnlichkeit mit einem Bienenhintern. Bei manchen Ragwurzarten ist die Pseudobiene sogar mit einem falschen Pelz und schillernden Flügeln ausgestattet. Es sieht aus, als würde das Insekt mit dem Kopf voran in einer grünen Blüte stecken. Zur Verstärkung der Illusion sondert die

Orchidee auch noch einen Duft ab, der den Bienenpheromonen stark ähnelt.

Davon angelockt, landet eine Drohne auf dem bienenähnlichen Labellum und versucht sich zu paaren, mit Bewegungen – so ist in einem botanischen Nachschlagewerk zu lesen –, »die wie ein heftiger und ausgedehnter Kopulationsversuch wirken«.

Bei diesen fruchtlosen Bemühungen stößt die Drohne an das Gynostemium der Orchidee. Das ist ein Blütenfortsatz, der die männlichen und weiblichen Geschlechtsorgane der Pflanze enthält. Dank einer schnell trocknenden Haftsubstanz bleiben am Rücken der Drohne zwei gelbe Pollenpakete, die Pollinien, kleben. Wenn der Drohne die Aussichtslosigkeit ihrer Bemühungen klar wird, fliegt sie mit den anhaftenden Pollinien davon und sucht hektisch nach echter weiblicher Gesellschaft.

Ich schaue so einer Drohne eine Weile zu. Ihr aufgeregtes Herumfliegen hat etwas Rührendes. Es sieht aus, als hätte sie zwei winzige gelbe Sauerstoffflaschen auf den Rücken geschnallt. Sie ist von einem Sexversprechen – auf Bienensex – in die Irre geführt worden. Und gleichzeitig zum Vermittler von Pflanzensex geworden. Die Drohne ist immer noch auf der Suche nach einer für sie selber befriedigenderen Begegnung. Doch mit ihrer Pollenfracht ist sie nur das, was Botaniker zuweilen einen »Penis mit Flügeln« nennen.

Die Bestäubungsstrategie der Ragwurz ist raffiniert, kompliziert und trickreich. Und weil es kaum fassbar ist, dass sie »nur« das Ergebnis einer natürlichen Anpassung zwischen Tieren und Pflan-

Die Blüten der Spiegel-Ragwurz imitieren perfekt den Widerschein des blauen Himmels auf den Flügeln eines Wespenweibchens. Die Männchen lassen sich täuschen, landen auf der Blüte und transportieren Pollen von dieser zur nächsten.

zen sein soll, dient sie manchen Verfechtern des Intelligent Design als Beleg dafür, dass hier eine höhere Macht die Hand im Spiel haben müsse. Tatsächlich aber liefern die Besonderheiten des Orchideensex gewichtige Argumente für die natürliche Auslese.

Das hatte bereits Charles Darwin erkannt. Zwar war ihm der Sinn der verblüffenden Ähnlichkeit zwischen Ragwurz und Biene ein Rätsel geblieben – die Pseudokopulation wurde 1916 erstmals beobachtet –, doch vieles, was sonst über diese Pflanzen bekannt ist, wissen wir aus seinem Buch »Die verschiedenen Einrichtungen, durch welche Orchideen von Insecten befruchtet werden«. Es erschien 1862, nur drei Jahre nach seinem Werk »Über die Entstehung der Arten«. Manche Forscher vermuten sogar, die Theorie von der natürlichen Auslese wäre wohl weniger skeptisch aufgenommen worden, hätte Darwin zunächst sein Orchideenbuch herausgebracht.

Denn in diesen Blüten identifizierte Darwin florale Strukturen, die »beinahe ebenso vollkommen sind, wie irgend eine der schönsten Anpassungen im Thierreiche«. Ganz genau zeigte er, wie noch die kompliziertesten Merkmale dieser Blumen der Fortpflanzung dienen. Viele sind so perfekt an die Erfordernisse der Pflanze und gleichzeitig an den Körperbau ihrer Befruchter angepasst, dass sich Darwin keine eleganteren Belege für seine Theorie hätte wünschen können.

In einem Fall vergingen Jahrzehnte bis zum endgültigen Was-zu-beweisen-war von Darwins Behauptung, dass die Evolution eine Blüte zum Anlocken und Ausnutzen eines bestimmten Bestäubers entwickelt hätte. Die Orchidee »Stern von Madagaskar« (*Angraecum sesquipedale*) produziert am hinteren Ende eines 30 Zentimeter langen Blütensporns einen Tropfen Nektar. Kein damals bekannter Bestäuber konnte ihn erreichen. Darwin formulierte die Hypothese, dass es sich um einen Nachtfalter mit einem 30 Zentimeter langen Rüssel handeln müsse – ein unwahrscheinliches Geschöpf, das kein europäischer Biologe je gesehen hatte. 20 Jahre nach seinem Tod zeigte sich, dass Darwin recht gehabt hatte: Als Entomologen den Saugrüssel eines neu entdeckten Schwärmers entrollten (*Xantophan morgani praedicta*), maß er – 30 Zentimeter!

Doch die Tricks der Orchideen werfen für Evolutionstheoretiker schwierige Fragen auf. Die natürliche Auslese belohnt selten unnötige Komplikationen. Warum sind also nicht alle Orchideen bei der einfachen Methode geblieben, Bestäubung mit Nektar zu belohnen? Wie um alles in der Welt sind derart umständliche Sexualpraktiken entstanden? Und was haben die betrogenen Bestäuber davon? Sollte die Antwort lauten: »nichts außer Frust«, läge die nächste Frage nahe: Warum sondert die Evolution keine Insekten aus, die so dumm sind, ihre Energie an die botanische Version einer aufblasbaren Gummipuppe zu vergeuden?

Zwei mögliche Erklärungen dafür, warum manche Orchideen sich von der einfachen Nektarbelohnung wegentwickelt haben, gibt der Evolutionsbiologe John Alcock. Der Harvard-Professor beschreibt, wie Botaniker nektarlose Orchideen einmal versuchsweise mit einem Tropfen Nektar versahen. Prompt hielten die Bestäuber sich länger in ihrer Nähe auf und besuchten weitere Blüten auf derselben und auf benachbarten Pflanzen. Das ist aber gar nicht im Interesse der Orchidee: Inzucht beeinträchtigt die Qualität der Samen. Fremdbestäubung dagegen erhöht den Variationsreichtum und die Vitalität des Nachwuchses.

Der sexuelle Frust einer getäuschten Drohne stellt sich demnach als Teil der Orchideenstrategie heraus, ihre Gene breiter zu streuen. Die Biene will ihren Fehler nicht wiederholen. Sie fliegt daher ein gutes Stück weiter und – wenn alles im Sinn der Orchidee abläuft – pseudokopuliert mit einer entfernt wachsenden

Blüte derselben Art, wobei sie das Pollenpaket zurücklässt. Die zweite Orchidee duftet auch wahrscheinlich ein bisschen anders als die erste. Botaniker halten diese subtilen Unterschiede innerhalb einer Art für einen Teil der Strategie. Sie sollen verhindern, dass die Bienen lernen: Diese Blüten betrügen. Die Fachbezeichnung für diese Anpassung lautet »unvollkommene florale Mimikry«. Es ist also gerade die Unvollkommenheit der Orchideenmimikry, die ihre Betrugsstrategie vollkommen macht.

Ein anderer Grund, warum so viele Orchideen keinen Nektar mehr anbieten, liegt womöglich in den Vorteilen einer Beziehung mit einem einzigen, dafür aber treuen Bestäuber. Nektar zu erzeugen kostet eine Blüte viel Energie. Gleichzeitig ist der nährstoffreiche Saft bei so vielen Tieren beliebt, dass er auch Arten anlockt, die den Pollen womöglich nicht zum richtigen Ziel transportieren. Dagegen garantiert ein Duft, der ausschließlich Drohnen einer bestimmten Bienenspezies verführt, dass der Pollen genau dort hinkommt, wo er hin soll: auf die Narbe einer entfernt wachsenden Orchidee der eigenen Art.

Die ungeheure Präzision, mit der Düfte wirken, hilft vielleicht auch zu erklären, wie es zur erstaunlichen Vielfalt in der Orchideenfamilie kam. Eine Mutation, die den Duft einer Orchidee ein kleines bisschen verändert, kann – durch puren Zufall – die Aufmerksamkeit eines ganz neuen Bestäubers erregen und gleichzeitig den bisherigen Pollenboten völlig kaltlassen. So haben Veränderungen in der Duftchemie bei der Entstehung neuer Arten unter Umständen einen ähnlichen Einfluss wie die geographische Isolierung: Junge, mutierte Blüten werden nicht mehr mit

Unübersehbar locken signalrote, fingernagellange Blüten auf einem Baum in Borneo.

Pollen älterer Blüten derselben Art bestäubt. Die neue Variante ist plötzlich von ihren Vorfahren genetisch isoliert. So entstehen mit der Zeit neue Arten.

Bei Orchideen kommt das sehr oft vor. Dabei gibt es rein zahlenmäßig auf der Welt überraschend wenige Orchideenpflanzen. Ihre relative Seltenheit und ihr zumeist verstreutes Vorkommen erfordert deshalb hoch spezialisierte Bestäubungsmethoden, damit der Pollen einen artgleichen Empfänger findet – im Unterschied etwa zu Gräsern, die ihren Blütenstaub vom Wind verbreiten lassen. Genau diese geringe Anzahl ist es, die das Überleben der Orchideen sichert. Gäbe es mehr dieser Betrüger, würden ihre Tricks nicht mehr funktionieren. Sie können nur dort erfolgreich sein, wo die meisten Dinge in der Natur tatsächlich das sind, was zu sein sie vorgeben: Der Geruch von faulendem Fleisch stammt wirklich von faulendem Fleisch, und Blüten bieten wirklich Nektar an und tarnen sich nicht als Insekten.

Im Hinblick auf ihre Fortpflanzung kommt es Orchideen mehr auf Qualität als auf Quantität an. Nicht alle Bestäuber fallen auf das vorgetäuschte Angebot von Sex herein, aber hin und wieder einige, und das reicht der Pflanze schon. Jedes Pollinium enthält eine riesige Menge Pollenkörner. Daraus entstehen Samenhülsen, die jeweils Zehntausende von Samen enthalten. Die sind so winzig, dass sie nicht einmal – wie sonst bei Pflanzensamen üblich – Nährstoffe für den sich entwickelnden Embryo enthalten. Damit der wachsen kann, muss sich die Orchidee erneut auf fremde Hilfe verlassen. In diesem Fall auf einen Pilz.

Es sind mikroskopische Fadenpilze, die überall im Boden vorkommen. Sie dringen in den Samen ein und ernähren den Embryo – wenn alles gut geht, denn von Millionen Orchideensamen finden in der Natur nur sehr wenige den richtigen Pilz. Welchen Vorteil der Pilz seinerseits von dieser Symbiose hat, darüber gibt es verschiedene Vermutungen. Vielleicht gar keinen. Vielleicht wird auch er ja von den Orchideen nur benutzt.

Ausflug nach Panama. Zum Orchideenzüchter Gaspar Silvera. Er trägt meistens einen Strohhut und ist mit einer Frau namens Flor (Blume) verheiratet. Silvera, ein studierter Agronom, widmet sich seit seiner Pensionierung dem Schutz gefährdeter Orchideen sowie der Mühsal, sie zu vermehren. Ich begleite unseren Fotografen Christian Ziegler zu Silveras Gärtnerei ins Städtchen Chilibre. Der Orchideenretter hatte uns telefonisch alarmiert, dass eine seiner Coryanthes blühe. Sie wird wegen ihrer bauchigen Blüte auch Eimerorchidee genannt. Wir hoffen, Zeugen einer dramatischen Befruchtungsszene zu werden.

Als wir ankommen, hat die kanariengelbe Blüte schon zu welken begonnen. Sie riecht aber noch stark nach Aprikosen und Eukalyptus. Das würzig-süße Parfüm hat eine Gruppe männlicher Prachtbienen aus dem nahen Wald angelockt. Die schlanken, stachellosen und bunt schillernden Insekten sind Verwandte der Hummeln. Direkt oberhalb des Labellums, der Blütenunterlippe, rangeln die Bienen um einen Platz auf der glatten Kuppel der oberen Blütenhälfte. Das Labellum bildet ein tiefes Gefäß, in das eine klare, klebrige Flüssigkeit tropft.

Das ist kein Nektar!

Die Bienen kratzen mit ihren Vorderbeinen parfümartige Substanzen von der wachsartigen Blütenoberfläche. Anschließend packen sie die Duftstoffe in Säckchen an den hinteren Schienbeinen um. Erst 1966 fand der Mainzer Botaniker Stefan Vogel heraus, dass die Bienen damit eigene Parfüms erzeugen. Die meisten Tiere, die zur Partnerwerbung Düfte einsetzen, produzieren diese selber. Prachtbienen dagegen sammeln, was die Natur ihnen bietet – außer von Orchideen auch von speziellen Blättern

Die Coryanthes-Orchidee lockt mit einem stark riechenden Sekret Bienen in die Tiefe ihrer Blütenkelche. Der einzige Weg hinaus führt an den Pollinien vorbei, die am Rücken der Insekten haften bleiben wie blinde Passagiere – bis zum Besuch der nächsten Blüte.

und Pilzen –, und mischen daraus eigene Kreationen. Die Drohnen verstreichen das Ergebnis auf ihrem Körper und wedeln mit den Flügeln. Der sich ausbreitende Duft ist für weibliche Bienen unwiderstehlich.

Doch die Coryanthes fordert für ihren Beitrag zu diesem Parfüm einen Preis. Im Gedränge auf dem glatten oberen Blütenblatt verliert immer wieder eine der Drohnen den Halt und rutscht in das kelchartige Labellum ab. Die klebrige Flüssigkeit darin setzt die Bienenflügel zeitweise außer Funktion. Vergebens bemüht sich das Insekt, die glitschigen Wände hochzuklettern. Irgendwann entdeckt es ein paar »Stufen«. Auch sie sind Teile der Orchideenblüte. Sie führen aus dem Kelch heraus durch eine enge Passage zu einem Ausgang am hinteren Ende der Blüte. Die Biene quetscht sich durch den Tunnel. Dabei aktiviert sie einen Federmechanismus, der ihr – richtig geraten! – ein paar gelbe Pollinien auf den Rücken klebt.

Draußen trocknet die Biene ihre Flügel, fliegt zu einer anderen Coryanthes, fällt möglicherweise wieder in den Kelch und bleibt auf dem Weg durch den Tunnel mit ihrem gelben Rucksack an winzigen Haken hängen, wobei sie die Pollen der vorigen Blüte abstreift: Die Bestäubung ist abgeschlossen. Kurz danach fallen die verschwenderisch konstruierten Blütenblätter der Orchidee zu einem Häufchen zerknitterten gelben Gewebes zusammen.

In diesem Fall profitieren beide: Die Blüte wird befruchtet, die Biene wurde mit einer Ladung Parfüm belohnt. Viele andere Orchideen aber bieten nichts außer vorgetäuschtem Sex.

Ein überaus raffiniertes Spiel treiben die Zungenorchideen der Gattung *Cryptostylis* in Australien. Sie locken ihre Bestäuber mit einem Duft, der den Pheromonen weiblicher *Lissopimpla excelsa*-Wespen ähnelt. Jedes Männchen dieser Art wird dadurch hemmungslos erregt. Es landet mit dem Hinterteil zuerst auf dem zungenartigen Labellum und kopuliert mit der Blüte, indem es das Ende seines Unterleibs in die enge Röhre schiebt. Prompt stößt es an die klebrigen Pollinien, die wie gelbe Schwänze am Bienenhintern haften bleiben.

Das aber ist erst der Anfang. *Cryptostylis* begnügt sich nicht mit der Pseudokopulation. In den meisten Fällen ejakuliert das Wespenmännchen im Eifer seiner fehlgeleiteten sexuellen Anstrengungen sogar auf die Blüte. Das ist sicher ein extremes Beispiel für fehlerhafte Anpassung, und man sollte annehmen, dass die natürliche Auslese kurzen Prozess macht mit einem Tierchen, das töricht genug ist, seine Gene an die Blüte einer Pflanze zu verschwenden. Das hinwieder würde nicht nur der Wespe schaden, sondern auch der Orchidee, die ja letzten Endes auf das Insekt angewiesen ist. Und so bizarr die Welt des Orchideensex auch immer erscheinen mag – auch diese komplizierte Beziehung lässt sich erklären.

Bei manchen Insektenarten können die Weibchen Nachkommen mit oder ohne männlichen Samen produzieren – so auch die *Lissopimpla*-Wespen. Werden sie regulär befruchtet, entschlüpfen ihren Eiern Männchen und Weibchen. Ohne Besamung aber entsteht nur männlicher Nachwuchs. Das ist praktisch – für die *Cryptostylis*-Orchidee. Indem sie Wespenmännchen verleitet, Sperma auf ihren Blüten zu verschwenden, verringert die Pflanze die Samenmenge für die Wespenweibchen. Unbefruchtet produzieren sie mehr Wespenmännchen – und damit mehr Bestäuber für die Orchidee.

Und die Wespe? Warum hat die natürliche Selektion ein Insekt, das dumm genug ist, sich mit Blumen zu paaren, noch nicht ausgerottet? Die beste Erklärung dafür hat wieder Harvard-Professor Alcock. Es stimme wohl, sagt er, dass die Wespe manchmal ihre Gene an eine Pflanze verschwende. Auf der anderen Seite sei

Eine *Ophrys*-Hybride lockt mit bienenartiger Blüte ein paarungswilliges Männchen – und heftet ihm gelbe Pollensäckchen an den Rücken (oben). Die *Epidendrum*-Orchidee in Panama (unten) ahmt die Blüten der Seidenpflanze nach. Die wiederum ist Futterpflanze vieler Falter.

Das Schmetterlingsknabenkraut lockt Bienen mit nektarbeladenen »Präsentiertellern« an – eine der »perfekten Vorrichtungen« der Natur, über die schon Charles Darwin staunte.

ihre »sexuelle Begeisterung« eine bessere Fortpflanzungsstrategie als Vorsicht bei der Partnerwahl. Sex zu haben mit allem, was irgendwie lohnend erscheine, produziere trotz romantischer Missgeschicke letztendlich eben mehr eigenen Nachwuchs als das »Warten auf die Richtige«.

Auch wir Menschentiere müssen uns fragen, ob wir nicht dem Charme der Orchideen erlegen sind. Machen es nicht auch wir wie die Prachtbienen, die mit dem Duft der Blüten um Partnerinnen werben? Auch Vertreter unserer Art sammeln Orchideenessenzen zur Parfümherstellung und tragen die Blüten am Revers.

Der Name der Pflanze geht übrigens auf das griechische Wort *orchis* zurück. Das bedeutet Hoden und bezeichnet die typische Form ihrer Wurzelknollen. Denen werden seit langer Zeit liebesfördernde Eigenschaften zugeschrieben. Man muss auch kein Anhänger Siegmund Freuds sein, um in der Passion für diese Blumen den sexuellen Unterton zu erkennen. Das trifft besonders auf Männer zu. Sie stellen die große Mehrheit der Besucher von Orchideenausstellungen; viele zeigen dort sogar Anzeichen eines »Orchideliriums«. So nannte man im England des Viktorianischen Zeitalters, die von den exotischen Blüten ausgelöste Tollheit, hervorgerufen durch die ersten Züchter.

Der typische Viktorianer zeigte sich empört angesichts der »unverhohlenen Sexualität« der Orchideen, notierte Eric Hansen in seinem 2002 erschienenen Buch »Orchideenfieber«. Und er meinte nicht Pflanzen- oder Insektensex. Als »lüsterne Erscheinungen« beschrieb der Kunsthistoriker John Ruskin ihre Blüten.

Lüstern? Ist es möglich, dass Menschen beim Betrachten einer Orchidee – den Prachtbienen ähnlich – eine Darstellung weiblicher Anatomie erkennen? Die amerikanische Malerin Georgia O'Keeffe tat es. Kann es sein, dass Orchideen auch menschliche

Hirne so umgarnen, dass wir uns zu willigen Helfern ihrer Fortpflanzung machen lassen?

Solche Gedanken gehen mir durch den Kopf, als ich Gaspar Silvera zusehe, wie er mit einer schmalen Pinzette ein Pollinium aus einer *Coryanthes* zieht. Er arbeitet mit der ruhigen Hand eines Uhrmachers. Mit der Pinzette nimmt er das Ende des Pollenpakets und drückt es dann an einen Schlitz im Gynostemium einer anderen Blüte. Wenn die Befruchtung gelingt und wenn die Samen von den richtigen Pilzen ernährt werden, besitzt Silvera in fünf Jahren vielleicht eine kostbare neue Blume – und die Orchidee hat Nachkommen, die sonst nie entstanden wären. Ausführlich erzählt er von den Mühen, die er auf sich nimmt, um ganz besondere Exemplare zu finden. »Man könnte schon sagen«, gesteht er, »dass ich mich von Orchideen manipulieren lasse.«

Die erste von Menschen gekreuzte Orchidee erblühte 1856 in der westlichen Welt. Seit jener Zeit ist auch der *Homo sapiens* Orchideenbestäuber – vielleicht noch etwas bewusster als die Bienen. Etwa hunderttausend Orchideenhybriden sind bis heute registriert. Viele sind das Ergebnis menschlicher Hände, die Partner aus weit voneinander entfernten Regionen miteinander verkuppelten. Ohne uns gäbe es sie nicht.

Nicht dass die Orchideen so etwas geplant hätten. In der Evolution gibt es keinen Plan. Doch in dem Moment, als die Orchidee einen der Schlüssel zum menschlichen Verlangen fand und damit unser Herz aufschloss, eroberte sie eine ganz neue Welt – die unserer Gärten und Fensterbänke. Geben wir es ruhig zu: Wir alle sind die Narren der Orchideen.

Text: Michael Pollan
Fotos: Christian Ziegler

Auch in der Nacht ist Moskau eine pulsierende Metropole.

Der Schriftsteller Martin Cruz Smith und der deutsche NG-Fotograf Gerd Ludwig entdecken den düsteren Zauber einer Stadt, die erst nachts ihr wahres Gesicht zeigt.

Moskau bei Nacht

Es ist Mitternacht. Die Stadt bildet ein strahlendes Lichtraster, umschlossen von der goldenen Kuppel der Christ-Erlöser-Kathedrale, dem stalinistisch-grauen Hotel Ukraine und einer dunklen Schleife der Moskwa. Die Lichter der Baustellen, auf denen Tag und Nacht gearbeitet wird, schweben flussabwärts in der Luft; Stahl und Beton verschwinden im Dunkel. Das Chaos des Tages ist vorbei, die Nacht bringt Klarheit.

Doch auf den Sperlingsbergen richtet sich alle Aufmerksamkeit auf eine ungenehmigte Motorradrallye. Spielzeugbunte japanische Modelle, dunkle russische Wostoks, »Monster«-Ducatis, Harleys mit polierten Chrom-Auspuffrohren. Mehrere Hundert Motorradfahrer und Fans drängen sich auf der Aussichtsterrasse und wollen die Maschinen sehen, die lässig wie Filmstars auf ihren Ständern posieren. Eine Harley muss sich bloß räuspern, und die Menge ist begeistert.

Manche Motorräder sind derart aufgemotzt, dass ihre ursprüngliche Form kaum noch zu erkennen ist. Aus einer Ural, in deren Beiwagen normalerweise Kartoffelsäcke transportiert werden, ist ein vor Raketen und Maschinengewehren starrendes Raubtier in Tarnschwarz geworden. Da die Maschinengewehrläufe aus Stuhlbeinen und die Lenkstangen aus Krücken sind, wirkt das alles freilich eher theatralisch als bedrohlich. Trotz viel Leder und Nieten trifft das auch auf die Biker zu. Ich frage einen Grobian mit rasiertem Schädel, was er denn von Beruf ist.

»Ich schlafe«, grollt er.

Was seine Freundin zu dem Zusatz bewegt:

»Fievel ist Programmierer.«

Tagsüber Computerfreak, nachts Bandit.

Mein Freund Sascha ist mitgekommen. Weil Sascha so leise spricht, wirkt er schüchtern. In Wirklichkeit ist er Mordkommissar und wägt seine Worte ab. Bei der Armee hat er Biathlon-Wettkämpfe absolviert – den Sport, bei dem man mit einem Gewehr auf dem Rücken Langlaufski fährt, dann anhält und auf ein Ziel schießt, während das Herz wild in der Brust schlägt. Diese Ruhe besitzt er immer noch.

Wir haben uns vor Jahren in einer irischen Kneipe in Moskau kennengelernt. Meine Kollegin Ljuba und ich feierten den Abschluss von zwei Wochen Recherche für einen meiner Romane. Mittlerweile ist Sascha mit Ljuba verheiratet und gezwungen, meine endlosen Fragen zu beantworten. Er beanstandet allerdings, dass mein Kommissar Arkadi Renko nicht wie er selber gewöhnlicher Polizist ist.

Auf der anderen Seite des Boulevards beginnen die Rennen. Die Fahrer verwischen zwischen den Zuschauern. Die kleinen Motorräder beschleunigen aufheulend, die schweren lassen den Boden erbeben. Das Ziel steht nicht fest, es kann 100 Meter entfernt sein oder am Ende einer Runde um den Gartenring. Auf dieser Ringstraße um das Stadtzentrum erreichen die Motorräder je nach Verkehr bis zu 190 Stundenkilometer.

Ein Biker in Lederoutfit besteigt eine Kawasaki, wohl eine 750er. Was weiß ich schon? Ich bin nur irgendwann mal auf einer Vespa von Rom nach Südspanien gefahren. Damit endet meine Kompetenz auch schon. Ein Mädchen, mit wenig mehr als einem Helm bekleidet, steigt hinten auf, und ich mache mir Sorgen. Sie schweben Richtung Rennspur. Das Mädchen wirkt so zerbrechlich, dass ich mich fragen muss: Wer ist hier zuständig? Wo ist die Polizei?

Die Motorräder donnern von der Startlinie los. Sekunden später sind nur noch die sich entfernenden Rückleuchten zu sehen.

Wer ist zuständig?

Wladimir Putin? Sein Nachfolger Dmitri Medwedew? Die legendären Oligarchen? Der KGB? Nun, in Russland sagt man: »Wer es weiß, weiß es.« Sicher ist, dass Moskau in Petrodollars schwimmt. Hier leben mehr Milliardäre als in allen anderen Städten der Welt – mehr als in New York, London oder Dubai. Millionäre sind so alltäglich wie Tauben. Gemeinsam bilden die Reichen eine Schicht, die, seit sie in den Neunzigerjahren entstand, als »Neue Russen« bezeichnet wird. Einige von ihnen stammen aus der alten Elite und überlebten harte Zeiten wie die »Aluminiumkriege« vor zehn Jahren, in deren Verlauf zahlreiche Manager umgebracht wurden. Andere haben erkannt, dass Bankgründungen einträglicher sind als Banküberfälle. Wieder andere sind junge Finanz-Trapezkünstler, die sich von Hedgefonds zu Hedgefonds schwingen.

Was für eine Veränderung. Als ich 1973 zum ersten Mal nach Moskau kam, schien sich die gesamte Einwohnerschaft bei Sonnenuntergang in eine Gruft zurückzuziehen. Kaum ein Auto fuhr auf der Straße, Schaufensterauslagen präsentierten schon mal einen einzigen Trockenfisch. Der Rote Platz lag verlassen, abgesehen von der Ehrengarde an Lenins Grab. Plakatwände zeigten das versteinerte Gesicht von Generalsekretär Breschnew. Spruchbänder verkündeten: »Die Kommunistische Partei ist die Vorhut der Arbeiterklasse!« In dieser Welt wuchsen die Neuen Russen auf. Und so ist es kein Wunder, dass ihre unterdrückten Energien und Frustrationen leidenschaftlichen Ausbruch gefunden haben.

Russen übertreiben gern. Sie repräsentieren nicht das »alte Geld«, das sich hinter efeubewachsenen Mauern verbirgt. Ihr Geld ist neues Geld, druckfrische Hundertdollarnoten, täglich eingeflogen und fast ebenso schnell wieder ausgegeben. Man muss sich das mal klarmachen: Eine Milliarde Dollar sind tausend Millionen Dollar. Wie kann man Erfolg in diesen Dimensionen feiern? Wie viel Kaviar kann man essen? Wie viel Champagner trinken? Um es richtig krachen zu lassen, gibt es die Nachtclubs. Sie bieten den Reichen Gelegenheit zum »Zeig es, Baby, zeig es!« Dank Gesichtskontrollen bleiben Unerwünschte außen vor. Türsteher taxieren das finanzielle Profil und den Promistatus einer Person – und ob sie eine Schusswaffe trägt.

Dass die GQ-Bar angesagt ist, erkennt man an der Zahl der am Straßenrand aufgereihten Bentleys und Lamborghinis. Ich bin mit der Autorin Lana Kaprischnaja und dem Journalisten Jegor Tolstjakow unterwegs. Lana ist dunkelhaarig und zierlich – sie wiegt inklusive Zigarettenrauch vielleicht 45 Kilo. Scharfzüngig führt sie die Chronik neurussischer Torheiten.

Jegor hat eine Stimme wie für Grabgesänge. Doch wenn man ihn ansieht, lächelt er.

Unwirklich schöne Frauen begrüßen die Gäste. Küsschen links, Küsschen rechts. Die GQ-Bar hat eine Lizenz des Zeitschriftenverlags Condé Nast International, der sie ständig mit neuen Models versorgt. Sie nippen Wasser zu 20 Dollar die Flasche und

Tänzer im »Propaganda«, einem der vielen Moskauer Nachtclubs. In der ersten Liga der angesagten Etablissements herrscht strenge Türpolitik: Rein kommt nur, wer schön ist oder Beziehungen hat.

stochern in Königskrabben, die mit sechs Soßen serviert werden. Die Raumausstattung sieht aus wie in einem Roman von Somerset Maugham: dunkles Holz, träge Deckenventilatoren. Keinen Hunger? *Njet problem.* An die Tränke der VIP-Lounge dürfen nur Löwen. Hier kann Mann sich eine kubanische Zigarre anzünden, sich kultiviert entspannen und noch mehr Geld verdienen.

Die Neurussen sind gesellig. Sie verbinden gern Geschäft und Genuss. Im Büro gibt es viele Ablenkungen: Besprechungen, Anrufe, endlose Einzelheiten. Die Milliardengeschäfte warten in den kühlen Abendstunden. Nach russischer Tradition kann man keinem Mann trauen oder mit ihm Geschäfte machen, solange man sich nicht gemeinsam betrunken hat. Essen, Wodka, Geld – gehört alles zusammen.

Noch viel erstaunlicher als das gepflegte Erscheinen der Männer ist die Verwandlung der Frauen. In den wenigen Jahren seit dem Zusammenbruch der Sowjetunion sind aus kräftigen Erbauerinnen des Sozialismus Tennisstars geworden, die normale Russen um einen Kopf überragen. Tagsüber ziehen Maria-Scharapowa-Klone von Spa zu Spa. Abends rauschen sie aufgedreht durch die Clubs und hoffen, einen eigenen Millionär zu treffen. Während uns der GQ-Geschäftsführer den Club zeigt, beschreibt Lana den Einkaufszettel eines Neurussen: »Eine Wohnung in Moskau, ein Stadthaus in Belgravia, eine Villa in Saint-Tropez, ein Chalet in Courchevel, internationale Schulen für die Kinder, ausländische Banken für das Geld und zu guter Letzt einen Privatjet.«

In Russland ist das ein wunder Punkt. Selbst in den dunkelsten Tagen unter Stalin herrschte ein allgemeines Gefühl von Klassenlosigkeit.

Die Menschen hatten kein Geld, genossen aber Vergünstigungen: eine größere Wurstration, eine zusätzliche Woche im Sanatorium, Zugang zu ausländischen Filmen. Die Neuen Russen sind einem Wolkenbruch aus Dollars entstiegen, und in den Augen der meisten sind sie Diebe. Man verabscheut ihren Lebenswandel, bewundert ihn aber auch und ahmt ihn nach.

Wir verlassen das GQ und gehen in einen Club, in dem eine neue Wodkamarke vorgestellt wird. Weiter zu einem Club im Gorki Park. Dort ist das Publikum gemischter. Man kann mit einem Gummihammer »Whac-A Mole« spielen und auf einem künstlichen Strand spazieren. Netter Laden. Trotzdem kommt es mir vor, als fehlte etwas.

»Welcher ist der aufregendste Moskauer Nachtclub?«

»Na ja«, sagt Lana. »Da wäre das Djagilew.«

»Warum ist es so angesagt?«

»Niemand kommt rein.«

Drei Bahnhöfe – erster Teil

Wenn das Djagilew der Moskauer Olymp ist, dann ist der »Platz der drei Bahnhöfe« der Hades. Offiziell heißt dieser Ort Komsomolskaja-Platz, doch die Einheimischen nennen ihn nach den Kopfbahnhöfen, die hier zusammentreffen: Jaroslawler und Leningrader Bahnhof an der Nordseite und der Kasaner Bahnhof an der Südseite. Auch ein Lenin-Denkmal steht hier. Der Anführer der Oktoberrevolution hält mit der linken Hand seinen Mantelaufschlag, während er mit der Rechten zur Gesäßtasche greift. Er scheint eben zu bemerken, dass ihm seine Brieftasche gestohlen wurde. Das ist der Platz der drei Bahnhöfe.

Täglich kommen hier Tausende Pendler an. Auf den breiten Gehwegen treffen sie auf den Gegenstrom aus Händlern, die mit Kleidung vollgestopfte Koffer in die Provinz transportieren. Straßenverkäufer verhökern Kaninchenfellmützen, Sowjetkitsch, in Zellophan verpackte Rosen und CD-Raubkopien. Touristen taumeln unter ihren Rucksäcken. Zentralasiatische Frauen hasten in mohnblumenfarbenen weiten Röcken vorüber. Soldaten suchen nach Spielhallen.

Alle möglichen Gesichter tauchen auf. Ukrainer mit blauen Augen, habichtähnliche Männer aus dem Kaukasus, bemützte Usbeken, Mongolen und vor allem Tadschiken. Russland steht vor einem ethnischen Debakel: Die Bevölkerung nimmt ab und Tadschiken wandern zu. Sie gelten als fleißig und gewillt, Arbeiten anzunehmen, die von Russen abgelehnt werden.

Um zwei Uhr morgens liegt der weitläufige Platz verlassen. Das diesige Licht der Straßenlaternen enthüllt, was im Verkehrsgewirr des Tages verborgen bleibt. Die Betrunkenen rund um den Kasaner Bahnhof sind anfangs schwer auszumachen. Sie sind so grau wie der Bürgersteig. Keine Gelegenheitstrinker oder Männer auf Sauftour, sondern Alkoholiker mit Leib und Seele, buchstäblich in Wodka mariniert. Viele von ihnen tragen Verbände oder bluten, sodass ihr Anblick an Schlachtengemälde erinnert. Einer hält ein Pappschild mit der Aufschrift: »Gebt uns Geld oder wir sterben.«

Hinter dem Bahnhof liegt eine dunkle Gasse mit Verkaufsbuden und in Lumpen und Zeitungspapier gewickelten Obdachlosen. In dem schwachen Licht bindet eine zerlumpte Frau einen Lavendelstrauß. Ein einziger Kiosk ist geöffnet, und dort wird natürlich Wodka verkauft. Schatten huschen vorbei. Straßenkinder.

»Es sind freie Menschen«, sagt Sascha.

»Obdachlose, meinst du.«

»Nein, es gibt ja Obdachlosenasyle. Es ist ihre Entscheidung. Es sind freie Menschen.«

Wir beobachten Prostituierte, die in engen Hosen an uns vorbeischwanken. Man erzählt, dass sie Clonidintabletten zu Pulver zermahlen. Clonidin ist ein wirkungsstarkes Blutdruckmedikament. Ein damit versetzter Wodka reicht, und der Kunde wird ohnmächtig.

Dann kann man ihn ausnehmen. Wenn das Opfer später irgendwo in Unterwäsche aufwacht, läuft es wahrscheinlich nicht zum nächsten Polizisten. Und – betrunken oder nicht – ihm sollte ohnehin klar sein, dass an den drei Bahnhöfen die Polizisten die Zuhälter sind.

Wir gehen tiefer in die Schatten hinter dem Bahnhof und geraten in ein Handgemenge zwischen zwei Banden, Russen gegen Tadschiken, etwa acht auf jeder Seite, jeweils zehn bis 20 Jahre alt. Messer sind nicht zu sehen, aber ein Tadschike hält einen Russen am Boden und schlägt dessen Gesicht auf den Beton. »Rühr dich nicht«, sagt Sascha zu mir und stürzt sich ins Gewühl.

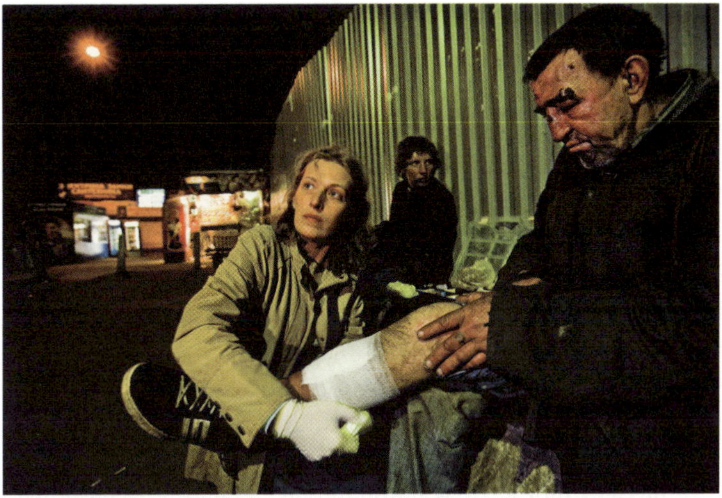

Die ehrenamtliche Helferin Tatjana Sweschnikowa versorgt einen Obdachlosen, der am Kursker Bahnhof überfallen wurde. Jeden Winter erfrieren in Moskau mehrere Hundert Menschen auf der Straße.

Der Tadschike hält mit erhobener Faust inne und versucht herauszubekommen, wer der Eindringling ist. Sascha geht dazwischen: »Los, auseinander! Geht nach Hause.« Aber die Banden sind hier zu Hause. Beide Seiten beanspruchen dasselbe Revier – darin liegt das Problem. Das Einzige, was sie mehr hassen als sich gegenseitig, sind Außenseiter. Sie rauben Betrunkene aus und überfallen jeden, den sie allein und unbewaffnet erwischen können.

Der Tadschike hebt seinen kecken Filzhut auf. Auch der Russe kommt nun wieder auf die Beine. Er ist gereizt. Die Situation scheint zu kippen. Hat Sascha überhaupt seine Waffe dabei? Hat die Bande vielleicht ihren Glückstag? Heute nicht. Mürrisch ziehen sie sich zurück.

Autos

Tagsüber werden die Moskauer Straßen von schwarzen Mercedes-Limousinen beherrscht. Ihre Scheiben sind dunkel getönt. Wenn sich die Kolonne an der Zufahrt zu einem Ministerium drängt, erinnert mich der Anblick an eine Kakerlakenfalle.

Abends haben die BMWs und Porsches ihren Spaß. Oft sind sie so schnell, dass kein Polizeiauto mithalten kann. Wenn ein Fahrer erwischt wird, besticht er die Beamten einfach an Ort und Stelle. Russland hat eine beängstigende Unfallstatistik. Bedenkt man, dass ein Führerschein auch mit Bestechungsgeld statt nachgewiesener Fahrtüchtigkeit zu bekommen ist, dann sind die Zahlen gar nicht so schlimm.

Eine selbstmörderische Besonderheit einiger russischer Alleen und Fernstraßen ist die in beide Richtungen nutzbare Mittelspur. Sie ist für Fahrzeuge mit Blaulicht reserviert, damit hochrangige Beamte schnell zu ihren Regierungsgeschäften kommen. So ein Blaulicht ist bei Neurussen äußerst begehrt. Lampe und offizielle Nummernschilder sind für etwa 50 000 Dollar zu bekommen. Nicht selten sieht man zwei Autokolonnen mit hoher Geschwindigkeit aufeinander zurasen – eine Mutprobe.

Nüchternheit

Die Sonne löst sich im Abendrot auf, als ich zum Mittagessen in die Wohnung von Alexej* komme. Er und sein Freund Andrew haben die zweite Flasche Wodka halb geleert. Ich kann bestenfalls versuchen, sie einzuholen. Alexej ist schmal wie ein Trinkhalm, Kunstkritiker und Sammler feinen Porzellans. Ein Intellek-

* Name geändert

tueller, der mit jeder Runde lebhafter wird. Andrew ist Brite, hat aber geschäftlich in Russland zu tun und bleibt sozusagen wodkamäßig in Übung.

Wir essen. Alexej schwört, er habe ein Video gesehen, das den amerikanischen Präsidenten dabei zeigt, wie er in der Eremitage ein Stück Kaugummi unter einen Tisch mit Steininkrustation klebt. Alexej ist überzeugt, dass George W. Bush der russischen Kultur den Krieg erklärt hat. Wie sich herausstellt, wurde ihm gerade ein US-Visum verweigert. Eine Erniedrigung. Man habe ihm vorgeworfen, sich in die USA einschleichen zu wollen, dabei sei es doch umgekehrt. Die USA fielen mit ihrer Konsumkultur in Russland ein. Es gebe sogar einen Stadtteil in Moskau, in dem russische Autos nicht erlaubt seien. Nur ausländische! Jedenfalls, warum sollte ausgerechnet er Amerikaner werden wollen? Moskau sei nachts sicherer als New York. Er könne zu jeder Tages- und Nachtzeit im Zentrum herumlaufen.

Alexej erzählt ein Beispiel. Letzte Woche hat er einen Künstler besucht, der sich für Nazikunst und deren pathetisch-banalen Narzissmus interessiert. Beide diskutieren heftig. Gegen zwei Uhr früh geht ihnen der Wodka aus. Alexej kennt am anderen Ende der Stadt einen Laden, der geöffnet hat. Sie laufen viele Blocks weit und diskutieren über Gemälde und faschistische Architektur. Im Laden kaufen sie ein paar Flaschen, drehen sich zum Gehen und sehen den Weg von vier mit Hakenkreuzen und Hitlerbildern tätowierten Skinheads versperrt. Der Größte der Gruppe will wissen, warum sie schlecht über den Führer reden. Alexej rechnet damit, zusammengeschlagen zu werden. In dem Moment macht der Künstler eine Flasche auf, wirft den Verschluss beiseite und lädt die Skinheads in sein Studio ein. Unterwegs lassen sie die Flasche herumgehen, während sich der Künstler über moderne Kunst auslässt, angefangen bei Cézanne. Der Vortrag

Im 200 Jahre alten Sanduny-Bad beschließen die Freunde Jewgeni, Anatol und Viktor den Abend mit Räucherfisch und Bier. Das Bad ist ein traditioneller Treffpunkt für Moskauer Normalbürger.

ist so langweilig und die Skins werden so betrunken, dass sie nicht mehr ohne Hilfe gehen können. Alexej und der Künstler laden sie einfach nacheinander in verschiedenen Höfen ab.

Mir bleibt unklar, was das mit der Sicherheit auf Moskaus Straßen zu tun hat, doch ich bin nicht in der Verfassung, darüber zu diskutieren. Es ist dunkel geworden. Alexej macht ein Fenster auf. Das Grundrauschen der Stadt bewegt mich zu der Frage, ob er jemals von den nächtlichen Auto- oder Motorradrennen in Moskau gehört habe.

»Auf dem Gartenring?«, fragt Alexej.

Es überrascht mich, dass er das weiß.

»Ja. Der Rekord für eine Runde mit dem Auto liegt bei sechs Minuten.«

Im aufgerüschten Restaurant Turandot ist Mozart nur ein Teil der Kulisse für die Neureichen, deren protzige Lebensweise Moskau zu einer der teuersten Städte der Welt gemacht hat.

»Fünf«, verbessert er mich.

»Hast du ...?«

»Neun Minuten!« Er seufzt bei dem Gedanken an den verschenkten Ruhm. »Ich habe an den roten Ampeln angehalten.«

Casino

Andrej Sytschew blickt über 220 Spielautomaten, 30 Spieltische, die Sportbar und den VIP-Bereich. »Ich fühle mich wie ein Kapitän auf einem untergehenden Schiff«, sagt er. Als Angestellter des Udarnik-Casinos versteht er nicht, warum die Stadtverwaltung den Laden schließen will. »Das ist, als würde man eine Gans schlachten, die goldene Eier legt.«

Jeder Spielautomat erwirtschaftet hier reichen Profit. Trotzdem wirft die Regierung den Spielbanken »moralische Schädigung« vor, sie hat bereits mehrere Hundert geschlossen; andere will sie bis Ende nächsten Jahres in »Las-Vegas-Zonen« abgelegener Regionen umsiedeln. Einige von Sytschews Croupiers haben bereits zugunsten einer sichereren Stelle gekündigt. Das hat Folgen, denn Stammkunden spielen gern bei ihrem Lieblingscroupier.

Ist das Udarnik-Casino ein kriminelles Unternehmen? Auf keinen Fall – wenn man Sytschew glaubt. Jedenfalls nicht mehr als andere Unternehmen. Vielleicht zu zehn Prozent. Zum eigenen Schutz hat jeder ein sogenanntes Dach. Das darf man sich nicht als Mafia vorstellen, sondern als alternative Polizei.

Alexej hat mir gesagt, dass Ausländer Russland nie verstehen werden, weil sie immer alles schwarz oder weiß sehen, ohne Zwischentöne, während die Russen einen Graubereich von etwa 80 Prozent wahrnehmen. Und damit kommen wir zum ...

Bürgermeister

Seit Stalin hat niemand Moskau mehr geprägt als Bürgermeister Juri Luschkow, ein abgebrochener Riese, der mit der einen Hand historische Stadtteile plattmacht und mit der anderen Wolkenkratzer baut. Obwohl er und Wladimir Putin früher Rivalen waren, scheinen sie sich nun immerhin einig zu sein, dass die grellbunten Casinos nicht mehr zu Moskaus neuer Würde passen. Klagt Putin doch angeblich, dass er morgens beim Aufstehen nie wisse, wie die Moskauer Skyline aussieht.

In Moskau ist man sich einig, dass Luschkow bestechlich, aber tüchtig ist. Als die Gelder zum Wiederaufbau der Christ-Erlöser-Kathedrale nicht ausreichten, so erzählt man, ging er Geschäftsleute und Mafiosi gleichermaßen an, um das Projekt abzuschließen. Laut einer Schätzung gaben die Russen im Jahr 2005 so an die 316 Milliarden Dollar für Bestechung aus. Warum also keine Spende für einen guten Zweck?

Ein glücklicher Zufall wollte es, dass ein Unternehmen im Besitz der Bürgermeistersgattin Jelena Baturina zahlreiche Bauaufträge in der Stadt erhielt. Baturina ist übrigens die einzige Frau unter den Moskauer Milliardären.

Drei Bahnhöfe – Teil zwei

Sascha und ich gehen am Kasaner Bahnhof durch die Unterführung. Je größer die Entfernung zwischen den zwei Banden und uns, desto besser. Die Anwesenheit zweier uniformierter Sicherheitsleute in der Passage ist beruhigend, auch wenn einer einen Comic liest und der andere schläft.

Beim Jaroslawler Bahnhof kommen wir wieder nach oben. Es ist drei Uhr morgens. Alle Normalbürger haben sich in die Wartesäle zurückgezogen und die Nacht den Wodkazombies, Prostituierten und Jugendbanden überlassen. Deren Mitglieder sind vom Klebstoffschnüffeln benebelt und beachten uns nicht. Unglaublicherweise führt ein einziger Schritt in die Bahnhofshalle zurück in die »normale« Welt. Es gibt Cafés, Buchläden, Spielsachen. Menschen schlafen auf Stühlen. Gesunde Babys kuscheln im Schoß ihrer Mütter. In manchen Gegenden der Welt teilen sich die Menschen einen Fluss mit Krokodilen. Man muss nur vorsichtig sein.

Wir gehen durch die Unterführung zurück und stoßen auf zwei Männer, die einen Betrunkenen ausrauben. Wir müssen ihnen ausweichen, um vorbeizukommen. Die Sicherheitsleute bleiben sitzen und sehen mit gedämpfter Neugier zu. Sie werden für das Bewachen der verschlossenen Läden bezahlt.

Das Ganze dauert zehn Sekunden. Die Diebe zerren ein Bündel Geldscheine aus der Jackentasche des Betrunkenen und verschwinden. Der Betrunkene spuckt Blut und seufzt. Er dreht sich, bis er sitzt. Hilfe lehnt er mit einer vagen Handbewegung ab.

Nachts?

An den drei Bahnhöfen?

Nichts ist passiert.

Djagilew

Rauchwolken, Stroboskop-Licht, ohrenbetäubende House-Beats: Die neuen Herren über Öl, Nickel und Erdgas betreten den Club in Begleitung von Frauen, die so schön und stumm sind wie Gepardinnen an der Leine.

In diesem Chaos kann der Millionär durchatmen und sich entspannen. Schusswaffen sind im Djagilew verboten, für Ruhe sorgt ein 40 Mann starker Sicherheitsdienst. Jedem Gast, der dringend Schutz benötigt, wird ein Leibwächter gestellt. Ein Spürhund hat die Sitzgelegenheiten nach Bomben abgeschnüffelt, und bei einer Lagebesprechung sind die Angestellten über Sonderwünsche informiert worden – zum Beispiel wollen iranische Gäste nicht beim Champagnertrinken mit leicht bekleideten Models fotografiert werden.

Ich bin Jegor durch eine Hintertür gefolgt. Wie er meinen Besuch arrangiert hat, weiß ich nicht, aber der Sicherheitschef ist nicht erfreut. Das System ist einfach. Die Türsteher lassen mehr Frauen als Männer herein und nur so viele Gäste, bis eine kritische Masse erreicht ist. Je mehr Leute abgewiesen werden, desto mehr Leute wollen hinein. Der echte Djagilew war ein Impresario im Pelzkragen, der vor 100 Jahren die Ballets Russes gründete. Er lebte vor allem für die Show. Er wäre begeistert gewesen.

Der Maler German Winogradow gibt einem Landschaftsbild mit der Lötlampe ein verwittertes Aussehen. Zu Sowjetzeiten war er Oppositioneller. »Doch heute«, sagt er, »ist nichts mehr tabu.«

Neurussen klettern zu ihren VIP-Tischen und winken anderen Neurussen und Promis zu. Fernsehstars und Euro-Jetsetter runden die Szene ab. Schnell wird es auf der Tanzfläche so eng, dass man nur noch auf der Stelle tanzen kann. Die 1,80 Meter großen Models auf 15 Zentimeter hohen Absätzen schaffen das ganz graziös. Jegor fragt mich immer wieder etwas, bis ich es im Lärm endlich verstehe: »Bist du froh? Hast du gefunden, was du gesucht hast?«

Ich weiß es nicht. Sind dafür Millionen Russen in Kriegen und Straflagern umgekommen? Haben sie den KGB-Staatsstreich gegen Gorbatschow abgewendet und ein System demontiert, damit ein paar Nimmersatte die Nacht durchmachen können? Gogol hat Russland einmal mit einer voranstürmenden Troika verglichen, nicht mit einem Bentley im Straßengraben. Plötzlich ertönt ein dröhnendes »Ich liebe Moskau!«

Auf dem Laufsteg hat eine amerikanische Sängerin das Mikrofon übernommen. Sie ist schwarz – das sind nicht viele in Moskau –, und sie singt Blues. Die Jungs auf der VIP-Ebene plaudern brüllend weiter und schenken einander Cognac ein. Dann singen alle den Refrain auf Englisch mit: *»What are we supposed to do after all that we've been through?«* – »Was tun wir jetzt, nach allem, was wir hinter uns haben?« Ich habe keine Ahnung, um welchen Song es sich handelt. Sie singen ihn immer wieder. *»What are we supposed to do after all that we've been through?«*

Wenige Monate später brennt das Djagilew nach alter Nachtclubtradition ab. Jetzt ist es noch besser als nur angesagt: Es ist legendär.

Lichter

An meinem letzten Abend in Moskau zeigt mir Jegor die Zukunft.

Wir fahren über den Gartenring hinaus und folgen dem Fluss bis zu einer dunklen Industriegegend. Dort parken wir und gehen an einem Maschendrahtzaun entlang. Wenn das die Zukunft sein soll, bin ich nicht sonderlich beeindruckt.

»Guck hoch«, sagt Jegor.

»Ich sehe nichts.«

»Höher!«

Vor der Nachtkulisse steht eine Leiter aus Licht. Sie ist so hoch, dass ich nicht sicher bin, wo sie endet, bis ein roter Strahl zum Rand einer offenen Etage irgendwo am Mars kriecht.

»Moskwa City«, sagt er. »Eine Stadt in der Stadt.«

Es ist eine magische Bohnenranke, ein Komplex aus 14 Gebäuden. Dazu gehört der Russia Tower, mit 113 Stockwerken der höchste in Europa geplante Wolkenkratzer. Ein riesiger Kran vollführt auf dem Dach des nur 72 Stockwerke hohen zukünftigen Moscow Tower eine Pirouette. Tag und Nacht wird gearbeitet. Flutlicht fällt auf Männer in gelben Westen, die über die vom Kran angelieferte Ladung klettern. Aus scheinbar unglaublicher Entfernung hören wir das Stakkato eines Presslufthammers, das Aufeinanderschlagen von Metallplatten und sogar Stimmen. Die Gebäude sind noch in unterschiedlichen Baustadien. Die bereits fertiggestellten Teile erinnern an silberne Raumschiffe kurz vor dem Start. Die Ausmaße sind gigantisch. Allein der Aushub würde die Pyramiden von Gizeh verschlucken. Der Komplex soll einmal das Rathaus, Büros und Luxuswohnungen beherbergen und einen Ausblick fast bis nach Finnland bieten.

Das ist der Vorteil, wenn man bei Dunkelheit in Moskau unterwegs ist. Am Tag sieht man nur die Architektur. Nachts sieht man Moskaus brennenden Ehrgeiz.

Text: Martin Cruz Smith
Fotos: Gerd Ludwig

Das Nachtleben im Gewerbegebiet von Lishui spielt sich auf der Straße ab. Dort gibt es Märkte, Karaoke und – so wie hier – Gratisvorstellungen von Kung-Fu-Filmen.

Ein Land außer Rand und Band. In nur wenigen Wochen entstehen Fabriken und ganze Städte, in einer Generation werden Bauern zu Millionären.

Wahnsinn China

Exakt um 14.30 Uhr beginnen die Bosse mit dem Ausbauplan für die Fabrik. Das dreistöckige Gebäude, das sie gemietet haben, ist völlig leer: weiße Wände, nackte Fußböden, eine Haustür ohne Schloss. Man kann nach Belieben kommen und gehen; auch alles andere in der Lishui Economic Development Zone ist frei zugänglich. Die Nachbargebäude sind gleichfalls leere Hülsen, sie säumen eine unbefestigte Straße, die in Richtung einer noch im Bau befindlichen Fernstraße führt. Reklametafeln, silberfarben und leer, reflektieren den Oktoberhimmel.

Wang Aiguo und Gao Xiaomeng sind die 128 Kilometer von Wenzhou, einer Stadt an der Südostküste Chinas, hierher gefahren. Die beiden – Onkel und Neffe – sind nach Lishui gekommen, um ein neues Unternehmen zu gründen. »Die ganze Gegend ist gerade erst erschlossen worden«, erklärt Boss Gao, den ich am Fabriktor treffe. »Wenzhou war auch mal so, aber jetzt ist es ziemlich teuer, besonders für kleine Unternehmen. Hier ist es besser.« Im Parterre stoßen ein Bauunternehmer und sein Assistent zu uns. Es gibt keinen Architekten, keinen Bauzeichner; niemand hat Zollstock oder Senkblei dabei. Boss Gao beginnt damit, Zigaretten der Marke 555 zu verteilen. Er ist 33, hat einen kantigen Bürstenschnitt und wirkt nervös, was sich noch verstärkt, wenn sein Onkel in der Nähe ist. Nachdem sich alle ihre Zigarette angezündet haben, zieht der junge Mann einen Stift und ein Stück Papier aus seiner Umhängetasche.

Zunächst skizziert er mit ein paar Strichen die Außenwände. Dann beginnt er mit dem Entwurf: Jede Linie ist eine Wand, die errichtet werden soll. Und so nimmt die Fabrik vor unseren Augen Gestalt an. Zwei Striche in der südwestlichen Ecke: der zukünftige Maschinenraum. Daneben ein Chemielabor, ein Lagerraum und ein kleinerer Maschinenraum. Boss Wang, der Onkel, schaut auf die Skizze und sagt: »Dieser Raum ist unnötig.«

Kurze Besprechung, dann wird der Raum ausradiert. In 27 Minuten ist der Entwurf für das Erdgeschoss fertig. Wir gehen nach oben. Mehr Zigaretten. Boss Gao dreht das Blatt um.

»Das ist zu klein für ein Büro.«

»Dann kommt die Wand eben dahin.«

»Können Sie noch eine Wand einziehen?«

In 23 Minuten entwerfen sie ein Büro, den Eingangsbereich und drei Wohnräume für Fabrikmanager. Weitere 14 Minuten benötigen sie für die Schlafräume der Arbeiter im obersten Stockwerk. Alles in allem haben sie den Plan für ihre Fabrik mit einer Fläche von 2000 Quadratmetern auf drei Etagen in einer Stunde und vier Minuten erstellt. Boss Gao reicht dem Bauunternehmer das Papier. Der Mann fragt, wann sie den Kostenvoranschlag haben wollen.

»Wie wär's mit heute Nachmittag?«

Der Bauunternehmer schaut auf die Uhr. Es ist 15.38 Uhr.

»So schnell schaff ich das nicht!«

»Dann morgen früh.«

Sie diskutieren über Material – Farben, Zement, Steine. »Wir nehmen die Türen zu 7,50 Euro«, sagt Boss Wang zum Bauunternehmer, der aus Lishui stammt. »Und versuchen Sie ja nicht, uns billigeres Zeug anzudrehen und mehr für sich rauszuholen! Wenn Sie jetzt anständige Arbeit abliefern, holen wir Sie wieder. Alles klar?«

Das Paradies der Käufer

Im Buchladen am Flughafen Wenzhou gibt es einen Band mit dem Titel »Eigentlich verstehen Sie die Leute aus Wenzhou nicht«. Im selben Regal »Die gefürchteten Leute aus Wenzhou«, »Wie die Wenzhouer ihr Geld verdienen« und »Die Juden des Ostens – Unternehmensgeschichten von 50 Geschäftsleuten aus Wenzhou«. Für Chinesen ist diese Region der Provinz Zhejiang ein Wunder. An der Legendenbildung hat die Lokalpresse kräftigen Anteil. Kürzlich führte ein Wenzhouer Magazin eine Befragung der hiesigen Millionäre durch. Eine Frage lautete: Wenn Sie gezwungen wären, sich für Ihr Geschäft oder für Ihre Familie zu entscheiden, was würden Sie wählen? 60 Prozent der Befragten waren für das Geschäft, 20 Prozent für die Familie. Die restlichen 20 Prozent konnten sich nicht entscheiden.

Der Boom von Wenzhou ist auch durch den Charakter der Region bedingt. Es gab hier nur wenig landwirtschaftliche Nutzfläche, und aufgrund des bergigen Geländes führten nur schlechte Straßen ins Landesinnere. Den Einheimischen blieben nicht viele Möglichkeiten. Sie wandten sich dem Meer zu und entwickelten bis zum Ende der Ming-Dynastie im 17. Jahrhundert eine starke Handelskultur. Doch als 1949 die Kommunisten an die Macht kamen, die Handelsbeziehungen zum Ausland abbrachen und das private Unternehmertum weitgehend verboten, verloren die

Der King Dragon Villa Complex in Lishui: Durch stetig fließendes Kapital finanziert, schießen die von billigen Wanderarbeitern errichteten Häuser aus dem Boden.

Lishui ist eine mittelgroße Stadt, die im Treibhausklima der chinesischen Wirtschaft unaufhaltsam wächst. Das Ackerland wird aufgefressen.

Wenzhouer ihren Kampfgeist. Selbst in den frühen Achtzigerjahren, als Deng Xiaopings marktwirtschaftliche Reformen allmählich griffen, musste Wenzhou mit deutlichen Nachteilen an den Start gehen. Die Einwohner hatten nicht die Schulbildung der Pekinger, die Gegend zog nicht wie Shanghai ausländisches Geld an. Als die Regierung die erste Sonderwirtschaftszone einrichtete, mit Handels- und Steuerprivilegien, um das Wachstum anzukurbeln, fiel die Wahl auf Shenzhen in der Nähe von Hongkong.

Doch Wenzhou besaß ein unbezahlbares Kapital: den wirtschaftlichen Instinkt seiner Menschen. Familien eröffneten winzige Werkstätten, die zunächst einfache Waren produzierten. Im Laufe der Zeit wurden daraus Fabriken. Schon bald spielte Wenzhou in bestimmten Branchen des Lowtech-Bereichs eine dominierende Rolle. Heute kommt ein Viertel aller in China verkauften Schuhe aus Wenzhou. Die Stadt produziert 70 Prozent aller weltweit gekauften Feuerzeuge. Gut 90 Prozent der Wirtschaft in Wenzhou sind in privater Hand.

Das sogenannte Modell Wenzhou verbreitete sich im ganzen Süden der Provinz Zhejiang. Obwohl die Unternehmer von Zhejiang zu fast 80 Prozent nur acht Jahre oder kürzer zur Schule gegangen sind, ist die Provinz zur reichsten in China geworden. Das Pro-Kopf-Einkommen sowohl der Land- wie der Stadtbewohner ist das höchste im ganzen Land (mit Ausnahme von Städten mit Sonderverwaltung wie Shanghai und Peking). Zhejiang – das ist der Inbegriff des chinesischen Wirtschaftswunders.

Im Laufe eines Jahres reise ich immer wieder nach Zhejiang. Jedes Mal miete ich in Wenzhou ein Auto und fahre ins Innere der Provinz. Wie ein Pilger, der auf seiner Wallfahrt durch Spanien an den Schreinen verschiedener Heiliger verweilt, besuche ich die Geburtsstätten von Waren, die man normalerweise gar nicht wahrnimmt. Vom Flughafen fahre ich die Küste entlang nach Süden. Es beginnt mit Scharnieren – die meisten Reklametafeln bewerben Variationen dieses Metallstücks zur Befestigung von Türen. Anderthalb Kilometer weiter preisen die Anzeigen Elektrostecker und Adapter. Dann komme ich durch das Viertel der elektrischen Schalter. Es folgen Leuchtstofflampen und Wasserhähne.

Tiefer in der Provinz werden die Schreine kunstvoller. In Qiaotou stehe ich vor einer sechs Meter hohen, von der Stadt errichteten silberfarbenen Statue eines Knopfes mit Flügeln. Qiaotou hat nur 64 000 Einwohner, aber die 380 hiesigen Fabriken produzieren mehr als 70 Prozent der Knöpfe für in China hergestellte Kleidung. In Wuyi frage ich ein paar Passanten nach dem wichtigsten lokalen Produkt. Ein Mann greift in seine Tasche und zieht drei Spielkarten hervor – Damen, alle drei. Die Stadt stellt pro Jahr mehr als eine Milliarde Kartenspiele her. Datang produziert ein Drittel aller auf der Welt verkauften Socken. Songxia jährlich 350 Millionen Regenschirme. Tischtennisschläger sind die Spezialität von Shangguan. Fenshui erzeugt Stifte. Und Shengzhou 40 Prozent aller Krawatten der Welt.

Verkauft wird alles in Yiwu. Wer nach Zhejiang pilgert, findet hier das gelobte Land – Yiwus Slogan lautet »Ein Meer von Waren, ein Paradies für Käufer«. Es liegt in einer öden Gegend, 161 Kilometer von der Küste entfernt. Doch Händler aus aller Welt kommen hierher, um en gros einzukaufen. Es gibt einen Bezirk für Schals und Tücher, einen Markt für Plastiktaschen, eine Straße, in der jeder Laden Gummiwaren verkauft. Hat man von Knöpfen genug, geht man durch die Reißverschlussstraße, die Binwang Zipper Professional Street. Im Einkaufszentrum China Yiwu International Trade City gibt es mehr als 30 000 Läden – würde man nur eine Minute in jedem verbringen, acht Stunden

Der Weg der Firma Yashun: 1. Produkt wählen: BH-Bügel und BH-Versteller (unten). 2. Stadt mit neuem Entwicklungsgebiet wählen, alle Ersparnisse investieren, Fabrik einrichten. 3. Facharbeiter abwerben, Billigkräfte anheuern (oben). 4. Fabrik nach einem Jahr umsiedeln, um Gewinn zu steigern.

pro Tag, käme man erst nach zwei Monaten wieder heraus. Yiwu zieht derart viele Händler aus dem Nahen Osten an, dass es in einem Viertel inzwischen allein 23 große arabische Restaurants gibt. Am Abend esse ich im Arbeer, einem kurdischen Lokal, mit einem Händler aus dem Irak. Er ist hier, um Jeans und Glühbirnen einzukaufen.

Früher war Lishui der einzige größere Ort in Zhejiang, an dem mein Pilgerweg des Konsums nicht vorbeiführte. Die Stadt liegt hoch in den Bergen, wo der Fluss Ou zu seicht ist für große Schiffe. Der letzte »weiße Fleck« in einer völlig industrialisierten Landschaft. Lishui ist die ärmste Stadt in Chinas reichster Provinz. Doch die neue Fernstraße wird bald fertig sein. Investoren sind schon im Anmarsch.

Der Industriespion Liu Hongwei

Drei Monate ist es her, dass Boss Gao und Boss Wang die Fabrik geplant haben. Jetzt testen sie die Maschinen. Seit meinem ersten Besuch haben sie ein halbes Dutzend Facharbeiter von einer anderen Fabrik in Südchina abgeworben. Eine Fertigungsanlage ist bereits aufgebaut.

Boss Gao wirkt nervöser denn je: Eine so große Anlage hat er noch nie installiert. Vor mehr als einem Jahrzehnt hat er am Stadtrand von Wenzhou seine erste Werkstatt aufgemacht. Mit seinen Eltern und den beiden Schwestern stellte er Material her, mit dem der Bund von billigen Hosen gefüttert wird. Anfangs lag der Gewinn bei 50 Prozent, und die Werkstatt wuchs und wuchs. Nach und nach siedelten sich in dem Bezirk mehr als 20 weitere Unternehmen an, die Futterstoff für Hosen produzierten. Die Gewinnmargen fielen, und Boss Gao gab schließlich auf. »Früher versuchte man, ein Produkt ausfindig zu machen, das kein anderer herstellte«, erklärt er. »Aber heute gibt es in China nichts mehr, was nicht schon von irgendjemandem hergestellt wird.«

Das ist eine Schwäche des Wenzhou-Modells. Unternehmer produzieren Waren, die wenig Kapital und wenig Technologie voraussetzen, was es den Nachbarn natürlich leicht macht, auf den Zug zu springen. Auch Boss Wang, der Onkel, hat sich diesem Schema angepasst. Zuvor hatte er BH-Bügel produziert, doch sein Gewinn war stetig gesunken. Als sich die beiden Männer zusammenschlossen, entschieden sie, bei den Bügeln zu bleiben, nahmen sich allerdings vor, ein profitableres Hauptprodukt zu finden.

Glücklicherweise besteht ein BH aus zwölf Komponenten. An denen arbeiteten sich die Männer gedanklich entlang. Sie zogen Garn in Betracht, schauten sich Spitze an, befassten sich mit der Schließe. Dort angekommen, wo die Träger mithilfe kleiner Ringe in Form einer 0 oder 8 verstellt werden können, fanden sie, wonach sie gesucht hatten.

Ein BH-Versteller besteht aus Metall, das mit Nylon überzogen wird. Das verlangt einen speziellen Herstellungsprozess. Kernstück der Produktion ist eine computergesteuerte Fertigungsanlage mit drei getrennten Abschnitten. In jedem einzelnen wird das Objekt auf mehr als 500 Grad erhitzt. Ursprünglich fertigte man die Ringe in Europa, doch Anfang der Neunzigerjahre wurde Taiwan marktführend. Mitte der Neunziger importierte das Unternehmen Daming auf dem chinesischen Festland eine Fertigungsanlage. Der Firmenchef wurde reich, denn in der Volksrepublik mit ihren niedrigen Produktionskosten wurde die Maschine regelrecht zum Geldautomaten. Dann hatte der Arbeiter Liu Hongwei eine Idee. Er war ein geschickter Mechaniker, der die Maschine genau kannte. Er prägte sich ein, wie sie funktioniert, und machte heimlich Aufzeichnungen. Als die Pläne fertig waren, nahm er zu einem zweiten Boss in Shantou Kontakt auf.

In Lishui werden »Busy Zoo«-Spielblöcke gebaut (oben) und in alle Welt exportiert. Importiert werden Menschen auf der Suche nach Arbeit. Wang Hai (unten, Mitte) bringt seine Mutter sowie Frau und Kinder seines Bruders aus der Provinz Guizhou mit nach Lishui. Die Zugfahrt dauert 30 Stunden.

1998 stellte Boss Nummer zwei Liu ein und brachte dessen Pläne nach Guangzhou in die Maschinenfabrik Qingsui. Dort wurde die Anlage nachgebaut. Anfangs funktionierte sie nicht – schließlich verfügt niemand über ein perfektes Gedächtnis. Doch zwei Monate reichten, um Änderungen vorzunehmen und die Probleme zu lösen. Nun produzierte auch Shangang Keji BH-Versteller. Aber dann lernte Liu Boss Nummer drei kennen. Bei jedem Jobwechsel verlangte er Geld für seine Pläne und Fachkenntnis; manche glauben, er habe es so auf umgerechnet mehr als 15 000 Euro gebracht.

Liu hatte etwas getan, was schon in vielen anderen Gesellschaften bei vielversprechenden Profitaussichten vorgekommen war: Er hatte ein Betriebsgeheimnis ausspioniert. Auch der reiche Amerikaner Francis Cabot Lowell hatte 1810 eine Reise nach England genutzt, um die besten Textilfabriken der Welt zu besuchen. In England war es per Gesetz verboten, Maschinen oder Pläne außer Landes zu bringen. Doch Lowell hatte ein exzellentes Gedächtnis. Er kehrte in die Vereinigten Staaten zurück, wo er, wie es sein Geschäftspartner ausdrückte, den Cartwright-Webstuhl neu erfand. Lowell wurde zum Nationalhelden, eine Industriestadt in Massachusetts bekam ihm zu Ehren seinen Namen.

Fast zwei Jahrhunderte später versuchte Liu Hongwei, zu Boss Nummer vier zu wechseln – doch da verließ ihn das Glück. Einem Mitarbeiter zufolge setzte Boss Nummer drei 9000 Euro auf Lius Kopf aus, und der Mechaniker suchte das Weite. »Die waren ganz schön sauer und suchten nach ihm«, so Gu Hong, ein Manager von Qingsui, der beim Bau der Maschine geholfen hatte. »Liu verschwand einfach von der Bildfläche.«

Doch die Branche hatte sich bereits verändert. In den fünf Jahren seit Lius »Neuerfindung« fiel der Preis für BH-Versteller um

In den letzten 20 Jahren sind Chinas Städte rasant gewachsen. Auch Lishui soll ein Industriezentrum werden.

60 Prozent. Heute fertigen mehr als 20 chinesische Unternehmen diese Dinger, und jeder, der 50 000 Euro hat, kann die Maschine kaufen. Früher waren alle großen Hersteller im Süden konzentriert, jetzt hoffen Boss Gao und Boss Wang, die Herren der BH-Versteller in Zhejiang zu werden.

An dem Tag, an dem sie die Maschine testen, will die Temperatur nicht genügend steigen. Der Mechaniker Luo zerlegt sie, ersetzt ein wichtiges Teil und rückt die Brenner näher an das Band. Das Ganze dauert zwei Wochen. Einige Komponenten der Maschine müssen mit Sperrholz und Schnur provisorisch repariert werden. »Die Pläne sind doch nicht so gut«, erklärt Luo. Vor Jahren hatte er neben Liu Hongwei gearbeitet, und über den Technologiedieb sagt er, was ich auch von anderen hörte: Er war groß, hinterlistig und aus der Provinz Sichuan. Vermutlich war Liu gar nicht sein richtiger Name. Niemand hat je seine Frau oder sein Kind gesehen. Keiner weiß, wohin er verschwunden ist.

Arbeiten für zwei

Die offizielle Devise der Wirtschaftsentwicklungszone Lishui lautet: »Jeder arbeitet für zwei; zwei Tage Arbeit werden an einem Tag erledigt.« Der Slogan ist womöglich zu bescheiden. Von 2000 bis 2005 stieg die Einwohnerzahl der Stadt von 160 000 auf 250 000, und die Kommunalverwaltung investierte 6,5 Milliarden Euro in die regionale Infrastruktur. Damit waren die Investitionen in diesen fünf Jahren fünfmal so hoch wie in den vorangegangenen 50 Jahren. In Geld ausgedrückt, bedeutet das, die Arbeit von 50 Tagen wird heute an einem Tag gemacht.

In den letzten drei Jahrzehnten ist die chinesische Wirtschaft durchschnittlich um fast zehn Prozent jährlich gewachsen. Getrieben wird die ökonomische Entwicklung durch die größte Wanderbewegung, die die Welt je gesehen hat: Schätzungsweise bereits 140 Millionen Chinesen haben ihre ländliche Heimat verlassen, und man erwartet, dass weitere 45 Millionen in den nächsten fünf Jahren in die Städte abwandern. Die meisten sind in die Industriezentren an der Küste gegangen. Letzthin wurden auch Städte im Landesinneren attraktiv – wegen der geringeren Konkurrenz.

Die Zentralregierung gewährt weder finanzielle Unterstützung noch gibt sie Anleitung, wie es in der alten Planwirtschaft üblich war. Daher müssen sich diese Städte selber um Wachstum und Attraktivität als Industriestandort bemühen. Eine weitverbreitete Strategie ist die Einrichtung eines Gewerbegebiets. Das bedeutet: Land erschließen, zu reduzierten Preisen verkaufen und Investoren Steuererleichterungen gewähren. 2002 begann Lishui, ein solches Gewerbegebiet anzulegen. Es umfasst ein 14,5 Quadratkilometer großes Gelände südlich der Stadtgrenze. 2006 hatten bereits an die 200 Betriebe mit der Produktion begonnen und 30 000 Wanderarbeiter angelockt.

Verantwortlich für diese frühe Wachstumsphase war Wang Lijiong, 48, der Direktor des Entwicklungsgebiets. Als junger Mann hatte er seinen ersten Job in einer Dynamitfabrik, anschließend fuhr er fünf Jahre einen Panzer der Volksbefreiungsarmee. Nach seinem Abschied vom Militär arbeitete Wang in einer staatlichen Bank und kletterte in der bürokratischen Hierarchie nach oben. Er wirkt freundlich und offen – ungewöhnliche Eigenschaften für einen chinesischen Beamten. Er lasse sich noch immer von seinen militärischen Erfahrungen inspirieren, verrät er mir: »Mit einem Panzer nimmt man sein Ziel direkt aufs Korn.«

Das Gewerbegebiet von Lishui liegt auf ehemaligem felsigem Ackerland. Von Direktor Wang erfahre ich, dass ungefähr 1000 Bauern umgesiedelt und exakt 108 einzelne Berge und Hügel planiert wurden. Er sagt schlicht: »Wir haben die höheren Flächen niedriger und die niedrigen höher gemacht.« Bei einem meiner früheren Besuche in Lishui hatte ich zuschauen können, wie so eine höhere Fläche niedriger gemacht wurde. Da gab es 30 Kipplaster und elf Kettenbagger; Arbeiter hatten den Hang gerade mit fast 9000 Kilo Dynamit bepackt. Hier würde bald ein halbes Dutzend Chemiefabriken Platz finden.

Ein Arbeiter sah mich und kam herüber. In jeder Hand trug er eine billige Plastiktüte voller Sprengstoff. Er stellte die Tüten ab und fragte: »Werden Sie meinen kleinen Bruder nach New York mitnehmen?« Da ich schon seit einem Jahrzehnt als Ausländer in China lebte, war ich an unvermittelte Gespräche gewöhnt, doch diese Eröffnungsnummer machte mich sprachlos. Außerdem konnte ich den Blick nicht von den Plastiktüten abwenden. Der Mann grinste: »Ich mach ja nur Spaß. Aber er will wirklich nach Amerika.« Er stellte mich dem Sprengmeister Mu Shoyou vor. Dann näherten wir uns dem Hügel, der planiert werden sollte. Ein Gewirr von Drähten war mit dem Dynamit verbunden. Mu fügte die Drahtenden zu einer Schnur zusammen und ließ sie abrollen, während wir uns wieder entfernten. Alle Fahrzeuge und Arbeiter waren in Sicherheit gebracht worden.

Der Zündkasten hatte zwei Schalter: »Laden« und »Sprengen«. Wir standen hinter den Ketten eines geparkten Baggers. Ein Befehl knisterte über Mus Walkie-Talkie: »Laden!«

Er drückte den Schalter und sagte: »Gehen Sie da rüber, da können Sie besser sehen!« Ein Countdown, noch ein Befehl – »Sprengen!« –, und Mu legte den zweiten Schalter um. Bevor irgendetwas zu hören war, flackerte einen Augenblick lang ein Netz elektrischer Funken über den Hang, als blitze es aus der Erde.

Bereit sein, Härten zu ertragen

Am 6. Februar, einen halben Monat nach dem Maschinentest in der Fabrik für BH-Versteller, findet die offizielle Eröffnung durch Boss Wang statt. Er zündet zwei Kisten Feuerwerkskörper. Laut Mondkalender ist es der achte Tag des neuen Jahres, und ein Feng-Shui-Experte hat den Besitzern geraten, die Vorzüge der Acht zu nutzen. Sie gilt in China als Glückszahl.

Wie die meisten Wenzhouer Geschäftsleute ist Boss Wang zutiefst abergläubisch. Er ist 40, hat eine hohe Stimme und stottert leicht. Wenn er spricht, flattern seine Augenlider. Von Anfang an hat er stets Teile von Produkten hergestellt: Teile von Rohren, Teile von Fahrradklingeln, Teile von Büstenhaltern. Rückblickend wünscht er sich, er wäre als junger Mann ins Schuhgeschäft eingestiegen. »Ich bedaure so einiges«, gesteht er mir, denn ein paar seiner Jugendfreunde seien inzwischen mit Schuhfabriken Millionäre geworden. Selbst im vielversprechenden neuen Gewerbegebiet von Lishui schmecken die Kirschen in Nachbars Garten offenbar besser.

Boss Wang und Boss Gao geben ihrer Firma den englischen Namen Lishui Yashun Underdress Fittings Industry Co., Ltd. Auch die Firmenunterlagen sind schon fertig. Für keine 600 Euro hat ein Wenzhouer Designer Logo, Musterkataloge, Website und Geschäftskarten kreiert. Alles in Knallrosa. Website und Musterkataloge mit Fotos von lasziven Ausländerinnen im BH. Ich frage mich, was das Logo auf der Geschäftskarte der Männer darstellt:

Einen Vogel im Flug? Ein Herz? Oder etwa ein Paar?

»Ich weiß auch nicht, was es sein soll«, sagt Boss Wang. »Das macht nichts, solange es gut aussieht. Der Designer hat es wahrscheinlich von einer anderen Firma.«

Drei Tage nach dem Feuerwerk hängt Boss Wang ein handgeschriebenes Jobangebot an das Fabriktor:

1. Alter 18 bis 35, Mittelschulreife,

2. gesund, qualitätsvolle Arbeit,

3. auf Sauberkeit bedacht, belastbar und bereit, schwer zu arbeiten.

Überall im Entwicklungsgebiet Lishui ziehen junge Leute in Gruppen herum und lesen die Aushänge, die zum Ende der Neujahrsferien von den Fabriken angeschlagen wurden. An der lokalen Jobbörse starren die Wanderarbeiter auf eine Digitalanzeige mit Angaben, die sich wie Telegramme lesen:

»Kassiererinnen, 1,66 Meter oder größer.«

»Belastbar und bereit, schwer zu arbeiten. 25 bis 45 Yuan pro Tag, männlich, Mittelschulreife.«

»Arbeiter, männlich: 35 Yuan;
weiblich: 25 Yuan.«

»Für mittelmäßige Arbeiter und Leute aus Jiangxi und Sichuan Bewerbung zwecklos.«

Keine Beschönigungen, keine Rechtfertigung. Sucht eine Firma große Frauen, verlangt sie große Frauen. Hat sie ein Vorurteil gegenüber Leuten aus einer bestimmten Region, Pech gehabt. In der Fabrik Jinchao weist ein Wärter alle Bewerber aus Guizhou, der ärmsten Provinz Chinas, einfach ab. Als ich den Manager nach dem Grund frage, sagt er: »Aus Guizhou kommen jede Menge Kleinkriminelle.«

Bei Yashun kümmert sich Gaos Vater um das Personal. In China ist der Mindestlohn je nach Region unterschiedlich. In Lishui liegt er bei 30 Cent pro Stunde. Yashun bietet Jobs zum niedrigsten Satz, dennoch strömen die Bewerber herein, es herrscht kein Mangel an ungelernten Kräften. Boss Gaos Vater hat einen Haufen BH-Versteller auf seinem Schreibtisch liegen, um zu zeigen, was in der Fabrik hergestellt wird. Bereits am zweiten Tag ist die Liste der Arbeiter voll.

Vom Bauern zum Baulöwen

Als ich die Fabrik zum ersten Mal aufsuchte, war die Straße davor unbefestigt, und die Reklametafeln in der Entwicklungszone blinkten leer gen Himmel. Bei meinem zweiten Besuch, sechs Wochen später, hatte die Immobilienfirma Yintai bereits ein Schild aufgestellt. Bei meinem dritten Besuch wurde die Straße asphaltiert. Beim vierten sah ich, wie eine Frau mit dem linken Vorderrad ihres Honda in einem offenen Kanalschacht landete. Beim fünften waren die Kanaldeckel an Ort und Stelle. Bei meiner sechsten Fahrt war das Krankenhaus fast fertig. Beim siebten Besuch waren Bürgersteige und Straßenbeleuchtung montiert. Beim achten standen Bäume und Bushaltestellen.

Die Warenproduktion wartet keine fertige Infrastruktur ab, ebenso wenig das Alltagsleben. In einem chinesischen Entwicklungsgebiet sind Baustellen öffentlicher Raum, und auf der Straße, an der die Fabrik liegt, finden alle möglichen Wandervorstellungen statt. Einmal errichtet eine traditionelle Wu-Opern-Truppe mitten auf der Straße ihre Bühne. Ein anderes Mal kommt ein Wanderjahrmarkt in die Stadt. Einmal im Monat stellt die Kommunalregierung einen Lastwagen an eine Kreuzung, lässt eine Leinwand entrollen und gratis zwei Filme vorführen. Eine Immobilienfirma sponsert auf ihrer Baustelle in der Nähe einen Karaoke-Wettbewerb, den Harmonious Sound Workers' Karaoke Contest, für die Vertreter lokaler Fabriken. Mehr als 12 000 Arbeiter kommen zum Zuschauen. Diesmal gewinnt der Wachmann aus einer Fabrik für Daunendecken. Der Mann gibt ein populäres Liebeslied zum Besten: »Das Herz einer Frau«.

Einmal kommt auch die Akrobatentruppe »Roter Stern« in die Stadt. Ihr zerbeulter Lkw hat aufklappbare Seitenteile. Dahinter kommt eine Markise mit Fotos halbnackter Frauen und vielversprechenden Slogans zum Vorschein. Den Lkw kann man in ein Kassenhäuschen verwandeln, dahinter wird ein Zelt aufgestellt. Eintritt: 40 Cent. 160 Tickets werden verkauft, fast ausschließlich an Männer. Mitglieder der Truppe singen Lieder und führen Sketche auf; ein Mann spielt eine herzzerreißende Geschichte von einem Wanderarbeiter, der wegen Diebstahls ins Gefängnis kommt. Ein anderer lässt seine Schulter aus dem Gelenk springen und windet sich auf der Bühne, während sein Bruder eine Sammlung veranstaltet. Zum Abschluss legt eine Frau einen verschämten Striptease hin.

Das alles ist illegal. Nacktshows sind in China verboten, die Truppe ist nicht registriert, und niemand besitzt einen Führerschein. Sie gehören alle zu einer Großfamilie aus der Provinz Henan und sind sozusagen »auf dem Sprung nach Süden«. Man hat sie nacheinander aus Nanjing, Hangzhou und Yonkang raus-

Ji Shengjun, der 26-jährige Sohn eines Bauern, der zum Immobilientycoon aufstieg, trägt Prada und flirtet mit den Mädchen in seinem Nachtclub in Lishui.

Das Familienunternehmen erwartet bei seinem nächsten Deal einen Gewinn von umgerechnet 14 Millionen Euro.

geworfen. Ich frage Liu Changfu, den Leiter der Truppe, warum sie auch Nacktvorstellungen zeigen. »Bevor die Leute Tickets kaufen, fragen sie oft, ob wir auch ›freie Unterhaltung‹ haben«, antwortet er. »Da müssen wir Ja sagen können.« Liu sagt mir, solange sie weiterziehen, machen sie Gewinn, und unterwegs finde sich immer irgendein neues Entwicklungsgebiet.

Die Stadt Lishui ist auf Baustellen ebenso angewiesen wie die reisenden Unterhalter. Chinesische Städte dürfen sich nicht durch Kommunalobligationen oder kräftige Steuererhöhungen Geld beschaffen. Daher nutzen sie das Immobiliengeschäft. Rechtlich gesehen gehört ja alles Land dem Staat, doch Kommunalregierungen können dem Verkauf von Landnutzungsrechten zustimmen – was dem Privatbesitz am nächsten kommt. Städte erwerben von Bauern Land am Stadtrand zu künstlich niedrig angesetzten Preisen, widmen es in Entwicklungsgebiet um und schlagen es mit Gewinn auf dem freien Markt wieder los. In ganz China verschaffen sich lokale Regierungen auf diese Weise schätzungsweise 40 bis 60 Prozent ihrer Einnahmen.

Überall in Lishui schießen neue Apartmentkomplexe aus dem Boden, einer der größten ist das Jiangbin-Projekt. Früher gehörten die 6,6 Hektar zum Dorf Xiahe. Im Jahr 2000 kaufte die Stadtregierung die Landnutzungsrechte für 750 000 Euro. Drei Jahre später verkaufte sie das Areal für stolze 28 Millionen Euro an die Immobilienfirma Yintai. Geht man davon aus, dass Korruption im chinesischen Immobiliengeschäft an der Tagesordnung ist, dürfte der Preis noch wesentlich höher gewesen sein.

In einer solchen Atmosphäre setzen alle auf Wachstum. Der Großteil der Finanzierung für die enormen städtischen Investitionen in die Infrastruktur kommt von staatlichen Banken, die auch den Bauträgern Geld leihen – Yintai hat für sein Jiangbin-Projekt mehr als 21 Millionen Euro aufgenommen. Würde der

Immobilienmarkt einbrechen, geriete das ganze System in Schwierigkeiten. Daher hat die Zentralregierung kürzlich neue Gesetze erlassen, die den Boom verlangsamen sollen. Doch das Geld fließt weiter – in den vergangenen fünf Jahren hat sich der Durchschnittspreis für eine Wohnung in Lishui versechsfacht.

Theoretisch sieht es aus, als könnte es so nicht weitergehen, doch die wirtschaftliche und soziale Situation Chinas ist weltweit einzigartig. Die Gesetze, die den Besitz von Grund und Boden regeln, sind durchweg zum Vorteil der Regierung. Migration und die Exportwirtschaft machen die permanente Expansion von Städten notwendig. Nach den entbehrungsreichen Zeiten des 20. Jahrhunderts ist der Durchschnittsbürger nun auch bereit, Ungerechtigkeiten zu tolerieren – solange dabei auch sein Lebensstandard steigt.

In der Jiangbin-Siedlung treffe ich Zhang Qiaoping, dessen Familie hier früher einen Zehntelhektar bebaut hat. Die Regierung zahlte ihm 11 300 Euro für sein Land, das mindestens 150 000 Euro wert war. Zhang war zwar nicht zufrieden, protestierte aber nicht, sondern investierte sein Geld in einen kleinen Laden neben dem Gelände. Die meisten Kunden sind Bauarbeiter. Es ist nicht viel Geld, das bis nach unten durchsickert, doch für Zhang genug, um seine Familie zu ernähren.

Einige Bauern schaffen es sogar an die Spitze. Die Firma Yintai ist im Besitz der Familie Ji, deren Clanchef noch Bauer war, bevor er in den Achtzigerjahren ins Baugewerbe wechselte. Nach einer Weile ging er ins Immobiliengeschäft. Jetzt helfen ihm seine drei Söhne, die Firma zu leiten. Den Jüngsten, Ji Shengjun, treffe ich in dem Nachtclub, der ihm gehört. In Begleitung seines Bodyguards trinkt der 26-Jährige Scotch, Marke Matisse, mit grünem Tee und hört sich geduldig die flehentlichen Bitten einer hübschen jungen Frau an.

Ji trägt eine Hose von Prada und ein Versace-Hemd, seine Piaget-Uhr ist 7500 Euro wert. Er erzählt mir, Yintai werde mit dem Jiangbin-Projekt vermutlich 14 Millionen Euro Gewinn machen. Der Apartmentkomplex soll einen musikalischen Springbrunnen bekommen, so ungefähr in der Größe eines Fußballplatzes. Die hübsche junge Frau bittet Ji, ihr bei der Beschaffung eines Visums für Portugal zu helfen.

Poker mit einem Baby

Ein Großteil der chinesischen Wirtschaft ist auf jene Bauern angewiesen, die vom Land in die Stadt gezogen sind. Das gilt auch für die Fabrik Yashun. Boss Wang und Boss Gao stammen aus einer Reisbauernfamilie, Mechaniker Luo wurde auf einer Baumwollparzelle geboren, an der Metallstanzmaschine arbeitet ein Orangenbauer, und die Frauen am Fließband haben früher Weizen und Sojabohnen angebaut. Jetzt konzentrieren sich alle nur noch auf die Produktion von zwei Dingen: BH-Drahtbügeln und BH-Verstellern. Selbst die Bosse sind sich nicht zu schade, wie Bauern zu schuften. Jeden Tag verbringen die Männer viele Stunden in der Fabrik. Beide haben ihre gesamten Ersparnisse in das Geschäft gesteckt – Bargeld. Nur Boss Gao hat eine geringe Summe von der Bank geliehen. Es gibt keinen Vorstand, keinen Investitionsplan, keinen Geschäftsplan. Sie produzieren, ohne auch nur einen einzigen fixen Auftrag zu haben. Den ganzen März und April besucht Boss Wang Büstenhalterfabriken, mit Geschenken im Gepäck: Chunghwa-Zigaretten, Wuliangye-Schnaps, Umberfische. Doch die Aufträge der potenziellen Kunden lassen auf sich warten. Im Sommer hat die Fabrik bereits mehr als eine Million BH-Versteller auf Lager. Die meisten ungelernten Arbeiter werden entlassen, die Gehälter der Techniker halbiert.

Anfangs hatten die Bosse ein bemerkenswertes Tempo an den Tag gelegt, doch jetzt müssen sie für den Mangel an systematischer Planung bezahlen. In chinesischen Unternehmen werden solche strukturellen Schwächen aufgrund des zunehmenden Wettbewerbs immer deutlicher. Die nächste ökonomische Stufe für China – innovative Produkte und die Schaffung internationaler Marken – verlangt mehr Kreativität und eine durchdachte Organisation.

Bei Yashun hat nur Boss Gao gerade mal eine Handelsschule besucht. Mechaniker Luo, der wichtigste Angestellte, hat nicht mal die Mittelschule abgeschlossen. Als er mit 14 zu arbeiten begann, war er fast noch Analphabet. In Shenzhen besuchte er dann aber die Abendschule – in den boomenden Städten Chinas gibt es viele solche Kurse. Schließlich schaffte Luo seinen Abschluss der Oberschule, und er eignete sich die technischen Fertigkeiten an, um die Maschine bedienen zu können. Im Laufe der Jahre ist er bereits dreimal von BH-Versteller-Fabriken abgeworben worden. Sein Gehalt ist dabei auf 575 Euro monatlich gestiegen – sehr hoch für chinesische Verhältnisse. Wie in der brutalen Fabrikwelt üblich, verließ er jeden Job ohne Ankündigung. Stets bat er lediglich um ein paar Tage Urlaub. Dann änderte er seine Handynummer und kam nicht mehr zurück.

Als Yashun in Schwierigkeiten gerät, kürzen die Bosse dem Mechaniker Luo das Gehalt. Erst um die Hälfte, dann bezahlen sie ihn gar nicht mehr. Absurderweise zeigt gerade das seinen Wert – denn er ist der Einzige, der die Maschine versteht. Und in einer Krise halten kleine Fabriken oft die Löhne zurück. Arbeiter gehen nicht, solange ihnen Geld geschuldet wird. Im Juli spitzt sich die Situation zu. Die Frau von Mechaniker Luo in seiner Heimatstadt in der Provinz Hubei steht kurz vor der Entbindung. Luo erzählt mir, es sei ihr zweites Kind.

Die Bosse weigern sich, ihm Urlaub zu geben. Am 27. Juli kommt das Kind durch Kaiserschnitt zur Welt, und Mechaniker Luo sagt den Bossen, er müsse unbedingt nach Hause, um seiner Frau zu helfen, damit sie sich von der Operation erholen kann. Schließlich lenken sie ein, sträuben sich aber, ihm seine ausstehenden Gehälter zu zahlen. Als ich Luo zur Feier des Tages zum Abendessen einlade, sind die Verhandlungen noch im Gang. Schließlich zahlen die Bosse dem Mechaniker Luo ein Drittel des geschuldeten Geldes – und er verspricht, innerhalb einer Woche zurück zu sein.

Später kommen Mutter und Baby mit dem Bus nach Lishui. Die Fahrt dauert 21 Stunden. Sie wohnen im Fabrikschlafraum bei Luo, der mich voller Stolz vorstellt. Ich frage, wie es dem Bruder des Kindes gehe, in der Annahme, der Kleine sei noch im Dorf bei seinen Großeltern. Doch der Mann macht ein langes Gesicht, und ich fürchte schon, etwas Schreckliches sei passiert. »Dies ist unser erstes Kind«, sagt er mit gesenkter Stimme. »Bei der Einstellung habe ich Boss Wang und Boss Gao erzählt, wir hätten schon einen Sohn. So konnte ich ein höheres Gehalt verlangen. Ich wollte Sie nicht belügen, aber die beiden waren gerade in der Nähe, als wir miteinander gesprochen haben.«

Zwei Monate später fährt seine Frau mit dem Baby wieder nach Hause. Am Bahnhof Guiyang kommen zwei Frauen auf sie zu und bieten ihr eine Mitfahrgelegenheit an. Die beiden führen sie zu einem Kleinbus mit zwei Männern. Als sie außerhalb der Stadt sind, bemerkt die Frau noch einen starken Geruch von Chemikalien und fühlt sich schwindelig. Als sie wieder zu sich kommt, fehlen ihr 90 Euro Bargeld, das Handy und die Ohrringe. Das Baby ist danach ungewöhnlich schläfrig, in Panik ruft die Mutter Luo an. Er sagt ihr, sie solle das Kind sofort waschen. Seither scheint der Kleine gesund zu sein.

Noch keine vier Monate ist er alt, hat bereits in einer Fabrik gelebt, wurde als Druckmittel bei Gehaltsverhandlungen eingesetzt und ist bei einem Raubüberfall betäubt worden. Mechaniker Luo nennt seinen Sohn Wen, »gebildet«, denn er träumt davon, dass aus ihm ein gebildeter Mann werden wird.

Aufbruch zu neuen Geschäften

Im Sommer steht der Betrieb kurz vor der Pleite. Doch dann beginnt sich die Kundenwerbung von Boss Wang auszuzahlen. Im August hat die Fabrik schon fünf feste Auftraggeber. Im September, elf Monate nach Planung der Fabrik, schreibt sie erstmals schwarze Zahlen. Auch Oktober ist gut. Im November produziert die Maschine täglich 100 000 Versteller, und die Bosse lassen ein größeres Band für die Drahtbügel installieren.

Doch sie haben, wie alle in Lishui, auf schnelles Wachstum gesetzt und gehofft, bis Ende des ersten Jahres ihre Belegschaft auf 60 erweitern zu können. Tatsächlich haben sie nur 20 Mitarbeiter – aber das Gebäude hat das Dreifache der benötigten Größe. In diesem Monat beschließen die Bosse, die Fabrik zu verlegen. Die Entscheidung fällt ruckzuck, ohne Absprache mit Mechaniker Luo oder sonst jemandem. Boss Gao findet zwei Mietobjekte nördlich von Wenzhou. Ein Feng-Shui-Experte wird hinzugezogen. Sein Rat ist unmissverständlich: Der 28. November ist zugleich der achte Tag des Mondmonats, und es gibt nichts Besseres als doppelte Achten. Die meisten Arbeiter ziehen mit der Fabrik um.

Die Expansion geht weiter

In jenem Herbst beantragt die Stadt Lishui die Erweiterung des Entwicklungsgebiets um 35 Quadratkilometer. Die Expansion

In der International Trade City in Yiwu herrscht buntes Treiben. Fabrikneue Waren, von Spielzeugpistolen und lachenden Buddhas über aufblasbare Tiere bis hin zu Plastiksandalen, warten hier auf ihre Käufer. Die Geschäfte, die hier an mehr als

30 000 Ständen getätigt werden, beeinflussen weltweit die Endpreise der Waren und stellen sicher, dass in Städten wie Lishui weitere Unternehmer Fabriken gründen und Erfolg haben werden.

würde Investitionen von fast 680 Millionen Euro bedeuten, der größte Teil müsste von den Banken kommen. Man plant, die Einwohnerzahl der Stadt bis 2020 zu verdoppeln. Wegen des steigenden Energiebedarfs wird in den Bergen südlich von Lishui der Tankeng-Damm gebaut. In der Vorbereitungsphase müssen 50 000 Menschen aus zehn Städten und 80 Dörfern umgesiedelt werden. Am 25. Oktober 2005 – laut Feng-Shui-Experten ein günstiges Datum – bin ich Zeuge der endgültigen Evakuierung von Beishan, der größten Stadt. Es gibt offenbar gute Tage für alles, selbst für das Verlassen der Heimat. Familien bepacken Tieflader mit Möbeln. In acht neuen Umsiedlungsgemeinden, die keineswegs fertig sind, laden sie wieder aus.

Als ich mit Direktor Wang über die Erweiterungspläne rede, sagt er, dass es immer schwieriger werde. Die Zentralregierung fürchte einen Zusammenbruch des Immobilienmarkts. Doch er ist zuversichtlich. »Wir beantragen ja die Erschließung eines Gebiets, das kein gutes Ackerland hat.« An seiner Bürowand hängt eine Karte des geplanten Erweiterungsareals – künftige Straßen, Gewerbekomplexe, Wasserwerke. »Wir müssen mehr als 400 Hügel abtragen«, sagt er. Er lädt mich ein wiederzukommen, wenn Ferien sind und sein Sohn zu Hause ist. Der Sohn des ehemaligen Panzerfahrers der Volksbefreiungsarmee studiert internationale Finanzwirtschaft an der Universität Auckland.

Eine Gespensterfabrik

Die Verlegung der BH-Versteller-Fabrik dauert nur einen Tag. Die Bosse mieten einen Gabelstapler, vier Tieflader und heuern sieben Arbeiter an. Mechaniker Luo zerlegt die Maschine in drei Teile, die fertigen BH-Versteller werden in 94 Kisten verpackt. Alles von Wert nehmen Boss Wang und Boss Gao mit, sogar den

Teppich und die Glühbirnen. Ein Jahr zuvor haben sie Türen zu 7,50 Euro bestellt. Jetzt heben sie sie wieder aus den Angeln.

Zwei Tage später fahre ich noch einmal in die Entwicklungszone, vorbei an einer Reihe von Reklametafeln: Amway, Haishun Steel Structure, Fengchang Steel Hooks. Der Eingang der ehemaligen Fabrik Yashun ist nicht abgeschlossen. Drinnen liegen überall Zigarettenkippen und gebrauchtes Klebeband herum. Und BH-Versteller – zerdrückt, schmutzig, kaputt. An der Wand ein Abreißkalender, erstarrt am 22. November, und ein Talisman mit dem Gesicht Mao Zedongs auf der einen und einem Buddhabild auf der anderen Seite.

An den Gipswänden der Schlafräume haben sich Graffiti angesammelt. Ein Arbeiter hat neben seinem Bett Zahlen aufgelistet: Gewinnzahlen für die Lotterie. Ein anderer hat notiert: »Auf schnellem Weg zum Erfolg.« Wieder andere schrieben:

»Die Vergangenheit betrachten, an die Zukunft denken.«

»Sei jeden Tag glücklich! Ein neuer Tag beginnt sogleich!«

»Schau der Zukunft direkt ins Auge.«

»Verlass die Welt.«

»Ein Mensch kann überall erfolgreich sein; ich schwöre, dass ich nicht eher nach Hause zurückkehre, bevor ich berühmt bin.«

Ein kalter Wind bläst gegen die Fenster. Draußen höre ich den Lärm benachbarter Fabriken, das Rattern aus der Glasherstellung, das Poltern von Plastikpressformen, das pneumatische Zischen aus der Wasserboilerfabrik. Keine einzige menschliche Stimme ist zu hören. Nur die Lebensweisheiten an den Wänden zeugen noch von den Menschen, die diese Fabrik gerade erst verlassen haben.

Text: Peter Hessler
Fotos: Mark Leong

Eine Gorillafamilie in den Wäldern der Virunga-Berge.

Im ältesten und artenreichsten Nationalpark Afrikas herrscht Krieg. Eine Holzkohlemafia plündert den Urwald. Dann, im Sommer 2007, werden sieben Gorillas kaltblütig getötet. Ein brutales Drama – da deckt ein mutiger Wildhüter das Verbrechen auf…

Wer ermordete die Virunga-Gorillas?

Die Killer warteten. Bald würde es dunkel sein. Es war der 22. Juli 2007. Die Männer kauerten im Wald und machten sich bereit, mit ihren automatischen Gewehren eine Gorillafamilie zu erschießen. Am Hang des Mikeno-Vulkans im Osten der Demokratischen Republik Kongo hatten sie die zwölfköpfige »Rugendo«-Gruppe aufgespürt. Sie war eine Attraktion für die Touristen und geliebt von den Rangern des Virunga-Nationalparks. Der Patriarch der Gorillafamilie, ein 225 Kilo schwerer Silberrücken mit dem Namen »Senkwekwe«, muss gespürt haben, dass die Angreifer in der Nähe waren. Vielleicht hat er über ihren unangenehmen Geruch seine breite schwarze Nase gerümpft. Doch er war sicher nicht beunruhigt. Er hatte schon Tausende von Menschen gesehen und ihre Nähe wohl als irritierend, aber unvermeidlich akzeptiert. Die »Rugendo«-Familie war so sehr an Menschen gewöhnt, dass die Gorillas manchmal aus dem Wald herauskamen, um zum Verdruss der örtlichen Bauern in einem Maisfeld ein improvisiertes Picknick zu machen.

Parkranger vom nahe gelegenen Posten gaben später zu Protokoll, sie hätten an jenem Abend um acht Uhr Schüsse gehört. Am nächsten Morgen fanden sie bei einem Streifengang drei erschossene Gorillaweibchen: »Mburanumwe«, »Neza« und »Safari«. Daneben kauerte das Junge von »Safari«. Am folgenden Tag wurde »Senkwekwe« tot aufgefunden. Drei Wochen später entdeckte man die Leiche von »Macibiri«, einem weiteren Weibchen der Familie. Sein Junges ist vermutlich auch tot.

Einen Monat zuvor waren zwei Weibchen und ein Jungtier aus einer anderen Gorillagruppe überfallen, eines der Weibchen durch einen Genickschuss regelrecht hingerichtet worden. Sein Junges lebte noch, an die Brust der Mutter geklammert. Binnen zwei Monaten wurden also sieben Virunga-Gorillas getötet. Die Fotos, auf denen weinende Dorfbewohner tote Menschenaffen aus dem Wald tragen, gingen um die Welt. Die Ermordung der Tiere löste eine Welle der Empörung aus.

Tatverdächtig waren viele. Es gibt im Nationalpark Tausende schwer bewaffnete Männer – Soldaten zweier rivalisierender Milizen und der kongolesischen Armee, die dort einen Dreiparteienkrieg austragen. Hinzu kommen Wilderer und Horden illegaler Holzkohlebrenner. Am Rand des Parks leben Kleinbauern, in Flüchtlingscamps suchen zahllose Familien aus der Demokratischen Republik (DR) Kongo, aus Ruanda und Uganda Zuflucht vor den Gräueln des Bürgerkriegs.

Aber wer würde kaltblütig die Gorillas töten? Und vor allem: Warum?

Der Virunga-Nationalpark ist wegen seiner einzigartigen biologischen und geologischen Vielfalt das Kronjuwel unter Afrikas Schutzgebieten. Er wurde 1925 gegründet und ist der älteste Nationalpark auf dem Kontinent. Virunga, das ist ein schmaler

Streifen von großer landschaftlicher Schönheit, mit einer Fläche von 8000 Quadratkilometern mehr als dreimal so groß wie das Saarland. Hier leben so urafrikanische Tiere wie das Okapi, das wie eine Mischung aus Zebra und Giraffe aussieht. Hier überwintern aber auch Vögel aus Sibirien. »Es gibt hier mehr Säugetiere, Vögel und Reptilien als in jedem anderen Nationalpark Afrikas«, sagt Emmanuel de Merode, der Direktor von WildlifeDirect, einer Naturschutzorganisation mit Sitz in Nairobi. Der Anthropologe arbeitet seit 1993 in der DR Kongo. »In Virunga gibt es einen der größten Seen flüssiger Lava und auf einer Höhe von 900 bis 5000 Metern weltweit die größte Landschaftsvielfalt mit Gebirgswäldern, Mooren, tropischen Wäldern und Savannen«, erklärt er. »Virunga ist der großartigste Nationalpark auf unserem Planeten.« Nicht zuletzt wegen seiner Gorillas.

Auf der Erde leben alles in allem noch ungefähr 720 Berggorillas – die Hälfte davon im Bwindi-Impenetrable-Nationalpark in Uganda, die andere Hälfte 24 Kilometer weiter südlich in den Virunga-Bergen. Drei Nationalparks teilen sich die mit Vulkanen durchsetzte Virunga-Region: der Mgahinga-Gorilla-Nationalpark in Uganda, der Vulkan-Nationalpark in Ruanda (berühmt durch die Forschungsarbeiten von Dian Fossey und ihr Buch »Gorillas im Nebel«) und der Virunga-Nationalpark auf dem Gebiet der Demokratischen Republik Kongo. Allein hier leben rund 200 Berggorillas.

Sie waren bis Mitte der Neunzigerjahre eine der wichtigsten Touristenattraktionen im Virunga-Nationalpark und brachten mehrere Millionen Euro im Jahr ein. Wichtiges Geld, denn Virunga ist zum Überleben auf eigene Einnahmen angewiesen. Der Park wird vom Institut Congolais pour la Conservation de la Nature (ICCN) verwaltet, einer Organisation, die zwar wie eine Behörde funktioniert, von der Regierung aber kaum finanziell

Dieses Bild bewegte die Welt: Trauernde Dorfbewohner tragen den zusammen mit seiner halben Familie erschossenen Silberrücken »Senkwekwe« am 24. Juli 2007 aus dem Virunga-Nationalpark. Die Täter waren keine Wilderer – denn die hätten den Gorillas Kopf und Hände abgehackt, um sie zu verkaufen.

unterstützt wird. Doch ohne festes Budget sind die kongolesischen Nationalparks anfällig für Korruption und Ausbeutung.

Die Naturschutzbehörde war ein Hätschelkind des früheren Diktators Mobutu Sese Seko, dem Vater der modernen afrikanischen Kleptokratie. Bezeichnend für seine Einstellung war der Rat, den er seinen Landsleuten sogar einmal in einer öffentlichen Rede gab: »Wenn ihr stehlen wollt, stehlt wenig und stehlt klug, immer hübsch unauffällig. Nur wenn ihr so viel stehlt, dass ihr über Nacht reich werdet, werdet ihr erwischt.« Dieser Führungsstil war es, der die Ausgangslage für eine verhängnisvolle Auseinandersetzung zwischen zwei Männern schuf: zwischen Honoré Mashagiro, zur Zeit der Gorilla-Morde der Leiter des Virunga-Nationalparks, und Paulin Ngobobo, dem Chefranger des südlichen Parkteils.

Obwohl der Virunga-Nationalpark 1979 von der Unesco zum Weltnaturerbe erklärt wurde, steht er zugleich auf der UN-Liste der am meisten bedrohten Landschaften der Welt. Denn Virunga liegt mitten in einer Region, die wie keine andere in der jüngeren Geschichte gezeigt hat, wie unendlich grausam Menschen gegen Menschen vorgehen können: 1994 wurden im benachbarten Ruanda mehr als 800 000 Tutsi vom Volk der Hutu getötet; im Kongo verloren in zwei Kriegen – 1996/97 und 1998 bis 2003 – mehr als fünf Millionen Menschen ihr Leben. Dieses Morden hat mehr Opfer gefordert als jeder andere Konflikt seit dem Zweiten Weltkrieg.

Eigentlich ist es ein Wunder, dass es den Nationalpark überhaupt noch gibt. Das verdankt er nicht zuletzt dem Einsatz seiner 650 ICCN-Ranger. In den vergangenen zehn Jahren wurden mehr als 100 Parkranger im Dienst getötet, die meisten von ihnen erschossen, aber nicht von Wilderern, sondern von Milizionären. Nach dem Völkermord in Ruanda flohen die Täter – Hutu-Kämpfer und ruandische Soldaten – nach Westen in den Kongo und paktierten mit der unzufriedenen kongolesischen Armee. Im Lauf der Jahre formierten sich die Exil-Ruander zu den Demokratischen Kräften für die Befreiung Ruandas (Forces Démocratiques de Libération du Rwanda, FDLR). Mithilfe von Zwangsarbeitern beuteten sie die Bodenschätze der Region aus – Gold, Coltan und andere Mineralien. Sie rodeten den Urwald, um Holzkohle zu brennen. Das verschaffte den Hutu-Milizen die Mittel, um sich neu zu bewaffnen, eine neue Generation mit ihrer Ideologie des ethnischen Hasses zu indoktrinieren und ihre Angriffe auf die Tutsi fortzusetzen, nun im Osten der DR Kongo.

Als Reaktion darauf, dass die Hutu und die offizielle Armee gemeinsame Sache machten, gründete der kongolesische Tutsi-General Laurent Nkunda seine eigene Truppe, den Nationalen Kongress für Volksbefreiung (Congrès National pour la Défense du Peuple, CNPD). Mit stiller Unterstützung aus Ruanda bekämpfen Laurent Nkundas Soldaten seit Jahren die ruandischen Hutu-Milizen.

Im Zuge dieser Auseinandersetzung hat sich die südliche Hälfte des Virunga-Nationalparks in ein blutgetränktes Schlachtfeld verwandelt. Je nachdem, woher der politische Wind weht oder in welche Richtung die Geldströme fließen, schlägt sich die kongolesische Armee mal auf die Seite von Nkundas Truppen, mal auf die der FDLR. Kämpfer aller drei Parteien verübten an der Zivilbevölkerung in der Provinz Nord-Kivu unbeschreibliche Grausamkeiten. Banden schlecht besoldeter Soldaten nehmen sich mit ihren Maschinenpistolen – die sie »AK Kreditkarte« nennen – was sie wollen, wann sie wollen und von wem sie es wollen. Zehntausende Frauen und Mädchen wurden vergewaltigt, manchmal nacheinander von Soldaten beider Seiten. Unzählige Menschen wurden gefoltert und erschossen, mehr als 800 000 aus ihren Dörfern vertrieben, zu hungernden Flüchtlingen im eigenen Land gemacht.

Vom ersten Moment an war eines klar, als man im vergangenen Juli die Leichen der Gorillas fand: Sie waren nicht von Wilderern getötet worden. Wilderer hätten auf jeden Fall die Jungtiere mitgenommen. Und sie hacken erwachsenen Tieren Köpfe und Hände ab, um sie auf dem Schwarzmarkt zu verkaufen. Diese toten Gorillas wurden einfach liegen gelassen, die Jungtiere dem Verhungern preisgegeben.

Aber was war mit den Soldaten, von denen es im Virunga-Nationalpark nur so wimmelt? Als Brent Stirton und ich im vergangenen Februar in Goma eintrafen, der Hauptstadt von Nord-Kivu, 15 Kilometer südlich des Nationalparks, hatte der Tutsi-Führer Nkunda soeben ein Friedensabkommen mit der kongolesischen Armee unterzeichnet. Seine Rebellen kontrollierten immer noch Mikeno, den Sektor des Nationalparks, in dem die Gorillas leben. Die Männer sollen im vergangenen Jahr zwei Berggorillas zum Verzehr getötet haben. Sechs Monate lang hatten sie keine anderen Menschen zu den Tieren durchgelassen, die meisten Ranger waren geflohen. Es sei unmöglich, sagte man uns, direkt mit den Rebellentrupps zu reden. Wir schafften es dennoch, aber vorher mussten wir uns mit dem »Vorsitzenden« treffen, wie Nkunda sich gern titulieren lässt.

Unsere Audienz findet in einem Farmhaus auf einem Hügel in der Nähe von Kirolirwe statt, westlich des Nationalparks im Bezirk Masisi (siehe Karte Seite 156). Der General ist von Leibwächtern umgeben. Er selber trägt einen schicken schwarzen Anzug, gebügeltes weißes Hemd und Sonnenbrille. Er sieht wie ein Jazzmusiker aus, aber davon sollte man sich nicht täuschen lassen. Menschenrechtler werfen Nkundas Soldaten Kriegsverbrechen

Der Tutsi-General Nkunda lässt sich gern als »Vorsitzender« anreden. Von einer westlich des Virunga-Nationalparks gelegenen Farm aus leitet er den Kampf gegen die kongolesische Armee und die Hutu-Milizen. Vorwürfe, er würde Kindersoldaten rekrutieren und Kriegsverbrechen begehen, weist er zurück. Er beschütze nur die kongolesischen Tutsi gegen die Hutu. Außerdem sei er Naturschützer.

vor, für ihn selbst interessiert sich der Internationale Strafgerichtshof. Er ist dafür bekannt, dass er Kindersoldaten rekrutiert.

Nkunda tut die Vorwürfe mit einer Handbewegung ab. Die Vorfälle, sagt er, hätten sich zu einer Zeit ereignet, als seine Truppen und die kongolesische Armee eine Allianz gebildet hatten. Damals hätten ihm seine Soldaten nicht direkt unterstanden. »Unsere Vergangenheit mag übel gewesen sein«, gesteht der Führer der Tutsi zu, »aber ich sage meinen Leuten, dass jetzt nur noch die Zukunft zählt.«

Der Mann betrachtet sich nicht mehr als Rebellengeneral. Er ist Politiker. Als ich ihn frage, wie er seine eigene Zukunft sehe, grinst er und sagt: »Kinshasa« – die Hauptstadt. Ich frage ihn nach den Gorillas. Seine Antwort ist eindeutig: »Es ist eine Ehre, sie im Land zu haben. Es gehört zu meinen Pflichten, sie zu beschützen.«

Der Sektor Mikeno brauche dazu das Wissen der kongolesischen Naturschutzbehörde. Er werde rückkehrwillige Ranger mit offenen Armen empfangen. »Und Sie«, sagt er zu uns, »sind ebenfalls willkommen. Gehen Sie nach Bukima, sehen Sie sich die Gorillas selber an. Berichten Sie der Welt, was Sie dort finden.« In derselben Nacht noch hören Brent und ich, dass in der Stunde, als uns Nkunda in sein Herrschaftsgebiet eingeladen hat, hochrangige ICCN-Ranger in Begleitung von UN-Soldaten versucht haben, den Gorilla-Sektor zu betreten. Nkundas Rebellen sagten den Rangern, dass man sie ohne ihre UN-Eskorte auf der Stelle hingerichtet hätte.

Dennoch beschließen wir am nächsten Morgen, Nkundas Angebot zu testen. Offenbar können sich weder er selbst noch seine Kommandanten vorstellen, dass wir diese Strapaze auf uns nehmen, denn sie verzichten darauf, uns darüber zu informieren, dass sie die Straße nach Bukima vermint haben. Allein und zu Fuß machen wir uns auf der verdächtig menschenleeren Straße auf den Weg. Schließlich warnt uns doch noch jemand. Und obwohl wir uns über Satellitentelefon bei Nkundas Kommandanten anmelden, laufen wir seinen Frontsoldaten, von denen keiner weiß, wer wir sind, direkt vor die Gewehrmündungen. Zum Glück nehmen sie uns nur gefangen, und am Abend teilen sie mit uns in einem verräucherten Unterstand aus Lehm ihre Verpflegung: frisch gemolkene, noch warme Kuhmilch.

Angeführt von sieben Rangern und zwei Dutzend Guerillakämpfern, bewaffnet mit Kalaschnikows vom Typ AK-47 und

Granatwerfern, marschieren wir am nächsten Morgen in den Wald. Nach zwei Stunden haben die Fährtenleser die Gorillas gefunden. Der Boss des Clans, ein Silberrücken mit dem Namen »Kabirizi«, fühlt sich durch uns gestört. Er dreht den mit Patronengurten behängten Kämpfern den muskelbepackten, klavierbreiten Rücken zu. Zwischen üppig grünen Lianen hockend, behält er seinen Harem im Auge, kaut Blätter und wendet hin und wieder seinen riesigen Kopf, um die Soldaten finster anzublicken. Er ist der König dieses abgelegenen Reichs.

Die »Kabirizi«-Familie macht einen gesunden Eindruck. Der Ranger Kayitare Shyamba, der dienstälteste unserer Führer, sagt, die Gorillas würden täglich kontrolliert. Seit dem Gemetzel im vorigen Jahr seien keine Gorillas mehr gestorben. Seine Ranger und er würden auch noch einige andere Familien beobachten, von denen eine ein Neugeborenes habe. Bevor wir aus Mikeno hinauseskortiert werden, unterhalte ich mich mit einem Dutzend von Nkundas Fußsoldaten. Zumindest dem Anschein nach kennen sie sich mit den Tieren aus und respektieren sie. Ein junger Mann, der angeblich 25 ist, aber kaum älter als 17 aussieht, vertraut mir an, dass die Männer mit dem Tod bestraft würden, falls sie die Gorillas behelligen sollten – unfassbar zynisch, wenn man an das Leid denkt, das Nkundas Soldaten unschuldigen Menschen zugefügt haben.

Brent und mir gelingt noch eine weitere Exkursion in Nkundas Territorium, nach Bunagana. Das war früher ein Ausgangspunkt wohlhabender Touristen, die die Gorillas sehen wollten. Heute ist es ein ödes, vom Krieg verwüstetes Dorf, in dem jugendliche Soldaten Streife gehen. Wir werden von Pierre Kanamahalagi – kurz Kana – in Empfang genommen, einem ehemaligen ICCN-Ranger in knallgrünem Hemd. Als Nkunda die Region einnahm, ernannte er sich selber zum neuen Chefranger des Mikeno-Sektors.

Soldaten der Tutsi-Truppen staunen, als sie einem Gorilla der »Kabirizi«-Familie begegnen, die sechs Monate lang niemand zu Gesicht bekommen hatte. Die Gorillas sind anfällig für Grippe und andere Krankheiten des Menschen. Besucher sollen deshalb mindestens sieben Meter Abstand halten.

Kana gibt uns drei Ranger mit. Kaum im Nationalpark angekommen, stoßen wir auf eine Gorillafamilie. Der Silberrücken ist völlig entspannt: Wie eine riesige Bowlingkugel rollt er rücklings einen Hügel hinunter. Zwei junge Männchen ringen miteinander, ein Weibchen versteckt sich vor dem Getümmel im Busch. Wir erfahren, dass die Familie aus Uganda zugewandert ist. In nicht einmal drei Stunden werden Touristen von dort erwartet, die ersten seit mehr als sechs Monaten. »Hier sind alle Gorillas sicher und gesund«, sagt Kana stolz, als wir nach Bunagama zurückkehren.

Er behauptet auch, dass noch 32 Ranger für ihn arbeiten. Alle anderen, sagt er, habe die staatliche Naturschutzbehörde abgezogen, als der Tutsi Nkunda die kongolesischen Soldaten und Hutu-

Milizen aus Mikeno vertrieb. Ihm seien nur die Ranger geblieben, die mutig genug gewesen seien, sich zu widersetzen, um die Gorillas zu beschützen.

Außerhalb von Nkundas Einflussgebiet hatten mir Ranger etwas anderes erzählt. Rebellen hätten ihre Stützpunkte überfallen, ihnen Uniformen, Stiefel, Gewehre und Navigationsgeräte abgenommen und sie vor die Wahl gestellt, sich entweder Nkundas Tutsi-Truppen anzuschließen oder um ihr Leben zu rennen. Ich sprach mit einem Ranger, dem man vorgeworfen hatte, mit den Kongolesen kollaboriert zu haben. Man durchstach seine Hände mit dem Bajonett, knüppelte ihn nieder und warf ihn mit zwölf anderen Zivilisten in eine Grube. Er sagte, jeden Tag seien drei Gefangene aus der Grube gezerrt und enthauptet worden. Nach vier Tagen war der Ranger der letzte Überlebende. Man habe ihm das Leben geschenkt, weil ein Rebell vorgeschlagen habe, ihn als Fährtensucher im Dschungel einzusetzen.

»Alles Lüge«, widerspricht Kana, als ich ihm davon erzähle. »Das ICCN ist korrupt. Die haben das Geld der Gorilla-Touristen in die eigene Tasche gesteckt. Alle hochrangigen ICCN-Beamten in Virunga gehören ins Gefängnis.«

Kana gibt zu, dass er den Gorilla-Tourismus ohne Genehmigung des ICCN wiederaufgenommen hat. Weil die Behörde den Rangern keinen Lohn mehr zahlt, brauche er das Geld, um sie zu bezahlen. Er sagt auch, er möchte mit nicht staatlichen Umweltschutzorganisationen zusammenarbeiten, die Gorilla-Experten in ihren Reihen haben; zum Beispiel mit den Leuten vom Internationalen Gorillaschutzprogramm, das seine Ranger schon heute mit Lebensmitteln versorgt. Er beteuert, dass die Soldaten Nkundas samt und sonders »für die Berggorillas sensibilisiert sind« und dass seine Ranger die Tiere wesentlich besser beschützen, als es früher die Naturschutzbehörde tat. »Wer hat denn im Juli vorigen Jahres die Gorillas getötet?«, fragt Kana herausfordernd. »Wer? Soldaten jedenfalls nicht.«

Ich muss mich zwingen, mir einzugestehen, dass nicht alles, was ein unehrlicher Mensch sagt, gelogen sein muss. Zumal auch die vertriebenen Ranger mir gegenüber eine ähnliche Einschätzung angedeutet hatten.

»Folgen Sie der Fährte der Holzkohle«, hatte schon Emmanuel de Merode, der Direktor von WildlifeDirect, gesagt. »Die Holzkohle ist die größte Gefahr für den Nationalpark.« In Nord-Kivu ist Holzkohle die wichtigste Energiequelle – und das größte Übel. In 98 Prozent aller Haushalte wird sie für die Zubereitung von Speisen, zum Abkochen von Trinkwasser und zum Heizen benutzt. In Goma wird die Sonne ständig von Schwaden aus Holzkohlerauch verdeckt.

Goma ist ein Slum aus Wellblechhütten am Ufer des Kivusees. Seine Einwohnerzahl ist in den vergangenen zehn Jahren durch Bürgerkriegsflüchtlinge explosiv angewachsen. Heute leben in der Stadt etwa 700 000 Menschen; hinzu kommen mehrere Hunderttausend in nahe gelegenen Flüchtlingslagern. Die Uno hat in der Region 5700 vorwiegend indische Soldaten stationiert. Ihr Hauptquartier ist eine Festung mit Eisentoren und vier Meter hohen Betonmauern, mit Stacheldraht gesichert.

Die Gegend um den Nationalpark zählt zu den am dichtesten besiedelten Gebieten Afrikas. Auf der fruchtbaren Vulkanerde leben etwa 400 Menschen pro Quadratkilometer. Felder mit Kartoffeln, Maniok, Bananen und Bohnen reichen bis an die Grenze des Nationalparks. Die Holzkohle, die in primitiven Lehmmeilern gebrannt wird, stammt von Bäumen hier im Park. Die ältesten und wertvollsten liefern die begehrte Hartholzkohle, die heißer und länger brennt als Weichholzkohle. Um die Wälder zu retten, haben Naturschutzorganisationen Millionen von schnell wachsenden Bäumen gepflanzt, vor allem Eukalyptus. Für die Zukunft planen Experten mit effektiveren Öfen und alternativen Brennstoffen wie Butangas, Laub und sogar Sägemehl. Aber noch blüht das illegale Holzkohlegeschäft.

Ein 70-Kilo-Sack Hartholzkohle reicht für eine Familie ungefähr einen Monat. In einem Umkreis von 30 Kilometern um das Südende des Virunga-Nationalparks leben mehr als 100 000 Familien. Die verbrauchen 3500 Säcke Holzkohle am Tag – den Bedarf im benachbarten Ruanda nicht mitgerechnet. Zum Schutz seiner eigenen Wälder hat man dort die Produktion von Holzkohle unter Strafe gestellt.

Solche Mengen können nicht ohne Lastwagen transportiert werden. Die kongolesische Armee hat Lkw und Lieferanten: die Hutu-Milizen. Ein Sack Holzkohle kostet etwa 15 Euro. De Merode rechnet vor, was das bedeutet: Der Handel mit Holzkohle aus Virunga brachte im Jahr 2006 mehr als 20 Millionen Euro ein – der Gorilla-Tourismus gerade mal 200 000 Euro.

Robert Muir ist Projektmanager des Schutzprogramms der Zoologischen Gesellschaft Frankfurt für den Virunga-Nationalpark. Er sagt, durch die Holzkohleproduktion sei bereits ein Viertel der Hartholzwälder in der Südhälfte des Nationalparks zerstört worden. Bei gleichbleibender Entwicklung werde der südliche Sektor in zehn Jahren kahl sein.

»Aber es kann verhindert werden, es muss verhindert werden, und es wird verhindert werden«, sagt er. Muir, ein Engländer, der fließend Französisch spricht, ein Kämpfer – sein Vater war Oberst beim britischen Militär –, der Ökologie und Anthropologie studiert hat, lebt seit vier Jahren in Goma. Anfangs hat er sich darauf konzentriert, die Ranger des Nationalparks auszubilden.

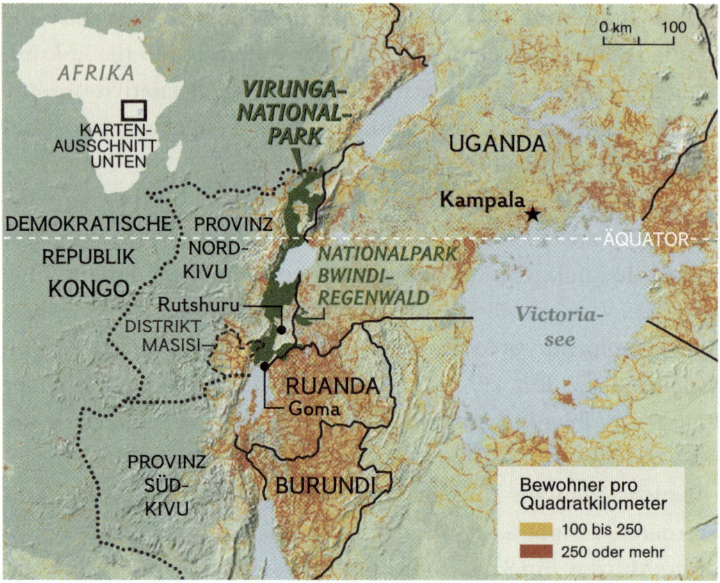

Dieser Teil Afrikas ist reich an verschiedenen Tier- und Pflanzenarten – und gleichzeitig überdurchschnittlich dicht besiedelt.

Jetzt hat er den illegalen Handel mit Holzkohle im Visier. Vor seinem Büro stehen 50 Säcke, an deren Sicherstellung er persönlich beteiligt war.

Muir erklärt das Problem: Nkundas CNDP-Truppen werden den Virunga-Nationalpark erst verlassen, wenn die Hutu-Milizen der FDLR weg sind; die kongolesische Armee zieht erst ab, wenn die Rebellen beider Seiten verschwunden sind. Doch keine der Parteien hat ein Interesse daran. Nicht, solange sich mit der Holzkohle viel Geld verdienen lässt.

Wenn aber die Holzkohleproduktion nicht aufhört, wird sich der Wald – und damit der Lebensraum der Gorillas – buchstäblich in Rauch auflösen. »Wer etwas erreichen will, muss raus ins Gelände. Die FDLR-Leute brennen am Fuß des Nyiragongo-Vulkans Holzkohle. Seit einem halben Jahr ist da niemand mehr hingekommen. Die Uno hat uns Begleitschutz zugesagt. Wenn Sie wollen, können Sie mitkommen.«

Am nächsten Morgen ziehen wir los. Unser Trupp besteht aus fast 50 Mann, darunter zwölf Ranger und Muir. Um uns herum 18 indische Sikhs unter dem Befehl von Major Shalendra Puri, durch die Bank erfahrene Kämpfer. Man kennt die UN-Soldaten als Blauhelme, in unserem Fall sind es Blauturbane.

Touren auf den 3470 Meter hohen Nyiragongo waren früher eine weitere wichtige Einnahmequelle des Virunga-Nationalparks. Für rund 100 Euro konnten sich Touristen auf den Gipfel führen lassen, in den Abgrund blicken und auf dem Kraterrand kampieren. Mitte 2007, als die Hutu-Milizen die Holzkohleproduktion forcierten, mussten die Bergtouren eingestellt werden. Die Ranger versuchten wiederholt, die Milizen zu vertreiben, aber sie wurden jedes Mal durch Maschinengewehrfeuer zum Rückzug gezwungen.

Unsere Kolonne schlängelt sich durch den Dschungel, der von kahlen, mit zäher Lava bedeckten Hängen unterbrochen wird. Es regnet, aber die Anwesenheit der disziplinierten Sikhs beflügelt die Ranger. Dort, wo sie zuletzt zurückgeschlagen wurden, stoßen wir auf ein Bambuskreuz – eine Warnung. Major Puri lässt sich davon nicht beeindrucken. Seine Blauturbane schwärmen den Berg hinauf, verständigen sich mit Handzeichen, einen Finger am Abzug. Über uns steigt blauer Rauch in den Himmel. Major Puri schickt fünf Soldaten voran. Minuten später sehen wir etwas oberhalb von uns vier bewaffnete Hutu quer über den Hang rennen. Hundert Meter über ihnen verschwinden drei weitere im Dschungel.

Es fällt kein einziger Schuss. Nachdem die Sikhs die Gegend gesichert haben, erlaubt Major Puri uns zu folgen. Wir treten aus dem Wald auf eine große, kahl geschlagene Fläche hinaus. In der Mitte schwelt ein Erdhaufen. »Der ist ja riesig«, entfährt es Muir. Der Hügel hat einen Durchmesser von etwa sechs, eine Höhe von 4,5 Metern. Er ist von allen Seiten mit Lehm verputzt und sieht aus wie ein Vulkan.

»Ein Holzkohlemeiler«, erklärt Muir. »Und es ist seit ziemlich langer Zeit der erste, den wir zerstören können.«

Solche Meiler werden mit Hartholz von alten Bäumen befüllt, aber mit Weichholz befeuert. Dieser hier hätte 50 bis 100 Säcke Holzkohle ergeben. Muir ruft die Ranger herbei, die sich mit all ihrer angestauten Frustration über den Erdhaufen hermachen und ihn mit Stöcken und Schaufeln auseinanderreißen.

Der Rest unseres Marsches ist ein Sonntagsspaziergang. Alle sind aufgeräumter Stimmung. Die Sikhs haben ihre Mission erfüllt, die Ranger haben erst mal wieder ein gewisses Maß an Selbstachtung zurückgewonnen.

In dieser Nacht quetschen sich Major Puri und Robert Muir während eines sintflutartigen Gewitters in unser Zweimannzelt. Es gibt ein Festessen, und Muir zieht zwei Flaschen Sekt aus seinem Regenmantel. Begeistert über den Erfolg unserer Razzia, lässt er den ersten Korken knallen. »Das war der erste Schritt! Die Holzkohlemafia kann gestoppt werden! Zusammen schaffen wir es.«

Am Posten Kibati am südlichen Zugang zum Nationalpark sucht ein Dutzend bewaffneter Ranger nach illegaler Holzkohle. Die allgegenwärtigen Land Cruiser der Naturschützer, die gepanzerten Lastwagen der UN-Friedenstruppen und die *matatus* –Toyota-Kleinbusse, in die sich zwei Dutzend Menschen quetschen – werden zügig durch die Straßensperre gewinkt. Lkw werden gestoppt und durchsucht – »ungefähr 20 am Tag«, sagt der Ranger John Iyamorenye. »Zwei bis vier davon transportieren größere Ladungen Holzkohle.« Iyamorenyes Uniform ist zerlumpt, die Mündung seines Gewehrs verrostet, seine Stiefel haben Risse. »Wir verdienen nur 20 Euro im Monat«, sagt Iyamorenye als Antwort auf meine unausgesprochene Frage. »Den Lohn bekommen wir von den Naturschützern, nicht vom Staat. Wir haben keine Funkgeräte, keine Unterstützung vom ICCN; wir haben nicht genug Geld, um unsere Familien zu ernähren.«

Wieder kommt ein Lastwagen. Lässig wie Katzen liegen kongolesische Soldaten oben auf der Ladung. Als ihr Lkw gestoppt wird, fangen sie an zu schreien, springen herab und richten ihre Maschinenpistolen auf die Ranger. Die entern den Laster dennoch und entdecken Säcke mit Holzkohle unter einer Schicht Feuerholz. Die Soldaten fuchteln mit den Waffen und fordern die Ranger brüllend auf, herunterzusteigen. Doch die ignorieren die Drohungen und fangen an, die schweren Säcke vom Lastwagen herabzuwälzen. Beim Aufprall auf den Boden platzen sie auf.

Der Grund für die Unerschrockenheit der Ranger steht ganz in der Nähe: ein UN-Fahrzeug mit einem Dutzend gut bewaffneter Sikhs in kugelsicheren Westen. »Ohne Unterstützung können wir das kongolesische Militär nie aufhalten«, sagt Iyamorenye. »Sie« – er deutet mit dem Kopf auf die aufgebrachten Soldaten –, »sie würden uns möglicherweise töten.«

Bei Operationen wie dieser haben die Ranger bis jetzt mehr als tausend Säcke sichergestellt und an die UN-Soldaten übergeben. Die unterstützen mit der Holzkohle die Flüchtlinge. Aber die Aktionen haben an dem Handel an sich kaum etwas verändert. Am selben Abend, gleich nach Einbruch der Dunkelheit, wird die Straßensperre durch einen Konvoi aus vier Militärlastwagen, bis zum Rand mit Holzkohle beladen, einfach durchbrochen.

Auf gewundenen Pfaden schleppen die Menschen illegal gebrannte Holzkohle sackweise aus dem Wald. Korrupte kongolesische Soldaten bieten Begleitschutz.

Zurück in Goma, bestätigt uns Muir, was wir inzwischen ahnen. »Der Kampf um die Holzkohle war der Grund dafür, dass im vorigen Jahr die Gorillas sterben mussten. Es ging um Paulin Ngobobo, einen unbestechlichen Ranger. Sie müssen mit Paulin reden. Er ist der Held. Er hat sein Leben aufs Spiel gesetzt, um den Nationalpark zu retten.«

Ngobobo lebt in Kinshasa; im Juli vorigen Jahres wurde er zu seinem eigenen Schutz aus dem Virunga-Nationalpark abberufen. Muir lässt ihn nun heimlich zu einem Gespräch einfliegen. Einige Tage später, mitten in der Nacht und an einem geheimen Ort, treffe ich mich mit Ngobobo. Wir sitzen auf Plastikstühlen am Kivusee. Eine Kerze wirft ihr flackerndes Licht auf ihn. Um seine Augen haben sich so viele Falten eingegraben, dass er wesentlich älter aussieht als 45. Ngobobo besteht darauf, seine Geschichte ganz von Anfang an zu erzählen. Er spricht auf Französisch, seine Stimme ist so leise, dass ich ihn über das Plätschern des Sees hinweg oft kaum verstehen kann.

Ehe er ICCN-Chefranger für den Südsektor des Virunga-Nationalparks wurde, erzählt Ngobobo, hatte er als Naturschützer bereits 20 Jahre Berufserfahrung: beim Internationalen Gorillaschutzprogramm und bei Organisationen, deren Ziel es war, aus wildernden Pygmäen unabhängige Bauern zu machen. Als er im Mai 2006 Chefranger in Virunga wurde, leitete er interne Untersuchungen über den illegalen Holzkohlehandel ein. Bald wurde ihm klar, dass sich praktisch jeder schmieren ließ – die Hutu-Milizen, die kongolesische Armee, die Dorfvorsteher, sogar seine Ranger. Leitende ICCN-Mitarbeiter zweigten Geld aus dem Gorilla-Tourismus für sich selber ab. In Extremfällen meldeten sie 20 Gorilla-Touristen, umgerechnet 200 Euro pro Person. Tatsächlich waren es 200 Besucher. Die Differenz – 36 000 Euro – steckten sie in die eigenen Taschen.

Indische UN-Soldaten mit blauen Turbanen patrouillieren am Vulkan Nyiragongo in der Demokratischen Republik Kongo. Das Kreuz warnt: Hier haben Hutu-Milizen kurz zuvor Parkranger angegriffen. Die Rebellen fällen Bäume im Nationalpark und brennen daraus Holzkohle – ein lukratives Geschäft, doch der Wald wird zerstört. Auch Touristen, die Geld bringen könnten, bleiben fern.

Ngobobo nennt Namen, Zahlen, Daten. Nachdem er einige von denen, die Geld unterschlagen hatten, aus seinem Team entfernt hatte, habe er die Gehälter der Ranger erhöhen können, sagt er, denn deren Lohn war ebenfalls von ihren Vorgesetzten abgeschöpft worden. So fiel es den Rangern leichter, die fünf Dollar im Monat abzulehnen, die ihnen die Holzkohlemafia dafür zahlte, dass sie ein Auge zudrückten. Sie besannen sich auf ihre Pflichten und gewannen ihren Stolz zurück. Ngobobo begann, die Suche nach illegaler Holzkohle persönlich zu leiten. Ich hatte zwei Tage in der Nationalparkverwaltung in Rumangabo verbracht und mit Rangern und ihren Familien gesprochen. Sie haben die Folgen von Ngobobos Kampf gegen die Holzkohlemafia erlebt.

»Es war extrem gefährlich«, erinnerte sich Marie Therese Nsangira. Sie hat neun Kinder, aber keine Schuhe. Ihr Mann war einer der Inspektoren, die das Verbot des Holzkohleschmuggels überwachten. »Eines Morgens hielten ihn Soldaten auf dem Weg zur Arbeit an. Sie zerrten ihn aus dem Wagen und erschossen ihn mit seinem eigenen Gewehr.«

Aza Ayubu, die Frau des Rangers Iyomi Imboyo aus Rumangabo, wurde schwer verletzt. Sie fuhr auf der Ladefläche eines Lkw vom Markt nach Hause, als Soldaten den Wagen angriffen. Die Kugeln rissen ihr das rechte Bein beinahe ab. Sie weiß nicht, ob die Soldaten den Laster für den Holzkohleschmuggel stehlen wollten oder ob der Angriff ein Racheakt für die Anti-Holzkohlekampagne war. »Ich weiß nicht mal, welche Soldaten das gewesen sind«, sagt sie. »Vor solchen Aktionen wechseln sie immer die Uniformen.«

Doch der Kampf zeigt Wirkung, im Herbst 2006 nahm der Holzkohleschmuggel ab. Dann wurden Ngobobo und sechs Ranger während einer Patrouille von Soldaten der kongolesischen Armee und der FDLR angegriffen. Die Wildhüter flohen in den Wald und entkamen. Am folgenden Morgen ging Ngobobo direkt zum Befehlshaber im Militärcamp von Rutshuru, um Anzeige zu erstatten.

»Damit begann das letzte Kapitel dieser Geschichte«, erzählte mir in einem anderen Interview der Anwalt Matthieu Cingoro aus Goma. Nach dem Abschuss der Virunga-Gorillas leiteten die Unesco und die Weltnaturschutzunion (IUCN) Ermittlungen ein. Sie wurden zwar nie öffentlich gemacht, erhöhten aber den Druck auf die kongolesische Naturschutzbehörde ICCN, eine eigene

Untersuchung anzuordnen. Cingoro und seine Kanzlei erhielten das Mandat, den Fall zu bearbeiten. »Paulin hatte es gewagt, sich als Einzelkämpfer mit einem Bestechungssystem anzulegen, das im Kongo seit 50 Jahren existiert. Natürlich wurde er sofort verhaftet. Hier ist es sehr gefährlich, ein Mann mit Prinzipien zu sein.«

Im Kivusee spiegelt sich blasses Sternenlicht. Es ist schon nach Mitternacht, als Ngobobo selber berichtet, was dann geschah.

»Es regnete. Der Leibwächter des Befehlshabers brachte mich nach draußen und nahm mir die Kleider ab. Der Kommandant hatte mit Honoré Mashagiro gesprochen.« Das war sein eigener Chef, der Leiter des Virunga-Nationalparks und Provinzdirektor des ICCN für Nord-Kivu. »Mashagiro hatte ihm gesagt, ich sei undiszipliniert und müsse 75 Peitschenhiebe bekommen.«

Bei seinen Versuchen, die illegale Holzkohleproduktion zu unterbinden, war Ngobobo zu der Überzeugung gelangt, dass die treibende Kraft Mashagiro selber war. Der Ranger hatte frisierte Bücher und gefälschte Belege entdeckt, war auf Schutzgeldringe, Korruption und Holzkohle»steuern« gestoßen. Nach Angaben Cingoros war zu beweisen, dass sich Mashagiro mit dem Handel um mehrere Hunderttausend Euro im Jahr bereichert hatte. »Der Wachtposten nahm mir Jacke, Gürtel und Stiefel ab und zwang mich auf den Boden, mit dem Gesicht nach unten in den Matsch«, fährt Ngobobo fort. »Er zählte mit – eins, zwei, drei … –, während er mich peitschte.«

Nur ein leises Zucken in seinem Gesicht lässt ahnen, dass er die Peitsche immer noch spürt. Seine Narben, sagt er, seien verheilt, nicht aber seine seelischen Wunden. »Jeder, der das Opfer von Gewalt wurde, will nur noch eines: Gerechtigkeit. Das Schlimmste für mich war, dass die Auspeitschung von meinem Vorgesetzten befohlen worden war.«

Chefranger Paulin Ngobobo hält hier den Schädel von »Macibiri«, einem der sieben Gorillas, für deren Tod man ihn zur Rechenschaft ziehen wollte.

Ein führender ICCN-Beamter, der nur unter der Bedingung mit mir spricht, dass sein Name nicht genannt wird, bestätigt die Aussage von Ngobobo. »Der Provinzdirektor hat alles getan, um die Ermittlung zu sabotieren und Paulin aus Rumangabo wegzubekommen.«

Vergeblich. Ngobobo nahm den Kampf sofort wieder auf. Im Juni 2007 verhaftete er sechs hochrangige Ranger wegen der Beteiligung am Holzkohleschmuggel. Mashagiro hob die Verhaftungen auf und setzte die Ranger wieder ein. Dann wurde am 8. Juni ein Gorillaweibchen aus der »Kabirizi«-Familie erschossen.

»Ich ließ die Tatumstände sofort untersuchen«, sagt Ngobobo. »Einen der Ranger, die ich verhaftet hatte, konnte ich als den wahrscheinlichen Täter ausmachen. Allerdings wurden meine

Ermittlungen vorzeitig beendet.« Mashagiro stoppte die Untersuchung – und beschuldigte Ngobobo, den Gorilla selber getötet zu haben. Andere aus der Naturschutzszene bestätigen die Aussage Ngobobos. Der Leiter des Nationalparks übte dann Druck auf den Gouverneur von Nord-Kivu aus, seinen Chefranger verhaften zu lassen.

»Ich saß einen Tag und eine Nacht in Goma im Gefängnis«, berichtet Ngobobo. »Danach durfte ich abends nach Hause gehen, aber tagsüber musste ich bis zur Abenddämmerung im Gefängnis bleiben, ohne mich bewegen, ohne reden zu dürfen.«

Der zweite Abend, an dem Ngobobo nach Hause durfte, war der 22. Juli. Am folgenden Tag wurde der erste von sechs weiteren toten Gorillas gefunden. »Mashagiro ließ sie erschießen, um Paulin zu diskreditieren«, sagt ein Experte, der mit dem Fall vertraut ist. Aus Angst um sein Leben will er nicht namentlich genannt werden. »Im Kongo kann man jemanden für eine Kiste Bier ermorden lassen.«

Auf Ngobobo selber wurden bisher drei – erfolglose – Anschläge verübt. Matthieu Cingoro reichte am 10. März beim Generalstaatsanwalt des Berufungsgerichts der Provinz Nord-Kivu in Goma Klage gegen Mashagiro ein. Ihm wird vorgeworfen, ein Netz für den illegalen Handel mit Holzkohle betrieben zu haben, Ngobobo und andere Ranger eingeschüchtert und zusammen mit sechs Rangern die Tötung der Gorillas geplant zu haben. Das sollte Ngobobos Ansehen unterminieren.

Es ist zwei Uhr morgens. Ngobobo ist erschöpft. »Alle wussten, dass ich unschuldig bin. Mashagiro wollte mich unbedingt loswerden, um weiter Geschäfte mit der Holzkohle machen zu können.«

Telefonisch habe ich auch Honoré Mashagiro selber befragt. Er wies alle Vorwürfe zurück und behauptete, er habe mit dem Holzkohlehandel »nichts zu tun. Meine Aufgabe war es, den Nationalpark zu beschützen.« Er bestritt, irgendetwas mit dem Tod der Gorillas zu tun zu haben. Obwohl er der Direktor des Nationalparks war, sagte er: »Für diese Tiere war ich nicht zuständig. Das war Paulins Sache.«

Mashagiro verlor dennoch seinen Posten als Provinzdirektor des ICCN von Nord-Kivu. Er wartet nun im Gefängnis auf seinen Prozess. Ngobobo wurde nach Kinshasa versetzt und völlig entlastet. Er wartet auf eine Stelle als Chefranger irgendwo anders im Kongo. Zwei Dorfbewohner wurden wegen Beteiligung an den Gorilla-Morden schuldig gesprochen und zu 18 Monaten Gefängnis verurteilt. »Wir wissen nicht, wer am Ende den Abzug betätigt hat«, sagt Cingoro. »Aber Mashagiro hat das Gemetzel angeordnet. Das ist Tatsache.«

Die Armee im Virunga-Nationalpark hat inzwischen versprochen, jede mit Militär-Lkw transportierte Fuhre Holzkohle zu beschlagnahmen. Jeder, den das Militär beim Schmuggel erwischt, soll 15 Tage ins Gefängnis. Die UN-Soldaten gehen nun zwei- bis dreimal wöchentlich mit den Rangern auf Patrouille.

Sieben Berggorillas haben dafür sterben müssen.

Text: Mark Jenkins
Fotos: Brent Stirton, Gerry Ellis

Siyaj K'ak' mit weiß umrandeten Augen und Speerschleuder.

Kriegsfürst Siyaj K'ak' aus der Stadt Teotihuacán war es, der im 4. Jahrhundert n. Chr. neue Dynastien der Maya begründete. Es wurde eine Hochblüte vor dem Fall.

Die Maya – Ruhm und Ruin

Der Königsmacher

Der Fremde kam zu Beginn der Trockenzeit, als die Dschungelpfade hart wurden. Flankiert von seinen Kriegern, marschierte er in die Maya-Stadt Waka, vorbei an Tempeln und Märkten. Die Bewohner der Stadt müssen die Augen weit aufgerissen haben. Wie gebannt erlebten sie diesen Auftritt der Macht. Den Kopfschmuck der Männer, die Speere, die spiegelnden Schilde – Insignien einer fernen, herrschaftlichen Stadt.

Alte Inschriften geben als Datum den 8. Januar 378 und Siyaj K'ak' (»Im Feuer geboren«) als Name des Fremden an. Der Abgesandte mächtiger Herrscher im mexikanischen Hochland kam in ein Gebiet, das heute zu Guatemala gehört. In den folgenden Jahrzehnten sollte sein Name noch auf vielen Monumenten auftauchen. Nach ihm entwickelte sich in der Maya-Region eine Kultur zur höchsten Blüte – und währte noch fünf Jahrhunderte.

Die Maya umgibt seit je ein Geheimnis. Die Pracht ihrer Stadtruinen und ihrer schönen, jedoch nicht entschlüsselten Schrift ließ viele Wissenschaftler bis vor wenigen Jahrzehnten vermuten, diese Kultur sei eine sanftmütige Gesellschaft von Priestern und Schreibern gewesen. Als es endlich gelungen war, die Maya-Hieroglyphen zu entziffern, entstand ein eher düsteres Bild: Dynastien, die gegeneinander Krieg führten, Rivalitäten bei Hofe, niedergebrannte Paläste. Die Geschichte der Maya verdichtete sich zu einem Geflecht aus exakten Daten und Persönlichkeiten mit ausdrucksstarken Namen. Doch bis vor Kurzem blieb rätselhaft, wie dem Volk der große Sprung zu einer Hochkultur gelungen war.

Neue Anhaltspunkte, überwucherten Ruinen und frisch entschlüsselten Texten entlockt, deuten auf Siyaj K'ak' als zentrale Figur eines Transformationsprozesses. Maya-Stadtstaaten, vor seiner Zeit eher abgeschottet, dehnten ihre Beziehungen zu Nachbarn und anderen Kulturen aus. So erreichten sie jenes hohe künstlerische Niveau, das die Klassische Maya-Periode auszeichnet.

Das im Laufe des vergangenen Jahrzehnts aufgetauchte Beweismaterial ist zwar noch bruchstückhaft. Dennoch legt es nahe, dass dieser mysteriöse Außenseiter die Maya-Welt neu ordnete. Mit einer Mischung aus Diplomatie und Druck schmiedete er Bündnisse und gründete neue Dynastien. So erweiterte er die Einflusssphäre der von ihm vertretenen Metropole Teotihuacán, deren Ruinen heute nahe Mexiko-Stadt liegen.

Wissenschaftler sind sich über sein Vermächtnis nicht einig: Leitete er eine längere Zeit der Fremdherrschaft ein? War er nur Katalysator für einen hausgemachten Wandel? Oder hatte der Aufstieg der Maya schon begonnen, und Siyaj K'ak' erschien nur zur richtigen Zeit auf der Bühne? Nur eines ist offensichtlich: Seine Ankunft markiert einen Wendepunkt. »Ich weiß nicht, ob Siyaj K'ak' das neue System begründete«, sagt Nikolai Grube von der Universität Bonn, »jedenfalls war er von Beginn an da.«

Heute können die Menschen dem Tiefland vom Süden Mexikos bis zum guatemaltekischen Petén kaum mehr als das Notwendigste abringen. »Eine große Zivilisation hatte dort eigentlich nichts zu suchen«, meint Arthur Demarest von der Vanderbilt-Universität in Nashville, Tennessee. Aber schon vor Siyaj K'ak' waren die Maya in ihrem eigentlich unwirtlichen Land zu nie gekannter Größe aufgestiegen.

Rund um die alte Stadt Waka, heute El Perú, liegt dichter Regenwald. Scharlachrote Aras, Tukane und Geier nisten in hoch aufragenden tropischen Hartholzbäumen, Spinnenäffchen tummeln sich in Ästen und Kletterpflanzen, Brüllaffen bellen in der Ferne. So war es vermutlich auch um 1000 v. Chr., als die ersten Maya hier siedelten. Wenn es regnet im Petén, verscheuchen ihre Nachfahren von heute die dichten Moskitoschwärme mit fettigem Rauch; dazu verbrennen sie Fackeln aus Cohune-Palmnüssen. Während der Trockenzeit dörrt die Hitze die sumpfigen *bajos* aus, die Flusspegel fallen, Dürre droht. Es ist ein Land der Macheten, ein Land voller Schlamm, Schlangen, Schweiß – und voller Raubkatzen: *b'alam,* der »Jaguar«, ist der Herr des Dschungels.

Die ersten Siedler hatten vermutlich keine andere Wahl. Wahrscheinlich war es Überbevölkerung, die sie in diese ungastliche Umgebung trieb. Sie meisterten jedoch die Herausforderungen, ließen sich in der Nähe von Flüssen, Seen und Sümpfen nieder. Und lernten, den kargen Böden die höchstmöglichen Erträge abzugewinnen. Sie schufen Platz für den Anbau von Mais, Kürbis und anderen Feldpflanzen, indem sie die Wälder mit Machete und Feuer rodeten – etwa so wie die heutigen Maya. Fruchtwechsel und regenerative Brache sorgten für die Erholung der Böden.

Mit dem Wachstum der Bevölkerung wurden die Ackerbaumethoden intensiviert. Die Bauern erfanden Bewässerungssysteme, düngten mit Kompost, schufen Terrassenfelder. Sie legten in

Sümpfen Hochbeete an, aus Schwemmland schleppten sie Schlamm und Moorerde zum Düngen eingezäunter Gärten herbei. Fische hielten sie in künstlich angelegten Teichen, Rotwild und andere Waldtiere wurden gefangen und in Pferchen gehalten. Und sie rangen dem kargen Land Ernten ab, die mehrere Millionen Menschen ernährten – ein Vielfaches der heutigen Bevölkerung dieser Region.

Aus den Siedlungen wurden immer kultiviertere Stadtstaaten. Die Maya bauten vornehme Paläste mit vielen Räumen und gewölbten Decken, ihre Tempel ragten fast 100 Meter in den Himmel. Ihre Keramiken, Wandgemälde und Skulpturen zeigten einen unverwechselbaren künstlerischen Stil: vielfarbig, mit verschlungenen Mustern. Die Maya verwendeten zwar weder Metallwerkzeuge noch das Rad, doch sie entwickelten ein geschlossenes Schriftsystem aus Hieroglyphen. Und sie schufen das Konzept der Null, das sie in ihre alltäglichen Berechnungen aufnahmen. Ihr Jahr hatte 365 Tage, und sie waren klug genug, um schaltjahrartige Korrekturen einzufügen. Regelmäßig beobachteten sie die Sterne, sagten Sonnenfinsternisse voraus und legten ihre Zeremonialbauten so an, dass sie an den Sonnenwenden dem Sonnenaufgang, -höchststand oder -untergang zugewandt waren.

Vermittler zwischen Himmel und Erde waren die *k'uhul ajaw,* die »Göttlichen Herrscher«. Sie waren Schamanen, die Religion und Ideologie interpretierten, und zugleich weltliche Herrscher, die ihre Untertanen führten. Demarest und andere beschreiben die Maya-Zentren als »Theaterstaaten«, in denen die *k'uhul ajaw* komplizierte öffentliche Rituale vollzogen, um den Himmelsbewegungen, den Verschiebungen im Kalender und der königlichen Erbfolge metaphysische Bedeutung zu verleihen.

Stadtstaaten der Maya: Im Jahr 378 erreichte ein Abgesandter aus Teotihuacán das Maya-Gebiet. Es wurde ein Besuch mit dramatischen Folgen.

Der reich verzierte Deckel eines Räuchergefäßes stellt einen Krieger im Stil von Teotihuacán dar: Nasenschmuck in Form eines Schmetterlings, adlerförmiger Helm. Viele Gegenstände dieser Art wurden im Süden Guatemalas gefunden.

Unter dem Mantel des Rituals agierten die Maya-Städte wie alle Staaten der Welt. Sie schlossen Bündnisse, führten Kriege, handelten mit Waren. Vielbegangene Pfade und mit Stuck verputzte Dammwege führten kreuz und quer durch den Wald, Kanus verkehrten auf den Flüssen. Doch politisch blieben die Maya zersplittert, die Stadtstaaten führten im Dschungel ein Eigenleben – bis zum Erscheinen von Siyaj K'ak'.

Im Jahr 378 war Waka ein wichtiges Zentrum. Die Stadt hatte vier Hauptplätze, Hunderte von Gebäuden, bis zu 90 Meter hohe Tempelberge, Zeremonialpaläste, verputzt mit Stuck und bemalt, und Höfe mit gemeißelten Altären und Monumenten aus Kalkstein. Der Markt bot eine Fülle von Nahrungsmitteln: Mais, Bohnen, Chilis, Avocados. Daneben gab es Chicle, den milchigen Saft

Bei ihrem Ballspiel, manchmal als ritueller Krieg ausgetragen, schützten sich die Maya mit dick gepolsterter Kleidung. Der Wettkampf endete vermutlich mit der Enthauptung der Verlierer.

der Sapotillbäume, aus dem man Klebstoff kochte, und Latex, aus Gummibäumen gewonnen, zur Herstellung von Bällen für kultische Spiele. Aus den Bergen im Süden kamen Jade für Skulpturen und Schmuck sowie Quetzal-Federn zur Dekoration von Zeremonialgewändern. Das mexikanische Hochland im Westen, der Herrschaftsbereich von Teotihuacán, lieferte Obsidian für die Waffen- und Pyrit für die Spiegelherstellung.

Teotihuacán, mit 100 000 oder mehr Einwohnern damals die vermutlich größte Stadt der Welt, hinterließ keine Aufzeichnungen, die von Inschriftenforschern hätten entschlüsselt werden können. Doch die Motive des Stadtstaats zur Entsendung von Siyaj K'ak' in das Maya-Gebiet liegen auf der Hand. Waka lag auf einer felsigen Landzunge mit Ausblick auf einen Nebenfluss des San Pedro und hatte einen geschützten Hafen, der sich hervorragend als Anlegestelle für große Kanus eignete – »ein perfekter Ort für die Vorbereitung militärischer Operationen«, so David Freidel, Archäologe von der Southern-Methodist-Universität in Dallas, Texas, und Kodirektor der Ausgrabungen in Waka. Und Siyaj K'ak' führte wohl genau das im Schilde: den zentralen Petén unter den Einfluss von Teotihuacán zu bringen, wenn möglich durch Überzeugungskraft, notfalls aber auch mit Gewalt. Sein eigentliches Ziel war Tikal, ein Reich 80 Kilometer östlich von Waka, der einflussreichste Stadtstaat der Region. War Tikal unter Kontrolle, würden die anderen Städte folgen.

Das Oberhaupt von Waka, »Sonnengesichtiger Jaguar«, hieß Siyaj K'ak' offenbar willkommen. Die beiden Machthaber besiegelten ihr Bündnis mit der Errichtung eines Feuerschreins für die heilige Flamme von Teotihuacán. Das vermuten, gestützt auf Texthinweise aus Waka und andere Quellen, Freidel, der Epigrafiker Stanley Guenter und Héctor Escobedo, der Kodirektor des Projekts.

Siyaj K'ak' bekam offenbar auch Verstärkung. Seine Truppen, die er schon mitbrachte, waren wahrscheinlich mit den für Teotihuacán typischen Speerschleudern und Wurfspießen ausgerüstet. Sie trugen mit Pyrit überzogene Rückenschilde; das glitzernde Mineral sollte den Feind verwirren, wenn sich die Soldaten beim Schleudern der Waffen drehten. Nun wurden ihre Reihen durch Steinäxte und kurze Spieße tragende Krieger aus dem Petén aufgefüllt. Als Rüstung hatten viele von ihnen eine gesteppte, mit Steinsalz gefüllte Baumwollweste an.

Die Streitmacht fuhr wahrscheinlich mit Kriegskanus Richtung Tikal, ostwärts den San Pedro hinauf. Rund 25 Kilometer von der Stadt entfernt versuchte Tikals Armee, Siyaj K'ak's Vormarsch zu stoppen. Inschriften auf Steinpfeilern, einige Zeit danach in Tikal errichtet, deuten darauf hin, dass die Verteidiger aufgerieben wurden. Am 16. Januar 378, nur eine Woche nach seiner Ankunft in Waka, kam der Eroberer an seinem Hauptziel an. Das Datum findet sich auf Stele 31 in Tikal, David Stuart von der Texas-Universität in Austin entschlüsselte im Jahr 2000 ihre Inschriften. Sie berichten, dass Tikals Herrscher Chak Tok Ich'aak (»Große Jaguartatze«) noch am selben Tag starb – höchstwahrscheinlich durch die Hand der Sieger.

Siyaj K'ak's Streitkräfte zerstörten den größten Teil von Tikals Monumenten: Stelen, die von 14 einstigen Herrschern errichtet worden waren. Eine neue Epoche begann, spätere Monumente priesen die Sieger. Stele 31 beschreibt Siyaj K'ak' als *ochk'in kaloomte,* »Herrn des Westens«, was sich vermutlich auf seine Herkunft aus Teotihuacán bezieht. Andere Maya-Forscher vermuten, Siyaj K'ak' habe eine Splittergruppe repräsentiert, die Jahre zuvor nach einem gescheiterten Putsch unter Führung des Vaters von Chak Tok Ich'aak nach Teotihuacán in den Westen geflohen sei und nun die Macht übernommen habe.

Vermutlich wurde Siyaj K'ak' nun Regent von Tikal. De facto hatte er auf jeden Fall die Macht über den Stadtstaat. Unter seiner Führung dehnte Tikal seinen militärischen Einfluss in der Maya-Region aus. Siyaj K'ak' war möglicherweise selber Anführer des Feldzugs, zumindest gab er den Anstoß dafür. An weit entfernten Stätten wie Palenque, mehr als 250 Kilometer nordwestlich, wurden vor einiger Zeit Hinweise auf ihn gefunden. Doch das deutlichste Zeugnis seiner Strategie, ein großes Reich zu schaffen, stammt aus Uaxactún, nur 20 Kilometer von Tikal entfernt. Dort zeigt ein Wandgemälde einen adligen Maya, der einem Krieger mit den Insignien Teotihuacáns seine Ehre erweist – vielleicht einem Soldaten von Siyaj K'ak'. Eine Stele mit einer ähnlichen Kriegerdarstellung steht vor einem Grab; in ihm fanden Archäologen die sterblichen Überreste eines Kindes, eines Säuglings und zweier Frauen, eine davon war schwanger. Freidel und andere schlossen daraus, dass es sich um die Leichen der Herrscherfamilie von Uaxactún handelt, die von Tikals Streitmacht getötet wurde. Man hatte den König wahrscheinlich nach Tikal gebracht und dort geopfert.

Auch noch lange nach seinem Tod beriefen sich die expansionslüsternen Herrscher von Tikal auf ihn und Teotihuacán, den Staat seines Gebieters. 426 eroberte Tikal das 270 Kilometer südlich im heutigen Honduras gelegene Copán und krönte dort einen eigenen König, K'inich Yax K'uk'Mo'. Er wurde zum Begründer einer neuen Dynastie. Ein postumes Porträt zeigt ihn in einem für Zentralmexiko typischen Gewand – ein Bezug zu Teotihuacán –, und wie Siyaj K'ak' führte er den Titel »Herr des Westens«.

Einige Maya-Forscher vermuten, Tikal habe als Vasall für Teotihuacán gehandelt, Siyaj K'ak' sei eine Art Militärgouverneur gewesen. Andere halten ihn weniger für einen Eroberer als für jemanden, der Tikal den Anstoß zur Machtexpansion gab.

Siyaj K'ak's Schicksal liegt im Dunkeln. Ein Hinweis auf sein Sterbedatum wurde nicht gefunden. Doch sein Prestige lebte weiter. Die Stele in Waka, die von seiner Ankunft berichtet, wurde erst eine Generation später aufgestellt.

Nach ihm war bei den Maya nichts mehr wie zuvor. Spätere Herrscher machten Tikal zu einer Supermacht. In Religion und Kunst begannen die Maya, sich fremde Motive und Themen anzueignen. Ihre Kultur gewann an Ästhetik und kosmopolitischem Reichtum.

Im 6. Jahrhundert begannen auch die Herrscher von Calakmul, einer Stadt nördlich des Petén, ihren Machtbereich auszudehnen.

Mehr und mehr wurden sie zu einer Herausforderung für Tikal. Die Rivalität der beiden Machtzentren spaltete die Welt der Maya. Das Kräftemessen hatte ständige Spannungen und Streitigkeiten zur Folge und spornte zugleich zu kulturellen Höchstleistungen an. Schließlich aber endete der Kalte Krieg der Maya – anders als der des 20. Jahrhunderts – mit einer Katastrophe.

Der Untergang

Ein Tag im Jahr 800 brachte Tod und Zerstörung in die bis dahin friedliche Maya-Stadt Cancuén. Der Herrscher Kan Maax muss gewusst haben, dass sich etwas zusammenbraute. Er versuchte noch, auf dem Vorfeld seines 200-Zimmer-Palastes eine provisorische Brustwehr errichten zu lassen. Aber sie wurde nicht mehr rechtzeitig fertig.

Rasch überrannten die Angreifer die Außenbezirke der Stadt und stürmten das Zeremonialzentrum. Das Tempo des Überfalls ist sogar heute noch nachzuvollziehen. Überall Trümmerhaufen unvollendeter Bauten, halbfertig gemeißelte Steinmonumente auf den Wegen, Töpfe und Schalen verstreut in der Palastküche.

Die Eindringlinge nahmen 31 Geiseln. Schmuck und Beiwerk, die später bei den Überresten der Opfer gefunden wurden, wiesen sie als Adlige aus. Vermutlich waren es entfernte Verwandte von Kan Maax oder hochrangige Gäste aus anderen Städten. Auch Frauen, zwei davon schwanger, und Kinder befanden sich unter den Gefangenen. Sie alle wurden im Zeremonialhof des Palastes hingerichtet. Die Täter hatten Speere und Äxte, durchbohrten oder enthaupteten ihre Opfer. Sie legten die Leichen in die neun Meter lange und drei Meter tiefe Zisterne des Palastes, die mit rotem Stuck verputzt war und von einer unterirdischen Quelle gespeist wurde. Die Leichen samt Zeremonialgewändern

Der »Tempel der Krieger« in Chichén Itzá im Norden von Yucatán. Diese Stadt war auch nach dem Jahr 1000 noch ein blühendes Handelszentrum, als die Städte weiter südlich längst untergegangen waren. Wandgemälde zeigen Handelswaren, die Pfeiler davor Figuren mit Waffen und gefiedertem Kopfputz.

und kostbarem Schmuck passten gut hinein. Auch Kan Maax und seine Frau wurden nicht verschont. Man begrub sie 90 Meter entfernt unter 60 Zentimeter Baumaterial, das für die Umgestaltung des Palastes vorgesehen war. Der König trug seinen kunstvollen zeremoniellen Kopfschmuck und ein Perlmutthalsband, die Zeichen des »Göttlichen Herrschers« von Cancuén.

Niemand weiß, wer die Täter waren und welche Motive sie hatten. Beute interessierte sie offenbar nicht. Ungefähr 3600 Jadestücke, darunter mehrere große Blöcke, blieben unangetastet. Auch Dinge des täglichen Lebens im Palast und die Töpferwaren in Cancuéns riesiger Küche ließen sie liegen. Doch die Botschaft der Invasoren ist für Archäologen, die all dies in den vergangenen Jahren freilegten, unmissverständlich. »Sie vergifteten den Brunnen«, sagt Arthur Demarest, Archäologe an der Vanderbilt-Universität, dadurch, dass sie die Leichen in die Zisterne legten. Sie tilgten die Konterfeis aller eingemeißelten Porträts von Cancuéns Steinmonumenten und kippten sie, Gesicht voran, auf den Boden. »Die ganze Stätte«, so Demarest, »wurde rituell getötet.«

Cancuén fiel als einer der letzten großen Dominosteine im Tal des Flusses Pasión, der das alte Maya-Herzland im heutigen Guatemala durchfließt. Viele andere Städte hatten schon ein ähnliches Ende gefunden. Überall im Maya-Gebiet, im Tiefland der heutigen Staaten Mexiko und Guatemala, war eine Entwicklung im Gang, die man später als Zusammenbruch der Klassischen Epoche beschrieb. Eine Zivilisation, die mehr als 500 Jahre lang die Region beherrscht hatte, schlitterte in einen langen, aber unabwendbaren Untergang.

Es gab Stadtstaaten wie Cancuén, die durch Kriege zerstört wurden. Es gab andere, die einfach von der Bildfläche verschwanden. Die *k'uhul ajaw,* die »Göttlichen Herrscher«, die bis dahin all ihre Taten mit Wandgemälden, Skulpturen und Bauwerken gefeiert hatten, vergaben keine neuen Aufträge mehr. Inschriften mit Hieroglyphen und Kalenderdaten verschwanden von den Monumenten. Die Bevölkerungszahl nahm dramatisch ab. Adlige verließen die Paläste, gewöhnliches Volk zog in die Thronräume ein, machte dort Feuer und kochte, baute Schuppen an bröckelnde Wände. Zuletzt machten sich auch diese Menschen davon, und der Dschungel holte sich zurück, was übrig war.

In Tikal zog sich der Verfall länger hin. Nach dem Untergang von Cancuén wurden in dem mächtigen Stadtstaat noch Zeremonialbauten errichtet. Dann aber sank auch dort die Bevölkerungszahl rapide. Auf dem letzten datierten Monument der Stadt steht die Jahreszahl 869. Um 1000, so viel ist sicher, gab es die Maya-Klassik nicht mehr. Wie hatte sich eine der größten Zivilisationen Mesoamerikas einfach auflösen können?

Anfangs glaubten Forscher an jähe Katastrophen: Vulkanausbrüche, Erdbeben, einen Hurrikan. Oder war es eine mysteriöse Krankheit, von der keine Spuren mehr zu finden sind – wie etwa die Pest im mittelalterlichen Europa oder die Pocken, die zu Beginn der Kolonialzeit die Zahl der Indianer drastisch verringerten? Heute finden monokausale Theorien wenig Anklang. Der Niedergang zog sich über mindestens 200 Jahre hin. »Es gibt nicht den einen Faktor, auf den sich alle einigen«, sagt Prudence M. Rice von der Southern-Illinois-Universität.

Stattdessen suchen Wissenschaftler in der Maya-Welt nach Kombinationen von negativen Faktoren: Übervölkerung, Umweltschäden, Hungersnot, Dürre. »Am Ende wird man den Eindruck nicht los«, so Rice, »dass alles, was schiefgehen konnte, auch schiefging.«

Als die Ressourcen knapp wurden, verloren die *k'uhul ajaw* ihren göttlichen Glanz – und damit das Vertrauen ihrer Unterta-

Auf einem Stuckfries in Toniná, Mexiko, packt ein Skelett (rechts außen) den Haarschopf eines abgeschlagenen männlichen Kopfes. Ein mythisches Nagetier (links) hält ebenfalls einen Kopf in einem Ritualbündel. Maya-Herrscher beschworen solche Geister, um ihre Feinde zu vernichten.

nen, sowohl der Adligen als auch der einfachen Leute. Instabilität und Verzweiflung führten zu weiteren Kriegen. Was einmal ein ritualisiertes Kräftemessen war, Ruhm und viele Gefangene als Ziel, mutierte zu grausamen Exzessen wie jenem in Cancuén. Simon Martin vom Museum der Universität von Pennsylvania sagt: »Das System geriet außer Kontrolle und brach zusammen.«

Mehr als ein Jahrtausend lang hatten die Maya ihr geistliches und weltliches Wohlergehen den Gottkönigen anvertraut. Diese Herrscher stellten ihre Macht und Majestät in verschwenderischen Ritualen und Festen zur Schau, in reicher Kunst und Architektur und in schriftlichen Aufzeichnungen ihrer Triumphe auf Stein, Wandgemälden und Keramiken. Das System funktionierte und gedieh, solange das Land die Grundbedürfnisse der Menschen befriedigen konnte. Als die Städte noch klein und die Ressourcen relativ üppig waren, fiel das nicht schwer. Doch mit der Zeit begann die Bevölkerung zu wachsen, auch der Adelsstand wurde immer größer, und zwischen den Stadtstaaten brachen Rivalitäten aus.

Im Petén, der flächenmäßig größten Provinz von Guatemala, leben heute 367 000 Menschen in einer waldigen Wildnis. Schätzungen zufolge waren es im Maya-Tiefland des 8. Jahrhunderts zehn Millionen Menschen. Die Landschaft war damals geprägt durch Ackerland, Gärten und Dörfer, mit einem Netz von Pfaden und gepflasterten Dammwegen, die die Stadtstaaten miteinander verbanden. Die Maya-Bauern rodeten große Regenwaldflächen und holten höchste Erträge aus den ärmlichen tropischen Böden.

Aber Anfang des 9. Jahrhunderts, das zeigen Seebodensedimente, gab es lange Dürreperioden. Alte Schichten von erodiertem Boden zeugen von der Überbeanspruchung des Landes. Die *k'uhul ajaw* konnten nur wenig für ihr Volk tun. Der großflächige Anbau eines einzigen Grundnahrungsmittels, von dem man Vorräte für Notzeiten oder Handel anlegen kann, war in einem Regenwaldgebiet nicht durchzuhalten. Also produzierte jeder Stadtstaat nur kleine Mengen verschiedener Nahrungsmittel wie Mais, Bohnen, Kürbis und Kakao. Diese Vorräte reichten wohl immer weniger aus.

Zudem wurde die Gesellschaft der Maya gefährlich kopflastig. Die Elite vergrößerte sich durch Polygamie und Heirat innerhalb der reichen Familien. Die Herrscher verlangten nach Jade, Muscheln und Federn des exotischen Quetzal-Vogels, nach kunstvollen Keramiken und Kultgegenständen, um ihre Position im Maya-Kosmos bekräftigen zu können. Ein König, der nicht in der Lage war, die Ansprüche seiner Verwandten zu bedienen, ging das Risiko ein, dass sie sich von ihm abwendeten.

Die traditionelle Rivalität zwischen den Stadtstaaten machte alles noch schlimmer. Jeder *k'uhul ajaw* wollte seine Nachbarn übertreffen, ließ größere Tempel und vornehmere Paläste errichten, veranstaltete aufwendigere Feste. All das erforderte mehr Arbeitskraft, was wiederum eine größere Bevölkerung verlangte und, vielleicht, noch mehr Kriege, um vom besiegten Feind Tribut in Form von Zwangsarbeit einfordern zu können. Nicht nur der Boden, auch das politische System wurde überbeansprucht. Es geriet ins Wanken.

Der wichtigste aller Konkurrenzkämpfe hatte einst dazu beigetragen, die Maya-Klassik auf ihren Höhepunkt zu führen. Nun brachte er sie auch zum Einsturz. Vom 5. Jahrhundert an weitete der Stadtstaat Tikal, gestärkt vermutlich durch ein Bündnis mit dem großen mexikanischen Hochlandstaat Teotihuacán, seinen Einfluss aus. Er gewann Verbündete und Vasallenstaaten in einem Gebiet, das sich südwärts durch das Tal des Pasión bis nach Copán im heutigen Honduras zieht. Ein Jahrhundert später aber trat ein Herausforderer auf den Plan: Der Stadtstaat Calakmul, weiter nördlich in einem Tiefland gelegen, das heute der mexikanische Bundesstaat Campeche umfasst, schmiedete ein Bündnis von Stadtstaaten, das sich vom Petén über die Halbinsel Yucatán und im Osten bis zum heutigen Belize erstreckte.

In einem mehr als 130 Jahre dauernden Kräftemessen standen sich diese beiden Allianzen gegenüber. Im Jahr 562 besiegte Calakmul den Gegner Tikal in einer großen Schlacht, vernichtete aber weder die Stadt noch deren Bewohner. Tikal erstarkte wieder, bezwang Calakmul und errichtete in der Folge viele spektakuläre Monumente. Simon Martin vergleicht, wie Nikolai Grube von der Universität Bonn, die Rivalität dieser beiden Staaten mit dem Kampf der Supermächte des 20. Jahrhunderts, den USA und der Sowjetunion. Auch sie wollten einander ständig übertreffen, von der Waffentechnik bis zur Raumfahrt. Ihr Kalter Krieg brachte eine Art Stabilität, solange keine der beiden Seiten die Oberhand gewann. So eine Machtbalance bestimmte auch die Maya-Welt. »Es gab zwar ein gewisses Maß an Zerstörung« als Folge der Rivalität, sagt der guatemaltekische Archäologe Héctor Escobedo. »Aber auch ein Gleichgewicht der Kräfte.« Nur war es eben nicht von Dauer.

Die Auflösung der Maya-Kultur begann in dem kleinen Garnisonsstaat Dos Pilas. Er liegt nahe dem Pasión, flussaufwärts von Cacuén. Im Jahr 630 versuchte Tikal, sich entlang der Handelsrouten des Pasión, wo Calakmul eine zunehmend beherrschende Rolle spielte, wieder festzusetzen. Ein schon bestehender Außenposten in der Nähe zweier großer Quellen wurde erweitert. Der Ort hatte wenig zu bieten. In Dos Pilas wurde nichts angebaut und nichts verkauft. Wissenschaftler nennen ihn einen »prädatorischen Staat«, der auf Tributzahlungen aus dem Land ringsum angewiesen war. Krieg war für Dos Pilas also nicht nur ein Ritual, um Herrscher zu ehren und Götter zu besänftigen. Dos Pilas führte Krieg, um zu überleben.

Im Jahr 635 setzte Tikal einen seiner Prinzen, Balaj Chan K'awiil, als Herrscher in Dos Pilas ein. Die Garnison stellte dem jungen Prinzen in aller Eile eine schicke Hauptstadt hin; um wackelige oder instabile Gebäudestellen zu verdecken, wurden geschnitzte Fassaden verwendet. 658 überrannten Calakmuls Truppen Dos Pilas und trieben Balaj Chan K'awiil ins Exil.

Unsere Kenntnis des folgenden Kapitels verdanken wir einem Unwetter, das vor sechs Jahren in Dos Pilas einen Baum umriss. Unter seinen Wurzeln kam eine gemeißelte Treppe zum Vorschein. Ihre Inschriften erzählen, dass Balaj Chan K'awiil zwei Jahre später aus dem Exil zurückkehrte – nun allerdings auf gegnerischer Seite. Der abtrünnige Herrscher half Calakmul, in den folgenden beiden Jahrzehnten seine Herrschaft über das Tal des Pasión zu festigen. Damit aber nicht genug. Aus Calakmul kam der Befehl, Balaj Chan K'awiil habe gegen seinen Bruder in Tikal zu kämpfen. 679 griff er seine Heimatstadt an. »Schädelberge wurden aufgetürmt, und das Blut floss«, so der Bericht auf der Treppe. Balaj Chan K'awiil setzte sich durch, sein Bruder fiel in der Schlacht. Der Sieg brachte Calakmul auf den Gipfel der Macht und Dos Pilas die Herrschaft über Petexbatún, den südwestlichen Teil des Petén.

Tikal überstand die Niederlage. Es baute wieder auf, und keine 20 Jahre später wurde Calakmul überfallen und besiegt. Eine Stuckskulptur an der zentralen Akropolis in Tikal stellt einen Adligen aus Calakmul dar, der seine Opferung erwartet. Es war eine Niederlage, von der Calakmul sich nie mehr ganz erholte. Auch Tikal war nach dem Ende der Kriege nicht mehr, was es war. »Obwohl Tikal schließlich siegte«, sagt Robert Sharer von der Universität von Pennsylvania, »war es nie mehr in der Lage, alles zu kontrollieren.«

Was dann geschah, ist nicht gänzlich klar. Zwar war Calakmuls Macht gebrochen. Doch seine Verbündeten, darunter auch Dos Pilas, bekämpften Tikal weiter in seinem Namen. Durch Bündnisse und Krieg festigte Dos Pilas seine Vormachtstellung in Petexbatún. Die Herrscher gaben neue Bauwerke in Auftrag und ließen eine zweite Hauptstadt errichten. Im Jahr 761 war es mit dem Glück für Dos Pilas vorbei. Ehemalige Verbündete und Vasallen eroberten die Stadt und schickten ihren Regenten ins Exil. Dos Pilas sollte nie wieder besiedelt werden.

Mit seiner Auslöschung überschritt die Maya-Welt eine Schwelle. Statt die Ordnung wiederherzustellen, brachten Kriege noch größere Unordnung. Kein Herrscher ging noch aus einer wichtigen Schlacht siegreich hervor, nach jedem Konflikt gab es neue Thronanwärter. Siege inspirierten nicht mehr zum Bau neuer Monumente und Tempel, sie waren vergänglich und zunehmend unbedeutender. Niederlagen veranlassten verzweifelte Bewohner, ihre Zeremonialbauten abzureißen. Mit den Steinen und dem Schutt bauten sie Bollwerke, in der Hoffnung, damit künftige Eindringlinge fernzuhalten. Es gab keinen Wiederaufbau, die Städte erholten sich nicht mehr. Sie hörten einfach auf zu existieren.

Eine Zeit lang fanden exilierte Adlige Zuflucht in Cancuén. Während im 8. Jahrhundert Städte am Unterlauf des Pasión bereits im Chaos versanken, florierte Cancuén dank seines Handels mit Luxusgütern. Der Architekt dieses Goldenen Zeitalters war König Taj Chan Ahk, der 757 im Alter von 15 Jahren an die Macht gekommen war. Er verwandelte die Stadt in ein atemraubendes Zeremonialzentrum. Im Mittelpunkt lag ein 25 000 Quadratmeter großer, dreistöckiger Herrscherpalast mit Kraggewölbe und elf Höfen, gebaut aus massivem Kalkstein, anmutig gelegen auf einer in den Pasión hinausragenden Landzunge: die perfekte Bühne für einen Maya-Gottkönig.

Es gibt keinen Hinweis darauf, dass Taj Chan Ahk jemals einen Krieg führte oder eine Schlacht gewann. Er beherrschte das obere Pasión-Tal beinahe 40 Jahre lang, indem er sich Schutzangebote und Allianzen geschickt zunutze machte. Ein Altarmonument in Cancuén, datiert auf das Jahr 790, zeigt ihn bei einem rituellen Ballspiel mit einem unbekannten Adligen, vielleicht zur Feier eines Vertrages oder eines Staatsbesuchs.

Taj Chan Ahk starb 795. Sein Sohn und Nachfolger Kan Maax wollte den Vater übertrumpfen, indem er den Palast erweiterte. Doch Prunk und Rituale – die traditionellen Insignien der Dynastien – konnten das Maya-Universum nicht länger zusammenhalten. Binnen fünf Jahren erreichte das um sich greifende Chaos die Tore der Stadt. An einem einzigen schrecklichen Tag verblich all ihr Glanz. Ein weiterer Stern der Maya-Klassik war erloschen.

Text: Guy Gugliotta
Fotos: Kenneth Garrett, Simon Norfolk
Illustration: Vania Zouravliov

Seelöwen tauchen vor
der Küste von Plaza Sur.

Man stelle sich die Strände der Galápagosinseln ganz ohne Fischkutter und ohne Touristenboote vor. So hat Charles Darwin die urtümlichen südamerikanischen Inseln im Jahr 1835 erlebt. Seither hat sich der Archipel drastisch gewandelt – zum Schlechteren.

Galápagos – Paradies in Gefahr

Auf dem Sandboden einer stillen Inselbucht, rund 1000 Kilometer von der südamerikanischen Westküste entfernt, lebt ein ganz besonderer Fisch. Er ist nicht viel größer als eine Hand. Über seinen ständig nach unten gebogenen, rubinroten Lippen stehen dunkle Augen, und ganz oben am Kopf trägt er einen hornähnlichen Auswuchs, der an eine Nase erinnert und mit winzigen Stacheln besetzt ist. Die Flossen, die knorrigen Gliedmaßen ähneln, dienen dem Fisch als Stütze, und wenn er sich fortbewegt, dann durch eine Art Hüpfen und Springen. Seine Nahrung – er frisst Weichtiere und andere Meeresbewohner – gräbt er im Sand aus und dann »angelt« er die Beute mit seinem nasenartigen Auswuchs, der reich mit Sinnesorganen besetzt ist.

In seinem Revier behauptet er sich als ein großartiges Produkt der Natur, ein ebenso gut durch die Evolution auf seine Umwelt abgestimmtes Lebewesen wie der Mensch. Er heißt *Ogcocephalus darwini,* die Darwin-Seefledermaus.

Auf einer anderen Insel im Norden des Archipels lebt ein ebenso interessantes Tier. Es ist ein Vogel, kaum größer als ein Spatz. Um sich zu ernähren, landet er auf dem Rücken von Tölpeln und hackt dort so lange, bis er seinen Wirt verletzt hat. Dann trinkt er das Blut. Es ist ein Fink, die Wissenschaftler nennen ihn *Geospiza difficilis.* Mir ist sein Spitzname lieber, »Vampirfink«. Früher hätte ich mir nicht einmal in einem bösen Traum vorstellen können, dass es so ein Tier tatsächlich gibt.

Bemerkenswert sind auch die Reptilien der Inseln. Mit einer dieser »Superechsen« konnte ich einmal um die Wette schwimmen. Das Tier ist nicht größer als eine Hauskatze, hat aber einen Schuppenpanzer und ein ausgesprochen übles Temperament: Als die Produzenten des neuesten »Godzilla«-Filmepos ein Vorbild für die Hauptfigur suchten, entschieden sie sich für diese Echsenart (die allerdings im Film viel größer und bösartiger auftritt).

Biologisch betrachtet handelt es sich um einen Leguan, den einzigen Meeresleguan der Welt: die Galápagos-Meerechse *(Amblyrhynchus cristatus).* Ungewöhnlich an ihm ist, dass er ins Meer hinabtaucht. Seine Mahlzeiten nimmt er meist unter Wasser ein: Er frisst den Algenaufwuchs von den Felsen.

Alle diese drei seltsamen Tiere haben eine Gemeinsamkeit: Sie sind auf den Galápagosinseln im Pazifik heimisch, einer Handvoll junger und teilweise noch aktiver Vulkane. Als Landmasse sind die Eilande – sie bilden die westlichste Provinz Ecuadors – unbedeutend. Die 13 großen und sechs kleinen Inseln, 42 Inselchen und unzähligen Felsen haben, verstreut über ein Gebiet von 130 000 Quadratkilometern, nur eine Fläche von knapp 8000 Quadratkilometern.

Als Ökosystem und natürliches Labor der Evolution stehen sie jedoch ganz oben auf der Liste der wichtigsten Gebiete der Welt. In den letzten 150 Jahren lieferten sie uns einen unschätzbaren

Beitrag bei der Entschlüsselung der Entstehungsgeschichte der Lebewesen.

Nur wenige Monate im Jahr steht auf den Galápagosinseln ausreichend Süßwasser zur Verfügung, und doch haben sich Hunderte von Landpflanzen und Tierarten hier entwickelt.

Da die Inseln nicht nur vom Festland, sondern auch von den üblichen Seehandelswegen weit entfernt sind, konnten sich hier die Arten in unberührter Natur anpassen und verbreiten. Fast die Hälfte aller Vogelarten, 32 Prozent der Pflanzen, 25 Prozent der Fische, 90 Prozent der Reptilien und 46 Prozent der Insekten, die auf den Galápagosinseln zu finden sind, gibt es sonst nirgendwo auf der Welt. Und diese ursprüngliche Artengemeinschaft ist zum allergrößten Teil noch heute vorhanden – eine bemerkenswerte Tatsache, wenn man bedenkt, dass die Inseln seit mindestens 450 Jahren den Seefahrern bekannt sind.

Auch das marine Ökosystem zeigt manche Besonderheiten. Die Galápagosinseln liegen an der Schnittstelle mehrerer wichtiger Meeresströmungen im Pazifik. Die untermeerischen Berge sorgen dafür, dass in großen Mengen kaltes Wasser nach oben steigt und für die Ernährung der Tierwelt sorgt, von den winzigsten Planktonorganismen bis zu den größten Walen.

Ich war während der letzten zwölf Jahre dreimal auf den Galápagosinseln. Jedes Mal hatte ich meine Tauchausrüstung dabei, und jedes Mal, wenn ich mir eine Pressluftflasche auf den Rücken schnallte und mich vom Heck eines Boots fallen ließ, war ich sehr aufgeregt. Tauchen ist hier nicht nur schwierig und anstrengend – im offenen Meer gibt es manchmal starke, völlig unberechenbare Strömungen –, sondern es hält meist auch eine ganze Reihe von Überraschungen bereit.

Morgens sah ich zu, wie Schwertwale und Tümmler im Licht des frühen Tages herumtollten. Dann schwamm ich mit Haien,

»Diese ungeheuren Reptilien in dieser Umgebung aus schwarzer Lava erscheinen meiner Phantasie wie irgendwelche vorsintflutlichen Tiere«, schrieb Charles Darwin über die Galápagos-Schildkröten. Früher bevölkerten bis zu 250000 von ihnen den Archipel – inzwischen sind es nicht mehr als schätzungsweise 12000 bis 15000.

Rochen und schimmernden Makrelenschwärmen um die Wette. Ich sah Seelöwen unter Wasser mit den langmütigen, unerschütterlichen Leguanen spielen und war begeistert, wenn die Sonne über einer ganzen Herde von Pottwalen unterging, die sich einträchtig an der Wasseroberfläche versammelt hatten, um sich im Abendlicht zu wärmen.

Was Fruchtbarkeit, Vielfalt und Faszination angeht, habe ich so etwas auf der ganzen Welt kein zweites Mal erlebt.

Der Galápagosarchipel wurde 1978 von der Unesco zum Weltnaturerbe erklärt, die Inseln sind ein Nationalpark, und das Meer um sie herum ist das zweitgrößte Meeresschutzgebiet der Erde.

Aber der kostbare Schatz der Natur gleicht ein wenig einem alten Soldaten mit vielen Orden und geringer Pension: Er leidet und ist in Gefahr.

Die Ursachen sind in einer verfehlten Wirtschaft und Politik, zu großen Menschenmengen und verheerenden Wetterkatastrophen zu suchen. Es ist so weit gekommen, dass das Weltnaturerbe kurz davor steht, offiziell für bedroht erklärt zu werden. Um der Gefahr entgegenzuwirken, verabschiedete die ecuadorianische Regierung 1998 ein Sondergesetz für die Galápagosinseln: Der Zuzug wurde eingeschränkt, ein höherer Anteil der von den Touristen erhobenen Gebühren fließt in den Nationalpark, das Fischereischutzgebiet rund um die Inseln wurde erweitert, und es gibt neue Vorschriften für den Transport eingeschleppter Organismen. Dennoch schrumpfen die Populationen beängstigend schnell.

Auf der Insel Santiago zum Beispiel haben Zahl und Appetit der verwilderten Schweine – sie wurden im 19. Jahrhundert von Seeleuten, die gern Koteletts aßen, hier angesiedelt – stark zugenommen. Jetzt fressen die Schweine die Eier und Jungtiere der Schildkröten.

Die Haie, deren Zahl ich von meinem ersten Besuch 1987 als beängstigend groß in Erinnerung hatte, sind jetzt rar auf den Inseln, und das ist auf El Niño und den Menschen gleichermaßen zurückzuführen. Die Schwärme der Hammerhaie sind ebenso verschwunden wie die vielen neugierigen Galápagos-Haie, die meine weißen Schwimmflossen bis zur Oberfläche verfolgten und mich zurück ins Schlauchboot trieben.

Viele Haie sind der Langleinenfischerei zum Opfer gefallen. Dabei werden schwere Leinen – bis zu 130 Kilometer lang – mit Tausenden Haken ins Meer gelassen; sie töten unterschiedslos alles, was sich von den Ködern anlocken lässt. Andere Haie fielen dem Messer zum Opfer: Fischer schneiden ihnen die Flossen ab, die dann auf dem asiatischen Markt als Suppenbeilage verkauft werden. Die noch lebenden Tiere werden danach einfach wieder ins Meer geworfen, wo sie erbärmlich zugrunde gehen.

Am Meeresboden grasen die Seegurken, Verwandte der Seesterne, die wie Staubsauger das Sediment bei der Futtersuche durchpflügen. Asiatische Unternehmer »entdeckten« 1992 eine besonders geschätzte Spezies und boten für jedes einzelne Tier einen hohen Preis. Daraufhin setzte hektischer Fischfang ein. Fischer strömten vom Festland herbei, kampierten illegal im Nationalparkgebiet auf unbewohnten Inseln, nutzten die Mangroven als Feuerholz und trockneten die Seegurken.

Staatlich festgesetzte Fangquoten provozierten nur Gewalt. Naturschützer wurden bedroht. Im Jahr 1997 erschossen Wilderer einen Nationalparkwächter. Als Vergeltung für die Fangeinschränkungen schlachtete eine Gruppe aufgebrachter Fischer auf der Insel Isabela mehrere Dutzend der großartigen Riesenschildkröten, von denen theoretisch einige schon vor mehr als 170 Jahren auf den hoch gelegenen Wiesen lebten. Im November 2000 kam es erneut zu Bedrohungen: 900 aufgebrachte Fischer blockierten aus Protest gegen die Hummerfangquoten das Nationalparkamt, bedrohten Touristen und kappten wütend die Telefonleitungen.

Vielleicht waren diese Schildkröten genau die, auf denen Charles Darwin 1835 bei seinem Besuch auf den Galápagosinseln geritten ist. Er blieb damals fünf Wochen, um die Tierwelt zu beobachten und Material zu sammeln; danach ging er auf die letzte Jahresetappe seiner fünfjährigen Reise mit der »Beagle«.

Bis Darwins Hauptwerk »Die Entstehung der Arten durch natürliche Zuchtwahl« erschien, sollten zwar noch 24 Jahre vergehen, aber das Material, das er auf den Inseln gesammelt hatte, war

In Santa Rosa machen Fischhändler gute Geschäfte mit Haien – ihre Flossen sind in asiatischen Ländern eine begehrte und hoch bezahlte Delikatesse.

für das Buch von entscheidender Bedeutung. Schon zuvor, in der »Reise eines Naturforschers um die Welt«, hatte er geschrieben: »Wir scheinen daher in beiden Beziehungen, sowohl im Raume als in der Zeit, jener großen Tatsache – jenem Geheimnis aller Geheimnisse –, dem ersten Erscheinen neuer lebender Wesen auf der Erde, näher gebracht zu werden.«

Darwin war sicher nicht der erste Europäer, der den Archipel besuchte. Archäologischen Befunden zufolge kamen möglicherweise schon vor 600 Jahren, also in präkolumbischer Zeit, Seefahrer auf die Inseln. Der erste schriftlich überlieferte Besuch war zufällig, kurz und alles andere als ermutigend. Tomás de Berlanga, der Bischof von Panama, war im Jahr 1535 eigentlich auf dem Weg nach Peru, aber er wurde weit nach Westen abgetrieben. Als er die Inseln sah, schrieb er: »Es sah aus, als hätte Gott Steine regnen lassen.« Nicht gerade eine wohlklingende Formulierung für Reiseprospekte. Später tauften iberische Seefahrer die Inseln auf den Namen *galápagos* – das alte spanische Wort bezeichnet eine Art Sattel, dem die Schildkröten angeblich ähnelten.

In den ersten Jahrzehnten des 20. Jahrhunderts entsandten einige wagemutige Geschäftsleute mehrere Expeditionen, die aber in dem unwirtlichen Gelände nicht zurechtkamen. Ein paar Europäer zogen in die Siedlung Puerto Ayora auf der Insel Santa Cruz. Bei manchen von ihnen, so bei der deutschen Familie Angermeyer, verband sich die Abscheu vor den Nazis mit dem Wunsch, ein wenig wie Robinson Crusoe zu leben.

Ende der Sechzigerjahre kam dann der Galápagos-Tourismus – und mit ihm die moderne Welt einschließlich aller Möglichkeiten und Probleme. Die Einnahmen stiegen, aber ebenso wuchsen Umweltverschmutzung, Korruption, Missmut und Kriminalität.

»Früher haben wir die Haustüren nie abgeschlossen«, sagte mir einmal ein Mann, der T-Shirts als »landestypische Souvenirs« verkaufte. »Heute besorgen wir uns Hunde und spannen Stacheldraht.« Selbst die organisierte Prostitution ist schon da: Ein Kaufmann in Puerto Ayora, der sich offensichtlich über mein gebrochenes Spanisch lustig machen wollte, schickte mich nicht in das Hotel, nach dem ich gefragt hatte, sondern in ein Bordell ein paar Kilometer außerhalb der Stadt.

Man kann den Galápagos-Nationalpark nur auf eine einzige Art besichtigen: mit einem zugelassenen Boot und einem Führer. Die Gesetze gestatten zwar auf vier der Inseln kleinere Siedlungen, aber 97 Prozent der Landfläche unterliegen als Nationalpark strengen Beschränkungen. Insgesamt haben rund 80 Schiffe eine Lizenz, um Touristen zu transportieren. Manche von ihnen nehmen nur ein halbes Dutzend Taucher mit, auf anderen ist Platz für bis zu 100 Wanderer und Vogelfreunde. Im Jahr 1997 bezahlten rund 63 000 Touristen das Eintrittsgeld für den Park (etwa 220 Mark). Die Zahl der Besucher ist auf 7500 im Monat begrenzt. Zwar bleibt ein größerer Teil der Touristendevisen auf den Inseln, aber die Zahlen können auch leicht in die Irre führen.

»Manche Eigentümer sitzen in Quito und lassen hier ihre Schiffe das Geld machen«, berichtete mir Fiddi Angermeyer, der große, hagere Besitzer des Schiffs, das ich auf meiner letzten Reise gechartert hatte. »Sie wohnen nicht hier, erziehen ihre Kinder nicht hier und werden nicht hier krank. Wäre das der Fall, ich wette, dann hätten wir bessere Schulen und eine zeitgemäße medizinische Versorgung.»

Der Fremdenverkehr hat in den letzten 20 Jahren um 700 Prozent zugenommen – das bringt einerseits die nötigen Einnahmen, veranlasst Naturschützer aber andererseits auch zu großer Sorge. Dass Menschen die Natur stören – wie etwa bei dieser Begegnung mit einem Seelöwen –, lässt sich dabei nicht vermeiden.

Dennoch sind die Lebensbedingungen in der Provinz Galápagosinseln viel besser als überall sonst in Ecuador – die Arbeitslosigkeit ist geringer und das Pro-Kopf-Einkommen höher. Das verleiht der Bezeichnung »Goldenes Galápagos« eine gewisse Glaubwürdigkeit. In den letzten Jahren hat sich das Bild, das die Festlandbewohner von dem Archipel haben, ins Gegenteil verkehrt: Galt er früher als Gegend, in der man nicht leben konnte, so ist er heute ein Lebenstraum, wo niemand arm ist und die Arbeitsplätze auf den Bäumen wachsen.

Mit der veränderten Wahrnehmung setzte eine gewaltige Zuwanderung vom Festland ein. Im Jahr 1960 hatte die Provinz 2000 Einwohner; bis 1996 war die Zahl auf mindestens 14 000 gewachsen, von denen die Hälfte in und um Puerto Ayora wohnen. Und wo mehr Menschen sind, steigt natürlich der Bedarf an allem, von Lebensmitteln und Wasser bis hin zu staatlichen Dienstleistungen, und das oft bis an die Belastungsgrenze oder darüber hinaus.

Während eines ohrenbetäubenden Gewitters saß ich auf San Cristóbal in einem Straßencafé und erlebte, wie sich die Straßen in Flüsse verwandelten, die Kanalisation überlief und das Abwasser in schmutzigen Strömen in den Hafen floss. Als der Regen aufhörte, waren die Lavafelsen entlang der Küste mit Abfällen übersät und von faulig stinkendem Schleim bedeckt.

Die beiden stärksten Magneten für die Zuwanderung sind der Tourismus und die Fischerei. Am einen Ende des Spektrums stehen junge Männer wie Fernando Ortiz – gebildet, wortgewandt, besorgt und aktiv. Fernando, in der Gegend von Guayaquil auf dem Festland geboren, arbeitet seit neun Jahren als zugelassener Fremdenführer und Tauchlehrer auf den Inseln. Er wurde in dieser Zeit Zeuge, wie es mit mehreren Tierarten steil bergab ging.

Dennoch ist er bei Schuldzuweisungen gerecht. »In meinem Land machen wir schnell die Japaner zu Sündenböcken«, sagt er. »Aber man muss bedenken, dass es Fischer aus Ecuador sind, die mit den japanischen Fischunternehmen zusammenarbeiten. Sie fangen die Fische illegal und transportieren sie dann heimlich aufs offene Meer, wo japanische Fabrikschiffe warten.

Andererseits sind wir ein Entwicklungsland. Bei uns haben viele Menschen nicht genug zu essen und kein Dach über dem Kopf. Und dann verlangt die Welt noch von ihnen, dass sie weitere Opfer bringen, weil ein paar Bürokraten die Galápagosinseln zum Weltnaturerbe erklärt haben? Ich bitte Sie ...«

In diametralem Gegensatz zu Fernando stand jener traditionsbewusste Fischer, den ich an einem regnerischen Nachmittag in einem Laden für Werkzeuge in Puerto Ayora kennenlernte. Er stammte aus dem Fischerort Manta an der Festlandküste und hatte sich von den »Goldinseln« anlocken lassen. Den bereits älteren, armen Mann hatte die Realität schnell ernüchtert.

Wegen der unkontrollierten Wilderei gingen seine Fänge zurück. Wegen der uneingeschränkten Konkurrenz sank der Preis, den er für seine Fische erhielt. Gleichzeitig gingen die Preise, die er hier im Werkzeugladen bezahlte, in die Höhe – um 100 Prozent in den bisherigen neun Monaten. Wie lange er es noch aushalten würde, wusste er nicht. Er vermisste seine Familie, aber auf die Galápagosinseln konnte er sie nicht nachkommen lassen: Seine Frau und seine Tochter verdienten als Zimmermädchen auf dem Festland mehr als er mit der Fischerei. Nach meinem Eindruck hatte er das Gefühl, dass die Welt aus den Fugen geraten war – und er ein Stück Treibgut im Kielwasser dessen, was man allgemein »Fortschritt« nennt.

Zufällig fiel mein zweiter Besuch auf den Galápagosinseln im Dezember 1997 genau in die Zeit, als El Niño seinen Höhepunkt

Die Galápagos-Pinguine sind eine halbe Welt weit weg von ihren Vettern in der Antarktis. Als einzige Pinguinart leben sie in der Nähe des Äquators. Sie ernähren sich von den Fischen der kalten Gewässer rund um die Insel Fernandina.

erreichte. Meine dritte Reise im Mai/Juni 1998 hatte ich dann aber so geplant, dass sie mit dem Ende des El Niño zusammenfiel. Die Unterschiede zwischen meinen Erlebnissen waren dramatisch und erschütternd.

Warum El Niño auf den Galápagosinseln besonders besorgniserregend ist, erklärte mir der Biologe und Korallenexperte Gerard Wellington von der Universität Houston in Texas. »Lebewesen, die an kaltes Wasser gewöhnt sind, reagieren extrem empfindlich auf Temperaturschwankungen«, sagte er. »Schon ein Anstieg um fünf Grad kann katastrophale Folgen haben. Die meisten Fische leben in einem sehr engen Temperaturbereich, und wenn das Wasser wärmer wird, ziehen sie weiter. In der Regel begeben sie sich auf der Suche nach kühlem Wasser in so große Tiefen, dass andere Tiere, die sich von ihnen ernähren, sie nicht mehr erreichen können. Seelöwen und Tölpel tauchen zwar, aber nur innerhalb gewisser Grenzen. Wenn man zur Nahrungsbeschaffung mehr Kalorien verbrennt, als man durch die Nahrung aufnimmt, verhungert man – so einfach ist das.«

Die Inselgruppe erstreckt sich beiderseits des Äquators, und das bedeutet, dass es kaum jahreszeitliche Schwankungen gibt. Dennoch sorgen die Meeresströmungen für eine Kalt- und eine Warmwassersaison, und es gibt Regenmonate, die auf trockene Monate folgen, insbesondere in El-Niño-Jahren.

Der Dezember ist häufig ein trockener Monat, aber im Dezember 1997 fielen auf manchen Galápagosinseln bis zu 305 Millimeter Niederschlag – ein beträchtlicher Teil der normalen Jahresmenge. Mehrere Inseln sahen ungewöhnlich grün aus, und angeblich paarten sich die 13 einheimischen Finkenarten bereits besonders eifrig. Dennoch gab es keine handfesten Indizien für eine bevorstehende Katastrophe.

Als ich beispielsweise mit Gerard die kleine, trockene Felseninsel Baltra besuchte, empfing uns das farbenprächtige Schauspiel einer blühenden, üppigen Natur. An einer der Hafenmolen der Insel saßen ecuadorianische Soldaten an Tischen im Schatten, geschützt vor der glühenden Mittagssonne, und warteten auf den Transport zu ihrem Stützpunkt oder zum nahe gelegenen Flughafen. Und wie Freunde, die ihnen Adieu sagen wollten, lagen Gruppen von Seelöwen bei ihnen im Schatten. Die erwachsenen Tiere lümmelten sich träge auf dem Beton und stießen hin und wieder ein faules Bellen oder Stöhnen aus. Ihre Jungen watschelten zwischen den Tischen umher, schnupperten an Hosenbeinen und kläfften Eidechsen an. Auf dem Wasser stellten sich zahlreiche Pelikane zur Schau. In der Luft über uns zogen Tölpel und Fregattvögel mit rauem Geschrei ihre Kreise und erinnerten uns mit ihren Silhouetten an die Dinosaurier, von denen sie abstammen.

Es schien, als sei die Welt völlig in Ordnung.

Ein halbes Jahr später kamen Gerard und ich wieder hierher. Wie letztes Mal ankerten wir im Hafen und fuhren mit dem *panga* – das ist die ecuadorianische Bezeichnung für kleine Boote – an Land. Ich war gespannt, wie groß die jungen Seelöwen inzwischen sein würden.

Schon kurz bevor wir anlegten, war mir klar, dass etwas nicht stimmte. Kein fliegender Vogel durchschnitt den azurblauen Himmel. Kein Pelikan tauchte im Kielwasser der vorüberfahrenden Motorboote auf. Nur ein einziger trieb sich hinter unserem Boot herum, als hoffte er, unsere Schiffsschraube würde einen Leckerbissen ans Licht bringen. Und als wir die Kaimauer erreichten, lagen keine Seelöwen dösend im Schatten oder genüsslich in der Sonne. Nicht ein einziger. Nirgendwo.

Mit einem Sonnenbad an der Küste der Insel Caamaño steuern diese Meerechsen – sie gehören zur einzigen im Meer lebenden Leguanart – ihre Körpertemperatur.

Nur eines war von der Szenerie des vergangenen Dezembers noch übrig: die Soldaten.

Ich war entsetzt. Gerard hatte das Gleiche schon einmal beobachtet, während des El Niño von 1982/83. »Bei einem schweren El Niño finden Tölpel und Seelöwen für sich und ihre Jungen keine Nahrung mehr«, sagte er. »In die Station kamen Berichte, wonach manche Populationen um bis zu 50 Prozent geschrumpft waren.«

Die »Station« ist die Charles-Darwin-Forschungsstation, die einzige wissenschaftliche Einrichtung der Insel. Dort arbeitet eine Gruppe engagierter Wissenschaftler – mit unzureichenden Finanzmitteln. Die wenigen, schmucklosen Gebäude liegen auf ein paar Hektar Wildnis in der Nähe der Nationalparkverwaltung auf Santa Cruz.

Für knapp 50 Mark charterten Gerard und ich einen Bus, der unser Team und unsere Ausrüstung quer durch das Hochland zur Station bringen sollte. Die normalerweise rotbraunen Hügel erstickten geradezu unter üppigen Pflanzen. Gerard deutete auf baumartige Gewächse und erklärte, es seien eigentlich ganz bescheidene Pflanzen, die hier »Amok gelaufen« seien.

Gegen Abend trafen wir in Puerto Ayora ein. Dort machte Gerard mich mit zwei alten Freunden bekannt: mit Gayle Davis-Merlen, der wackeren Bibliothekarin der Station, und ihrem Mann Godfrey Merlen, einem in Großbritannien geborenen Fachmann für Meeressäuger. Godfrey sieht aus, wie ich mir eine Karikatur von Charles Darwin vorstelle: das Gesicht eines frechen Jungen mit winzigen Augen, umrahmt von einem Kranz ungezähmter Haare.

Gayle und Godfrey wohnen am Ende eines Tunnels aus Urwaldbäumen. Sie hatten das Haus tölpelsicher gemacht – Fußböden und Möbel waren mit Zeitungen abgedeckt –, denn sie beherbergten einen Gast: »Boobling«, ein Blaufußtölpelweibchen, das die beiden gerade noch vor dem Verhungern gerettet hatten und nun wieder aufpäppelten.

Boobling war ein hübscher Vogel mit stahlblauen Augen. Ich fragte Godfrey, ob das Tier seiner Ansicht nach wohl überleben würde, wenn es so weit war und man es wieder in die Wildnis entlassen würde. »Ja«, meinte er. »Jetzt, wo El Niño zu Ende geht, kommt das kalte Wasser wieder und mit ihm auch die Fische. Sie wird etwas zu fressen finden.«

Am nächsten Morgen gingen Gerard und ich an Bord der »Samba«, eines komfortablen 24-Meter-Motorseglers, der Angermeyer gehört. Während die Mannschaft das Boot für die Fahrt zu den westlichen Inseln startklar machte, standen wir am Heck und blickten untätig zurück auf Puerto Ayora.

Plötzlich sahen wir etwas Erstaunliches: Mit grimmiger Entschlossenheit, über 200 oder 300 Meter offenes Wasser hinweg, völlig ungeschützt und ein leichtes Ziel für Haie, schoss mit kräftigen Schwanzschlägen eine Meerechse auf unser Boot zu. Als sie unser Heck erreicht hatte, verschwand sie. Nach etwa einer halben Minute tauchte sie wieder auf, holte Luft und tauchte erneut. Wieder verging eine Minute, dann kam sie nach oben, kletterte mit Hilfe ihrer scharfen Klauen in das Schlauchboot und lümmelte sich auf die heiße Gummihaut.

»Ist dir eigentlich klar, was du hier siehst?«, fragte Gerard. Sein Gesicht strahlte wie nach einer Offenbarung. »Reinrassiges El-Niño-Verhalten. Diese Echse ist die ganze Strecke bis hierher geschwommen, um den Algenbewuchs von der Schiffsunterseite zu fressen. Wieder einmal ein Beispiel für das ›Überleben des Geeignetsten‹. Die stärksten Tiere werden durch ihre Zähigkeit überleben.«

Wissenschaftler fanden nach dem El-Niño-Ereignis heraus, dass einige der Galápagos-Meerechsen bis zu 20 Prozent ihres

Gewichts verloren hatten und um fast sieben Zentimeter geschrumpft waren – eine notwendige Anpassung an die langen Hungerperioden.

Wir fuhren zur Insel Fernandina, angeblich die einzige Pazifikinsel, die bis heute fast völlig frei von eingeschleppten Tier- und Pflanzenarten ist. Als ich früher hier gewesen war, kam mir Punta Espinosa wie ein natürlicher, den Schönheiten der Galápagosinseln gewidmeter Freizeitpark vor. Hier gab es alles, und das in einer Menge, die zu groß zum Zählen war: Seelöwen, Tölpel, Leguane und – einfach unvergesslich – die kleinen Galápagos-Pinguine, die am weitesten nördlich lebende Pinguinart der Welt. Sie schossen unter Wasser schnell, anmutig und mit messerscharfer Zielgenauigkeit um uns herum.

Als wir jetzt auf dem Pfad über die Lavafelsen gingen, fiel mir auf, dass immer noch alles vorhanden war, nur mit einem Unterschied: Alles war tot. Überall lagen Kadaver – Seelöwen, Leguane, Vögel – und verwesten da, wo sie verendet waren.

Nur den kleinen Kielschwanzechsen, die triumphierend auf den toten Seelöwen hockten, und den leuchtend roten Felsenkrabben ging es offensichtlich gut. »Und den Bussarden«, fügte unser Fremdenführer Jonathan Green hinzu. »Die Galápagos-Bussarde sind Aasfresser, und manche von ihnen sind so fett geworden, dass sie kaum noch fliegen können.«

Unter Wasser hatte El Niño subtilere Auswirkungen, aber für das geübte Auge waren sie ebenfalls zu erkennen. »Viele Filtrierer sind verschwunden«, sagte Gerard. »Die Röhrenwürmer, die Seepocken, die Muscheln. Sie alle ernähren sich vom winzigen Plankton, und das stirbt in zu warmem Wasser ab. Man sieht auch Abschnitte mit ausgebleichten Korallen; das sind die Stellen, wo die Polypen durch das warme Wasser und die verstärkte Ultraviolettstrahlung vernichtet wurden. Aber ich glaube, sie

Hinter einem schützenden Zaun welken und sterben auf Isabela die Baumfarne. Ob die Ziegen oder von ihnen verursachte Umweltveränderungen schuld daran sind, soll das von Maschendraht umgebene Freiluftlabor klären. Auch die Anzahl der Landleguane (unten), die Darwin noch in großer Menge beobachten konnte, ist stark gesunken. Durch Aufzucht will man dem Rückgang entgegenwirken.

Pfadfinder auf San Cristóbal widmen sich Umweltprojekten wie der Reinigung von Küstenabschnitten und der Dezimierung eingeschleppter Tierarten (oben). In Puerto Ayora auf der Insel Santa Cruz (unten) feiern die Einwohner zu Silvester nach alter Tradition: Sie verbrennen Pappmaché-Figuren unbeliebter Politiker. Einmal wurde ein Papagei symbolisch verbrannt – ein Tier, das nicht auf die Insel gehört.

kommen wieder; ein wenig neue Besiedlung ist schon zu erkennen.« Ich wusste, dass sich auch die Seelöwenpopulation bald erholen würde, allerdings nicht durch einen Anpassungsschub. Ein paar Tiere hatten einfach Glück gehabt: Ihre wichtigsten natürlichen Feinde, die Haie, waren in großer Zahl den Fischern zum Opfer gefallen.

Den Gesetzen nach ist der Fischfang um die Galápagosinseln nur den rund 600 einheimischen Fischern erlaubt. Aber wie uns Rodrigo Bustamante, der bärtige junge Meeresbiologe von der Darwin-Station, erklärte, nützen Gesetze und Vorschriften nur wenig, wenn kein Geld zu ihrer Durchsetzung vorhanden ist.

»Immerhin ist es schon etwas besser geworden«, erzählte er. »Wenigstens reden Naturschützer und Fischer öfter miteinander. Als ich 1994 hierherkam, haben uns die Fischer mit Macheten gejagt und als Geiseln festgehalten.«

An einem Sonntag, es war Wahltag, herrschte in Puerto Ayora Volksfeststimmung. In Ecuador besteht Wahlpflicht – wer nicht wählen geht, riskiert den Verlust von Rechten und darf etwa kein Bankkonto mehr eröffnen und keinen Kredit aufnehmen.

Von Gebäuden und Masten flatterten Fahnen und Transparente. Imbissstände boten Spareribs, Eis und gebratene Bananen feil; Kinder warfen Pfeile auf Luftballons, um kleine Spielzeuge zu gewinnen. Und natürlich waren auch die lokalen Kommentatoren auf der Straße. Ein Mann, der bei allen nur unter dem Namen »Empanada« bekannt war (*empanadas* sind fleischgefüllte Teigtaschen; auf Deutsch hätte man ihn vielleicht »Würstchen« genannt), vertraute mir an: »Der Schlechtere wird natürlich gewinnen, denn er baut auf die Unwissenheit der Leute. Er baut Luftschlösser, aber er gibt jedem Wähler eine Tüte Reis, und deshalb glauben ihm alle.«

Die einzige Möwe der Welt, die nachts jagt, ist die Gabelschwanzmöwe. So kann sie bei Tageslicht dem Streit mit den Fregattvögeln um das Futter entgehen. Ihre großen Augen und das weiße Gefieder der Jungen sind Elemente der Anpassung an das Leben als nachtaktives Tier.

Auf eine andere Art des Glaubens spielte der örtliche Tauchlehrer Mathias Espinosa an. Er blickte über die Menschenmenge und bemerkte: »Es gibt hier verschiedene Religionen, und kein Einziger von den Leuten glaubt an die Evolution oder an die natürliche Selektion oder sonst etwas von dem, was die Galápagosinseln berühmt gemacht hat.«

Die Wahlthemen an jenem Tag waren für die Provinz Galápagosinseln von großer Bedeutung: Fischereirechte, Fangbeschränkungen, Verwendung von Steuergeldern. Dennoch herrschte unter den Wählern nur Gleichgültigkeit. Der Grund war das, was *secreto a voces* (offenes Geheimnis) genannt wird: die umfassende, epidemieartige und nicht auszurottende Korruption der Behörden.

Ich hörte es aus unterschiedlichen Quellen – von Nationalparkführern, Hotelbesitzern und Kapitänen, die alle Vergeltung fürchteten, wenn ihre Namen bekannt würden: Einige Armeeoffiziere, die mit der Überwachung der Gesetze beauftragt waren, erhielten unter der Hand ihren Anteil am Erlös der illegalen Fischerei.

»Die Schiffe fischen überall«, sagte mir ein Fremdenführer. »Auf Grenzen achten sie nicht. Sie nehmen alles, was sie kriegen, mit, ob erlaubt oder nicht. Wir sehen sie, wir zeigen sie an, wir machen sogar Videoaufnahmen. Und was geschieht? Wir werden zu Verbrechern erklärt, weil wir – das ist mein Ernst! – sie angeblich verleumden! Und wenn das Videoband vor Gericht überhaupt abgespielt wird, schwups! – ach, tut uns leid! –, ist nichts mehr drauf.«

Daraufhin rief ich Rebecca Winchester an, eine Beamtin der United States Information Agency in Quito. Ich wollte wissen, wie schwerwiegend die Korruption ihrer Einschätzung nach war. »Es gibt sie«, sagte sie, »aber sie ist nicht so bedeutsam wie die zwei anderen Probleme: Tourismus und Fischerei. Für die Gesamtwirtschaft ist der Tourismus viel wichtiger, aber die Fischerei schafft fast ebenso viele Arbeitsplätze. Ein weiteres wichtiges Thema sind die eingeschleppten Arten.«

Nach Einschätzung der Biologen der Darwin-Station und der Nationalparkverwaltung wurden im Lauf der Zeit nahezu 800 fremde Tier- und Pflanzenarten auf die Inseln gebracht. Und die stellen tatsächlich ein sehr ernstes Problem dar.

So lebten Mitte der Neunzigerjahre im Gebiet des Vulkans Alcedo auf der Insel Isabela noch mehr als 100 000 wilde Ziegen. Sie fraßen unersättlich alles weg und zerstörten die Lebensräume eines Dutzends einheimischer Arten. Und den wild lebenden Hunden sind dort schon unzählige Leguane und Jungschildkröten zum Opfer gefallen.

Überall auf den Inseln fressen Ratten und verwilderte Katzen die Eier und frisch geschlüpften Jungen von Vögeln, Meeres- und Landschildkröten. Im Rahmen eines Schutzprogramms ist es Biologen aber gelungen, einigen Schildkrötennachwuchs einzusammeln, großzuziehen und dann wieder auszuwildern.

Die modernen Bösewichter des Schauspiels jedoch, so ein Wissenschaftler, sind Touristen. »Der Tourismus ist ein versteckter Fluch«, sagte er mir. »Sehen Sie sich nur an, was er im Hinblick auf eingeschleppte Arten anrichtet. Diese Touristenschiffe lassen die ganze Nacht ihre kitschigen Lichter brennen und ziehen damit kilometerweit sämtliche Insekten an. Wenn das Schiff die Anker lichtet und zur nächsten Insel fährt, fahren sie mit.

Wenn ich die Wahl hätte, die Fischer oder die Touristen rauszuschmeißen, würde mir die Entscheidung nicht schwerfallen: Die Touristen müssten weg.« Bei dem Gedanken an ein solches Gesetz musste er lachen. »Natürlich müsste ich dann um mein Leben rennen, denn die gesamte Bevölkerung würde meinen Kopf fordern.«

Am Ende unserer Reise suchten Gerard und ich voller Hoffnung nach schlüssigen Anzeichen, dass das katastrophale El-Niño-Ereignis überstanden war. Wir entschlossen uns zu einem Tauchgang.

Die erste Erkenntnis ließ mich im wahrsten Sinne des Wortes frösteln. Als ich mich ins Wasser fallen ließ, verschlug es mir den Atem – die Temperatur betrug gerade mal 19 Grad. Die warme Meeresströmung war verschwunden, und die Kaltphase, La Niña, hatte das Meer wieder abgekühlt.

Unter Wasser waren die Tiere durch die kalte Strömung plötzlich wieder voller Energie. Ein großer Schwarm Weißspitzen-Hundshaie glitt über das Lavagestein. Grunzer, Makrelen und Schnapper schwammen in dichten Scharen vorüber. Um uns waren plötzlich Lebewesen, die wir auf unserer Reise noch nicht angetroffen hatten.

Beim Auftauchen sah ich, dass sich die Erholung der Natur auch an Land fortgesetzt hatte. Fregattvogelmännchen warteten auf Weibchen, den leuchtend roten Kehlsack aufgeblasen wie ein Ballon. Tölpelpärchen flirteten, und flugunfähige Kormorane legten im Tanz der Partnerwerbung die Hälse aneinander.

Natürlich wussten die Tiere der Galápagosinseln nicht, dass eine größere Umwälzung im Rhythmus der Natur zu Ende ging, und es kümmerte sie auch nicht. Sie hatten schon frühere El Niños überlebt und würden sie auch in Zukunft geduldig ertragen.

Text: Peter Benchley
Fotos: Stuart Franklin, Mauricio Handler

Onwas ist die Vaterfigur für eine der vielen Hadza-Gruppen, die noch an der alten Lebenweise festhalten.

Sie bebauen keine Felder, sie züchten kein Vieh, sie brauchen weder Regeln noch Kalender. Sie führen ein Leben als Jäger und Sammler. Ein Leben wie schon vor 10 000 Jahren ihre Ahnen. Haben sie etwas, das uns verloren gegangen ist?

Die Hadza

Vom Lager der Frauen schwebt rhythmischer Gesang herüber. Onwas berichtet von einem Baum, den er heute gesehen hat. Die Männer am Feuer rücken enger zusammen. Es sei ein Baum auf der Kuppe eines steilen Hügels, schwierig zu erreichen, aber voller Paviane. Erneutes Gemurmel. Funken steigen zum Sternenhimmel empor. Dann ist es beschlossen: Alle stehen auf und ergreifen ihren Jagdbogen.

Onwas ist ein alter Mann, vielleicht über 60. Jahre als Zeiteinheit verwendet er selber nicht. Er ist schlank und gut in Form, etwa 1,50 Meter groß. Seine Arme und seine Brust sind vom Leben im Busch gezeichnet: mit Narben von der Jagd, von Schlangenbissen, von Pfeilen und Messern, von Skorpionstichen und Dornen. Mit Narben vom Sturz aus einem Affenbrotbaum und vom Angriff eines Leoparden. Er hat nur noch die Hälfte seiner Zähne. Er trägt zerschlissene braune Shorts und Sandalen aus Autoreifen. An seiner Hüfte ein Jagdmesser in einer Scheide aus dem Fell eines Dikdik, einer Zwergantilope. Sein Hemd hat er ausgezogen, wie die meisten Männer. Das macht ihn in der Nacht beinahe unsichtbar.

Onwas spricht mich kurz in seiner Muttersprache an, auf Hadza. Ein, zwei Sätze eines sanften Singsangs werden abgelöst von abgehackten Schnalz- und Schmatzlauten. Die Sprache ist mit keiner anderen eng verwandt, auch wenn westliche Forscher sie im weiteren Sinne der Gruppe der Khoisan zuordnen, der Klicksprachen der Buschleute. Ich habe eine Dolmetscherin an meiner Seite. Sie heißt Mariamu und ist eine Nichte von Onwas. Sie hat elf Jahre die Schule besucht und gehört zu jener Handvoll Menschen, die Englisch und Hadza sprechen. Sie übersetzt Onwas' Worte: »Möchtest du mitkommen?«

Allein, dass ich es geschafft habe, hierherzukommen, in ein traditionelles Hadza-Lager, ist schon etwas Besonderes. Jahre sind nämlich nicht die einzige Zeiteinheit, die den Hadza wenig bedeutet. Auch Monate, Wochen, Tage oder Stunden sind ihnen nicht wichtig. Die Sprache der Hadza hat auch keine Wörter für Zahlen jenseits von drei oder vier. Eine Verabredung zu treffen kann deshalb schwierig sein. Ich hatte den Betreiber eines Touristencamps am Rande des Hadza-Territoriums gefragt, ob er einen Aufenthalt bei einer abgeschieden lebenden Gruppe für mich arrangieren könne. Der Mann traf Onwas im Busch und fragte ihn – auf Suaheli –, ob ich zu Besuch kommen dürfe. Onwas hatte nichts dagegen. Er sagte, ich würde der erste Ausländer sein, der je in seinem Lager gewohnt habe. Sein Sohn werde mich in drei Wochen abholen, an einem bestimmten Baum am Rand des Busches.

Und tatsächlich: Als ich mit meiner Dolmetscherin drei Wochen später im Landrover dort ankam, wartete Onwas' Sohn Ngaola schon auf uns. Offenbar hatte sein Vater auf die Mondphasen geachtet, und als er dachte, es sei genügend Zeit vergangen, schickte er seinen Sohn zum Baum. Ich fragte Ngaola, ob er lange auf mich gewartet habe. »Nein«, sagte er. »Nur ein paar Tage.«

Zunächst, das war offensichtlich, fühlten sich alle im Lager etwas unbehaglich in meiner Gegenwart. Es waren etwa zwei Dutzend Hadza, von kleinen Kindern bis zu den Alten. Viele starrten mich an, zuweilen nervös loslachend. Erst als ich ein mitgebrachtes Fotoalbum herumreichte, schwand die Befangenheit. Onwas interessierte vor allem ein Foto meiner Katze. »Wie schmeckt sie?«, fragte er.

Ein anderes Foto überraschte alle. Es zeigt mich, wie ich beim Neujahrsschwimmen durch ein Eisloch in einen zugefrorenen See springe. Die Jäger der Hadza sind zwar mutig: Onwas schleicht sich regelmäßig an Leoparden an und jagt Giraffen. Doch die Vorstellung von Eis und Schnee erschreckte ihn. Er rannte mit dem Foto durchs Lager und erzählte reihum, ich sei ein tapferer Mann. Ich war akzeptiert.

Ein Mann, der in ein Eisloch springt, dachte Onwas wohl, hat gewiss keine Probleme damit, einem wilden Pavian gegenüberzutreten. Daher fragt er mich am dritten Abend meines Besuchs, ob ich mit auf die Jagd gehen wolle. Ich will. Allerdings lasse ich mein Hemd an; meine Haut wäre in der Nacht zu auffällig.

Ich folge Onwas und zehn weiteren Jägern. Zwei Halbwüchsige sind auch noch dabei. Wir verlassen das Lager im Gänsemarsch. Wer hier im Dunkeln über Land geht, muss hart im Nehmen sein. Überall stehen Dornbüsche und Akazien, und selbst bei Tag kann man nicht vermeiden, zerstochen und zerkratzt zu werden. Eine Wanderung durch den Hadza-Busch kann sich anfühlen, als unterziehe man sich einer Ganzkörpertätowierung. Die Männer verbringen große Teile ihrer Rastzeiten damit, sich mit den Spitzen ihrer Messer gegenseitig Dornen herauszupulen.

Mahiya hält Ausschau nach Wild.

Es scheint unmöglich, sich hier nachts zu orientieren. Es gibt keine Pfade im Busch und nur wenige Orientierungspunkte. Man sieht die Dornbüsche nicht, man spürt sie nur, wenn man hineinläuft. Und durch die Schatten schleichen Löwen, Leoparden und Hyänen.

Für Onwas ist das kein Problem. Er lebt hier schon sein ganzes Leben. Er kann in weniger als 30 Sekunden Feuer machen, indem er einen Stock zwischen seinen Handflächen quirlt. Pfeifend verständigt er sich mit einem Honiganzeigervogel und lässt sich von ihm zu einem Bienenstock führen. Er weiß alles, was es über den Busch zu wissen gibt – aber praktisch nichts über das Land jenseits davon. Er kennt auch das Staatsoberhaupt seines eigenen Landes nicht. Einmal frage ich ihn, ob er irgendetwas über irgendein anderes Land wisse. Er denkt nach. Dann ruft er plötzlich: »London!« Er weiß nicht genau, was London ist. Oder wo es ist. Er weiß nur, es ist irgendwo außerhalb der Wildnis, in der er lebt.

Etwa 1000 Menschen seines Volks leben noch in ihrem angestammten Land, einer weiten Ebene um den flachen salzigen Eyasisee im Osten Afrikas, im Great Rift Valley. Viele sind auch schon in die Nähe von Dörfern gezogen und arbeiten auf Farmen oder als Fremdenführer. Doch etwa ein Viertel aller Hadza, darunter die Menschen aus der Sippe von Onwas, leben noch heute als Jäger und Sammler. Sie bauen nichts an, sie haben kein Vieh, sie haben keine dauerhaften Unterkünfte. Sie leben ein wenig südlich jener Region, in der einige der ältesten fossilen Überreste der ersten Menschen gefunden wurden. Die Hadza gehen womöglich in direkter Linie auf die Hauptwurzel des menschlichen Stammbaums zurück, die hier mehr als 100 000 Jahre in die Vergangenheit reicht. Das ergaben genetische Tests.

Die Hadza erlauben uns heute noch einen Einblick in die Lebensumstände der Menschen vor dem Aufkommen der Landwirtschaft vor etwa 10 000 Jahren – deshalb sind sie für die Forscher so interessant.

Vor zwei Millionen Jahren entstand hier in Afrika die Gattung Homo, der Mensch. Mehr als 99 Prozent der seither vergangenen Zeit lebten alle Menschen als Jäger und Sammler. Doch mit der Zucht von Pflanzen und Tieren wandelte sich die Lebensweise völlig. In gleichem Maße, wie die Produktion von Nahrungsmitteln anstieg, wuchs auch die Bevölkerung. Landwirtschaftlich ausgerichtete Gemeinschaften vertrieben oder vernichteten die Jäger und Sammler. Dörfer wurden gegründet, dann Städte, irgendwann auch Staaten. In relativ kurzer Zeit war die vorherige Lebensweise so gut wie ausgelöscht. Heute lebt nur noch eine Handvoll über den Globus verstreuter Völker hauptsächlich als Jäger und Sammler – einige am Amazonas, zwei in der Arktis, einige wenige in Papua-Neuguinea; sowie eine winzige Anzahl afrikanischer Volksgruppen.

Der Erfolg durch die Landwirtschaft hatte jedoch einen Preis. Die Zunahme der Bevölkerung führte zu Epidemien, hierarchischen Gesellschaftsordnungen, periodischen Hungersnöten und Kriegen. Jared Diamond, ein Professor an der Universität von Kalifornien, hat die Einführung der Landwirtschaft als »den größten Fehler in der Geschichte der Menschheit« bezeichnet – ein Fehler, so behauptet er, von dem wir uns nie mehr erholt haben.

Auch für die Hadza stand die Zeit nicht still. Doch trotz der um sie herum aufkommenden Landwirtschaft, trotz teilweiser industrieller Entwicklung und trotz des herandrängenden Tourismus haben viele ihre traditionelle Lebensweise beibehalten. Sie führen keine Kriege. Sie waren nie viele und leben so verteilt, dass Epidemien ihnen nichts anhaben konnten. Onwas und die Menschen in seinem Lager haben keinen nennenswerten persönlichen Besitz: einen Kochtopf, einen Wasserbehälter, eine Axt – nicht mehr, als in eine Decke gewickelt über der Schulter getragen werden kann. Sie haben jede Menge freie Zeit, denn sie »arbeiten« nur vier bis sechs Stunden täglich – das heißt, sie beschaffen Nahrung.

Dennoch gibt es keine Hungersnöte in ihrer Geschichte, im Gegenteil: Es kam vor, dass sie Ackerbau treibende Volksgruppen nach einer Missernte zeitweise unterstützten. Die Hadza leben buchstäblich von der Hand in den Mund, von dem, was sie sammeln und erjagen. Aber ihr Speisezettel ist abwechslungsreicher als der der meisten Menschen auf der Welt.

Die Frauen sammeln Beeren und die Früchte des Affenbrotbaums, außerdem graben sie essbare Wurzelknollen aus. Die Männer suchen Honig und jagen, üblicherweise jeder für sich. Die Hadza essen fast alles, was sie töten können, von Vögeln über Gnus bis hin zu Zebras und Büffeln. Sie essen Warzenschwein, Buschschwein und Schliefer. Und sie lieben gebratenen Pavian. Eine Ausnahme sind Schlangen. Die Hadza hassen Schlangen.

Das Gift, das die Männer auf ihre Pfeilspitzen schmieren, besteht aus dem gekochten Saft der Wüstenrose (*Adenium obesum*). Es ist stark genug, um eine Giraffe zu töten, reicht aber nicht für einen ausgewachsenen Elefanten. Wenn Jäger auf einen verendeten Elefanten stoßen, kriechen sie in ihn hinein, schneiden Fleisch, Fett und Organe heraus und kochen alles auf einem Feuer. Ist ein noch verwertbarer Kadaver zu groß, um ihn ins Lager zu schleppen, verlegen sie eben ihr Camp zum Fleisch.

Hadza-Lager sind lose Zusammenschlüsse von Verwandten und Freunden. Es gibt einen Familienkern – in diesem Fall sind es Onwas sowie seine Söhne Giga und Ngaola –, aber die meisten anderen kommen und gehen nach Belieben. Die Hadza akzeptieren keine offiziellen Oberhäupter. Ihre Lager werden traditionell

Im Lager zerlegen Männer kleine Antilopen (oben), Frauen brechen die Früchte des Affenbrotbaums auf, um an deren Fleisch zu gelangen (unten). Der Beitrag der Frauen zum Speisezettel ist wichtiger als die Jagdbeute der Männer.

nach einem älteren Mann benannt, doch diese Ehre geht nicht mit besonderer Macht einher. Jeder ist sein eigener Herr. Niemand besitzt mehr als andere. Besser gesagt: Niemand besitzt viel. Es gibt nur wenige Verpflichtungen, keine Geburtstage, keine religiösen Feiertage, keine Gedenktage.

Die Leute schlafen, wann sie wollen. Die besten Jagdzeiten sind Morgengrauen und Abenddämmerung. In der übrigen Zeit halten sich die Männer oft im Lager auf, richten ihre Pfeile, schnitzen ihre Bögen, flechten Bogensehnen aus den Bändern von Giraffen oder Impalas. Nägel für ihre Pfeilspitzen erwerben sie im Tausch gegen Honig, ebenso Plastik- und Glasperlen, aus denen die Frauen Halsketten fertigen. Schenkt eine Frau einem Mann so eine Kette, hat sie ein Auge auf ihn geworfen.

Hochzeiten gibt es nicht. Ein Paar, das eine Zeit lang am selben Feuer schläft, betrachtet sich wohl schließlich als verheiratet. Die meisten Hadza, die ich treffe – Männer wie Frauen –, leben in serieller Monogamie: Alle paar Jahre wechseln sie den Partner. Onwas ist eine Ausnahme; er und seine Frau Mille sind schon ihr ganzes Erwachsenenleben zusammen. Sieben ihrer Kinder haben überlebt, sie haben viele Enkel.

Es gibt viele Kinder im Lager. Eine winzige Frau namens Nsalu ist sozusagen die Großmutter für alle; sie betreut die Kinder, während die Erwachsenen im Busch sind. Abgesehen von den Säuglingen, die noch gestillt werden, ist es schwer zu sagen, welches Kind zu welchen Eltern gehört.

Die Geschlechter haben unterschiedliche Rollen und Aufgaben, aber die Frauen sind nicht untergeordnet. Viele, die außerhalb der Gruppe heiraten, kommen zurück. Es sind häufig die Frauen, von denen eine Trennung ausgeht – weil ihr Mann sie schlecht behandelt hat oder weil er ein miserabler Jäger ist. Sie sind selbstbewusst und nicht schüchtern. Nduku, meine selbst

Jäger verfolgen ein angeschossenes Warzenschwein. Die Blutspur weist ihnen den Weg. Die Fähigkeit zum Fährtenlesen wird noch von Generation zu Generation weitergegeben.

ernannte Sprachlehrerin, verbringt einen Gutteil des Unterrichts damit, mich gnadenlos zu verspotten. Oft wälzt sie sich lachend am Boden, wenn meine Zunge es wieder nicht schafft, die so fremdartigen Schnalzlaute hervorzubringen.

Etwa 20 Hadza-Gruppen kennt Onwas in seiner Gegend. Ständig wechseln Frauen und Männer von einer zur anderen, was auch einer gesunden genetischen Durchmischung dient. Die meisten Konflikte werden einfach dadurch beigelegt, dass die Streitparteien in unterschiedliche Lager ziehen. Ein Jäger teilt seine Beute meistens mit allen. Deshalb umfasst eine Gruppe normalerweise höchstens 30 Personen – mehr würden von ein, zwei größeren Beutetieren nicht satt.

Kapala mit dem Kopf eines erlegten Kudus. Jedes Mitglied der Gruppe trägt nach der Jagd einen Teil der Beute zum Lager.

Als ich bei den Hadza bin, ist Trockenzeit. Sie dauert von Mai bis Oktober. In diesen Monaten schlafen die Menschen im Freien, in eine dünne Decke gewickelt, neben einem Lagerfeuer, zwei bis sechs Personen je Herdstelle. Acht oder neun Feuer sind im Halbkreis um einen sauber gefegten Gemeinschaftsplatz angeordnet. Die Schlafgruppen können aus Familien bestehen, aus Paaren, Junggesellen oder jungen Frauen (mit einer älteren Aufpasserin). In der Regenzeit bauen die Hadza Hütten aus verflochtenen Zweigen und Gräsern. Sie ähneln auf den Kopf gestellten Vogelnestern. Eine solche Hütte zu bauen dauert kaum eine Stunde. Etwa einmal im Monat verlegen sie das Lager – wenn die Beeren oder die Beutetiere knapp werden. Oder wenn jemand stirbt.

Onwas hat seinen Sohn Ngaola, der am Baum auf mich wartete, abgestellt, bei mir zu schlafen, und Ngaola hat zur Verstärkung noch seinen Freund Maduru eingespannt. Wir liegen in einem Dreieck – Kopf an Fuß an Kopf – um das Feuer herum. Wenn die Moskitos allzu lästig werden, fliehe ich in mein Zelt.

Ngaola ist ein stiller Typ und ein schlechter Jäger, schätzungsweise 30 Jahre alt und noch unverheiratet. Es wurmt ihn, dass sein älterer Bruder Giga der geschickteste Bogenschütze im Lager ist. Maduru, sein Freund, ist ein solider Naturbursche, ein besonders guter Honigsammler. Als wir zur Pavianjagd losziehen, übernimmt er die Verantwortung für mich. Er bricht dornige Akazienzweige ab, die in Augenhöhe vor uns hängen, und vergewissert sich öfter, ob ich auch wirklich mithalten kann. Onwas führt uns zu dem Hügel, auf dem er den Pavianbaum gesehen hat.

Wir halten an. Ich sehe Handzeichen und höre kurze Wortwechsel. Ich weiß nicht, was vor sich geht – meine Übersetzerin ist im Lager geblieben. Die Jagd ist nur für Männer. Maduru tippt mir auf die Schulter und bedeutet mir zu folgen. Die Jäger umringen den Fuß des Hügels, und als Maduru den Aufstieg beginnt, bleibe ich dicht hinter ihm. Der Hang ist steil, man muss sich mit den Händen hochziehen, und das Dickicht piekst wie Stacheldraht. Dornen schneiden mir in die Hände und ins Gesicht. Blut rinnt mir ins Auge.

Wir klettern von allen Seiten hügelan auf die Paviane zu. Wir wollen sie aufscheuchen, damit sie davonlaufen. Auf die Jäger zu. Möglicherweise auf Maduru und mich. Haben Sie schon einmal einen Pavian aus der Nähe gesehen?

Ein erwachsenes Männchen kann mehr als 35 Kilogramm wiegen, und seine Eckzähne sind tödliche Waffen. Die Hadza haben immerhin Pfeil und Bogen zur Hand. Ich habe nur ein Taschenmesser. Unterhalb der Kuppe brechen wir aus dem Unterholz hervor. Der Pavianbaum steht auf einem felsigen Plateau etwa sechs Meter von uns entfernt. Schlagartig setzt ein ohrenbetäubendes Kreischen ein. Die Affen haben gemerkt, dass etwas nicht stimmt.

Äste knacken. Die Paviane klettern keifend herab. Maduru lässt sich auf ein Knie nieder, legt einen Pfeil an, spannt den Bogen. Er ist bereit. Ich verstecke mich hinter ihm. Ich hoffe – inbrünstig –, dass keiner der Affen auf uns zurennt. Ich angle mein Messer aus der Tasche und klappe es auf. Die Klinge ist vielleicht fünf Zentimeter lang. Lächerlich, aber besser als nichts.

Das Kreischen wird lauter. Und dann erscheint direkt über uns ein Pavian als Silhouette vor dem Sternenhimmel. Er bewegt sich am Rand des Felsens entlang. Maduru steht auf, zielt, folgt dem Pavian mit angelegtem Pfeil von links nach rechts, die Bogensehne maximal gespannt. Panik pocht in meinem Kopf. Ich umklammere mein Messerchen.

Die Hadza konnten ihre Lebensweise vor allem deshalb so lange bewahren, weil ihr Land nicht besonders einladend ist: Auf die-

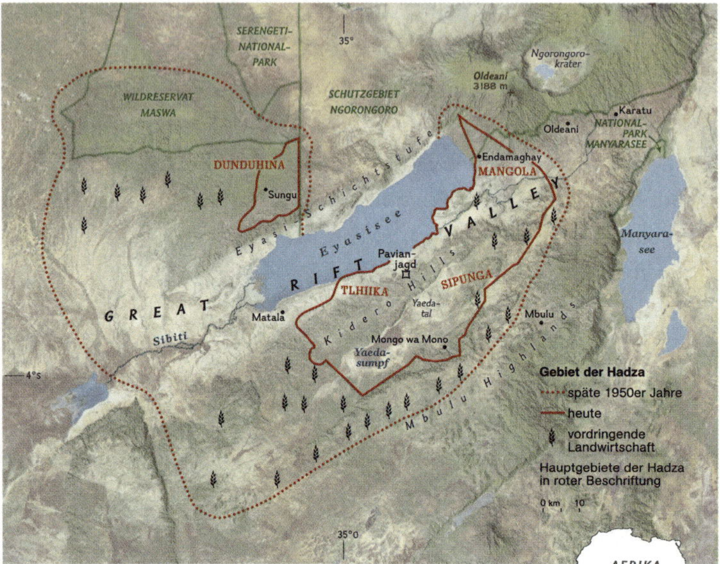

Farmen schnüren das einst 10000 Quadratkilometer große Gebiet der Hadza im Great Rift Valley immer weiter ein. Manche Tansanier betrachten die alte Lebensweise als peinlich für ihren sich modernisierenden Staat.

sen salzigen Böden ist Trinkwasser rar; die Insekten können unerträglich sein. 10000 Jahre lang wollte hier offenbar niemand außer ihnen leben. Doch in jüngster Zeit drängt die zunehmende Bevölkerung Tansanias in ihre Region. Außenstehende betrachten das Land als leer und ungenutzt, als Fläche, die entwickelt werden muss. Die Hadza, von Natur aus kein kämpferisches Volk, wichen fast immer aus. Doch nun gibt es keinen Ort mehr, an den sie sich noch zurückziehen könnten.

Rinder- und Ziegenhirten, Zwiebel- und Getreidebauern, Freizeitjäger und Wilderer machen ihnen das Land zunehmend streitig. Die Exkremente der Kühe verunreinigen ihre Wasserlöcher,

Rinderhufe trampeln die Vegetation nieder. Der Busch, in dem sie Beeren und Honig sammeln, wird für Äcker gerodet, das wenige Wasser zur Bewässerung verwendet. Die Beutetiere sind zum Teil in Schutzgebiete abgewandert, in die ihnen die Hadza nicht folgen können. Im Laufe eines Jahrhunderts ist die Landfläche, über die sie so lange allein verfügten, um fast 90 Prozent geschrumpft.

Die übrigen Volksgruppen in der Region – die Datoga, die Iraqw, die Isanzu, die Sukuma, die Iramba – sind keine Jäger und Sammler. Sie leben in Lehmhütten, häufig umgeben von Viehgehegen. Viele blicken halb mitleidig, halb verächtlich auf die Hadza herab.

Inzwischen durchschneiden immer mehr Wege den Busch. Nur einen Viertagesmarsch entfernt verläuft eine befestigte Straße. Die meisten Hadza, auch Onwas, haben ein wenig Suaheli gelernt, um sich mit den anderen Volksgruppen der Region verständigen zu können. Jüngere Hadza fragen mich nach Gewehren für die Jagd. Onwas selber ist bisher kaum über den Rand des Busches hinausgekommen, doch er spürt die tiefgreifenden Veränderungen. Sie scheinen ihn allerdings nicht groß zu bekümmern. Er sorge sich um nichts, sagt er. Weder darum, was er morgen zu essen habe, noch darum, ob er gefressen werde.

Landwirtschaft hat die Hadza nie gereizt. Getreideanbau erfordert Planung: Heute wird ausgesät für Pflanzen, die man noch viele Monate nicht essen kann. Domestizierte Tiere müssen lange gefüttert und geschützt werden, ehe sie schlachtreif sind. Warum soll man Pflanzen anbauen oder Tiere aufziehen, wenn einem der Busch alles bietet? Wer Appetit auf Beeren hat, geht zu einem Strauch mit Beeren. Die Affenbrotbäume sind voller Früchte. Honig gibt es in den wilden Bienenstöcken. Und Fleisch? Ein wenig Anschleichen, ein gut gezielter Schuss – das reicht.

Andere haben sehr wohl Pläne für die Hadza. Da ist zunächst die Regierung. Tansania ist bestrebt, Anschluss an die Weltwirtschaft zu bekommen. Buschleute, die Paviane jagen, passen nicht in das Bild, das viele Politiker von ihrem Land vermitteln wollen. Tansanias Präsident Jakaya Kikwete forderte schon, die Hadza »müssen sich wandeln«. Die Regierung will, dass sie Schulen besuchen, in Häusern wohnen und einer ordentlichen Arbeit nachgehen.

Sogar der Mann, der so etwas wie der Sprecher seiner Volksgruppe geworden ist, Richard Baalow, erklärt sich im Wesentlichen mit den Zielen der Regierung einverstanden. Baalow war einer der ersten Hadza, die zur Schule gingen. Seinen Vornamen legte er sich selber zu. In den Sechzigerjahren lebte seine Familie in einer vom Staat gebauten Siedlung, doch der Versuch, die Hadza sesshaft zu machen, scheiterte. Der 53-jährige Baalow spricht exzellent Englisch. Er will, dass seine Leute politisch aktiv werden, für den gesetzlichen Schutz ihres Landes kämpfen, als Jagdführer oder Ranger in Nationalparks arbeiten. Er ermuntert die Kinder, die Grundschule zu besuchen. In den Unterrichtsmonaten bekommen die Hadza dort Unterkunft und Verpflegung. Zur Ferienzeit begleitet man sie zurück in den Busch.

Doch die Kinder in Onwas' Gruppe wollen nicht in einem Klassenzimmer sitzen. Dort würden sie nie lernen, was sie zum Überleben im Busch benötigen, sagen mir viele. Sie wären Außenseiter in ihrem eigenen Volk. Und draußen, in der modernen Welt? Die Frauen könnten vielleicht Hausangestellte werden, die Männer Hilfsarbeiter. Da sei es doch besser, frei und satt im Busch zu leben als mittellos und hungrig in der Stadt.

Einige Leute aus ihrem Volk haben es in Mangola versucht, einer Hadza-Region im Nordosten. Gegen Bezahlung führten sie Touristen ihre Jagdkünste vor. Sie wissen, dass ihre Kultur

Außenstehende interessiert, dass sie damit Geld verdienen können. Doch die Hadza von Mangola zahlen einen Preis dafür: Einige leiden an Alkoholismus, andere erkrankten an Tuberkulose. Und es kommt zu Gewalt untereinander. So etwas gibt es im Busch nicht.

Doch wenn auch die Kinder und Jugendlichen in Onwas' Clan wenig Interesse an der Außenwelt bekunden – sie kommt zu ihnen. Nach zwei Millionen Jahren ist die Ära der Jäger und Sammler vorbei. Die Hadza mögen noch an ihrer Sprache festhalten. Aber bald wird es keine mehr geben, die mit Bogen und vergifteten Pfeilen bewaffnet losziehen, um einen Pavian zu erlegen.

Oben auf dem Hügel kauere ich immer noch hinter Maduru und umklammere mein nutzloses Messer. Über uns geht der Pavian an der Felskante hin und her. Plötzlich bleibt er stehen. Er wendet den Kopf, so dicht vor uns, dass wir uns an den Händen fassen könnten. Ich starre in seine Augen, zu verängstigt, um auch nur zu blinzeln. Maduru schießt nicht, möglicherweise ist das Tier zu nahe. Es könnte uns angreifen, wenn es verwundet wird, denn das Gift braucht eine Weile, um zu wirken. Dann springt der Pavian fort.

Einige Herzschläge lang herrscht Stille – bis schlagartig ein wütendes Kreischen einsetzt. Ich kann nicht sagen, ob es von Mensch oder Affe stammt. Wir brechen durch die Büsche, halb stolpern, halb rennen wir, bis wir eine Lichtung in einer Akaziengruppe erreichen.

Da liegt der Pavian. Auf dem Rücken, mit offener Schnauze, von Giga erlegt. Ein Stupser mit dem Zeh bestätigt es: tot. Maduru pfeift und ruft, und bald treffen die übrigen Jäger ein. Onwas kniet nieder, zieht den Pfeil aus der Schulter des Pavians und reicht ihn Giga. Die Männer stehen im Kreis herum und mustern die Beute. Es gibt keine Zeremonie. Die Hadza haben es nicht mit Ritualen.

Es scheint, als gebe es in ihrem Leben nicht viel Raum für Mystizismus, für Geister, fürs Nachsinnen über das Unbekannte. Es existiert kein spezifischer Glaube an ein Leben nach dem Tod.

Sämtliche Hadza, mit denen ich spreche, sagen, sie hätten keine Ahnung, was nach ihrem Tod geschehe. Die Hadza haben keine Priester, Schamanen oder Medizinmänner. Christliche Missionare können nur wenige Bekehrungen vorweisen. Einmal bitte ich Onwas, mir von Gott zu erzählen, und er sagt, Gott sei blendend hell und unersetzlich für alles Leben. Gott, sagt er, das sei die Sonne.

Das wichtigste Fest der Hadza ist der Epeme-Tanz. Er wird in mondlosen Nächten getanzt. Männer und Frauen bilden dabei separate Gruppen. Die Frauen singen, während die Männer abwechselnd einen Kopfschmuck aus Federn aufsetzen, Glöckchen an ihren Fußknöcheln befestigen und dann umherstolzieren und mit dem rechten Fuß im Takt des Gesangs aufstampfen. Angeblich kommen an den Epeme-Abenden die Ahnen aus dem Busch und nehmen am Tanz teil. Wie beinahe jeder Aspekt des Hadza-Lebens ist aber auch diese Zeremonie völlig zwanglos. Manche Männer gehen schlafen, nachdem sie mit dem Tanzen an der Reihe waren. Wie intensiv man mitmacht, ist jedermanns persönliche Entscheidung.

Der Gott der Hadza wird erst in einigen Stunden erscheinen. Giga packt den Pavian an einer Hinterpfote und zerrt das Tier durch den Busch zurück zum Lager. Es wird am Feuer abgelegt, und Giga setzt sich still abseits zu den anderen Männern. Der erfolgreiche Jäger brüstet sich nicht mit seinem Erfolg, denn es ist immer auch Glück dabei gewesen, und selbst die besten Bogenschützen haben manchmal lange Phasen ohne Treffer. Aus diesem Grund teilen die Hadza ihr Fleisch miteinander.

Die Hadza bestreichen ihre Pfeilspitzen mit dem tödlichen Gift des Safts der Wüstenrose. Im Licht der aufgehenden Sonne schleppen die Pavianjäger ihre Beute ins Lager (oben). Die Aussicht auf frisch gebratenes Fleisch veranlasst die Frauen zu einem spontanen Freudentanz (unten).

Onwas' Frau Mille erwacht am Morgen als Erste. Sie trägt ihre einzigen Kleider: ein ärmelloses T-Shirt und – wie eine Art Toga – ein geblümtes Tuch. Sie sieht den Pavian, senkt das Kinn knapp als Zeichen der Anerkennung und der Freude und schürt das Feuer. Es ist Zeit zu kochen. Bald sind auch die anderen Leute des Lagers auf den Beinen, alle sind hungrig. Ngaola häutet den Pavian und spannt das Fell mit angespitzten Zweigen über dem Boden auf. In einigen Tagen wird es trocken sein und eine schöne Schlafmatte ergeben. Zwei Männer zerlegen das Tier und verteilen Fleischstücke. Onwas, der Lagerälteste, bekommt die größte Köstlichkeit: den Kopf.

Die Zubereitungsweise bei den Hadza ist simpel: Das Fleisch wird direkt ins Feuer gelegt. Kein Grill, keine Pfanne. Und kein gesittetes Benehmen. Auf körperlichen Abstand wird nicht geachtet. Gleichgültig, wie eng es rund ums Feuer zugeht, immer ist Platz für noch einen, auch wenn man am Ende auf jemandes Schoß sitzt. Sobald ein Stück Fleisch gar ist, darf jeder sich einen Bissen schnappen.

Messer werden gezückt, alle langen hektisch zu, es wird geschnitten, gekaut und gezerrt. Man schlägt die Zähne in einen Fleischbrocken und säbelt sich mit dem Messer einen Bissen vor den Lippen ab. Ellbogeneinsatz und Rempelei gehören dazu. Abgenagte Röhrenknochen werden mit Steinen zertrümmert, und wer einen erwischt, saugt das Mark heraus. Fett wird auf die Haut geschmiert – die Feuchtigkeitscreme der Hadza. Keiner sagt ein Wort, rundum nur lautes Schmatzen und Zähneknirschen.

Auch ich habe Hunger und stürze mich ins Getümmel. Ich erwische einen Fetzen Fleisch, und ich muss schon sagen: Paviansteak ist gar nicht so übel. Ein bisschen streng, aber es ist einige Tage her, dass ich Eiweiß zu mir genommen habe, und ich spüre, wie mein Körper mit jedem Bissen kräftiger wird. Mehr noch als das Fleisch mögen die Hadza das reine Fett, aber am begehrtesten sind die Ballen der Pavianpfoten. Ich schnappe mir ein Stück und beiße darauf herum, aber es ist, als würde ich versuchen, einen Radiergummi zu essen. Ich spucke den halb gekauten Klumpen wieder aus. Sofort greift ein kleiner Junge danach und stopft ihn sich in den Mund.

Nur Onwas hält sich aus dem Tumult heraus. Er sitzt samt Paviankopf behaglich im Schneidersitz an seinem Feuer und verspeist die Wangen, die Augäpfel, das Nackenfleisch und die gegrillte Stirnhaut des Affen. Die Sohlen seiner Sandalen benutzt er als Schneidebrett. Er nagt den Schädel bis auf die Knochen ab, dann wirft er ihn ins Feuer und ruft mich und die Jäger zum Rauchen zu sich. Man kann gar nicht genug betonen, wie gerne die meisten Hadza rauchen. Niemand besitzt viel, aber vier Dinge nennt jeder Mann sein Eigen: einen Bogen, einige Pfeile, ein Messer und eine Pfeife, die aus einem ausgehöhlten weichen Stein gefertigt ist. Das Rauchzeug – Tabak oder Cannabis – tauschen sie bei einem Nachbarvolk, normalerweise bei den Datoga, gegen Honig ein. Onwas hat eine kleine Menge Tabak innen in sein Hemd genäht. Er holt ihn heraus und stopft ihn in den Kopf seiner Pfeife. Er nimmt ein glühendes Holzstückchen aus dem Feuer und legt es auf den Tabak. Seine Wangen pumpen wie ein Blasebalg, und er atmet so viel Rauch ein, wie er kann. Schließlich reicht er die Pfeife an Giga weiter.

Nun beginnt der Spaß. Onwas hustet, zuerst langsam, dann schneller und schließlich völlig unkontrolliert, bis ihm die Tränen in die Augen treten. Er presst die Handflächen an den Kopf, er rollt sich auf den Rücken, spuckend und nach Luft schnappend. Ein ähnlicher Anfall ergreift Giga, der die Pfeife an Maduru weitergegeben hat, der sie an mich weiterreicht. Bald wälzt sich die gesamte Männerrunde am Boden und hustet sich die Kehle aus dem Leib. Die Rauchsitzung endet, sobald der letzte Mann sich grinsend wieder aufsetzt und mit der Hand den Schmutz aus den Haaren kämmt.

Während der Pavianschädel im Feuer röstet, steht Onwas auf, klatscht in die Hände und beginnt zu erzählen. Es ist eine Geschichte über eine Giraffenjagd – sein Lieblingsthema. Ich weiß das, obwohl meine Dolmetscherin nicht dabei ist. Ich weiß es, weil Onwas seine Geschichten auch spielt. Hier gibt es kein Fernsehen, keine Brettspiele, keine Bücher. Aber es gibt Unterhaltung. Die Frauen singen Lieder. Und die Männer erzählen Geschichten.

Wenn Onwas die Giraffe spielt, reckt er den Hals und läuft auf allen vieren. Wenn er sich selber darstellt, springt er und duckt sich und mimt das Bogenschießen. Er lässt die Pfeile zischen und die Tiere fauchen. Kinder kommen zum Feuer gelaufen und lauschen – dies ist ihre wahre Schule. Die Geschichte endet mit einer erlegten Giraffe und, als Finale, einem Frage-und-Antwort-Spiel.

»Bin ich ein Mann?«, fragt Onwas und breitet die Hände aus.

»Ja!«, schreit die Gruppe. »Du bist ein Mann.«

»Bin ich ein Mann?«, fragt Onwas nochmals, diesmal lauter.

»Ja!«, schreit die Gruppe, ebenfalls lauter. »Du bist ein Mann.«

Dann holt Onwas den Pavianschädel aus dem Feuer. Er spaltet ihn, und das Hirn, das eine gute Stunde gekocht hat, kommt zum Vorschein. Wie weiche, verklumpte Nudeln, gelblich-weiß, leicht dampfend. Er hält uns den Schädel hin, und alle Männer stürzen vor, schöpfen mit den Fingern eine Handvoll Hirn und schlürfen es aus der Hand. Ich auch. Damit geht der Abend zu Ende.

Die Pavianjagd scheint so etwas wie eine Initiation für mich gewesen zu sein. Am folgenden Tag hackt Nyudu einen dicken

Nija wird die Wildnis um den Eyasisee im Norden Tansanias durchstreifen, wie es schon seine Urgroßväter taten.

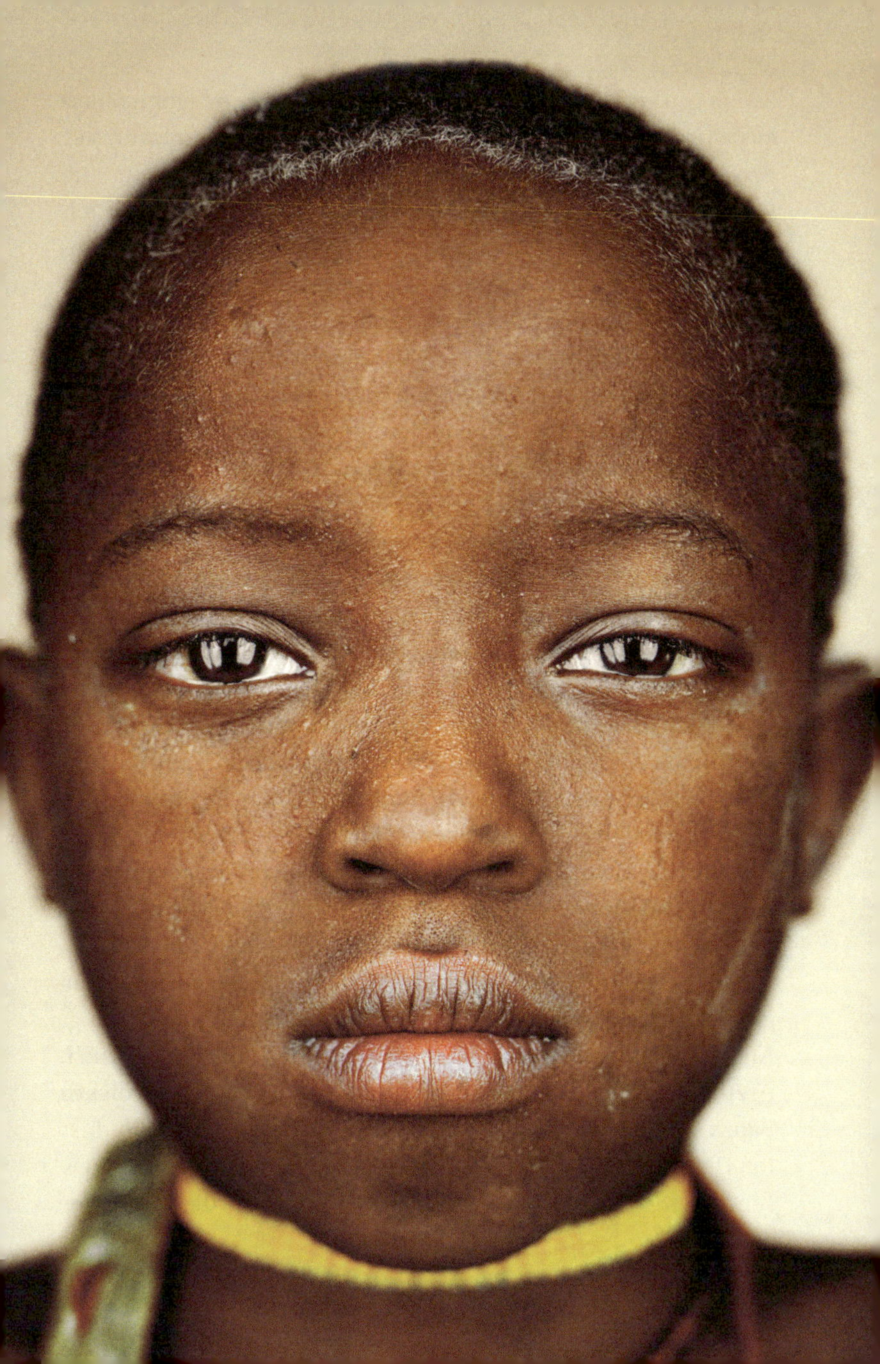

Zweig von einem Malvenbaum (*Dombeya kirkii*) und schnitzt daraus sorgfältig einen Bogen für mich, lang und elegant geschwungen. Andere Männer machen Pfeile für mich. Onwas schenkt mir eine Pfeife. Nkulu unterrichtet mich im Schießen. Von nun an habe ich meinen Bogen, meine Pfeile und meine Pfeife immer dabei (zusammen mit meinem Wasserfilter, dem Sonnenschutzmittel, meinem Insektenspray und dem Brillenputztuch).

Ich werde eingeladen, mit den Männern zu baden. Wir wandern zu einem flachen, schlammigen Wasserloch, eigentlich einer großen Pfütze, auf der Kuhfladen dümpeln, und ziehen uns aus. Wir schrubben unsere Haut mit Schlamm, dann spritzen wir uns ab. Bei ihren Frauen allerdings, erzählen mir die Männer, hätten sie es lieber, wenn sie nicht baden. Je länger das letzte Bad her sei, desto attraktiver würden die Frauen für sie. Nduku, meine Sprachlehrerin, sagt, sie bade manchmal monatelang nicht, auch wenn sie nicht verstehen könne, warum ihr Mann sie so haben wolle.

Ich beneide die Hadza um manches – vor allem darum, dass sie so frei zu sein scheinen. Frei von Besitztümern. Frei von gesellschaftlichen Verpflichtungen. Frei von religiösen Beschränkungen. Frei von vielen familiären Banden. Frei von Terminplänen, Jobs, Chefs, Rechnungen. Von Verkehr, Steuern, Gesetzen, Nachrichten und Geld. Frei von Sorgen. Frei, ohne Entschuldigung rülpsen und furzen zu dürfen, zu rauchen und ohne Hemd durch den dornigen Busch zu laufen.

Natürlich könnte ich niemals so leben wie die Hadza. Ihr gesamtes Dasein kommt mir vor wie ein langer Campingausflug. Allerdings mit Schattenseiten. Und jederzeit lebensgefährlich. Ärztliche Hilfe ist weit weg. Ein unglücklicher Sturz von einem Baum, ein Schlangenbiss, der Angriff eines Löwen, und du bist tot. Die Frauen gebären ihre Kinder im Busch, in der Hocke. Jedes fünfte Baby stirbt im ersten Lebensjahr, beinahe die Hälfte der

Kinder wird nicht einmal 15 Jahre alt. Die Menschen müssen sehr oft mit extremer Hitze, mit Durst, mit Tsetsefliegen und Malariamoskitos fertigwerden.

Die Tage bei den Hadza haben meine Wahrnehmung der Welt verändert. Onwas und seine Leute haben mir etwas eingepflanzt, das ich den »Hadza-Effekt« nenne: Ich bin seither gelassener, achtsamer für den Augenblick, unabhängiger, ein bisschen mutiger und nicht mehr permanent in Eile. Es mag pathetisch klingen, aber meine Zeit bei den Hadza hat mich glücklicher gemacht. Sie hat dazu geführt, dass ich wünschte, man könnte das Zeitalter der Jäger und Sammler verlängern. Doch ich weiß, dass es mit großer Sicherheit dafür zu spät ist.

Schließlich sagt mir mein Körper, dass es Zeit für mich ist, den Busch zu verlassen. Ich bin völlig zerstochen und voller blauer Flecke, habe Sonnenbrand und oft Bauchschmerzen. Ich bin erschöpft. Deshalb sage ich nach zwei Wochen allen im Lager, dass ich nun gehen müsse.

Das wird zur Kenntnis genommen, mehr nicht. Die Hadza sind nicht sentimental. Sie kennen keine langen Abschiede. Selbst wenn einer von ihnen stirbt, wird kein großes Aufheben gemacht. Sie graben ein Loch und legen die Leiche hinein. Noch vor einer Generation taten sie nicht einmal das. Sie ließen die Toten einfach auf dem Boden liegen, und die Hyänen fraßen sie auf.

Bis heute kennzeichnen die Hadza ihre Gräber nicht. Sie haben auch keine Beerdigungszeremonie. Sie tun eigentlich gar nichts Besonderes. Selbst wenn sie ihr ganzes Leben mit diesem Menschen verbracht haben. Sie werfen nur einige trockene Zweige auf sein Grab. Und gehen ihrer Wege.

Text: Michael Finkel
Fotos: Martin Schoeller

VERLIEBTHEIT »Für dich tue ich alles«, flüstert Blair Witherspoon seiner Freundin Erica Hoskey zu.

Ein ganzer Cocktail von Chemikalien löst im Gehirn die Verliebtheit aus – und ist doch etwas völlig anderes als der Stoff, aus dem lange Ehen sind. Erkundungen im Land des größten aller Gefühle.

Liebe

Mein Mann und ich haben um acht Uhr morgens geheiratet. Es war Winter, es herrschte Frost, die Bäume waren von Eis bedeckt. Wir waren Anfang 30, hielten uns für cool und schwer zu beeindrucken. Wir lehnten die Ehe als Institution auch dann noch ab, als wir selber den Ehebund eingingen. Beim Brunch für unsere Hochzeitsgäste hatten wir einen großen Karton bereitgestellt. Darin sollten sie Vorschläge hinterlassen, wie wir am besten eine Scheidung vermeiden könnten. Wir hielten das für eine witzige, hellsichtige, wohldurchdachte Maßnahme.

Aber die Vorschläge waren eher von der Art: Schraubt immer die Zahnpastatube ordentlich zu. Als die Gäste gegangen waren, wurde es still im Haus. Überall standen Blumen: aufblühende rote Rosen und zartgliedrige Farne. »Was können wir nun wirklich Romantisches tun?«, fragte ich meinen frisch Angetrauten. Benjamin schlug vor, in die Badewanne zu gehen. Ich wollte nicht baden. Er schlug vor, zu Mittag zu essen: Lachs und einen kühlen Weißwein. Ich konnte keinen Lachs mehr sehen. Was können wir bloß wirklich Romantisches tun? Die Hochzeit war vorüber, die Stille kam mir erstickend vor, und mich ergriff das vertraute Gefühl der Enttäuschung, das sich einstellt, wenn ein lang ersehntes Ereignis vorbei ist. Wir waren verheiratet, hurra!

Ich entschloss mich zu einem Spaziergang. Lief ins Stadtzentrum, drückte meine Nase am Schaufenster einer Bäckerei platt, schaute dem Mann mit Mehl an den Händen zu. Der Teig war weich wie menschliche Haut, wurde geknetet und ausgerollt und schließlich zu Sternen geformt. Ich stöberte in einem Antiquitätenladen. Am Ende gelangte ich zu einem Tätowierstudio. Ich bin nicht unbedingt jemand, die sich tätowieren lassen würde. Aber aus irgendeinem Grund entschloss ich mich an jenem kalten stillen Sonntag, in das Studio einzutreten.

»Was kann ich für Sie tun?«, begrüßte mich eine Frau.

»Gibt es auch eine Form der Tätowierung, die nicht für immer bleibt?«, fragte ich.

»Henna-Tätowierungen«, sagte sie.

Sie erklärte mir, dass sie sechs Wochen halten, bei indischen Hochzeiten üblich seien, dass sie auffällig seien, schön und ganz braun. Sie zeigte mir Abbildungen indischer Frauen mit Edelsteinen in den Nasen. Mit Armen, die über und über mit schlangenförmigen Henna-Mustern bedeckt waren. Sie waren tatsächlich schön, ganz ohne die geschmacklose Comic-Strip-Ästhetik der Tätowierungen, wie es sie bei uns in den Vereinigten Staaten gibt. Diese Henna-Tätowierungen drückten etwas von der Komplexität des Geflechts zwischen zwei Menschen aus, von den geknüpften Verbindungen, bei denen es so schwierig ist, Anfang und Ende auszumachen. Da ich gerade erst geheiratet hatte und da ich den Nach-der-Hochzeit-Blues hatte und da ich etwas wirklich Romantisches für die kommende Nacht haben wollte, entschloss ich mich zu einer Tätowierung.

»Wo?«, fragte sie.

»Hier«, sagte ich. Ich legte meine Hand über meine Brüste und meinen Bauch.

Sie zog die Augenbrauen hoch. »Selbstverständlich«, sagte sie.

Ich zog meine Bluse aus, legte mich auf den Tisch und lauschte, wie sie im Hinterzimmer Puder und Farben mischte. Sie kam zu mir zurück und brachte einen kleinen schwarzen Topf mit. Darin war ein dicker roter Matsch, der ein klein wenig glitzerte. Sie verzierte mich. Ich bekam kletternde Gewächse und Blüten. Sie gestaltete meinen Körper zu einer Landschaft, auf der ganze Gärten wuchsen. Dann, tief um meine Hüften herum, malte sie einen Keuschheitsgürtel aus filigranen Kettengliedern auf. Nach einer Stunde war die Farbe getrocknet. Ich zog mich wieder an, um nach Hause zu gehen, zurück zu meinem Frischvermählten. Ich war mir bewusst, dass dies mein Geschenk für ihn sein würde, ein Geschenk, wie man es nur einmal im Leben jemandem macht.

Ich ließ mich von ihm entkleiden.

»Haut mich um«, sagte er und trat einen Schritt zurück.

Ich wurde rot, und wir fingen an.

Anfänger sind wir nun nicht mehr, mein Ehemann und ich. Das überrascht mich nicht. Selbst damals, mit dem Schmuck des Begehrens auf meinem Leib, den schlangengleichen Tätowierungen, war mir klar, dass sie nach und nach verblassen, ihre lehmroten Farben immer schwächer werden würden, bis nichts mehr davon übrig war. Am Tag meiner Hochzeit war mir dies gleichgültig.

Heute nicht mehr. Acht Jahre später sitze ich hier, blass wie ein Laken, mit all den Pfunden, die man zulegt, und dem anderen Ballast, den man im Laufe der Zeit ansammelt. Immer lauter sind meine Fragen geworden: Muss das so sein, dass die Leidenschaft mit der Zeit nachlässt? Wie verlässlich ist romantische Verliebt-

ANZIEHUNG Während der Semesterferien in Cancún, Mexiko, wird aus neuen Bekanntschaften schnell Liebe, die sich durch körperliche Anziehung definiert.

Unbewusste Körpersprache signalisiert die Bereitschaft dazu: ein offenes Lächeln, eine kokette Haltung, ein aufmunternder Blick.

heit, wenn es darum geht, einen Lebenspartner auszuwählen? Kann eine Ehe gelingen, wenn an die Stelle des Eros Freundschaft tritt oder gar eine ökonomische Zweckgemeinschaft – zwei Menschen, die über Bankkonten aneinander gebunden sind?

Um es klar zu sagen: Ich liebe meinen Gatten nach wie vor. Es gibt keinen Mann, den ich stärker begehre. Aber es ist schwierig, Verliebtheit im grauen Alltag aufrechtzuerhalten. Das Band der Ehe ist von Geld und Hypotheken abgenutzt worden – und von Kindern, jenen kleinen Knirpsen, die es schaffen, die Knoten dieses Bandes enger zu knüpfen, während sie sein eigentliches Material ausleiern. Benjamin und ich haben keine Zeit für gekühlten Weißwein und Lachs. Und wenn jemand in die Badewanne geht, ist es der Nachwuchs samt Quietscheentchen. Falls das alles wie das reine Elend klingt, so täuscht der Eindruck. Meine Ehe ist wie ein bequemes Kleidungsstück, selbst unsere Auseinandersetzungen fühlen sich irgendwie flauschig an; sie ist etwas so Vertrautes, dass wir sie unser Zuhause nennen könnten. Und dennoch ...

In der abendländischen Kultur gibt es seit Jahrhunderten Gedichte, Geschichten und Theaterstücke über die verschlungenen Wege der Liebe, ihre Wandlungen und Veränderungen, darüber, wie uns die Leidenschaft an der entblößten Gurgel packt und später von uns ablässt, damit wir zur Vernunft zurückfinden.

Wenn ein Roman wie »Dracula« von der Sinnlichkeit der Unterwerfung handelt und damit für die Leidenschaft einer jungen Liebe steht, ist die Zeichentrickserie »Fred Feuerstein« das Sinnbild für eine langjährige Beziehung: Alles ist wie in Stein gemeißelt, und die Titelmelodie klingt so vertraut, dass sie zum Ohrwurm geworden ist. Aber kaum ist sie verstummt, kann man die Leere fast nicht mehr aushalten.

Unsere Vorstellung von Liebe wurde von Geschichten, von Sagen über eifersüchtige Götter und Pfeile, gespeist. Aber vielleicht klingen diese Geschichten, die so tief in jede Kultur eingewurzelt sind, bald anders. Wissenschaftler versuchen, dem auf den Grund zu gehen, was wir bislang immer für magisch oder mythisch gehalten haben. Neue Forschungen beleuchten erstmals, wo im Gehirn die Liebe stattfindet und aus welchen Bausteinen sich ihre chemischen Komponenten zusammensetzen.

Falls es so etwas wie eine führende Erforscherin des Begehrens gibt, entspricht die Anthropologin Helen Fisher am ehesten dieser Beschreibung. Die 60-Jährige verströmt eine Selbstgewissheit, die durchaus sexy ist. Ihr Haar hat die Farbe eines Maisfelds und fällt weich wie Rohseide, außerdem ist sie schlank und gelenkig. Die Professorin lehrt an der Rutgers-Universität und lebt in New York City, in einem Apartment voller Bücher nahe dem Central Park. Sie hat einen Großteil ihrer Karriere dem Studium der biochemischen Abläufe der Liebe in all ihren Formen gewidmet: Begehren, Verliebtheit, Bindung und wie die einzelnen Phasen entstehen und vergehen. Die Beine locker übereinandergeschlagen, ein Glas Wasser mit Eiswürfeln in der Hand, spricht sie mit gewinnender Offenheit vom Auf und Ab der Liebe, wie sich andere über Immobilien unterhalten würden. »Eine Frau nutzt unbewusst den Orgasmus, um zu entscheiden, ob ein Mann gut für sie ist oder nicht. Falls er ungeduldig und grob ist und sie selbst nicht zum Orgasmus kommt, fühlt sie möglicherweise instinktiv, dass er wohl kein guter Vater und Ehemann sein würde. Wissenschaftler glauben, dass sich der launenhafte Charakter des Orgasmus entwickelt hat, damit Frauen erkennen können, wer denn der ›Richtige‹ ist.«

In den vergangenen zehn Jahren hat sich die Wissenschaftlerin damit beschäftigt, im wahrsten Sinne des Wortes auf die Liebe zu schauen – und zwar mithilfe eines Kernspintomografen. Gemeinsam mit ihren Kollegen Arthur Aron und Lucy Brown stellte Fisher eine Gruppe von Versuchspersonen zusammen, die im Durchschnitt seit sieben Monaten »über beide Ohren verliebt« waren. Sobald die Probanden im Kernspintomografen lagen, wurden ihnen zwei Fotografien gezeigt, eine neutrale Abbildung und eine der geliebten Person.

Was Fisher sah, faszinierte sie. Wenn die jeweilige Versuchsperson auf ihren geliebten Partner schaute, leuchteten jene Teile des Gehirns auf, die für Belohnung und Vergnügen zuständig sind. Was Fisher am meisten begeisterte, war nicht so sehr, dass sie einen Ort, eine Adresse der Liebe gefunden hatte, sondern dass sie deren spezifische chemische Bahn aufgespürt hatte. Liebe erregt den Schweifkern (*Nucleus caudatus*) im Hirn, weil sich dort eine dichte Ansammlung von Rezeptoren für einen neurologischen Botenstoff namens Dopamin befindet.

Diesen Stoff hält Fisher für einen Bestandteil unseres körpereigenen Liebescocktails. In der richtigen Dosierung bringt Dopamin intensive Energie, Überschwang, konzentrierte Aufmerksamkeit und die Motivation, sich Belohnungen zu verschaffen. Deshalb kann jemand, der frisch verliebt ist, die Nacht durchmachen und den Sonnenaufgang erleben, ein Wettrennen absolvieren oder auf Skiern einen viel zu steilen Hang hinabfahren. Liebe macht dich kühn, macht dich klug, macht dich bereit, Risiken einzugehen, die du manchmal überlebst, manchmal auch nicht.

Ich habe mich erstmals mit zwölf verliebt, in einen Lehrer. Er hieß Mr. McArthur und trug offene Sandalen und einen Bart. Nie zuvor hatte ich einen Mann als Lehrer, ich hielt das für unglaublich exotisch. Mr. McArthur machte Dinge, zu denen sonst niemand den Mut aufbrachte. Er erklärte uns die physikalischen Vorgänge beim Furzen. Er führte vor, wie man ein Ei explodieren lässt. In den Pausen rauchte er Zigaretten und lehnte sich dabei lässig an die Wand des Schulgebäudes. Die Asche wurde länger und länger, bis er sie beiläufig wegschnippte.

Welche einzigartige Kombination von Bedürfnissen mich verleitete, einen Mann zu lieben, der ein Ei explodieren ließ, mag interessant sein, ist aber für mich nicht so interessant wie die Erinnerung an die rein körperlichen Fakten der Liebe. Nie zuvor hatte ich so etwas empfunden. Mr. McArthur ging mir nicht aus dem Kopf. Mir war bange, ich kaute auf der Innenseite meiner Wange herum, bis ich Blut schmeckte. Die Schule war plötzlich schrecklich und wunderbar zugleich. Ob ich ihn auf dem Flur sehe? In der Cafeteria? Ich hoffte es. Aber wenn mein Wunsch in Erfüllung ging und ich einen Blick auf IHN erhaschen konnte, war ich nicht zufriedengestellt. Eher brannte ich innerlich noch mehr. Hatte er mich angeschaut? Warum hatte er mich nicht angeschaut? Wann sehe ich ihn das nächste Mal? Zu Hause suchte ich im Telefonbuch seine Nummer heraus und rief ihn an. Es war die Zeit, bevor es Rufnummernübermittlung gab. Er hob ab.

»Hallo?« Mein Herz schmerzte, es brach mitten entzwei. Aufgelegt.

Noch ein Anruf. »Hallo?« Nie sagte ich etwas.

Einmal rief ich ihn spätabends an. Ich stand damals erst am Beginn der Pubertät, aber als er den Hörer abnahm, war selbst mir klar, dass eine Frau bei ihm war. Seine Stimme war sanft, ihr Lachen erklang im Hintergrund. Ich blieb einen ganzen Tag im Bett. Kommt Ihnen das bekannt vor? Vielleicht waren Sie 30, als es Ihnen widerfuhr, oder acht oder 25 oder 80. Vielleicht lebten Sie in Kathmandu oder in Kentucky – Alter und Schauplatz spielen keine Rolle.

Donatella Marazziti ist Professorin für Psychiatrie an der Universität Pisa. Sie hat über die Biochemie des krankhaften Verliebtseins geforscht. Zweimal war sie verliebt und erlebte die schreckliche Kraft dieses Gefühls. Deshalb erwachte ihr Interesse, die Ähnlichkeiten zwischen Liebe und Zwangsneurosen zu erforschen. Sie und ihre Kollegen maßen den Serotoninspiegel im Blut von 24 Probanden, die sich innerhalb der letzten sechs Monate verliebt hatten und die sich mit dem Objekt ihrer Zuneigung mindestens vier Stunden täglich obsessiv gedanklich befassten. Serotonin ist der Star unter den Botenstoffen im Gehirn, der von den Stars unter unseren Antidepressiva – Prozac, Zoloft, Seroxat und anderen – beeinflusst werden kann. Lange haben sich Wissenschaftler mit der Hypothese beschäftigt, dass Menschen mit Zwangsstörungen keinen »ausgeglichenen« Serotoninspiegel haben. Medikamente wie Prozac scheinen Zwangsstörungen abzumildern, indem sie die Menge dieses Botenstoffs, die an den Verbindungspunkten zwischen Neuronen verfügbar ist, erhöhen.

Marazziti verglich die Serotoninspiegel der Verliebten mit denen von Menschen, die unter Zwangsstörungen litten, sowie mit denen einer dritten Gruppe, die weder von Leidenschaft noch von mentalem Leiden betroffen waren. Der Serotoninspiegel im Blut der psychisch Gestörten wie der Verliebten lag 40 Prozent unter jenem der normalen Probanden. Lässt sich übersetzen als: Liebe und Geisteskrankheit sind möglicherweise schwer auseinanderzuhalten. Lässt sich übersetzen als: Sei nicht blöd, lass die Finger davon!

Das ist natürlich eine Anordnung, die keiner von uns befolgen kann. Wir verlieben uns, manchmal ständig von Neuem, und versetzen uns damit jedes Mal in einen ziemlich krankhaften Geisteszustand. Doch es besteht Hoffnung für jene, die ihrer ungezügelten Leidenschaft nicht entkommen können: Prozac. Es gibt nichts Wirksameres als diese zweifarbige Patrone, um die Begierde nach Sex zu ersticken oder uns beim Anblick eines Buffets achtlos mit den Schultern zucken zu lassen.

Helen Fisher glaubt, dass die Einnahme von Medikamenten wie Prozac die Fähigkeit eines Menschen in Gefahr bringt, sich verlieben zu können – und verliebt zu bleiben. Wenn dem Gefühl des Verliebtseins und der damit verbundenen Libido die Spitze gebrochen wird, werden Beziehungen schal. Fisher sagt: »Ich kenne ein Paar, das kurz vor der Scheidung stand. Die Frau nahm ein Antidepressivum. Dann setzte sie das Medikament ab, konnte plötzlich wieder zum Orgasmus kommen, fühlte sich erneut sexuell zu ihrem Ehemann hingezogen, und nun sind beide von Neuem ineinander verliebt.«

Psychoanalytiker haben unzählige Theorien entwickelt, warum wir uns in bestimmte Menschen verlieben. Freud hätte gesagt, dass unsere Wahl vom unbewussten Wunsch gesteuert wird, mit unserer Mutter ins Bett zu gehen (falls wir männlich sind), oder mit unserem Vater (falls weiblich). C. G. Jung war überzeugt, dass Leidenschaft vom kollektiven Unbewussten angetrieben wird.

Heute vertreten Psychiater wie Thomas Lewis, der an der Universität von Kalifornien in San Francisco lehrt, die Hypothese, dass Verliebtheit durch unsere ersten frühkindlichen Erfahrungen mit Intimität entscheidend geprägt wird. Wie wir uns an der Brust unserer Mutter gefühlt haben, wie wir ihr Gesicht und diese reine Geborgenheit erlebt haben – Erfahrungen, die sich in unser Hirn eingraviert haben und denen wir als Erwachsene ein Leben lang hinterherjagen.

Dieser Theorie zufolge lieben wir die, die wir lieben, nicht, weil wir mit ihnen eine Zukunft aufbauen, sondern weil wir etwas Vergangenes zurückbekommen wollen. Das ist der Grund, dass uns eine bestimmte Person als der oder die »Richtige« vorkommt oder »vertraut« erscheint. Er oder sie sind vertraut. Er oder sie hat ein bestimmtes Aussehen oder einen bestimmten Geruch, eine besondere Stimme. Er oder sie berührt uns auf eine Art, die verschüttete Erinnerungen ins Bewusstsein ruft.

Als ich meinem Ehemann zum ersten Mal begegnete, hielt ich diese psychologische Theorie für mehr oder weniger zutreffend. Mein Mann hat rote Haare und eine sanfte Stimme. Er ist Chemiker und macht gelegentlich seltsame oder komische Dinge. Eines Tages, noch vor unserer Hochzeit, tauchte er eine Rose in flüssigen Stickstoff, sodass sie gefror. Dann schleuderte er sie gegen eine Wand, wobei sie auf eindrucksvolle Weise zersplitterte. Da verliebte ich mich in ihn. Auch mein Vater ist rothaarig, hat eine sanfte Stimme und ist ziemlich exzentrisch. Oft fing er zu singen an, weil er etwas zu sehen glaubte, das uns stets verborgen blieb.

Doch nun stellt sich heraus, dass meine Theorien wohl doch ziemlicher Quatsch sind. Die Evolutionspsychologie hat Freud und den Ödipuskomplex und all den anderen transzendenten Kram auf den Müll geworfen und sich simplen Überlebenstechniken zugewandt. Die These lautet nun, dass wir jene attraktiv finden und als Partner auswählen, die gesund aussehen. Gesundheit, so sagen diese Evolutionspsychologen, wird von Frauen ausgestrahlt, deren Taillenumfang 70 Prozent des Hüftumfangs beträgt, und von Männern mit markanten und kraftvollen Gesichtszügen, die darauf hindeuten, dass ihr Blut einen hohen Testosteronspiegel aufweist. Das Verhältnis von Taille zu Hüfte ist wichtig für das erfolgreiche Gebären eines Kindes, und Studien haben gezeigt, dass genau diese Relation eine höhere Fruchtbarkeit bedeutet. Die markanten Gesichtszüge deuten an, dass ein Mann mit ordentlich Testosteron im Blut wohl auch über ein starkes Immunsystem verfügt und so mit größerer Wahrscheinlichkeit seiner Partnerin gesunden Nachwuchs beschert.

Vielleicht ist unsere Partnerwahl ja auch eine schlichte Frage des Sich-riechen-Könnens. Claus Wedekind von der Universität Lausanne hat ein aufschlussreiches Experiment mit verschwitzten T-Shirts durchgeführt. Er bat 49 Frauen, an Hemden zu riechen, die von Männern getragen wurden, die ihnen unbekannt waren. Die Testgruppe setzte sich aus Männern mit unterschiedlichen Genotypen, also mit völlig verschiedenen Gerüchen und Immunsystemen, zusammen. Die Frauen sollten die Gerüche der T-Shirts bewerten. Wedekind fand heraus, dass Frauen den Geruch eines T-Shirts bevorzugen, das ein Mann mit einem Genotyp getragen hatte, der dem ihrigen überhaupt nicht ähnelt. Mit anderen Worten: Eine Frau bevorzugt einen Mann, dessen Immunsystem über Eigenschaften verfügt, die ihrem eigenen fehlen. Auf diese Weise erhöht sie die Wahrscheinlichkeit, dass ihre Nachkommen widerstandsfähig sein werden.

Das klingt alles zu schön, um wahr zu sein: dass wir auf so einfache Weise funktionieren und uns dabei der Mechanismen überhaupt nicht bewusst sind. Ich kann mich nicht erinnern, dass jemals jemand gesagt hätte: »Ich habe ihn wegen seines Achselschweißes geheiratet.« Nein, wir sagen: »Ich habe ihn – oder sie – geheiratet, weil er intelligent ist, weil sie schön ist, weil er geistreich ist, weil sie leidenschaftlich ist.« Wenn es letztlich doch nur auf unsere gute Nase hinausläuft, sind uns Hunde bei der Partnerwahl eindeutig überlegen.

Warum hält leidenschaftliche Liebe nicht an? Wie ist es möglich, dass wir eines Tages einen Menschen schön finden, aber an einem anderen Tag, ein Jahr später, sein Aussehen als fade wahrnehmen? Das Objekt unserer Begierde hat sich bestimmt nicht so sehr verändert. Ihre Augen haben immer noch die gleiche Form. Ihre Stimme klang immer ein wenig heiser, aber nun geht es dir auf die Nerven – sie klingt, als sollte sie ein Antibiotikum einnehmen. Oder vielleicht musst du dir eins verschreiben lassen, denn der Partner, den du einst geliebt und verehrt hast, erscheint dir nun eher als leichte Infektion, macht dich müde und raubt dir deine Kraft. Weltweit haben Studien bestätigt, dass die Leidenschaft irgendwann aufhört. Kein Wunder, dass man in vielen Kulturen den Ehepartner nach weniger flüchtigen Kriterien aussucht. Eine Beziehung auf Leidenschaft aufzubauen hält man für verrückt.

Helen Fisher hat die These aufgestellt, dass es zu einer Häufung des Scheiterns von Beziehungen nach vier Jahren kommt, weil es etwa so lange dauert, ein Kind durch das Säuglingsalter zu bringen. Leidenschaft, jenes wilde, schillernde und unvernünftige Gefühl, hat offenbar doch ihre praktische Seite. Wir müssen nicht nur kopulieren, wir brauchen auch Leidenschaft, um Nachwuchs auf die Welt zu bringen. Von da an herrscht ein Gefühl der Zusammengehörigkeit, das die Partner zusammenschweißt, um ein hilfloses Kleinkind aufzuziehen. Sobald es nicht mehr gestillt wird, kann es bei Verwandten oder Freunden gelassen werden.

Jeder Elternteil ist dann (wieder) frei, um einen anderen Partner zu treffen und weitere Kinder zu bekommen. Vom biologischen Standpunkt aus gesehen, steigt und fällt unsere Verliebtheit, weil unser Gehirn anfangs auf die plötzliche Dosis Dopamin reagieren muss. Dieses Hormon wird ausgeschüttet, wenn wir frisch verliebt sind, und verleiht uns Flügel. Irgendwann reicht diese Dosis einfach nicht mehr aus.

Kokainkonsumenten beschreiben dieses Phänomen der Toleranz: Das Gehirn passt sich dem übermäßigen Nachschub der Droge an. Möglicherweise verlieren die Neuronen ihre Empfindlichkeit und brauchen immer höhere Dosen, um high zu werden.

Vielleicht ist es aber auch gut, dass die Verliebtheit irgendwann nachlässt. Wenn wir ständig verzückt wären, gäbe es dann bei uns Eisenbahnen? Brücken und Flugzeuge, Faxgeräte, Impfstoffe oder das Fernsehen? An Stelle der ständigen Weiterentwicklung der Technologien, die die menschliche Zivilisation seit dem ersten Gebrauch von Werkzeugen kennzeichnet, hätten wir lediglich Bonbons, Blumensträuße und die Geburtenkontrolle. Im Ernst: Falls die vom Verliebtsein ausgelöste chemische Veränderung unseres Zustands einer Geisteskrankheit oder einer durch Drogen herbeigeführten Euphorie gleicht, könnte ein zu langes Verweilen in diesem Zustand zu bleibenden psychischen Schäden führen. Ein gutes Sexleben kann wie Sekundenkleber eine starke Bindung schaffen – aber wer will das Zeug schon auf der Haut haben?

Es waren einmal ein Junge und ein Mädchen in Indien, die sich ohne Erlaubnis ihrer Eltern ineinander verliebten. Sie gehörten verschiedenen Kasten an. Eine Beziehung also, die gegen alle Regeln verstieß. Man stelle sich vor: ein glitzernder Sari, der Junge in weißem Leinen, heimliche Treffen bei Vollmond. Wer könnte den Verliebten dieses Glück missgönnen oder die Macht ihrer Liebe verurteilen?

Ihre Eltern konnten es. Erst kürzlich wurden ein Junge und ein Mädchen aus verschiedenen Kasten von ihren Eltern erhängt, während Hunderte Dorfbewohner zuschauten. Ein Paar, das zunächst fliehen konnte, wurde entkleidet und geschlagen, und ein weiteres Paar beging Selbstmord, nachdem die Eltern ihm die Heirat verboten hatten.

Anthropologen glaubten lange, dass Liebesaffären ein westliches Konstrukt seien, ein bürgerliches Nebenprodukt des Mittelalters. Affären waren etwas für die Gebildeten und Wohlhabenden, spielten sich in Kaffeehäusern ab, mit Mokka und Cabernet, oder in Zimmern mit seidenen Laken, im flackernden Schein des

Kaminfeuers. Es wurde angenommen, dass anderswo die familiären und sozialen Verpflichtungen so schwer auf den Menschen lasteten, dass bestimmte Leidenschaften gar nicht ausgelebt werden konnten.

Kann ein von Läusen geplagter Bauer wirklich Leidenschaft empfinden?

Mit Leichtigkeit, wie sich herausstellt. Wissenschaftler sind nun überzeugt, dass Liebe ein Phänomen ist, das alle Menschen betrifft. Sie ist seit Urzeiten in unseren Gehirnen verwurzelt. Die Anthropologen William Jankowiak und Edward Fischer haben 166 Kulturen untersucht und bei 147 Hinweise auf leidenschaftliche Liebe gefunden. Im Rahmen einer anderen Studie sollten Männer und Frauen aus Europa, Japan und den Philippinen einen Fragebogen ausfüllen, um ihre Erfahrungen mit leidenschaftlicher Liebe messen zu können. Alle drei Gruppen gaben an, Leidenschaft mit der gleichen brennenden Intensität zu empfinden.

Zwar mag romantische Liebe weltweit zu beobachten sein, doch drückt sie sich in unterschiedlichen kulturellen Formen aus. Für das Volk der Fulbe im nördlichen Kamerun kommt es mehr auf das öffentliche Auftreten als auf die Leidenschaft an. Männer, die zu viel Zeit mit ihren Frauen verbringen, werden verspottet. Wer sich als zu nachgiebig erweist, weckt den Verdacht, einem Fluch anheimgefallen zu sein. Liebe ist wohl unvermeidbar, aber bei den Fulbe gelten ihre Anzeichen als verwerflich und werden einer Krankheit oder sozialen Verurteilung gleichgesetzt.

Romantische Liebe wurde zum Beispiel in Indien traditionell als gefährlich angesehen, als Bedrohung eines sorgsam konstruierten Kastensystems, in dem Hochzeiten so arrangiert werden, dass Abstammung und Blutsverwandtschaft gewahrt bleiben. Daher die gruseligen Sagen und all die in Fabeln eingebetteten Warnungen, was passieren könnte, sollte man seinen unkontrollierbaren Impulsen folgen.

Heute aber scheinen Liebesheiraten in Indien immer häufiger vorzukommen, und oft werden sie gegen den Willen der Eltern geschlossen.

Der Triumph der romantischen Liebe wird in den Bollywoodfilmen gefeiert. Die meisten Inder sind aber nach wie vor überzeugt, dass arrangierte Ehen eher Bestand haben als Liebesheiraten. In einer Umfrage unter indischen Collegestudenten gaben 76 Prozent der Befragten an, sie würden jemanden, der oder die alle richtigen Eigenschaften besitzt, auch dann heiraten, wenn sie nicht in diese Person verliebt seien. (Hingegen vertreten nur 14 Prozent der Amerikaner diese Ansicht.) Eine Eheschließung gilt als zu wichtiger Schritt, um ihn dem Zufall zu überlassen.

Renu Dinakaran ist eine attraktive 45-Jährige, die in Bangalore lebt, einer dicht bevölkerten indischen Stadt, in der Kühe auf den Straßen schlafen, während winzige Autos um sie herumsausen, die Wolken schwarzen Qualms ausstoßen. Renu lebt in einem gut ausgestatteten Apartment, und als ich sie treffe, ist sie westlich gekleidet: mit schwarzen Leggins und T-Shirt.

Sie stammt aus einer traditionellen indischen Familie, in der es üblich war, dass Ehen arrangiert werden. Aber sie war kein Typ für starre Strukturen. Schon von Kindesbeinen an spielte sie mit großer Begeisterung Tennis, war zu verschwitzt für einen Sari und intelligenter als die meisten Männer um sie herum. Dennoch wurde sie im Alter von 17 Jahren mit einem Cousin verheiratet, den sie kaum kannte. Sie war gewillt, ihn lieben zu lernen, doch es gelang ihr nicht. Renu hält viele arrangierte Ehen für Fälle »staatlich gebilligter Vergewaltigung«.

Renu hatte gehofft, sich in ihren Ehemann zu verlieben, aber je mehr Jahre vergingen, desto weniger Liebe empfand sie, bis sie am Ende abgestumpft und traurig war. Sie verbarg sich hinter den Gardinen des Bungalows ihrer Schwiegereltern und beobachtete neidisch das Paar in der gegenüberliegenden Wohnung. »Es war so offensichtlich, dass die beiden aus Liebe geheiratet hatten, und ich beneidete sie. Es tat mir weh zu sehen, wie sie zusammen ihre Zeit verbrachten und wie sie ausgingen, um einzukaufen.«

Schließlich hatte sie es satt, im Haus zu bleiben und in Saris gewickelt zu sein, die jede Bewegung zur Mühsal werden ließen. Sie tat das, was ihr die traditionelle indische Kultur verbat: Sie ging fort. Damals hatte sie zwei Kinder. Sie nahm sie mit. Ihr ging ein alter Film nicht aus dem Kopf, den sie im Fernsehen gesehen hatte. Ein Film, der ihr so fremd und verlockend erschien, der so verstörend und gleichzeitig so tröstlich war, dass sie an nichts anderes denken konnte. Der Film hieß »Love Story«.

»Bevor ich Filme wie ›Love Story‹ gesehen hatte, war mir nicht bewusst, welche Macht die Liebe ausüben kann«, sagt sie. Renu hatte Glück. In Mumbai traf sie Anil. Damals empfand sie zum ersten Mal Leidenschaft. »Als ich Anil begegnete, war dies anders als alles, was ich je erlebt hatte. Er war der erste Mann, mit dem ich einen Orgasmus erlebte. Ich war die gesamte Zeit wie im Rausch. Dabei wusste ich, dass dies nicht andauern würde, andauern könnte. Deshalb kam noch das süße Gefühl des Begehrens hinzu, als ob wir zusehen könnten, wie sich das Ende schon nähert, während wir gleichzeitig einander noch entdeckten.«

Wenn Renu vom Ende spricht, meint sie natürlich nicht das Ende ihrer Beziehung mit Anil, sie meint das Ende eines bestimmten Abschnitts. Die beiden haben sich einen verspielten Dackel gekauft und sind immer noch glücklich verheiratet und lieben sich. Ihre Beziehung, die einst so lodernd entflammt war, scheint nun mit gleichbleibender Temperatur zu köcheln. Sie reicht aus, um sie zu nähren und warm zu halten. Sie sind dankbar.

»Ob ich all die Leidenschaft zurückhaben möchte?«, fragt Renu. »Manchmal schon. Aber um ehrlich zu sein: Es war auch ganz schön anstrengend.«

Aus dem physiologischen Blickwinkel betrachtet, hat dieses Paar den dopamingetränkten Zustand der romantischen Verliebtheit gegen die relative Ruhe einer von Oxytocin genährten Bindung vertauscht. Oxytocin ist ein Hormon, das ein Gefühl der Verbindung und Zusammengehörigkeit fördert. Es wird freigesetzt, wenn wir unsere langjährigen Partner oder unsere Kinder umarmen. Es wird freigesetzt, wenn eine Mutter ihr Kind umhegt. Präriewühlmäuse sind Tiere mit hohem Oxytocinspiegel und binden sich fürs ganze Leben.

Wenn nun Wissenschaftler die Oxytocinproduktion dieser Nagetiere blockieren, bilden die Mäuse keine monogamen Partnerschaften und neigen zu Rastlosigkeit. Manche Experten spekulieren, dass Autismus – eine Störung, die von einer tief sitzenden Unfähigkeit zur Entwicklung und Aufrechterhaltung von Bindungen gekennzeichnet ist – von einem Mangel an Oxytocin herrührt. Forscher haben Experimente durchgeführt, bei denen sie Autisten mit Oxytocin behandelten, was in einigen Fällen zu einer Milderung ihrer Symptome geführt hat.

Wissenschaftler nehmen an, dass in funktionierenden Langzeitbeziehungen wie bei Renu und Anil beide Partner über einen hohen Oxytocinspiegel verfügen. In langen Beziehungen, die nie wirklich eng waren – zum Beispiel die von Renu zu ihrem ersten Mann – oder die nach dem ersten Höhenflug zerbrechen, ist zu vermuten, dass das Paar keinen Weg gefunden hat, die Oxytocinproduktion anzuregen oder aufrechtzuerhalten.

»Aber es gibt Dinge, die dabei helfen können«, sagt Helen Fisher. »Massagen. Sex. Dadurch wird die Oxytocinproduktion angeregt und das Gefühl der Nähe zum Partner gestärkt.«

FAMILIENGLÜCK Im Restaurant Canova Tadolini in Rom, einem ehemaligen Künstleratelier, kuschelt Eleonora Martino mit ihrem Sohn Filippo (3). Die Martinos – links im Bild Filippos Vater Gabriel – genießen ihre Italienreise. Statistisch gese-

hen schwindet solche Gemeinsamkeit meist schon nach vier Jahren – nämlich dann, wenn der Nachwuchs aus dem Gröbsten raus ist. Die Eltern fühlen sich nach dieser Zeit wieder stärker als Mann und als Frau.

Wahrscheinlich ein guter Rat, aber er beruht auf der Annahme, dass du immer noch mit diesem Langweiler von Ehemann ins Bett gehen willst. Solltet ihr euch so lange etwas vormachen, bis der Funke überspringt?

»Ja«, lautet Fishers Antwort. »Solange die Beziehung relativ gesund ist, kannst du dich vielleicht an deinen Partner binden, wenn du genug Orgasmen mit ihm oder ihr erlebst. Dies wird den Oxytocinspiegel anregen.«

Vielleicht stimmt das ja. Aber es klingt unangenehm. Es klingt nämlich genauso wie deine Mutter, wenn sie dir ihr Gemüse schmackhaft machen wollte: »Iss deine Erbsen weiter. Man muss sie nur zu schätzen lernen. Irgendwann werden sie dir gut schmecken.« Aber ich kriege sie heute noch nicht runter.

Ein heißer Sommertag, es sind 32 Grad, als ich mit meinem Mann von Boston nach New York City abreise, um einen Küss-Kurs zu absolvieren. Mit zwei Kindern, zwei Katzen, zwei Hunden und einem chaotischen Haushalt sollten wir vielleicht wissen, wie man küsst, aber in all dem Durcheinander unserer gehetzten Leben haben wir es tatsächlich vergessen.

Dichte Wolken hängen am Himmel, die Luft klebt an unseren Händen und am Hals. Die Küss-Schule wird von Cherie Byrd geleitet, einer Therapeutin aus Seattle. Sie residiert in der 11. Etage eines heruntergekommenen Gebäudes in Manhattan. Der Raum ist weiß gestrichen, auf einem gefliesten Tisch stehen Flaschen mit Bananen- und Aprikosensaft, auch eine Kanne grüner Tee, Pfefferminzbonbons und Lippenbalsam. Die übrigen Teilnehmer der Küss-Schule – einige kommen sogar aus Vietnam und Nigeria – haben sich zufrieden auf Decken und Kissen hingebreitet, die auf dem nackten Fußboden liegen. Der Kurs wird sieben Stunden dauern.

Byrd lässt uns zu Beginn Fußmassagen geben. »Um gut zu küssen, müsst ihr das richtige Vorspiel lernen«, sagt sie. Zum Vorspiel gehört, dass ich die Käsefüße meines Gatten reibe. Aber das ist nicht so schlimm wie später mein stilles Entsetzen, als er meine massiert. Vor unserer Abreise war ich im Haus auf eine volle Windel getreten, über die sich der Hund hergemacht hatte. Zwar hatte ich mich gewaschen, aber nun frage ich mich, ob das sorgfältig genug war.

»Atmet ein«, sagt Byrd, und sie zeigt uns, wie wir die Luft richtig einsaugen.

»Atmet aus«, sagt sie, und dann stupst sie meinem Mann in den Rücken. »Konzentriere dich nicht nur auf die Zehen«, sagt sie. »Bewege dich zur Wade hoch.«

Byrd erzählt uns noch mehr über die Kunst des Küssens. Sie redet von Bewegung in den Energiezentren unseres Körpers, davon, wie sich Emotionen auf den Lippen zeigen, sie beschreibt uns, wie wichtig es sei, alle Sinne wahrzunehmen, erklärt, wie man im Vorfeld Augenkontakt herstellt und wie man auf richtige Weise flüstert. Viele Stunden vergehen. Dann klingelt mein Mobiltelefon. Es ist unser Babysitter. Unser einjähriges Kind hat hohes Fieber. Wir müssen die lange Sitzung abbrechen. Im Nu sind wir draußen. Später erzähle ich meinen Freunden, was ich in der Küss-Schule gelernt habe: dass wir keine Zeit zum Küssen haben. Eine idealtypische Ehe. Liebe in der westlichen Welt.

Gott sei Dank habe ich von anderen Möglichkeiten erfahren, die Liebe neu zu entfachen!

Der Psychologe Arthur Aron von der Stony-Brook-Universität in New York hat ein Experiment durchgeführt, mit dem er einige der Mechanismen beleuchtete, durch die Menschen zueinander hingezogen werden und dieses Gefühl auch aufrechterhalten. Er setzte aus einer Testgruppe jeweils einen Mann und eine Frau (die sich noch nicht kannten) in einen Raum. Jedes Paar sollte eine Reihe von Aufgaben absolvieren. Dazu gehörte, sich gegenseitig persönliche Details mitzuteilen. Dann bat er sie, sich zwei Minuten lang gegenseitig in die Augen zu schauen. Nach dieser Übung berichteten die meisten Paare, dass sie sich zueinander hingezogen fühlten, obgleich sie sich doch völlig fremd waren. Eines der Paare hat später sogar geheiratet.

Fisher sagt, dass diese Übung bei einigen Paaren Wunder wirkt. Aron und Fisher schlagen auch vor, dass Paare miteinander neuartige Dinge unternehmen sollten, denn Neuem ausgesetzt zu sein regt die Dopaminproduktion im Gehirn an, was wiederum ein Bedürfnis nach Nähe entstehen lässt. Mit anderen Worten: Falls dein Herz in seiner Anwesenheit heftig zu pochen beginnt, kannst du dir einreden, dass das nicht die Angst ist, sondern die Liebe zu deinem Partner. Aron und andere haben dies noch ein Stück weitergetrieben: Selbst wenn du nur joggst und dir dabei jemand begegnet, steigt die Wahrscheinlichkeit, dass du diese Person attraktiv findest. Falls zwei Menschen also bei ihrer ersten Verabredung etwas Aufregendes unternehmen – beispielsweise eine Fahrt mit der Achterbahn – steigt die Chance, dass sie sich noch öfter treffen werden. Vielleicht sollte man diese Strategie auf einer Dating-Website veröffentlichen: Spielt Squash! Und in Zeiten großer Anspannung –, bei Naturkatastrophen, Stromausfällen oder wenn ein Raubtier sich anpirscht – drückt eure Partner ganz fest an euch.

In Somerville im US-Bundesstaat Massachusetts, wo ich mit meinem Ehemann lebe, sind Stechmücken die einzigen Raubtiere, die uns begegnen. Aber das soll uns nicht daran hindern, einen Versuch zu wagen. Als ich Benjamin vorschlage, das Experiment auch mal zu versuchen, zieht er eine Augenbraue hoch.

VERTRAUTHEIT Was hält Emily und Marion Grillot seit 58 Ehejahren zusammen? Vielleicht sind es ihre 20 Kinder und 77 Enkel, von denen viele auf Fotografien im Haus der Grillots in Ohio zu sehen sind. Es könnte auch die beruhigende Wirkung von Oxytocin sein. Dieses Hormon, so wird vermutet, kommt bei langjährigen Paaren in besonders hohem Maße vor. Marion Grillot, ein Farmer, sieht es so: »Es ist unsere gegenseitige Fürsorge und Achtung. Manche Leute nennen das Liebe.«

»Warum gehen wir nicht einfach kambodschanisch essen?«

»Weil das nicht das Experiment war!«

Als Wissenschaftler ist mein Mann für Experimente immer zu haben. Aber unser Alltag ist so vollgepackt, dass wir es von langer Hand planen müssen. Wir werden uns am nächsten Mittwoch zur Mittagszeit treffen und das Experiment in unserem Auto durchführen.

Am Dienstagabend muss ich unerwartet nach New York reisen. Mein Mann ist ziemlich froh, dass unser Treffen ausfällt. Ich aber nicht. Daher rufe ich ihn am Abend von meinem Hotelzimmer aus an.

»Wir können es auch am Telefon machen«, sage ich.

»Und was soll ich da anstarren?«, fragt er, »die Wähltasten?«

»Im Flur hängt ein Foto von mir. Schau es zwei Minuten lang an. Ich betrachte ein Bild von dir, das ich in meiner Brieftasche habe.«

»Nun mach mal halblang«, sagt er.

»Sei kein Spielverderber«, sage ich. »Es ist doch besser als nichts.«

Vielleicht auch nicht. Zwei Minuten erscheinen sehr lang, wenn man dabei einen Telefonhörer ans Ohr presst und auf eine Fotografie starrt. Mein Gatte niest, und ich versuche mir vorzustellen, dass seine Fotografie mit ihm niest. Deshalb muss ich lachen.

Weitere 15 Sekunden vergehen. Langsam, jede Sekunde erscheint bis zum Äußersten gedehnt, sodass ich die Zeit fast hören und fühlen kann. Ihre karamellbonbonartige Gestalt und das Geräusch, das jede Sekunde macht, wenn sie vorbei ist. Ich starre und starre auf das Bild meines Mannes. Doch es entsteht keinerlei Gefühl von überraschender Intimität. Ich komme mir gescheitert vor. Aber ich halte durch.

Ich kann ihn am anderen Ende atmen hören. Die Fotografie vor mir wurde vor etwa einem Jahr aufgenommen und ist so zugeschnitten, dass sie in meine Brieftasche passt. Sein rotblondes Haar ist zu einem Pferdeschwanz zurückgebunden. Ich habe mir das Bild eigentlich noch nie genau angeschaut. Mir wird klar, dass mein Mann mich auf dieser Aufnahme nicht direkt anschaut. Vielmehr wenden sich seine blassblauen Augen zur Seite, nach links, und schauen auf etwas, das ich selbst nicht sehen kann. Ich berühre seine Augen. Ich schaue von ganz nah, dann noch näher auf sein abgewendetes Gesicht. Liegt Traurigkeit in seinem Gesichtsausdruck, etwas Trauriges auch in der Art, wie er in die Ferne schaut? Ich schaue auf den Rand des Bildes, um zu erkennen, was er anschaut, und dann sehe ich es: eine winzige Schildkröte, die auf ihn zukommt.

Und da erinnere ich mich, wie er sie griff, nachdem der Auslöser geklickt hatte. Wie er sie sanft in den Händen hielt, unseren Kindern zeigte, mit dem Zeigefinger über den schuppigen Panzer streichelte und wie er mir das Tier entgegenhielt: eine Liebesgabe. Ich nahm es, und gemeinsam entließen wir es ins Meer.

Text: Lauren Slater
Fotos: Jodi Cobb

Berings Büste im Moskauer Timirjasew-Museum.

Vor fast drei Jahrhunderten zog der Däne Vitus Bering mit einem riesigen Tross bis an den Pazifik und nach Alaska. Es war die größte Landexpedition, die jemals unternommen wurde – durch eine Region, die heute als eines der reichsten Rohstofflager der Welt gilt.

Der Mann, der Sibirien entdeckte

Sie waren über Land gekommen, Tausende Kilometer durch lichte Wälder und sumpfige Weiten, gequält von Kälte, gezeichnet von Entbehrungen. Von St. Petersburg durch Sibirien bis an den Pazifik, wohl 14 000 Kilometer. Dort hatten sie Schiffe gebaut und waren losgesegelt, immer in der Hoffnung, auf neues Land zu stoßen. Die gesamte Seereise lang hatten sie diesen Augenblick herbeigesehnt auf ihrem Kurs nach Osten.

Jetzt, endlich, waren sie am Ziel.

Hinweise hatte es genug gegeben. Hier ein Treibholz, da eine Gruppe von Seeottern, über den Mastspitzen immer mal ein Zug von Landvögeln. Und, vor drei Tagen, schemenhaft ein Landstrich am Horizont. Doch sie segelten durchs Nebelmeer, die Sicht war schlecht im grauen Norden.

Schließlich war ein Vogel niedergegangen, ein Schwarzkopfhäher. Georg Wilhelm Steller hatte ihn als Erster entdeckt. Jetzt zerriss auch der Nebel und gab den Blick frei auf eine hohe Insel,

Backbord voraus. Alaska. Amerika! Steller war Zoologe, Botaniker, ebenso Arzt, auch Völkerkundler. Der 32-jährige Forscher aus Halle an der Saale brannte darauf, sofort an Land zu gehen und den steilen, von Nadelwald überzogenen Berg der Insel zu erkunden. Noch kein Europäer vor ihnen, da war sich Steller sicher, hatte von dieser Seite, von Asien aus, je diese Gegend betreten. Eine phantastische Situation für einen jungen Naturforscher.

Doch es gab Streit an Bord der »St. Peter« am Morgen des 20. Juli 1741.* Der Kapitän, Vitus Jonassen Bering, mit 60 Jahren fast doppelt so alt wie Steller, verbot dem Forscher zunächst den Landgang. Nur ein paar Fässer Trinkwasser sollten seine Seeleute aus den Bächen der Insel vollschöpfen. Am selben Tag noch sollten die Anker gelichtet werden zur Rückfahrt. »Für ein paar Kräuter an Land«, sagte Bering, würde man »sonst unter Umständen das Leben einiger Matrosen gefährden«. Für Bering war das Ziel erreicht. Sie hatten Sibirien erkundet, waren bis nach Amerika gelangt. Was wollte er mehr?

Bering, ein Däne in Diensten der russischen Admiralität, der Kundschafter des Zaren. Kaum ein Entdecker hat mehr weiße Flecken auf der Landkarte getilgt als dieser Mann. 1725 schickte Peter I., der Große, ihn zum ersten Mal nach Sibirien – auf die Erste Kamtschatkaexpedition –, acht Jahre später folgte eine Erkundung, die als die größte Landexpedition aller Zeiten gilt: 3000 Männer, Frauen und Kinder zogen von St. Petersburg durch eine weitgehend unbekannte Wildnis bis an den Pazifik. Ihr Auftrag: Sibirien und seine natürlichen Ressourcen zu erkunden, die Küsten zu kartografieren, einen Seeweg nach Japan zu finden. Ja, sogar entlang der Pazifikküste bis nach Mexiko vorzudringen!

* Alle Daten, die sich auf Russland beziehen, folgen dem Julianischen Kalender, der dort bis 1918 galt.

Und die strategische Frage zu klären, ob es eine Landbrücke zwischen Russland und Amerika gab. Jetzt, acht Jahre nach der Abreise von St. Petersburg, nach endlosen Strapazen, lagen sie mit einem eigens gebauten Schiff vor Alaska.

Dass die Insel besiedelt war, wurde Steller sofort klar. Er sah Fußabdrücke im Sand. Doch es zeigte sich niemand, im Gegenteil. Die Menschen schienen ihre Spuren verwischen zu wollen. Eilig hingeworfenes Grün sollte einen Pfad verbergen, ein Haufen Äste bedeckte eine noch warme Feuerstelle. Etwas weiter landeinwärts dann eine Grube, knapp vier Meter tief. »In ihr fand ich mehrere aus Baumrinde hergestellte Gefäße, die mit geräuchertem Fisch und Süßkraut gefüllt waren«, schrieb Steller. Daneben lagen Grasbüschel, Stränge von Seetang und ein paar Pfeile.

Man hatte die Fremden aber beobachtet, die ganze Zeit schon. Ein alter Mann erzählte dies dem Kapitän eines russischen Schiffs, das 49 Jahre später vor Kayak Island vor Anker lag, wie die Insel wenige Meilen vor dem Festland von Alaska heute heißt. »Ich war ein Junge«, sagte der Indianer, »als ein Schiff in die westliche Bucht einfuhr. Wir rannten alle fort. Erst als das Schiff wegsegelte, kehrten wir wieder zurück zu unserem Vorratsraum in der Grube.«

Wer war Vitus Bering? Er wurde 1681 im jütländischen Horsens geboren. Über seine frühen Jahre weiß man wenig. »Manches ist Spekulation, vieles muss man sich zusammenreimen«, sagt Peter Ulf Møller von der Universität Åarhus, einer der führenden Bering-Forscher, über seinen Landsmann. Berings Vater war Böttcher, und gewiss hat er seine Fässer auch an Schiffe im Hafen von Horsens geliefert.

Schon früh entdeckte Bering seine Liebe zum Meer. Er soll ein kräftiger Bursche gewesen sein. Als Schiffsjunge diente er auf dänischen Schiffen in West- und Ostindien, bevor es ihn in die

Die Wildnis, hier am Zusammenfluss von Ob und Irtysch in Westsibirien, machte der Expedition schwer zu schaffen. Wo es möglich war, reisten die 3000 Forscher und Abenteurer der Bering-Expedition auf schiffbaren Gewässern.

Niederlande zog. 1703, mitten im Großen Nordischen Krieg, ließ er sich von einem russischen Werber in Amsterdam anheuern und trat als Leutnant in den Dienst von Zar Peter I. Bald stieg er zum Kapitän auf. Und nun, 38 Jahre später, diente er erneut als Pionier im wilden, weiten Osten des Reichs.

Berings Zweite Kamtschatkaexpedition war weit mehr als eine Entdeckungsreise, eher »ein verzweigtes Bündel von parallelen Forschungsunternehmen«, sagt Møller. Ein jahrelanger Feldzug im Dienst der Forschung und Erkundung, eingeteilt in drei Heerscharen. Da waren die Kartografen, die Russlands Osten und Norden auf Landkarten bannen sollten, sich dafür durch Nacht und Eis bis weit hinter den Polarkreis schlagen mussten. Dann die Wissenschaftler der »akademischen Gruppe«, die im unbekannten Sibirien Pflanzen und Tiere, Menschen und Sitten erforschen sollten. Und die Seeleute der »pazifischen Gruppe« – unter ihnen Bering, der Kommandant der Expedition –, die sich auf die Suche nach Neuland begeben sollten.

Für Bering war es das Projekt seines Lebens, und er fand den richtigen Augenblick, als er es 1730 Zarin Anna Iwanowna, einer Nachfolgerin Peters I., vortrug. Das Zeitalter der russischen Aufklärung kam in Gang, Gedanken über Wirtschaftsförderung wurden salonfähig. Und der Osten des riesigen Reichs rückte in den Blickpunkt, die Reichtümer, die dort schlummerten, auf und unter der Erde. Sibirien und seine Bodenschätze, die heute für das übrige Europa so zukunftsträchtig scheinen, von Öl und Gas bis zu Metallen und Holz. Im ersten Drittel des 18. Jahrhunderts weckten die Schätze zum ersten Mal die Begehrlichkeiten des Westens auf die Ressourcen des Ostens. Die Rohstoffe, mit denen der russische Staatspräsident Putin heute pokert, machten das weite Land für Europa interessant.

Mit einem Naturprodukt konnte man seinerzeit schon traumhafte Gewinne erzielen: mit Pelzen von Zobel, Otter, Fuchs. So wie in Amerika der Fellhandel wenig später manchem Trapper, der von Neuengland nach Westen zog, ein Vermögen bescherte, lockten die Pelze in Sibirien die Kosaken nach Osten. Und zuletzt bejagten die Pioniere in »Russisch-Amerika«, dem heutigen Alaska, sogar ein und dieselbe Region.

Zunächst aber musste der Weg bereitet werden. Durch Berings große Expedition mit all den Trägern, Forschern, Offizieren samt Familienanhang. Eine Völkerwanderung. Die Reise würde lange dauern, so viel war klar. Die es sich leisten konnten, ließen es an nichts mangeln. Berings Frau Anna Christina Pülse Bering, die mit den beiden jüngsten Söhnen dabei war, durfte sogar ein Piano mitnehmen. Es kam nicht darauf an. Was nämlich sonst mitgeführt werden musste, überstieg alles Bisherige.

Im Februar 1733 verließ der erste Expeditionsoffizier, Martin Spangberg, ebenfalls ein Däne, mit seinen Leuten St. Petersburg. Zunächst auf Schlitten ging es Richtung Ural. Vor ihnen lag ein Land von der Größe eines Kontinents. Und an dessen Ende wartete eine besondere Herausforderung: Segelschiffe zu bauen an einem Ort, an dem es weder Werft noch Werkzeug, Material oder Fachkräfte gab. Schweres Gerät musste mitgeschleppt werden, Kanonen, Tauwerk, das komplette Rigg. Darauf, dass die nötigen Erze und Hölzer am Ziel vorhanden waren, musste man sich verlassen. Dass es unterwegs auch ausreichend Nahrung für die Mannschaften, Offiziere und Forscher geben würde, konnte Bering, der Oberkommandierende dieses gewaltigen Unternehmens, nur hoffen.

Nowgorod, Jekaterinburg, Werchoturje. Dazwischen ein kaum erschlossenes Land. Mücken, Myriaden von Mücken. Dann, endlich, Tobolsk. Noch wenige Jahrzehnte zuvor ein unbedeutendes

Die Zweite Kamtschatkaexpedition wurde 1733 ausgerüstet, um Sibirien und den Weg nach Alaska zu erkunden. Sie folgte der Route einer früheren Expedition (1725–1730), von der diese illustrierte Karte erhalten ist.

Dorf, jetzt, nachdem Zar Iwan der Schreckliche die Kosaken ins Land gerufen hatte, die Hauptstadt Sibiriens. Gut 3000 kleine Holzhäuser zählte der Ort am Zusammenfluss von Irtysch und Tobol. Fünf, sechs Kirchen für die orthodoxen Christengemeinden, an die 10000 Einwohner: Russen, Kosaken, Tataren. Aber auch Verbannte, die das Land urbar zu machen hatten. Und Zöllner, die alles kontrollierten, was aus dem Osten kam und über den Ural nach Europa sollte.

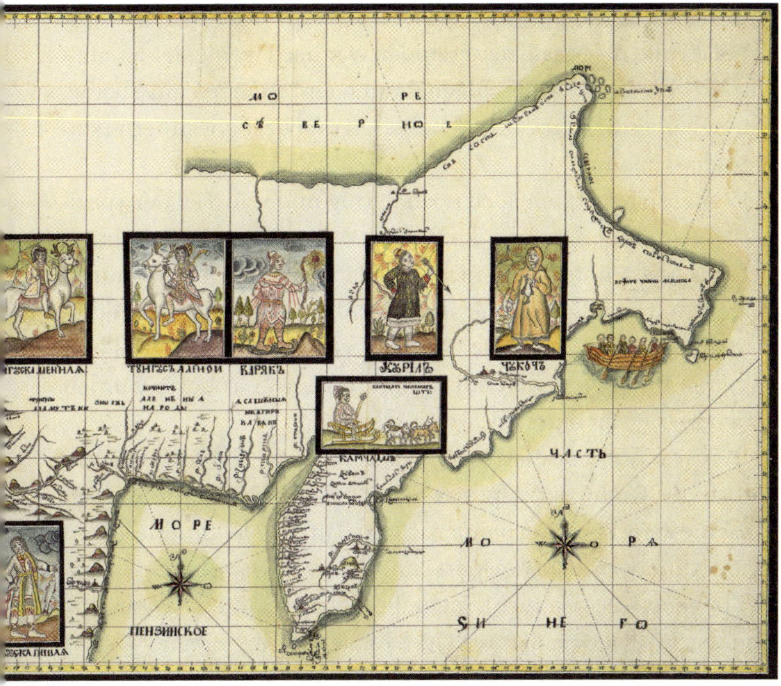

Die Hälfte der Bewohner war an jenem Tag draußen gewesen, zur Ernte auf den Feldern hinter dem Burgberg. Sie sahen und hörten erst am Abend, wer da am Vormittag in ihre Stadt eingefallen war: Hunderte Soldaten unter Spangbergs Kommando waren plötzlich gekommen, den Fluss herab, die meisten auf grob gezimmerten Flößen, andere zu Pferd oder zu Fuß.

Der Ort erlebte die bewegtesten Tage seiner jungen Geschichte. Für seine Bewohner war es ein Schock. Nicht wegen der vollen

Schenken und lauten Straßen – der Schnaps floss auch sonst in Tobolsk, und die Masse der Fremden war nach wenigen Monaten wieder weg. Doch sie beschlagnahmten einfach neue Flussboote, nahmen überdies 7200 Pfund Roheisen und bei den Sattlern 1500 Pferdetaschen mit.

Wenig später trafen auch noch Bering und sein Teil der »pazifischen Gruppe« ein. Und die Herren Wissenschaftler mit ihrem Gefolge. Sie räumten zwar nicht die Stadt leer, blieben aber umso länger. Und benötigten Quartier. Die Professoren wollten standesgemäß logieren, ebenso die Offiziere, von denen viele mit ihren Familien unterwegs waren. Die Bewohner von Tobolsk wurden nicht gefragt, sie mussten zusammenrücken.

Dies war nicht das letzte Mal, dass Bering sein von der Zarin verbrieftes Recht in Anspruch nahm, die Menschen in Sibirien für seine Zwecke einzuspannen. Überall im Lande forderte er von ihnen Unterkünfte, Transport- und Kurierdienste, sodass viele ihre eigenen Felder nicht mehr bestellen konnten. »Wie eine ägyptische Plage«, so formuliert es der Bering-Biograf Orcutt Frost, überfielen die Forscher bisweilen auch kleinere Gemeinwesen, die ohnehin unter großen Entbehrungen litten und kaum etwas zu bieten hatten. In Tobolsk verpflichtete Bering Zimmerleute und Handwerker, ihm beim Schiffbau zu helfen. Und als er wieder fortzog, nahm er gleich auch 200 Soldaten aus der örtlichen Garnison und 1500 Bewohner als Expeditionshelfer mit. Ein Sechstel der Bevölkerung!

In Tobolsk bekam Bering noch, was er wollte: Er nahm es sich einfach. Seine Schwierigkeiten begannen weiter im Osten. Hunderte Befehle der Admiralität waren seiner Expedition vorausgeeilt, mit Reitern, auf Schiffen und Schlitten. Sie gingen an die Statthalter der Zarin: Quartiere und Versorgung, Schiffbau und Proviant – alles sollte vorbereitet sein, wenn die Forscher und

Abenteurer an ihren Etappen ankamen. Die Machthaber in den Städten und den *ostrogi,* den Forts in der Wildnis, lasen die Depeschen wohl. Doch sie reagierten wie alle Verwalter in Sibirien damals: Gott ist weit oben im Himmel und der Zar weit weg im Westen. Diese Unzuverlässigkeit kostete die Expedition viele anstrengende und entbehrungsreiche Jahre.

Wie sollte unter diesen Umständen das beispiellose Mammutprogramm zu bewältigen sein? Die Westküste Amerikas zu erforschen und die Kurilen-Inseln zu erkunden. Die arktische Küste von Archangelsk bis nach Kamtschatka zu kartografieren. Nicht zu vergessen die strategische Komponente: Pläne auszuarbeiten für den Bau neuer Siedlungen, Straßen, Kanäle.

Natur- und Völkerkunde, Geschichte und Geografie – alledem sollten die Wissenschaftler nachgehen. Und das waren zunächst mal die beiden Deutschen Gerhard Friedrich Müller, ein Historiker, der auch ethnologische Forschungen betreiben, und der Professor für Chemie und Naturgeschichte Johann Georg Gmelin aus Tübingen, der die Naturgeschichte Sibiriens aufzeichnen sollte. Die Forschungsabteilung war in der Hand ausländischer Experten.

Anders die Gruppe der Geometer, durchweg Russen, die den unbekannten Norden Sibiriens kartieren und vor allem der großen Frage der Admiralität nachgehen sollten: Gibt es die Nordostpassage? Einen Schifffahrtsweg entlang der Nordküste Sibiriens? Eine für Russland womöglich unschätzbar wichtige Abkürzung nach Japan, nach China, nach Amerika? Ein ungeheurer »Standortvorteil« des Zarenreichs.

Mit diesem Auftrag legten im Sommer 1734 die beiden Kapitäne Murawjew und Pawlow mit ihren zwei Schiffen in Archangelsk ab, um nach Nordosten in die Barentssee vorzustoßen. Die Hitze lag schwer über dem Meer, kaum ein Windhauch regte

Oberhalb von Tobolsk erhebt sich noch heute die Zitadelle mit ihren Türmen und Kirchen. Sie wurde um die Wende zum 18. Jahrhundert errichtet: drei Jahrzehnte bevor Berings Tross hier haltmachte.

sich. Die Sonne stand stets über dem Horizont, Tag und Nacht. Um die Halbinsel Jamal herum, so der Befehl, sollten die Schiffe in die Mündung des Ob hineinfahren. Doch die Sommer sind kurz im hohen Norden. Die beiden kleinen Kutter gelangten gerade mal um den Süden der Insel Nowaja Semlja herum, dann, vor Jamal, war Schluss. Im Oktober mussten sie umkehren, Packeis drohte. Gottlob hatte der Wind inzwischen aufgefrischt, sodass sie noch rechtzeitig zu den Siedlungen in der Petschora-Mündung kamen, um dort zu überwintern. Bald gab es Ärger mit der Bevölkerung. Kapitän Pawlow war dem Wodka zugetan und unbeherrscht.

Im nächsten Sommer segelten sie wieder los. Doch Kommandant Pawlow hatte sich, so lauteten später die Vorwürfe der Admiralität, nicht mehr im Griff. Bei riskanten Situationen gab er im Alkoholrausch verhängnisvolle Befehle. Beide Schiffe gingen im Eismeer verloren, ein Drittel der Mannschaft kam um. Pawlow wurde abgesetzt, degradiert, heimgeschickt. Erst mit dreijähriger Verspätung erreichte sein Nachfolger die Ob-Mündung. Eine Heldentat, von der die russische Marine heute noch schwärmt.

Und dennoch konnte die Nordgruppe der Bering-Expedition enorme Ergebnisse für die Kartografie des Nordlands verbuchen, vor allem für die Erschließung der Flüsse. Sie waren die ausschließlichen Fernstraßen Sibiriens, im Winter für Schlitten, im Sommer für Kähne. Währenddessen bewältigten die Wissenschaftler mit ihren Schmetterlingsnetzen, Botanisierheften, Mikroskopen und kompletten Bibliotheken im Gepäck Hunderte um Hunderte Kilometer, zogen nahezu alle schiffbaren Flüsse entlang, besuchten alle erreichbaren Völker im Land. Nie zuvor und nie danach hat es eine größere Bestandsaufnahme der Natur- und Völkerkunde Sibiriens gegeben.

Bering hatte als Oberkommandierender mit immer neuen Wünschen aus St. Petersburg zu kämpfen. Ständig kamen weitere Befehle für Erforschungen, Erkundungen, Ergänzungen der Route. Die Kuriere der Zarin kannten keine Pausen, unterhielten einen ständigen Depeschendienst zwischen der Hauptstadt und der Expedition. »Ein Kurier benötigte mindestens vier Monate von St. Petersburg nach Ostsibirien, auch ohne Lastenbeförderung«, sagt der Historiker Møller. Es ist Berings Persönlichkeit zu danken, dass die waghalsige Unternehmung nicht im Chaos, sondern im größten Feldzug der Entdeckungsgeschichte mündete. »Er war ein ernsthafter Christ, der gut organisieren konnte«, charakterisiert ihn Møller. »Und ein guter Kapitän.« Allerdings auch einer, »der Sehnsucht hatte nach fernen, unbekannten Gestaden«.

Manch anderem als Bering hätten die Dissonanzen, die er auch mit den anderen Abteilungen austragen musste, den Kragen platzen lassen. Immer wieder forderten die anspruchsvollen Herren Professoren bessere Bedingungen, nicht nur für ihre Arbeit, durchaus auch für ihr persönliches Wohlergehen und das ihres Gefolges. Oft ging es um das Quartier. Bei den Mannschaften gab es regelmäßige Desertionen und Befehlsverweigerungen. Zwischendurch ließen die Kommandeure alle zwölf Meilen einen Galgen aufstellen, irgendwo am Weg, einfach so. Es soll gewirkt haben, heißt es, auch ohne dass von ihnen Gebrauch gemacht worden sei.

Im September 1736 schließlich trafen sich in Jakutsk, einer Siedlung im tiefen Ostsibirien, die Wissenschaftler und Teile der »pazifischen Gruppe« unter Bering, die weiter nach Osten vordringen wollten. Im November brach in Gmelins Quartier ein Feuer aus, vernichtete fast seine gesamte mitgeführte Bibliothek und seine Aufzeichnungen. »Um neun Uhr hörte man Sturm

Im Frühjahr 1733 ging Vitus Bering auf seine zweite Kamtschatka-Expedition, auf der er am 19. Dezember 1741 starb.

Kayak Island
ALASKA
ALEUTEN
Beringstraße
Tschuktschensee
Tschuktschenhalbinsel
Beringmeer
Atka
ARMEER
Ostsibirische See
TOD BERINGS
am 8. Dezember 1741*
PAZIFISCHER OZEAN
Neusibirische Inseln
Beringinsel
Laptewsee
Kamtschatka
Petropawlowsk
Ochotsk
Ochotskisches Meer
Kurilen
Jakutsk
Lena
Aldan
Lensk
Ust-Ilimsk
JAPAN
Baikalsee

läuten, und es hieße, dass Feuer ausgekommen wäre; bald darauf wurde gesagt, es brennte das haus, worin ich wohnte. Wir eilten alle dahin; aber ale Hülfe war vergeblich«, notierte der Unglückliche. Außer den Büchern war bei dem Brand auch einiges von seinem Geld vernichtet worden, und Münzen waren geschmolzen. »Wer konnte bestürzter seyn als ich, da ich mich auf einmal aller Hülfsmittel zu künftigen Wahrnehmungen beraubet sah?« Mit dem nächsten Boten schickte der Professor einen Brief nach St. Petersburg, in dem er um Ersatz für die verbrannten Bücher und Instrumente bat.

Inzwischen war die Zweite Kamtschatkaexpedition vier Jahre unterwegs. Wann immer möglich, war sie auf den Flüssen gereist: von der Tura in den Tobol, dann den Irtysch hinab, östlich den Ob hinauf, auf der Lena. Dazwischen über Gebirge und durch Sümpfe. Ein endloser Treck durch ein fast menschenleeres Land. Im Sommer 1737 erreichten sie endlich das Ochotskische Meer. Sibirien lag hinter ihnen.

Ein paar Dutzend Unterkünfte von vorausgeschickten Marineangehörigen, Pelzjägern und Fischern, die man um das alte Fort gebaut hatte – viel mehr fand Bering in Ochotsk nicht vor. Alles andere als eine günstige Stelle für einen Hafen, den Stürmen preisgegeben, von der Welt abgeschnitten durch das Küstengebirge. Hier sein zu müssen war das Äußerste, was einem Verbannten geschehen konnte. »Ich sehe keine(n) Nutzen welches ihm dazu hätte bewege(n) könne(n) den ostrog an diesem orte an zu legen als nur einzig und allein ein Schade und untergang der armen Leute«, notierte ein Expeditionsteilnehmer. Anders als Bering erwartet hatte, war kaum etwas vorbereitet, gerade mal die Schiffe waren auf Kiel gelegt.

Allerdings erhielt Bering eine Nachricht – die ihn wohl kaltließ: Kurz nachdem er bei seiner ersten Expedition von hier aus die Heimreise angetreten hatte, sei ein militärisches Kommando hoch in den Norden losgesegelt, zu einer Strafexpedition gegen die Tschuktschen. Dabei hatte es das Schiff hinüber auf die andere Seite, zum »Großen Land«, verschlagen. Ob jemand in Amerika an Land gegangen war, blieb allerdings unklar. Nach St. Petersburg war diese Nachricht in all den langen Jahren jedenfalls nicht gedrungen. Als Erster konnte Bering das »Große Land« nicht mehr entdecken, aber immerhin hatte er die Gewissheit, dass es überhaupt existierte.

Endlich war es so weit. Die letzten Holzarbeiten an Berings beiden Schiffen waren vollbracht, die Segel konnten angeschlagen werden. 40 Pferde hatten sie auf der letzten, schwierigsten Etappe über das Küstengebirge geschleppt. Die »St. Peter« unter Berings Kommando und die »St. Paul« für seinen Weggefährten Tschirikow lagen bereit. Am 8. September 1740 stachen sie in See und nahmen Kurs auf Kamtschatka. Auch Georg Wilhelm Steller war dabei. Als Medicus.

Endlich war Bering bei der Hauptsache angekommen, wie er meinte, bei der eigentlichen Aufgabe des gigantischen Unternehmens: der Suche nach Amerika.

Doch im Vergleich zur zeitraubenden Anreise sollte es ein kurzer Sommer im Nordpazifik werden. Ein kleiner Schritt nur für Bering und Tschirikow auf die andere Seite, ein großer Sprung aber für das russische Reich auf seinem Weg nach »Russisch-Amerika«.

Zunächst ging es im Zickzackkurs Richtung Südost. Dann Kurs Nord, Richtung Alaska. 14 Tage nachdem sie in Petropawlowsk auf der Halbinsel Kamtschatka abgelegt hatten, verloren sich Bering und Tschirikow aus den Augen. Sie sollten sich nie wiedersehen.

Tschirikow stieß rund 700 Kilometer weiter südöstlich, nahe der heutigen Stadt Sitka an der Südspitze Alaskas, auf eine größere Landmasse. Nacheinander schickte er seine beiden Beiboote an Land. Keines kehrte zurück. Es gab kein weiteres Boot, und so musste die »St. Paul« unverrichteter Dinge wieder Kurs West nehmen. Das Schicksal der 14 Seeleute, der ersten Russen in Alaska, blieb für immer ungeklärt.

Im Oktober traf Tschirikow wieder in Petropawlowsk ein, und bald kam die Ahnung eines weiteren Verlustes auf.

Wo war Bering?

Auf Kayak Island, wo Bering dem jungen Steller den Landgang hatte verbieten wollen, kam es am 20. Juli 1741 zu einem Disput zwischen dem Kapitän und dem Wissenschaftler. Zehn lange Jahre lang, schimpfte Steller, habe man auf diesen Moment hingearbeitet. Mit Tausenden von Menschen. Und nun sollte ihm kaum Zeit gegönnt sein, den unbekannten Ort zu erforschen?

Bering gab nach, ließ Steller für wenige Stunden an Land, nach seiner Rückkehr aber sofort Segel setzen und nahm Kurs auf Sibirien. Auf zwei Inseln der Aleuten machten sie noch Station. Wochen später, Anfang November, kam vor dem Bug der »St. Peter« Land in Sicht. Nur unbewaldete Berge allerdings. Waren sie zu weit nach Norden verdriftet? War es überhaupt Kamtschatka? Niemand wusste es. Neun Jahre nach ihrem Aufbruch in St. Petersburg war Berings Expedition in ihrer prekärsten Lage. 34 Mann litten unter Skorbut. Auch Bering. An Bord gab es nur noch Brackwasser, im Essen kaum noch Spuren von Vitaminen.

Sie mussten an Land. Am 6. November stiegen jene, die es noch schafften, ins Beiboot und ruderten zur Küste, die wenig hoffnungsvoll stimmte. Immerhin, ein Bach bot frisches Wasser. Und bald leuchteten Stellers Augen: Neben dem Flüsschen fand er

Den Wissenschaftlern waren Maler zur Seite gestellt, um die Landschaften, Tiere und Pflanzen dokumentarisch festzuhalten. So entstanden unter anderen diese Bilder der Pfingstrose und des Johanniskrauts.

Brunnenkresse, auch Braunwurzgewächse. Umgehend bereitete der Arzt einen Salat.

Doch es trat ein, was Bering durch seine Eile, durch seine Härte gegen Stellers Forscherdrang verhindern wollte: Sie mussten überwintern. Und das Sterben begann. Kälte und Hagel machten den Männern zu schaffen, immer heftigere Schneestürme fegten über die Unterkünfte, die die Männer in den Erdboden gegraben und notdürftig mit Planken und Planen ihres Schiffs abgedeckt hatten. Zu allem Überfluss lief die »St. Peter« auf Grund, nachdem die Ankerleine gerissen war.

Einige glaubten, ja hofften immer noch, dass man sich auf Kamtschatka befand. Die Beobachtung, dass Füchse und andere Tiere so gar keine Scheu zeigten, war für Steller aber ein sicherer Hinweis, dass man nicht auf dem Festland war. Sondern auf einer Insel, auf der sich noch nie Menschen angesiedelt hatten. Längst litten alle Männer unter chronischer Unterernährung und an Unterkühlung.

Nach kurzer Erholung verließen auch Bering die Kräfte. »Am 8. Dezember starb er, zwei Stunden vor Sonnenaufgang«, schrieb Steller. »Von Läusen zerfressen, ging er auf jämmerliche Weise zugrunde.« Steller, der Arzt, hinterließ der Nachwelt, die bis heute über die Todesursache rätselt, auch noch diesen Hinweis: »Er starb eher an Hunger, Kälte, Durst und Gram als an Skorbut oder einer anderen Krankheit.«

Andere hielten durch. Der Frühling 1742 besserte die Stimmung, lange schon war keiner mehr gestorben. Den Sommer verbrachten die Männer damit, sich aus den Resten der »St. Peter« ein Schiff zu zimmern, um nach Kamtschatka zu gelangen. Am 14. August stachen sie in See, bei klarem Wetter und guter Hoffnung. »Gottes Gunst und Gnade offenbarte sich nun allen«, notierte Steller. Elf Tage später lief das Schiff mit den 46 Überlebenden in die Awatscha-Bucht an der Ostküste Kamtschatkas ein. Man hatte die Männer längst totgesagt.

Bald machten sich die meisten von ihnen, wie Jahre zuvor die anderen Abteilungen der Expedition, auf den langen und beschwerlichen Rückweg nach St. Petersburg. Steller selber überlebte die Strapazen nicht. Er starb am 12. November 1746 in Tjumen kurz vor dem Ural.

Auf dem Weg zum Pazifik hatte der Historiker Gerhard Friedrich Müller, der unterwegs kein Archiv ausließ, schon im Jahr 1736 in Jakutsk einen Bericht des Semjon Iwanowitsch Deschnew zutage gefördert. Daraus ging hervor, dass der kosakische Seefahrer 1648 mit einer Flotte von fünf Booten von der Mündung des Flusses Kolyma an der sibirischen Nordküste aufgebrochen und durch die Beringstraße bis zur Mündung des Anadyr an der Südküste der Tschuktschen-Halbinsel gelangt war. Der Beweis, dass es keine Landverbindung zwischen Asien und Amerika gab, war also längst erbracht.

Hat Bering nicht von diesem Fund erfahren? Wollte er ihn nicht wahrhaben und die Illusion aufrechterhalten, dass er und seine Leute die wahren Entdecker der später nach ihm benannten Meerenge waren? In St. Petersburg, so viel ist sicher gewiss, war nie Kunde eingetroffen über Deschnews Fahrt. Gut so. Die längste und ertragreichste wissenschaftliche Forschungsreise, die die Welt je sah, hätte womöglich nie stattgefunden.

Text: Ulli Kulke
Fotos: Gerd Ludwig

Sydney Possuelo auf der Fahrt zu den Flecheiros.

Tief im Dschungel Brasiliens arbeitet der Menschenrechtler Sydney Possuelo für die Belange eines Indianervolks, dem er nie zu begegnen hofft: den Flecheiros.

Indianer am Amazonas

Heute Morgen haben wir frische Fußspuren entdeckt. Sie führen im Dschungel des westlichen Amazonasbeckens in die gleiche Richtung, in die auch wir unterwegs sind. In der Ferne kreischen Wollaffen, hoch über uns schrillt der Ruf eines Vogels durch das Blätterdach, der heißt, wie er klingt: *pi-ha, pi-ha.* Hin und wieder zischt eine Machete. Schweigend stapfen wir im Gänsemarsch, 34 Männer in einer lang auseinandergezogenen Kolonne. Im flirrenden Grün und Braun des regenfeuchten Unterholzes sind immer nur ein oder zwei Begleiter sichtbar. Die übrigen verlieren sich hinter tief hängenden Ästen und Lianen, die so dick sind wie Anakondas und aus 30 Meter Höhe herab auf den Waldboden baumeln. Auf einem ebenen Geländeabschnitt – willkommene Abwechslung nach den Berghängen der letzten Tage – verdoppelt Sydney Possuelo kurzzeitig das Marschtempo.

»Außer den Indianern ist hier vor uns wahrscheinlich noch nie ein Mensch gewesen«, sagt er zu mir.

Possuelo ist 63 Jahre alt. Ein Baum von einem Mann, mit haselnussbraunen Augen, einem struppigen, grau melierten Bart und wilden Locken, die unter einem tarnfarbenen Schlapphut hervorquellen. Er gilt weithin als einer der letzten großen Scouts Amazoniens und als die führende Autorität für die letzten noch existierenden Gruppen isoliert lebender Indianer. Nach zwei Wochen auf dem Wasser und nach 20 weiteren Tagen mühseligen Kampfes durch den Dschungel hat uns Possuelo in eine der entlegensten und unbekanntesten Gegenden der Welt geführt, die es heute noch gibt: die Region unweit der Quellgebiete der Flüsse Itaquaí und Jutaí. Es ist das Land der geheimnisvollen Flecheiros, der Pfeilmenschen, eines Indianerstamms, dessen Leute noch kaum jemand zu Gesicht bekommen hat. Sie gelten als meisterliche Bogenschützen, die ihr Territorium aus der Deckung des Waldes heraus gegen jeden Eindringling mit vergifteten Pfeilen verteidigen.

Abrupt bleibt Possuelo stehen. Ein frisch abgehackter Schössling, der noch an einem Fetzen Rinde hängt, liegt quer über dem Pfad. So, wie sie ist, könnte die provisorische Schranke natürlich nicht einmal ein Kleinkind aufhalten, geschweige denn fast drei Dutzend bewaffneter Männer. Doch der Stängel enthält eine Botschaft – und eine Warnung –, die Possuelo versteht und respektiert. »Das ist die Sprache des Dschungels«, flüstert er. »Es bedeutet: ›Bis hierher und nicht weiter.‹ Ihr Dorf muss in der Nähe sein.«

Und er will es auf keinen Fall betreten. Er dreht sich um und weist uns mit einer stummen Geste an, den Pfad zu verlassen und durch das Unterholz weiterzugehen. Eine halbe Stunde lang stapfen wir durch schmatzenden Schlamm und winden uns unter Ästen hindurch, die von Feuerameisen wimmeln. Dann erreichen wir das steile Ufer eines klaren, schmalen Bachs. Possuelo ordnet eine Rast an, damit uns die Nachzügler einholen können.

Die Flecheiros sind einer von 17 sogenannten unberührten Stämmen, die in den unzugänglichsten Winkeln des brasilianischen Amazonasbeckens leben. Möglicherweise gibt es in diesem Teil des Regenwalds, dem Indianerschutzgebiet Vale do Javari, noch an die 1350 von der Zivilisation weitgehend isolierte Ureinwohner – mehr als vermutlich irgendwo sonst auf der Welt. Die meisten von ihnen sind Nachkommen der Überlebenden von Massakern, die weiße Eindringlinge im Laufe der Jahrhunderte in diesen Gegenden begingen. Die Indianer zogen sich in die zerklüfteten Quellgebiete zurück und meiden seither den Kontakt mit der Außenwelt.

Aber nur für einen Teil der Todesfälle unter den Indianern war Gewalt die Ursache. Die meisten Einheimischen starben an eingeschleppten Krankheiten wie Erkältungen, gegen die sie keine natürlichen Abwehrkräfte besitzen. Ivan Arapa, einer unserer Scouts, gehört zum Stamm der Matis, der erst vor etwa 25 Jahren entdeckt wurde. Ivan erinnert sich an das große Sterben, das in seinem Dorf einsetzte, als die ersten brasilianischen Behördenvertreter kamen.

»Alle husteten, viele starben«, erzählt er. »Wir wussten nicht, warum.« Mehr als die Hälfte der 350 Matis, die am Rio Ituí im Schutzgebiet Vale do Javari lebten, kamen in den Monaten nach dem ersten Kontakt ums Leben, heißt es offiziell.

Es ist eine traurige Geschichte, die Possuelo in seinen 40 Jahren als *sertanista* schon oft gehört hat. Sertanista ist ein Beruf, den es nur in Brasilien gibt und der die Fähigkeiten und Leidenschaften eines Waldläufers, Ethnologen, Abenteurers und Menschenrechtlers vereint. Unsere Expedition hat auch nicht das Ziel, Kontakt zu den Flecheiros zu suchen, sondern die Grenzen ihres Territoriums zu erkunden. Diese Ergebnisse sollen Possuelo helfen, ihr Land zu schützen. Ansonsten will man den Flecheiros ihre Geheimnisse lassen.

Der Rio Itaquaí mäandert durch entlegenste Regionen Amazoniens. Deshalb blieb er streckenweise unberührt – anders als leichter zugängliche Gebiete, in die die Gier nach Gold und Öl, Kautschuk und Holz, Sklaven und Seelen seit 500 Jahren

Als wir vor einem Monat den Rio Itaquaí herauffuhren, konnten uns die Kanamari-Indianer in den verwahrlosten Dörfern am Fluss nur Vages und Widersprüchliches über die Flecheiros erzählen – Berichte aus dritter oder vierter Hand über Begegnungen mit ihnen und Zusammenstöße zwischen den Pfeilmen-

Krankheit und Zerstörung trägt. Die indianische Bevölkerung Brasiliens, die einst Millionen zählte, ist auf etwa 350000 Menschen geschrumpft. Einige Stämme hatten kaum je Kontakt zur Zivilisation – darunter die Flecheiros.

schen und den Holzfällern, die früher hier arbeiteten. Manche beschrieben die Flecheiros als groß und muskulös, mit langem, offenem Haar. Andere sagten, dass sie ihre Gesichter und Körper rot bemalten und die Haare zu einer Helmfrisur gestutzt trügen, die bei vielen Amazonasstämmen zu sehen ist.

Einige der indianischen Begleiter träufeln sich mithilfe von Palmblättern eine pflanzliche Tinktur in die Augen (oben). Das schmerzt höllisch, steigert aber das Sehvermögen: Der Dschungel bekommt Struktur und Tiefe. So entdecken sie auch diesen Wollaffen, der alsbald die Speisekarte bereichert (unten).

Nur in einem waren sich alle Kanamari einig: Die Flecheiros seien gefährlich, »Wilde«, wie sie sich ausdrückten. Deshalb hielten sich die Dorfbewohner auch vom flussaufwärts gelegenen Flecheiros-Gebiet fern. »Wir gehen da nicht hin«, sagte ein Kanamari, der uns eines Nachmittags in einem kleinen Einbaum auf dem honigfarbenen Wasser entgegenkam. »Da oben leben *indios bravos,* wilde Indianer. Das ist ihr Land.«

So etwas hört Possuelo gern. Bei seinen Begegnungen mit den Kanamari pflegt er das Image der Flecheiros als einer tödlichen Gefahr, der man besser aus dem Weg gehe. »Gewalttätig sind sie mir am liebsten«, sagt der Scout. Isolierte Stämme, die bereit sind, Eindringlinge zu töten, um ihr Land zu schützen, oder die zumindest in dem Ruf stehen, dazu fähig zu sein, sind die besten Hüter der Regenwälder. Gleichzeitig liegt für Gruppen wie die Flecheiros in der Isolation die größte Hoffnung, ihre Kultur lebendig zu erhalten und ihr Überleben als Stamm gewährleisten zu können.

Darum geht es bei Possuelos Arbeit: um die Wechselwirkung zwischen dem Schutz der Umwelt und dem Schutz der isolierten Stämme. »Wer die Indianer schützt, schützt die Artenvielfalt auf Millionen Hektar Urwald«, sagt er.

In den letzten Tagen haben wir überall Spuren der Flecheiros gefunden: Kerben in Baumstämmen, halb zerfallene alte Schutzhütten, überwucherte Trampelpfade. Alle deuten auf ein halbnomadisches Volk hin, das jenseits der Grenzen unserer zivilisierten Welt noch nach jahrtausendealten Traditionen lebt.

Als wir gestern Nachmittag durch das Unterholz brachen und auf eine sonnenüberflutete Lichtung kamen, sahen wir vor uns eine Gruppe niedriger, mit Palmwedeln gedeckter Hütten, die eher Hobbit-Behausungen glichen als Wohnhäusern ausgewachsener Menschen. Anscheinend handelte es sich um ein verlassenes Fischercamp. An einem Baum hingen zwei Tapirunterkiefer mit Zähnen – eine Art Totem, vermutete Possuelo. Neben einem kegelförmigen Käfig, gefertigt aus in die Erde gerammten Stöcken, lag ein kreisrunder, rußgeschwärzter Tontopf. »Diese Indianer haben sich seit der Zeit Amerigo Vespuccis vor 500 Jahren kaum verändert«, sagte Possuelo. Es klang staunend und bewundernd zugleich: »Sie leben von der Jagd, vom Fischen, vom Sammeln.«

Da die meisten Spuren, die wir gefunden haben, Tage, wenn nicht Wochen oder Monate alt sind, vermuten wir, dass der Sicherheitsabstand zwischen den Flecheiros und unserer Expedition groß genug ist. Ein Fährtenleser wie Possuelo kann solche Spuren sofort zeitlich einordnen. Das Fischercamp, meinte er, stamme wohl noch aus der letzten Trockenperiode. Das ist die Zeit des Jahres, in der Tiere wie Menschen auf der Suche nach Nahrung und Wasser zu den größeren Flüssen und Bächen Amazoniens ziehen.

Doch bald nachdem wir das Camp verlassen hatten, stießen unsere Scouts auf frischere Spuren der Pfeilmenschen: Eine Ranke und ein zerkautes Stück Zuckerrohr lagen auf dem Weg. »Die sind noch nicht alt«, flüsterte Ivan Arapa aufgeregt. Wenige Schritte weiter fanden wir frische Fußabdrücke im Schlamm, die Possuelo deutete: »Er hat uns gesehen und ist schnell weggelaufen.« Possuelo befahl uns zu schweigen und ordnete an, dass wir in unserer weit auseinandergezogenen Kolonne in Sichtkontakt bleiben sollten. Die Anweisung wurde von einem Mann zum nächsten weitergegeben. Zum ersten Mal seit Beginn unserer Expedition schnallte Possuelo seine Pistole um.

Minuten später entdeckten unsere Späher zwei nackte Indianer. Sie huschten über einen Baumstamm auf die andere Seite des Flusses hinüber und verschwanden im undurchdringlichen Dschungel. Um ihnen zu zeigen, dass wir in friedlicher Absicht

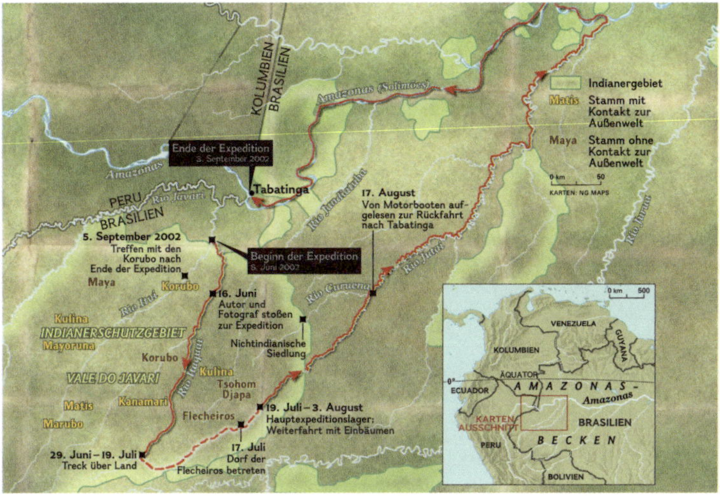

Die Suche nach den Flecheiros führt in das Herz Amazoniens.

gekommen waren, rief Possuelo ihnen ein »Huh! Huh!« hinterher. Doch die einzige Antwort blieb der Ruf des Pihas.

In der vergangenen Nacht hatte es eine weitere Neuerung gegeben: Possuelo stellte zum ersten Mal Wachen auf. Unruhig lagen wir in unseren Hängematten, beschallt von einem Froschkonzert. Knackten da Zweige? Raschelten nicht Blätter? Pirschten sich da gerade Flecheiros heran? Bei unserem Aufbruch heute Morgen forderte Possuelo die Männer auf, eine Machete und ein Messer zurückzulassen: als Friedensangebot. Ich fragte, ob er annehme, dass die Indianer unser Lager genauso gründlich untersuchen wie wir ihr Camp?

»Darauf können Sie wetten«, antwortete er. Was sie wohl über uns denken mögen, frage ich mich im Stillen. Possuelo antwortet, als könne er meine Gedanken lesen: »Ich glaube, sie denken, dass ihre Feinde da sind.«

Ein Expeditionsteilnehmer trägt eine Zeremonialmaske aus Rindenstreifen, die er in einem verlassenen Flecheiro-Dorf gefunden hat.

Wir haben nun die seltsame Schranke der Flecheiros umgangen. Die Männer erreichen in Dreier- und Vierergruppen das Ufer des Bachs. Sie wanken unter der Last unserer schweren Rucksäcke und lassen sich auf den feuchten Boden sinken. Unsere Gruppe besteht aus einem Dutzend Matis, sechs Kanamari, zwei Marubo und sonst hauptsächlich aus nicht indianischen Waldläufern. Wir trinken das Wasser direkt aus dem Bach. Die Minuten vergehen. Possuelo zählt durch und stellt fest, dass zwei Kanamari-Träger fehlen. Das Lachen verstummt. Gespannte Stille. Possuelo stapft missmutig auf und ab und wirft immer wieder einen Blick auf seine Uhr. Wir sind zwar in der Nähe des Äquators, aber mich fröstelt es in meinen schweißgetränkten Drillichklamotten.

»Verdammt!«, knurrt Possuelo. »Diese Kerle halten uns auf! Was für eine Disziplinlosigkeit!« Er schickt ein halbes Dutzend

Matis los, um die Nachzügler zu suchen. Als auch die nicht zurückkehren, beschleicht uns eine unausgesprochene Furcht. Ob unsere vermissten Kameraden von den Flecheiros gefangen oder gar getötet worden sind?

Natürlich ist dies nicht die erste Krise, die Possuelo hat meistern müssen. Einmal wurde er von Kayapó-Kriegern als Geisel genommen, ein andermal von weißen Siedlern zusammengeschlagen, die auf Indianerland vordringen wollten. Er ist 38-mal an Malaria erkrankt und hat zahlreiche Todesdrohungen erhalten. Anfang der Neunzigerjahre setzte er als Präsident der brasilianischen Indianerbehörde Funai gegen den Widerstand von Armeegenerälen, Politikern und gewaltbereiten Goldsuchern durch, dass die Heimat der Yanomami-Indianer im Norden Brasiliens zum Schutzgebiet erklärt wurde. Vor einigen Jahren rettete er an der peruanischen Grenze eine 22-köpfige Funai-Expedition, die von feindseligen Indianern umzingelt worden war, indem er die Männer mit dem Hubschrauber ausfliegen ließ. Diesmal hat er eine große, gut bewaffnete Gruppe um sich. Die Pfeilmenschen werden es sich gut überlegen, ob sie eine zahlenmäßig so starke Truppe angreifen. Doch es gilt Possuelos Parole: Wenn wir angegriffen werden, dürfen die Männer lediglich zur Warnung in die Luft schießen.

Wie soll es weitergehen? Ich rekapituliere, was mir der alte Waldläufer bei unserer ersten Begegnung an Bord der »Waika« erzählte, einem uralten Amazonasdampfer, von dem aus wir mit kleinen Booten im Quellgebiet des Rio Itaquaí flussaufwärts fuhren: »Wir werden die Boote irgendwann zurücklassen und dann fast einen Monat lang zu Fuß durch unerforschtes Gebiet marschieren. Zuletzt werden wir in selber gebauten Einbäumen auf dem Rio Jutaí zurück in die Zivilisation fahren.«

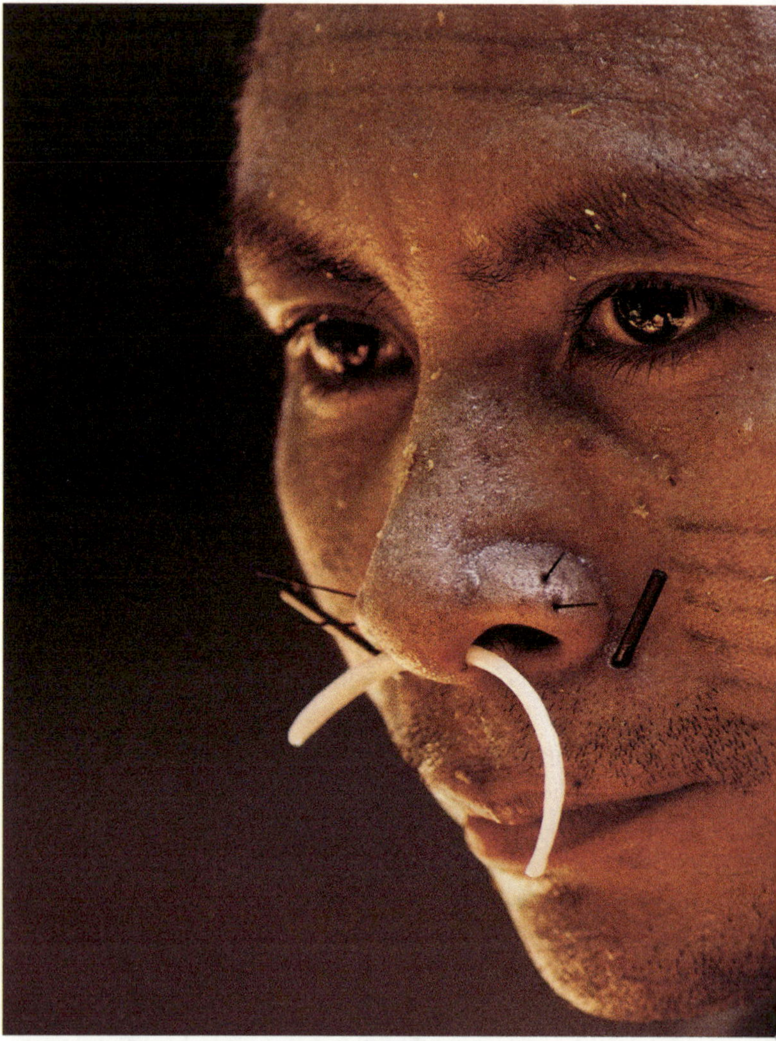

Tepi wurde vor etwa 25 Jahren geboren, etwa zu der Zeit, als sein Stamm, die Matis, erstmals in Kontakt mit Fremden kam. Er hat zwar die brasilianischen Großstädte kennengelernt, doch nun besinnt er sich wieder auf die eigenen Traditionen.

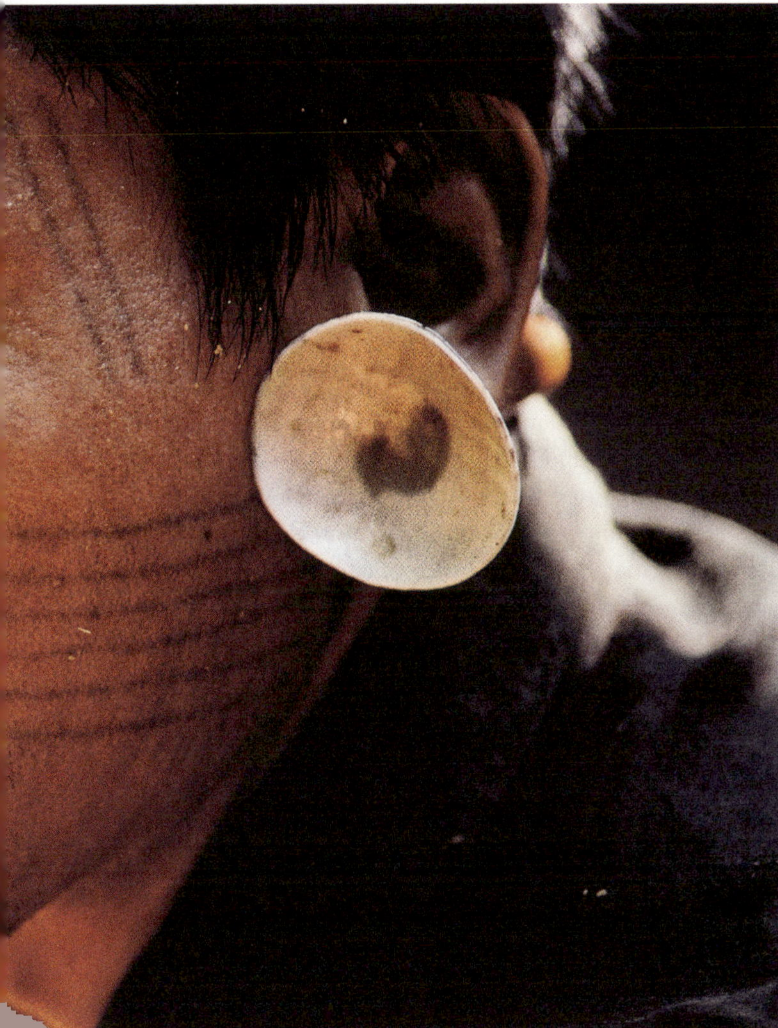

Tätowierungen, Nasen- und Ohrschmuck gehören dazu. Possuelo hat Tepi als Jäger und Fährtenleser angeheuert. »Die Indianer sind sehr ruhig«, sagt er. »Sie finden, Weiße reden zu viel.«

Unsere Route soll durch das südliche Vale do Javari führen, eine Wildnis, die von der Funai seit 1996 als Schutzgebiet ausgewiesen ist. Unter Possuelos Befehl wurden in jenem Jahr alle nicht indianischen Siedler und Holzfäller vertrieben. Wenn man sich klarmachen will, wie die Gegend aussieht, dann stelle man sich die Südhälfte Floridas vor; sie ist fast genauso groß wie das Schutzgebiet. Allerdings zu einer Zeit, ehe Kolumbus Amerika entdeckte: keine einzige Straße, nur feuchtheiße Wälder, Sümpfe und von Alligatoren bewohnte Flüsse, an denen sich heute nicht mehr als 3900 Menschen verlieren.

Noch zu Beginn des 16. Jahrhunderts lebten Millionen von Indianern im brasilianischen Amazonasbecken, vermuten Archäologen. Heute sind es in ganz Brasilien noch etwa 350 000, einschließlich isolierter Gruppen wie der Flecheiros. Ihre genaue Zahl kann man allerdings nur sehr grob schätzen.

Nicht einmal Possuelo weiß, welche Sprache die Pfeilmenschen sprechen, zu welcher Volksgruppe sie gehören oder welchen Namen sie sich selber gegeben haben. »Um sie zu schützen, braucht man das nicht zu wissen«, sagt er. Es wäre auch unmöglich, solche Informationen zu bekommen, ohne die Indianer der Gefahr tödlicher Krankheiten auszusetzen oder sie mit Werten zu konfrontieren, die das Ende ihrer Traditionen bedeuten könnten. »Mit dem ersten Kontakt«, sagt Possuelo, »beginnt der Niedergang ihrer Welt.«

Dieser Meinung ist er nicht immer gewesen. Früher fand er die Suche nach wilden Indianern reizvoll. Der Ruf eines *sertanista,* eines professionellen Funai-Pfadfinders, gründete sich hauptsächlich auf die Anzahl der Erstkontakte, die er verbuchen konnte. Possuelo werden seit den Siebzigerjahren sieben solcher Erstkontakte gutgeschrieben. Doch dann folgte die Ernüchterung. Die Indianer besuchten die primitiven Grenzstädte der vordringenden Zivilisation, fingen an zu trinken. Um neu geweckte Bedürfnisse nach Dingen wie Kleidung, Medizin und Konsumgütern zu befriedigen, begannen sie, Holz zu verkaufen und ihr Land auszuplündern.

»Meine Neugier auf isolierte Völker wurde bald zur Verpflichtung, sie zu schützen«, erklärt uns Possuelo seinen Gesinnungswandel.

Das letzte Mal, dass er mit einem bis dahin unberührten Volk – den Korubo – Kontakt aufnahm, war 1996. Er habe damals aber nur die Initiative ergriffen, um die Indianer vor gewalttätigen Holzfällertrupps zu retten. Damit hat er sich den Zorn vieler Gegner zugezogen – nicht zuletzt von Missionaren, die ihm vorwarfen, sich als Gott der Indianer aufzuspielen, während er gleichzeitig ihre professionellen seelsorgerischen Bemühungen behindere, den Indianern das wahre Evangelium nahezubringen und die Botschaft vom ewigen Leben.

Doch jetzt steht unser eigenes Leben auf dem Spiel. Possuelo schickt den vermissten Kanamari und dem Matis-Suchtrupp ein Dutzend bewaffneter Scouts hinterher. Einer der Männer kehrt mit einer beunruhigenden Nachricht zurück. Die Fährten unserer Begleiter würden genau an der Flecheiros-Schranke vorbeiführen, dem abgebrochenen Schössling, der über dem Weg lag. Sie seien dem Pfad durch Maniok- und Kochbananenfelder bis auf eine Lichtung gefolgt, auf der 14 Hütten stehen. Leer. Die Flecheiros seien in den Dschungel geflohen und hätten große Mengen an geräuchertem Fleisch – Affe, Tapir, Schildkröte – und qualmende Herdfeuer zurückgelassen.

Offenbar waren die Flecheiros während der Vorbereitungen für ein Fest überrascht worden. Der Suchtrupp fand mehrere Zeremonialmasken aus langen Rindenstreifen, daneben Tonkrüge mit

Sydney Possuelo, Leiter der Funai-Expedition, bei einem Besuch der Korubo, mit denen er selber 1996 den Kontakt hergestellt hatte. Die Gruppe ist in dieser Region

nicht an einen Ort gebunden. Sie zieht von einer Gemeinschaftsunterkunft zur anderen, um zu jagen, zu fischen und Maniok, Kochbananen sowie Mais anzubauen.

roter Urucú-Farbe, mit der sie Gesicht und Körper bemalen. Sämtliche Waffen hatten sie aber mitgenommen, nur eine scharfe Pfeilspitze und das abgebrochene Ende eines Blasrohrs zurückgelassen. Außerdem zwei Tontöpfe, randvoll mit Kurare, jenem tödlichen Gift, mit dem sie ihre Pfeilspitzen bestreichen. Besonders besorgniserregend war allerdings die Tatsache, dass sich die Fußspuren unserer Kanamari auf einem Pfad jenseits des Dorfs verloren.

»Ich vermute, die Indianer haben sie gefangen«, sagt Possuelo. »Wir müssen hier weg. Vielleicht lassen sie unsere Leute dann wieder frei.« Er blickt in den dunklen Wald, der uns von allen Seiten umgibt. »Aber hier können wir nicht auf sie warten«, fügt er hinzu. »Wir suchen uns eine bessere Position am Fluss.«

Inzwischen sind beide ausgesandten Suchtrupps zurück, die beiden Kanamari bleiben verschwunden. Einer unserer erfahrensten Fährtensucher berichtet, er habe Abdrücke von Turnschuhen entdeckt, Spuren wie von großen Schritten, die darauf hindeuten, dass die Männer panisch die Flucht ergriffen haben. Schließlich schickt Possuelo Soldado, seinen verlässlichsten Scout, mit der Anweisung los, unsere fliehenden Begleiter zurückzuholen.

Possuelo verschränkt seine Hände. Betet er? Es dauert eine weitere Stunde, bis Soldado zurückkommt – die beiden auf Abwege geratenen Kanamari im Schlepptau. Die Männer lassen zerknirscht ihre Köpfe hängen, als Possuelo sie mit finsterer Miene empfängt. Trotzdem kann er nicht verbergen, dass seine Erleichterung größer ist als sein Zorn.

Wie sich herausstellt, glaubten die Kanamari, dass es sich bei den Flecheiros um eine Gruppe verschollener Verwandter handelte, die sich vor Jahrzehnten von den Hauptsiedlungen am Fluss getrennt hat. Sie geben zu, sich über Possuelos Befehle hinweggesetzt zu haben, um ihre Neugier zu befriedigen. Jenseits des Dorfs aber seien sie in Panik geraten und hätten das Weite gesucht. Erst als sie die Signalschüsse aus Soldados Flinte hörten, sei ihnen klar geworden, dass sie nicht von den Pfeilmenschen gejagt wurden.

Possuelo nutzt die Gelegenheit, am Lagerfeuer ein paar mahnende Worte an seinen Trupp zu richten: »Ich möchte unseren beiden Freunden sagen: ›Sie hätten euch töten können. Ihr wurdet heute ein zweites Mal geboren.‹ Wir sind nicht hier, um die Flecheiros kennenzulernen. Wir sind hier, um herauszufinden, ob sie dieses Land nutzen.«

Dann erklärt Possuelo seinen Leuten, dass sie heute außergewöhnliche Dinge gesehen haben. Obwohl ihr Eindringen in das Dorf eigentlich einen krassen Verstoß gegen seine Prinzipien darstellt, jeden Kontakt zu unterlassen, ist ihm seine Begeisterung über die vielen neuen Erkenntnisse anzusehen, die dieser ungeplante Besuch gebracht hat.

»Die Flecheiros leben hier gut«, sagt er. »Das konntet ihr sehen. Sie jagen, sie fischen, sie bauen Pflanzen an. Sicher haben die Mütter viel Milch, und ihre Babys sind rund und gesund. Sie feiern Feste. Sie sind glücklich.«

Am Himmel schwindet das letzte Tageslicht, Dunkelheit senkt sich über den Wald. Leuchtende Falter flattern durch die Baumwipfel über uns, das nächtliche Dschungelkonzert sirrender Insekten und quakender Frösche beginnt.

»Sie wissen vielleicht nicht einmal, dass wir nur hier sind, um ihnen zu helfen. Aber das ist okay – und das Schöne an unserer Arbeit«, fährt Possuelo fort. »Wir müssen ihre Lebensweise respektieren. Wir werden sie nicht verfolgen. Das Beste, was wir für sie tun können, ist, uns aus ihrem Leben herauszuhalten.«

Text: Scott Wallace
Fotos: Nicolas Reynard

Ötzi bricht tödlich getroffen zusammen.

Im September 1991 gab ein Gletscher der Ötztaler Alpen die 5300 Jahre alte Mumie eines Mannes frei. Jetzt erweist sich die einzigartig gut erhaltene Leiche als ältestes Mordopfer, das wir kennen. Ein Krimi aus der Kupferzeit.

Ötzi – Die letzten Tage des Eismanns

An die fünf Stunden wird er gebraucht haben. Vom hinteren Schnalstal, wo heute ein Stausee liegt, hinauf zum Tisenjoch. Der Mann kann nur hier gegangen sein, der Steig auf halber Höhe rechts ab über das Niederjoch ins Ötztal ist viel jünger. Er wird – so wie wir an diesem samtblauen Septembertag – dem kleinen Bach gefolgt sein. Wird immer wieder zurückgeschaut haben. Nein, keiner hinter ihm! Hier wäre jeder zu sehen auf der immer steiler ansteigenden Bergflanke. Also weiter, auch wenn die Wunde an der rechten Hand wieder pochend schmerzt. Rast will er erst oben machen. Er kennt die Felsmulde, sie liegt nur einen Steinwurf hinter dem Grat.

Der Mann sollte sie nicht lebend verlassen.

Es ist früher Nachmittag, als wir die Stelle erreichen. 3210 Meter Höhe, 92 Meter südlich der Grenze zwischen Österreich und Italien. Ein bisschen geht Wind. Nebelschleier streichen uns um die Beine, die Gebirgsluft prickelt und riecht nach Kälte, von Osten bleckt der Similaun seine Gletscherzunge. Eisplatten und

Schneematsch auch in der Felsmulde, die mit ihren rostbraunen Steinwänden aussieht wie ein im Winter zerborstenes Langboot.

Mittendrin der »Mumienstein«, markiert mit einem faustgroßen, blassroten Mal.

»Ein herrlicher Platz zum Sterben.« Robert Ciatti, der junge Südtiroler Bergführer, der uns auf Ötzis letztem Fußweg heraufbegleitet hat, sagt es lächelnd in die hörbare Stille.

Hier, auf diesem damals nur halb freigefrorenen abgeplatteten Stein, fanden zwei Touristen aus Nürnberg am 19. September 1991 den »Mann aus dem Eis«. Mumifiziert und – noch sensationeller – mitsamt all seinen Habseligkeiten: den ältesten erhaltenen Menschen unserer Art. Älter als Pharao Tutanchamun, älter als alle Ritualopfer und Moorleichen, die durch glückliche Umstände ihr unglückliches Ende überdauert haben.

Einen Toten, den eine Klimakapriole ans Licht brachte. Im März 1991 hatten Stürme feinsten ockerfarbenen Sand aus der Sahara bis in die Alpen geweht. Unter der Sommersonne schmolzen die mit diesem höchst wirksamen Lösungsmittel bestäubten Gletscher nur so dahin. Allein in Tirol gab das vermeintlich ewige Eis ein halbes Dutzend Leichen frei, Ötzi als sechste.

Die zügig identifizierbaren Gletscheropfer – vermisste Touristen aus den letzten hundert Jahren – fanden schnell zur allerletzten Ruhe. Alle Welt stürzte sich indessen auf die geheimnisvolle Feuchtmumie, und an die 70 Wissenschaftlerteams aus mehr als zehn Ländern gingen an die teuerste Totenschau der Geschichte.

Die Personalien standen bald fest. Ein Mann, zur Todeszeit etwa 1,60 Meter groß und rund 50 kg schwer. Augen: blau, Haare: dunkelbraun. Alter: nicht weniger als 40 und nicht mehr als 53 Jahre, ermittelt an den Universitäten von Innsbruck und Stockholm anhand der Probe eines Knochenzylinders aus dem linken Oberschenkel. Lebenszeit: um 3350 bis 3100 v. Chr., durch Radiokarbonmessung bestimmt in Labors zu Oxford, Zürich und Uppsala.

Ein schmächtiger, sehniger Mittvierziger. Nicht mehr jung für damalige Verhältnisse, offenbar jemand, der einiges überlebt hat. Ein gemachter Mann vermutlich: Er besitzt ein Kupferbeil, trägt Leggings aus fein verarbeitetem Ziegenleder (wie ein Indianer), einen aus hellen und dunklen Streifen perfekt genähten Mantel, Mütze und Schuhe (dreilagig!) aus Fell. Tätowierungen genau dort, wo ein Akupunkteur heute seine Nadeln setzen würde.

Der Mann ist offenbar auch gut gerüstet für den Gang ins Gebirge. Grasmantel zum Überziehen und als Matte zum Drauflegen. Rückentrage (eine Kraxe, wie von einem Senner oder Schmuggler). Zunderschwamm und Eisenpyrit zum Feuermachen. Zwei Birkenrindengefäße, um Glut für ein nächstes Feuer zu transportieren. Erste-Hilfe-Set mit Birkenporlingen zum Blutstillen und Desinfizieren. Nähset, bestehend aus Knochenahle, Lindenbast, Lederschnüren und Tiersehnen. Auch veritable Waffen hat er dabei: sein Beil, einen Dolch mit Feuersteinklinge, einen Köcher voller Pfeile, dazu einen riesigen Bogen.

Doch der Augenschein trügt. Dieser Mann könnte nicht einmal einen Hasen erlegen. Sein Bogen ist unfertig. Von den 14 Pfeilen wären gerade mal zwei schussbereit. Eigenartig.

Und überhaupt: Wer war er, und wo wollte er hin? Wie kam er zu Tode? Und dann ins Eis! Warum fraßen ihn nicht die Würmer? Oder die Adler? Warum wurde er zur Mumie und nicht zur Fettwachsleiche wie andere Gletschertote?

Die Theorien und Spekulationen blühen seit dem ersten Tag seiner Auffindung. Zur virtuellen Gegenüberstellung wird alles nur erdenkliche Personal der Jungsteinzeit aufgerufen. War er ein Bauer oder Jäger? Ein Hirte oder Händler? Schmied oder Scha-

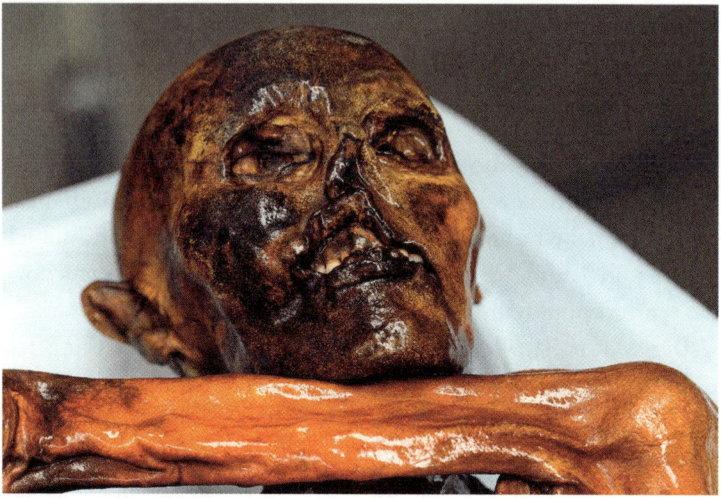

Seit März 1998 wird Ötzis Mumie in einer Kühlkammer des Südtiroler Archäologiemuseums in Bozen konserviert.

mane? Krieger oder Kupferprospektor? Ein Einheimischer oder ein Fremder?

Ein Verletzter auf der Flucht, der dort oben im Schneesturm zu Tode kam, wie Konrad Spindler, damals als Professor für Ur- und Frühgeschichte in Innsbruck als Erster für den Fall zuständig, vermutete?

Ein Menschenopfer, das den Göttern nach einem geheimen Ritual aufs Tisenjoch gelegt wurde, wie der aus Amerika angereiste Mumienexperte Johan Reinhard zu erkennen meinte?

Oder doch Opfer eines profanen »Raubmords am Similaun«: Ötzi, Chef einer Karawane auf einer »Kupferstraße« über die Alpen, gemeuchelt, um ihm den begehrtesten Stoff seiner Zeit abzunehmen? So boulevardmäßig blutig hat es sich der Geoarchäologe Alexander Binsteiner ausgemalt.

Abschließend aufgeklärt wird der Fall Ötzi in all den Jahren jedoch nicht.

Weil da eine Hundertschaft von akademischen Kommissaren ermittelt, jeder für sein Fach und gern gegen (fast) alle anderen? Oder weil diese älteste aller Leichen einfach so enigmatisch bleibt wie das Datum, an dem sie gefunden wurde. 19.9.1991 – ein Zahlenpalindrom. Und liest es sich nicht wie die Chiffre einer unendlichen Geschichte, von vorne und hinten gleich rätselhaft?

Doch die hartnäckigsten Rechercheure im Fall des Toten vom Tisenjoch haben neue, unabweisbare Indizien: Der Eismann wurde ermordet – und er starb noch am Tatort. Im Archäo-Krimi »Ötzi und die Detektive« beginnt ein neues Kapitel.

Wenn es den geborenen Herrn Doktor gibt, dann heißt er Eduard Egarter Vigl. Ein jovialer, agiler Mann mit Glatze, gemütlichem Schnäuzer und Augen voller Schalk – die aber die Schrecken der Welt kennen. Er ist Pathologe und Gerichtsmediziner am Südtiroler Zentralkrankenhaus in Bozen. Und Ötzis Leibarzt.

Unter seiner Obhut liegt der Eismann seit dem Frühjahr 1998 in einer Kühlzelle mit Guckkasten in dem eigens dafür zum Hightech-Mausoleum umgebauten Bozener Archäologiemuseum zur Schau: hinter acht Zentimeter dickem Panzerglas, bei minus sechs Grad und konstant 98 Prozent Luftfeuchtigkeit.

Vor allem diesen Grabhüter müsste heute jeder überzeugen, der nach dem Untersuchungsboom der ersten Ötzi-Jahre wieder an der Mumie selber weiterforschen wollte. Seit sie im Museum liegt, ist ihr Ruhe verordnet. Der Proben sind erst einmal genug genommen – nämlich insgesamt an die hundert –, heute geht es um das Überleben des kostbaren Toten.

Allein schon um alle Finessen der Konservierung auszuloten, hat ihr Egarter Vigl längst einen Doppelgänger in eine Nachbarzelle gelegt: Ötzi III (Nr. II überstand die Prozedur nicht), einen mit modernster Technik mumifizierten Freiwilligen, der seine Leiche der Forschung vermacht hatte. Das Original wird sozusagen nur noch stationär behandelt. Und natürlich routinemäßig inspiziert.

So auch am 27. Juni 2001. Zehn Jahre nach seiner Auffindung sollte der Eismann auf Wunsch der Museumsleitung durchgecheckt werden: Röntgen, Computertomografie, das Übliche. Ein Job für Dr. Paul Gostner, den Radiologen in Egarter Vigls Team. Mit einem fahrbaren Röntgengerät nimmt er die Mumie in der Laborzelle des Museums unter die Lupe – und glaubt seinen Augen nicht zu trauen.

»In der linken Schulter, da steckt doch ein Fremdkörper!«

Gostner ist ein unaufgeregter, knochentrockener Forschertyp, doch diesmal kann es ihm gar nicht schnell genug gehen, den Chefkonservator Egarter Vigl zu informieren und Gewissheit zu erlangen. Noch mal und noch mal vergleichen die beiden die neuen Aufnahmen mit den Röntgenbildern, die 1991 in Innsbruck gemacht wurden.

Nein, nein, kein Zweifel, das ist eine Pfeilspitze aus Feuerstein: 27 mm lang und 18 mm breit! Warum hatten all die Koryphäen sie seinerzeit nicht gesehen? Egarter Vigl mag dazu auch heute nur höflich in seinen Schnäuzer murmeln: »Es ist passiert, also kann es passieren.«

Die neuen Fragen sind viel drängender. Wie kommt der Eismann mit diesem Projektil im Leib auf das Tisenjoch? Geht es nun doch um Gewalt und Leidenschaft, nicht um Tod durch Erfrieren oder Erschöpfung?

Sollte Ötzi am Ende gar ein zweiter »Kennewick-Mann« sein? Dieser andere geheimnisvolle Tote aus grauer Vorzeit, dessen fossile Skelettreste 1996 im amerikanischen Bundesstaat Washington gefunden wurden, starb vor mehr als 9000 Jahren. Aber offenbar nicht an der steinernen Speerspitze, die noch in seinem rechten Beckenknochen steckte. Er hatte überlebt, um die Verletzung herum war bereits wieder neuer Knochen gewachsen.

Im März 2002 wird Egarter Vigl wieder fündig: Ötzi hat eine klaffende Wunde zwischen Daumen und Zeigefinger der rechten Hand, »forensisch-pathologisch gesehen eine typische Abwehrverletzung«. Der Mann muss in einen Streit oder in einen Kampf verwickelt gewesen sein. »Und zwar eine Zeit lang vor seinem Tode, denn die Ränder sind gezahnt und dunkel verfärbt.«

Egarter Vigl will es genau wissen und schickt eine Gewebeprobe an den Münchner Pathologen Andreas Nerlich. Dessen Fazit: An der Wunde hat sich bereits Blutpigment gebildet, sogenanntes Hämosiderin. Und das dauert mindestens 24 Stunden. Der Eismann erlitt diese Verletzung demnach schon einen oder mehrere Tage vor seinem Tod.

Hatte ihm jemand nach dem Leben getrachtet? Vielleicht bereits seit Längerem? Und hatte es für eine derartige Vermutung nicht auch schon Indizien gegeben?

Ein Fingernagel, der bei der Bergung des Toten gefunden wurde, zeigt drei sogenannte »Beau-Streifen«. Das sind als Querfurchen sichtbare Wachstumsstörungen, die auf eine schwere Krankheit oder heftigen Stress schließen lassen. Der italienische Paläopathologe Luigi Capasso hatte diesen Befund so interpretiert: Im letzten halben Lebensjahr des Eismanns musste sich Dramatisches abgespielt haben, das Schlimmste zwei Monate vor seinem Tod – eine zweiwöchige Stressphase.

Könnte sich diese Episode womöglich zu jenem Szenario zugespitzt haben, das 2003 der amerikanische Molekulararchäologe Tom Loy für einen TV-Doku-Thriller entwarf? Dass der Eismann

Ötzis letzter Weg (Karte rechts) führt durch das Schnalstal und das Tisental – ein kleines Seitental – auf das 3210 Meter hoch gelegene Tisenjoch. Von dort hätte der Eismann das mutmaßliche Ziel seiner Flucht, die Almgründe im hinteren Ötztal, in wenigen Stunden erreicht. Da der letzte Teil des Tisentals (oben) über der Waldgrenze liegt und von oben wie unten gut einsehbar ist, nahmen die Mörder vermutlich eine eigene Route, um ihm den Weg abzuschneiden. Oder sie lagen auf dem Joch schon auf der Lauer: denn ihr Opfer konnte nur hier vorbeikommen.

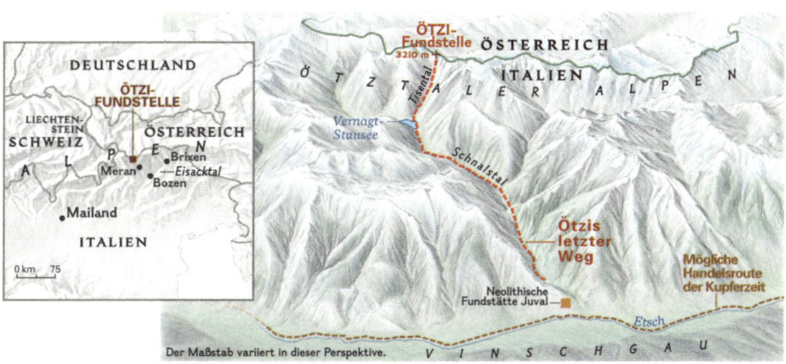
DEUTSCHLAND
ÖTZI-FUNDSTELLE
LIECHTENSTEIN
SCHWEIZ
ÖSTERREICH
A L P E N
Brixen
Meran
Eisacktal
Bozen
Mailand
ITALIEN
0 km 75
ÖTZI-Fundstelle
3210 m
ÖSTERREICH
ITALIEN
ÖTZTALER ALPEN
Tisental
Vernagt-Stausee
Schnalstal
Ötzis letzter Weg
Mögliche Handelsroute der Kupferzeit
Neolithische Fundstätte Juval
Etsch
VINSCHGAU
Der Maßstab variiert in dieser Perspektive.

Tage vor seinem Tod hat der Eismann einen Kampf auszufechten. Mit einem Beil oder Dolch schlägt ihm der Gegner eine tiefe Wunde zwischen Daumen und Zeigefinger der rechten Hand.

von mindestens vier Angreifern attackiert wurde. Loy hatte an den im Bozener Museum ausgestellten Kleiderresten und Waffen des Toten ein paar Blutspritzer entdeckt. Und angeblich auch deren DNA herausgefunden – lauter Sequenzen, die allesamt nicht mit jener von Ötzi übereinstimmten.

Leibarzt Egarter Vigl kann da nur abwinken: »Professor Loy, Gott hab ihn selig!, hat Hypothesen aufgestellt, die durch nichts beweisbar sind. Wir haben vom Eismann selber bisher kein Blut gefunden. Und wir haben auch keine Ahnung, woher Loy seine Informationen hat.«

Wir werden es nie erfahren. Der Forscher starb im Oktober 2005 einen plötzlichen Tod. Wieder ein Opfer von »Ötzis Fluch«, das achte. Nach dem Gerichtsmediziner, einem Bergführer, einem TV-Reporter, einem Bergretter, dem Ötzi-Entdecker selber, einem Mikrobiologen und Professor Spindler – alles Leute, die seinerzeit als Erste die Totenruhe des Eismanns gestört hatten. Deren Sterbealter (das wurde inzwischen vorsorglich nachgerechnet) liegt freilich etwas über dem Durchschnitt des unbeteiligten, aber doch staunenden Publikums.

Weniger geheimnisumwittert, aber nicht minder überraschend ist, was Egarter Vigl bei seiner gezielten Inspektion der Mumie herausfindet. »Das war ein Mann so fit wie ein heutiger Mittvierziger.« Überaus starke Knochen, intakte Gelenke, alle Zähne erhalten. Zwei verheilte Rippenbrüche. Erste Anzeichen von Arthrose (zu schwere Lasten!) und Arteriosklerose (zu viel tierisches Fett im Essen!). Am rechten Knie Meniskusprobleme.

Dann das Erstaunliche: »Der Eismann hat feingliedrige Hände und Füße, keinerlei Schwielen, jedoch auffällig stark betonte Muskelansätze an den unteren Extremitäten.«

Also kein rackernder Bauer oder abgehärmter Viehhirte?

»Das ist jemand, der wohl kaum körperlich gearbeitet hat«, sagt Egarter Vigl. »Aber er ist wahrscheinlich sehr viel zu Fuß im Gebirge unterwegs gewesen.«

Dem Gehen galt offenbar auch all die Vorsorge dieses Mannes. »Schon interessant«, erklärt der Leibarzt, »dass der Eismann seine rund 60 Tätowierstriche vor allem an Stellen trägt, wo sich ein Bergwanderer Verletzungen zuziehen kann: an den Beinen und Waden, an Knie, Sprunggelenk und Lendenwirbelsäule.«

Ein Mann, der viel unterwegs ist. Weshalb? Und von wo kommt er her?

Auf diese Frage der Ermittlungen kann im Herbst 2003 ein internationales Team um den österreichischen Geochemiker Wolfgang Müller plausible Antworten präsentieren. Dank einer faszinierenden Methode, genannt Isotopen-Analyse. Der Zahnschmelz jedes Menschen speichert nämlich Spurenelemente von Wasser und Nahrung, die er im Alter von drei bis fünf aufnimmt. Seine Knochen hingegen enthalten ein Abbild der letzten zehn bis 20 Lebensjahre.

Müller vergleicht die in Ötzis Zähnen, Knochen und Darm eingelagerten Isotope mit Wasser- und Gesteinsproben der Region. Das Resultat: Der Eismann stammt aus Südtirol. Er ist nicht etwa ein Zuwanderer aus der Po-Ebene oder aus der Gegend um den Gardasee. Auch kein gebürtiger Ötztaler, wie man vermuten könnte. Er wuchs allen Analysen nach in der Gegend der heutigen Stadt Brixen auf. Als Erwachsener zog er dann offenbar in das einige Tagesmärsche weiter nordwestlich gelegene Etschtal oberhalb von Meran.

Auch dort, auf der warmen, fruchtbaren Sonnenseite der Alpen, siedelten Menschen bereits in der Jungsteinzeit. Von hier führt als längstes Tal das Schnalstal über die Jöcher hinaus in das nördliche Alpenvorland – und hinauf zu den Almweiden oberhalb der Baumgrenze.

In dieser Gegend verbrachte Ötzi die meiste Zeit seines Lebens. Und hier stand auch die Steinmühle, mit der das Getreide seiner Mahlzeiten geschrotet wurde. Den Nachweis führte Müller anhand des Verteilungsmusters der Argon-Isotope winziger Spuren von Glimmer – der Abrieb dieses Gesteins hatte sich im Darminhalt des Toten erhalten.

Bis in das tiefste Innere des Eismanns sind naturgemäß auch noch weitere Wissenschaftler vorgedrungen. Was in seinem

Bauch gefunden wurde, war wohl die übliche Steinzeitkost: Fleisch von Steinbock und Rothirsch, dazu Einkornbrot. Wir wissen, dass sein Proviant auf offenem Feuer zubereitet wurde (ein Viertel der Reste des Speisebreis sind Holzkohlepartikel!), dann zum Mitnehmen in Moos eingepackt. Dass ihn offenbar der Peitschenwurm plagte, ein lästiger Darmparasit. Vor allem aber, dass er den wichtigsten Kronzeugen seiner letzten Tage und Wege noch in sich trägt: Es ist unscheinbarer, stummer Staub.

Im späten Frühjahr blüht im mittleren Schnalstal bis auf etwa 1300 Meter Höhe gerade noch die Gemeine Hopfenbuche. Ein unschuldiger, buschiger Baum, der die Feuchte und den Süden liebt (drüben im Ötztal wächst er nicht). Seine Kätzchen sehen aus wie jene der Haselnuss und lassen von April bis in den Juni ihre Pollen fliegen, die dann als Schleier in der Luft hängen und wie feiner Tau jedes Gewässer, jedes Gewächs benetzen.

Wer jetzt seinen Durst an einem der vielen Bergbäche stillte, würde diesen Ort und diese Jahreszeit unverwechselbar in sich aufnehmen.

So wie einst der Eismann.

Das behauptet seit Jahren unbeirrbar der Innsbrucker Professor Klaus Oeggl. Er muss es wissen, denn er ist Botaniker, genauer: Archäobotaniker. Jemand, der selbst noch die ältesten Pollen zum Sprechen bringen kann.

Spekulationen, Vermutungen mag er nicht. Der Mann mit dem mephistoschwarzen Kinnbart ist ein Naturwissenschaftler, dem es nichts ausmacht, manchem als sturer Tiroler zu gelten: Er glaubt einfach nur das, was er unter dem Mikroskop auch sehen kann.

Als er – bei 750- und 1200-facher Vergrößerung – 40 Milligramm Speisebrei aus Ötzis Dickdarm untersuchte, war er nun doch erst einmal höchst erstaunt. Pollenkörner von *Ostrya carpinifolia,* der Hopfenbuche! Und zwar mit einem Anteil von mehr als 50 Prozent am gesamten Spektrum von 23 Pollentypen. Die meisten dazu noch unversehrt erhalten, samt Zellinhalt.

Da der Zellkern aber innerhalb von 14 Tagen zerfällt, konnte dieser Fund nur so zu interpretieren sein: Der Eismann hatte kurz vor seinem Tod frische Pollen mit seinem Essen oder mit dem Trinkwasser aufgenommen.

Daher kann es nur später Frühling oder Frühsommer gewesen sein, als er seinen letzten Weg durch das Schnalstal aufs Tisenjoch ging.

Wenn es aber doch Herbst war, weil bei der Mumie auch eine reife Schlehe und Getreidekörner gefunden wurden?

»Für diese These bräuchte ich Pollen von absoluten Herbstblühern«, erklärt Oeggl. »Aber die gibt es in den Proben nicht.«

Die Frage des Todeszeitpunkts spaltet die Ötzi-Ermittler seit je in zwei Lager. Im Juni liegt da oben doch noch meterhoch Schnee, sagt die Herbst-Fraktion. Der Eismann hätte es nicht aufs Tisenjoch geschafft – und schon gar nicht im Sommer als Leiche den Parasitenbefall und den Tierfraß durch Raubvögel und Füchse überstanden. Die Frühjahrs-Theoretiker hingegen betonen, der Tote habe anfangs im Schmelzwasser gelegen, sei zur Wasserleiche geworden, erst später gefriergetrocknet und dann nach und nach immer tiefer unter Schnee und Eis geraten.

Könnte die Wahrheit so sein, wie das Wetter in dieser Höhe: unberechenbar?

Man hat erforscht, dass das Klima damals um einiges wärmer war als heute: Ende Juni könnte das Tisenjoch also durchaus mal fast schneefrei gewesen sein. Doch schon der nächste Wettersturz kann die Leiche unter Schnee begraben haben – für den Rest jenes Sommers, für viele Jahre, für Jahrtausende.

Neueste Technik wirkt immer wieder Wunder im ältesten Kriminalfall der Geschichte. Diesmal ganz schnell, diskret, bei Nacht. Eine Stunde Zeit, maximal, so hat es Dr. Egarter Vigl für den Patienten mit der ID 2034129 festgelegt. Am 11. August 2005, kurz nach 23 Uhr, wird der Mann ins Zentralkrankenhaus Bozen eingeliefert. Das Team steht bereit: die Radiologen Dr. Patrizia Pernter und Dr. Paul Gostner, als Gast der Anatom Dr. Frank Rühli aus Zürich. Die Technik steht bereit: ein Mehrschicht-Computertomograf »Somatom Sensation 16«, kurz zuvor angeschafft.

Das Gerät kann jede Körperregion in superdünnen Schichten – je 0,75 Millimeter – und in jeder beliebigen Ebene erfassen und dreidimensional darstellen. Das ist wichtig bei diesem Patienten, denn mit der ungewöhnlichen Haltung des linken Arms kann er nicht wie jeder andere in die Röhre geschoben werden. Aber schräg, und vom Kopf bis zum Brustkorb.

Schon der erste Augenschein am Monitor zeigt, was bis dahin auf den Röntgenbildern nur zu erahnen war: Die *Arteria subclavia* ist durchtrennt, die Hauptschlagader, die den linken Arm versorgt. Eine lebensbedrohliche Verletzung, wenn sie nicht sofort operativ versorgt wird. Noch bevor Patient 2034129 auftauen kann, fährt ihn Egarter Vigl zurück in sein gläsernes Grab im Museum.

In dieser Nacht löst sich für Ötzis Leibarzt das Rätsel der Pfeilspitze: »So präzise Antworten auf die Frage nach der Todesursache hätte selbst eine Autopsie nicht erbringen können.«

Was der Befund bedeutet, steht schnell fest: Nach so einem Pfeilschuss in den Rücken geht niemand mehr auf den Berg. Nein, er tut überhaupt keinen Schritt mehr. Fällt hin, wird ohnmächtig, erleidet einen Kreislaufschock und ist nach wenigen Minuten tot.

Es ist die bittere Pointe dieser Geschichte: Der älteste intakt aufgefundene Vorfahr unserer Art starb keinen natürlichen Tod, sondern durch Gewalt. Es war Mord. Meuchelmord.

Der Eismann wähnt sich nicht in Gefahr, als er in der Felsmulde auf dem Tisenjoch seine Grasmatte ausbreitet, um kurz Rast zu machen. Ihre Steinwände schützen vor dem Wind – und bilden zugleich eine perfekte Falle.

Der Pfeil trifft den Eismann von hinten, in die linke Schulter. Genau hierhin zielen prähistorische Jäger, um Wild mit einem Blattschuss zu erlegen. Das Geschoss durchschlägt das Schulterblatt. Zerfetzt auf 13 Millimeter Länge die Arterie, die das Blut vom Herzen in den linken Arm pumpt. Fällt den Mann wie ein Blitz. Mit dem Gesicht voran stürzt er hart auf den Felsen.

Der Mörder setzt nach, reißt ihm den Pfeilschaft heraus. Die Spitze aus Feuerstein bleibt stecken. Blut strömt aus der Wunde, ein pulsierender roter Schwall. Etwa fünf Liter Lebenssaft hat der Mensch. Nur eine Notoperation könnte den Eismann retten, die Ader müsste sofort genäht werden. Aber da oben kann er nur verbluten. »Wir haben in seiner Mumie keine Reste von Blut gefunden«, erzählt Egarter Vigl.

Auch der Pfeilschaft bleibt unauffindbar. Dafür lassen die Mörder die wertvolle Habe ihres Opfers unberührt. Warum? »Dieser Mord sollte nach einem Bergunfall aussehen«, vermutet der Archäologe Walter Leitner – »und nach dem Opfer würde dort oben so schnell niemand suchen.« Der groß gewachsene, fesche Südtiroler, Universitätsprofessor in Innsbruck, kennt die Steinzeit seiner Heimat wie wohl kaum ein anderer, privat ist er auch Bogenschütze.

Wurde Ötzi regelrecht hingerichtet?

»Nein«, sagt Leitner, »so etwas ginge mit einem Pfeil nicht, das ist eine Distanzwaffe.«

Ein Überfall oder Hinterhalt?

»Der Täter hat aus etwa 20 Meter Entfernung geschossen – und wahrscheinlich gab ihm ein zweiter Schützenhilfe.« Die Felswanne auf dem Tisenjoch, an die 40 Meter lang, mit mannshohen Seitenwänden, hinter denen die Mörder lauern oder sich anpirschen konnten, war dafür gut geeignet. Dieser Rastplatz auf dem Berggrat war zugleich eine tödliche Falle.

Warum musste der Eismann sterben?

»Seine Zeit war einfach abgelaufen«, vermutet Leitner. »Er war wohl zu einer angesehenen und mächtigen Person geworden. Man kann ihn sich als eine Art Anführer, Priester, Medizinmann vorstellen – der sich aber nicht nur Freunde geschaffen hatte. Seine Gegner wurden immer stärker, er aber hielt an seiner Position fest. Und als er eine Art Fluchtreise angetreten hatte, räumten sie ihn aus dem Weg.«

Die Mörder also Leute seines eigenen Stammes? »Sonst hätten sie die Ausrüstung mitgenommen. Besonders das Kupferbeil war von unschätzbarem Wert«, sagt Leitner. Die Täter hätten sich gehütet, mit diesem Mercedes jener Zeit in ihre Siedlung zurückzukehren.

Als jemanden »von hoher gesellschaftlicher Bedeutung« beschreibt den Eismann auch der Wiener Ur- und Frühgeschichtler Andreas Lippert in einem Beitrag der Zeitschrift »Germania«. Ötzi als »Oberhaupt eines Clans, der über weit verzweigten Besitz an Land, Wirtschaftsgebäuden und Vieh verfügte und Handel trieb.« In jener Zeit, so Lippert, sei »mit einer ›Big Men‹-Gesellschaft zu rechnen«: Mit noch lose strukturierten Bauernsippen, in denen es ein tüchtiger Einzelner schon mal zu lokaler Macht brachte. Zu einer Macht, die aber schon bei Naturkatastrophen oder Kämpfen mit Nachbarn wieder verloren gehen konnte.

Vieles, vor allem seine Ausrüstung und Kleidung, spricht dafür, dass Ötzi solch ein Schnalstaler »Big Man« war – aber noch kein Häuptling, der seine Position auch vererben konnte, wie es wohl später in der Bronzezeit Sitte wurde.

Vielleicht hätte er auch keine Erben gehabt. Oder keine haben können.

Diese Vermutung ließ im Jahr 2006 die Ötzi-Detektive aufhorchen. Der italienische Anthropologe Franco Rollo, ein Experte für alte DNA, hatte auf Fragmenten der mitochondrialen DNA des Eismanns zwei Mutationen entdeckt, die sich bei Männern mit eingeschränkter Spermienmobilität finden. Ötzi zeugungsunfähig? Töteten die Mörder einen Anführer, der nicht einmal eigene Nachkommen hatte?

Vielleicht ging der Tat auch nur alltäglicher Streit voraus: über die Jagd, mit Nachbarn, um Weiderechte. Nicht anders als heute nutzten schon die Menschen der Jungsteinzeit die Ötztaler Almen als Sommerweide für ihre Schafe und Ziegen. Vielleicht war der Zwist gewalttätig eskaliert, wir wissen es nicht.

Was wir aber wissen ist, dass das halbe Schnalstal zur Bühne des Dramas der letzten Tage des Eismanns wurde. Weil wir wissen, wo er sich aufgehalten hat. Das wiederum wissen wir, weil der Archäo-Wallander Klaus Oeggl in seiner jüngsten Studie minutiös erforscht hat, was der Eismann – bewusst und unbewusst – gegessen hat.

Wann. Und wo.

Die Methode ist so bizarr wie bestechend. Oeggl hat fünf Proben aus Ötzis Verdauungstrakt – vom Ende des Dünndarms bis zum Mastdarm – auf Pollen und Speisereste untersucht. Die Pollen zeigen an, in welcher Umwelt welcher Teil des Darminhalts aufgenommen wurde. Die durchschnittliche Verdauungszeit vom Magen bis zum Rektum beträgt 33 Stunden, die jeweiligen Etappen sind bekannt – und so kann man mit Oeggls Daten die letzten anderthalb Tage des Eismanns rekonstruieren.

Die Wanderung ohne Wiederkehr beginnt in etwa 2500 Meter Höhe, auf den Almwiesen an der Waldgrenze. Ob im Schnalstal, einem seiner kleineren Nebentäler oder drüben im Ötztal bleibt offen. Hier wie dort sind Fichten und Kiefern die typischen Bäume – deren Pollen finden sich in den Stuhlproben des Rektums.

Der Tatort auf dem Tisenjoch. Zwischen den Eisresten links im Vordergrund der »Mumienstein«, rechts am Horizont die Gedenkstele für den Eismann.

Vermutlich frühmorgens geht der Eismann talwärts, hinunter in sein Dorf. Unterwegs isst er von seinem Proviant: Steinbockfleisch und Einkornbrot. Nachzuweisen an Resten von Muskelfasern und Holzkohle im Sigmoid, der Verbindung zwischen Dickdarm und Mastdarm.

Am nächsten Tag, in der Siedlung auf etwa 1200 Metern im mittleren Schnalstal, gibt es morgens ein Steinzeit-Mus: aus fein gemahlenem Getreide, gewürzt mit Adlerfarn, Himmelschlüsseln und Dotterblume. Mit Wasser und Luft nimmt Ötzi Pollen der Bäume auf, die hier wachsen: Hasel und Birke, vor allem Hopfenbuche – alles zu finden im Querdickdarm.

Hier unten, im Kreis der Sippe, spitzt sich die Fehde zu, die wohl seit Längerem schwelt. Streit, eine Schlägerei, vielleicht ein Kampf. Ötzi wird verletzt, verliert einen Teil seiner Waffen. Hier ist er des Lebens nicht mehr sicher. Eilig besorgt er Proviant, greift sich einen Bogenrohling und einen fremden Köcher. Dann sucht er das Weite. Erst einmal weg hier! Talaufwärts. Über das Joch auf die Nordseite der Berge. Auf kürzestem Weg. Unterwegs schneidet er zwölf Triebe des Wolligen Schneeballs, er braucht neue Pfeile.

Nach sechs, sieben Stunden gelangt er wieder an die Baumgrenze. Hier stärkt er sich für den Aufstieg. Die Spuren der Jause finden sich in seinem Dünndarm: Nadelholzpollen und Partikel von Rothirschfleisch, Einkornbrot und Glattem Neckermoos, seinem »Einwickelpapier«.

Eine leichte Mahlzeit, jetzt zu viel zu essen wäre verfehlt.

Als er auf dem Tisenjoch ankommt, macht er, was jeder heutige Bergwanderer auch machen würde: eine kurze Rast. Nicht länger als nötig, denn diese ausgesetzte Höhe ist für einen müden, verletzten Mann auf der Flucht kein Ort zum Bleiben; bevor es Nacht wird, will er im Ötztal unten sein, in einer rettenden Siedlung auf der anderen Seite der Berge. Er stellt die Kraxe ab, Bogen an den Felssims, Köcher und Kupferbeil dazu. Dann geht er zur Mitte der noch halb verschneiten Felsmulde und breitet seinen Grasmantel auf einen flachen, freiliegenden Stein. Er packt noch einmal seinen Proviant aus. Isst, langsam und ausgiebig. Doch er muss wieder los, seine Hand schmerzt, und der Weg ist noch weit. Ächzend beugt er sich vor, um den Grasmantel von dem Stein zu nehmen ...

In diesem Moment durchzuckt ihn ein glühender Schmerz. Er fällt. Prallt mit Wange und Schläfe auf den Fels. Dass sich jemand auf ihn stürzt, nimmt er nur noch schemenhaft wahr. Aber er erkennt dieses Gesicht und will staunen. Da dreht ihn der Mann mit hartem Griff vom Rücken auf den Bauch.

Der Mörder wollte die weit geöffneten, erlöschenden blauen Augen des Eismanns nicht sehen.

Text: Erwin Brunner
Illustrationen: Kazuhio Sano
Fotos: Andreas Riedmiller, Georg Tappeiner

Reiter auf dem Weg zu einem Pferderennen in Abéché im Osten des Tschad.

Eine Reportage auf Leben und Tod in Afrikas heißem Grenzland zwischen Wüste und Urwald

Gefangen im Sahel

Die Straße ist eigentlich keine. Es sind lediglich zwei Fahrrillen, die von der unmarkierten Grenze des Tschad in das westsudanesische Kriegsgebiet, nach Darfur, führen. Unkartiert, unsichtbar, nichtsdestoweniger Grenzland – so ist es vielerorts in der Sahelzone. Das Land zieht sich endlos und monoton dahin, nur Schotter und trockenes Gras. Doch Stunde um Stunde überschreiten wir irgendwelche Grenzen, meist ohne sie wahrzunehmen.

Nachdem man mich in Darfur festgenommen und eingesperrt hatte, sagt mir einer der US-Soldaten, die hier als Berater stationiert sind: »Man fliegt über dieses Gebiet, und alles, was man sieht, ist: nichts.« Doch das ist die Wahrnehmung eines Fremden. Jeder Felsvorsprung, jede Ebene ist hier durchschnitten von unsichtbaren Linien, die das von Stämmen, Individuen, Clans beanspruchte Land abstecken. Immer wieder verschieben sie sich, je nach Krieg und Jahreszeit. Tabuzonen rund um Wasserlöcher. Einige unsichtbare Linien, die *masars,* markieren die Routen der Nomaden. Nichts ist hier planlos. Eine dieser Linien zu überschreiten kann Vergeltung bedeuten. Oder Tod. Und die Linie aller Linien ist die zwischen Wissen und Unwissenheit.

Die Sahelzone selbst ist eine Grenzlinie.

Sie erstreckt sich entlang dem 13. Breitengrad zwischen dem Sand der Sahara und Afrikas tropischen Wäldern. Sie ist ein Gürtel aus semiaridem Grasland, in dem Araber und Schwarze, Muslime und Christen, Nomaden und Bauern leben. Etwa 50 Millionen der Ärmsten Afrikas, der machtlosesten, von aller Welt vergessenen Menschen klammern sich hier mit aller Kraft an ihr Dasein. Und in Darfur gehören wir 34 Tage lang zu ihnen.

Wir sind zu dritt. Idriss Anu fährt unseren Lkw, der später von Rebellen gestohlen wird. Daoud Hari ist der Dolmetscher; man wird ihn dafür verprügeln.

Wir sind unterwegs in das Dorf Furawiya, als regierungstreue Guerillakämpfer auftauchen.

»Nicht aussteigen«, sagt Daoud.

Aber es ist schon zu spät. Die Bewaffneten steuern auf uns zu, das Haar zu Dreadlocks verfilzt und um die Brust kleine schwarze Dinger, die wie getrocknete Ohren aussehen, eigentlich aber Koranamulette sind. Uns dämmert immer noch nicht, dass wir eine Schwelle überschritten haben. Jetzt spielt es keine Rolle mehr, woher wir kommen, welchen Pass oder welche Hautfarbe wir haben. Worte haben jeden Überzeugungswert verloren. In dem Moment, als der grinsende Teenager mit der Kalaschnikow nach meiner Wagentür langt, sind wir verurteilt, nach dem Belieben anderer zu leben oder zu sterben.

Flüchtlingslager Gaga, Tschad

Meine Reise beginnt unter Flüchtlingen im Osten des Tschad. Dort treffe ich George Bush. Er tollt auf dem kleinen Familiengrundstück herum, wirft die verbeulten Schüsseln seiner Mutter auf den Boden und zieht Besucher kichernd an der Nase. Man lässt ihm alles durchgehen, er ist der einzige Sohn. Seine ältere

Schwester findet ihn unausstehlich. George Bush hat volle Bäckchen und ist zwei. »Buuush!«, schmeicheln die Flüchtlinge. »Buushka!« Er scheint beliebt zu sein im Flüchtlingslager Gaga, wo mehr als 20000 Darfuris in UN-Zelten leben.

»Nur George Bush kann die Araber in unserem Land stoppen«, sagt sein Vater, Ahmed Juma Abakar. Er hält den Jungen fest umschlungen auf seinem Schoß. »Wenn er groß ist, wird er mithelfen, sie zu töten.«

In Abakar verschmelzen die Identitäten. Er ist ein kaffeebrauner Afrikaner mit weißem Ziegenbart, ein Masalit, Angehöriger eines der afrikanischen Bauernstämme, die von den Dschandschawid – arabischen Nomaden – mit Gewalt aus Darfur vertrieben wurden. Bewaffnet wurden die Dschandschawid von der arabisch dominierten Regierung des Sudan. Abakar verabscheut

TSCHAD Eine Frau, die aus ihrem Dorf vertrieben wurde, gräbt in einem Flüchtlingslager bei Goz Beïda nach Brennholz.

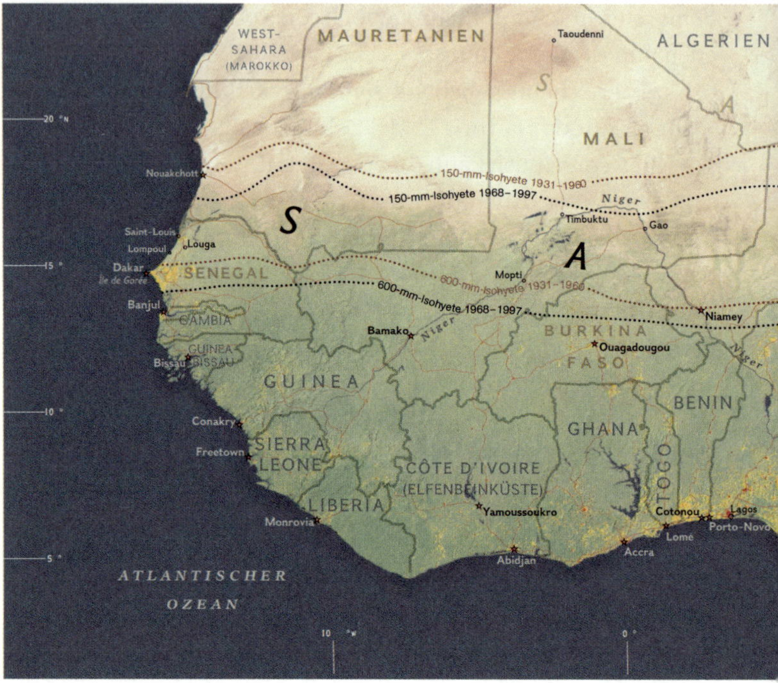

Wo verläuft der Sahel? Farbige Linien, die Gebiete mit gleichem durchschnittlichem Niederschlag verbinden, markieren den Sahel, dessen Nord- und Südgrenze

die Araber. Doch seine Sprache ist Arabisch. Und wie ein Araber serviert er zuckersüßen Tee in kleinen Gläsern, trägt ein weißes langes Gewand und betet fünfmal am Tag Richtung Mekka.

Der Krieg in Darfur hat mindestens 200 000 Todesopfer gefordert und mehr als zwei Millionen Menschen heimatlos gemacht. Vielleicht ist dies der erste Genozid des neuen Jahrhunderts. Doch dieser Krieg ist eigentlich nur einer von mehreren, wenn auch kleineren Konflikten, die überall in der Sahelzone schwelen. Tschad, Niger, Mali, Nigeria, Senegal – solche Konflikte gibt es in

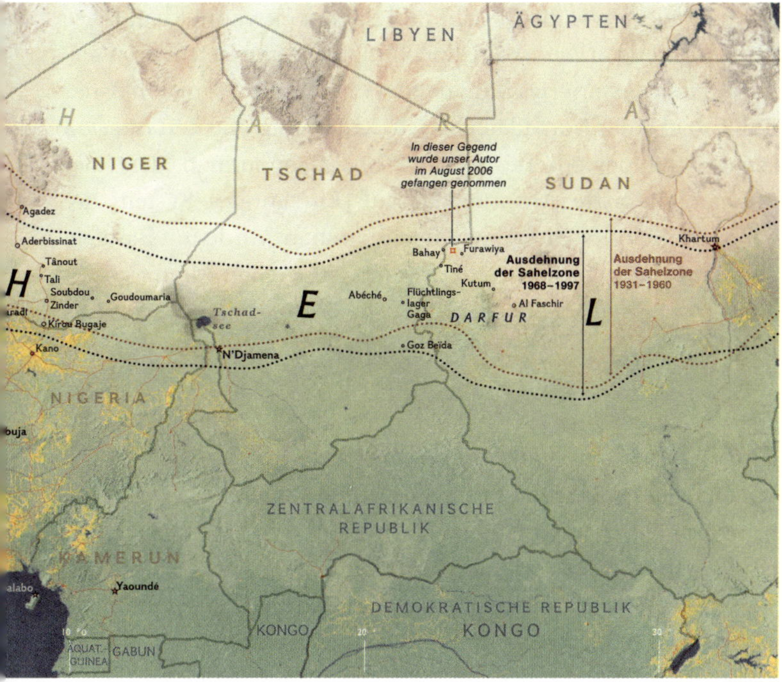

sich seit Jahrtausenden immer wieder verschiebt. Der Niederschlag variiert hier von 150 Millimetern jährlich im Norden bis zu 610 Millimetern im Süden.

jedem Land, das ich bereise. Der Niger vertreibt seine Mahamid-Nomaden, die Tuareg kämpfen gegen reguläre Soldaten aus Mali und dem Niger. Die Kriege sind lokal begrenzt und oft sehr unübersichtlich, doch sie alle sind Teil des uralten Kampfes zwischen nomadischen Hirten und sesshaften Bauern um Gras, Wasser und Land.

In Darfur ist die Gewalt besonders furchtbar, weil die sudanesische Regierung eine Seite – die arabischen Hirtenstämme der Beni Hussein, Ereigat und anderer – gegen aufständische afrikanische Bauern wie die Masalit und die Fur bewaffnet hat. Diese gegnerischen Parteien, beide muslimisch, hatten in früheren Zeiten ein fein austariertes Miteinander entwickelt. Wenn ein Bauer das Kamel eines Nomaden abstach, wurde ihm von den Ältesten seines Stammes ein Teil seiner Ernte abgenommen, denn der Geschädigte hatte Anspruch darauf. Ein antikes System der Lebensmittelhilfe. Mord zwischen Stämmen wurde mit Blutgeld oder Naturalien gesühnt – 100 Kamele für einen Mann, 50 für eine Frau. Eine viereinhalb Kilo schwere Maschine hat dieses fragile Gleichgewicht zerstört.

Die Flut billiger Kalaschnikows nach Darfur hat die individuelle Verantwortung im Krieg ausgelöscht. Sie hat die Stammesautorität untergraben. Junge Männer, die einst ihren Lieblingskühen Lieder vorsangen, besingen jetzt ihre Waffen: »Die Kalasch bringt dir Geld/ohne Geld bist du Dreck.«

»Es gab eine Zeit, da sind wir miteinander ausgekommen«, sagt Abakar. »Die Araber haben ihre Kamele auf unseren Brachfeldern geweidet. Sie waren Freunde meines Vaters.«

Ich frage, wann Araber und Afrikaner wieder Brüder sein könnten. Er schaut mich ungläubig an. Dann dreht er an seinem Transistorradio und schaltet *BBC* ein. Die Israelis bombardieren den Libanon. »Allah-u-akbar!«, ruft der alte Muslim und bejubelt die israelischen Streitkräfte. Triumphierend hebt er George Bushs mollige Ärmchen.

Darfur – Towé

An unserem ersten Abend in Darfur zwingen die bewaffneten Männer Idriss und Daoud, in einen Kleinlaster einzusteigen, und fahren mit ihnen im Mondlicht davon. Irgendwo da draußen binden sie die beiden an einen Baum und foltern sie drei Tage lang. Mich verprü-

geln sie in einer verlassenen Hütte im abgebrannten Dorf Towé. In den Pausen liege ich zusammengeschnürt auf dem Bauch, atme keuchend in den Lehmboden, der nach ranziger Butter riecht. Durch eine gleißend helle Türöffnung kann ich zwei Frauen erkennen. Sie pflanzen Sorghum in einem trockenen Wadi.

Die Arbeit der Frauen erscheint planlos. Sie pflanzen die Samen in Reihen, die sich über das Feld schlängeln, hier und da ausscherend, je nach Gang des Gesprächs. Wenn die Ältere etwas Lustiges erzählt, schwankt sie und kichert in ihre Hände. Sie kommt mir ein wenig vor, als sei sie übergeschnappt. Die Jüngere wirkt ernster. Sie arbeitet zielstrebig, energisch, ihre Saatreihe ist viel gerader. Neben ihr krabbelt ein Kleinkind und versucht, sich die Samenkörner in den Mund zu stecken. Den ganzen Tag lang sind die Frauen zugange. Am späten Nachmittag geraten sie in Streit, und auch ihre Pflanzreihen streben im Groll auseinander.

In Darfur sind die Frauen Opfer schlimmster Gewalt. Massenvergewaltigungen durch die Dschandschawid sind genau dokumentiert. Im Zuge einer sudanesischen Kampagne ethnischer Säuberungen wurden Frauen bei lebendigem Leib verbrannt, aufgespießt, in Brunnen geworfen, oder sie wurden erschossen. Auch diese Geschichten werden die Saatreihen auf den Feldern aufzeichnen.

Ich liege in der Hütte und stelle mir vor, im Tiefflug über die Savannen von Darfur zu gleiten und die Lebensläufe von Frauen in den Hirse-, Erdnuss- und Sorghumfeldern zu lesen. (Sehen Sie die Melonenreihe, die mitten auf dem Feld endet? Da hörte eine Fur-Großmutter herangaloppierende Hufe, ließ ihren Saateimer fallen und rannte um ihr Leben.)

Die beiden Frauen in Towé sind Zaghawa – Halbnomaden. Die, die immer lacht, heißt Fatim Yousif Zaite. Sie ist keineswegs verrückt. Sie ist 40, hat den brennenden Blick der Hungernden und ein unschuldiges Lächeln. Sie bringt mir Schalen mit asida, *einem*

NIGER Ein Hirte folgt seinen Ziegen über die Dünen nahe der Stadt Goudoumaria. Bis auf die großen Bäume hat der Sand hier alles verschluckt. Regenmangel ließ in Teilen des südlichen Niger die Brunnen versiegen – viele Menschen zogen fort.

Püree aus gelben Linsen, das sie kaum entbehren kann. Einmal, als man mich fürs Essen losgebunden hat, nehme ich rasch ihre beiden staubigen Hände in meine. Sie springt voller Angst zurück.

Dabei will ich dir nur danken, Fatim. Die Dschandschawid werden deine Kinder vielleicht in Fässer mit heißem Wasser werfen, wie sie es anderswo getan haben. Die sudanesische Luftwaffe mag deine Felder bombardieren und deine Angehörigen töten. Aber jetzt bist du für ein paar Tage meine Mutter.

Kirou Bugaje, Niger

Niger, ein paar Monate später. Ich nehme einen Bus Richtung Osten. Die Ebenen werden üppig grün. Ochsenkarren ruckeln mit

NIGER Nigrische Wanderarbeiter kehren aus Libyen in die Heimat zurück. Die Sahelzone war einst Zentrum des Sklavenhandels und Umschlagplatz für Elfenbein und Gold. Heute suchen viele junge Männer Arbeit in reicheren Ländern.

riesigen Erdnussbergen beladen über rote Pisten. Kinderlachen tröpfelt aus hohem Gras. Das *tok-tok-tok* der hirsestampfenden Frauen übermittelt die Nachricht von guten Ernten.

Welch Überraschung! Man stellt sich den Sahel als Zone des Hungers vor. In den Siebziger- und Achtzigerjahren wurde Nordafrika von Dürrekatastrophen versengt. Noch 2005 wütete eine Hungersnot im Niger. In einigen Gebieten der Sahelzone herrscht noch immer Hunger, und die Region verliert Boden an die Sahara.

Doch Forscher stellen verblüfft fest, dass im Niger, einem Land doppelt so groß wie Frankreich, auf 49 000 Quadratkilometern Savanne heute mehr wächst als vor 20 oder 30 Jahren. Ähnlich erholen sich auch die Bäume, Gräser und Büsche in Teilen von Mali und Burkina Faso. Warum?

Ökologen sind uneins. Manche sehen die globale Erwärmung als Ursache dafür, dass es in Nordafrika mehr regnet. Andere behaupten, durch die kriegsbedingte Abnahme der Landbevölkerung hätten sich Millionen von Hektar Land erholen können.

Abdurahaman Ademu, der wohlbeleibte Häuptling des Haussa-Dorfs Kirou Bugaje, hat seine eigene Erklärung: das Wunderblatt eines Baums. »Der *gao* steigert unsere Hirse- und Sorghumerträge«, sagt Ademu, der ganz in Weiß über seine schattigen, baumbestandenen Felder läuft. »Darum schlagen wir keine Bäume mehr. Wir pflanzen um die Bäume herum.«

Der *gao,* auf Deutsch: Anabaum, bindet reichlich Stickstoff, wie etwa die Luzerne. Sein Laub ist sehr nährstoffreich. Vor 25 Jahren haben Ademu und sein Volk während einer Hungersnot fast alle Bäume im Umkreis eines Tagesmarsches gefällt. Als die Ernten ausfielen, aßen sie die Blätter. Als die Blätter weg waren, schlugen sie die Bäume, um mit dem Verkauf von Brennholz Geld für Lebensmittel zu verdienen. Schließlich erinnerte sich jemand daran, dass die Getreideernte höher ausgefallen war, wenn man die Saat im Schatten von Anabäumen ausbrachte. Man begann wieder, wilde Baumarten anzupflanzen. Ohne viel Gerede zu machen, sind einige der ärmsten Bauern der Welt heute dabei, riesige Landstriche der Sahelzone systematisch aufzuforsten.

Ademu hat drei Ehefrauen. Sie heißen Zeinahu, Hajara und Hadjia. Er hat 20 Kinder, die er »Du da« und »Der hier« nennt. Es belustigt ihn, dass ich sein Dorf so schön finde. In der Dämmerung färbt sich der Himmel orange. Wir essen in Palmöl schwimmende Spaghetti. Im Dorf herrscht ein Zwitschern und Kreischen wie auf dem Spielplatz. Ein weißer Mond geht auf, und aus der Savanne treiben die Fulani-Nomaden ihre Rinder mit den geschwungenen Hörnern Richtung Süden, nach Nigeria. Sie sind mit Pfeil und Bogen bewaffnet, einige tragen ein Breitschwert auf dem Rücken.

Krieg gibt es hier seit Jahren nicht mehr. Nickt man auf einem Gebetsteppich vor Ademus Familienmoschee ein, kann man sich glatt einbilden, es gäbe nichts auf der Welt, das nicht wieder gut werden würde.

Darfur – Gefangen im Geisterhaus

Am dritten Tag unserer Gefangenschaft in Darfur tauschen die bewaffneten Männer Idriss, Daoud und mich bei den Sudanesen gegen eine Kiste mit Uniformen. Ein Militärhubschrauber bringt uns nach Al Faschir, der Hauptstadt von Norddarfur. Über Kutum erschreckt mich lautes Knallen bis ins Mark. Wir sind unter Bodenbeschuss von Rebellen. Löcher blitzen im Rumpf auf, ein Offizier mir gegenüber fällt vom Sitz und greift sich an den Rücken. Das Projektil hat ihn nur gestreift, er überlebt. Seine Kameraden gratulieren, als hätte er das große Los gezogen. Doch der Pilot weiß es besser. Nach einer harten Landung am Flughafen springt er aus der Maschine und läuft weg, ohne sich einmal umzuschauen.

Wir werden in ein »Geisterhaus« gebracht – eines der geheimen Gefängnisse im Sudan. Es ist Nacht. Eine Bande bewaffneter Schläger brüllt uns an und drückt uns gegen eine Lehmwand. Sie beschimpfen uns als Spione und fuchteln mit ihren Handys vor meiner Nase herum. Auf den kleinen Displays sind brennende Türme und Minifotos von Osama bin Laden zu sehen. Ich denke: »Das ist das Ende.« Aber es ist erst der Anfang.

Was soll man über diese Tage sagen?

Ein Agent des sudanesischen Geheimdienstes, »Istikhbarat«, durchwühlt jeden Morgen die Latrinengrube meiner Zelle. Wonach er sucht, ist mir ein Rätsel. Seine Mühe wird nicht belohnt, denn ich bin im Hungerstreik. Ich protestiere, weil man mich von den anderen getrennt hat, rebelliere gegen meine Einzelhaft. Am achten Tag esse ich wieder, denn die Wachmannschaft lässt mich wissen, man werde mich mit einem Gummischlauch zwangsernähren. »Wie in Guantanamo«, sagen sie.

Während eines der mitternächtlichen Verhöre sehe ich ein kleines stacheliges Tier über den Boden schnüffeln. Es sieht wie ein Igel aus. Mir schwirrt der Kopf vor Hunger. Ich habe schon längst nichts mehr zu sagen. Ich strecke die Hand aus.

»Lass die Finger von dem Igel«, sagt der Oberst.

»Okay.«

Ich lange wieder hin.

»Nicht an-fas-sen!« Es ist sein Haustier.

Ich spüre es genau: Mein Gesicht fühlt sich ganz merkwürdig an. Es ist mein erstes Lächeln seit zehn Tagen.

Kano, Nigeria

Ich holpere in einem Buschtaxi gen Süden. Mit mir fünf Fulani-Nomaden und 60 Kilo Ziegenkäse auf dem Weg zu Nigerias Märkten. Überall sind Fliegen.

Hätte es nicht eine gewisse Fliege gegeben, wäre vielleicht ganz Afrika muslimisch geworden. Der Islam galoppierte bereits auf Pferde- und Kamelrücken durch Nordafrika, als das christliche Europa noch unter Herrschern wie Heinrich dem Zänker und Æthelred dem Unfertigen dahindämmerte. 1000 n. Chr. hatten muslimische Abgesandte – Krieger, Gelehrte, Heilige, Gold- und Sklavenhändler – die grüne Fahne Mohammeds bereits an den Küsten Westafrikas gehisst, wo man noch vier Jahrhunderte lang auf die bleichen Segel portugiesischer Karavellen warten sollte. Doch der Stich der Tsetsefliege, *Glossina,* versperrte den Weg

NIGER Zusammengekauert warten drei Jungen in der Kühle des Morgens vor einer Koranschule in Goudoumaria auf den Unterricht. Manche Schüler kommen aus weit entfernten Dörfern. Im Sahel dominiert der sunnitische Islam, in dem sich sufische und afrikanische Traditionen verbinden.

nach Süden. Das Insekt, das einen Blutparasiten – den Verursacher der Schlafkrankheit – überträgt, tötete in den offenen Waldgebieten südlich der Sahara eine Unzahl von Eindringlingen samt ihren Pferden.

Auch heute noch regiert die Tsetsefliege, und die Religionsgrenze ist die gleiche geblieben. Nördlich des Tsetsegürtels bleibt Afrika vorwiegend muslimisch; im Süden liegt ein Flickenteppich verschiedener Religionen, wobei das Christentum vorherrschend ist.

Das Aufeinanderprallen beider Kulturen erlebe ich in Kano. Nigerias zweitgrößte Stadt schmort in ihrem eigenen Smog. Nur wenige Touristen kommen hierher. Kano gilt als Ort ständiger religiöser Konflikte.

NIGER Von der Regierung angeworbene Frauen flechten aus Zweigen und Gras feinmaschige Gitterzäune, die verhindern sollen, dass zu viel Sand auf Acker- und Weideland geweht wird.

Hunderte von Menschen sind bisher bei Zusammenstößen zwischen Extremisten der muslimischen Mehrheit und christlichen Migranten aus dem Süden des Landes umgekommen. Konservative Imame bedrängen den Gouverneur, die Scharia, das islamische Gesetz, im Bundesstaat einzuführen – eine Provokation im säkularen Nigeria. Straßenschilder sind in Arabisch geschrieben, Läden werden von libanesischen, jemenitischen und ägyptischen Handelsreisenden beliefert. Motorradtaxis nehmen keine Frauen mit: Möglichen Körperkontakt mit den Fahrern hält man für unschicklich. Vor einigen Jahren boykottierten örtliche Amtspersonen sogar eine Antipolio-Kampagne der Vereinten Nationen mit der Behauptung, die Impfstoffe sterilisierten die muslimischen Mädchen. Seitdem ist die Kinder-

NIGER Nach den Dürren der Achtzigerjahre haben die Menschen verlorenes Land zurückgewonnen. Sie haben Bäume gepflanzt, Steinmauern gegen die Erosion gebaut, Samen in Niederungen ausgesät, in denen sich der Regen sammelt.

lähmung, die in Afrika fast verschwunden war, in Nigeria wieder ausgebrochen und wird erneut in die umliegenden Länder getragen.

In Kano gibt es jetzt auch eine schwarze Taliban-Gruppierung. Ein örtlicher Mullah nennt sich »Kandahar«, nach der Hauptstadt der afghanischen Fanatiker.

»Ich müsste mit Blut bezahlen, wenn ich in der Altstadt predigen würde«, sagt Foster Ekemele, der Methodistenbischof von Kanos christlichen Außenbezirken.

Ekemele ist ein Igbo aus dem Südosten. Er hat den steifen Gang eines ehemaligen Boxers. Gute und schlechte Zeiten hat er zwischen Kanos beiden großen Religionen erlebt. Bei meinem Besuch beklagt er sich bitter darüber, dass seine Gemeindemitglieder jedes Mal der Rache von Muslimen ausgesetzt sind, wenn die Amerikaner wieder ein islamisches Land bombardieren. Ekemeles Kirche gleicht einer Festung aus unverputztem Beton, umgeben von einem hohen, mit Spitzen versehenen Eisenzaun. Nur der Burggraben fehlt noch.

Und was meint die muslimische Seite dazu? Salisu Shehu, ein milder Gelehrter mit hängenden Augenlidern, unterrichtet das Fach Islamstudien an der Bayero-Universität, wo handgemalte Tafeln Studenten mahnen: »Kleidung: modisch, aber sittsam«. Shehu meint, die eigentliche Ursache für die Kämpfe in Kano sei die Armut. Christliche Igbo und muslimische Haussa brauchten Arbeit. Die Jugendlichen seien arbeitslos, rastlos. »Der Islam im Sahel ist eigentlich weder extremistisch noch intolerant – er ist eine sehr alte Variante des Sufismus, entwickelt von dem moderaten Imam Malik; eine Nomadenreligion, die in der Maxime ›leben und leben lassen‹ der Händler wurzelt.« Doch die muslimische und die christliche Bevölkerung Afrikas sind in den vergangenen zehn Jahren extrem gewachsen. Die Geburtenrate in der Sahelzone gehört zu den höchsten der Welt. Von konservativen Nahoststaaten finanzierte Moscheen sind in Städten und Dörfern aus dem Boden geschossen, und viele der afrikanischen Christen gehören ihrerseits auch nicht zu den gemäßigten Gruppen. Aus Kirchenlautsprechern dröhnen Predigten, Geistliche segnen Milizen, mehrere Unruhen in Kano wurden durch Massaker von Christen an Muslimen anderswo in Nigeria ausgelöst. Aber mir begegnen keine Extremisten.

Um fünf Uhr morgens klingelt in meinem Hotelzimmer das Telefon. Ein Geheimpolizist ist dran.

»Warumsindsiehier?«, fragt er.

»Wie bitte?«

»Kommensiesofortindielobby!«

Meine Papiere sind in Ordnung. Doch ich gerate in Panik. Ich hake in Windeseile ab, wer meine Anwesenheit in Kano verraten haben könnte, und tippe auf einen mürrischen Apotheker. Der hat sicher meinen Namen gegoogelt und ist auf die Meldung gestoßen: Sudan beschuldigt US-Journalisten der Spionage. Mir klingt das Zuschlagen der Zellentüren noch im Kopf, und ich halte den Agenten in der Lobby mit Ausreden hin. Wie wild fange ich an, meine Notizen zu verstecken, aber ich schaffe es nur, mir beim Anheben des Hotelkühlschranks den Rücken zu verrenken. Ich werfe meine Tasche aus dem Fenster im zweiten Stock, lasse mich vorsichtig auf den Fenstersims hinunter und falle dann drei Meter tief. Mein Rücken kracht. Schluss, aus. Ich gebe auf. Ich humple in die Lobby, von der Taille abwärts gebückt. Mein T-Shirt habe ich verkehrt herum an, meine restlichen Notizen stecken in den Socken. Die Lobby ist leer. Der Geheimpolizist hatte keine Lust mehr zu warten. Das ist Nigeria.

Bei Sonnenaufgang habe ich alle Plätze in einem alten Peugeot-Buschtaxi aufgekauft und bin auf dem Weg nach Mali.

Darfur – Gefängnis der Polizeiwache

Die Russen sind sturzbetrunken. Sudanesische Polizisten haben die drei um Mitternacht in unsere Zelle geworfen – sie haben die Ausgangssperre missachtet. Es sind Hubschrauberpiloten, die für AMIS arbeiten, die geplagte Friedenstruppe der Afrikanischen Union in Darfur. Einer fängt an, russische Lieder zu singen. Die beiden anderen fragen, warum ich da bin. Ich sage es ihnen. Ich bin illegal nach Darfur eingereist, vom Tschad durch einen »Nebeneingang«, wie Dutzende andere westliche Journalisten auch. Nur bin ich eben erwischt worden. Mir drohen 20 Jahre Gefängnis. Ich muss das Wort »Spionage« dreimal wiederholen, bevor sie kapieren.

»Sudan« – spuckt der eine aus – »ist doch am Arsch.« Er trägt eine Vokuhila-Frisur und gelbe Beatles-Stiefel. Man wird die drei schließlich abschieben.

In der Nacht bricht ein anderer Gefangener aus – ein Waffenschmuggler aus Darfur. Er hinterlässt einen großen Blutfleck an der Mauer des Gefängnishofs. Er hat sich am Stacheldraht schwer verletzt. Als Folge davon müssen Idriss, Daoud und ich die nächsten beiden Tage mit 16 anderen Gefangenen in einer fünf mal fünf Meter großen Zelle verbringen. Wir kauern in Embryonalstellung zusammen wie Eier in einem Brutkasten. Taschendiebe, Betrüger, Ziegendiebe, zwei Straßenkinder und ein Verrückter pinkeln abwechselnd durch die Gittertür nach draußen.

Diese Zelle einer zivilen Polizeiwache ist die zweite Station unserer Gefangenschaft. In ihre schmutzstarrenden Wände sind Hunderte Namen geritzt. Unsere sind auch darunter.

Timbuktu, Mali

In Mali nehme ich eine Fähre den Niger aufwärts, um das berühmteste Provinznest der Sahelzone zu sehen. Einst war Timbuktu eine Wasserstelle der Nomaden, bis zum 16. Jahrhundert entwickelte es sich zum Oxford der islamischen Welt, einer Stadt, in der bis zu 25000 Gelehrte lebten. Dann sank es wieder zurück in die Bedeutungslosigkeit.

Die sandigen Gassen hier sind wie Solaröfen. Ziegen laufen kreuz und quer auf der Hauptstraße, schwitzende Touristen verschicken Briefe mit dem Stempel einer Stadt, die für das Ende der Welt steht. Ich gehe in die kühle Imam-Ben-Essayouti-Bibliothek, um einen Blick auf das Goldene Zeitalter des Islam zu erhaschen.

Banzoumana Traore ist ein Malier mit haselnussbraunen Augen, der an Albinismus leidet. Auf seinem locker sitzenden Baumwollanzug prangen gelbe und blaue Tupfen. Er ist Archivar dieser Bibliothek, die einen Rest von Timbuktus unbezahlbarem Schatz mittelalterlicher Manuskripte birgt. Mit Geld aus Südafrika, den Vereinigten Staaten, aus arabischen Ländern und Europa entstehen überall in Timbuktu kleine private Einrichtungen wie diese. Sie beherbergen das unglaubliche intellektuelle Erbe des Sahel: Zehntausende handgeschriebener Manuskripte, einige wurden seit der Eroberung der Stadt durch die Marokkaner im Jahr 1591 in Höhlen und Privatschränken gehütet. Es gibt Liebesgedichte in maurischem Spanisch, Traktate über islamische Rechtswissenschaft und jahrhundertealte Abhandlungen über Astronomie, Optik, Medizin, Ethik und Botanik. Angesichts dieser fragilen Schätze muss man den Mangel an Buchwissen in der arabischsprachigen Welt zutiefst beklagen. Eine neuere Untersuchung der Vereinten Nationen kommt zu dem Schluss, dass in den vergangenen 1200 Jahren nur 10 000 Bücher ins Arabische übertragen wurden – weniger als in Spanien in einem einzigen Jahr übersetzt werden.

Traores rosa Zeigefinger gleitet über Tinte, die aus Lampenruß angerührt wurde. Er liest laut vor: von einem Sklavenmädchen im Bagdad des 9. Jahrhunderts, das die Ratgeber des Kalifen in einem Intelligenztest beschämte (eine Lektion über den Wert der Frauen), einen Diskurs über die islamische Tradition des Tabakrauchens und von einer antiken Gedächtnistechnik beim Lernen von Algebra (indem man den Zahlen bestimmte Töne zuordnete, konnten Schüler Gleichungen singen).

Timbuktu wurde von den Königen von Mali und Songhai regiert, von den Marokkanern und von Frankreich. »Und während der ganzen Zeit haben einheimische Familien die Manuskripte gehütet«, sagt Traore voller Stolz.

Als ich mich in Timbuktu aufhalte, ist das Interesse eines weiteren Staats an diesem entlegenen Ort nicht zu übersehen. Ame-

MALI Wie schon seit Jahrhunderten ernten Arbeiter in der Taoudenni-Mine das Salz von Hand (oben). Kamelkarawanen transportieren es die 650 Kilometer Richtung Süden nach Timbuktu, wo eine 60 Kilo schwere Platte von höchster Qualität umgerechnet rund elf Euro bringt. Die salzzerfressenen Füße eines Arbeiters (unten) erzählen vom harten Leben, das den erwartet, der hier landet.

rikanische Spezialeinheiten holpern in staubigen Geländewagen durch den Ort. Washington hat seine Lektion in Afghanistan gelernt – und wendet sich nun dem islamischen Afrika zu, um zu verhindern, dass muslimische Extremisten hier Unterschlupf finden und ihren Einfluss verstärken. Das Pentagon gibt 100 Millionen Dollar im Jahr aus, um das bettelarme Militär des Sahel in Antiterrortaktik auszubilden. Eine neue Afrika-Kommandozentrale, Africom, soll ab Oktober 2008 einsatzbereit sein – vorerst mit Hauptsitz in Stuttgart. Allerdings wollen nur wenige afrikanische Länder mit Africom zusammenarbeiten.

Die Front im globalen Krieg gegen den Terror ist eine weitere unsichtbare Linie in der Sahelzone. Sie verläuft im Zickzack durch die Dünen nördlich von Timbuktu, wo Green Berets – US-Sondereinsatztruppen – malischen Soldaten beibringen, wie man die von Algerien aus agierenden Dschihadkämpfer aus dem Hinterhalt angreift. Die Malier sind unterernährt und überhöflich, es fehlt ihnen an elementarster Ausrüstung. Einige sind taub. Andere brauchen eine Brille. »Sie schießen einfach in den Sand«, sagt ein Unteroffizier der US-Truppe mit Südstaatenakzent. Die Elitesoldaten impfen auch Babys, plombieren Zähne und entwurmen das abgemagerte Vieh der Nomaden. Aber die für das Volk hier beeindruckendste Handlung vollzieht einer der Männer im Geheimen.

Er heißt David. Sein geschorener Kopf ist von der Sonne braunrot verbrannt, die Augen glitzern entschlossen. 16 Jahre amerikanische Armee hat er auf dem Buckel. Er war schon zuvor im Afrikaeinsatz, nun möchte er zum Islam konvertieren. Um neun Uhr am Abend schlüpft er aus dem Lager der Spezialeinheit und fährt zum Lehmziegelpalast des Imam von Timbuktu. »Meine Waffe – ich habe nicht an meine Waffe gedacht«, sagt er, denn er kann schließlich schlecht seine Pistole zu einer Übertrittszeremonie mitnehmen. Er verstaut die Waffe unter dem Autositz.

Der Imam ist rundlich und fröhlich und sitzt mit gekreuzten Beinen unter einem surrenden Ventilator. Das Fernsehen meldet gerade den aktuellen Spielstand zwischen Lyon und Real Madrid. Der Imam weist David an, dreimal die Schahadah, das islamische Glaubensbekenntnis, zu sprechen, und belehrt ihn ausführlich auf Songhai und Französisch über die fünf Säulen des Glaubens.

»Einige habe ich nicht verstanden«, gesteht David.

Ein halbes Dutzend junger Malier machen Fotos mit dem Handy. Die Jungen zittern vor Aufregung. Ein moderner Zenturio, der im exotischen Timbuktu ein Sohn Allahs wird! So etwas sieht man nur einmal im Leben. Da scheint mit einem Mal alles möglich zu sein. Später jedoch wird David einen Verweis wegen Missachtung der Sicherheitsvorschriften bekommen.

»Fin du cérémonie!«, ruft der Imam und klatscht in die Hände. Für David fügt er hinzu: »Mission accomplished!«, Auftrag erfüllt. Ich finde den Imam sympathisch. Er will auf keinen Fall das Ende des Fußballspiels verpassen.

Darfur – Gerichtsgefängnis

Donnerstag ist Gerichtstag in Al Faschir.

In unserem dritten Gefängnis, einem Zellenblock außerhalb des lokalen Gerichtsgebäudes, sprechen sudanesische Richter in hellblauen Anzügen ihre Urteile nach islamischem Recht. Die Polizei vollstreckt die Strafen auf der Stelle mit einem Ochsenziemer. Ich habe noch nie gesehen, wie jemand ausgepeitscht wird. Sie zwingen uns, zuzuschauen.

Die Peitsche landet mit einem dumpfen »Plopp« auf Rücken, Hintern und Beinen der Gefangenen. Es ist grauenhaft: Wie können Menschen nur so schwitzen – und so schnell! Nach zehn Schlägen sind die Gefangenen nass wie Schwimmer. Nach 20 ist die Hof-

mauer hinter dem Auspeitschpfosten mit Schweiß bespritzt. Die Muskeln der Männer verkrampfen sich. Aber ihre Tapferkeit ist einfach unglaublich. Ein Sträfling mittleren Alters aus Darfur, ein Angehöriger der Mittelschicht, der wie ein Lehrer aussieht, erträgt die 100 Peitschenhiebe, ohne einen einzigen Laut von sich zu geben. Als es vorbei ist, schreitet er zielstrebig über den Hof, als müsse er dringend zu einem Termin, dann fällt er mit dem Gesicht nach unten in den Staub. Er ist ein Ehebrecher.

Der Hauptauspeitscher ist Oberst Salah.

Vierschrötig wie ein Hackklotz, und obwohl er erst 30 ist, hat sein Haar keine Farbe mehr. Gegen Ende unserer Gefangenschaft, an Tagen, an denen mir heiter zumute ist, nehme ich seine Einladung zu einer Partie Schach an. Er gewinnt fast immer. Wenn er redet, gibt er die Parolen des Dschihad zum Besten – »wenn die Welt erst zum Islam übertritt …« –, doch seine ständigen Seufzer erzählen eine Geschichte, die Geschichte von unterdrücktem Ehrgeiz. Nachts studiert er Lehrbücher über Mikrobiologie. Er träumt von Krankenzimmern und Patienten, denen er seine großen Hände auf die Stirn legen kann. Er sieht sich eher im weißen Kittel eines Arztes als im groben Tarnanzug eines Polizisten.

Glauben Sie mir, wenn ich Ihnen sage, dass es eine weiche Stelle im Herzen von Oberst Salah gibt? Dass er sanft zu seinen Opfern spricht, sie bittet, keine Angst zu haben, selbst als er ihnen die Haut vom Rücken peitscht?

Zu diesem Zeitpunkt hat man von unserem Aufenthaltsort erfahren. Ein Leutnant der amerikanischen Luftwaffe und ein Major der Marine versorgen uns mit Käse und anderen Dingen, ein amerikanischer Diplomat bringt mir Faulkner zum Lesen. Schließlich greift Bill Richardson ein, der Gouverneur meines Heimatstaats New Mexico. Daoud und Idriss dürfen in den Tschad zurückkehren, in das gefährliche Leben der Sahelzone. Ich fliege 20 Stunden im geliehenen Jet des Gouverneurs nach Hause ans andere Ende der Welt.

Zwei Monate später mache ich gerade die Wäsche, als das Telefon klingelt. Ich brauche einen Moment, um die metallische Stimme des Anrufers mit gewissen Händen zu verbinden, den Händen, die die Schultern von Männern umklammerten und sie entschlossen an eine schweißbefleckte Mauer führten.

»Hallo, mein Freund!«, bellt Oberst Salah.

Er brüllt, die Verbindung ist schlecht. Er sei in Khartum, sagt er, leider sei er in ein größeres Gefängnis versetzt worden. Er erkundigt sich nach meiner Gesundheit und nach meiner Familie. In Wirklichkeit möchte er über die amerikanische Greencard-Lotterie sprechen.

Saint-Louis, Senegal

Die letzte Grenzlinie in der Sahelzone ist der Atlantik.

In der senegalesischen Hauptstadt Dakar herrscht die fiebrige Atmosphäre einer Hafenstadt. Es wimmelt von aufdringlichen Händlern, Huren und Visajägern, die auf Pappkartons vor europäischen Botschaften kampieren. Immer wieder bringen die Zeitungen hier Geschichten von einem unheimlichen Exodus: Massenhaft kommen afrikanische Migranten ums Leben, die versuchen, in motorisierten Kanus die Kanarischen Inseln zu erreichen.

Für mich endet die Sahelzone an der Tür von Didier, dem Kapitän eines dieser Boote. Ich treffe ihn in Saint-Louis.

Er wohnt in einer Hütte am Strand oberhalb der Hochwassermarke. Widerstrebend willigt er ein, mit mir zu reden. Denn was er tut, ist illegal. Er hat bereits zwei Bootsladungen mit Senegalesen, Maliern, Guineern, Nigerianern und Burkinern auf die Kanaren gebracht. Alle haben ihre Fahrräder verpfändet, die Näh-

SENEGAL Die Sahelzone endet in Dakar. Ein Kanal leitet Regenwasser durch die dicht bevölkerte Stadt zum Atlantik. Tagsüber landen Fischer ihren Fang am Strand an, nachts schleusen manche von ihnen Migranten auf die Kanarischen Inseln.

maschinen ihrer Frauen, die unfruchtbaren Felder ihrer Eltern, ihre Hütten – alles, was sie besaßen, um die umgerechnet gut 600 Euro für die Überfahrt zusammenzukratzen. Für eine Zukunft, in der sie in Valencia Geschirr spülen oder auf römischen Plätzen Lederwaren verhökern. Zwölf zahlende Kunden seien ihm verstorben. Sie hätten durchgedreht, erklärt Didier. Sie hätten auf der fünf Tage und 1480 Kilometer langen Reise durch die atlantischen Wogen Meerwasser getrunken. »Wir haben den Koran gelesen und sie über Bord geworfen«, sagt er. »Sonst hätten sie angefangen zu stinken.«

Heute Abend fährt Didier wieder mit einem Kanu los. Er wird ein kleines Vermögen verdienen, mehr als 600 Euro (ein gutes Jahresgehalt) in einer Woche. Er hat prächtige Muskeln. Doch

TSCHAD Ein plötzlicher Guss durchnässt Frauen, die in der Nähe von Abéché ihres Weges ziehen. Der Klimawandel hat dem Sahel viele Dürren gebracht, aber auch heftige Regenfälle: Im September 2007 kam es in der zumeist ausgetrockneten Region sogar zu Überschwemmungen.

trotz seines großspurigen Gehabes in seinen nagelneuen Jeans und dem roten T-Shirt leuchtet aus seinen Augen die Angst. Krankenwagen heulen den ganzen Nachmittag durch Saint-Louis. Ein Boot mit Emigranten ist vor der Küste gesunken. Leichen werden angespült. Mehr als 100 Menschen werden vermisst.

Zehntausende wagen jedes Jahr diese Überfahrt. Hunderte sterben. Die Europäer schicken Marineschiffe, die die Flüchtlinge aufgreifen sollen. Diese »illegale Migration« ist eine verzweifelte Flucht aus einem Leben, das uns immer unbekannt bleiben wird. Ein unterbezahlter Lehrer in Nordamerika oder Europa verdient nicht zehnmal mehr, nicht 20-mal, sondern 100-mal mehr als Millionen von Sahelbewohnern. Der Gedanke, dass ein solch maßloses Missverhältnis jemanden nicht berühren könnte, ist absurd.

Ich schaue zu, wie Didier bei Sonnenuntergang losfährt. Steif steuert er in rotem Ölzeug sein Boot aus dem Hafen. Auf mein Winken reagiert er nicht. Am Strand schlägt ein kleines Mädchen Rad zwischen Abfallhaufen. Didiers Boot entschwindet in der dunkler werdenden See, die wie mit Kohlestift gezeichnet wirkt.

In Gedanken bin ich bei den Flüchtlingen. Ich sehe mich in das Boot gekauert. Aber selbst wenn wir alle überleben, bin ich nicht sicher, ob wir der Sahelzone je wirklich entkommen.

Text: Paul Salopek
Fotos: Pascal Maitre

Ich frage mich, was Stephanie Stahl gerade durch den Kopf ging.

Vor 37 Jahren reiste ich in die Prärie von Montana, um eine Gemeinde der Hutterer zu fotografieren. Ich entdeckte einen Ort, an dem die Menschen verwirklichen, was ihre Ältesten seit Jahrhunderten predigen: Lebe einfach, teile alles, und vertraue auf Gott! Nun kehrte ich wieder zu meinen langjährigen Freunden in Surprise Creek zurück – um Trost bei ihnen zu suchen.

Die Hutterer von Surprise Creek

Sommer 1969

Der erste Mensch ist auf dem Mond, Tausende Jugendliche strömen nach Woodstock, und Tausende demonstrieren gegen den Krieg in Vietnam. Ich bin in Zentralmontana, um für NATIONAL GEOGRAPHIC in einer Kolonie namens Surprise Creek die Lebensweise der Hutterer, einer pazifistischen Religionsgemeinschaft, zu dokumentieren.

Ihr Leben unterscheidet sich stark von meinem und vermutlich von dem der meisten Menschen. Dennoch steht am Ende dieses Auftrags eine lebenslange Freundschaft. Ich bin jung, verheiratet, Vater von zwei Söhnen und zwei Töchtern. Scott, unser Erstgeborener, ist neun.

Herbst 2004

Wir fliegen nicht mehr zum Mond, wir führen einen anderen Krieg, und über Woodstock wird allenfalls gewitzelt: Wenn du dich erinnern kannst, dass du dort warst, warst du wahrscheinlich gar nicht dort. Ich bin nicht mehr jung, zum zweiten Mal verheiratet und habe noch einen Sohn. Scott ist jetzt 44 und todkrank. Wir wissen nicht, ob er sterben wird. Jedenfalls versuchen wir, nicht daran zu denken.

An diesem Herbsttag fahre ich in meinem Pick-up nach Montana, um einen neuen Artikel über die Hutterer von Surprise Creek zu schreiben. Neben mir sitzt mein junger Springerspaniel. Außerhalb von Minneapolis mache ich halt. Dort lebt Scott mit

Mit Darius Walter (rechts) habe ich viel Zeit in seiner Küche verbracht. Er und seine Frau Annie haben ihr Haus auch zu meinem gemacht. Morgens kommt oft Sam Hofer (links) vorbei, der Prediger. Er und Darius leiten die Gemeinde.

seiner Frau und seinen zwei Kindern. Ich will ein wenig Zeit mit ihm verbringen.

Mir sind Zweifel gekommen wegen des Hutterer-Artikels. »Wärme ich da nicht uralte Geschichten auf?«, frage ich meinen Sohn. Scott hat ein Melanom, eines von der schlimmsten Sorte. Er ist schon früh kahl geworden. Heute trägt er seine Baseballkappe. Da er an den Seiten und am Hinterkopf noch Haare hat, sieht er relativ gesund aus. »Dad, wer weiß, wann du noch einmal etwas so Persönliches machen kannst«, sagt Scott. »Vielleicht hast du recht«, antworte ich. Wie sehr, können wir an diesem Tag nicht erahnen. Am nächsten Morgen mache ich mich auf den Weg nach Montana.

Ein paar Tage später sitze ich in Darius und Annie Walters Holzhaus – und fühle mich zu Hause. Im Laufe der Jahre bin ich oft in die Kolonie zurückgekehrt. Manchmal bin ich mit meiner Hündin »Sarah« hierhergekommen, um Vögel zu jagen und meine Freunde zu besuchen. Immer habe ich bei den Walters gewohnt. Meine Tochter Terri nennt die Hutterer und die Walters »deine zweite Familie«.

Darius (65) sitzt auf seinem Platz am Küchentisch. Er ist einige Jahre jünger als ich und einer meiner besten Freunde. Darius trägt einen Bart. Alle verheirateten Hutterer müssen einen Bart tragen. Und er trägt auch die Hosenträger, die männliche Hutterer aller Altersstufen tragen. Sein Körper ist massiger als früher, sein Gesicht stärker gerötet. Den dichten silbergrauen Haarschopf und seinen Sinn für Humor hat er von seinem verstorbenen Vater Eli. Der war bei meinem ersten Besuch in der Kolonie noch der Prediger. Von seinem Platz in der Küche kann Darius aus den Fenstern sehen. Er hat freien Blick bis zu einem Vogelfütterungsplatz und den Wäscheleinen. Lange Frauenkleider, Röcke und weiße Blusen, schwarze Männerhosen, weiße Socken und karierte Hemden – und dasselbe noch einmal in mehreren Kindergrößen – blähen sich in der herbstlichen Brise. Der Garten grenzt an eine unbefestigte Straße. Sie führt vorbei an den Häusern der Kolonisten, der Gemeinschaftsküche, dem Speisesaal und der Kirche. Parallel fließt der Surprise Creek, der Bach, nach dem die Kolonie benannt ist. In der Ferne schimmert das schneebedeckte Little-Belt-Gebirge.

Darius hält sich ein schnurloses Telefon ans Ohr – eines der beiden Telefone in der Kolonie. Das zweite gehört dem Prediger Sam Hofer. Am anderen Ende der Leitung ist ein Mann aus Texas. Er hat schon mehrmals angerufen. Er will unbedingt der Kolonie beitreten. Nur selten wird ein Außenstehender Mitglied einer Hutterer-Gemeinde. Die Hutterer ermutigen Konvertiten nicht. »Sie verschwenden Ihre Zeit«, sagt Darius barsch ins Telefon. »Es ist schwer genug, wenn man als Hutterer geboren wurde. Ich hab hier Jungs, die ständig gegen die Regeln verstoßen. Wir machen das nicht, und damit basta. Da brauchen Sie gar nicht ›Warum?‹ zu fragen.«

Das Warum passt nicht in die Welt der Hutterer. Hier gibt es keinen Raum für Zweifler. Individualität – ob im Denken, Handeln oder in der Kleidung – gilt meist als störend. In der Kolonie gibt es kein Privateigentum, keine privaten Bankkonten, nur wenig persönliche Habseligkeiten und kaum Privatsphäre. Alles wird geteilt. Dafür wird jeder eingekleidet und ernährt. Und alle halten zusammen.

Die Hutterer sind eine der ältesten Gruppierungen in Nordamerika, die in Gütergemeinschaft leben. Die Jugend der Kolonie wandert nicht ab. Vielmehr wächst die Gemeinde noch. Seit meinem ersten Aufenthalt in Surprise Creek ist die Anzahl ihrer Mitglieder von 50 auf 125 angewachsen. Jetzt soll sich die Gemeinde teilen. Rund 500 Kilometer entfernt, in Nordostmontana, wird eine neue Kolonie gegründet: Prairie Elk. Irgendwann wird man

Zusammen mit anderen Pazifistengruppen wie den Amischen und den Mennoniten waren die Hutterer im 16. Jahrhundert aus der europäischen Täuferbewegung hervorgegangen. Wegen ihrer Wehrdienstverweigerung in Europa verfolgt, flüchteten sie 1874 nach Nordamerika. Seit damals hat sie ihr Glaube vielen Nöten und weltlichen Versuchungen widerstehen lassen. Anfangs gab es nur drei Hutterer-Siedlungen. Heute sind es im Westen der USA und in Kanada rund 460 Gemeinden mit 46 000 Gläubigen.

entscheiden müssen, wer bleibt und wer seine Sachen packt, um dort oben einen neuen Anfang zu machen.

Darius ist stolz auf das neue Land – 3000 Hektar am Südufer des Missouri. 3,2 Millionen Dollar hat die Kolonie bezahlt. Darius meint, allein die Wasserrechte seien die Investition wert. Er wirkt entspannter, als ich ihn in Prairie Elk treffe. Als ich ihn kennenlernte, war er noch Farmer. Dann starb 1994 der alte Leiter von Surprise Creek, und man wählte Darius zu seinem Nachfolger. Keine leichte Aufgabe. Er muss viele Regeln durchsetzen und die Schulden der Kolonie im Auge behalten. Jeden Morgen sitzt er in seinem Büro neben der Küche, bezahlt Rechnungen, teilt den Männern Arbeit zu und regelt die Angelegenheiten der Kolonie. Manchmal merkt man ihm den Druck an. Ich frage mich, ob er glücklicher wäre, wenn er Farmer geblieben wäre.

Es ist spät am Nachmittag. Ich habe meinen Hund auf dem Rasen hinter dem Haus der Walters gefüttert. Um mich herum stehen einige der kleinsten Kinder der Kolonie, die Jungen in selber genähten Kappen und Jacken, die Mädchen in langen Kleidern und mit Kopftüchern über ihren geflochtenen Haaren. Die kleinen Kinder sprechen mich mit vollem Namen an, wenn sie etwas fragen. Und sie haben viele Fragen. »Bill Allard, ist das ›Sarah‹?« Der siebenjährige Rene erkundigt sich nach meinem Hund. »Nein«, sage ich. »›Sarah‹ ist tot. Das ist ›Buster‹.« Ehrfürchtiges Schweigen folgt. Doch ich weiß, es wird nicht lange anhalten. »Bill Allard«, sagt der sechsjährige Gregory, »kann ›Buster‹ Fasane jagen?« – »Na ja, er ist ja noch klein. Aber ich werde es herausfinden.« – »Bill Allard«, diesmal ist es der neunjährige Ryan, »wenn du auf die Jagd gehst, darf ich dann mitkommen?« – »Nein, heute nicht.« Sie wissen, was ich immer wieder auf diese Frage antworten werde. Aber sie müssen trotzdem fragen. Und ich würde es sonst vermutlich auch vermissen.

Frühling 2005

In Minnesota unterzieht sich Scott einer Chemotherapie. Sein restliches Haar ist ausgefallen. Er kann kaum noch essen, hat Schmerzen und kann nicht schlafen. Der Arzt hat ihm jetzt Morphium verschrieben. Anfang Mai verbringe ich auf dem Weg nach Montana wieder eine Woche bei ihm. Ich küsse und umarme ihn zum Abschied. Ich verspreche ihm, dass ich ihn im Juni auf der Heimfahrt wieder besuchen werde.

Der Frühlingsregen hat Montana verändert. Frisch und grün erstreckt sich das Judith-Becken vor mir, nördlich von Surprise Creek sieht man die Highwood Mountains. Bei den Walters sitzt Darius wie so oft am Küchenfenster. Debbie räumt auf. »Was brüllst du hier so rum?«, weist Darius seinen Bruder Paul zurecht. Paul ist gerade in die Küche gekommen, um über die Arbeit in der neuen Kolonie zu sprechen. Viele der Männer hier reden laut, es wird häufig darüber gestritten, wie eine Arbeit am besten zu erledigen ist. Eigentlich wird über fast alles debattiert. Paul und einige der anderen Männer werfen mir manchmal vor, ich würde mich immer nur bei den hübschen Frauen herumtreiben und sie fotografieren. In gewisser Weise haben sie recht. Bei den Frauen ist es oft angenehmer. Auch weil sie nicht so laut reden.

In Angelegenheiten, die die Führung der Kolonie betreffen, haben Frauen nichts zu sagen. Dieses Vorrecht genießen nur die getauften Männer, die »Brüder«. Doch die Frauen bilden eine Gemeinschaft für sich. Ihre Verbundenheit ist noch stärker ausgeprägt als die der Männer. Wenn sie im Garten arbeiten oder kochen (das tun sie alle), singen sie viel gemeinsam. Schwer vorstellbar, dass die Männer auf dem Feld oder im Stall miteinander singen. Ein Aufbegehren der Frauen gegen die Männerherrschaft nehme ich nicht wahr. Aber vielleicht kenne ich die Frauen nur nicht gut genug. Ich frage Annie Marie, Darius' unverheiratete 35-jährige Tochter, ob sie sich ärgert, dass sie in der Kolonie nichts zu sagen hat. »Nein«, sagt sie, »ich möchte auch nicht die Verantwortung tragen müssen, wenn etwas schiefgeht.«

Die Frühstücksglocke unterbricht die Stille der Dämmerung, Hunde beginnen zu bellen. Um sieben sitzen alle, die frühstücken möchten, im Speisesaal. Ausdruckslose Gesichter starren in Kaffeetassen; es gibt kaum Bewegung, geschweige denn Gespräche. Man wartet, bis Darius das Tischgebet spricht. »Hiatz wema

An einem Apriltag werden den Lämmern die Ohren markiert und die Schwänze beschnitten. Gemeinsame Arbeit, tiefer Glaube und die Fürsorge der Gemeinde halten die Hutterer zusammen.

beetn!«, sagt er auf Hutterisch, in dem altertümlichen deutschen Dialekt, den die Hutterer untereinander sprechen. Im Frauenbereich des Speisesaals hustet jemand. Ansonsten ist nur das Klappern des Bestecks zu hören. Ein kurzes Dankgebet von Darius beendet die Mahlzeit, dann verlassen die Männer den Saal.

Draußen im Hühnerstall füttert David Hofer die 3200 Legehennen der Kolonie. Seit 17 Jahren arbeitet er in diesem übel riechenden Raum. Kein angenehmer Arbeitsplatz, aber immer noch besser als der Schweinestall. Wenn ich im Herbst hier bin, geht David manchmal mit mir auf die Jagd. Er erzählt viel und bringt mich zum Lachen. Das brauche ich jetzt. »Ich freue mich immer, wenn du da bist«, sagt David. »Dann komm ich endlich mal vom Stall weg.«

Vor einem der Ställe fotografiere ich Kelle Hofer (13). Stolz posiert er mit seinem Hütehund »Cactus« auf einer Honda. »Ich bin gern bei den Kühen und gebe ihnen Futter und Stroh«, sagt Kelle.

Jeder Mann in der 4000 Hektar großen Kolonie hat eine Aufgabe: die Felder bestellen, Geflügel, Schafe, Rinder und Schweine versorgen. Aber es gibt nicht genug Arbeit, um alle Männer zu beschäftigen. Vor allem deshalb gründet Surprise Creek nun einen Ableger. Doch wer soll fortgehen, wer darf bleiben? Ben Walter blickt der Entscheidung mit Sorge entgegen: »Meine Tochter würde gerne, aber ich werde nicht gehen. Meine Frau will auch nicht weg. Das gibt Streit. Das rieche ich.«

Am Nachmittag findet auf einem behelfsmäßigen Spielfeld hinter der Schule ein Baseballspiel statt. Wie üblich zählen die Kinder keine Punkte. Das Spiel geht so lange, bis wieder die Pflicht ruft. Einige müssen bald los, um Bibelverse zu lernen. Andere sollen beim Abladen von Kartoffeln helfen.

Auch die Freizeit der Hutterer ist von Regeln geprägt. Zum Beispiel sind Fernseher verboten. Doch von Zeit zu Zeit sehen sich Mitglieder der Kolonie in einer der Bars im nahe gelegenen Stanford die Baseballspiele im Fernsehen an. Und manchmal bringen die nichthutterischen Lehrer von den staatlichen Schulen, die die kleineren Kinder unterrichten, einen Fernseher mit in die Schule. Auch Autoradios sind verboten, obwohl die meisten ein Radio im Haus haben, um wenigstens Nachrichten, den Wetterbericht und gelegentlich eine Baseballübertragung zu hören. Einige Männer besitzen auch Handys – obwohl das sicher nicht die Billigung der Hutterer-Ältesten in Kanada fände, die über die Kolonien ihrer Religionsgemeinschaft wachen und Fehlverhalten maßregeln. Als lokale Jagdaufseher vor Jahren einige junge Männer aus Surprise Creek beim illegalen Verkauf von Wapitifleisch erwischten, kamen die Ältesten ohne Vorankündigung angereist. Sie ließen alle Gewehre der Kolonie auf einen Stapel legen. Dann wurden die Läufe verbogen, bis alle Waffen unbrauchbar waren.

Die meisten sind mit dem Leben in der Kolonie zufrieden. Von klein auf wird den Kindern eingebläut, dass sich jedes Gemeindemitglied den Regeln der Kirche zu beugen hat. Das funktioniert auch in den meisten Fällen. Nur selten mag sich jemand nicht unterordnen und verlässt die Gemeinschaft. Doch die meisten »Ausreißer« kehren irgendwann zurück. Ich frage eine junge hutterische Frau, ob sie je daran gedacht hat fortzugehen. »Oft«, antwortet sie. »Es muss doch mehr im Leben geben als das hier.« Dann erzählt sie mir etwas Verblüffendes: Sie habe schon immer FBI-Agentin werden wollen.

Am letzten Sonntag im Mai soll in der Kolonie eine Hochzeit stattfinden. Billy Walter (27), der jüngste Sohn von Darius und Annie, heiratet Karen Hofer (28) aus einer benachbarten Kolonie.

Linda Walter bügelt das Kleid, das sie zur Hochzeit ihres Bruders Billy tragen wird. Allein in ihrem Zimmer, trägt sie ihr Haar gelöst. Sonst müssen Linda und ihre ältere Schwester Annie Marie (unten rechts) ihr Haar stets zu einem Knoten winden und ein Kopftuch tragen. Make-up und Schmuck sind in der Kolonie nicht erlaubt.

Weiches Licht fällt auf das Gesicht von Rachel Hofer, während sie im Deutschunterricht die Bibel liest. Ich sah, wie der Lehrer einen Lederriemen auf sein Pult legte,

um damit Gehorsam einzufordern. Sonntags und in den Abendandachten wird auf Hochdeutsch gebetet.

Der Hochzeitstag rückt näher. Ich ziehe erst mal um, in ein kleines, acht Kilometer entferntes Hotel. Denn die Walters brauchen jetzt Platz für Gäste aus den anderen Kolonien. Ich höre, dass Billys Schwester Linda mit der Hochzeitstorte nicht zufrieden ist. Sie sagt, sie habe gestern Abend deswegen nicht einschlafen können. Auch ich habe Einschlafschwierigkeiten.

Scott ist heute Nachmittag gestorben, am Tag vor der Hochzeit. Schon am Morgen wusste ich von meiner Tochter Terri, dass er sterben würde. Sein Zustand hatte sich so plötzlich verschlechtert, dass ich nicht mehr rechtzeitig in Minnesota sein konnte. Einige Stunden vor seinem Tod habe ich noch mit ihm telefoniert. Als er starb, waren seine Frau, die Kinder, seine Mutter und seine Schwestern bei ihm. Eine Beerdigung wird es nicht geben. In zwei Wochen findet ein Gedenkgottesdienst statt. Nun stehe ich vor der Wahl, zurück zur Kolonie und den Hochzeitsvorbereitungen zu fahren oder allein mit reichlich Whiskey im Hotel zu trauern. Ich rufe Annie Walter an und erzähle ihr von Scott. Ich sage ihr, dass ich gleich da sein werde.

Als ich in der Kolonie ankomme, ist das Haus voller Besucher. Annie, ruhig und sanft wie immer, sagt mir, ich solle mir in Darius' Büro die Hochzeitsgeschenke ansehen. Der ganze Raum ist voll: Bettwäsche, verschiedene Elektrogeräte, Geschirr, Putzeimer und Flaschen mit Reinigungsmitteln, ein Gartenschlauch – lauter praktische Dinge für ein praktisches Leben. Ich drehe mich um und will aus dem Zimmer gehen. Da steht Darius wie eine Wand vor mir. Ihm stehen die Tränen in den Augen. »Es tut mir so leid, Bill«, sagt er und umarmt mich. Ich spüre seinen Bart an meiner Wange. Für einen Augenblick setzt mein Herz aus, und meine Beine wollen mich nicht mehr tragen. Ich lasse mich in die Umarmung fallen. Dann muss ich gehen, ich muss aus dem Haus.

Im Garten sehe ich den Vogelfütterungsplatz. Heute Morgen saßen dort Goldzeisige. An den hölzernen Pfosten des Hauses sind Luftballons befestigt. Die kleine Carolyn Walter stolziert in ihren neuen Schuhen und mit cooler Sonnenbrille unter den Gästen umher. Ihr Gesicht leuchtet. Der weite Himmel ist von strahlendem Blau. Es ist ein wunderschöner Tag. Heute Abend gibt es ein Shivaree – eine Feier mit großem Essen, Bier und Gesang. Aber ich kann nicht daran teilnehmen. Nicht heute. Ich bleibe nur zum Abendessen und fahre dann zurück ins Hotel. Dort tue ich dann, was ich vorher nicht tun wollte. Allein Whiskey trinken und trauern.

Herbst 2005

»Ich lasse nicht zu, dass sie die Kolonie teilen», sagt der Prediger Sam zu mir. Wir beobachten die Enten im Wasserreservoir von Surprise Creek. Es ist noch nicht entschieden, wann welche Mitglieder der Mutterkolonie nach Prairie Elk ziehen werden. Aber »wenn man einmal getrennt ist, ist man getrennt«, meint Sam, »dann will keiner mehr dem andern helfen. Erst mal müssen die Schulden für den Milchstall bezahlt werden.« Surprise Creek baut gerade einen mehr als eine Million Dollar teuren Stall. »In ein paar Jahren können wir uns ja immer noch aufteilen, wenn wir dann noch wollen.«

Auf dem Rückweg nach Virginia will ich noch nach Prairie Elk. Ehe ich Surprise Creek verlasse, esse ich mit Sam Stahl und seiner Frau Bertha zu Abend. Vor einigen Jahren ist ihnen ihre 23-jährige Tochter Kimberly weggelaufen. Sie wollte einen Kanadier heiraten, der die Hutterer verlassen hatte. Als Sam davon erzählt, wird seine Stimme immer leiser. »Warum konnte es nicht ohne Kummer und Tränen abgehen?«

Immer höher treiben die Mädchen ihre Schaukeln. Die Kinder haben viel Spaß, selbst wenn Fernseher und Computer verboten sind. Trotzdem leben sie nicht

hinter dem Mond: An Halloween kam ein Mädchen als Britney Spears verkleidet, ein anderes als Spieler der New York Yankees.

Marvin (22) und Linda (24) werden wohl heiraten. Dafür brauchen sie die Erlaubnis ihrer Eltern und des Predigers. Und sie müssen getauft sein. Dieses Sakrament erhalten erst Erwachsene, deren Glauben die Gemeinde für stark genug hält.

»Weißt du, Bill«, sagt Bertha am nächsten Tag vor meiner Abfahrt, »Sam und mir ist aufgefallen, dass wir gestern nur über unsere Tochter und gar nicht darüber gesprochen haben, dass du deinen Sohn verloren hast. Bitte entschuldige.« Ich versichere ihr, dass das in Ordnung ist. Wir beide kennen Kummer und Tränen. Viel gibt es dazu nicht zu sagen.

Prairie Elk liegt in Nordostmontana. Das weite Land dort ist menschenleer. Und es ist trocken. Die Sommertemperaturen klettern regelmäßig auf 40 Grad. Im Winter wird es richtig kalt, manchmal bis zu minus 40 Grad. Ich stehe am Küchenfenster des Haupthauses und sehe hinaus auf den flachen Missouri, der im Nachmittagslicht schimmert. Bei einem früheren Besuch saßen Darius und ich in seinem Wagen am Fluss, und er sagte: »Sieh

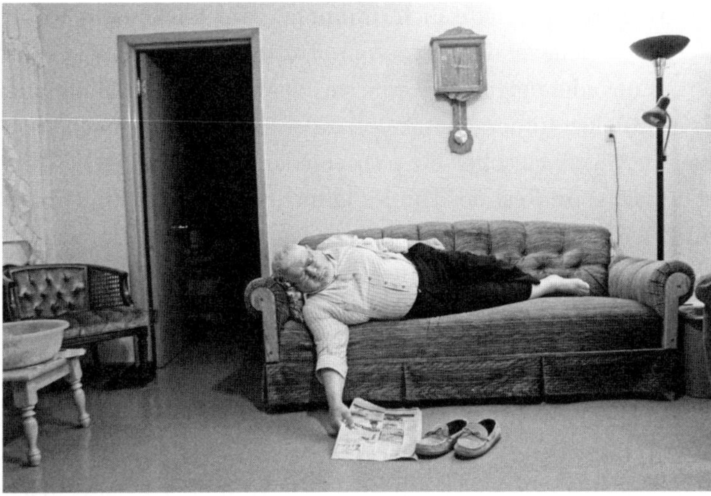

Wie soll er die Gasrechnung bezahlen, wie die Kolonie aufteilen, wie seine Diät einhalten? All diese Dinge machen Darius Sorgen. Aber nur, bis er nach so einem anstrengenden Tag auf seiner Couch zu einem Nickerchen eingeschlafen ist.

dir das an, Bill. Der gute alte schlammige Missouri. Vier Meilen dieses Flusses gehören uns.« Sechs Kilometer – das ist eine Menge Wasser in einem Land, in dem Wasser so kostbar ist wie hier. Bis jetzt wird Prairie Elk von Mitgliedern der Familie Walter bewirtschaftet. Billy Walter bestellt das Land; er und seine frisch angetraute Ehefrau Karen sind gerade in ihr mobiles Fertighaus gezogen. Joe Walter leitet die Kolonie, auch er lebt mit seiner Frau in einem Fertighaus. Annie Marie wohnt im Haupthaus, kocht in der Gemeinschaftsküche und sorgt für einige ihrer Brüder und Cousins, solange sie hier leben.

Den jungen Leuten scheint es in Prairie Elk zu gefallen. Hier sind nicht so viele Augen auf sie gerichtet. Und die Leute in der Gegend scheinen sie zu akzeptieren. Der umfangreiche Landerwerb der Hutterer hätte auch Unmut hervorrufen können. In der Vergangenheit war das oft so, wenn Hutterer große Flächen kauften. »Entweder mögen die Leute sie oder nicht«, sagt Bill Rathert. Er ist Miteigentümer eines Autohandels im nahe gelegenen Wolf Point. »Angeblich sollen ein paar von den jungen Kerlen trinken, aber das ist im Rest des Landes ja nicht anders. Die Frauen tun mir allerdings leid. Die sind in ihrer Bewegungsfreiheit ziemlich eingeschränkt. Aber die Hutterer würden alles für einen tun. Und sie sind nicht arbeitsscheu. Das sind gute Leute.«

Sie sind wirklich gute Leute. Als ich mich an meinem letzten Tag in Surprise Creek von allen verabschiede, treffe ich den fünfjährigen Jaden Walter. Er spielt draußen vor der Küche. »Bill Allard, wo willst du hin?«, fragt er. »Ich fahre nach Hause«, erkläre ich ihm. Ja, denke ich jetzt, das stimmt. Ich fahre nach Hause – aber eigentlich tausche ich nur ein Zuhause gegen ein anderes. Ich kann mich wirklich glücklich schätzen. Und ich weiß: Ich werde wiederkommen.

Text und Fotos: William Albert Allard

Die Autoren

William Albert Allard wurde 1937 als Sohn schwedischer Immigranten in Minneapolis geboren. Seit 1964 ist er als Fotograf und Autor für NATIONAL GEOGRAPHIC weltweit unterwegs, Menschen und Landschaften sind seine großen Themen. Bekannt wurde er durch eigene Buchprojekte, wie »Vanishing Breed«, »Time at the Lake« und »Portraits of America«. Seine Arbeiten hängen heute in Privatsammlungen und Museen. Als einer der wenigen seiner Generation fotografiert er ausschließlich in Farbe.
Beitrag S. 372–392. Auf Deutsch erschienen September 2006. Fotos S. 372, 374, 380, 381, 383, 384/385, 388/389, 390, 391.

Peter Benchley, 1940 in New York geboren, arbeitete nach seinem Studium in Harvard als Journalist für die *Washington Post* und für *Newsweek*. 1974 erschien sein Weltbestseller »Der Weiße Hai«, der ein Jahr später von Steven Spielberg verfilmt wurde. Benchley war vor seinem Tod 2006 viele Jahre als Sprecher für die Weltmeere in der Umweltorganisation National Council of Environmental Defense tätig.
Beitrag S. 192–219. Auf Deutsch erschienen Februar 2001.

Erwin Brunner, 1954 in Innichen (Südtirol) geboren, übernahm 2009 die Chefredaktion von NATIONAL GEOGRAPHIC Deutschland, wo er bereits seit Gründung des Magazins als stellvertretender Chefredakteur und Textchef tätig war. Davor arbeitete er sechs Jahre lang als Redakteur bei der *ZEIT* und beim *ZEITmagazin* sowie zehn Jahre als stellvertretender Chefredakteur und Textchef der Kultur- und Reisezeitschrift *Merian*.
Beitrag S. 320–343. Auf Deutsch erschienen Juli 2007.

Martin Cruz Smith, 1942 als Sohn einer Indianerin und eines Musikers in Philadelphia geboren, arbeitete als Journalist, bevor ihm mit seinem Krimi »Gorki Park« 1981 der Durchbruch als Romanautor gelang. Seither sind weitere Romane mit dem russischen Chefinspektor Arkadi Renko als Hauptfigur erschienen und in mehr als zehn

Sprachen übersetzt worden. Zur Recherche für seine Renko-Romane reist der Autor immer wieder nach Russland.
Beitrag S. 88–107. Auf Deutsch erschienen September 2008.

Michael Finkel, Jahrgang 1968, schrieb viele Jahre für das *New York Times Magazine*, bevor er sich 2002 unter dem Druck, eine Reportage abzuliefern, dazu hinreißen ließ, eine Titelstory über einen afrikanischen Kindersklaven zu erfinden. Er verlor Job und Anerkennung – die Ironie des Skandals: Zur gleichen Zeit gab sich ein Mann, der Frau und Kinder ermordet hatte, als Michael Finkel aus. Finkel verarbeitete diesen Fall in seinem erfolgreichen Buch »True Story«. Wieder rehabilitiert, schreibt er heute für *National Geographic.*
Beitrag S. 220–247. Auf Deutsch erschienen Dezember 2009.

Alexandra Fuller wurde 1969 in England geboren. Als sie zwei Jahre alt war, wanderte ihre Familie nach Rhodesien (in das heutige Simbabwe) aus. Während des Bürgerkriegs floh die Familie nach Malawi und dann nach Sambia. Fuller verließ schließlich Afrika und ging für ihr Studium nach Kanada und Schottland. Mit ihrem ersten Buch, der Autobiografie »Unter afrikanischer Sonne«, hatte sie großen Erfolg. Die Autorin lebt heute mit ihrer Familie in Wyoming, USA.
Beitrag S. 44–67. Auf Deutsch erschienen Juni 2010.

Guy Gugliotta war Auslandskorrespondent in Lateinamerika, Kongressreporter in Washington D.C. und ist seit 2006 fester Mitarbeiter der *Washington Post.* Er publiziert in der *New York Times* und in *National Geographic,* in der Zeitschrift *Smithsonian* erschien seine Reportage »The Great Human Migration«. Gugliotta ist spezialisiert auf anthropologische und archäologische Themen.
Beitrag S. 168–191. Auf Deutsch erschienen Oktober 2007.

Peter Hessler, 1969 in Pittsburgh, Pennsylvania geboren, arbeitete zwei Jahre lang als Englischlehrer in China und erlernte dort den Mandarin. 2001 veröffentlichte er über diese Zeit sein Buch »River Town«. Dann wurde er Peking-Korrespondent der Zeitschrift *The New Yorker* und schrieb Reiseberichte für *New York Times* und *Washington Post.* Sein drittes Buch »Über Land« erschien 2009 auch auf Deutsch.
Beitrag S. 108–139. Auf Deutsch erschienen Juni 2007.

Mark Jenkins bereist auf der Suche nach immer neuen Abenteuern die entlegensten Gebiete der Welt. Er bestieg die höchsten Gipfel innerhalb des Nördlichen Polarkreises, fuhr mit dem Fahrrad quer durch die ehemalige Sowjetunion und mit dem Kajak auf dem Niger durch das Herz Afrikas. Seine Reportagen und Fotografien findet man in *GQ, Reader's Digest* oder *The Washington Post.* Sein Buch »Reise nach Timbuktu« ist auch auf Deutsch erschienen.
Beitrag S. 140–167. Auf Deutsch erschienen August 2008.

Ulli Kulke, Jahrgang 1952, arbeitete als Wirtschaftsredakteur bei der *taz,* als Referent für Entwicklungspolitik bei den Grünen und als stellvertretender Chefredakteur und Textchef bei der Zeitschrift *mare.* Seit 2001 ist er Reporter und Autor bei der *Welt.* Außerdem schreibt er als freier Mitarbeiter für *National Geographic, Playboy, ZEITmagazin* oder *FAZ.* Kulke hat sich vor allem auf Abenteuer und Expeditionen spezialisiert und veröffentlichte 2006 sein Buch »Die großen Entdecker«.
Beitrag S. 276–299. Auf Deutsch erschienen Februar 2007.

Michael Pollan wurde 1955 in New York geboren. Er ist Autor, Journalist und Aktivist, schreibt regelmäßig für das *New York Times Magazine* und gelangte mit seinem Buch »Die Botanik der Begierde« erstmals auf die amerikanische Bestsellerliste. Neben seiner Lehrtätigkeit an der University of California in Berkeley hält er Vorträge über Ernährung, Landwirtschaft, Gesundheit und Umwelt. Pollan lebt mit seiner Familie in der San Francisco Bay Area.
Beitrag S. 68–87. Auf Deutsch erschienen Oktober 2009.

Paul Salopek, 1962 in Kalifornien geboren, wuchs in Mexiko auf. Er studierte Umweltbiologie in Santa Barbara und fand 1985 zu seinem Beruf, als er sich auf einer Motorradtour als Berichterstatter einer lokalen Zeitung das Geld für eine Reparatur verdienen musste. Er schrieb für *National Geographic* und berichtete über die Konflikte in Mittelamerika, Neuguinea und auf dem Balkan. Bereits zweimal erhielt er den Pulitzer-Preis. Derzeit arbeitet er als Auslandskorrespondent für die *Chicago Tribune* in Afrika.
Beitrag S. 344–371. Auf Deutsch erschienen Mai 2008.

Jamie Shreeve ist Ressortleiter Wissenschaft bei NATIONAL GEOGRAPHIC und Autor von »The Neandertal Enigma« und »The Genome War«. Auf Deutsch erschien von ihm »Lucys Kind. Auf der Suche nach den ersten Menschen«. Er schreibt außerdem für die *New York Times, Discover, Science* oder *Smithsonian* und ist Mitglied der Alfred P. Sloan Foundation und der Alicia Patterson Foundation. Shreeve lebt in South Orange, New Jersey.
Beitrag S. 16–43. Auf Deutsch erschienen August 2010.

Lauren Slater, Jahrgang 1963, ist promovierte Psychologin. Nachdem sie elf Jahre lang praktiziert hatte, fand sie im Schreiben ihre neue Berufung. Im Jahr 2005 wurde ihr Bestseller »Von Menschen und Ratten« unter anderem in Deutschland von der Zeitschrift *Bild der Wissenschaft* zum Wissenschaftsbuch des Jahres gewählt. Slater schreibt außerdem für die *New York Times, Elle* oder *FAZ.*
Beitrag S. 248–275. Auf Deutsch erschienen Februar 2006.

Scott Wallace, Jahrgang 1954, ist Autor, Fernsehproduzent und Fotojournalist. Seine Reportagen führten ihn um die Welt: von den verborgensten Winkeln am Amazonas über die geheimen Waffenmärkte Russlands bis in die Reisfelder von Bangladesch. Seine Reportagen und Fotografien erscheinen unter anderem in *National Geographic, Newsweek, The Nation, Washington Post* und *New York Times.*
Beitrag S. 300–319. Auf Deutsch erschienen August 2003.

Die Fotografen und Illustratoren

Jodi Cobb studierte Kunst und Journalismus und arbeitete viele Jahre als Fotografin für *National Geographic.* Ihre Reportagen führten sie vor allem in die verschlossenen Welten des Mittleren Ostens und Asiens: Sie blickte hinter die Kulissen des saudi-arabischen Palastlebens und begleitete japanische Geishas. Cobb wurde als erste Frau zum White House Photographer of the Year ernannt.
Fotos S. 248, 252/253, 268/269, 273.

Gerry Ellis, seit über 25 Jahren Naturfotograf und Autor, beschäftigt sich in seinen mehrfach ausgezeichneten Fotobüchern mit gefährdeten Tierarten, indigenen Kulturen und bedrohten Ökosystemen. Neben zahlreichen Langzeitprojekten für GLOBIO oder WWF arbeitet er auch für Magazine wie *Paris Match, BBC Wildlife* oder *New York Times.* Heute lebt Ellis in Portland, Oregon.
Foto S. 140.

Stuart Franklin, 1956 in London geboren, studierte Fotografie und wurde 1989 festes Mitglied der Fotoagentur *Magnum,* der er heute als Präsident vorsteht. Neben Fotobüchern veröffentlichte er zahlreiche Reportagen, davon allein mehr als 20 bei *National Geographic.* 1989 erhielt er den World Press Photo Award für seine Aufnahme des »Tank Man« während des Tian'anmen-Massakers in China.
Fotos S. 196, 199, 201, 204/205, 208/209, 213, 214, 216.

Kenneth Garrett, Jahrgang 1953, besuchte Kurse für Fotojournalisten an der Universität von Missouri und studierte bis 1976 Anthropologie an der Universität von Virginia. Noch im selben Jahr fotografierte er erstmals für *National Geographic.* Er gilt als Spezialist für archäologische und paläontologische Themen sowie für antike Kulturen. Er fotografierte auch für *National Geographic Traveler* und veröffentlichte seine Aufnahmen unter anderem in *Smithsonian, Archaeology, TIME-Magazine, Life, GEO* und *National Wildlife.*
Fotos S. 174, 175, 184/185.

Mauricio Handler ist Meeresfotograf, Expeditionsleiter und Autor. Viele Jahre arbeitete er als Assistent von David Doubilet, der mit seinem Team für die Unterwasserfotografie von NATIONAL GEOGRAPHIC zuständig war. Neben Veröffentlichungen in Magazinen fotografiert er außerdem für die Werbung. Er hält weltweit Vorträge und lebt derzeit in Maine.
Foto S. 192.

Mark Leong wurde in Silicon Valley als Sohn einer amerikanisch-chinesischen Familie geboren. Nach seinem Studium in Harvard erhielt er 1988 ein Stipendium, das ihm ermöglichte, für ein Jahr zum Fotografieren nach China zu gehen. 1992 verlegte er seinen

Wohnsitz dauerhaft nach Peking, um über den Wandel und die Tradition im Land der Mitte zu berichten. Leongs Arbeiten erschienen unter anderem im *TIME-Magazine, New Yorker* und in der *New York Times.* 2004 veröffentlichte er sein Buch »China Obscura«.
Fotos S. 108, 112, 113, 116, 119, 128/129, 136, 137.

Gerd Ludwig, 1947 in Deutschland geboren, studierte nach einer ausgedehnten Reise durch Skandinavien und Nordamerika Fotografie an der Folkwangschule in Essen. Er ist Mitbegründer von *Visum,* Deutschlands erster Fotografenagentur, und seit den 1990er-Jahren arbeitet er als freier Mitarbeiter für *National Geographic,* wo er sich als Kenner Russlands und Osteuropas einen Namen gemacht hat. Er wurde in den USA mit dem renommierten Lucie Award ausgezeichnet und lebt heute in Los Angeles.
Fotos S. 88, 93, 97, 100, 101, 105, 276, 280/281, 288/289.

Pascal Maitre, 1955 in Frankreich geboren, studierte Philosophie, bevor er 1979 seine Karriere als Fotojournalist begann. Zahlreiche Aufträge führten ihn um die Welt, von Afghanistan bis nach Südamerika. Seine Bücher »In the Heart of Africa« und »Madagascar« geben einen Einblick in fünfzehn Jahre Arbeit auf dem afrikanischen Kontinent. Seine Fotografien erschienen in *GEO, Figaro, Newsweek, Life* und *National Geographic.*
Fotos S. 344, 347, 352, 353, 357–359, 364, 369, 370.

James Nachtwey wurde 1948 im US-Bundesstaat New York geboren. Nach einem Kunstgeschichte- und Politikstudium begann er, beeinflusst von den Bildern des Vietnam-Kriegs, seine Karriere als Dokumentarfotograf. Mit Aufnahmen von den Unruhen im nordirischen Belfast schaffte er 1981 den Durchbruch. In den folgenden Jahren arbeitete er für das *TIME-Magazine,* und bis zur Gründung seiner Fotoagentur *Agentur VII* 2001 war er Mitglied bei *Magnum.*
Fotos S. 44, 46, 48/49, 60, 61, 64, 65.

Simon Norfolk, 1963 in Nigeria geboren, studierte Philosophie, Soziologie und Dokumentarfotografie. Als Fotojournalist legte er seinen Schwerpunkt auf politische Themen: Genozid, rechtsextreme Gruppierungen und Zerfall der sozialistischen Staaten. 1998 veröffent-

lichte er sein Fotobuch »For Most Of it I Have No Words: Genocide, Landscape, Memory« und 2001 »Afghanistan: chronotopia«. Heute arbeitet Norfolk vor allem als Landschaftsfotograf.
Foto S. 180/181.

Nicolas Reynard, Jahrgang 1959, reiste um die Welt, um mit seiner Kamera ganz unterschiedliche Themen einzufangen: den Fall der Berliner Mauer, den Golfkrieg oder die karibische Meereswelt. Seine Arbeiten erschienen unter anderem bei *National Geographic, Life* und im *New York Times Magazine.* Reynard starb 2004 im Alter von 45 Jahren bei einem Flugzeugabsturz über dem Amazonas.
Fotos S. 300, 304/305, 306, 319, 312/313, 316/317.

Kazuhiko Sano, 1952 in Tokio geboren, studierte Ölmalerei und zog 1975 nach San Francisco, um sich dort am Academy of Art College auf Illustration zu spezialisieren. Seither illustrierte er zahlreiche Buchcover, Filmplakate und wissenschaftliche Beiträge für *ABC, Paramount Pictures, Coca-Cola, Der Spiegel, National Geographic* oder *United Airlines.* Sano unterrichtet heute am Academy of Art College und lebt mit seiner Familie im kalifornischen Mill Valley.
Illustrationen S. 320, 330, 336 .

Martin Schoeller, 1968 in München geboren, wurde nach seiner Ausbildung zum Fotodesigner Assistent der amerikanischen Fotografin Annie Leibovitz. Seit 1993 lebt und arbeitet er in New York. Seine Arbeiten erscheinen in Publikationen wie *GQ, Glamour* oder *Vogue.* Berühmt wurde er mit seinen ungewöhnlichen Porträts berühmter Persönlichkeiten wie Bill Clinton oder Angelina Jolie.
Fotos S. 220, 224/225, 229, 231, 232/233, 241, 245.

Brent Stirton, 1971 geboren, ist Mitglied der New Yorker Fotoagentur *Getty Images.* Für seine Reportagen reist er neun Monate im Jahr um den Globus. Seine Aufnahmen erschienen unter anderem bei *National Geographic, The New York Times Magazine, Le Monde, Geo* und *Stern.* Stirton engagierte sich mit Aufnahmen für die Global Business Coalition gegen Aids, Tuberkulose und Malaria und war über viele Jahre Fotograf für die Umweltstiftung WWF.
Fotos S. 144/145, 149, 152, 160, 162, 165.

Christian Ziegler, 1972 in der Pfalz geboren, ist Tropenbiologe und Fotograf. Bereits in der Schulzeit entdeckte er seine Leidenschaft für die Naturfotografie. 2002 erschien sein Buch »A Magic Web – The Forest of Barro Colorado Island«, für das er fünfzehn Monate in Panama verbrachte. Ziegler arbeitet unter anderem für *GEO, BBC Wildlife* und *Wildlife International.*
Fotos S. 68, 72, 77, 80/81, 84, 85.

Vania Zouravliov wurde in Russland geboren. Bereits als er dreizehn Jahre alt war, wurden seine Kunstwerke in internationalen Ausstellungen gezeigt. Zouravliovs Arbeiten sind inspiriert durch die Bibel, Dantes »Göttliche Komödie« und frühe Disney-Animationen. Jüngst arbeitete er unter anderem für die Band »Beck« und die Olympischen Spiele in China 2008.
Illustration S. 168.

Weitere Bildrechte

Archiv der Akademie der Wissenschaften, St. Petersburgische Filiale (R. I, OP. 105, D. 22, BL. 19; R. I, OP. 105, D. 22, BL. 23), Jan Oelker: S. 297; David L. Brill: S. 21, 24, 36, 41 links; Chinesische Akademie der Wissenschaften: S. 121; Martin Gamache: S. 50, 348/349; Martin Gamache und Lisa R. Ritter: S. 156, 236; Gary Hincks: S. 29; © J.H. Matternes: S. 23 links, 28; Bruce Moser: S. 23 rechts; © Südtiroler Archäologiemuseum: S. 324; NG Maps: S. 309, S. 329 unten, 377; Niedersächsische Staats- und Universitätsbibliothek, Göttingen (Cod. MS Asch 246): S. 284/285; Planetary Visions LTD (Überarbeitung: Ralf Bitter, NGD): S. 292/293; Andreas Riedmiller/Caro Fotoagentur: S. 328/329 oben; Lisa R. Ritter und M. Brody Dittemore: S. 173; Gen Suwa: S. 37; Georg Tappeiner/www.georgtappeiner.com: S. 340/341; Tim D. White: S. 16, 22, 41 rechts.

Der Verlag hat sich redlich bemüht, für alle Abbildungen den entsprechenden Rechtsinhaber zu ermitteln. Rechtsinhaber, die nicht ausfindig gemacht werden konnten, bitten wir um Nachricht an den Verlag.

BASTEI
LÜBBE

Von Cordia Byers erschien bei BASTEI-LÜBBE:

12591 Geliebte Geisel

Cordia Byers

Im Banne des Schwarzen Engels

Aus dem Englischen
von Hedda Pänke

ROMAN

BASTEI
LÜBBE

BASTEI-LÜBBE-TASCHENBUCH
Band 12641

Titel der amerikanischen Originalausgabe:
The Black Angel

Printed in Germany, April 1997
Einbandgestaltung: K.K.K.
Titelillustration: Sandro Beffegnangi
Satz: Textverarbeitung Garbe, Köln
Druck und Bindung: Elsnerdruck, Berlin
ISBN 3-404-12641-6

Kapitel 1

Der Himmel weinte. Seine Tränen drangen durch die kahlen Äste der Bäume und rannen den frisch aufgeschütteten Erdhügel neben dem offenen Grab hinunter. Der Pfarrer in seinem schwarzen Talar war bereits bis auf die Haut durchnäßt, als er die letzten Worte zitierte: »Asche zu Asche, Staub zu Staub.« Unsicher blickte er auf den Mann und das Mädchen, die neben der offenen Grube standen. Der Erdboden war so naß, daß die Hinterbliebenen dem Sarg nicht einmal die symbolischen drei Hände voll Sand nachwerfen konnten. Er schniefte, wischte sich die gerötete Nase und nickte Lord Montague zu – als Zeichen seines Beileids ebenso wie der Tatsache, daß die Trauerfeier beendet war. Dann wandte er sich ab und strebte dem Pfarrhaus entgegen, wo seine Haushälterin mit trockener Kleidung und einer Kanne warmen Tees auf ihn wartete.

Die wenigen Trauergäste folgten dem Beispiel des Geistlichen und ließen Lord Montague und seine Stieftochter allein mit den Totengräbern zurück, die hastig Erde in das offene Grab schaufelten. Mit dumpfem Klatschen landete sie auf dem Sarg. Kleine Bäche rannen an den Seiten hinunter und bildeten lehmige Lachen um die schreckliche Holzinsel.

Zitternd preßte Brianna eine Hand auf den Mund, um den Schrei wilder Trauer zu unterdrücken, der in ihrer Kehle aufstieg. Ihre Mutter lag in dem Sarg. Nie wieder würde sie ihre Tochter tröstend in die Arme nehmen, wenn sie einen Alptraum hatte, nie wieder besänftigend auf Lord Montague einwirken, wenn der aufbrauste, ihn nie wieder davon abhalten, in Briannas Zimmer zu kommen.

Erschauernd schloß Brianna die Augen ganz fest und schämte sich ihrer selbstsüchtigen Gedanken. Dennoch konnte sie die Frage nicht verdrängen, was nun, ohne den Schutz ihrer Mutter, aus ihr werden würde.

»Komm, Kind«, drängte Lord Montague, legte einen tröstlichen väterlichen Arm um Briannas Schultern und führte sie vom Grab fort. »Du kannst jetzt nichts mehr für sie tun. Sie hat ihren Frieden gefunden und würde nicht wollen, daß du dir bei diesem Wetter eine Krankheit holst.«

Da sie ihren Instinkten nicht folgen konnte, ohne damit einen von Lord Montagues gefürchteten Ausbrüchen zu provozieren, zuckte Brianna zwar innerlich unter seiner Berührung zusammen, wehrte sich aber nicht. Am liebsten hätte sie ihren Stiefvater angeschrien, er solle seinen Arm von ihrer Schulter nehmen. Doch dann hätte jedermann an ihrem Verstand gezweifelt, würde sie auf diese Weise einem Mann gegenüber reagieren, der sie und ihre Mutter unter seinem Dach aufgenommen hatte, als sie beide nahezu mittellos waren.

Als wohlhabender Landadeliger und Mitglied des Oberhauses war Lord Montague bei Bekannten und Nachbarn in Berkshire wegen seiner Großzügigkeit hoch angesehen. Er war jedoch auch ein Mann, den nur wenige gut genug kannten, um ihn ihren Freund zu nennen. Nur Brianna und ihre Mutter sahen hinter die Maske, die Lord Montague aller Welt gegenüber aufsetzte. Er war einem Teufel sehr viel ähnlicher als dem Heiligen, für den die Menschen ihn hielten.

Innerlich vor Abscheu zitternd, ließ sich Brianna von ihrem Stiefvater zu der eleganten Kutsche mit dem Montague-Wappen zurückführen, drückte sich so weit wie möglich von ihm entfernt in die Polster und tat so, als würde sie zum

Fenster hinausschauen. Erschreckt zuckte sie zusammen, als Lord Montague nach ihrer Hand faßte.

»Es wird nicht leicht für dich sein, Brianna. Aber die Zeit heilt alle Wunden. Du weißt, daß ich alles in meiner Macht Stehende tun werde, um dir die nächsten Wochen zu erleichtern. Du brauchst nur zu mir zu kommen, und ich werde mich bemühen, dich deine Trauer für eine kurze Zeit vergessen zu lassen.«

Brianna schluckte trocken. Sie wußte, welchen Trost er ihr geben wollte, und hatte wie in der Vergangenheit nicht die Absicht, ihn anzunehmen. Doch jetzt verfügte sie nicht mehr über den Schutz ihrer Mutter. Sie war allein und abhängig von dem Mann, der sie mißbrauchen wollte. Obwohl sie über eine weit bessere Ausbildung verfügte als viele andere junge Frauen ihrer Gesellschaftsschicht, hatte sie doch nicht die finanziellen Mittel, um sich selbst durchzubringen. Und bis sich das änderte, würde sie Lord Montagues Wohltätigkeit ebenso annehmen wie seine lasziven Annäherungen abwehren müssen.

Brianna entzog ihm ihre Hand und murmelte widerwillig: »Vielen Dank, Mylord. Sie waren immer gut zu mir und meiner Mutter, und ich bin Ihnen dankbar.« Fast wäre sie an den Worten erstickt. Wie oft hatte sie sich nicht sehnlichst gewünscht, daß ihre Mutter endlich den Mut aufbrachte, sie aus Montvale fortzuschicken, damit sie Montagues Blicke nicht mehr auf sich zu fühlen brauchte. Wie ein Habicht seine Beute schien er sie stets aufzuspüren, wenn sie sich vor ihm verbergen wollte. Der Ausdruck in seinen dunklen Augen vermittelte ihr immer das Gefühl, irgendwie unrein zu sein.

Lord Montague lächelte selbstgefällig und lehnte sich in die Samtpolster zurück. Er warf einen letzten Blick auf das Grab seiner Frau und empfand den Drang, laut aufzulachen. Endlich war das Weibstück tot und ihre Tochter seiner Gnade ausgeliefert. Darauf hatte er jahrelang gewartet. Jetzt gehörte Brianna ihm. Seit sechs Jahren hatte er beobachtet, wie sie von einem ungelenken zwölfjährigen Kind zu einer atemberaubenden jungen Schönheit mit Haaren wie rabenschwarze Seide und einer Haut wie feines Porzellan herangewachsen war.

Auch ihre Mutter Sabrina war eine Schönheit gewesen. Sie war es gewesen, die ihn auf sie aufmerksam gemacht hatte. In seinem leidenschaftlichen Verlangen nach ihrer Schönheit hatte er die Tatsache übersehen, daß sie eine arme Witwe mit einer ungebärdigen Tochter war, bei der nichts darauf hinwies, daß sie einmal so schön werden könnte wie ihre Mutter. Doch in den Monaten nach seiner hastigen Heirat mit Sabrina begann Brianna zu erblühen. Selbst auf dem Höhepunkt ihrer Schönheit konnte Sabrina, was das Aussehen betraf, ihrer Tochter nicht das Wasser reichen. Das Mädchen war schlichtweg faszinierend. Und hätte Sabrina in den letzten Jahren nicht ständig über Brianna gewacht, wäre das Mädchen schon längst die Seine geworden.

Lord Montague verschränkte die Arme über der Brust und verzog die Lippen zu einem triumphierenden Lächeln. Er hatte gewartet, und nun wurde er für seine Geduld belohnt. Bevor zwei Wochen vergangen waren, würde Brianna McClure sein Lager teilen.

Lord Montagues Triumphgefühl verstärkte sich bei dem Gedanken daran, wie sorgsam er diesen Augenblick geplant hatte. Vor zwei Jahren, kurz nach Briannas sechzehntem Geburtstag, hatte er beschlossen, daß es an der Zeit war, sich seiner Ehefrau zu entledigen. Die Dringlichkeit war ihm in dem Moment bewußt geworden, als Brianna ihrer Mutter anvertraute, daß Squire Radfords Sohn Jeremy ihr einen Heiratsantrag gemacht hätte und sie dem jungen Mann nicht gleichgültig gegenüberstünde.

Den Jungen loszuwerden, hatte sich als Kinderspiel erwiesen. Montagues Drohungen, das Darlehen zu kündigen, das Squire Radford im Hinblick auf seine zu erwartende Ernte aufgenommen hatte, bewogen den jungen Mann dazu, nach London zu reisen, ohne sich von der schönen Brianna zu verabschieden. Er versprach hoch und heilig, sie nie wiederzusehen, um seine Familie und sein künftiges Erbe zu schützen.

Lord Montague schloß die Augen und überdachte die Entscheidungen, die er für Briannas Zukunft getroffen hatte. Er hatte in der Vergangenheit für sie gesorgt, jetzt würde er darauf sehen, daß sie auf Montvale künftig im Bett ihrer Mutter schlief. Aber er würde den Fehler nicht wiederholen, der ihm mit Briannas Mutter unterlaufen war. Auch wenn sie sehr viel schöner war als Sabrina, würde er das Mädchen nicht heiraten. Er würde sie zu seiner Geliebten machen. Solange sie sich seinen Wünschen fügte, würde es ihr an nichts fehlen, aber er hatte nicht die Absicht, ihr seinen Namen zu geben.

Der Name eines Mannes erleichterte es einer Frau geradezu verhängnisvoll, Forderungen zu stellen. Eine Ehefrau unterschied sich beträchtlich von einer Geliebten. Eine Ehefrau konnte man nicht so einfach auf die Straße werfen, wie man es mit einer Geliebten tun konnte, wenn sie einem nicht mehr gefiel. Der Lebensunterhalt einer Geliebten hing von ihrem Verhalten im Bett ab – nicht von dem im Salon, wie bei einer Ehefrau.

Nein. Er würde nicht wieder heiraten. Und Brianna sollte sich besser für die Brosamen an Zuneigung dankbar erweisen, die er ihr zuwarf, oder sie würde sich auf der Straße wiederfinden, wo sie sich würde verkaufen müssen wie alle anderen Huren.

Die Kutsche schwankte, wich Schlammlöchern aus und bog dann in die Auffahrt zu Lord Montagues stattlichem Anwesen Montvale ein. Kies knirschte unter den Wagenrädern. In der Mitte des 17. Jahrhunderts erbaut, erinnerte Montvale mit seinem Walmdach, den Balustraden und der Kuppel an Sir Roger Pratts Entwurf für Coleshill House, das auch jetzt noch, einhundert Jahre später, als eine der prächtigsten Residenzen in ganz Berkshire angesehen wurde. Ein großzügiges Portal krönte eine breite Granitfreitreppe, die zur kopfsteingepflasterten Auffahrt hinunterführte, in deren Mitte sich eine Fontäne befand, deren rauschendes Wasser Delphine und Putten besprudelte. Besucher von Montvale hielten die Fontäne für einen bezaubernden Anblick, nicht so Brianna. Für sie waren die Fische und Putten Gefangene eines reichen Mannes, der sie sich aus einer Laune heraus hielt.

Die Kutsche kam zu einem schwankenden Halt. Der Kutscher sprang vom Bock, öffnete den Schlag und trat dann zur Seite. Sein schwarzes Cape umwehte seine breiten Schultern, als Lord Montague der Kutsche entstieg. Er sah zum Regenhimmel hinauf und streckte die Hand aus, um Brianna beim Aussteigen zu helfen. Aber sie ignorierte die Geste, drängte sich an ihm vorbei aus dem Gefährt und eilte die Freitreppe hinauf, ohne sich umzusehen.

Verärgerte Röte überzog Lord Montagues Gesicht. Mit zusammengekniffenen Augen folgte er Brianna ins Haus. Er warf dem Butler sein Cape zu, wobei er keinen Blick von ihrem schmalen, kerzengeraden Rücken wandte. Die Begrüßung des Mannes ignorierend, verfolgte er Brianna wie ein Jäger seine Beute. Und so scheu und grazil wie ein Reh eilte sie die Treppe ins Obergeschoß hinauf.

Mit bebenden Nasenflügeln nahm Lord Montague die Witterung seiner Beute auf. Nicht mehr lange, mein Schätzchen, dachte er. Zunehmende Erregung ließ einen Muskel in seiner Wange zucken, ein grausames kleines Lächeln verzog seine vollen Lippen. Mochte die Range ruhig versuchen, ihrem Schicksal zu entkommen, indem sie ihn ignorierte. Es würde ihr nicht gelingen. Sie lebte unter seinem Dach, durch seine Großzügigkeit. Sie würde tun, was er von ihr verlangte

– oder die Folgen zu spüren bekommen wie ihre Mutter. Zu ihrem Unglück hatte Sabrina vergessen, daß er sich stets an seine Worte hielt – seien das nun Versprechungen oder Drohungen. Sie hatte geglaubt, sich seinen Wünschen, was ihre Tochter betraf, folgenlos widersetzen zu können. Nun, sie wurde eines Besseren belehrt.

Briannas Schicksal war in dem Moment besiegelt, als sie mit ihrer Mutter Montvale betrat. Das war ebensowenig zu bestreiten wie ihre Schönheit. Er hatte sich seiner Ehefrau entledigt, um sie zu besitzen, und er würde sie beanspruchen, wie er bisher alles Wünschenswerte in seinem Leben beansprucht hatte. Ihm widersetzte man sich nicht.

Lord Montague wandte sich seinem Arbeitszimmer zu. Wie er bereits bewiesen hatte, war er ein geduldiger Mann. Er konnte noch ein paar Tage länger warten, bevor er Brianna mit ihrem Los vertraut machte. Er würde ihr einige Tage der Trauer zugestehen, bevor sie ihre neuen Pflichten als seine Geliebte übernahm.

***

Brianna verschloß die Tür hinter sich und atmete erleichtert auf. Für den Augenblick war sie sicher. Lord Montague würde es nicht wagen, am hellen Tage die Tür aufzubrechen. Dafür waren zu viele Dienstboten im Haus, die begierig darauf waren, irgend etwas herumtratschen zu können. Nein. Er würde seinen guten Ruf nicht aufs Spiel setzen. Er würde bis zum Dunkel der Nacht warten, wenn alle möglichen Zeugen seines schändlichen Treibens längst schliefen. Dann würde er an ihrer Tür kratzen wie eine Ratte und versuchen, sie zum Öffnen zu überreden.

Brianna schlug den Trauerschleier zurück, löste die feuchten Bänder ihrer schwarzen Haube und warf sie auf den Sessel vor ihrem Ankleidetisch. Schwer fielen ihr die vollen, glänzenden Locken über die Schultern. Sie schüttelte den

Kopf und fuhr sich mit den Fingern durch die schimmernde Mähne, froh, den Druck der Haube los zu sein.

Eine steile Falte erschien auf ihrer glatten Stirn, als sie sich langsam die Schläfen zu massieren begann. Aus dem dumpfen Schmerz auf dem Friedhof war ein beständiges Pochen geworden. Das Kopfweh nahm ihr die Energie, die sie brauchte, um Pläne für ihre Zukunft zu schmieden. Sie wußte nur, daß sie Lord Montague wenigstens noch eine Nacht von sich fernhalten mußte. Wenn sie sich erst einmal ausgeschlafen hatte, würde es ihr leichter fallen, eine Entscheidung zu treffen. Schon vor dem Unfall ihrer Mutter hatte sie erwogen, nach London zu fahren und sich dort um eine Anstellung als Erzieherin zu bemühen. Nur das Flehen ihrer Mutter, sie nicht allein zu lassen, hatte sie von der Verwirklichung dieser Pläne abgehalten. Aber nun, nach dem Tod ihrer Mutter, stand ihr nichts mehr im Weg – mit Ausnahme einer letzten Nacht unter Lord Montagues Dach.

Brianna trat an das hohe Fenster und blickte auf den Besitz ihres Stiefvaters hinaus. Sie lebte jetzt seit sechs Jahren auf Montvale, hatte das Anwesen aber nie so als Zuhause empfunden wie das winzige Cottage, in dem sie vor der Heirat ihrer Mutter mit Lord Montague gewohnt hatte. Auf Montvale war sie sich stets als Eindringling vorgekommen, der nicht ganz in diese luxuriöse Umgebung paßte. Selbst die Dienstboten erinnerten sie immer wieder daran, daß sie eine Außenseiterin war, der es nie gelingen würde, ganz zur Familie Montague zu gehören – unabhängig davon, daß ihre Mutter inzwischen Lady Montague war.

Brianna konnte auf keine so glänzende Abstammung verweisen wie ihr Stiefvater. Ihr Vater war nur ein einfacher Knight gewesen, der sich seinen bescheidenen Adelstitel, der weder Einfluß noch Wohlstand mit sich brachte, auf dem Schlachtfeld erworben hatte. Aber er wurde einem gutaussehenden Mann verliehen, der das Herz ihrer Mutter gewann, als sie ihn das erste Mal sah. Für die Tochter eines Pfarrers war Brian McClure ebenso wundervoll wie aufregend, und sie schenkte niemandem Gehör, der ihr klarmachen wollte, daß er ein Mann war, der das Soldatenleben über alles liebte. Und diese Liebe hatte ihn schließlich Sabrina genommen und sie dazu gezwungen, ihre Tochter allein aufzuziehen. Und das war mit ihrer kleinen Witwenpension nicht einfach gewesen. Als der reiche Lord Montague in ihr Leben trat und ihr die Sicherheit seines Namens und seiner Position anbot, kam er ihr vor wie vom Himmel gesandt. Sie hatte keinen Augenblick gezögert, seinen Heiratsantrag anzunehmen.

»Aber dann hast du schnell begriffen, daß der vermeintlich vom Himmel Gesandte in Wirklichkeit ein Teufel ist«, murmelte Brianna leise vor sich hin.

Unwillkürlich ballte sie die Fäuste, als die schrecklichen Erinnerungen an Lord Montagues ungezügeltes Temperament sie überfielen. Sie bemühte sich nach Kräften, ihrer Mutter keine Vorwürfe zu machen, obwohl diese seit Jahren von den Gefühlen ihres Mannes für ihre Tochter wußte. Brianna versuchte, die Angst ihrer Mutter vor erneuter Armut zu verstehen. Brianna wußte, ihre Mutter war fest überzeugt davon, daß schon kein Schaden angerichtet werden würde, wenn sie Lord Montague von ihrer Tochter fernhalten konnte. Sabrina wußte nichts von der Angst, in der Brianna täglich lebte, und dem Schrecken, der sie abends überfiel, wenn die Nacht ihre dunklen Schatten über Montvale warf. Allnächtlich fürchtete sich Brianna im Bett ebenso vor dem Einschlafen wie vor dem Wachbleiben. Lord Montague auszuweichen war ihre Hauptbeschäftigung geworden.

Ein Klopfen an der Tür riß Brianna aus ihren unerfreulichen Gedanken. Sie verspannte sich unwillkürlich, bis sie die vertraute Stimme ihrer Zofe Rachel hörte. »Mistress Brianna? Lord Montague meinte, Sie müßten hungrig sein. Sie haben weder morgens noch mittags etwas gegessen.«

Brianna öffnete die Tür und lächelte Rachel an, ihre Gefährtin aus Kindertagen, bis es Lord Montague für unpassend fand, daß sie sich mit Dienstboten abgab und ihr die Freundschaft mit Rachel untersagte. »Ich habe zwar kaum Appetit, aber du kannst das Tablett auf dem Tisch abstellen.«

Besorgnis zeigte sich auf Rachels jungem Gesicht, als sie das Tablett zum Louis-Quatorze-Tisch trug. »Sie sollten unbedingt etwas essen. Es würde Ihrer Mutter gar nicht gefallen, wenn Sie aus Trauer um sie womöglich noch krank werden.«

»Ich esse schon wieder. Ich brauche nur etwas Zeit.«

»Ich weiß, wie schwer ein solcher Verlust ist. Als Ma starb, dachte ich, das Herz würde mir brechen. Die Mutter ist der wichtigste Mensch im Leben. Sie gibt einem das Leben, und es ist nicht leicht, sich von ihr zu trennen. Mit ihr scheint ein Teil von einem selbst zu sterben.«

Brianna nickte stumm. Bisher hatte sie kaum Zeit gehabt, um ihre Mutter zu trauern. Alles war so schnell gegangen. Gestern war ihre Mutter lebensprühend zu ihrem morgendlichen Ritt aufgebrochen. Eine Stunde später hatte man sie mit gebrochenem Genick gefunden, während ihr Pferd friedlich in ihrer Nähe graste. Lord Montague hatte auf sofortige Bestattung bestanden, da Sabrina keine weiteren Verwandten hatte. Und schon heute hatte man sie in ein regennasses Grab gesenkt, und Brianna mußte zusehen, wie sie mit ihrem Verlust fertig wurde.

Als sie den verlorenen Ausdruck auf Briannas blassem Gesicht sah, empfand Rachel tiefes Mitleid mit der Freundin. Lord Montagues Verbot mißachtend, lief sie auf die Gleichaltrige zu und schloß sie in die Arme.

»Es wird alles wieder gut. Wein dich ruhig aus«, flüsterte Rachel, als Brianna hemmungslos zu schluchzen begann. »Tränen sind Gottes Mittel, das Leid zu lindern.«

Schluchzend holte Brianna tief Luft. »Sprich mir nicht von Gott, Rachel. Er ist der Grund meines Kummers. Er hat mir meine Mutter genommen.«

»So darfst du nicht reden, Brianna«, schalt Rachel und bekreuzigte sich schnell. »Gott in Seiner Weisheit weiß, was Er tut. Er hat Seine Gründe.« Rachel streckte die Hand aus und wischte der Freundin die Tränen von den Wangen. »Und Er erlegt uns nichts auf, was wir nicht auch tragen können.«

»Entschuldige«, sagte Brianna leise. »Es ist nur so schwer für mich, mich mit Mutters Tod abzufinden. Sie war der einzige Mensch, den ich hatte.«

»Aye, ich weiß.« Wie die meisten Dienstboten auf Montvale war sich Rachel der Situation zwischen Brianna und Lord Montague sehr wohl bewußt. Seine Blicke sagten ihr, daß er alles andere als väterliche Gefühle seiner Stieftochter gegenüber hegte. Und jetzt, nach Lady Montagues Tod, war Brianna diesem Mann hilflos ausgeliefert.

Der Ausdruck von Mitgefühl und Verständnis auf dem Gesicht der Freundin ließ in Brianna eine neue Woge des Selbstmitleids hochsteigen, aber schnell verdrängte sie sie wieder. Sie hatte Trost und Zuspruch bitter nötig, wollte sich aber nicht von ihren Gefühlen überwältigen lassen. Das würde sie möglicherweise Lord Montague gegenüber so hilflos machen wie vor zwei Jahren, als ihr Jeremy Radford den Laufpaß gegeben hatte. Sie war so glücklich gewesen, als Jeremy ihr einen Heiratsantrag gemacht und versprochen hatte, am folgenden Tag mit Lord Montague zu reden. Ihr Glück hatte nicht lange angehalten. Jeremy war nie wieder nach Montvale zurückgekehrt, und eine Woche später erfuhr sie, daß er nach London gefahren war, ohne sich auch nur von ihr zu verabschieden. In ihrer Verzweiflung hatte sich Brianna soweit gehen lassen, ihr Unglück ihrer Mutter im Beisein von Lord Montague anzuvertrauen. Er hatte ihr ins Gesicht gelacht und sie wegen ihrer Naivität verhöhnt, an Jeremys Liebe zu glauben. Wie jeder andere Mann hätte er von ihr wie von jeder jungen Frau ohne Geld und Titel nur eins gewollt – und das sei mit Sicherheit nicht die Ehe.

In der Erinnerung biß Brianna die Zähne zusammen und straffte die Schultern. Nie wieder würde sie sich von Lord Montague demütigen lassen. Sie wußte, daß er sogar ihre Trauer um ihre Mutter zu seinen Gunsten ausnutzen würde, um ihren Widerstand zu brechen.

»Vielen Dank für dein Mitgefühl, Rachel. Ich möchte, daß du weißt, daß ich unsere Freundschaft selbst in den Zeiten geschätzt habe, als wir sie nicht offen zeigen durften.«

Rachel hob die Brauen. »Das klingt ja ganz so, als wolltest du dich verabschieden.«

»Das ist meine Absicht. Ich weiß, daß ich nach Mutters Tod nicht auf Montvale bleiben kann. Hier hält mich nichts mehr.«

»Wohin willst du denn?«

»Nach London vermutlich. Mit ein wenig Glück kann ich dort eine Stellung als Erzieherin oder Haushälterin finden. Mehr kann ich nicht erwarten, und ohne Geld und Titel darf ich nicht wählerisch sein.«

»Ich werde dich sehr vermissen, aber ich verstehe, warum du Montvale verlassen willst«, sagte Rachel.

»Du wirst mir auch sehr fehlen. Ich werde dir schreiben, sobald ich etwas gefunden habe. Vielleicht kannst du mich dann eines Tages besuchen.«

Rachel schüttelte den Kopf und lächelte Brianna traurig an. »Ich fürchte, daß ich Berkshire wohl nie verlassen werde. Hier bin ich geboren, und hier werde ich vermutlich auch sterben. Aber ich wünsche dir alles Gute, Brianna. Du hast mehr Glück verdient, als du hier auf Montvale jemals gefunden hast.«

Der Regen peitschte gegen die Fensterscheiben, als sich die beiden Freundinnen zärtlich umarmten. Beide ahnten nichts von dem Mann, der im Flur hinter der Tür lauschte, die Rachel einen Spalt offengelassen hatte.

Lord Montague stieß die Tür mit solcher Wucht auf, daß sie krachend gegen die Wand flog. Die beiden erschreckten jungen Frauen fuhren herum. Lord Montagues dunkle Augen sahen Brianna unverwandt an, während er Rachel aufforderte, unverzüglich den Raum zu verlassen. Die Zofe warf Brianna einen unsicheren Blick zu, bevor sie die Röcke raffte und auf den Korridor hinauseilte. Beiden Mädchen war klar, daß die Zofe gegen den Herren von Montvale nichts ausrichten konnte. Wenn sie sich seinen Forderungen widersetzte, hätte das nur eine Tracht Prügel und die Entlassung zur Folge.

»Ist etwas nicht in Ordnung, Mylord?« fragte Brianna und strich unsicher über die Falten ihres schwarzen Trauerkleides.

»Das hätte ich nie gedacht – bis vor wenigen Augenblicken, als ich deine Unterhaltung mit der Zofe hörte.«

Brianna reckte das Kinn und erwiderte den zornigen Blick ihres Stiefvaters gelassen. Sie hatte gehofft, Montvale ohne sein Wissen verlassen zu können, aber nun, da er ihre Pläne kannte, würde sie sich nicht davon abbringen lassen. »Dann wissen Sie ja, daß ich die Absicht habe, morgen abzureisen.«

Lord Montagues Augen glitzerten eisig. »Das glaube ich nicht. Deine Mutter würde keine Ruhe finden, wenn ich dir gestatte, dein Zuhause zu verlassen und dich allen möglichen Gefahren auszusetzen.« Er schüttelte den Kopf. »Nein, Brianna. Im Gedenken an deine teure Mutter kann ich dir nicht erlauben, Montvale zu verlassen.«

»Wie Sie sehr wohl wissen, ist Montvale nie mein Zuhause gewesen. Meine Entscheidung ist getroffen«, erwiderte Brianna unbeeindruckt. Lord Montagues Unverfrorenheit, sie im Gedenken an ihre Mutter zum Bleiben zu zwingen, stärkte nur ihre Entschlossenheit.

»Es tut mir leid, liebes Kind, aber du wirst deine Pläne ändern müssen und auf Montvale bleiben, wohin du gehörst«, erklärte Lord Montague grollend.

»Nein, Mylord. Das werde ich nicht tun. Ich bleibe keinen Moment länger als nötig auf Montvale. Hätte mich meine Mutter nicht immer wieder zum Bleiben überredet, wäre ich schon längst fortgegangen.«

»Verdammt noch mal, Brianna«, fluchte Lord Montague und kam mit zwei schnellen Schritten auf sie zu. Er streckte die Hand aus, packte ihren Unterarm und zog sie eng an sich. »Du gehörst mir, und es ist höchste Zeit, daß dir diese Tatsache bewußt wird.« Bevor sich Brianna wehren konnte, umfing er ihr Kinn mit der anderen Hand, senkte den Kopf und küßte sie heftig auf den Mund.

Angewidert begann Brianna mit den Fäusten gegen seine Brust zu trommeln, aber seine starken Hände hielten sie gefangen, bis er seine erste Lust befriedigt hatte. Er hob den Kopf und lächelte sie selbstgefällig an. »Wir werden gut miteinander auskommen, Brianna. Du wirst schon sehen.«

»Den Teufel werden wir«, zischte Brianna, entwand sich seinem Griff und wischte sich den Mund mit dem Handrücken ab. Ihre dichten Haare flogen ihr um die Schultern, als sie heftig den Kopf schüttelte. »Wenn Sie mich noch einmal anrühren, bringe ich Sie um, das schwöre ich Ihnen.«

»Beruhige dich, Brianna«, sagte Lord Montague leise, besänftigend. »Dir hat der Kuß doch genauso gefallen wie mir. Warum gibst du es denn nicht zu? Du bist inzwischen eine erwachsene Frau mit weiblichem Verlangen. Und ich werde deine geheimsten Wünsche erfüllen. Ich weiß, daß ich das kann.«

»Und ich weiß, daß Sie abscheulich sind. Sie verursachen in mir nichts als Übelkeit. Und jetzt verlassen Sie gefälligst mein Zimmer.« Briannas Mut schwand, als sie sah, wie sich im Gesicht ihres Stiefvaters die aufgestaute Wut Bahn zu brechen begann. Ein Angstschauer lief ihr über den Rücken, und sie trat unwillkürlich zwei Schritte zurück, als er erneut auf sie zukam.

»Sage nur nicht, ich hätte dir keine Chance gegeben, meine Großzügigkeit anzunehmen. Was jetzt geschieht, ist deine eigene Schuld. Du solltest die Hand nicht beißen, die dich füttert, Brianna. Aber du bist noch immer sehr jung und scheinst nicht zu begreifen, was du da ausschlägst. Doch nachdem ich dich erst einmal gehabt habe, wirst du mir in Dankbarkeit die Hand lecken. Das versichere ich dir.«

»Sie sind wahnsinnig! Lieber sterbe ich, als mich Ihnen zu unterwerfen«, rief Brianna und wich bis zu dem Tisch zurück, auf dem Rachel das Tablett mit Essen abgestellt hatte.

Lord Montagues Augen funkelten vor eiskaltem Zorn. »Dein Wunsch könnte sehr leicht in Erfüllung gehen, wenn du mein Verlangen nicht so befriedigst, wie es eine gute Geliebte tun sollte.«

Briannas Blick fiel über Lord Montagues Schulter auf die offenstehende Tür. Seine Körperfülle versperrte ihr den einzigen Fluchtweg. Es blieb ihr nichts anderes übrig, als sich gegen seinen Angriff zu verteidigen. Sie holte tief Atem und dachte verzweifelt über irgendeine Waffe nach, mit der sie sich gegen ihn zur Wehr setzen konnte. Das Herz pochte so wild, daß ihr sein Schlag in den Ohren dröhnte, als sich ihre Finger um das Messer neben dem Wedgewood-Teller auf dem Tablett hinter ihr schlossen und sie es in dem Augenblick nach vorn holte, als Lord Montague ihre Schultern mit eisenhartem Griff umfaßte. Auf seine Beute fixiert und zu erregt, um das Blinken des Metalls zu bemerken, riß er Brianna an sich. Tief senkte sich die lange scharfe Klinge des Messers in seinen Oberkörper.

Lord Montague erschlaffte, und Brianna erstarrte. Mit schreckgeweiteten Augen starrte sie in das entsetzte Gesicht ihres Stiefvaters. Nach einer halben Ewigkeit verließ langsam alle Farbe sein Gesicht. »Du hast mich umgebracht, du Schlampe«, lallte er. Dann verdrehte er die Augen und sank auf den Teppich.

Benommen vor Schock wanderten Briannas Augen zu ihrer blutbespritzten Hand, die noch immer das Messer umklammert hielt. Dann glitt ihr Blick von der tiefroten Waffe zu dem leblosen Mann zu ihren Füßen.

»Mein Gott! Was habe ich getan?« hauchte Brianna erschüttert und konnte noch immer keinen Blick von ihrem Stiefvater wenden.

Ein unterdrückter Schrei von der Tür her riß Brianna aus ihrer Erstarrung. Das Messer entglitt ihren Fingern, und sie schüttelte den Kopf. »Ich wollte ihn nicht töten. Ich wollte ihn doch nicht töten. Ich wollte nur, daß er mich in Ruhe läßt.«

Briannas entsetzte Worte brachten Rachel in hektische Betriebsamkeit. Schnell schloß sie die Tür und verriegelte sie. Sie wollte nicht, daß einer der anderen Dienstboten etwas von der Szene mitbekam, die sie gerade beobachtet hatte. Herr im Himmel, dachte sie, der Mann hat den Tod verdient, aber Brianna hat es nicht verdient, dafür zu hängen. Ohne Rücksicht auf die Konsequenzen für sich selbst lief Rachel auf Brianna zu, griff nach ihrem Arm und zog sie von der leblosen Gestalt auf dem Teppich fort.

»Du mußt dich zusammenreißen, Brianna. Für Schuldgefühle ist keine Zeit. Du mußt aus Montvale fort, bevor jemand erfährt, was hier geschehen ist«, sagte Rachel und führte Brianna zum Ankleidetisch. Schnell tauchte sie ein Handtuch in den dort stehenden Wasserkrug und begann, Briannas Hände von Montagues Blut zu reinigen. Willenlos ließ Brianna alles mit sich geschehen.

»Ich wollte ihn nicht töten«, wiederholte sie nur immer wieder.

»Diese Beteuerung wird auf den Sheriff kaum Eindruck machen. Sie werden dich hängen, auch wenn du nicht die Absicht hattest, diesen Teufel umzubringen.«

»Ich begreife es einfach nicht«, sagte Brianna. »Es war ein Unfall. Er hat mich angegriffen.«

»Wer wird dir das glauben, Brianna? Wie du selbst sagtest, hast du weder Geld noch einen Titel. Aber sieh dir den Mann an, den du getötet hast. Er ist einflußreich und reich. Auf Montvale hat er sich zwar unmenschlich benommen, aber er ist wohlgelitten bei jenen, die ihn nicht gut genug kennen. Man wird dir nie glauben, daß er dich angegriffen hat. Für seine Nachbarn hat er sich dir gegenüber stets wie ein treusorgender Vater verhalten.«

Briannas ohnehin schon blasses Gesicht wurde totenbleich. »Ich muß auf der Stelle fort«, flüsterte sie verzweifelt.

»Genau das versuche ich dir schon die ganze Zeit begreiflich zu machen«, erklärte Rachel. »Wenn du hierbleibst, verlierst du dein Leben.«

»Aber wohin soll ich gehen?« fragte Brianna – zu konfus, um sich an ihre früheren Pläne erinnern zu können.

»Beispielsweise nach London, doch dort würde man zuerst nach dir suchen. Deine einzige Hoffnung besteht darin, so schnell wie möglich die Küste zu erreichen und an Bord des ersten auslaufenden Schiffes zu gehen.«

»O Gott, Rachel. Ich wollte zwar Montvale verlassen, aber doch nicht England. Wie soll ich denn überleben?«

»Du hast den Schmuck deiner Mutter. Und Lord Montague hat in seinem Zimmer eine Kasse, aus der er monatlich unseren Lohn bezahlt. Du mußt dir dort nehmen, was du brauchst.«

»Ich bin eine Mörderin und nun auch noch eine Diebin.«

Rachel schüttelte den Kopf. »Du bist keine Diebin. Du nimmst dir nur das, was du zum Überleben brauchst. Hätte sich Lord Montague dir gegenüber nicht so schändlich benommen, brauchtest du es nicht zu tun. Die Schuld liegt bei ihm.«

»Wirst du mit mir kommen, Rachel?«

Rachel drehte sich um, sah auf die leblose Gestalt, deren Blut inzwischen den hellen Teppich verfärbte, und nickte. »Sieht so aus, als bliebe mir keine andere Wahl. Ich bezweifle, daß du es in deinem augenblicklichen Zustand ohne mich schaffen würdest.«

»Vielen Dank«, flüsterte Brianna tränenerstickt. Seit Jahren hatte sie geplant, Montvale zu verlassen – aber doch nicht unter diesen Umständen. Aber sie wußte, daß Rachel recht hatte. Es gab keine andere Wahl. Für sie gab es nur die Flucht oder den Tod durch den Strang. Brianna verdrängte ihre Tränen und sah die Freundin an. »Wie du schon sagtest, können wir nicht nach London. Hast du irgendwelche anderen Vorschläge zu machen?«

Ohne auf Rachels Antwort zu warten, wandte sich Brianna dem Ankleidetisch zu und öffnete ihren Schmuckkasten. Schnell holte sie die funkelnden Juwelen heraus, stopfte sie in ein Samtsäckchen und steckte sie sich ins Mieder.

»Außer Berkshire kenne ich nicht viel von England«, gestand Rachel ein.

»Wenn wir an Bord eines Schiffes gehen wollen, ist Bristol wohl die beste Wahl«, sagte Brianna und spürte, wie ihre Benommenheit nachzulassen begann. Ihr war bewußt, daß ihrer beider Wohlergehen nun von ihr abhing. »Ich werde ins Arbeitszimmer gehen, während du hier ein paar Dinge für uns packst. Nur das Notwendigste. Wenn uns die Flucht gelingen soll, müssen wir mit leichtem Gepäck reisen.« Sie sah die Freundin an und vermied bewußt jeden Blick auf Lord Montague.

Rachel holte bereits eine Reisetasche und öffnete die Türen des Kleiderschranks. Die Auswahl unter Briannas Kleidung würde ihr nicht schwerfallen, denn Brianna war von ihrer Mutter stets angehalten worden, helle, leuchtende Farben zu tragen, um ihre dunklen Augen und ihr dunkles Haar zu betonen. Das Mädchen besaß nur das Trauerkleid, das sie gerade trug, und zwei seidene Kleider, die in ihren braunen und grauen Farbtönen schlicht genug waren, um keine Aufmerksamkeit zu erregen.

Kapitel 2

Eingeschüchtert von der hektischen Betriebsamkeit, die um sie und Rachel herum herrschte, blickte Brianna um sich. Sie fragte sich, wie sie nur auf den Gedanken kommen konnte, für sie beide die Verantwortung zu übernehmen, sobald sie Bristol erreicht hatten. Die hohen Masten der vielen vor Anker liegenden Schiffe wirkten wie ein im Herbstwind schaukelnder Wald kahler Laubbäume, während Seemänner und Schauerleute wie Ameisen bei der Nahrungssuche auf den Kais herumwieselten. Sie luden sich schwere Fässer und Kisten auf die Schultern und liefen damit Gangways hinauf oder hinunter – wie Insekten, die sich für den Winter vorbereiten.

Bristol, schoß es Brianna durch den Kopf, ist ganz anders, als ich es mir vor meiner Flucht aus Montvale vorgestellt habe. In ihrer Naivität war sie so sicher gewesen, ihren Weg schon ohne Schwierigkeiten zu finden, wenn sie dazu gezwungen war. Jetzt wußte sie es besser. Sie begriff sehr schnell, daß für zwei alleinreisende Frauen in der Welt kaum Platz zu sein schien.

Briannas weiblicher Stolz sträubte sich gegen diese Erkenntnis. Es war einfach nicht fair, daß sich Männer überall frei und ungehindert bewegen konnten, während Frauen auf männliche Begleitung angewiesen waren, um nicht für weibliche Wesen von zweifelhaftem Ruf gehalten zu werden. Allerdings mußte sich Brianna auch eingestehen, daß niemand behauptete, daß es im Leben immer fair zuzugehen hatte.

Diese Tatsache hatte Lord Montague mehr als nur einmal bewiesen. Das Leben war das, was man daraus machte. Und Brianna wollte verdammt sein, wenn sie sich von ihrer neuen Umgebung so einschüchtern ließ, daß es ihr unmöglich wurde, sie beide sicher aus England hinauszubringen. Bisher hatte sie alle Gefährdungen überlebt, und sie war entschlossen, das auch fürderhin zu tun.

Brianna richtete sich entschlossen auf. Ihr blieb keine andere Wahl. Wenn sie gefaßt wurde, drohte ihr der Galgen. Sie mußte für sich und Rachel eine Überfahrt auf einem der Schiffe besorgen, die zu den Westindischen Inseln segelten. Sie hätte zwar die amerikanischen Kolonien bevorzugt, da es dort sehr viel leichter war, seine Spuren zu verwischen, aber der Krieg zwischen England und der Neuen Welt hatte jeden Reiseverkehr dorthin beendet.

»Glaubst du, daß wir vielleicht auf diesem Schiff da eine Passage buchen können?« erkundigte sich Rachel unsicher und zog sich den Schal enger um die Schultern, um sich vor dem kalten Wind, der vom Wasser hereinwehte, besser zu schützen.

»Heute früh habe ich einen Teil meines Schmucks verkauft, also haben wir das nötige Geld. Hoffentlich verfügen sie an Bord über genügend Platz und haben nichts gegen unbegleitete Frauen. Auf den letzten beiden Schiffen wurde uns die Überfahrt verweigert, weil wir ohne Ehemänner reisen. Der letzte Captain meinte, alleinreisende Frauen und Seemänner kämen auf hoher See nicht gut miteinander aus. Nach spätestens einer Woche hätten wir mit Zudringlichkeiten zu rechnen, wenn er uns an Bord nähme.«

Abwesend rieb sich Rachel die kalten Arme und sah sich nervös um. »Ich kann nur hoffen, daß sie uns an Bord nehmen, Brianna. Inzwischen durchkämmen die Leute des Sheriffs bestimmt schon die ganze Gegend, und wenn sie uns aufspüren, werden wir mit Sicherheit gehängt.«

»Still, Rachel. Was auf Montvale geschah, liegt hinter uns. Wir haben unseren Weg gewählt und können jetzt nicht zurück.«

»Ich weiß. Aber ich mache mir nun einmal große Sorgen. Lord Montague hat mächtige Freunde, und wenn wir nicht bald davonsegeln, werden sie uns bestimmt fassen.«

Brianna legte die Hand auf das Seil, das die Gangway des Handelsschiffes säumte. Sie lächelte die Freundin an. »Wünsch mir Glück, Rachel. Das hier ist das letzte Schiff, das in dieser Woche zu den Westindischen Inseln segelt.«

»Vielleicht findet dieser Kapitän Gefallen an der Farbe deiner Münzen«, erwiderte Rachel und bemühte sich um ein winziges Lächeln.

»Das hoffe ich sehr«, erwiderte Brianna, wandte sich um und lief schnell an Bord. An Deck blieb sie einen Moment lang stehen und fragte einen der Seeleute nach dem Kapitän. Er deutete auf einen hochgewachsenen bärtigen Mann an Achterdeck. »Das ist Captain Benjamin, Mylady.«

Brianna dankte dem Seemann und lief auf kürzestem Wege zum Heck und auf den Captain zu, der mit im Nacken verschränkten Händen dem Verladen der Ladung zusah.

Brianna zögerte kurz und nahm das Äußere des Kapitäns von seinem gepflegten grauen Vollbart bis zu den blankpolierten Stiefeln in sich auf. Zufrieden mit dem, was sie sah, räusperte sie sich, um die Aufmerksamkeit des Mannes auf sich zu lenken.

»Captain Benjamin«, begann sie und zwang sich unter seinem strengen Blick zu einem gelassenen Tonfall, »man hat mich an Sie verwiesen, wenn ich eine Passage auf der *Merry Widow* buchen will.«

Captain Benjamin nickte und musterte nun seinerseits Brianna von Kopf bis Fuß. Auch er war offensichtlich zufrieden mit dem Ergebnis seiner Inspektion. Seine kantigen

Züge entspannten sich. »Aye. Wenn Sie zu den Westindischen Inseln reisen wollen, sind Sie bei mir an der richtigen Adresse.«

»Dann nehmen Sie mich also an Bord?« fragte Brianna hocherfreut.

Dichte graue Brauen zogen sich über gleichfalls grauen Augen zusammen. »Sie scheinen ja sehr erpicht darauf zu sein, Englands Gestade zu verlassen, Miss. Gibt es da vielleicht etwas, was ich besser wissen sollte, bevor ich Sie als Passagier der *Merry Widow* aufnehme? Ihr Verhalten drängt mir die Vermutung auf, daß das der Fall ist.«

Brianna schüttelte den Kopf. »Nein. Es gibt keinen besonderen Grund. Ich bin nur sehr froh, ein Schiff gefunden zu haben, das bereit ist, zwei weibliche Passagiere ohne männliche Begleitung an Bord zu nehmen.«

Erneut beschatteten buschige Brauen tiefliegende Augen. »Sie haben nicht nach zwei Passagen gefragt, kleine Miss. Und ich habe nicht gesagt, daß ich bei dieser Überfahrt mehr Raum als für einen Passagier habe.«

Briannas Hoffnung schwand, aber nicht ihr Lächeln. »Dann werde ich mich woanders umsehen müssen, fürchte ich. Meine Freundin lasse ich auf keinen Fall zurück. Sie steht mir so nahe wie eine enge Familienangehörige.«

Zum ersten Mal überzog der Anflug eines Lächelns Captain Benjamins schmale Lippen. »Ich habe auch nicht gesagt, daß ich keinen Platz für mehr als einen Passagier habe, Miss. Fassen Sie keine voreiligen Schlüsse. Das erschwert das Leben nur unnötig.«

Briannas Gesicht leuchtete wieder auf. »Also dann verkaufen Sie mir eine Passage für zwei Personen zu den Westindischen Inseln?«

Captain Benjamin nickte. »Die *Merry Widow* kann zehn Passagiere aufnehmen, bisher habe ich erst acht, also kann ich zwei weitere an Bord nehmen.«

»Vielen Dank, Captain.« Brianna öffnete ihren Ridikül, entnahm ihm ein paar Goldstücke und reichte sie dem Kapitän der *Merry Widow*.

Captain Benjamin verzog das Gesicht und schüttelte seinen grauen Kopf, als hätte er es mit einem unvernünftigen Kind zu tun. »Sie sollten auch noch lernen, nicht so mit Ihrem Geld herumzuwerfen, kleine Miss. Sie haben mir gerade mehr Geld gegeben, als ich von meinen acht Passagieren insgesamt erhalten habe.«

Brianna spürte, daß ihr verlegene Röte in die Wangen stieg. »Es tut mir leid. Ich hätte fragen sollen, wieviel die Überfahrt kostet.«

Captain Benjamin gab ihr die Münzen zurück. »Ich bin zwar kein Vater, Missy, und ich weiß, daß Großzügigkeit nicht unbedingt meine Haupttugend ist, aber in diesem Fall kann ich nicht anders. Sie sind viel zu jung, um ganz allein durch die Welt zu reisen. Nehmen Sie Ihr Geld zurück und fahren Sie wieder nach Hause, bis Sie ein bißchen älter sind.« Er holte tief Luft. »Das ist alles an väterlichem Rat, was in mir ist, und ich kann nur hoffen, daß Sie ihn annehmen. Ich möchte nicht, daß er auf taube Ohren trifft.«

»Für Ihre Fürsorglichkeit bin ich Ihnen sehr dankbar, Captain. Aber meine Freundin und ich haben kein Zuhause, zu dem wir zurückkehren könnten. Wir wollen in der Hoffnung zu den Westindischen Inseln, uns dort ein neues Leben aufzubauen. Wie ich hörte, soll es dort nicht allzu schwer sein, Ehemänner zu finden«, log Brianna unverfroren und froh darüber, einen so plausiblen Grund für ihr Verlassen Englands gefunden zu haben.

Captain Benjamin hob die Schultern. »Wie ich schon sagte, einen besseren Rat kann ich Ihnen nicht geben. Wenn Sie ihn nicht nutzen, so ist das Ihre Sache. Mehr habe ich dazu nicht zu sagen – bis auf die Tatsache, daß wir in einer Stunde absegeln. Also sollten Sie Ihr Gepäck so schnell wie möglich an Bord bringen. Einer meiner Männer wird Ihnen Ihre Kabine zeigen.«

Begierig darauf, Rachel von ihrem Erfolg zu berichten, wandte sich Brianna zum Gehen, blieb aber bei der letzten Bemerkung des Kapitäns abrupt stehen.

»Missy, ich brauche Ihren Namen für mein Logbuch.«

Sie blickte zu dem vierschrötigen Kapitän auf und sagte »Brianna«, bevor ihr ihr Fehler bewußt wurde. Sie senkte die Augen vor seinem forschenden Blick und suchte verzweifelt nach einem Nachnamen, der Captain Benjamin zufriedenstellen würde, ohne ihre Flucht vor den Behörden zu verraten. Wieder wurden ihre Wangen hochrot.

»Brianna wie, Missy?«

»Tarleton. Brianna Tarleton.«

»Und der Name Ihrer Freundin, Miss Tarleton?«

Erneut dachte Brianna fieberhaft über einen Namen nach. »Sie heißt Sabrina Berkshire«, sagte sie dann strahlend.

Capatin Benjamin nickte befriedigt. Jetzt würde sein Logbuch in Ordnung sein. »Sie sollten sich beeilen, Miss Tarleton. Wie ich schon sagte, segeln wir in einer Stunde. Die *Merry Widow* wartet auf niemanden, nicht einmal auf den Begleitschutz, den uns das Ministerium zugeteilt hat.«

Brianna versäumte keine Zeit, um Rachel und ihre wenigen Gepäckstücke an Bord zu holen. Unter den wachsamen Blicken von Captain Benjamin führte ein Seemann mit schwarzer Augenklappe sie über eine Treppe in die winzige Kabine, die bis zum Erreichen ihres Ziels ihre Unterkunft sein würde. Sie enthielt zwei schmale Kojen und einen Waschtisch, der aus einem an die Wand genagelten Brett mit einer runden Öffnung für die Waschschüssel bestand.

Captain Benjamin blickte auf die offene See hinaus. Das Ministerium hatte ihn ersucht, auf das Eintreffen des Begleitschutzes zu warten, aber er hatte keine Zeit für solchen Unsinn. Die *Merry Widow* beförderte zwar Passagiere, aber ihre Hauptaufgabe war der Transport von Frachtgütern. Im Laderaum des Schiffes befanden sich Fässer mit Schwarzpulver, das über den Umweg der Inseln in die Kolonien geschickt wurde, damit sich die englischen Soldaten dort gegen die Rebellen zur Wehr setzen konnten. Captain Benjamin transportierte auch Kleidung und andere Dinge, die auf den Inseln benötigt wurden. Sobald er Jamaica erreicht hatte, würde er die Sachen mit Gewinn veräußern und dann Zucker und Früchte kaufen, um diese in den Norden zu bringen. Zum gegenwärtigen Zeitpunkt zahlte die britische Armee Höchstpreise für die Güter, die er ihr brachte. Ihre eigenen Schiffe wurden von einem Piraten ausgeplündert, der unter jeweils wechselnden Flaggen die Meere befuhr. Niemand kannte ihn, niemand wußte, woher er kam. Der Schurke schien jedes Schiff, das seinen Weg kreuzte, für eine ihm zustehende Beute zu halten. Captain Benjamin machte sich keine Sorgen um den Piraten. In seinen Jahren auf See war er weit Schlimmerem begegnet und bisher ohne jeden Kratzer davongekommen.

***

»Wie geht es Ihrer Freundin heute?« fragte Captain Benjamin, als er neben Brianna an der Reling auftauchte. Er schloß die Lippen fest um den Stiel seiner Tonpfeife und zog kräftig, um den Tabak in der steifen Brise am Glimmen zu halten, der die Segel über ihnen knattern ließ.

»Nicht viel besser, fürchte ich. Heute früh ist es mir zwar gelungen, sie zu ein paar Bissen zu überreden, aber sie konnte sie nicht bei sich behalten.« Seit der Abfahrt aus Bristol litt Rachel unter heftiger Seekrankheit, und Brianna machte sich inzwischen ernste Sorgen um sie.

Captain Benjamin nickte weise. »So etwas kommt vor. Manche Menschen sind für die See geschaffen, während andere mit beiden Füßen fest an Land verankert sind. Ein Seemann wird landkrank, wenn er zu lange auf festem Grund steht, während der Landratte schlecht wird, sobald sie Wasser unter den Füßen spürt.« Er lächelte mitleidig. »Wie man mir sagt, ist das keine angenehme Krankheit.«

»Sabrina schwört, jeden Moment sterben zu müssen«, erwiderte Brianna und mußte unwillkürlich lächeln.

Der grauhaarige Kapitän schmunzelte. »Das behaupten sie alle. Ich habe erlebt, daß ausgewachsene Männer grün um die Nase wurden und schworen, innerhalb der nächsten Stunde vor ihren Schöpfer treten zu müssen. Aber das hilft Ihrer Freundin im Augenblick wenig, noch beneide ich sie um die nächsten Stunden, Miss Tarleton.« Er hob eine Hand und deutete auf die Wolken, die sich am Horizont zusammenballten. »Da zieht ein Sturm herauf, und zu dieser Jahreszeit kann das ziemlich heftig werden.«

Brianna betrachtete nachdenklich die dunklen Wolken. »Gibt es irgendeinen Grund zur Besorgnis?«

Captain Benjamin schüttelte den Kopf und zog erneut an seiner langstieligen Pfeife. »So wie es jetzt aussieht, ist nichts zu befürchten. Ich habe Schlimmeres überstanden. Aber ich habe die anderen Passagiere gebeten, besser unter Deck zu bleiben. Es wäre gut, wenn Sie das gleiche täten. Unter Deck ist der sicherste Aufenthaltsort für jemanden, der keine Erfahrung mit Stürmen auf See hat. Und so krank wie Ihre Freundin schon jetzt ist, wird sie Ihren ganzen Beistand nötig haben, sobald die *Merry Widow* ins Tanzen gerät.«

»Wie lange wird es dauern, bis der Sturm zuschlägt?« erkundigte sich Brianna und sah auf die schaumbedeckten Wogen hinunter, die mit zunehmender Wucht gegen den Rumpf des Schiffes schlugen.

»In weniger als zwei Stunden, würde ich meinen. Aber jetzt bitte ich Sie, mich zu entschuldigen. Ich muß dafür sorgen, daß das Schiff und seine Besatzung so gut wie möglich auf das vorbereitet sind, was sie erwartet. Sie sollten unter Deck gehen und Ihre Freundin informieren.«

Captain Benjamin machte auf dem Absatz kehrt und begann damit, seine Anweisungen zu erteilen. Wohl wissend, daß alle Leben an Bord der *Merry Widow* davon abhingen, kam die Mannschaft seinen Befehlen nach. Einige Seeleute kletterten flink wie Affen in die Takelage hinauf, während andere alles festzurrten, was in Bewegung geraten konnte. Quer über das Deck wurden Taue als Halteseile gespannt.

Brianna warf einen letzten Blick auf den nun schon bedenklich düsteren Himmel und eilte in ihre Kabine, in der Rachel tief und fest schlief – nichts ahnend von der drohenden Gefahr.

Als wollte sie den Zeitplan ihres Kapitäns einhalten, segelte die *Merry Widow* eine Stunde und fünfundvierzig Minuten später voll in den Sturm. Obwohl es erst drei Uhr nachmittags war, herrschte tiefdunkle Nacht. Blitze zuckten über den Himmel, Donnerschläge hallten, als würden über ihnen Kanonen abgeschossen. Das Meer schien auf den Ruf der Elemente zu reagieren und bäumte sich auf wie ein schwarzgrünes Ungeheuer mit Schaum vor dem Mund, das sich anschickte, das winzige Schiff zu verschlingen.

Ächzend und stöhnend stürzte die *Merry Widow* in jedes Wellental und mühte sich wieder daraus hervor, bevor sie zwischen den zahnlosen Kiefern des Meeres zermahlen werden konnte. Tapfer kämpfte sich das geschundene Schiff weiter, seine Besatzung und ihre Gebete trugen es weiter hinein in den wirbelnden Malstrom.

Angeseilt saß Brianna an Rachels Seite und bemühte sich, die Freundin davor zu bewahren, durch die Schiffsbewegungen aus der Koje geschleudert zu werden. Das Unwetter hatte Rachel geweckt, nun lag sie nahezu gelähmt vor Furcht da und umklammerte mit einer Hand den Kojenrand, mit der anderen Briannas Finger. Der grünliche Ton ihres Teints war einem gespenstischen, aschgrauen Weiß gewichen.

Keines der Mädchen sagte ein Wort. Es gab nichts, womit sie sich hätten trösten können. Sie durchlebten ihr Entsetzen gemeinsam und wußten, daß sie im düsteren Licht der engen Kabine erneut dem Tod ins Auge blickten.

Das erste Anzeichen dafür, daß die *Merry Widow* ihren Widerstand aufgab, war ein hoher klagender Laut tief im Innern des Schiffsrumpfes. Er klang wie der Klageton einer Frau über den Tod eines geliebten Menschen und nahm an Lautstärke zu, bis das gesamte Schiff davon widerhallte. Planken und Nägel, Seile und Vertäuungen dehnten sich unter dem Druck, barsten unter dem Ansturm von Wind und Wasser, ergaben sich den Launen des weißschäumenden Ungeheuers. Von Deck erschollen Rufe, das Schiff zu verlassen, aber Brianna brauchte wegen des Getöses einige Minuten, um die Bedeutung dieser Worte zu begreifen.

Mit schneeweißem Gesicht packte sie Rachels Arm, zerrte sie aus der Koje und zur Tür. Nur mit großer Mühe gelang es ihr, diese aufzudrücken. Doch dann erinnerte sie sich an den kleinen Beutel mit den Münzen, den sie unter ihrer Matratze verborgen hatte. Schnell lief sie zurück, holte das Geld und steckte es sich ins Mieder, bevor sie Rachel auf den Gang hinausschob. Wassermassen strömten durch die Luke herein, die Leiter herab und machten aus dem Durchgang ein rauschendes Flußbett. Als sich das Schiff plötzlich auf die Seite legte, verlor Rachel das Gleichgewicht, stürzte und riß Brianna mit sich zu Boden. Die verschreckten anderen Passagiere, die sich gleichfalls bemühten, an Deck zu kommen, ignorierten die Notlage der beiden jungen Frauen, die sich verzweifelt plagten, wieder auf die Füße zu kommen.

»Warten Sie! Helfen Sie uns!« schrie Brianna und klammerte sich an das Bein eines der Passagiere. Der hielt kurz inne, befreite sein Bein aus ihrem Griff und stürzte die Leiter hinauf. »In Notzeiten verlaß dich auf dich selbst und vergiß deine Mitmenschen«, murmelte Brianna sarkastisch, als sie sich endlich aufrappelte.

»Lauf los und kümmere dich nicht um mich«, flüsterte Rachel kaum hörbar, der es wegen des Gewichts ihrer nassen Röcke nicht gelang, auf die Beine zu kommen.

»Das werde ich keineswegs tun. Steh endlich auf, verdammt noch mal. Wir haben keine Zeit für Auseinandersetzungen. Und es ist unsinnig von dir, dich für mich opfern zu wollen, weil ich ohne dich nirgendwo hingehen werde. Wir haben diese Sache gemeinsam begonnen und werden sie auch gemeinsam durchstehen. Und nun komm endlich auf die Füße. Wir müssen in eines der Rettungsboote, bevor die zu Wasser gelassen werden.«

Rachel wußte, daß Brianna starrsinnig bei ihr bleiben und notfalls mit dem Schiff untergehen würde, und nahm den letzten Rest ihrer Kraft zusammen, um sich den schweren Stoff vom Körper zu streifen, der ihre Bewegungen behinderte. Nur mit ihrem Mieder und Unterrock bekleidet, zwang sie sich auf die Füße. Dann stützte sie sich auf Brianna, während sich die beiden Frauen die Leiter hinauf, durch die Luke und an Deck kämpften.

Durch das beißende Salzwasser, das ihr übers Gesicht rann, sah Brianna, wie an der Reling das letzte kleine Rettungsboot zu Wasser gelassen wurde. Sie öffnete den Mund, um zu rufen, aber eine weitere Welle brach brüllend über dem Deck zusammen. Einen Moment später hörte sie das Splittern von Holz. Das Heulen des Windes klang wie das Triumphgeschrei der Elemente über den sinnlosen Versuch der Menschen, ihnen entkommen zu wollen. Zwischen den Trümmern des Rettungsbootes sah Brianna die leblose Gestalt von Captain Benjamin. Ein Blitz beleuchtete kurz sein Gesicht, dann brach eine neuc Welle herein und nahm ihn mit sich in sein nasses Grab.

Entsetzt drängte Brianna Rachel zur Luke zurück. Die wenigen Meter bis dorthin kamen ihr wie Meilen vor. Die Erkenntnis, daß man sie zurückgelassen und damit dem Tod überantwortet hatte, nahm ihnen alle Kraft. Rachel, durch ihre Seekrankheit bereits mehr als erschöpft, brach am Fuß der Leiter zusammen. Brianna sank neben der Freundin auf den Boden und nahm sie fest in die Arme. Sie würde Rachel nicht verlassen. Rachel war mit ihr aus England geflohen, um sie vor einem schändlichen Tod auf Tyburn Hill zu bewahren. Und nun sah es so aus, als würde sie dafür mit dem Schicksal belohnt, neben Brianna zu sterben, wenn die *Merry Widow* auf den Grund des Meeres sank.

»Das habe ich nicht gewollt, Rachel«, schluchzte sie auf. »Es tut mir unendlich leid, dich in diese Situation gebracht zu haben. Das hast du nicht verdient. Ich wollte doch nicht, daß du stirbst. Ich wollte, daß wir beide ein besseres Leben beginnen können.«

Rachel blinzelte Brianna an und mühte sich um ein winziges Lächeln. »Du nimmst eine Schuld auf dich, die du nicht hast, Brianna. Ich habe dich begleitet, weil ich es so wollte. Ich hätte auf Montvale bleiben und abstreiten können, irgend etwas über Lord Montagues Tod und deinen Verbleib zu wissen. Es war meine freie Entscheidung, mit dir zu kommen. Du hast mich nicht dazu gezwungen.«

Brianna lächelte auf die Freundin hinunter und zog sie noch enger an sich heran. »Mir ist bewußt, was du damit zu tun versuchst, und ich bin dir dafür sehr dankbar. Du bist mir immer eine gute Freundin gewesen.«

Ein hallender Klageruf aus den Tiefen des Schiffes beendete ihre Unterhaltung. Der Rumpf ächzte, stöhnte und schien jeden Augenblick bersten zu wollen. Angstvoll und zitternd klammerten sich Brianna und Rachel aneinander und rechneten fest damit, daß der nächste Moment ihr letzter auf Erden war. Es gab nichts zu sagen, während sich die Minuten zu Stunden dehnten. Meer und Wind trieben die *Merry Widow* erbarmungslos vor sich her, ließen dem erschöpften, angeschlagenen Schiff keine Ruhe. Schließlich überwältigte Müdigkeit ihre Angst, und beide Mädchen schliefen ein. Aber auch die Elemente blieben von Ermüdung nicht verschont. Langsam legte sich der Sturm, nach und nach verwandelte sich die zornige Düsternis des Himmels in ein ruhiges Blau, wurden die gischtigen Wogen zu sanften Wellen, in denen sich die Abendsonne spiegelte. Die *Merry Widow* schaukelte dahin wie eine Wiege und ließ ihre beiden Passagiere schlafen, bis die Sonne erneut im Osten aufstieg, um ihre Tagesreise zu beginnen.

***

»Sind wir tot?« fragte Rachel verwundert und rieb sich die Augen.

»Ich glaube nicht«, erwiderte Brianna und versuchte aufzustehen. Unwillkürlich verzog sie das Gesicht, weil ein scharfer Schmerz ihren Rücken durchschoß. »Der Pfarrer sagt doch immer, daß Tote keine Schmerzen mehr empfinden.«

Rachel neigte den Kopf zur Seite und lauschte. »Ist das Unwetter vorüber?«

Stöhnend richtete sich Brianna auf, lief die Leiter hinauf und öffnete die Luke. Blendendes Sonnenlicht ließ sie blinzeln. »Wir leben, Rachel. Der Sturm hat sich verzogen, und es ist ein herrlicher Tag.«

Leise lachend und überglücklich, am Leben zu sein, ignorierte Brianna ihre Schmerzen, wandte sich zu Rachel um und half ihr die Leiter herauf. Gemeinsam stolperten sie an Deck und sahen sich um. Zerfetzte Segel hingen an geborstenen Masten, Taue schlängelten sich über den Boden und hingen über die Reling ins Meer.

Ein quietschendes Geräusch lenkte Briannas Aufmerksamkeit zum Achterdeck, wo sich das Steuerrad leicht drehte, als versuche ein Geister-Kapitän noch immer, das Fahrzeug zu lenken.

»Warum sind wir nicht gesunken?« fragte Rachel und bemühte sich, auf dem schrägen Deck nicht auszurutschen.

»Das weiß ich nicht, aber ich würde von großem Glück sprechen. Wir haben das Unwetter überlebt, und so lange wir treiben, besteht eine Chance, gerettet zu werden.«

Rachel lehnte sich gegen den offenstehenden Lukendeckel, beschattete die Augen mit der Hand und suchte den leeren Horizont ab. Aber da war nichts als Wasser. Sie sah ihre Freundin an, äußerte ihre Bedenken jedoch nicht. Die Wirklichkeit würde sie schnell genug einholen, denn fast unmerklich sank das Deck immer tiefer, während die *Merry Widow* langsam ihren Kampf gegen die Wellen verlor.

»Du brauchst gar nichts zu sagen. Ich weiß genau, was du denkst, und wie unwahrscheinlich es ist, daß wir von einem vorüberkommenden Schiff entdeckt werden. Aber wir dürfen die Hoffnung nicht verlieren, denn sie ist alles, was wir haben«, sagte Brianna und wiederholte damit die Worte ihrer Mutter vor ihrer Heirat mit Lord Montague. Als sie kaum Geld für das Lebensnotwendigste besaßen, hatte Sabrina ihrer Tochter stets geraten, die Hoffnung nicht zu verlieren. Entschlossen schüttelte Brianna die Erinnerungen ab. Sie hatte Wichtigeres zu tun, als sich in Erinnerungen zu verlieren. Die *Merry Widow* sank, und sie würden mit ihr untergehen, wenn sie nicht irgendeine Möglichkeit fanden, sich über Wasser zu halten.

Rachel sah auf die langsam an Deck schwappenden Wellen. »Hoffnung ist gut und schön, aber kann man darin auch segeln?«

»Nein, aber wir können versuchen, irgend etwas zu finden, das uns davor bewahrt, mit dem Schiff unterzugehen.«

»Die Mannschaft und die Passagiere sind mit den Rettungsbooten von Bord gegangen. Wir haben nichts als ein paar armselige Planken.«

Briannas Gesicht hellte sich auf. »Das ist es, Rachel. »Wir werden uns ein Floß bauen, wie das, das uns Thomas gemacht hat, als wir Kinder waren. Wir sind damit über den Teich gefahren, erinnerst du dich?«

Rachel lächelte. Sie erinnerte sich sehr genau an das Floß, das Thomas aus Brettern und Seilen zusammengefügt hatte. »Das hier ist kein Teich, Brianna, aber es sieht ganz so aus, als wäre ein Floß unsere einzige Chance.«

»Du holst Stricke, und ich bemühe mich, alle Planken zusammenzutragen, die ich finden kann.«

Mit Feuereifer machten sich die beiden Mädchen daran, mit den wenigen Mitteln, die ihnen zur Verfügung standen, ein Floß zusammenzubauen, das ihr Leben retten konnte. Die Stunden zogen sich hin, die Anstrengung zehrte an den wenigen Kräften, die Rachel geblieben waren, aber sie weigerte sich standhaft, ihrer Erschöpfung nachzugeben.

Die Sonne stieg höher, und die *Merry Widow* sank tiefer in die jadegrünen Wellen. Am späten Nachmittag war es den jungen Frauen gelungen, aus Brettern und Tauen eine Plattform zusammenzufügen. Sie bargen ein kleines Faß Süßwasser, das wundersamerweise in den Fluten des Niedergangs aufgetaucht war. Sie schnitten auch ein Stück Segel ab, aber sie standen bereits knietief im Wasser, als sie es behelfsmäßig auf ihrem Floß befestigten.

Keine von ihnen sagte etwas, aber die Blicke, die sie sich zuwarfen, drückten ihre Gefühle besser aus als alle Worte. Jede von ihnen wußte, daß die Stunde der Wahrheit gekommen war, in der sich zeigen mußte, ob ihr hastig zusammengebautes Floß ihnen das Leben retten würde oder ob sie mit der *Merry Widow* untergehen mußten.

Wasser quoll durch die Ritzen zwischen den Planken, und das Floß neigte sich bedenklich unter ihrem Gewicht, bevor es endlich ruhig genug lag, daß Brianna den Atem aus den Lungen lassen konnte, den sie seit dem Betreten des unsicheren Fahrzeugs angehalten hatte.

Brianna lächelte Rachel unsicher an, als um sie herum riesige Wasserblasen aufzusteigen begannen. Die der sinkenden *Merry Widow* entweichende Luft schuf gewaltige Strudel, die das kleine Floß beträchtlich ins Schwanken brachten.

Rachel schrie auf und wandte sich haltsuchend an Brianna, als eine Welle drohte, sie ins Wasser zu spülen. Brianna zog die Freundin schnell wieder an sich. Das Wasserfäßchen rollte vom Floß und trieb schnell davon, aber keins der Mädchen bemerkte es. Sie waren zu sehr mit der Gegenwart und ihrem Überleben beschäftigt, als sich um die Zukunft Sorgen machen zu können.

Ein letztes Aufbäumen der *Merry Widow* trieb das Floß fort von dem mächtigen Wasserstrudel, der ihr Sinken begleitete. Nackte Furcht ließ die sonnenverbrannten Wangen der beiden Mädchen erblassen, als sie zusahen, wie das Wasserfaß vom Strudel erfaßt wurde, sich rasendschnell drehte und ihren Blicken entschwand.

»Das könnten wir sein«, flüsterte Rachel. Ihre Kehle war zu trocken, um lauter sprechen zu können.

Brianna nickte nur. Wieder waren sie mit knapper Not dem Tod entkommen. Brianna schloß die Augen und dankte dem barmherzigen Gott, den sie vor nicht langer Zeit noch unbarmherzig genannt hatte.

Kapitel 3

Wie große weiße Wolken tauchten die Segel am Horizont auf. Mit geschwollenen Lippen und ausgetrockneter Kehle blinzelte Brianna auf die Leinwand, die sich im Wind blähte. Einen Moment lang glaubte sie, die Sonne spiele ihr erneut einen Streich. Während der letzten drei Tage, qualvoll langen Tagen, hatte sie immer wieder den leeren Horizont nach einem Anzeichen von Rettung abgesucht. Etliche Male dachte sie, ein Schiff zu sehen. Doch dann erkannte sie jedesmal sehr schnell, daß es nur eine Wolke oder eine aufschäumende Woge war, die sie für Segel gehalten hatte. Doch diesmal verblich das Bild nicht, sondern unter den Segeln tauchte der dunkle Rumpf eines Schiffes auf.

Sofort regte sich in ihr neue Hoffnung, und sie griff nach dem kleinen Stück Leinwand, mit dem sie Rachel vor der grausamen Sonne geschützt hatte. »Rachel, wir sind gerettet. Halte nur noch kurze Zeit aus, dann kommt Hilfe.«

Ihre Gefährtin gab keine Antwort. Brianna hatte auch keine erwartet. Nach wenigen Stunden auf dem Floß war Rachel in eine erschöpfte Bewußtlosigkeit gefallen. Vorsichtig, um nicht das Gleichgewicht zu verlieren, kniete sich Brianna auf die Planken und zog die Leinwand von Rachel fort, um sie als Signalflagge zu benutzen. Ihre Haut war verbrannt und aufgesprungen, ihre Augen brannten, aber ihr Körper war zu sehr dehydriert, als daß sie Tränen der Dankbarkeit hätte vergießen können, während sie den Stoff über den Kopf hob und damit dem sich nähernden Schiff wild zuwinkte. Selbst aus dieser Entfernung sah sie das Blitzen, als sich ein Fernglas in ihre Richtung wandte.

Brianna fuhr sich mit beiden Händen durch die wirren Haare und ließ sich erschöpft auf die Fersen sinken. Tief und zitternd holte sie Atem. Zum ersten Mal seit dem Sinken der *Merry Widow* gab sie sich ihrer Erschöpfung hin. Ihre Schultern sackten zusammen, als sie die Leinwand wieder über Rachel deckte. Eine lähmende Benommenheit überkam sie, und sie konnte an nichts anderes mehr denken als an die Tatsache, daß sie gerettet waren.

***

»Verdammt, Captain. Es sieht ganz so aus, als treibt da eine Frau auf einem Floß«, sagte Nick Sebastain und reichte Roarke das Fernglas.

Roarke bedachte Nick mit einem skeptischen Grinsen, bevor er das Fernglas hob und auf das winzige Pünktchen auf den Wassermassen richtete. Sein Lächeln wich einem verdutzten Stirnrunzeln, als er sah, daß die Frau der *Black Angel* entgegensah. Er senkte das Glas und blickte wieder seinen Freund an. »Du hattest schon immer ein gutes Auge für die Ladies, Nick. Selbst mitten auf dem Ozean.«

Nick hob die Schultern, und seine Lippen verzogen sich zu dem jungenhaften Lächeln, mit dem er ausnahmslos alle Frauen bezauberte. »Kann ich dafür, daß mir das Talent in die Wiege gelegt wurde, mit den Frauen gut auszukommen?«

»Das einzige, was dir in die Wiege gelegt wurde, Nick Sebastain, ist eine gehörige Portion Selbstüberschätzung. Wüßte ich nicht, daß du halb Franzose, halb Portugiese bist, könnte ich dich glatt für einen Iren halten – bei all dem Schmus, den du so von dir gibst.«

»Es ist mein französisches Blut, *mon ami,* das mich bei dem schöneren Geschlecht so unwiderstehlich macht. Und es ist durchaus kein Schmus, wenn ich erkläre, daß die Frauen einfach nicht genug von mir bekommen können.«

Der Wind hob eine Strähne seines schwarzen Haars und wehte es über Roarkes feingeschnittenes Profil, als er seine Aufmerksamkeit wieder dem Floß zuwandte. Er schüttelte den Kopf und schob sich schmunzelnd die Haarsträhne aus der Stirn. »Als nächstes wirst du noch behaupten, deine Frauen folgen dir sogar auf die hohe See hinaus.«

»Durchaus möglich. Wir werden abwarten müssen, bis wir näher an sie herangekommen sind, um das ganz genau zu wissen. Oder?« Das Wettspiel ihrer Eroberungen hatte vor vielen Jahren begonnen, damals, als sie noch jung und unerfahren waren.

Im Alter von dreizehn Jahren und gerade dabei, ihre eigene Sexualität zu entdecken, hatten Nick und Roarke mit Neid auf die älteren Seeleute geblickt, die sich in den Häfen mit Huren vergnügten. Keiner von ihnen war bereit, die eigene Unerfahrenheit einzugestehen, und das Wettspiel hatte begonnen, als Nick prahlte, er könnte früher als Roarke eine der Dirnen dazu bringen, ihn mit auf ihr Zimmer zu nehmen. Roarke, der bereits auf dem besten Wege zu dem Mann war, der jede Frau dazu verführen konnte, mit ihm ins Bett zu gehen, hatte die Herausforderung angenommen. Wenige Minuten später hatte er die Wette gewonnen.

Beide Männer brachen in schallendes Lachen aus. Roarke hatte Nick nie gestanden, daß er seinem Freund gegenüber von Anfang an im Vorteil gewesen war. Mit dreizehn Jahren wußte er genau, wie man mit Frauen umging, die ihren Körper verkauften, um überleben zu können. Er verstand sie gut, denn er kannte sie seit vielen Jahren. Nick hatte nicht gewußt, daß sich Huren nicht darum scherten, wer ihnen das Geld gab oder wieviel er von der Liebe verstand. Sie empfanden nichts für ihre Kunden. Es war ein Geschäft, eine Chance, sich zu ernähren, mehr nicht.

Obwohl Roarke Verständnis für sie hatte, benutzte er sie wie jeder andere Mann auch. Huren waren Huren, aber sie waren auch ehrlich genug, das einzugestehen, anstatt einem Mann Liebe vorzuheucheln, um das zu bekommen, was sie wollten. Bei einer Hure wußte ein Mann, was er zu erwarten hatte. Roarkes Lächeln wurde zynisch. Seiner Ansicht nach waren alle Frauen Huren – ob sie nun ein feines Haus bewohnten und sich Lady nannten oder ein schäbiges Zimmer über einer Schenke gemietet hatten, in dem sie ihre Freier bedienten. Alle Frauen waren gleich. Eine so gut wie die andere. In seinem Leben hatte er nur eine einzige Frau kennengelernt, die sich von allen anderen unterschied: Elsbeth Whitman. Sie war keine Hure, weil sie einem Engel so ähnlich kam, wie es auf Gottes grausamer Erde möglich schien.

Roarke verdrängte seine Überlegungen über Frauen. Sie waren da, wenn er sie brauchte, um sein Verlangen zu stillen, und das reichte völlig aus. Er genoß sein Leben, wie es war – ohne die Komplikationen durch Gefühle. Er hatte zwei Schwüre geleistet, die er zu halten entschlossen war: sich nie an eine Frau zu binden, und nicht den Fehler zu begehen, irgendwo Nachwuchs zu hinterlassen, wenn es an der Zeit war, eine neue Frucht zu probieren. Er schätzte Abwechslung bei seinem Essen und seiner Umgebung ebenso wie bei den Frauen, mit denen er ins Bett ging. Das verlieh seinem Leben die Würze. Und er brauchte nicht noch mehr Bastarde in die Welt zu setzen. Ein solches Schicksal hatte kein Kind verdient.

Roarke gab Nick das Fernglas zurück. »Schick unserer Meerjungfrau ein Boot, wenn wir nahe genug herangekommen sind. Und dann bring sie in meine Kabine.«

Damit drehte er sich um, schlenderte davon und verdrängte den merkwürdigen Zwischenfall bereits aus seinem Kopf. Er war gerade mit den Plänen für sein neues Schiff beschäftigt gewesen, als man ihn an Deck gerufen hatte. Jetzt wollte er sich endlich wieder den Zeichnungen widmen, die er für seinen Schiffsbauer in Frankreich anfertigte.

Roarke öffnete die Tür zu seiner Kabine und trat an den Tisch mit den Plänen. Er setzte sich und entrollte die Pergamente, dann griff er zur Feder und tauchte sie ins Tintenfaß. Mit geschickter Hand fügte er weitere Anweisungen für den Schiffsbauer hinzu. Wenn er wegen der neuen Ladung nach Frankreich zurückkehrte, wollte er das Schiff in Auftrag geben.

Roarke lächelte in sich hinein. Die nächste *Black Angel* würde das schnellste Schiff auf allen sieben Meeren sein. Wenn der Wind ihre Segel füllte, wäre kein anderes Fahrzeug fähig, sie zu überholen. Sie würde ihn noch reicher machen.

Er ließ die Hand ruhen, lehnte sich zurück und blickte gedankenvoll durch das Bullauge im Heck. Wenn der Krieg vorüber war, würde jedermann sehr schnell begreifen, daß es nicht mehr angeraten war, über Roarke O'Connor die Nase zu rümpfen. Bei seiner Rückkehr nach Virgina wäre er reich genug, um seine Träume zu verwirklichen und vielleicht seinem hochnäsigen Cousin Hunter Barclay sogar ein Darlehen anzubieten. Seit die Rotröcke Barclay Cove angesteckt und Hunters Schiffe verbrannt hatten, wußte sein Cousin, wie es war, nichts mehr zu besitzen. Es wäre wundervoll, Hunter gegenüber endlich einmal im Vorteil zu sein.

Abwesend fuhr sich Roarke mit der Hand in den Kragen und zeichnete mit den Fingerspitzen die Narben nach, die seinen Rücken vom Nacken bis zu den schmalen Hüften verunzierten. Sein Lächeln schwand, und seine tiefblauen Augen wurden in schmerzlicher Erinnerung fast schwarz.

Hunter mußte erst lernen, was Roarke sein ganzes Leben lang erfahren hatte. Das Leben war nicht leicht, wenn man nicht die Unterstützung von Reichtum und Familie hinter sich hatte.

Roarkes Züge verhärteten sich. Das Leben am Hafen mit einer Mutter, die sich das Geld für ihren Unterhalt durch Hurerei verdienen mußte, hatte ihm Lektionen erteilt, die kein Kind lernen sollte. Sein Wissen über Huren hatte er von seiner Mutter, und er war mit zwölf Jahren von ihr fortgelaufen und zur See gegangen – in dem irrigen Glauben, dort ein besseres Leben zu finden. Sein Rücken zeigte die Beweise dafür, wie schmerzlich er für seine Lektionen auf See gelernt hatte.

Hunter wie auch alle anderen nannten ihn einen Piraten, doch das machte Roarke nichts aus. Ihn plagten keine Gewissensbisse über die Methoden, mit denen er seinen Reichtum sicherte. Im Gegensatz zu seinem Cousin war er nicht auf der Sonnenseite des Lebens geboren worden. Als seine Mutter von der Familie Barclay dafür verstoßen wurde, daß sie ihre Liebe dem falschen Mann geschenkt und sein Kind empfangen hatte, litt nicht nur sie unter der Entscheidung ihres Vaters. Vom Augenblick seiner Geburt an war Roarke gestraft. Ihm wurde nichts geschenkt, er mußte um alles hart genug kämpfen.

Was er jetzt besaß und was er in Zukunft noch erwerben würde, war nicht mehr als verdient. Und er wollte verdammt sein, wenn er zulassen würde, daß es ihm jemand wieder nahm, wenn dieser verfluchte Krieg vorüber war. Seine Pläne standen fest, und er würde nicht von dem einmal gesetzten Kurs abweichen.

Ein Klopfen an der Tür holte Roarke in die Realität zurück. »Captain, die Frauen wurden an Bord gebracht«, sagte Nick Sebastain.

»Die Frauen?« murmelte Roarke ungläubig vor sich hin, als er aufstand und die Tür öffnete. »Hast du wirklich ‘die Frauen’ gesagt?«

»Aye. Es waren zwei Frauen auf dem Floß«, erwiderte Nick, trat mit seiner Last über die Schwelle und legte das bewußtlose Mädchen auf Roarkes Bett. »Und so wahr mir Gott helfe: Ich kenne keine von beiden.«

Hinter Nick erschien Shamus O'Keefe mit der jungen Frau, die Roarke durch das Fernglas erspäht hatte. Ihre dunklen Haare fielen dem Seemann über den Arm wie ein Vorhang aus wirren Locken, der bis zu O'Keefes Knie reichte. Im Gegensatz zu dem anderen Mädchen war sie bei Bewußtsein, schien von ihrer Umgebung aber nichts mitzubekommen. O'Keefe legte sie neben das andere Mädchen.

Roarke sah von den beiden jungen Frauen zu Nick. »Was zum Teufel machst du da eigentlich?«

Nicks Grinsen vertiefte sich. »Anordnungen befolgen, was sonst? Du hast befohlen, sie in deine Kabine zu bringen, sobald sie an Bord sind.«

»Ich habe dir nicht gesagt, daß du sie mir ins Bett legen sollst.« Leichter Widerwille überflog Roarkes Gesicht, als er die sonnenverbrannten Frauen betrachtete. »Ich möchte keine von ihnen in meinem Bett haben, selbst wenn ich für den Rest meines Lebens keine andere Frau mehr verführen könnte.«

Schmunzelnd hob Nick die Schultern. »Man sollte nie nie sagen, Captain. Mitunter müssen wir zu verzweifelten Methoden greifen.«

»Dann müßte ich schon mehr als verzweifelt sein. Hast du sie dir eigentlich schon richtig angesehen?«

»*Oui*, und ich stimme dir zu, daß sie tatsächlich nicht sehr ansehnlich sind, aber immerhin handelt es sich um Frauen. Und in der Dunkelheit sehen alle gleich aus.«

»Hol Fielding. So, wie die beiden aussehen, leben sie nicht mehr lange genug, daß du sie in dein Bett holen kannst.«

»Wie du wünschst, *mon ami*«, sagte Nick. »Hoffentlich läßt der Quacksalber sie nicht sterben, bevor ich meine Chance bekomme. Ich brauche noch ein paar auf meiner Liste, um ganz sicherzugehen, daß du meinen Rekord nicht brichst.«

»Ich habe deinen Rekord bereits gebrochen, bevor wir überhaupt mit dem Zählen angefangen haben. Und jetzt hol mir Fielding her. Ich möchte nicht, daß diese zwei in meinem Bett sterben.«

Nick ließ Roarke neben dem kunstvoll geschnitzten Bett zurück, das eigens für ihn angefertigt worden war. Es hatte die Größe eines Doppelbetts und nahm fast die Gesamtfläche von Roarkes Kabine ein. Roarke wartete ab, bis sich die Tür hinter Nick geschlossen hatte, dann blickte er wieder auf das Bett. Peinlich berührt stellte er fest, daß das Mädchen, das er durch das Fernglas gesehen hatte, ihn ansah. Er brauchte einen Moment, um zu begreifen, daß die junge Frau von ihren Strapazen zu erschöpft war, als daß sie seine Beleidigung hätte verstehen können. Langsam fuhr sie sich mit der Zunge über die geschwollenen, aufgesprungenen Lippen und versuchte zu sprechen. Ihre trockene Zunge versagte ihr fast den Dienst, aber ein Wort konnte er verstehen: »Wasser.«

Nachdem er nahezu jeden vorstellbaren Dienst an Bord versehen hatte, bevor er das Kommando über sein eigenes Schiff übernahm, zögerte Roarke keine Sekunde, den Krankenpfleger zu spielen. Er drehte sich zu dem kleinen Tisch um, auf dem neben Flaschen mit Rum und Brandy auch eine Karaffe mit Wasser stand. Er goß Wasser in ein Glas und wandte seine Aufmerksamkeit wieder der jungen Frau auf dem Bett zu. Er griff um ihre Schultern und richtete sie so weit auf, daß sie ein paar Tropfen der Flüssigkeit schlucken konnte.

Aber Brianna trank gierig und schrie auf, als Roarke ihr das Glas wegzog, bevor sie ihren Durst stillen konnte. »Es ist besser, nicht zu übertreiben. Wenn Sie zu schnell zuviel trinken, wird sich Ihr Körper wehren. Und so, wie Sie aussehen, sollten Sie darauf achten, alles, was Sie zu sich nehmen, auch bei sich zu behalten.«

»Danke«, flüsterte Brianna heiser, als Roarke sie wieder in die Kissen zurückgleiten ließ.

Roarke blickte über Brianna hinweg auf das bewußtlose Mädchen und stellte die Frage, die ihm durch den Kopf ging, seit er durch sein Fernglas geblickt hatte. »Warum wurden Sie ausgesetzt?«

»Unser Schiff ist im Sturm gesunken«, krächzte Brianna und kämpfte vergebens gegen die bleierne Müdigkeit an, die sie überfiel. Die Erschöpfung, die sie in dem Moment erfaßt hatte, als sie erkannte, daß sie gerettet waren, legte sich wie eine schwere Decke über sie. Sie schloß die Augen. Im nächsten Moment schlief sie ein.

Roarke setzte gerade das Glas ab, als Nick und Fielding die Kabine betraten. Er sah den Arzt an. »Tun Sie für die beiden, was Sie können, aber ich bezweifle, daß ihnen Ihre Mittelchen und Ihr anderer Hokuspokus helfen können. Dafür waren sie zu lange auf See.«

Nick blickte ihn erstaunt hat. »Hat das Mädchen etwas gesagt?«

Roarke nickte und kehrte zum Tisch und zu seinen Plänen für die nächste *Black Angel* zurück. »Nur wenige Worte, dann verlor sie das Bewußtsein. Aber ich vermute, daß der Sturm, unter dem die *Black Angel* vor vier Tagen zu leiden hatte, ihr Schiff versenkt hat.«

»War es Benjamins Schiff? Die *Merry Widow*?«

»Keine Ahnung. Wir werden warten müssen, bis uns das Mädchen diese Frage beantworten kann. Wenn sie überlebt.«

Fielding sah seinen Kapitän gekränkt an. »Sie können meine Tränke und Zaubersprüche verspotten, wie Sie wollen, aber sie wirken, Captain.«

»So sehr, daß Sie auf Martinique dafür fast aufgeknüpft wurden.«

Fielding beugte sich über Brianna und befühlte ihre heiße Stirn, bevor er Roarkes Bemerkung einer Antwort würdigte. »Sie wissen ebensogut wie ich, daß meine Tränke und

Sprüche nichts mit meiner Verurteilung zu tun hatten. Der Gouverneur wollte mir ans Leben, weil ich mir seiner jungen Frau gegenüber ein paar winzige Freiheiten herausgenommen habe. Und das auf ihr Ersuchen hin. Sie wollte meine Ratschläge dahingehend, wie sie ihren Mann im Bett am besten beglücken kann, und ich nahm an, es sei nur gut und richtig, es ihr zu zeigen. Der Gouverneur sollte mir dankbar sein, anstatt mir den Hals langziehen zu wollen.«

Roarke schmunzelte. Er kannte die Geschichte über George Fielding und die Frau des Gouverneurs, konnte es sich aber nicht verkneifen, ihn deswegen hin und wieder aufzuziehen. Er wußte auch, daß der fähige Arzt die Art von Medizin praktizierte, die nur jene akzeptierten, die mit dem Leben auf den Westindischen Inseln vertraut waren. Fielding hatte seine medizinische Ausbildung in England genossen, war dann aber mit seiner aus Martinique stammenden jungen Braut in die Karibik gereist. Nach dem Tod seiner Frau und seines Kindes hatte er sich mit den dort angewandten Praktiken vertraut gemacht.

Es hätte Roarke kaum verwundert, wenn George auch an den Voodoo-Zeremonien teilnehmen würde, die christliche und afrikanische Religionspraktiken vereinten. Aber Georges Glaubensüberzeugungen waren ebenso seine Sache wie die jedes anderen, der auf der *Black Angel* seinen Dienst versah. Wenn ein Mann seine Aufgabe ordentlich erledigte, konnte er für Roarke glauben, was er wollte.

»Wenn es die *Merry Widow* war, brauchen wir uns keine Sorgen über Benjamins Lieferung für die britischen Truppen mehr zu machen. Dann liegen die für sie bestimmten Musketen und das Pulver auf dem Grund des Ozeans.«

»Und wenn nicht?« Nick hob zweifelnd eine Braue.

»Wir werden abwarten müssen, bis eine von Fieldings Patientinnen uns das sagen kann. Bis dahin werden wir weitermachen wie geplant. Eine andere Wahl bleibt uns nicht.«

»Und welche Pläne hast du für den Fall, daß es die *Merry Widow* war?«

Roarke blickte auf seine Schiffszeichnungen. »Wir segeln nach St. Eustatius zurück, um die *Black Angel* für ihre nächste Fahrt mit Proviant zu versorgen.«

Nicks Gesicht leuchtete auf. »Ah, und dann geht es nach Frankreich?«

»Ja, mein Freund. Dann geht es nach Frankreich. Wir werden in Brest Fracht übernehmen.«

»Eine ähnliche wie beim letzten Mal?« erkundigte sich Nick.

»Aye.« Es war sinnlos, irgendwelche Ausflüchte zu machen. Jedermann an Bord der *Black Angel* wußte, daß Roarke Waffen und Munition für die Aufständischen schmuggelte.

»Captain«, meldete sich Fielding, »die eine der beiden wird bald wieder gesund sein, um die andere mache ich mir aber Sorgen. Ich brauche eine Kabine, die groß genug ist, damit ich in ihrer Nähe bleiben kann. Sie benötigt ständige Pflege, wenn sie am Leben bleiben soll.«

»Nick wird Ihnen seine Kabine zur Verfügung stellen.«

»Und wo soll ich schlafen?« empörte sich Nick.

»Auf dem Vorderdeck«, entgegnete Roarke ohne Zögern und bedachte Nick mit einem Blick, der ihm jeden weiteren Protest untersagte.

Nick zuckte gutmütig-resigniert mit den Schultern und wandte sich an Fielding. »Machen Sie die beiden möglichst schnell gesund, lieber Doktor, denn ich werde mich für meine Unbequemlichkeit schadlos halten müssen. Und sollten die beiden kein Geld haben, könnte ich mir eine brillante Art des Abarbeitens vorstellen.«

Fielding schüttelte den Kopf. Eine blonde Strähne fiel ihm in die Stirn, und er strich sie sich mit einer breiten, kräftigen Hand zurück. »Captain, diesem Mann sollte man wegen

Schürzenjägerei den Prozeß machen, nicht mir. Ist denn keine Frau vor ihm sicher? Die beiden sind dem Tod noch nicht einmal entronnen, und er plant bereits, sie in sein Bett zu holen.«

Nick grinste. »Machen Sie sie wieder gesund, Doktor, und ich werde ihnen eine Menge über *la petite mort* beibringen.«

Fielding seufzte resigniert auf. Warum versuchte er nur immer wieder, Nick Sebastain ins Gewissen zu reden? Dieser Mann war unverbesserlich. Sein einziger Lebenszweck bestand darin, mit Frauen zu schlafen. »Also werden wir die da in Nicks Kajüte bringen, aber die andere« – er deutete auf Brianna – »wird hierbleiben müssen. Für beide ist da kein Platz.«

»Kommt ja gar nicht in Frage«, entfuhr es Roarke. Er hatte großzügig Nicks Kabine zur Verfügung gestellt, war aber keineswegs bereit, seine eigene zu teilen – schon gar nicht mit einer Frau, die so häßlich aussah, daß es einem den Magen umdrehen konnte.

»Sieht ganz so aus, als bliebe dir keine andere Wahl«, entgegnete Nick und amüsierte sich auf Kosten seines Freundes. Er genoß es, wenn Roarke in der Zwickmühle saß, vor allem, weil das so selten geschah. »Entweder hier oder bei mir auf dem Vorderdeck.« Er schmunzelte. »Wenn sie erst einmal wieder bei Bewußtsein ist, kann sie die Mannschaft ein paar Tage lang unterhalten, bis wir St. Eustatius erreichen.«

Roarke warf Nick einen finsteren Blick zu und murmelte durch zusammengebissene Zähne: »Jetzt weiß ich wieder, warum ich nie gestattet habe, daß Frauen an Bord der *Black Angel* kommen.«

Nick konnte seine Schadenfreude kaum zügeln. Lachfältchen zeigten sich in seinen Augenwinkeln, Lachen zuckte um seine Lippen. »Sieh es von der angenehmen Seite, *mon ami.* Du hast das Vergnügen ihrer Gesellschaft in deinem Bett, und in den vor uns liegenden Nächten wirst du vielleicht noch schätzen, was dir das Schicksal in den Weg geweht hat.«

»Ich bezweifle, daß ich das je tun werde. Aber jetzt raus hier, ich habe zu arbeiten«, knurrte Roarke, riß seinen Stuhl herum und widmete sich wieder seinen Unterlagen. Die beiden Männer ignorierend, die eine der Frauen vom Bett hoben, griff er zur Feder und begann zu schreiben.

Die Sonne versank am Horizont, der Mond begann seine nächtliche Reise. Das Abendessen, das ein Schiffsjunge vor Stunden auf einem Tablett hereingebracht hatte, stand unberührt auf dem Tisch. Roarke arbeitete konzentriert an den Plänen, wie er es sich in letzter Zeit zur Gewohnheit gemacht hatte. Er feilte an den Zeichnungen, als wäre er der geborene Schiffsbauer, und stellte sicher, daß jedes Detail seinen Vorstellungen entsprach.

Ein leises Stöhnen riß Roarke aus seiner Konzentration. Er runzelte die Stirn und sah gereizt zum Bett hinüber, dann auf die Uhr über dem Schreibtisch. Verdammt! Es war fast Mitternacht und damit zu spät, seinen Schiffsjungen oder Fielding damit zu beauftragen, sich um das Mädchen zu kümmern. Roarkes Züge waren ein Spiegelbild seines Mißbehagens, als er den Stuhl zurückschob, aufstand und zum Bett hinüberging. Er war dem Mädchen vor Stunden zwar beim Trinken behilflich gewesen, aber keineswegs bereit, auf Dauer den Krankenpfleger zu spielen. Gleich morgen früh würde er dafür sorgen, daß sie aus seiner Kabine verschwand. Sie murmelte etwas Unverständliches, als Roarke ihre Stirn befühlte. Mit geschlossenen Augen zuckte sie unter seiner Berührung zusammen, als hätte sie sich verbrannt, warf sich herum und begann wild um sich zu schlagen. Sie schleuderte den Kopf von einer Seite zur anderen und murmelte: »Bleiben Sie mir vom Leibe! Rühren Sie mich nicht an! Ich warne Sie, wenn Sie mich anrühren, bringe ich Sie um!«

Roarkes Züge spiegelten zwar seine Verdrossenheit wider, aber seine Stimme klang sanft und beruhigend, als er leise auf das phantasierende Mädchen einredete: »Ruhig, ganz ruhig. Niemand will Ihnen etwas tun.«

Wild schüttelte sie den Kopf. Die Masse ihrer dunklen Locken legte sich über ihr Gesicht wie ein seidener Vorhang. Sie hob die Hände, als wollte sie ihn abwehren. »Ich wollte das nicht. Nein, nein. Ich wollte ihm nichts tun.«

Roarkes Mißvergnügen nahm zu. Er wußte, daß das Mädchen phantasierte, aber die Furcht, die in ihrer Stimme mitklang, war nur allzu real. Mit tiefgerunzelter Stirn betrachtete er ihr von der Sonne verbranntes Gesicht. Das Mädchen, ganz gleich, wie sanft und wohlerzogen es ihm auch für das Wasser gedankt hatte, verbarg Geheimnisse, die es nur im Delirium verriet.

Ein kleines zynisches Lächeln umspielte Roarkes Lippen. Wie die Mannschaft der *Black Angel* und er selbst konnte das Mädchen Geheimnisse für sich behalten. Alles, was er von der jungen Frau wollte, war, daß es ihr möglichst schnell wieder gut genug ging, daß sie sein Bett verlassen konnte. Roarke beugte sich zu ihr hinunter, um einen erneuten Versuch zu unternehmen, sie zu beruhigen, ohne sie zu berühren. »Sie sind jetzt in Sicherheit. Ich weiß, daß Sie ihm nichts tun wollten. Schlafen Sie jetzt. Morgen werden Sie sich schon sehr viel besser fühlen ...« Roarkes Worte verstummten, als sein Blick auf die wohlgeformten Beine fiel, die das Mädchen bei seinen heftigen Bewegungen enthüllte.

Gegen seinen Willen blieb sein Blick an den zierlichen Füßen hängen und wanderte dann langsam über die schlanken Fesseln zu ihren wohlgeformten Waden. Plötzlich wurde Roarkes Mund ganz trocken. Unfähig, der Versuchung zu widerstehen, glitt sein Blick weiter hinauf über die runden Knie zu den weichen Schenkeln, deren aufreizender Schwung unter dem hochgeschobenen, zerfetzten Rock endeten. Es juckte ihn in den Fingern, den Stoff zu heben, der die Hüften des Mädchens bedeckte, aber mit einiger Mühe konnte er sich beherrschen.

Unterdrückt fluchend deckte er Brianna zu und überließ sie sich selbst. Sie brauchte ihn nicht in ihrem Kampf gegen ihre Gespenster.

Roarke trat an den Tisch mit dem Brandy, goß sich eine großzügige Portion ein und stürzte sie mit einem Schluck hinunter. Mit dem Glas in der Hand wandte er seine tiefblauen Augen wieder dem Mädchen auf dem Bett zu und wunderte sich über seine Reaktion. Eine derartige Versuchung hätte ihn gar nicht anfallen sollen. Schließlich hatte er Roselee, die sein Bett in St. Eustatius für ihn warm hielt. Es bestand für ihn absolut kein Anlaß, beim bloßen Anblick von zwei Mädchenbeinen erregt zu werden. Bevor er die Segel setzen ließ, hatte Roselee sein Verlangen vollauf gestillt, und das war erst zwei Wochen her.

Roarkes Finger schlossen sich fester um das Glas, seine Augen wurden schmal. Wenn er sich nach vierzehn Tagen auf See schon nicht beherrschen konnte, wie würde er wohl dann zu dem Zeitpunkt reagieren, wenn sie nach St. Eustatius zurückkehrten und die Frauen an Land setzten?

Er wandte sich wieder der Brandykaraffe zu und füllte sein Glas erneut. Vielleicht war es an der Zeit, sich von Roselee zu trennen. Ihre Leistungen im Bett waren phänomenal, aber er begann sich langsam mit ihr zu langweilen – wie mit so vielen Frauen in seiner Vergangenheit. Wenn ihn ein Mädchen erregte, das aussah wie eine Vogelscheuche, konnte irgend etwas ganz entschieden nicht stimmen. Und das mußte an seiner Geliebten liegen. Roarke lächelte grimmig, fest davon überzeugt, daß Roselee und nicht er die Wurzel des Übels war. Er goß sich den Rest des Brandy in die Kehle und löschte die Lampe. Dann zog er seine Stiefel aus und schwang sich in die Hängematte, die er in einer Ecke seiner

Kabine aufgehängt hatte. Er hatte weit länger in Hängematten oder auf Deckplanken geschlafen als in einem Kapitänsbett.

Ein dünnes Lächeln umspielte seine Lippen, als er an das letzte Mal dachte, als er in der Hängematte geschlafen hatte. Das war vor weniger als einem Jahr gewesen, als seine junge Cousine Cecilia sein Bett besetzt und den Kapitän der *Black Angel* zur Nachtruhe in der Hängematte verurteilt hatte. Glücklicherweise war das Mädchen inzwischen bei Elsbeth in Sicherheit. Sie mußte sich verstecken, bis der Krieg zu Ende war, aber wenigstens hatten die Briten sie nicht aufgespürt, um sie dafür in Haft zu nehmen und zu verurteilen, daß sie ihren Peiniger getötet hatte.

Roarke schloß die Augen und entspannte sich. Er bedauerte nicht, dem Mädchen geholfen zu haben, auch wenn es Hunters Schwester war. Sie war viel zu jung und zu schön, um dafür zu hängen, daß sie sich verteidigt hatte. Keine Frau, ob Lady oder Hure, sollte folgenlos mißbraucht werden dürfen.

Ein Muskel zuckte an Roarkes Kinn, als er sich auf die Seite legte und seinen Arm als Kissen für seinen Kopf benutzte. Es gab nicht viele Grundsätze in seinem Leben, aber doch einige, an die er sich hielt und seine Mannschaft anwies, es ähnlich zu tun. Er übersah Vergehen in der Vergangenheit seiner Männer, aber er duldete keine Vergewaltigung durch seine Mannschaft, wenn sie ein Schiff enterten. Die Passagiere, besonders die Frauen, wurden mit Respekt behandelt. Roarke runzelte die Stirn und drehte sich erneut in der Hängematte, um die Erinnerungen abzuschütteln, die ihn häufig nachts heimsuchten.

Er hatte mit angesehen, wie seine Mutter von einem Seemann vergewaltigt wurde, der sich weigerte, für ihre Dienste zu zahlen, nachdem sie ihn in ihre kleine Hütte hinter der Schenke mitgenommen hatte. Hinter dem Vorhang schlafend, der den einzigen Raum trennte, und an das ständige

Kommen und Gehen der Kunden seiner Mutter gewöhnt, war Roarke durch die angstvollen Schreie seiner Mutter und das Fluchen des Seemanns aus seinen Träumen von der See gefahren.

Er begriff, daß die Schreie seiner Mutter anders waren als sonst und war ihr sofort zur Hilfe geeilt. Aber der große kräftige Seemann hatte den kleinen Jungen mit einer einzigen Bewegung seiner mächtigen Pranke beiseite gewischt. Roarke wurde gegen die Wand geschleudert und sank benommen auf den rohen Fußboden. Dort mußte er hilflos zusehen, wie der riesige Mann seine Mutter im Nacken packte und auf den Strohsack warf, der in einer Ecke des Raums lag. Er kniete sich auf sie, entblößte sein gewaltiges Glied und riß ihr wie ein Tier die Kleider vom Leib. Jedesmal, wenn sie sich zu wehren versuchte, schlug er sie ins Gesicht. Schließlich war sie nur noch ein hilfloses, jammerndes Bündel, während er unablässig in ihren geschundenen Körper hineinstieß.

Ein kalter Schauer überlief Roarke, und er erzitterte, als wäre er noch immer der siebenjährige Junge, der hilflos mit ansehen mußte, wie seiner Mutter Gewalt angetan wurde. Schon mit sieben Jahren hatte er begriffen, womit seine Mutter den Lebensunterhalt für ihn und sich verdiente. Sie hurte, aber sie hatte nicht verdient, was der Seemann ihr antat. Und Roarke hatte sich geschworen, jeden von der Mannschaft der *Black Angel* kielholen zu lassen, den er bei dem Versuch ertappte, eine Frau zu vergewaltigen. Und sollte der Mann diese Tortur überleben, waren ihm zusätzlich fünfzig Peitschenhiebe gewiß. Bisher war es Roarke erspart geblieben, diese Strafe verhängen zu müssen.

Die Männer der *Black Angel* waren rauhe Burschen. Sie empfanden keine Gewissensbisse, zu plündern und zu töten, wenn sie ein britisches Handelsschiff überfielen oder eine andere Beute machten, aber sie setzten sich nie über die Regeln hinweg, die er aufgestellt hatte.

Mondlicht drang durch die Bullaugen am Heck und beleuchtete die Gestalt des Mädchens, das jetzt ruhig und still auf dem Bett lag. In der Erinnerung an die Frauen, die er in sein Bett geholt hatte, wurden Roarkes Züge fast sanft. Alle von ihnen waren seinen Verlockungen mehr als bereitwillig gefolgt. Er hatte die Verführung zu einer Kunst erhoben und schenkte mehr Lust als er selbst bezog. Er brauchte keine Gewalt anzuwenden, um sein sexuelles Verlangen zu stillen. Bisher hatte ihm noch keine Frau widerstanden, wenn er es sich erst einmal in den Kopf gesetzt hatte, sie zu erobern. Mit diesem erfreulichen und befriedigenden Gedanken begab sich Roarke in Morpheus' Arme.

Kapitel 4

Als Brianna erwachte, blickte sie in das faszinierendste Gesicht, das sie jemals gesehen hatte. Tiefblaue, fast schwarze Augen sahen sie an, gutgeschnittene Lippen zeigten ein zögerndes Lächeln.

»Guten Morgen«, sagte der Mann mit einer tiefen, wohlklingenden Stimme, die sich wie eine Liebkosung anhörte. »Ich nehme an, es geht Ihnen heute schon sehr viel besser als gestern, als wir Sie an Bord genommen haben?«

Verwirrt über seine Frage, brauchte Brianna einen Moment, um sich an ihre Rettung zu erinnern. Ihre Augen wurden ganz groß, und sie fragte mit einer Stimme, die kaum mehr war als das Quaken eines Froschs: »Wie geht es Rachel … Ich meine, äh …« Hilflos brach Brianna ab und suchte in ihrem Gedächtnis nach dem Namen, den sie sich für Rachel ausgedacht hatte. »Sabrina meine ich«, murmelte sie schließlich.

Verwundert hob Roarke eine dunkle Braue. Vielleicht erinnerte sich das Mädchen wegen seines Zustands nicht an den Namen der Gefährtin, aber ihr Zögern verstärkte sein Mißtrauen.

»Ihrer Freundin geht es ein wenig besser, aber sie ist noch immer sehr krank. Der Schiffsarzt sorgt unablässig für sie. Sie haben beide großes Glück, nicht gestorben zu sein.«

Brianna nickte stumm. Ihr Mund war zu trocken, um sprechen zu können. Sehnsüchtig sah sie zur Wasserkaraffe hinüber.

Als er die Richtung ihres Blickes verfolgte, verfluchte sich Roarke insgeheim für seine Unaufmerksamkeit und holte ihr schnell ein Glas Wasser. Er setzte es ihr an die Lippen, stützte sie ab und ließ sie langsam und vorsichtig trinken.

Nachdem ihr erster Durst gestillt war, lächelte Brianna Roarke an und versuchte es noch einmal mit dem Sprechen. »Vielen Dank für alles, was Sie für uns getan haben. Ohne Sie und Ihr Schiff hätten wir sterben müssen.«

»Mit welchem Schiff waren Sie unterwegs?« erkundigte sich Roarke. Er war weit mehr an Informationen über die *Merry Widow* interessiert als an ihrem Dank. Er hatte keine Lust, unter Umständen einem Geisterschiff nachzujagen, während in Frankreich dringende Geschäfte auf ihn warteten. Das Geld und die Waffen, die in Brest bereitstanden, wurden dringend von den Amerikanern benötigt.

»Mit der *Merry Widow*«, erwiderte Brianna, und ihre Stimme erstarb bei der Erinnerung an das Schicksal der Mannschaft und der Passagiere des unglückseligen Schiffes. Nachdem sie mitansehen mußte, wie Captain Benjamin von der Gewalt des Sturms von Bord gespült wurde, hegte sie keinen Zweifel daran, daß Rachel und sie die einzigen Überlebenden waren.

Lächelnd ließ Roarke den Atem seinen Lungen entweichen, den er unbewußt angehalten hatte, während er auf ihre Antwort wartete. »Gut«, murmelte er, ohne sich bewußt zu sein, das laut ausgesprochen zu haben.

Briannas braune Samtaugen sahen ihn entsetzt an. »Wie können Sie so etwas sagen? Außer mir und ... Sabrina sind alle an Bord gestorben!«

Roarkes dunkle Brauen senkten sich, seine Stimme verriet seine Gereiztheit. Wollte diese Frau ihn etwa belehren, obwohl sie ohne ihn jetzt auf dem Grund des Meeres läge? »Ich bin der Kapitän der *Black Angel* und sage, was mir paßt«, entgegnete er arrogant. »Ich empfinde über den Tod jedes Menschen Bedauern, aber die Fracht der *Merry Widow* hätte weit mehr Männern den Tod gebracht als jenen, die im Sturm untergingen. Doch brauche ich mich vor Ihnen nicht zu rechtfertigen. Sie befinden sich hier ...« – Roarke umfaßte die ganze Kabine mit einer Bewegung seiner schmalgliedrigen Hand – »... durch meine Großzügigkeit. Und ich würde vorschlagen, daß Sie das künftig nicht vergessen.«

»Ich werde mich bemühen, es nicht zu tun«, entgegnete Brianna ironisch und verblüffend schlagfertig. Neue Energien durchpulsten sie und weckten ihren Widerspruchsgeist. Nach allem, was sie bereits durchgemacht hatte, wollte sie verdammt sein, wenn sie je wieder einem Mann erlaubte, sie zu demütigen. In weniger als zwei Monaten war sie gezwungen gewesen, weit über ihre achtzehn Jahre hinaus erwachsen zu werden. In ihr waren keine Mädchenträume mehr von einer Zukunft mit Rittern in glänzenden Rüstungen, die nur darauf warteten, ihr zur Hilfe zu kommen. Sie hatte der Wirklichkeit in die Augen geblickt, und in der waren derartige Illusionen durch den Tod und Lord Montague zunichte gemacht worden.

Ein Gefühl von Triumph und Stolz überkam Brianna. Sie hatte ihr Geschick in die eigenen Hände genommen und überlebt. Nein. Nie wieder würde sie klein beigeben oder andere über sich bestimmen lassen. Sie hatte getötet, um einem solchen Schicksal zu entrinnen, und nicht die Absicht, das wieder zu ändern. Lieber würde sie sterben, als zu erfahren, daß sie die Schwäche ihrer Mutter geerbt hatte.

Entschlossen verdrängte Brianna ihre Gedanken und schalt sich dafür, ihre tote Mutter für ihre Situation verantwortlich zu machen. Dennoch fragte sie sich insgeheim immer wieder, wie Sabrina ihre Tochter in eine Lage bringen konnte, in der sie schließlich gezwungen war, einem Mann das Leben zu nehmen, um sich zu schützen.

»Ich schlage vor, daß Sie sich nicht nur bemühen, Miss. Tun Sie es.«

Brianna wischte sich die Schweißtropfen mit dem Handrücken von der Stirn und lehnte sich in die Kissen zurück. Sie fühlte sich noch nicht weit genug hergestellt, um mit diesem energischen Kapitän zu streiten. »Ich werde es mit Sicherheit tun, Captain. Aber wären Sie jetzt vielleicht so freundlich, meine Kabine zu verlassen? Ich möchte schlafen.«

Ein ironisches Lächeln zeigte sich auf Roarkes wohlgeformten Lippen. »Das ist meine Kabine, Miss«, sagte er trocken.

Überraschung ließ Briannas Augen ganz groß werden. Verstohlen sah sie sich um. Ihre sonnenverbrannten Wangen wurden noch dunkler. Beim Erwachen hätte ihr die elegante Ausstattung der Kabine sowie deren Größe sofort klarmachen müssen, daß sie sich nicht in der Kajüte eines einfachen Seemannes befand. Aber in den letzten Tagen hatte sie sich viel zu unwohl gefühlt, um auf ihre Umgebung zu achten. Nach dem Unwetter und den drei Tagen auf dem Floß war es ihrem Körper nur um eines gegangen: sich zu erholen.

»Es tut mir sehr leid, Sie vertrieben zu haben«, erklärte Brianna voller Unbehagen darüber, daß sie sich bei dem Mann entschuldigte, der seinerseits keine Bedenken hatte, ihr deutlich zu machen, daß sie ihr Überleben einzig seiner Wohltätigkeit zu verdanken hatte.

Roarke zuckte mit den Schultern und trat an seinen Schreibtisch, auf dem das aufgeschlagene Logbuch lag. »Sie haben mich durchaus nicht vertrieben, Miss. Ich habe jede Nacht hier geschlafen.«

Erneut wurden Briannas Wangen tiefrot, und sie mußte schlucken, bevor sie wieder den Mund öffnen konnte. »Sie meinen, wir haben uns diese Kabine geteilt?«

Roarke setzte sich auf seinen Stuhl. Er blickte zu der Frau in seinem Bett hinüber, nickte und sagte »Ja«, bevor er sich wieder seinen Aufgaben zuwandte. Er tauchte die Feder in das Tintenfaß und schrieb: »Mission beendet. *Merry Widow* im Sturm gesunken. Zwei weibliche Passagiere übernommen. Keine Spur von weiteren Überlebenden. Die *Black Angel* nimmt Kurs auf St. Eustatius, um Proviant für die Überfahrt nach Frankreich aufzunehmen.«

Brianna betrachtete seinen kräftigen Rücken und glaubte, vor Scham sterben zu müssen. Dieser Mann hatte in derselben Kabine wie sie geschlafen. Während sie bewußtlos war, hätte er alles mögliche sehen oder tun können. Sie räusperte sich.

»Captain …« Unsicher brach sie wieder ab. Roarkes Hand kam zur Ruhe. Er drehte sich zu ihr um. An seinem Kinn zuckte ein Muskel. Offenbar war er ungehalten über die Störung. Brianna fuhr sich mit der Zunge über die trockenen Lippen und holte tief Luft. »Ich … ich würde gern wissen, was geschehen ist, während ich … nicht bei Bewußtsein war«, stammelte sie.

Mit den Gedanken bei der vor ihm liegenden Aufgabe und völlig unempfindlich für ihre Ängste erwiderte Roarke: »Sie haben die meiste Zeit geschlafen. Nur ein paarmal während ihres Fiebers haben Sie gesprochen. Ich konnte allerdings kaum etwas davon verstehen.«

Briannas Herz sank ihr in die Magengrube. Mit bebenden Nasenflügeln holte sie wieder tief Luft und fragte dann mit fast ersterbender Stimme: »Was habe ich gesagt?«

Roarke zuckte nonchalant mit den Schultern, aber sein dunkler mißtrauischer Blick verließ keine Sekunde lang Briannas erbleichendes Gesicht. »Sie murmelten etwas davon, daß Sie nicht die Absicht gehabt hätten, ihm etwas anzutun, und warnten mich davor, Ihnen zu nahe zu kommen, sonst würden Sie mich umbringen.«

Briannas Gesicht wurde aschfahl. Sie wandte ihre Augen von Roarke ab und richtete sie auf ihre krampfhaft verschränkten Hände. Vor Anspannung wurden ihre Knöchel schneeweiß. »Ich muß im Delirium gewesen sein, so etwas zu Ihnen zu sagen … nach allem, was Sie für … Sabrina und mich getan haben.«

Nachdenklich zog Roarke die Augen zusammen. »Sie scheinen noch immer große Schwierigkeiten zu haben, sich an den Namen Ihrer Freundin zu erinnern.«

Briannas Kopf fuhr hoch. Sie starrte Roarke an und war sich nicht bewußt, wie sehr sich ihre Furcht vor der Entdeckung in ihren Augen widerspiegelte. »Ich … ich bin noch immer sehr verwirrt. Nach allem, was geschehen ist …«

Roarke lächelte vielsagend. »Das ist verständlich. Einige Männer meiner Mannschaft haben ähnliche Probleme. Allerdings sind sie nicht tagelang auf einem kleinen Floß über das Meer getrieben. Ihr Gedächtnisverlust beruht auf Ereignissen, die sich in ihrer Vergangenheit ereignet haben und die sie lieber für sich behalten möchten. Könnte es bei Ihnen unter Umständen ähnlich sein, Miss?« Er hob eine Braue. »Wie heißen Sie übrigens? Ich kann Sie schlecht weiterhin 'Miss' nennen, bis wir die Inseln erreichen.«

»Ich heiße Brianna Tarleton«, log Brianna knapp. Sie hatte nicht die Absicht, diesem Mann gegenüber irgend etwas von sich preiszugeben. Er hatte ihr das Leben gerettet, aber so dankbar sie auch war, die Wahrheit durfte sie ihm nicht anvertrauen. Es wäre zu riskant. Er könnte sie den Behörden übergeben, sobald sie den nächsten Hafen erreichten. Und dann würde man sie nach England zurückschicken, wo der Strang auf sie wartete. Nein. Notfalls würde sie ihre Untat für den Rest ihres Lebens für sich behalten.

Wieder verzog sich Roarkes Mund zu einem trockenen Lächeln. Er hatte nichts anderes als diese knappe Antwort erwartet. »Und was war Ihr Reiseziel, bevor die *Merry Widow* sank, Miss Tarleton?«

»Die Inseln«, erwiderte Brianna erleichtert. Sie entwickelte sich zur Expertin im Lügen. Sie war nicht stolz auf ihre neue Errungenschaft, aber sie erwies sich nun einmal als wichtig für ihr Überleben.

Roarkes Lächeln vertiefte sich. »Und welche der Inseln?«

Briannas Erleichterung schwand. Unbehaglich senkte sie unter seinem bohrenden Blick den Kopf. »Ich ...« Sie sah Roarke wieder an und fragte: »Was ist Ihr Ziel?«

»Wir segeln nach Niederländisch-Westindien, genauer zur Insel St. Eustatius.« Roarke entging nicht, daß das Gesicht des Mädchens aufleuchtete.

»Was für ein wunderbarer Zufall, was für ein Glück für uns«, rief Brianna entschieden zu begeistert. »Genau das ist auch unser Ziel.«

Davon bin ich überzeugt, dachte Roarke ironisch. »Dann sieht es ja ganz so aus, als wäre Ihnen das Glück besonders hold, Miss Tarleton. Aber wenn Sie mich jetzt bitte entschuldigen würden? Mich rufen Pflichten an Deck.«

Roarke stand auf und ging zur Tür, aber Briannas nächste Frage ließ ihn innehalten. »Wäre es zuviel verlangt, wenn ich Sie darum ersuche, mir eine eigene Kajüte zuzuweisen oder dafür zu sorgen, daß ich mir eine mit Sabrina teilen kann? Ich möchte Ihnen keine Unbequemlichkeiten mehr bereiten.«

»Wie freundlich von Ihnen, an meine Bequemlichkeit zu denken, aber ich fürchte, es sind keine weiteren Kajüten frei. Und zu Ihrer Freundin können Sie zu meinem Bedauern auch nicht ziehen, da Doktor Fielding sie unablässig umsorgt.«

»Aber ... aber ... ich kann nicht in Ihrer Kabine bleiben ... Jetzt, da es mir schon wesentlich besser geht. Es schickt sich nicht.«

»Es bleibt Ihnen keine andere Wahl, Miss Tarleton, es sei denn, Sie wollen auf dem Vorderdeck mit dem Rest meiner Mannschaft schlafen. Aber das kann ich nicht empfehlen. Es bleibt jedoch Ihrer Entscheidung überlassen.«

»Es schickt sich nicht für eine unverheiratete Frau, sich mit einem Mann den Schlafraum zu teilen. Was soll Ihre Mannschaft denken?«

»Ich kann Ihnen versichern, daß sich meine Mannschaft nichts dabei denkt, wenn ich eine Frau in meiner Kabine habe«, entgegnete Roarke mit einem unverfrorenen Grinsen.

»Aber es gehört sich nicht«, protestierte Brianna noch einmal. Roarkes Lächeln weckte in ihr ganz eigentümliche Gefühle.

Er zuckte mit den Schultern. »Ich habe mich noch nie von dem beeinflussen lassen, was andere Menschen denken oder was die Gesellschaft als richtig oder falsch erachtet. Und ich schlage vor, daß Sie es ähnlich halten, solange Sie an Bord der *Black Angel* sind. Ich bin der einzige Mensch an Bord, den Sie zufriedenstellen müssen, Miss Tarleton. Ich bin Gesellschaft und Konvention in einem. Ich lege die Regeln auf der *Black Angel* fest, und solange Sie sich daran halten, haben Sie nichts zu befürchten. Aber nun entschuldigen Sie mich bitte.«

Brianna wartete, bis sich die Tür hinter dem Kapitän der *Black Angel* geschlossen hatte, bevor sie sich erneut in der Kabine umsah. Als sie die Hängematte in der Ecke entdeckte, atmete sie erleichtert auf. Wenigstens hatte der Mann nicht in einem Bett mit ihr geschlafen, während sie im Delirium lag.

Bei der Vorstellung, daß der dunkeläugige Kapitän neben ihr gelegen haben könnte, begannen ihre Wangen erneut zu brennen. Schnell schüttelte sie das eigentümliche Gefühl ab, das ihr über den Rücken rann und sie unter etwas erschauern ließ, was einem Vergnügen nicht unähnlich war. Brianna schnaufte verächtlich und verdrängte das Gefühl. Ganz gleich, wie attraktiv der Mann auch sein mochte, ganz gleich, welche neuen, merkwürdigen Gefühle seine Anwesenheit auch in ihr erregte – sie würde auf der Hut bleiben. Von den einzigen beiden Männern, die ihr jemals etwas bedeutet hatten, war sie betrogen worden. Jeremy hatte ihr das Herz gebrochen, als er sie verließ, und Lord Montague hatte die Vorstellung beschmutzt, die sie von einem Vater hatte. Männern, zu dieser Erkenntnis war sie gekommen, durfte unter keinen Umständen getraut werden.

Brianna warf die Bettdecke zurück und schwang zum ersten Mal seit einer Woche die Beine aus dem Bett. Sie war entschlossen, Rachel aufzusuchen. Der Kapitän hatte erklärt, sie wäre noch sehr krank, und Brianna war nicht bereit, die Freundin ausschließlich der Fürsorge dieses unbekannten Dr. Fielding zu überlassen. Rachel wäre mit Sicherheit entsetzt, sich beim Erwachen einem völlig Fremden gegenüber zu sehen. Ihrer eigenen Schwäche unbewußt, setzte sie die Beine auf den Boden und stand auf. Ihre Beinmuskeln begannen vor Anstrengung zu zittern, und ihr wurde schwindlig, aber sie weigerte sich, ins Bett zurückzukehren.

Vorsichtig machte Brianna einen Schritt in Richtung Bullauge. Die Holzdielen schienen unter ihren Füßen zu schwanken. Unsicher stolperte sie auf den großen Schreibtisch zu und umklammerte erleichtert die Rückenlehne des dort stehenden Stuhls. Dankbar sank sie auf den gutgepolsterten Ledersitz und strich sich heftig atmend die wirren Haare aus der Stirn, während sie sich bemühte, ihre Energien wiederzufinden. Ihre Augen fielen auf das große, aufgeschlagene Buch.

Brianna konnte ihre Neugierde nicht beherrschen und las die letzte Eintragung des Kapitäns. Sie runzelte die Stirn. Auf welcher Mission hatte sich die *Black Angel* befunden, als sie ihr auf ihrem kleinen Floß begegneten? Und warum verhielt sich der Kapitän der *Black Angel* so gefühllos gegenüber dem Schicksal der *Merry Widow*?

Darauf wußte Brianna keine Antworten, und in ihrer augenblicklichen körperlichen und seelischen Verfassung wollte sie sie auch gar nicht wissen. Sie nahm an, je weniger sie über den Kapitän und seine Aufgaben wußte, desto besser für sie. Obwohl sie die Gefühle tapfer verdrängte, die sie kurz zuvor überfallen hatten, ertappte sie sich wiederholt dabei, an den gutaussehenden Kapitän der *Black Angel* zu denken. Der Mann ließ ihr keine Ruhe. Ihn umgab eine nahezu piratenhafte Aura. Mit seinen langwimprigen blauen Augen, den schwarzen, im braunen Nacken zusammengebundenen Haaren, seinem mutwilligen Lächeln und dem blitzenden Goldring im linken Ohr sah er genauso aus, wie sie sich einen Piraten stets vorgestellt hatte: verwegen, gutaussehend und nicht ungefährlich. Brianna erschauerte. Sie würde sich sehr viel wohler fühlen, wenn sie endlich wieder festen Boden unter den Füßen hatte.

Sie stand wieder auf und wandte sich entschlossen der Tür zu. Erneut schien der Boden unter ihren nackten Füßen zu schwanken, und der ganze Raum begann sich um sie herum zu drehen. Instinktiv streckte sie die Hand nach etwas aus, an dem sie sich festhalten konnte – genau in diesem Moment öffnete sich die Tür.

»Warum zum Teufel sind Sie aufgestanden?« fragte Roarke und fing Brianna auf, bevor sie ihm vor die Füße sank. Mit Leichtigkeit hob er sie auf seine Arme und trug sie zum Bett zurück. Er legte sie auf die weiche Matratze und stopfte etliche Kissen in ihren Rücken. »Sie sind noch viel zu schwach, um schon herumlaufen zu können.«

»Ich wollte Sabrina besuchen«, hauchte Brianna und legte eine Hand vor die Augen, um das Bild der sich drehenden Kabine loszuwerden.

»Ich habe Ihnen doch gesagt, daß es ihr bessergeht.«

»Ich wollte mich selbst davon überzeugen.«

Roarke verdrehte gereizt die Augen und trat an seinen Schreibtisch. »Frauen! Warum müssen sie alles immer unnötig komplizieren? Wissen Sie denn nicht, daß die *Black Angel* kein Passagierschiff ist? Ich kann Sie nicht so einfach hier herumspazieren lassen, und dann noch halbnackt. Dann kann ich mich auf eine Meuterei gefaßt machen, denn meinen Männern ist es egal, daß Sie aussehen wie ein Stück Dörrfleisch. Sie wollen nur ihre Lust befriedigen.«

Schock, tiefe Demütigung und Wut überwanden Briannas Schwäche. Ihr Kopf zuckte hoch, und sie funkelte den arroganten Mann zornig an, der so tat, als wäre er ein heidnischer Meeresgott und sie seine Sklavin. »Wie können Sie es wagen, so etwas zu mir zu sagen?« zischte sie.

»Ich wage es, weil ich ein Schiff zu führen habe, Miss. Ich kann nicht zulassen, daß meine Männer beim Anblick einer halbbekleideten Frau Schaum vor den Mund bekommen.«

Die Worte »halbnackt« und »halbbekleidet« ließen Briannas Wut schließlich verrauchen. Langsam sah sie an sich herab und wäre am liebsten wieder ohnmächtig geworden. Ihre Beine waren entblößt und dem Ergötzen des Kapitäns preisgegeben. Nachdem sie sich große Stoffetzen vom Rock gerissen hatte, um Rachel vor der glühenden Sonne zu schützen, reichte ihre Kleidung gerade noch über die Hüften. Ihr Dekolleté, das einst ein Spitzen-Fichu bedeckt hatte, zeigte nun soviel von ihrem Busen, daß sie befürchtete, beim nächsten tiefen Atemzug ihre Brüste zu entblößen.

Hochrot vor Scham zog sich Brianna die Bettdecke bis ans Kinn. Dann schlug sie verlegen die Hände vors Gesicht, unfähig, dem Kapitän der *Black Angel* in die Augen zu sehen. In diesem entwürdigenden Zustand hatte dieser Mann sie die ganze Zeit gesehen, seit sie an Bord gekommen war!

Tiefbefriedigt darüber, ihr seinen Standpunkt klargemacht zu haben, unternahm Roarke nichts, um Brianna ihre Verlegenheit zu nehmen. Das Mädchen mußte begreifen, daß die Mannschaft der *Black Angel* nicht aus Heiligen bestand. Die Besatzung kannte seine Anordnungen, aber sie bestand nun einmal aus Männern, und es war weiser, gewisse Vorsichtsmaßnahmen zu ergreifen. Es bedurfte nur eines winzigen Funkens, um ein Pulverfaß zur Explosion zu bringen, und eine halbbekleidete Frau konnte mit Leichtigkeit eine Revolte auslösen. Wie alle brünstigen Tiere dachten Männer nur an die Befriedigung ihrer Lust. Besonders ungebildete Männer, die sich auf Gefühle verließen und nicht auf den Verstand. Sie schreckten auch vor Meuterei nicht zurück, wenn das Verlangen über die Vernunft siegte.

Roarke verspürte kein Bedürfnis, sich dem auszusetzen. Er wußte, daß er sich auf Sebastain und Fielding verlassen konnte, aber sie wären nur zu dritt. Er wollte nicht zwischen der Rettung seines Schiffs und dem Leben des Mädchens entscheiden müssen.

Roarke wandte sich ab und trat zu dem an die Wand geschraubten Garderobenschrank. Er drehte den Schlüssel um und öffnete die Tür. Er holte einen Samtmorgenrock heraus und warf ihn auf das Fußende des Bettes. »Ziehen Sie das an, wenn Sie das Bett verlassen. Das sollte reichen, bis wir St. Eustatius erreichen, wo Sie sich neue Kleider kaufen können.«

Bei der Erwähnung neuer Kleider fuhr Briannas Hand automatisch zu ihrem Mieder, in dem sie vor dem Verlassen der *Merry Widow* ihren Schatz verborgen hatte. Der kleine Beutel war nicht mehr da. Sie sah Roarke an. »Mein Geld ist fort.«

»Sie haben es vermutlich auf dem Floß verloren«, entgegnete Roarke abwesend und setzte sich an den Schreibtisch. Es war höchste Zeit, sich wieder den Schiffsplänen zu widmen.

»Nein. Da hatte ich es noch bei mir. Ich bin mir ganz sicher. Haben Sie es genommen?«

Roarkes tiefblaue Augen starrten Brianna an. Seine Züge verhärteten sich. »Miss, ich versichere Ihnen, daß ich es nicht nötig habe, bewußtlosen Frauen ihre lumpigen Münzen zu stehlen.«

»Dann hat mich ein anderer an Bord beraubt«, erklärte Brianna, die von Sekunde zu Sekunde erregter wurde. Wie sollten Rachel und sie ohne Geld überleben?

»Es ist äußerst undankbar, Ihre Retter des Diebstahls zu bezichtigen, Miss«, grollte Roarke.

»Aber mein Geld ist fort. Und damit jede Möglichkeit, für Nahrung und Unterkunft zu bezahlen, wenn wir die Inseln erreichen.«

Roarke wandte sich seinen Zeichnungen zu. »Ich nehme an, daß Sie dieses Problem lösen wie die meisten Frauen.«

Verdutzt runzelte Brianna die Stirn. »Was meinen Sie damit? Wie sollen wir das Problem ohne Geld lösen?«

Aufgebracht darüber, daß das Mädchen das Thema nicht endlich fallenließ, damit er sich auf seine Arbeit konzentrieren konnte, sagte Roarke: »Indem Sie es lösen wie alle Frauen seit Anbeginn der Zeit. Auf St. Eustatius gibt es jede Menge Seeleute und Schenken. Für ein paar Gunstbeweise sind sie gern bereit, Ihnen ihr Gold zu überlassen.«

Roarkes Bemerkung durchzuckte Brianna wie ein Blitz. Mit bebenden Nüstern warf sie die Bettdecke zurück und schwang die Beine aus dem Bett – zu wütend, um sich an ihre spärliche Bekleidung zu erinnern. Die letzte Bemerkung hatte sie bis aufs Blut gereizt. In höchster Erregung lief sie auf ihn zu, und bevor er ihre Absicht erkannte, hob sie die Hand und schlug ihn kräftig ins Gesicht. »Ich bin keine Hure!«

Roarkes Kopf fuhr zurück, eine schwarze Haarsträhne fiel ihm in die Stirn. Seine Wange brannte wie glühende Kohlen, aber er nahm den Schmerz gar nicht wahr. Rasende Wut überkam ihn. Außer sich vor Zorn packte er Briannas Handgelenk und zerrte sie auf seinen Schoß. Er hob den Arm, um ihr die Schmach handgreiflich heimzuzahlen. Mitten in der Bewegung hielt er inne, als sein Blick auf ihre weichen Schenkel und das wohlgerundete Hinterteil fiel, das ihr allzu kurzes Kleid entblößte.

Roarke hörte ein Rauschen in den Ohren und spürte ein Zucken in seinen Lenden. Brianna begann verzweifelt zu zappeln, um wieder von seinem Schoß herunterzukommen. Diese Bewegungen trugen nicht viel dazu bei, seine schnell wachsende Erregung zu dämpfen. Trockenheit füllte seinen Mund, er mußte schlucken und kniff die Lider zusammen, um die Versuchung nicht länger vor Augen zu haben.

Roarke holte tief Luft, versuchte sich zu entspannen und vermied bewußt jeden Blick auf ihr aufreizendes Hinterteil, als er sie mit beiden Händen um die Taille griff, sie von seinem Schoß hob und wieder auf die Füße stellte. Er starrte ihr ins sonnenversehrte Gesicht, ließ sie aber nicht los. Der Anblick ihrer trockenen, sich pellenden Haut half, die Hitze in seinem Körper zum Abklingen zu bringen. Er räusperte sich. »So etwas sollten Sie besser nie wieder tun, Brianna Tarleton. Ich warne Sie. Ich gestatte weder einem Mann noch einer Frau, die Hand gegen mich zu erheben. Haben Sie mich verstanden?«

In der Erkenntnis, daß sie gerade eben weit mehr entgangen war, als einer Tracht Prügel, nickte Brianna stumm.

»Und jetzt gehen Sie wieder ins Bett und bleiben Sie dort, bis Ihnen Doktor Fielding das Aufstehen erlaubt.« In dem Bemühen, der Versuchung zu widerstehen, einen letzten Blick auf ihr wohlgeformtes Hinterteil zu werfen, behielt Roarke ihren schmalen, kerzengeraden Rücken fest im Blick, als sie zum Bett zurückkehrte. Er fuhr sich erschöpft mit der Hand über das Gesicht und fühlte sich so, als wäre er gerade durch ein Unwetter gesegelt.

Angewidert von seinem eigenen Verhalten wandte sich Roarke seinen Zeichnungen zu. Schon zum zweiten Mal war es dem kurvenreichen Körper des Mädchens gelungen, sein Blut in Wallung zu bringen. Glücklicherweise besaß er Verstand genug, sich nicht das zu nehmen, was er wollte. Aber die Versuchung lauerte noch immer in seinem Hinterkopf.

Das Mädchen war mit Sicherheit leicht zu verführen, wenn er es darauf anlegte.

Verdammt, fluchte er unhörbar. Er sah zu dem Bett hinüber, auf dem Brianna zusammengerollt lag und ihn wachsam beobachtete.

»Hören Sie auf, mich so anzustarren. Ich fresse Sie schon nicht, verflucht noch mal!« knurrte er und hätte sich für den gräßlichen Gedanken ohrfeigen können, der ihm durch den Kopf schoß, sobald er die Worte ausgesprochen hatte.

Brianna reckte trotzig das Kinn und bekräftigte ihre schon einmal getroffene Feststellung. »Ganz gleich, was Sie auch denken. Ich bin keine Hure.«

Roarke fühlte sich durch das Mädchen und seine eigenen Gedanken und Reaktionen an die Grenzen seiner Beherrschung getrieben. »Es interessiert mich keinen Deut, was Sie sind. Und nun verhalten Sie sich ruhig und lassen Sie mich in Frieden. Ich habe zu arbeiten.«

Brianna legte sich in die Kissen zurück, spähte aber wiederholt verstohlen zum Kapitän der *Black Angel* hinüber. Weiblicher Instinkt sagte ihr, daß sie nicht nur seinen Zorn erregt hatte, es ihm aber gelungen war, sich zu beherrschen. Anders als Lord Montague, dessen Launen wie ein Pendel hin- und herschwangen, wenn er nicht bekam, was er wollte, hatte sich der Kapitän ihr nicht aufgedrängt noch hatte er sie geschlagen, als sie ihn erzürnte.

Der Kapitän der *Black Angel* gehörte zu einer Sorte Mann, der sie noch nicht begegnet war. Nachdenklich drehte sich Brianna auf die Seite und empfand keine Furcht mehr, daß er zudringlich werden würde, wie es Lord Montague vermutlich getan hätte. Sie schloß die Augen, körperlich wie emotional plötzlich sehr erschöpft. Aber ebenso plötzlich fühlte sie sich sicher. Doch sie war auch keine Torin. Sie nahm sich die Warnung des Kapitäns zu Herzen. Einen Mann, der durch Selbstdisziplin seine Gefühle so gut unter Kontrolle hatte, sollte man nicht auf die Probe stellen. Brianna war davon überzeugt, daß er seine Drohungen ähnlich diszipliniert wahrmachen würde.

Sie hoffte, sich gleichermaßen zurückhalten zu können. Am liebsten würde sie den Mann wegen seiner Unverschämtheiten zwar erwürgen, hielt es im eigenen Interesse aber für angeraten, die Sache erst einmal auf sich beruhen zu lassen. Sie wollte keinen Sturm entfesseln, den sie in ihrer Unerfahrenheit nicht meistern könnte. In einem solchen Sturm gäbe es keine Möglichkeit, auf einem selbstgebauten Floß seiner Reichweite zu entkommen. Sie hätte die Folgen allein zu tragen.

***

Mit hinter den Kopf verschränkten Händen starrte Brianna gedankenvoll an die Decke und betrachtete abwesend die an ihrer Messingkette schwankende Lampe. In den vergangenen zwei Wochen war es ihr gelungen, ohne Zwischenfälle in Roarkes Welt zu leben. Sie hatte sich zurückgehalten und kaum ein Wort mit dem Mann gewechselt, der seine freie Zeit am Schreibtisch verbrachte und schrieb oder zeichnete. Ihre Tage verliefen höchst monoton. Morgens stand sie auf, wusch sich, aß das Frühstück, das der Schiffsjunge brachte, und ging dann zu Rachel, deren Gesundung langsame Fortschritte machte.

Ihrer Freundin ging es inzwischen gut genug, daß sie keine ständige Pflege mehr benötigte, aber Dr. Fielding schien ein offensichtliches Interesse an Rachel gefunden zu haben. Er saß weiterhin an Rachels Koje und verließ die Kajüte nur zu den Mahlzeiten oder wenn er anderswo gebraucht wurde. Seine Anwesenheit gestattete nur die belanglosesten Unterhaltungen, und Brianna enttäuschte es maßlos, mit Rachel nicht über ihre Abneigung gegen den Kapitän der *Black Angel* sprechen zu können.

Sie hatte Lord Montague dafür gehaßt, jeden ihrer Schritte zu belauern, aber inzwischen war sie selbst zur Voyeurin geworden, wenn sich Roarke spätabends mit seinen Papieren beschäftigte. Sie beobachtete ihn, studierte seine Bewegungen, seine Gesten, sein gutgeschnittenes Profil, seinen schlanken, sehnigen Körper. Zunächst hatte sie sich gesagt, daß sie das aus reinem Selbsterhaltungstrieb tat: Es war nun einmal unerläßlich, den Mann ständig im Auge zu behalten. Dabei übersah sie die Tatsache, daß er seit ihrem Zusammenstoß in der ersten Woche keinen Versuch mehr unternommen hatte, ihr nahezukommen.

Jetzt war sie jedoch an dem Punkt angelangt, an dem sie sich eingestand, daß ihre ständige Beobachtung des Kapitäns der Tatsache entsprang, daß sie sich von ihm angezogen fühlte. Sein ungemein gutes Aussehen strahlte eine Aura der Körperlichkeit aus. Brianna spürte jedoch auch, daß seine Anziehungskraft auf sie über das rein Physische hinausging. Er faszinierte sie. Er war anders als jeder Mann, den sie bisher kennengelernt hatte. Er war hart wie Granit und lenkte sein Schiff mit eiserner Hand, und doch erhob er nie die Stimme oder verlor die Beherrschung. Seine Männer respektierten ihn und beeilten sich, seinen Anordnungen unverzüglich Folge zu leisten. Als man es ihr einmal gestattet hatte, an Deck frische Luft zu schöpfen, konnte sie sich von Roarkes Methoden überzeugen. Anders als Lord Montague, der gute Arbeit für selbstverständlich gehalten und nie ein anerkennendes Wort gefunden hatte, sparte Roarke nicht mit Lob. Als sie sah, wie die wettergegerbten Gesichter der Männer aufleuchteten, vermutete Brianna, daß die Mannschaft der *Black Angel* ihrem Kapitän für ein Lächeln notfalls auch in die Hölle folgen würde.

Die Gefühle, die Captain Roarke O'Connor in ihr erregte, waren Brianna alles andere als angenehm. Eigentlich wollte sie mit Männern nichts zu tun haben, doch nun fühlte sie sich wider Willen von ihm angezogen. Wie bei einem von der Schlange gebannten Kaninchen überwältigte ihre Faszination jede Vernunft. Brianna blickte zu der Hängematte hinüber, in der der Mann schlief, dem ihre Überlegungen galten. Sie war leer, wie zu dieser Morgenstunde nicht anders zu vermuten. Roarke hatte es sich inzwischen zur Gewohnheit gemacht, gleich nach dem Aufwachen die Kabine zu verlassen, um ihr ein paar ungestörte Stunden zu geben, während er an Deck beschäftigt war.

Brianna warf die Decke zurück und schwang die Beine aus dem Bett. Sie griff nach dem Samtmorgenrock, zog ihn an und blickte in den ovalen Spiegel über Roarkes Waschtisch. Was sie sah, erfreute sie nicht. Obwohl seit ihrer Rettung bereits zwei Wochen vergangen waren, war ihre Haut von dem schweren Sonnenbrand noch immer nicht ganz geheilt. Die toten, trockenen Hautschichten hatten sich in Fetzen abgelöst und die darunterliegende Haut rosig und zart zurückgelassen. Sie sah ausgesprochen erbärmlich aus, und daran würde sich in den nächsten Tagen auch kaum etwas ändern.

Brianna zuckte resigniert mit den Schultern, und die Bewegung ließ ihr Roarkes Morgenrock von einer Schulter gleiten. Es gab nichts, womit sie ihr Aussehen verbessern konnte, aber vielleicht war es nicht schlecht, daß sie weiterhin aussah wie ein Bratapfel. In ihrem gegenwärtigen Zustand psychischer Unsicherheit brauchte sie jedes Instrument, um den unsicheren Waffenstillstand zwischen sich und Captain O'Connor vor dem Zerbrechen zu bewahren. Ungeduldig zog sich Brianna den Morgenmantel wieder über die Schulter.

»Das ist ja absurd«, sagte Brianna laut und kam sich reichlich töricht vor. Sie brauchte sich über Captain O'Connor keine Sorgen zu machen. Mit keinem Zeichen hatte er angedeutet, daß er sich von ihr angezogen fühlte. Seit ihrem

Zusammenstoß hatte er sie mit Respekt behandelt und keinen Versuch unternommen, sie zu verführen. Und wenn sie ganz ehrlich zu sich selbst war, mußte sie einräumen, daß sie dies durch ihre Ohrfeige selbst verschärft hatte. Plötzlich kränkte sie sein mangelndes Interesse an ihrer Person. Brianna trat an die Bullaugen und sah auf die Weite des Meeres hinaus.

Was ist nur mit mir los? fragte sie sich und befühlte selbstvergessen mit den Fingern die neue Haut auf ihrer Wange. Da habe ich die Antwort, dachte sie. In ihren Augen funkelten zornige Blitze. Der Mann findet mich abstoßend häßlich. Als er sie auf seinen Schoß zerrte, hatte sie seine Reaktion gespürt. Erst als er in ihr verbranntes Gesicht sah, hatte er sie freigegeben.

Heftig verschränkte Brianna die Arme vor der Brust. Alle Männer waren Ungeheuer. Lord Montague hatte sie nur wegen ihres Aussehens haben wollen, und nun schenkte ihr dieser ... dieser Pirat nicht einmal einen zweiten Blick, weil er sie für häßlich hielt. Das Braun ihrer Augen nahm die Farbe von dunkler, goldgesprenkelter Schokolade an. Sollte der Mann doch glauben, was er wollte. Ihr war es recht. Sie würde keinen Versuch unternehmen, ihn vom Gegenteil zu überzeugen. Zornig fuhr sie sich mit beiden Händen durch die Haare und zerzauste sie zu einem wirren Lockendurcheinander. Da! Vielleicht würde das den Kapitän der *Black Angel* vollends davon überzeugen, daß sie eine häßliche Vogelscheuche war.

»Guten Morgen, Miss Tarleton. Ich hoffe, Sie haben gut geschlafen«, sagte Roarke, als er die Kabine betrat. Er bedachte ihre wirren Haare mit einem verwunderten Blick und wollte sich seinem Schreibtisch zuwenden, sah aber ihre wütenden Augen und blieb wie angewurzelt stehen. »Nun, wie ich sehe, scheinen Sie nicht besonders gut geschlafen zu haben.«

»Was meinen Sie damit?« herrschte ihn Brianna an.

»Ihr Verhalten beispielsweise«, erwiderte Roarke und setzte sich an seinen Schreibtisch. Er schlug das Logbuch auf.

»Was gefällt Ihnen an meinem Verhalten nicht, Captain O'Connor?« Briannas Stimmung erreichte einen neuen Tiefpunkt. Sie wußte, daß er sie nicht kritisiert hätte, wenn er sie schön finden würde. Schönen Frauen sahen Männer vieles nach. Plötzlich empfand sie das Bedürfnis, jede Frau verteidigen zu müssen, die wegen ihres Aussehens Nachteile in Kauf zu nehmen hatte. Sie weigerte sich, unter Roarkes tadelndem Blick klein beizugeben. Sie reckte trotzig das Kinn und forderte ihn heraus. Er nahm die Herausforderung an.

»Es läßt bedauerlicherweise viel zu wünschen übrig, Miss Tarleton.«

»Wie soll ich mich denn Ihrer Ansicht nach verhalten, Captain? Wie ein folgsames Lamm? Soll ich mich in Ihrer Anwesenheit unterwürfig verneigen und auf Zehenspitzen herumschleichen? Sagen Sie es mir, Capatin. Wie soll ich mich verhalten?«

»Sie können sich verhalten, wie es Ihnen beliebt, solange Sie Ihre schlechte Laune nicht an mir oder meiner Mannschaft auslassen«, knurrte Roarke und begann langsam die Beherrschung zu verlieren. Diese Frau war in sein Leben eingedrungen, hatte sein Bett okkupiert und schien nun auch noch zu glauben, ihre Stimmungen an ihm auslassen zu können. Aber nicht mit ihm! Sie hatte es nicht mit irgendeinem geckenhaften Engländer zu tun, und es war an der Zeit, daß sie das begriff.

Mit steinernen Zügen kam Roarke auf die Füße. »Sie sollten sich an Ihre Situation erinnern, Miss. Sie sind ausschließlich durch meine Großzügigkeit an Bord. Wenn ich wollte, könnte ich Sie und Ihre Freundin vom Schiff werfen lassen, ohne daß mir jemand in den Arm fällt. Ich kommandiere die *Black Angel*, und ich schlage vor, daß Sie das künftig nicht vergessen, weil ich Ihre Ausbrüche nicht länger dulden werde.«

Wutentbrannt wollte Brianna auf Roarke losstürmen, um ihm ihre Meinung zu sagen, trat dabei aber bedauerlicherweise auf den Saum des Morgenrocks. Ihre unbedachte Bewegung ließ das Kleidungsstück erneut von ihren Schultern gleiten. Bevor sie es verhindern konnte, rutschte der Stoff weiter abwärts und entblößte ihren Brustansatz. Mit fliegenden Händen griff sie nach dem Morgenrock und versuchte verzweifelt, sich wieder züchtig zu bedecken. Tiefbeschämt und mit hochroten Wangen wagte sie es nicht, ihn anzusehen.

Die Szene brachte ein winziges Lächeln auf Roarkes verschlossene Züge. Seine Verärgerung schwand. Dieses halbe Kind reizte ihn so, daß er es am liebsten mit bloßen Händen erwürgt hätte, aber er mußte die Kleine auch bewundern. Da stand sie mitten auf dem Ozean halbnackt vor ihm, in dem einzigen Kleidungsstück, das sie besaß – seinem Morgenrock –, und brachte doch die Tapferkeit auf, für sich einzutreten. Er mußte ihren Mut anerkennen.

Ganz gegen seinen Willen wanderten seine Augen über die zarte Haut ihrer Schultern. Er könnte sie auch noch aus anderen Gründen bewundern, gestand er sich ein, als er auf ihren gesenkten Kopf blickte. Das Mädchen war alles andere als schön, aber merkwürdigerweise fühlte er sich von ihrem Elan angezogen. Ihr Mut gefiel ihm, regte ihn an wie bei anderen Frauen Schönheit. Er hatte den Zorn in ihren goldbraunen Augen bemerkt und fragte sich nun unwillkürlich, wie sie wohl aussehen würden, wenn Leidenschaft sie erfüllte.

Roarke O'Connor riß sich zusammen, bevor er sich vor Brianna vollends zum Narren machen konnte. Er räusperte sich und sagte: »Nun, da wir offenbar zu einem Verständnis gelangt sind, werde ich Sie sich selbst überlassen, damit Sie sich wieder in einen schicklichen Zustand versetzen können.«

Tiefbetroffen und beschämt über ihren kindischen Ausbruch sah Brianna zu, wie Roarke die Kabine verließ. Tränen brannten in ihren Augen, als sie ein Gefühl der Niederlage überkam. Sie verstand ihre Empfindungen ebensowenig wie die Gründe, aus denen sie so heftig auf Captain Roarke O'Connor reagierte. Langsam begann sie zu glauben, daß ihr Verstand in den drei Tagen, die sie auf dem kleinen Floß verbringen mußte, ernsthaften Schaden genommen hatte. Eine andere Erklärung für ihr unsinniges Verhalten in der letzten Zeit konnte sie nicht finden.

Sie konnte nur beten, daß es sich um eine vorübergehende Sinnesverwirrung handelte. Denn wenn sie auf den Inseln eintraf würde sie ihren ganzen Verstand brauchen, um Rachel und sich ohne Geld am Leben zu erhalten.

Kapitel 5

Die *Black Angel* segelte in die Gallows Bay ein. Auf dem kristallklaren Wasser und vor dem azurblauen Himmel wirkte ihr schlanker Rumpf fast schwarz. In der Ferne reckten sich die Gipfel der erloschenen Vulkane wie Wächter an beiden Seiten der Insel empor. Ihre Krater waren längst erkaltet und nun mit der üppigen Vegetation des Regenwaldes bedeckt.

Vom Achterdeck aus sah Roarke nach Statia hinüber, wie die meisten St. Eustatius zu nennen beliebten. Beim Anblick der vielen unterschiedlichen Flaggen, die die Masten der unzähligen Schiffe im Hafen zierten, konnte er gut verstehen, warum die Insel als »Golden Rock« bekannt geworden war, als Goldfelsen. Roarkes Blick schweifte über das, was nicht viel mehr als eine vulkanische Erhebung in der tiefblauen See war. Doch obwohl nur zehn Quadratkilometer groß, war aus Statia der reichste Hafen in der Karibik geworden, der seine Interessen auf den Handel und strikte Neutralität konzentrierte.

Roarke lächelte. Er war froh, auf die Insel zurückzukehren, die er seit zwei Jahren seine Heimat nannte. Mochte die niederländische Regierung von Statia Britannien und anderen Staaten gegenüber auch schwören, sich neutral zu verhalten – er wußte es besser. Selbst britische Handelsschiffe, die die Verfügungen ihres Königs und Parlaments gegen den Handel mit den rebellischen Kolonien umgehen wollten, brachten ihre Güter nach Statia. Die Insel hatte sich in ein großes Lager für Waren und Materialien verwandelt, die nach und aus Amerika verschifft wurden. Die Lagerhäuser des Freihafens füllten sich mit Gütern und die Taschen der Kaufleute mit den Profiten.

Roarkes Blick fiel auf das große Gebäude am westlichen Rand der Gallows Bay. Sein Lächeln vertiefte sich. Freunde und Feinde mochten ihn einen Piraten nennen, aber nur wenige wußten, daß sich hinter dieser Maske ein gewiefter Geschäftsmann verbarg. Er hatte seine Gewinne aus den Fahrten der *Black Angel* geschickt investiert. Das mit Tabak und Baumwolle für den europäischen Markt bis unters Dach gefüllte Lagerhaus gehörte ihm ebenso wie das The Quill, ein Haus am Hang eines vulkanischen Berges. Selbst aus der Entfernung sah er, wie die roten Dachziegel in der Mittagssonne schimmerten. Es erhob sich aus der dichten Vegetation wie ein Leuchtturm, der ihn zur Heimkehr aufforderte. Das gerodete Land dahinter, auf dem sich ein paar Farmer mit dem Anbau von Zuckerrohr versuchten, wirkte wie eine Flickendecke, die zur Dekoration über den Berghang gebreitet war.

Roarkes Blick wanderte zurück zum Pier, an dem die *Black Angel* anlegen wollte. Dort würde Roselee in ihrer ganzen Pracht auf ihn warten, begierig darauf, daß er seine Geschäfte endlich hinter sich brachte und sich ihr widmen konnte. Ihre blitzenden dunklen Augen würden ihn verschlingen, wenn er das Fallreep herunterkam, und keinen Teil seiner Anatomie aussparen. Mit einem Freudenschrei würde sie sich auf ihn stürzen und dafür sorgen, daß ihn ihr sinnlicher Körper an die unzähligen Male in der Vergangenheit erinnerte, an denen er sich ihrer kleinen erotischen Spiele erfreute.

Roarke kannte Roselees Gewohnheiten gut. Sie würden zum Haus zurückkehren, wo die Köchin auf Roselees Anweisung bereits seine Leibspeisen vorbereitet hatte. Und nachdem er sein Essen zu sich genommen hatte, würde sie in seinem Schlafzimmer auf ihn warten – nackt, wie von Gott erschaffen. Es bestünde kein Anlaß zur Verführung oder auch nur zu einem Vorspiel: Sie wäre bereits für ihn bereit.

Roarkes Lächeln schwand. Er fragte sich, wie es wäre, wenn die junge Miss Tarleton so bereit für ihn wäre. Seit ihrem letzten Zusammenstoß hatte sie sich sehr zurückgehalten, aber ihm war nicht entgangen, daß sie ihn hin und wieder ebenso verstohlen wie wachsam beobachtet hatte. Mitunter war es ihm gelungen, sich einzureden, er hätte anstelle von Wachsamkeit Interesse – ja, sogar Verlangen in ihren ausdrucksvollen zimtfarbenen Augen gesehen. Doch glücklicherweise hatte dann immer wieder seine Vernunft gesiegt. Angesichts des Verhaltens, das das Mädchen ihm gegenüber an den Tag legte, durfte er von der temperamentvollen Kleinen keine tieferen Gefühle erwarten.

Eine tiefe Falte erschien auf Roarkes Stirn, als er in die Sonne blinzelte. Seine Finger schlossen sich fester um die Reling aus schimmerndem Mahagoniholz, als er sich ein wenig vorbeugte und in das kristallklare Wasser der Bucht blickte. Warum wollte er in dem Mädchen eigentlich irgendwelche Gefühle erregen? Er mußte zugeben, daß sich ihr Aussehen in den letzten Tagen erheblich verbessert hatte. Ihre Haut begann zu heilen und sah inzwischen zart und glatt aus, nicht mehr rot und gereizt. Aber ihr schien ihr Äußeres völlig gleichgültig zu sein. Zeitweise wirkte sie wie eine Meerhexe mit ihrer wirren Lockenmähne, die ihr über Schultern und Rücken bis in die Taille fiel.

Die Gedanken an ihren Rücken und ihre schmale Taille weckte in Roarke die Erinnerung an ihre wohlgeformten Beine und den kurzen Blick, den er auf ihr angenehm gerundetes Hinterteil hatte werfen können. Schnell verdrängte er sie wieder. In weniger als einer Stunde würde er Miss Brianna Tarleton und ihre Freundin von Bord der *Black Angel* entlassen, und das wäre das Ende ihrer Bekanntschaft. Sie würde ihres Weges ziehen, und er würde sich in das Haus am Berghang begeben, um sich an Roselees Liebeskünsten zu erfreuen, bis es wieder Zeit war, Segel zu setzen.

Eine schmerzliche Leere machte sich in Roarke breit, als er erneut zum geschäftigen Hafen von Statia hinüberblickte. Er verabscheute das Gefühl, denn es war ihm seit langen Jahren vertraut. Abenteuer waren das einzige, womit er sie zumindest zum Teil ausfüllen konnte. Das Leben aufs Spiel zu setzen, dem Feind entgegenzutreten und siegreich aus dieser Begegnung hervorzugehen, war die einzige Möglichkeit, die Leere zu verringern. In den vergangenen Jahren hatten ihn seine erfolgreichen Geschäfte zu einem reichen Mann gemacht. Er konnte sich jederzeit unter den anderen Kaufleuten in Statia niederlassen, aber die Leere in ihm trieb ihn wieder auf das Meer hinaus. Er glaubte, sie ausfüllen zu müssen, weil sie ihn sonst ganz überwältigen und vernichten würde.

»So nachdenklich, Captain?« fragte Nick Sebastain, als er neben ihn trat und gleichfalls zum Land hinübersah. »Wir sind zu Hause. Also solltest du strahlen und nicht so düster dreinschauen.«

»Ich dachte gerade daran, was alles noch zu erledigen ist, bevor wir wieder hinausfahren.«

»Bist du sicher, daß deine Gedanken nicht bei unseren Passagieren waren?«

Roarke warf Nick einen scharfen Blick zu. »Wie kommst du denn darauf? Ich bin froh, sie endlich los zu sein. Ich habe noch nie gern in einer Hängematte geschlafen.«

Ein durchtriebenes Lächeln verzog Nicks Lippen. »Soll das heißen, daß du mit der Jungfer nicht das Bett geteilt hast?«

Roarke verdrehte die Augen und schüttelte den Kopf. »Also langsam beginne ich zu glauben, daß Fielding recht hat,

Nick. Du würdest vermutlich selbst mit einer Toten schlafen, wenn sie das einzig verfügbare weibliche Wesen ist.«

»*Non, mon ami.* So weit würde ich nun doch nicht gehen. Aber dich verstehe ich nicht. Das Mädchen ist eine echte Schönheit. Und ich nahm an, du hättest ihre Anmut längst genossen. Immerhin hat sie jede Nacht nur wenige Zentimeter von dir geschlafen.« Nick hob eine Braue. »Oder wirst du langsam so alt, daß du deine Anziehungskraft auf das schönere Geschlecht verlierst?«

Roarke sah Nick skeptisch an. »In diesem Punkt kann ich dich beruhigen, mein Freund. Mein Alter hat damit gar nichts zu tun. Aber ich würde zu gern wissen, ob du dir das Mädchen genau angeschaut hast. Es ist weit davon entfernt, die hinreißende Schönheit zu sein, die du offenbar in ihr siehst.«

Jetzt blickte Nick ungläubig. »Du hast es also tatsächlich nicht bemerkt?«

»Was soll ich bemerkt haben, verdammt noch mal?«

»Das Mädchen. Ich weiß, wie es aussah, als es an Bord kam, doch selbst da konnte man die Schönheit unter der verbrannten Haut sehr wohl erkennen. Ihre Wangenknochen, die kleine Nase, die dichten Wimpern. *Mon Dieu.* Dieser köstliche Mund. Du mußt blind sein, wenn dir das entgangen ist.«

»Mir ist nicht entgangen, daß ich in den vergangenen Wochen meine Kabine mit einer unbeherrschten Xanthippe geteilt habe.«

Nick zuckte nonchalant mit den Schultern. »Auch mit Xanthippen kann man schlafen. Mit ihrem hitzigen Temperament sind sie häufig die besten Geliebten, wenn man es richtig anfängt.«

»Ich habe Roselee zur Befriedigung meiner Bedürfnisse«, entgegnete Roarke knapp.

»Gewiß, du hast Roselee, aber sie ist zu reif, um sich mit der zarten Nymphe vergleichen zu lassen, die wir aus dem Meer gefischt haben.«

»Wenn du von der Kleinen so angetan bist, dann nimm sie dir«, zischte Roarke, zutiefst verärgert über die Worte seines Freundes. Sie machten ihm alle seine Gefühle gegenüber Miss Brianna Tarleton sehr bewußt, und das paßte ihm nicht. Er wollte, daß das Mädchen aus seinem Leben verschwand, und aus seinen Gedanken.

Nick lächelte. »*Merci, mon ami.* Ich weiß deine Großzügigkeit zu schätzen. Darauf gebe ich dir mein Wort.«

Roarke packte Nicks Arm. »Wir sind seit langem Freunde, Nick, aber du weißt, wie sehr ich es verabscheue, eine Frau gegen ihren Willen zu nehmen. Wenn das Mädchen dich will, soll es mir recht sein. Aber du darfst es zu nichts zwingen.«

»Und wie du sehr wohl weißt, hatte ich es bisher nicht nötig, eine Frau zu irgend etwas zu zwingen«, entgegnete Nick ungerührt. »Bisher haben mich alle angefleht, mit ihnen ins Bett zu gehen.«

Nicks Versicherung trug wenig dazu bei, Roarkes unvermittelt düstere Stimmung aufzuhellen. Er wußte sehr wohl, daß der Ruf seines Freundes als Liebhaber mehr als verdient war. Die Frauen beteten ihn an. Er besaß die Fähigkeit, selbst der häßlichsten Hafenhure das Gefühl zu vermitteln, etwas Besonderes zu sein. Er wußte genau, wie er sich verhalten, was er tun, was er sagen mußte, um selbst die scheueste Frau dazu zu bringen, sich ihm hinzugeben.

Roarke gefielen die Empfindungen nicht, die ihn bei der Vorstellung durchpulsten, Nick könnte Brianna verführen. Dennoch täuschte er Gleichgültigkeit vor. »Ich weiß, wie geschickt du die Frauen umgarnst, Nick. Aber mit dieser hier könntest du eine Überraschung erleben.«

»Was Frauen betrifft, so gibt es nur wenige Überraschungen, *mon ami.* Ich kenne sie alle so gut wie den Rücken meiner Hand. Vielleicht wird sie sich zunächst ein wenig sträuben, aber letztendlich wird sie mir doch mein Bett anwärmen. Daran habe ich keinerlei Zweifel.«

»Nun, es ist höchste Zeit, deine Überlegungen zum Thema Frauen zu vertagen. Vor dir liegt noch ein gutes Stück Arbeit, bevor du daran gehst, Miss Tarleton zu verführen. Es ist an der Zeit, die *Black Angel* sicher in den Hafen zu bringen«, sagte Roarke und übernahm damit wieder das Kommando über seine Gedanken und sein Schiff. Er wandte sich ab und erteilte Anweisungen, das Schiff für das Andocken vorzubereiten. Nick, der sehr wohl wußte, wann es Zeit war, wieder an seine Pflichten zu gehen, tat es ihm nach.

***

Roarke betrat die Kabine und warf ein in braunes Papier gewickeltes Paket auf das Bett. Brianna stand am Bullauge und beobachtete die Aktivitäten in den Docks. Ihrer angespannten Miene entnahm er, daß sich das Mädchen Sorgen machte, wie es die *Black Angel* ohne schickliche Kleidung verlassen sollte. Er lächelte. Er hatte zumindest soviel Vernunft bewiesen, das gleiche zu bedenken. Die Kleider in dem Paket waren sein Geschenk für ihren neuen Lebensabschnitt auf Statia.

»In wenigen Minuten werden Sie das Schiff verlassen können, Miss Tarleton.«

Brianna warf Roarke einen scheuen Blick zu und rieb sich abwesend die Arme. Sie lächelte ihn zaghaft an. »Vielen Dank, Captain. Mir ist bewußt, wie froh Sie sind, Ihre Kabine endlich wieder für sich zu haben.«

Roarke nickte. »Ich habe den Schiffsjungen voraus an Land geschickt, damit er Ihnen und Ihrer Freundin etwas zum Anziehen kauft. Ich konnte mir nicht vorstellen, daß Sie Statia in den Kleidern betreten wollen, in denen Sie an Bord der *Black Angel* gekommen sind.«

Erleichterung überkam Brianna wie eine Woge kühlen, erfrischenden Wassers. Ein Strahlen überzog ihr Gesicht. »Ich weiß nicht, wie ich Ihnen jemals entgelten soll, Captain, was

Sie alles getan haben. Mir ist bewußt, welche Belastung ich für Sie gewesen bin, und ich weiß auch, daß mein Verhalten nicht immer das beste war. Aber ich möchte, daß Sie wissen, wie dankbar ich bin. Sabrina und ich haben Ihnen unser Leben zu verdanken.«

Roarke trat an den Schreibtisch und setzte sich. Er wandte seine Aufmerksamkeit dem Logbuch zu. An derartige Aufrichtigkeit und Dankbarkeit nicht gewöhnt, paßten ihm die Gefühle nicht, die sie in ihm erregten. Er spürte, wie sich die Leere in ihm ausdehnte. »Ich habe nur getan, was auch jeder andere getan hätte. Und nun schlage ich vor, daß Sie und Ihre Freundin sich ankleiden, um von Bord gehen zu können. Ich habe zu arbeiten.«

Wider alle Instinkte gab Brianna ihrem inneren Bedürfnis nach, Roarke O'Connor zu berühren, bevor sie für immer aus seinem Leben verschwand. Sie trat hinter ihn und fuhr ihm sacht über die dunklen Haare, bevor sie ihre Hand auf seine Schulter legte. Überrascht drehte er sich zu ihr um, und sie mußte unwillkürlich schlucken und sich die trockenen Lippen befeuchten, bevor sie antworten konnte: »Ich bin Ihnen auf ewig dankbar, ob Ihnen das nun gefällt oder nicht, Roarke.«

Sein Name kam ihr über die Lippen, bevor sie wußte, was sie da sagte. Beschämt über ihre Zudringlichkeit wandte sie sich ab. Sie sollte so schnell wie möglich nach den Kleidern greifen und die Kabine verlassen, bevor sie sich noch weiter zur Närrin machte.

Doch bevor sie dazu kam, griff Roarke nach ihrem Handgelenk. Wortlos zog er sie an sich und stand fast zögernd auf. Seine Hände legten sich um ihre Taille und hielten sie fest, während er langsam den Kopf senkte. »Nach allem, was wir miteinander geteilt haben, Miss, halte ich einen Abschiedskuß durchaus für angebracht.«

Wie gebannt von dem intensiven Leuchten in Roarkes blauen Augen wehrte sich Brianna nicht, als sich sein Mund auf ihre Lippen legte. Ihr Herz begann wild zu klopfen und schien dann Flügel zu bekommen – so wild bewegte es sich in ihrer Brust. Das Blut rauschte ihr in den Ohren, ihre Pulse jagten, als sie langsam die Arme hob und um Roarkes Nacken legte. Instinktiv öffnete sie die Lippen, um ihn ebenso zu kosten wie er sie.

Sie war nur einmal von Jeremy geküßt worden: Kurz und flüchtig hatten sich ihre Lippen berührt, wie erschreckt über ihre eigene Unverfrorenheit. Damals hatte sie Jeremy für einen erfahrenen Liebhaber gehalten, für einen Mann von Welt. Jetzt, da Roarkes Lippen und Zunge ihre Sinne ins Chaos stürzten, wußte sie, wie jung und unerfahren Jeremy gewesen war. Roarke küßte sie wie ein Mann voller Verlangen, ein Mann voller Selbstsicherheit, ein Mann, der Erfahrung mit Frauen hatte. Dieser Gedanke ernüchterte Brianna. Keuchend riß sie sich von der Versuchung durch seinen sinnlichen Mund los. Sie hob eine bebende Hand an die Lippen und starrte Roarke bis ins Innerste verwirrt an. Dann holte sie zitternd Luft und sagte mit einer Stimme, die kaum mehr als ein Flüstern war: »Leben Sie wohl, Roarke.«

Bevor es ihm gelang, sie wieder an sich zu ziehen, entwand sie sich ihm, griff nach dem Paket auf dem Bett und floh aus der Kabine. Mit lautem Knall flog die Tür hinter ihr ins Schloß. Der Klang hallte in der Kabine nach, in der Roarke stand und das geschlossene Geviert anstarrte. Die Leere in ihm breitete sich wieder aus, dunkler und tiefer als je zuvor.

Energisch bestreitend, daß eine Beziehung zwischen diesem Gefühl und Briannas plötzlichem Verschwinden aus seinem Leben bestand, stieß Roarke ein paar heftige Verwünschungen aus und verfluchte alles unter der Sonne, einschließlich sich selbst, und stürmte aus der Kabine. Er hatte zu arbeiten. Er hatte keine Zeit, in der Gegend herumzustehen und über eine reizlose Kleine nachzudenken, die

die süßesten Lippen besaß, die er je gekostet hatte. Ohne sich die Unlogik seiner Feststellung bewußt zu machen, lief er an Deck, um das Löschen der Fracht zu überwachen.

***

Brianna schlug die Tür hinter sich zu und lehnte sich dann schweratmend dagegen. Mit beiden Händen drückte sie das Paket an die Brust und sah die Freundin an, die wartend auf der Koje saß. Rachels entsetzter Gesichtsausdruck war beredter als alle Worte.

Verwirrt und erfüllt von einer Vielfalt widerstrebender Empfindungen sah Brianna die Freundin an und erkannte, daß sie Rachel nicht erklären konnte, was gerade geschehen war. Sie verstand es ja selbst kaum. Sie atmete tief durch, bemühte sich um ein zittriges Lächeln und streckte die Hände mit dem Paket aus, um die Frage ihrer Freundin abzuwehren. »Captain O'Connor hat uns Kleider kaufen lassen.«

Rachel reagierte mit einem ähnlich mühsamen Lächeln. Sie ignorierte das Paket und sah der Freundin direkt in die Augen. »Da gibt es etwas, was ich dir sagen möchte, Brianna.«

Rachels Tonfall ließ Brianna erstarren. Alle Gedanken an Roarke verblaßten hinter der Vorahnung, daß sie nicht hören wollte, was ihre Freundin zu sagen hatte. Dennoch fragte sie: »Was ist das?«

Rachel blickte nervös von Brianna auf ihre Hände, die sie auf dem Schoß verkrampft hatte. Ihre Worte kamen langsam, fast stockend. »Doktor Fielding hat mich gebeten, ihn zu heiraten.«

Verdutzt sah Brianna Rachel an. Sie hatte sich schon über die ständige Anwesenheit des Arztes am Bett der Freundin gewundert, sie aber für einen Ausdruck seines Pflichtbewußtseins gehalten. »Und was hast du gesagt?«

Rachel sah wieder zu Brianna auf. Ein zögerndes Lächeln überzog ihre blassen Lippen. »Ich habe ja gesagt.«

»Aber du weißt doch gar nichts über diesen Mann«, begehrte Brianna auf, die sich unvermittelt im Stich gelassen fühlte.

»Ich weiß, daß ich ihn liebe«, entgegnete Rachel leise, aber bestimmt.

»Du liebst ihn! Großer Gott, Rachel! Wie kannst du einen Mann lieben, den du erst wenige Wochen kennst?«

»Ich glaube nicht, daß es bei der Liebe Zeitvorschriften gibt, Brianna. Man kann sich auf den ersten Blick in einen Mann verlieben, während man manchmal Jahre dazu braucht. Aber wenn es geschieht, merkt man es auch.«

Brianna schnaufte verächtlich. Mit keinem Gedanken erinnerte sie sich an die Gefühle, die sie vor wenigen Augenblicken aus Roarkes Kabine gejagt hatten. »Das kannst du nicht tun, Rachel. Doktor Fielding kennt doch noch nicht einmal deinen richtigen Namen. Du kannst nicht mit einer Lüge in die Ehe gehen.«

»Ich weiß«, erwiderte Rachel und sah wieder auf ihre Hände.

Briannas Gesicht verlor alle Farbe. Aus der Vorahnung von eben war ein eisiger Klumpen geworden, der ihr fast die Kehle verschloß. Sie schüttelte den Kopf. »Du hast ihm doch nicht etwa die Wahrheit erzählt, oder?«

Rachel nickte und befeuchtete sich die Lippen, bevor sie wieder zu Brianna aufsah. Ihre Augen flehten um das Verständnis ihrer Freundin. »Ich konnte Georges Antrag nicht zustimmen, ohne ihm die Wahrheit zu sagen.«

Plötzlich war es Brianna ganz schwindlig. Langsam ging sie zur Koje, setzte sich und fuhr sich verzweifelt mit der Hand über das Gesicht. »Ist dir klar, was du da getan hast? Er wird es Captain O'Connor erzählen, und der wird mich den Behörden übergeben.«

»Nein. George hat mir sein Wort gegeben. Dein Geheimnis ist bei ihm sicher. Er hat mir geschworen, es dir zu überlassen, ob du es Captain O'Connor sagst oder nicht«, sagte Rachel und griff nach Briannas Hand. »George liebt mich und würde nie etwas tun, was mich verletzen könnte.«

In der bitteren Erkenntnis, daß sie nichts tun konnte, falls sich Fielding doch dazu entschloß, die Wahrheit über sie zu erzählen, drückte sie Rachels Hand. Rachel war ihr immer eine gute Freundin gewesen, und sie, Brianna, würde sie nicht um ihr Glück bringen – ganz gleich, was später auch geschehen mochte. Es war gut zu wissen, daß ihre Freundin einen Menschen gefunden hatte, der für sie sorgte, der sie liebte. In gewisser Hinsicht war es doch auch eine Erleichterung für Brianna, daß sie nun nur für sich zu sorgen brauchte, wenn sie die *Black Angel* verließ.

»Ich freue mich für dich, Rachel. Und ich kann nur hoffen, daß dein Doktor Fielding auch die Art Mann ist, die du verdienst, denn du verdienst nur das Beste.«

Ein Lächeln erhellte Rachels blasse Züge und ließen sie wieder so aussehen wie die junge Frau, die Montvale gesund und voller Tatendrang verlassen hatte. »George und ich möchten, daß du uns nach England begleitest, Brianna.«

»England? Du willst zurück nach England?« Brianna konnte ihre Angst nicht verbergen, die sie unwillkürlich empfand. Sie hatte angenommen, Rachel würde auf St. Eustatius bleiben. Dann hätte sie in diesem fremden Land wenigstens eine Freundin gehabt.

Rachel nickte. »Ja. George möchte mich seiner Familie vorstellen. Er sagt, er sei des Herumziehens müde. Er möchte nach Lancaster zurückkehren, um wieder das zu sein, wozu er ausgebildet wurde: ein Arzt.«

»Aber er ist ein Pirat. Wie kann er da nach England zurückkehren?«

Rachel lächelte und fühlte sich dem Mann, den sie liebte, tief verbunden. »Er ist ein Freibeuter, Brianna, und das ist etwas ganz anderes als ein Pirat. Aber es ist ganz gleichgültig, was er in der Vergangenheit getan hat. Ich liebe ihn, und er liebt mich – das ist alles, was zählt. Wir werden uns gemeinsam ein neues Leben aufbauen und unser beider Vergangenheit dort belassen, wohin sie gehört: in der Vergangenheit.«

Ein Abgrund schien sich vor Brianna zu öffnen, und alles, was sie sah, war Leere. Jetzt war sie gezwungen, ganz allein in diesem neuen Land mit einer neuen Identität klarzukommen. Nahezu überwältigt von dieser Aussicht verdrängte sie die Bitte an Rachel, sie nicht alleinzulassen. Statt dessen fragte sie lächelnd: »Wann wollt ihr zurückfahren?«

»George meinte, schon morgen würde bestimmt ein Schiff nach England auslaufen. Es fahren fast täglich Schiffe von Statia ab.«

»So bald schon?« fragte Brianna, überrascht darüber, die Freundin zu verlieren, bevor sie Zeit hatte, sich an den Gedanken zu gewöhnen.

»George sieht keinen Grund, damit zu warten. Für uns gibt es hier nichts zu tun. Er wird mit Captain O'Connor sprechen, sobald sich die Gelegenheit ergibt.« Rachel drückte Briannas Hand. »Auch für dich gibt es hier nichts zu tun. Komm mit uns nach England. In Lancaster wird nie jemand erfahren, daß du nicht Brianna Tarleton bist.«

Brianna schüttelte den Kopf. »Ich kann nicht nach England zurück, Rachel. Am Tag unserer Abreise wußte ich, daß ich Britannien nie wiedersehen werde. Es enthält für mich nur schlechte Erinnerungen. Nein. Ich werde hierbleiben. Hier brauche ich wenigstens nicht ständig über meine Schulter zu blicken – in der Furcht, daß mich jemand erkennen könnte. Und wenn ich mich nicht vor harter Arbeit scheue, wird es mir schon gelingen, eine Zukunft aufzubauen.«

Rachel nickte verständnisvoll. Wenn sie nach England zurückkehrte, hatte sie nichts zu befürchten. Sollten die Behörden sie wider Erwarten jemals aufspüren, hätte sie sich keines anderen Vergehens schuldig gemacht als dem, ihrer Freundin geholfen zu haben. Aber bei Brianna war das anders. Ihr Leben stand auf dem Spiel. »Ich werde unablässig für dich beten.«

»Vielen Dank, Rachel. Ich werde alle Gebete brauchen, die ich bekommen kann.«

Erleichtert, daß sie Brianna endlich von ihren Plänen erzählt hatte, neigte Rachel den Kopf zur Seite. »Das klingt aber gar nicht nach der Brianna McClure, die ich kenne.«

Briannas Lächeln verblich. »Ich fürchte, dieses Mädchen gibt es nicht mehr, Rachel. Es mußte in den letzten Monaten erwachsen werden.«

»Auch wenn es das Mädchen nicht mehr gibt, gehe ich doch davon aus, daß die Frau noch den gleichen Mut aufbringt, der sie davon abhielt, sich von Lord Montague unterwerfen zu lassen. Sie ist noch immer eine Kämpferin, auch nach ein paar kleinen Rückschlägen wie einem Schiffsunglück.« Sie brach kurz ab und zog Brianna eng an sich. »Ich hege keinen Zweifel daran, daß du gut durchkommen wirst. Du bist wie ich, du wirst überleben.«

Brianna erwiederte die Liebkosung der Freundin und sagte Rachel nichts von ihren ernsten Bedenken, wie sie das ohne einen Pfennig Geld schaffen sollte. Sie hatte der Freundin bereits genug aufgebürdet, als daß sie ihre Ehe mit weiteren Sorgen belasten konnte. Sollte sie ruhig glauben, daß schon alles gut werden würde. Wenn Rachel mit ihrem Dr. Fielding wieder nach Europa segelte, sollte sie in die Zukunft blicken, nicht in die Vergangenheit. Sie verdiente es, glücklich zu werden.

***

Die letzten Strahlen der untergehenden Sonne tauchten den Horizont in rotgoldene Farben, als Brianna dem Handelsschiff mit Ziel England zuwinkte. Alles war so schnell gegangen – zu schnell. Sie hatte sich noch in Rachels Kajüte aufgehalten, als George Fielding erschien und erzählte, es wäre ihm gelungen, ihnen eine Passage auf einem Schiff zu beschaffen, das mit der abendlichen Flut auslief. Darüber hinaus hätte er das Arrangement getroffen, daß sie noch vor der Abreise getraut werden konnten, und wenn sie sich nicht beeilten, würden sie noch zu ihrer eigenen Hochzeit zu spät kommen. Er hatte einen Arm voller Pakete auf der Koje abgelegt und Rachel gebeten, sich fertig zu machen, während er sich beim Kapitän der *Black Angel* um Entlassung bemühte. Wenig später war er breit lächelnd in die Kajüte zurückgekehrt. Offensichtlich hatte ihm Captain O'Connor sein Haus für die Hochzeitsfeierlichkeit angeboten, da seine Geliebte Roselee aus Anlaß seiner Rückkehr ohnehin ein kleines Fest vorbereitet hatte.

Brianna ließ den Arm sinken und drehte sich um. Sie blickte zum schnell dunkel werdenden Himmel hinauf und fragte sich, was sie nun tun sollte. In weniger als sechs Stunden hatte sich ihre Welt erneut komplett verändert. Ganz allein und ohne Freunde mußte sie sich auf einer total fremden Insel zurechtfinden. Und alles, was sie besaß, trug sie am Leibe.

Mit dem Gedanken an ihr Kleid kam die Erinnerung an den Mann, der es ihr besorgt hatte. Sie runzelte die Stirn. Ihr gefiel die seltsame Beunruhigung nicht, die sie jedesmal erfaßte, wenn sie an Roarke und diese Roselee dachte.

Brianna wußte, daß es sie nichts anging, was der Mann tat und mit wem, aber sie mußte immer wieder daran denken, wie Roselee nach Rachels Trauung Roarke mit Beschlag belegt hatte. Und er hatte absolut nichts dagegen gehabt. Er hatte gelacht, getanzt, sich in der unübersehbaren Leidenschaft der Frau gesonnt. Und dabei völlig die Tatsache ignoriert, daß Brianna Gast in seinem Haus war.

Ziellos begann Brianna die Straße hinunterzulaufen. Es war gleichgültig, welche Richtung sie einschlug. Sie blickte zu dem Schiff hinüber, das in der Nähe der Docks vor Anker lag. Warum sie die Nichtbeachtung durch Roarke so schmerzte, konnte sie sich nicht erklären. Er hatte sie während der Zeit nicht beachtet, die sie an Bord der *Black Angel* verbrachte, warum sollte er sein Verhalten nun ändern? Roselees Bild tauchte vor ihr auf, und unwillkürlich krampfte sich ihr Magen zusammen. Aber Brianna verdrängte die Tatsache, daß schon ein Gedanke an die Frau ihr akute Übelkeit verursachte. Statt dessen machte sie ihren leeren Magen dafür verantwortlich. Sie hatte seit dem Morgen kaum etwas gegessen, trotz des reichhaltigen Angebots während der Hochzeitsfeier. Nie würde sie sich eingestehen, daß ihre Appetitlosigkeit mit Roarke oder Roselee zusammenhing. Sie hatte sich erfolgreich eingeredet, daß sie nichts über die Lippen brachte, weil sie über die Abreise ihrer Freundin zu erregt war.

»Mademoiselle Tarleton?« fragte Nick Sebastain und griff nach ihrem Arm. Nachdem George und seine junge Frau an Bord des Handelsschiffes gegangen waren, hatte er sich weiterhin an den Docks aufgehalten – in der Hoffnung, mit Brianna sprechen zu können. Er hatte ihr zugesehen, wie sie winkte, bis das Boot ihren Blicken entschwand. Als sie sich dann umwandte und ziellos herumzuwandern begann, wollte er sie schon ansprechen, hatte davon aber abgelassen, weil er herausbekommen wollte, was sie vorhatte. Erst als er erkannte, daß sie sich einem übelbeleumdeten Viertel der Stadt näherte, entschloß er sich zum Eingreifen. »Ich glaube, Sie sollten besser nicht ohne Begleitung hier herumlaufen. Das ist für eine Frau nicht ungefährlich, ganz besonders nicht für eine so schöne wie Sie.«

Abrupt aus ihren Überlegungen gerissen, sah sie Nick zunächst verständnislos an. Unsicher sah sie sich um und machte sich bewußt, wie unvernünftig sie gewesen war, sich von ihren Gedanken treiben zu lassen. Erleichtert erkannte sie, daß sie den Maat der *Black Angel* vor sich hatte. Wieder warf sie schnell einen nervösen Blick um sich. Neben einer Schenke standen ein paar zwielichtige Gestalten und sahen zu ihnen herüber. Weitere waren zu betrunken, um überhaupt stehen zu können. Sie lehnten an Hauswänden oder lagen auf der Straße herum. Ein lautes kehliges Lachen und eine rauhe männliche Antwort sagten weit mehr, als sie wissen wollte, darüber aus, was in der dunklen Gasse neben der Schenke vor sich ging. Verunsichert schluckte Brianna und zeigte Nick ein winziges Lächeln. »Ich fürchte, ich habe mich verlaufen, Sir.«

Nicks Lächeln entblößte schneeweiße, ebenmäßige Zähne. »Dann müssen Sie mir gestatten, Sie zu Ihrem Gasthaus zurückzubegleiten.«

»Ich habe keine Unterkunft«, sagte Brianna, erkannte dann aber ihren Fehler. »Ich meine, wegen der Hochzeit bin ich noch gar nicht dazu gekommen, mir ein Gasthaus zu suchen. Alles ereignete sich so schnell.«

Nicks Lächeln vertiefte sich, als er Briannas Hand auf seinen Arm legte und mit ihr zurückzulaufen begann. Beruhigend tätschelte er ihre Hand. »Dann müssen Sie mir erlauben, Ihnen eine anständige Herberge zu suchen. Ich kenne ein Haus in der Nähe des Strandes, das für seine sauberen Zimmer und seine gute Küche bekannt ist.«

Brianna zögerte. Sie konnte nicht zulassen, daß er sie zu einem Gasthaus führte. Sie besaß keinen Penny. Andererseits befürchtete sie, sich in eine noch hilflosere Lage zu bringen, wenn sie ihm ihre Mittellosigkeit eingestand. Sie entzog ihm seine Hand. »Ich fürchte, ich muß Ihr freundliches Angebot ablehnen, Sir.«

Nicks Lächeln schwand. Er betrachtete ihre angespannten Züge und fragte sich, womit er das Mädchen in diese nervöse Erregung versetzt hatte. Er wollte nichts tun, was seine Absichten mit der jungen Demoiselle gefährden könnten. Er hatte den ganzen Nachmittag gebraucht, um einen erfolgversprechenden Plan auszuarbeiten, das Mädchen in sein Bett zu bekommen. Und diese Zeit wollte er nicht unnötig vertan haben. »Es ist keineswegs meine Absicht, despektierlich zu erscheinen, Mademoiselle. Ich will Ihnen lediglich meinen Beistand anbieten, mehr nicht.«

Brianna holte tief Luft. »Verzeihen Sie mir, ich weiß, daß Sie nur hilfreich sein wollen, fürchte jedoch, Ihre Hilfe im Moment nicht annehmen zu können. Wenn Sie mich jetzt bitte entschuldigen würden? Ich muß mich beeilen.«

Brianna wandte sich ab, aber Nicks Hand ließ sie erneut innehalten. »Stimmt irgend etwas nicht, Mademoiselle? Habe ich ich Sie vielleicht in irgendeiner Weise beleidigt?«

Brianna schüttelte wortlos den Kopf.

»Darf ich fragen, was Sie dann beunruhigt?«

Das aufrichtige Mitgefühl in Nicks Stimme brach Briannas Entschlossenheit, ihre Notlage niemandem einzugestehen. Sie sah Nick an, Tränen der Verunsicherung füllten ihre Augen. »Ich weiß nicht, wohin ich mich wenden soll«, sagte sie schließlich.

Als Mann, der stets genau wußte, wie man in jeder Situation mit einer Frau umgeben mußte, legte Nick einen tröstenden Arm um Briannas Schultern. »Weinen Sie nicht. Ich habe es Ihnen doch schon angeboten. Ich werde Ihnen helfen, eine Herberge zu finden.«

»Nein, Sie verstehen mich nicht. Ich habe kein Geld, um eine Herberge bezahlen zu können.«

Nick hielt unwillkürlich den Atem an, als er sich diese neue Situation bewußt machte. Er sah Brianna bereits in seinen Armen – nackt und bereit für seine Zärtlichkeiten, weil er sie aus ihrer finanziellen Notlage errettet hatte. Er lächelte in sich hinein. Er allein würde ihr Beschützer sein, und im Gegenzug wäre sie bereit, sein Bett zu teilen. Dagegen konnte Roarke absolut nichts einzuwenden haben.

Nick lächelte auf Brianna hinab. Mit der Fingerspitze fing er eine kristallklare Träne ein, die an ihren langen, dichten Wimpern hing. »Das ist überhaupt kein Problem, Mademoiselle. Wir sind doch Freunde, oder etwa nicht?«

»Ich weiß nicht«, erwiderte Brianna. Sie war zu erschöpft, um sich über die plötzliche Großzügigkeit des Mannes oder seine Beweggründe zu wundern. Seit dem Einlaufen der *Black Angel* in der Gallows Bay befand sie sich in einem emotionalen Ausnahmezustand, und der laugte sie körperlich und seelisch aus.

»Lassen Sie mich Ihnen versichern, daß wir es sind. Und Freunde helfen einander in der Not.« Sein Lächeln intensivierte sich. »Ist das nicht so?«

Brianna nickte und erinnerte sich an die einzige Freundin, die sie je hatte. Neue Tränen stiegen in ihr hoch, als sie daran dachte, daß sie Rachel nie wiedersehen würde. Sie fehlte ihr bereits sehr.

»Für Tränen besteht kein Anlaß, Mademoiselle. Ich bin hier, um Ihnen zu helfen. Und nun kommen Sie. Wir werden uns ein hübsches kleines Gasthaus suchen und gemeinsam zu Abend essen.«

Zu müde, weiter mit ihm zu diskutieren, wo er doch Hilfe anbot, überließ Brianna Nick ihren Arm. Keiner von beiden bemerkte das tiefblaue Augenpaar, das sie beobachtete. Ebensowenig wie ihr zorniges Blitzen, als sie das Statia Inn betraten, eine kleine Herberge in Ufernähe. Die Aktivitäten ihrer Gäste waren nur allzu bekannt. Der Besitzer, ein früherer Pirat, praktizierte nicht nur Voodoo, sondern drückte auch beide Augen zu, wenn sich Pärchen hinter dem Rücken ihrer jeweiligen Ehepartner trafen oder Seeleute Prostituierte mit auf ihr Zimmer nahmen. So lange sie genügend Geld hatten und die anderen Gäste nicht belästigten, konnten sie tun, was ihnen beliebte. Für einen kleinen Aufpreis sorgte der Besitzer sogar für die Zufriedenheit seiner Gäste, indem er gewisse Kräuteressenzen in den Rum mischte, deren Wirkung er bei seinen Reisen über die Inseln kennengelernt hatte. Angeblich verminderten sie die Hemmungen möglicherweise unwilliger Partner.

Das Statia Inn ist kein Aufenthaltsort für eine anständige Frau, dachte Roarke, als er sah, wie Nick Brianna die Tür aufhielt. Er wartete nur wenige Minuten, dann folgte er ihnen und wählte einen Tisch in einer dunklen Ecke, wo er die beiden unauffällig beobachten konnte.

Kapitel 6

Dankbar trank Brianna das warme, süße Fruchtgetränk mit Rum. Nach ihrem anstrengenden Tag empfand sie es als köstlich und stärkend. Nick beobachtete sie über den Tisch hinweg, und ein befriedigtes Lächeln überzog seine gutgeschnittenen Lippen. Sein Blick flog über sie und nahm die leichte Röte ebenso wahr, die der Rum auf ihre blassen Wangen gezaubert hatte, wie das Funkeln in ihren goldgefleckten Augen. Mit Genugtuung sah er, wie der mit Kräutern angereicherte Alkohol die Strapazen des Tages von ihr nahm. Nick sog ihren Liebreiz förmlich in sich ein. Vom ersten Augenblick an hatte er geahnt, daß sich hinter den verheerenden Auswirkungen des Sonnenbrandes eine wahre Schönheit verbarg. Jetzt stellte er befriedigt fest, wie recht er gehabt hatte. Zwar ließ ihr Aussehen noch immer einiges zu wünschen übrig, so hätten ihre Haare dringend einer Wäsche bedurft, doch selbst das konnte ihre exquisite Schönheit vor den Augen eines Mannes nicht verbergen, der sich als Frauenkenner bezeichnete.

Innerlich mußte Nick über Roarkes Unfähigkeit den Kopf schütteln, das Mädchen richtig einzuschätzen. Alles, was ihr fehlte, um es mit den am meisten bewunderten Schönheiten Europas aufnehmen zu können, waren die entsprechende Kleidung und eine passende Frisur.

Sein Lächeln vertiefte sich, als er an den Freund dachte. Roarkes Blindheit gegenüber dem Mädchen war sein Vorteil.

Roarke würde ihm weder Vorhaltungen machen, wenn er erfuhr, daß er sie ins Statia Inn gebracht hatte, noch sich fragen, wie er es geschafft hatte, sie in sein Bett zu locken. Roarkes Einstellung zu Frauen würde ihn einfach annehmen lassen, das Mädchen sei Nick für seine Aufmerksamkeit so dankbar gewesen, daß sie sich ihm bereitwillig hingegeben hatte.

Nicks Blick fiel auf den Zinnkrug in Briannas Hand und verdüsterte sich. Er hätte es bevorzugt, das Mädchen ohne die Hilfe von Ole Harrys Gebräu auf sein Lager zu locken, doch die *Black Angel* mußte Proviant aufnehmen und beladen werden, um innerhalb einer Woche Segel zu setzen, und das ließ ihm nicht die Zeit, Miss Tarleton nach allen Regeln der Kunst zu verführen.

Leichte Gewissensbisse machten sich bemerkbar, aber Nick schüttelte sie entschlossen ab. Er war noch nie ein überzeugter Anhänger der Regeln gewesen, auf die Roarke offensichtlich so großen Wert legte. Es war unter Umständen nicht ganz richtig, das Unvermeidliche zu beschleunigen, aber er konnte nicht erkennen, welcher Schaden dadurch entstehen sollte. An seinem Charme, seinen Überzeugungskünsten hegte er ebensowenig Zweifel wie an deren Wirkung auf Brianna. Früher oder später würde alles ohnehin so enden, wie er es geplant hatte. Und wie es aussah, würde sie schon heute nacht die Seine werden. Wenn er dann mit der *Black Angel* in See stach, hätte er sie längst in irgendeinem kleinen Haus untergebracht, in dem sie sehnsüchtig auf seine Heimkehr wartete.

»Fühlen Sie sich ein wenig besser? Jetzt, nachdem Sie etwas gegessen haben?« erkundigte er sich.

Sie lächelte ihn an, bevor sie einen weiteren Schluck nahm und den Krug dann auf dem Holztisch absetzte: »Mir geht es einfach wundervoll. Ich glaube nicht, mich seit meiner Abreise aus England so wohl gefühlt zu haben.«

»Was brachte zwei liebreizende Ladies denn auf den Einfall, auf den Inseln ein neues Leben beginnen zu wollen?« fragte Nick, neugierig auf das Mädchen, das schon bald sein Bett teilen würde.

Brianna lehnte sich auf ihrem Stuhl zurück und schüttelte den Kopf. Das behagliche Gefühl, das das Getränk in ihr verursachte, ließ sie nicht bedenken, welche Wirkung ihre Worte auf Nick haben könnten. »Ra … Sabrina und ich hörten, daß es hier leicht sein soll, Ehemänner zu finden, da es auf den Inseln nur wenige englische Ladies in heiratsfähigem Alter gibt.«

Nick schmunzelte in sich hinein. Er hatte sich bei diesem Mädchen ebensowenig geirrt wie bei allen Frauen in seiner Vergangenheit. Alle waren auf eine Heirat aus, um versorgt zu sein. Es tat ihm zwar leid, die reizende Brianna im Hinblick auf ihre künftige Beziehung enttäuschen zu müssen, aber er war zum Heiraten nun einmal nicht geschaffen. Damit mußte sie sich eben abfinden. Er würde dafür sorgen, daß es ihr an nichts fehlte – mit Ausnahme der vor einem Priester gesprochenen Treueschwüre. Und solange sie ihn glücklich machte, würde sie nichts entbehren. Er würde sie genauso behandeln wie Roarke Roselee.

»Für diese Entscheidung bin ich sehr dankbar«, erklärte Nick und schenkte ihr sein bezauberndstes Lächeln. »Und Sabrinas Heirat mit George beweist, daß Sie richtig gehandelt haben. Sie hat einen Ehemann gefunden, bevor sie noch einen Fuß auf die Inseln setzte.«

Eine Woge der Einsamkeit überkam Brianna und trübte das lebhafte Blitzen in ihren samtbraunen Augen. Sie griff nach dem Zinnkrug und leerte ihn in der Hoffnung, daß das Getränk das Gefühl des Alleinseins in ihr vertrieb. Ihre Schultern sanken herab, und sie sah auf den Krug, den sie mit beiden Händen umklammert hielt. »Ich hoffe sehr, daß sie miteinander glücklich werden.«

»Ich bin davon überzeugt, daß der gute George nach besten Kräften dafür sorgen wird. Ganz gleich, was ich ihm in der Vergangenheit auch vorwerfen konnte, im Grunde seines Herzens ist er ein guter Mann.«

Brianna blickte wieder zu Nick hinüber und lächelte dankbar. »Das wollte ich hören. Es überzeugt mich davon, daß Sabrina die richtige Entscheidung getroffen hat. Jetzt muß ich nur noch dafür sorgen, auch mein Leben in Ordnung zu bringen.«

Nick streckte die Hand aus, umfaßte zärtlich Briannas Finger und drückte sie leicht. »Ich bin sicher, daß Ihnen das mühelos gelingt. Sie sind viel zu schön, um sich irgendwelche Sorgen machen zu müssen.«

Peinlich berührt hob Brianna eine Hand und strich sich die wilde Lockenmähne zurück. Tiefe Röte stieg ihr in die Wangen. Sie war verlegen, sich wie ein Stück Strandgut in der Öffentlichkeit zu zeigen. »Es ist sehr liebenswürdig von Ihnen, das zu sagen, aber ich weiß selbst, wie schrecklich ich aussehe. Seit wir von Ihnen aus dem Meer gefischt wurden, habe ich nur wenig für mein Äußeres getan. Ich brauche dringend ein warmes Bad und ein Stück Seife, um mich von den Wochen auf See zu reinigen.«

»Das sollen Sie bekommen«, erwiderte Nick eifrig und stand auf. So würde seine Nacht mit Brianna noch sehr viel angenehmer sein. »Ich werde unverzüglich dafür sorgen. Und wenn Sie fertig sind, müssen Sie mir gestatten, Sie zu bewundern.«

Benommen nickte Brianna. Nach allem, was er für sie getan hatte, sah sie nichts Unschickliches in seiner Bitte. Die Kräuter in ihrem Rum hatten sie so umfassend entspannt, daß sie nicht einmal einen Hauch von Mißtrauen gegenüber seinen Motiven verspürte.

»Dann ist es also abgemacht. Sie bekommen Ihr Bad, und wenn Sie damit fertig sind, bringe ich Ihnen einen hübschen, warmen Rum hinauf, um die Schönheit zu feiern, die aus England gekommen ist.«

Getreu seinen Worten begleitete Nick sie wenige Minuten später die Treppe zu dem Zimmer hinauf, das er für sie gemietet hatte. Vor dem kleinen Kamin stand ein großer runder Badebottich, dessen Holzplanken mit Messingreifen zusammengehalten wurden. Daneben lagen auf einem Stuhl ein flauschiges Handtuch und ein Stück duftende Seife. Durch die hohen, offenstehenden Türen, die auf einen Balkon mit Blick auf den Strand hinausführten, drang das Licht des Vollmonds ins Zimmer. Ein paar hohe Palmen wogten vor dem dunklen Himmel im Rhythmus der warmen Brise, die über das Meer heranwehte. Das Rauschen der Brandung übertönte die Geräusche aus dem Schankraum und verwandelte das gemietete Zimmer in ein kleines Refugium der Behaglichkeit.

Der Anblick der Badewanne mit heißem Wasser weckte in Brianna das Gefühl, fast so etwas wie eine Märchenprinzessin zu sein. Mit vor Freude leuchtendem Gesicht wandte sie sich an Nick. »O Nick, ich danke Ihnen«, sagte sie und warf überschwenglich die Arme um seinen Hals. »Ich danke Ihnen sehr.«

Nick hob ihr Kinn an und hauchte ihr mit leichten Lippen einen Kuß auf die Braue, bevor er ihre Hände von seinem Nacken löste und sie ein Stück weit von sich entfernt hielt. »Wie ich schon sagte, *ma chérie,* dafür sind Freunde schließlich da. Nun genießen Sie Ihr Bad, während ich mir unten ein Pfeifchen schmecken lasse.«

Brianna bezweifelte seine gutmütige Freundlichkeit mit keinem Gedanken. Sobald sich die Tür hinter dem gutaussehenden Franzosen geschlossen hatte, schlüpfte sie schnell aus ihren Kleidern und stieg in den dampfenden Bottich. Sie sank in das warme Wasser und genoß jeden Tropfen, der ihre Haut berührte. Mit geschlossenen Augen lehnte sie sich gegen das glatte Holz und ließ sich von Rum und warmem Wasser die erschöpften Muskeln entspannen.

Erst als sich das Wasser abzukühlen begann, wusch sie sich mit der angenehm duftenden Seife, bis ihre Haut rosig erschimmerte.

Zuletzt kamen ihre Haare an die Reihe, und fast übermütig tauchte sie den Kopf ein, bevor sie die Masse dunkler Locken einseifte, bis sie weiß aufschäumten. Sie massierte sich die Kopfhaut, bis sie prickelte, und spülte die Seife dann wieder aus den Haaren. Schließlich fielen ihr die sauberen, nassen Strähnen wie schimmernde Seide über die Schultern.

Wie Aphrodite erhob sie sich aus dem Wasser. Ihr schlanker junger Körper erglänzte im goldenen Lampenlicht. Brianna griff nach dem Handtuch und rieb sich mit schnellen, kräftigen Bewegungen trocken. Damit beseitigte sie auch die letzten Reste trockener, sonnenverbrannter Haut und brachte den milchweißen Farbton ihres makellosen Teints zum Vorschein.

Nackt entstieg sie der Wanne und trat an die geöffnete Balkontür. Fast träge ließ sie sich inmitten des Mondlichts auf dem Teppich nieder und trocknete sich die langen Haare. Sie streckte die Arme hoch über den Kopf, krümmte den Rücken wie eine zufriedene Katze und gab sich dem Augenblick hin, genoß das Gefühl von Freiheit, das ihr der Mondschein und ihre Nacktheit vermittelten.

Sich völlig unbewußt, daß ihr ungehemmtes Verhalten eine Folge des Rums war, seufzte sie halblaut auf, als sie sich schließlich in die Wirklichkeit zurückzwang und aufstand. Sie lief zu dem kleinen Ankleidetisch hinüber, wo sie einen Kamm und eine Bürste vorfand. Sie kämmte und bürstete ihre Locken, bis sie ihr in sanften Wellen über die Schultern auf die Hüften fielen. Überzeugt, für ihr Aussehen nichts mehr tun zu können, zog sie sich wieder an und wartete auf Nicks Erscheinen. Sie brauchte nicht lange zu warten. Kaum hatte sie die nackten Füße unter sich auf den Stuhl gezogen, klopfte es auch schon an die Tür.

Nachdem sie ihn zum Eintreten aufgefordert hatte, betrat Nick mit zwei gefüllten Zinnkrügen das Zimmer. Briannas Anblick ließ ihn abrupt verharren. Seine dunklen Augen flogen anerkennend über sie hin, nahmen jeden Quadratzentimeter ihrer Erscheinung in sich auf – von den winzigen Zehen bis zur schimmernden Wolke ihrer seidenen Haare. Ein strahlendes Lächeln breitete sich auf seinen Zügen aus. »Ich hatte gedacht, Sie könnten liebreizender gar nicht werden, Miss Tarleton, aber Sie haben mich eines Besseren belehrt. Ihr Anblick macht selbst den Mond und die Sterne neidisch.«

Wieder erglühten Briannas Wangen unter Nicks Schmeicheleien. »Ich habe Ihnen für meine Verwandlung zu danken, Sir. Sie werden nie ermessen können, wie dankbar ich Ihnen bin. Bis heute wußte ich gar nicht, wie sehr mir Bäder und Seife gefehlt haben. Ich komme mir vor wie ein ganz neuer Mensch. Und ich weiß nicht, wie ich Ihnen entgelten soll, was Sie für mich getan haben.«

Ich weiß sehr wohl, auf welche Weise du dich mir erkenntlich zeigen kannst, Brianna, dachte Nick. Aber laut sagte er: »Dann lassen Sie uns Ihre Erneuerung gebührend feiern.« Er reichte Brianna einen Krug und hob den anderen zu einem Trinkspruch an die Lippen. »Auf die neue Brianna Tarleton. Möge ihre Schönheit immer so strahlend leuchten wie heute abend. Und möge ich stets der dankbare Nutznießer sein.«

Leicht verwirrt über seine letzten Worte, hob Brianna ihren Krug, um seinen Toast zu erwidern. Das warme, aromatische Gebräu rann ihr höchst angenehm durch die Kehle und in ihren Magen. Seine Wärme schien sich in ihren Adern auszubreiten und verursachte in ihr ein merkwürdig leichtsinniges Gefühl. Sie setzte den leeren Krug ab und lächelte den gutaussehenden Mann an. Sie erschauerte unter den eigentümlichen Gedanken, die ihr durch den Kopf schossen. Nicks gutes Aussehen erinnerte sie an Roarke mit seinen unglaublich faszinierenden Augen und seinen verhängnisvollen Küssen. Und sie erinnerte sich an die Liebkosung, die sie bis ins Innerste erschüttert hatte.

Brianna befeuchtete sich die trockenen Lippen und fragte sich, warum ihr so merkwürdig war. Ihr Herz pochte wie wild, und ihre Haut begann zu kribbeln. »Nick, ich fürchte, nach den Aufregungen des heutigen Tages ist mir der Rum ein wenig zu Kopf gestiegen. Ich möchte Ihnen noch einmal für alles danken, was Sie für mich getan haben. Ich fürchte jedoch, ich muß Sie jetzt bitten zu gehen. Ich brauche Ruhe.« Wieder fuhr sich Brianna mit der Zungenspitze über die Lippen.

Mit einem Schritt stand Nick dicht vor ihr. In seinen dunklen Augen brannte ein wildes Feuer, als sich seine Arme um Brianna legten und sie an seinen harten, unnachgiebigen Körper zogen. Er drückte ihr einen Kuß auf die glänzenden Haare. »Aber du willst mich doch nicht etwa fortschicken?«

Verwirrt, aber nicht in der Lage, sich der Wärme seiner Umarmung zu entziehen, lehnte Brianna den Kopf an seine Brust. »Ich möchte Sie nicht fortschicken. Aber der Rum scheint eine schlimme Wirkung auf mich zu haben, und ich fürchte, Sie nicht angemessen unterhalten zu können.«

»Du wirst mich stets ganz wundervoll unterhalten, Brianna«, erklärte Nick mit vor Verlangen ganz heiserer Stimme.

Sich ihrer Handlungen völlig unbewußt, rieb Brianna ihre Wange am rauhen Stoffe von Nicks Hemd. Das Gefühl ließ sie leise aufstöhnen. Ihre Finger schlossen sich um Nicks Nacken, als eine neue, sehr viel intensivere Hitze in ihr aufzusteigen begann. »Nick, ich ... ich möchte ...«, murmelte sie fast seufzend.

Nick lächelte. »Ja, *ma petite.* Ich weiß sehr genau, was du möchtest.«

Wie angezogen von einem Magneten, lehnte sich Brianna an Nicks Körper. Dennoch schüttelte sie tapfer den Kopf, um die Lethargie abzuschütteln, die sie überfiel. »Ich weiß gar nicht, was mit mir ist«, hauchte sie und drückte sich unbewußt noch enger an Nick.

Erfahren liebkoste er ihren schmalen Rücken, streichelte auch den letzten Widerstand fort, der dort noch vorhanden sein mochte. »Keine Angst, *ma petite,* ich bin hier, um alle deine Wünsche zu erfüllen. Du brauchst sie nur zu äußern, und schon werden sie wahr«. Nicks Worte kamen langsam, leise, überzeugend. »Sag mir nur, was du dir wünschst, Brianna.«

Brianna fühlte sich wie entflammt. Das Herz klopfte ihr bis zum Hals, ihr Atem kam in kleinen, wilden Stößen. Sie spürte, daß sich die Hitze zwischen ihren Beinen konzentrierte, daß sie sie dazu zwang, sich an den Mann zu drängen, der sie in den Armen hielt. Die Vernunft versuchte, sich über den Alkohol durchzusetzen. Sie entzog sich Nick – nur, um festzustellen, daß sie einen Teil von sich bei ihm zurückließ. Mit angstgeweiteten Augen blickte sie zu ihm auf. »Was ist nur mit mir los, Nick? Bin ich krank?«

»Du hast nichts, was ich nicht kurieren könnte, Brianna. Und nun komm her, Süße, und laß dich von mir heilen.«

Als stünde sie neben sich, sah Brianna, daß sie in Nicks Arme zurückglitt. Gehorsam hob sie den Kopf seinem Kuß entgegen und klammerte sich an ihn. Ihr Verstand sagte ihr, daß es nicht richtig war, was sie tat, aber ihr Körper weigerte sich, auf ihren Verstand zu hören. Er reagierte auf ihre Sehnsucht, Nicks Hände und Lippen auf sich zu spüren. Und sie erschauerte vor Verlangen, als Nick sie auf die Arme hob und zum Bett trug. Seine weißen Zähne blitzten, als er sich triumphierend lächelnd über sie beugte. Lange Zeit sah er sie nur an und beobachtete, wie ihre Erregung zunahm, bevor er langsam begann, seine Stiefel auszuziehen.

Hilflos sah ihm Brianna zu. Hin- und hergerissen zwischen dem Gefühl, den Ereignissen sofort Einhalt gebieten, aber sterben zu müssen, wenn sie das tat, schüttelte sie wild den Kopf und streckte ihm gleichzeitig verlangend die Arme entgegen. Ihre Hüften bewegten sich wider Willen, lockten ihn an sich heran. Ihre Brüste fühlten sich voll und schmerzend an.

»Oh, süße Brianna. Roarke wird nie erfahren, was ihm entgeht.«

Wieder tauchte Roarkes Bild vor Brianna auf. Sie schloß die Augen und sehnte sich so intensiv nach dem Kapitän der *Black Angel,* daß es weh tat. »Roarke, Roarke«, murmelte sie, als Nick sich über sie beugte. Sie schloß ihre Hände um seinen kräftigen Nacken und fügte hinzu: »Ich brauche dich.«

»Verdammt«, fluchte Nick. Sie hielt ihn offensichtlich für Roarke. Ihm war, als wäre ein Eimer eiskaltes Wasser über ihm ausgeschüttet worden. Sein Verlangen schwand rapide und endgültig. Er zog sich von Brianna genau in dem Moment zurück, als die Tür des Zimmers von einer kräftigen Schulter aufgedrückt wurde.

Mit wutverzerrtem Gesicht sah Roarke von Nick zu dem Mädchen auf dem Bett, dann zu seinem Freund zurück. »Was zum Teufel geht hier vor?«

Die Ironie der Situation brachte Nick zum Schmunzeln. Das Mädchen hielt ihn für Roarke, während Roarke annahm, es vergnüge sich mit Nick, und Nick sich sehnlichst wünschte, mit irgendeiner anderen zusammenzusein. »Welchen Eindruck hast du denn, *mon ami*?«

Roarkes wütender Blick flog erneut zu Brianna. Ihre glasigen Augen entgingen ihm nicht, als sie sich mühsam aufsetzte und ihn anstarrte. Ihre dichten Wimpern senkten sich, bevor sie die Lider wieder aufriß und versuchte, sich auf ihn zu konzentrieren. »Was hast du ihr gegeben?«

Nick zuckte mit den Schultern. »Wir haben zu Abend gegessen und dann etwas getrunken. Mehr nicht.«

»Ich habe genau bemerkt, was ihr unten zu euch genommen habt. Das erklärt keineswegs den berauschten Ausdruck in ihren Augen.«

Wieder hob Nick nonchalant die Schultern. Er stand auf. »Ist es meine Schuld, wenn das Mädchen keinen Rum verträgt?«

»Verdammt noch mal, Nick! Du weißt, wie ich über derartige Dinge denke. George hat mich über Ole Harrys Mixturen informiert. Wie weit hast du es getrieben?«

Nicks Gesicht verdüsterte sich vor Verärgerung. Sein Stolz war bereits durch Briannas Ruf nach Roarke schwer angeschlagen. »Von meiner Seite aus nicht weit genug. Es will mir scheinen, als hätte das Mädchen eine Schwäche für dich, lieber Freund. Und ich bin kein Mann, der sich nach der Liebe einer Frau reißt, die ihn für einen anderen hält.« Nicks Mund lächelte, aber seine Augen blickten kühl. »Ich glaube, das ist der einzige Grund, der mich davon abhalten kann, eine Frau zu lieben.«

»Du hast großes Glück gehabt, Nick. Ich liebe dich wie einen Bruder, aber wenn du diesem Mädchen Gewalt angetan hättest, hätte ich dich töten müssen.«

»Verdammt noch mal, Roarke!« zischte Nick. »Was ich abseits der *Black Angel* mache, geht dich nichts an.«

»Wenn du ein Mädchen betäubst, um es ins Bett zu bekommen, dann doch«, widersprach Roarke mit unheildrohender Stimme. »Du kennst meine Einstellung in diesem Punkt.«

»Ich kenne deine Einstellung, verstehe sie aber nicht. Du würdest also einen Mann wegen einer kleinen Schlampe töten, die nur deshalb hergekommen ist, um einen Mann zu finden, der sie versorgt?«

»Falls nötig, schon. Du kannst mit jeder Frau ins Bett gehen, die dazu bereit ist. Aber ...« Roarke warf einen bezeichnenden Blick auf das Mädchen auf dem Bett. »Aber ich bezweifle ernsthaft, daß Brianna mir dir ins Bett gegangen wäre, wenn du sie nicht betäubt hättest.«

»Aber du hättest sie zu gern in deinem Bett, stimmt's nicht, *mon ami*?« fauchte Nick erregt und schloß seinen Hosengürtel.

»Ich habe Roselee.«

»Und ich kann jede Hure an den Docks haben, aber das ändert gar nichts. Du willst das Mädchen ebensosehr wie ich, aber das willst du nicht zugeben.«

»Was ich will oder nicht will, gehört nicht zur Sache.«

»Und warum bist du uns dann gefolgt und hast die Tür aufgebrochen, um sie aus meinen Klauen zu retten?«

»Ich wollte dich nicht kielholen lassen müssen, alter Freund. Das hätte dein Aussehen so wenig verbessert wie dein Ansehen bei den Ladies.«

Nick schüttelte den Kopf. »Du kannst es bestreiten, sooft du willst. Aber du willst sie ebenso wie sie dich. Und verdammt noch mal«, explodierte er unvermittelt, »ich werde mir jetzt eine Frau suchen, die meine Aufmerksamkeiten zu schätzen weiß, ohne mich bei deinem Namen zu nennen.«

Damit stürmte Nick aus dem Zimmer und ließ Brianna zutiefst betroffen über den Streit zurück, der zwischen den beiden Männern losgebrochen war. Sie krümmte sich am Kopfende des Bettes zusammen und starrte Roarke an.

Er wollte die Tür schließen, aber sie ging wieder auf. Wütend trat er sie zu. Er griff sich einen Stuhl, der in der Ecke des Zimmers stand und schob die Lehne unter den zerbrochenen Riegel. Dann wandte er sich wieder dem Bett zu. »Sie scheinen ein ausgesprochenes Geschick zu haben, sich in Schwierigkeiten zu bringen, Miss Tarleton. Erneut habe ich Sie am Hals und weiß nicht, was ich mit Ihnen tun soll.«

Viel zu berauscht, um die Situation voll zu begreifen, blickte Brianna zu Roarke auf. Sie sah nur den Mann, von dem sie sich wünschte berührt zu werden. Alles war so schnell geschehen, daß ihr benommener Verstand Nicks Abwesenheit nur noch wie einen fernen Traum wahrnahm. Sie fuhr sich mit der Zunge über die Lippen und lächelte zögernd Roarke an. »Ich begreife das alles nicht.« Und so war es. Der Rum ließ Gesichter, Umgebung und Ereignisse zu einem verwirrenden Nebel zusammenlaufen. Im Augenblick war nur eins real: das Verlangen in ihren Adern.

Roarke nickte und fuhr sich fast verzweifelt mit den Fingern durch die Haare. Er wußte aufrichtig nicht, was er mit Brianna tun sollte, ohne sich selbst in noch größere Schwierigkeiten zu bringen. Er könnte sie mit nach Hause nehmen, doch das würde einen weiteren Anfall von Roselees Eifersucht provozieren. Seit sie wußte, daß das Mädchen seine Kabine geteilt hatte, war Roselee ausgesprochen schlechter Stimmung gewesen, und das zerrte beträchtlich an seinen Nerven. Im Grunde war es ihm gleichgültig, was Roselee dachte, aber er war heute abend einfach nicht in der Stimmung, sich noch einmal mit ihr auseinanderzusetzen. Seit die *Black Angel* angedockt hatte, war er kaum einen Moment zur Ruhe gekommen, und das setzte ihm zu.

Roarke sah nachdenklich zu Brianna hinüber. Er konnte sie nicht mitnehmen, er konnte sie aber auch nicht einfach hier allein zurücklassen. In ihrem augenblicklichen Zustand würde sie allen Gästen der Schenke zu Willen sein, bevor die Wirkung der Drogen nachließ.

»Verdammt«, murrte er und wandte sich dem Balkon zu. Er brauchte dringend frische Luft, um klarer denken zu können.

Brianna verließ das Bett und lief auf nackten Füßen zu Roarke hinüber. Getrieben von dem unbändigen Verlangen, das die Kräuter in ihr erweckt hatten, schlang sie die Arme um seine Taille und drückte ihre Wange an seinen breiten Rücken. Sie spürte, wie er sich verspannte, reagierte aber nicht darauf. Das Gefühl, ihn zu spüren, war wie Balsam auf eine offene Wunde. Es stillte eine Sehnsucht in ihr, ließ gleichzeitig aber wildes, leidenschaftliches Verlangen durch ihren Körper schießen wie geschmolzene Lava, und erschauernd drängte sie sich enger an Roarke.

Er griff nach ihren Händen und löste sie von sich. Im selben Moment wandte er ihr das Gesicht zu. Er hielt sie auf Armeslänge von sich fort, sah ihr in das von Leidenschaft aufgewühlte Gesicht und machte sich zum ersten Mal bewußt, daß er viel zu erregt gewesen war, um die Veränderung zu bemerken, die seit dem Nachmittag mit ihr vorgegangen war. Roarkes tiefblaue Augen wurden dunkel wie die Nacht. Er nahm jedes Detail ihrer Züge in sich auf. Alle Muskeln seines Körpers spannten sich an, und er mußte hart schlucken, als er sah, was Nick ihm begreiflich zu machen versucht hatte. Das Mädchen war eine echte Schönheit. Er räusperte sich. »Verdammt, Brianna. Beherrschen Sie sich. Oder ist Ihnen jeder Mann recht, solange Sie nur Ihre Lust befriedigen?«

Energisch entriß Brianna eine Hand aus Roarkes Griff. Bevor es ihm gelang, sie wieder zu ergreifen, hob sie den Arm und strich ihm zärtlich über die Wange. Sie sah ihm in die nachtdunklen Augen. »Ich weiß wirklich nicht, was mit mir los ist. Ich weiß nur, daß ich mich danach sehne, von Ihnen in die Arme genommen zu werden.« Sie machte eine kleine Pause und flüsterte dann sinnlich: »Bitte.«

Roarke atmete sehr lange und sehr tief durch. Er schüttelte den Kopf, streckte aber gleichzeitig die Arme nach Brianna aus. Ihm war bewußt, daß sie keine Ahnung hatte, warum sie auf diese Weise auf ihn reagierte. Sie wußte nicht, daß Nicks Liebestrank ihre Sexualität stimuliert und Verlangen nach der Umarmung eines Mannes in ihr geweckt hatte. Und im Augenblick war er zur Hand.

Zum Glück für die Kleine verstand er, was in ihr vorging. Und er würde dafür sorgen, daß niemand die Situation ausnutzte, die Nick verursacht hatte.

Roarke runzelte die Stirn. Zum Teufel mit Nick. Er sollte es wirklich besser wissen. Das bedauerliche war, daß der Mann es gar nicht nötig hatte, zu derartigen Mitteln zu greifen. Er konnte jede Frau in sein Bett bekommen, die er wollte – nun ja, fast jede.

Unbewußt verstärkte Roarke den Druck seiner Arme um das Mädchen, das sich an ihn schmiegte. Brianna hätte seinen Namen genannt, hatte Nick gesagt. Nur das hatte sie vor Nicks Zudringlichkeiten gerettet. Ebenso unbewußt hob Roarke eine Hand und strich sanft über Briannas lange Haare. Ein winziges Lächeln überflog seine sinnlichen Lippen, als er über die Situation nachdachte. Da hatte Nick eine Frau schon fast unter sich gehabt, mußte dann aber erleben, daß sie ihn mit Roarkes Namen ansprach. Lächelnd drückte Roarke seinen Mund auf Briannas dunkle Locken. Das mußte wirklich ernüchternd für den Freund gewesen sein. Roarke mußte schmunzeln. So verzweifelt die Lage im Moment auch sein mochte, eine Spur Humor konnte er ihr nicht absprechen.

Brianna begann sich zu rühren und erregte damit erneut die Gefühle, die er bereits zweimal an Bord der *Black Angel* für sie empfunden hatte. Sein Lächeln verblich, als er das Feuer in seinen Lenden spürte. Er holte tief Luft und bemühte sich, sein aufsteigendes Verlangen zu verdrängen.

»Verflucht«, murmelte Roarke in sich hinein. Er war kein Schuft. Das Mädchen wußte nicht, was es tat, und wenn er es in seinem augenblicklichen Zustand nahm, würde sich das von einer Vergewaltigung kaum unterscheiden.

»Brianna«, sagte er laut. »Sehen Sie mich an.«

Brianna gehorchte. Sie hätte alles getan, was dieser Mann ihr befahl.

»Sie müssen jetzt zu Bett gehen und schlafen. Sie wissen offenbar nicht, daß Sie sich so verhalten, weil Ihnen Nick etwas in Ihren Rum getan hat.«

Seine Worte ignorierend, drängte sie sich noch enger an ihn und sagte: »Ich möchte aber nicht schlafen. Ich möchte …« Brianna brach ab und suchte mit gerunzelter Stirn nach den richtigen Worten für das, was sie von Roarke wollte. Sie wußte, daß sie von ihm berührt werden wollte, aber irgendwo tief innerlich sehnte sie sich nach mehr, nach sehr viel mehr.

»Sie wissen nicht, was Sie wollen. Also tun Sie, was ich gesagt habe. Gehen Sie jetzt zu Bett und versuchen Sie zu schlafen.« Roarke löste ihre Umklammerung und drehte sie um. Mit einem kleinen Stoß schob er sie Richtung Bett.

Doch vor dem Bett hielt Brianna inne und blickte über die Schulter hinweg auf den in Mondlicht gebadeten Mann. Ein seltsames Licht schimmerte in ihren goldgefleckten Augen auf, ein verführerisches Lächeln umspielte ihre Lippen, als sie langsam ihr Kleid aufknöpfte. Mit einem sinnlichen Schwung ihrer Hüften ließ sie es auf den Boden gleiten. Zögernd, aber mit geschmeidiger Grazie stieg sie ins Bett und unternahm gar keinen Versuch, ihre Nacktheit vor Roarkes Blicken zu verbergen.

Roarke stöhnte unterdrückt auf und nahm sich vor, Nick Sebastain bei der nächsten Gelegenheit mit bloßen Händen dafür zu erwürgen, daß er ihn einer solchen Folter aussetzte. Briannas Körper lockte ihn, rief alle seine männlichen Instinkte wach, zu ihr zu gehen und seine Lust zu stillen. Er biß die Zähne zusammen und kämpfte gegen das Verlangen seines Körpers an. Dennoch konnte er sich nicht dazu bringen, die Augen von ihr zu wenden. Gegen seinen Willen nahm er jede Einzelheit ihrer anmutigen Gestalt in sich auf. Ihre Schönheit schlug ihn in ihren Bann, Stöße der Leidenschaft durchzuckten sein Inneres. Er öffnete den Mund, atmete tief durch – unfähig, sich abzuwenden und gleichzeitig dagegen ankämpfend, die wenigen Schritte auf die Frau zuzustürzen, die da auf dem Bett lag und ihn aus schläfrigen Augen beobachtete. Die dichten Wimpern verbargen den Ausdruck in den samtenen Tiefen ihrer Augen, aber ihre leicht geöffneten, feuchten Lippen weckten in ihm das wilde Sehnen, ihre köstliche Süße zu kosten. Sein Herz klopfte ihm in den Ohren, Stromstöße durchfuhren jeden seiner Muskeln, jede Sehne und ließen seinen Körper vor Leidenschaft erbeben.

»Decken Sie sich zu, Brianna«, befahl Roarke rauh.

Anstatt seiner Anordnung zu folgen, drehte sie sich zur Seite und gewährte ihm einen vollen Blick auf die sanften Hügel ihrer jungen Brüste. Roarkes Augen saugten sich an den zarten, korallenfarbenen Spitzen fest. Sie schienen sich unter der Liebkosung seines verlangenden Blicks zu erhärten. Der Mund wurde ihm trocken und unwillkürlich fuhr er sich mit der Zunge über die Lippen.

Verzweifelt versuchte er, seine Augen von ihr loszureißen, aber sie gehorchten ihm nicht. Statt dessen wanderten sie über ihre Brüste hinunter zum flachen Bauch, den sanftgerundeten Schenkeln und dem dunklen, seidigen Wald, der das Tal bedeckte, das er erkunden wollte.

Roarke brauchte seine ganze Willenskraft, seinen Blick von diesen Verlockungen loszureißen und wieder auf ihr Gesicht zu richten. Er schluckte und mußte sich erneut räuspern. Seine Worte klangen wie eine Bitte, ein verzweifeltes Flehen, während er den Grund vergaß, aus dem sie sich ihm gegenüber so verhielt. »Bitte, Brianna, tun Sie so etwas nicht. Das kann kein Mann ertragen.«

Briannas Lippen verzogen sich zu einem kleinen Lächeln – so verführerisch, so provokant, daß nur ein Mann aus Eisen seiner Faszination hätte widerstehen können. Sie hob die Hand und krümmte einen Finger, winkte ihn zu sich.

Sein Blut begann zu kochen, Feuerstöße explodierten in ihm und setzten ihn in Flammen, bis er die Folter nicht mehr ertragen konnte. Roarke machte einen Schritt, dann einen zweiten, unausweichlichen, auf das Bett zu. Er blieb stehen und sah auf die lächelnde Frau hinunter. »Morgen früh werde ich mich dafür verabscheuen.«

Vor Verlangen brennend, streckte ihm Brianna beide Armen entgegen. »Roarke«, flüsterte sie, »ich brauche dich.«

Roarke beugte sich über Brianna. Alle Widerstandskraft hatte ihn verlassen. Das Verlangen seines Körpers siegte über jede Vernunft. Seine Worte waren kaum zu verstehen, als er sein Gesicht an der sanften Kurve ihres Halses verbarg und sich der Leidenschaft ergab, die ihn durchpulste. Seine Stimme spiegelte die Heftigkeit seines – verlorenen – Kampfes wider, als er flüsterte: »Und ich brauche dich.«

Tief atmete Roarke ihren frischen, betörenden Duft ein und erzitterte unter der Macht der Empfindungen, die allein ihre Ausstrahlung in ihm weckte. Er liebkoste die warme, weiche Haut an ihrem Schlüsselbein und nahm dieses köstliche Gefühl mit jeder Faser in sich auf, bevor er weiterwanderte zu den Lippen, die er nur einmal geküßt hatte, seither aber nicht mehr vergessen konnte.

Brianna klammerte sich an Roarkes breite Schultern, drückte ihre Brüste gegen seinen Oberkörper und genoß das Gefühl, das der weiche Stoff seines Hemdes auf ihren empfindlichen Brustwarzen hinterließ. Sie öffnete den Mund, um seine Zunge willkommen zu heißen. Sie kostete, schmeckte und ließ sich auf ein erotisches Spiel mit der Invasorin ein, als diese weiter vorstieß und sich wieder zurückzog, um die intimeren Bewegungen der Liebe zu imitieren. Scharf sog sie den Atem ein, als Roarkes Hand ihre Brust umfaßte und sie zärtlich zu massieren begann.

Fast wollüstig stöhnte Brianna auf und begann, sich ruhelos zu bewegen. Sie sehnte sich danach, seine Haut an ihrer eigenen zu spüren. Nur an ihr Verlangen denkend, riß sie an der Verschnürung seines weißen Hemdes, bis die Muskeln seines Oberkörpers vor ihr lagen. Sie drückte die Handfläche dagegen und spürte den raschen Schlag seines Herzens, bevor sie ihre Finger in die lockigen Haare krallte, die den gebräunten Torso bedeckten. Zutiefst frustriert darüber, daß reine Berührung das Feuer in ihr nicht zum Abklingen brachte, stöhnte sie erneut und begann an seiner Taille zu zupfen.

Heiser auflachend stützte sich Roarke auf die Ellbogen und blickte in Briannas angespanntes Gesicht. Sein Lächeln vertiefte sich. »So begierig, Liebes?«

Die Gründe für Briannas Verhalten ignorierend, setzte sich Roarke auf und streifte sich das Hemd über den Kopf. Er schleuderte es auf den Boden. Dann entledigte er sich seiner Schuhe, Strümpfe und Hosen. Er wandte sich wieder Brianna zu und sah, daß sie ihr erster Anblick eines nackten Mannes lächeln ließ. Sie nahm seinen perfekt geformten Körper mit jedem Detail in sich auf und fragte sich, warum ein solches Wunder an Schönheit eigentlich unter Kleiderschichten verborgen wurde. Mutig streckte sie den Arm aus und legte ihm die Hand auf die Schulter. Erschauernd spürte sie die reine Kraft, die unter der glatten Oberfläche seiner Haut lag.

Ermutigt durch seine Hinnahme ihrer Berührung und fasziniert von seinem männlichen Körper, fuhr ihre Hand langsam über seine Brust und spürte die harten Sehnen seines Brustkorbs und seines Bauchs. Sein kräftiger Körper wirkte wie in Bronze gegossen. Das Lampenlicht spiegelte sich auf seiner Haut wider und betonte seine breiten Schultern, die schmalen Hüften. Dunkle Haare bedeckten seine langen, muskulösen Beine. Seine Hüften und Schenkel, gestählt von jahrelanger Arbeit, schienen vor Kraft nahezu zu bersten.

Ohne jede Scham musterte Brianna Roarke, bis ihr Blick an seinen Lenden innehielt. Ein lockiger dunkler Haarpelz umgab die Wurzel seines steifen Penis. Ihre Augen wurden ganz groß. Der Schock, erstmals ein erregtes männliches Glied zu sehen, kühlte ihre Leidenschaft vorübergehend ab. Sie schluckte nervös und sah Roarke in die Augen. Er lächelte sie an.

Roarke hob eine Braue und umfaßte zärtlich ihre Brust. Sanft strich sein Daumen über ihre Brustwarze. »Ich hoffe, du siehst nichts, was dir mißfällt.«

Allein die Berührung durch Roarkes Hand verdrängte alle Bedenken, die Brianna unter Umständen gehabt hatte. Sie schüttelte lächelnd den Kopf und drängte sich sehnsüchtig an ihn. »Es mißfällt mir ganz und gar nicht«, hauchte sie heiser.

Roarke stöhnte befriedigt auf und beugte sich dem Mund entgegen, der ihm verlangend entgegengestreckt wurde. Er drückte Brianna auf das Bett hinunter. Die Zeit für Spiele war vorüber.

Heiße Sinnlichkeit überwältigte Brianna, als ihre Hände über Roarkes Rücken zu seinen Hüften wanderten. Seine Haut fühlte sich an wie Seide. Unter Roarkes drängender Hand öffneten sich ihre Beine, und sie gestattete ihm, sie dort zu berühren, wo sie noch kein Mann berührt hatte. Instinktiv begannen sich ihre Hüften in dem Rhythmus zu bewegen, den seine zärtlichen Finger bestimmten. Und als seine Hand herausglitt, um sanft über ihre Hüften zu streicheln, empfand sie plötzlich ein nahezu unerträgliches Gefühl von Verlust.

Als erfahrener Liebhaber vergaß Roarke über der eigenen Lust die seiner Partnerin nicht. Er streichelte, liebkoste und erregte, bis er selbst vor Verlangen zu vergehen glaubte. Den Augenblick auskostend, bevor er ihre Vereinigung endgültig vollzog, stützte sich Roarke auf die Ellbogen und sah auf Brianna hinunter. Seine Augen suchten ihren Blick, suchten die Antwort auf seine unausgesprochene Frage. Er lächelte. In den braunen Tiefen sah er ein Verlangen, das seinem entsprach. Er senkte den Kopf, fing ihren Mund mit seinen Lippen ein und begann, ihre gemeinsame Sehnsucht zu stillen.

Langsam bewegte er die Hüften, sein Glied berührte fast qualvoll zögernd das glühende Dreieck ihrer Scham.

Diese sanfte Berührung schickte glühende Blitze durch jeden Zentimeter von Briannas Körper. Sie rang nach Atem und hob Roarke instinktiv ihre Hüften entgegen, bot ihm ihre Unschuld dar.

Unfähig dazu, sein eigenes Verlangen länger zügeln zu können, drückte sich Roarke in sie hinein, durchdrang die feine Haut und versank in der warmen Weichheit ihres jungen Körpers. Brianna bäumte sich kurz unter ihm auf. Ein leiser Schmerzenslaut entrang sich ihren Lippen, und sie ließ seinen Mund los. Mit tränengefüllten Augen sah sie zu Roarke auf, schockiert über ihre erste, schmerzliche Erfahrung mit der Liebe.

Roarke erstarrte, wollte nicht glauben, was er da gerade eben gespürt hatte. Er blickte auf die junge Frau hinunter und merkte, daß seine Lust rapide abnahm. Das Mädchen war unberührt gewesen! Roarke schloß die Augen und holte tief Luft, während er zu verdrängen suchte, was er gerade getan hatte. Wie konnte er nur so dumm gewesen sein, nicht von der Unschuld des Mädchens auszugehen? Auf der *Black Angel* hatte Brianna standhaft ihre Tugend verteidigt und ihm unmißverständlich erklärt, sie sei keine Hure. Aber immerhin bestand ein beträchtlicher Unterschied zwischen einer Hure und einer Jungfrau. Es gab auf der Welt viele Frauen, die zwar keine Huren waren, aber dennoch mit einem Mann geschlafen hatten.

Fast pfeifend entwich Roarkes Atem seinen Lungen, als er erneut auf Brianna hinabblickte. Er hatte ihr die Unschuld genommen und wünschte sich im Moment nichts sehnlicher, als möglichst weit weg zu sein. Doch da sah Roarke die Leidenschaft hinter den Tränen in den goldgefleckten Augen und wußte, wenn er sie jetzt – unbefriedigt – verließ, würde sie ihre Angst vor der körperlichen Liebe nie überwinden.

»Ich werde dir nicht mehr weh tun, Brianna, das verspreche ich«, flüsterte er ihr heiser zu und spürte, wie sich auch in ihm das Verlangen wieder zu regen begann.

Die Drogen noch immer in den Adern, verwirrt durch den plötzlichen Schmerz und die glühende Hitze in ihr, die die Vereinigung mit dem männlichen Glied mit sich brachte, sowie erfüllt von dem Bedürfnis, diesem Mann zu vertrauen, ihm so zu vertrauen, wie sie noch keinem Menschen vertraut hatte, hauchte Brianna: »Ich weiß.«

Der vertrauensvolle Blick in Briannas Augen ließ Roarke innerlich erschauern. Das war eine völlig neue Erfahrung für ihn. Noch nie hatte ihm eine Frau das Gefühl vermittelt, so allmächtig und gleichzeitig so hilflos zu sein. Ein wildes Verlangen erfaßte ihn – das Verlangen, Brianna zu lieben, bis er jeden Gedanken an den überstandenen Schmerz auslöschte und sie vor Lust aufschrie.

Roarke nahm wieder Besitz von ihrem Mund, zärtlich zunächst, behutsam, tastend, verführerisch – bis er spürte, daß auch die letzte Spannung ihren Körper verließ. Ihre Schenkel drängten ihm entgegen, ihre Arme schlangen sich um seinen Nacken, während ihn ihre Zunge zu einem Duell herausforderte. Der Kuß wurde leidenschaftlicher, als sich Roarke mit langsamen Stößen zu bewegen begann. Ein Aufstöhnen tief in Briannas Kehle sagte ihm, daß ihr Schmerz vergessen und es Zeit war, sie in das Land zu führen, in dem geheimnisvolle Feuer das Fleisch in Flammen setzten, bis es sich in Ekstase entlud und Sterblichen das Gefühl vermittelte, unbezwingbar zu sein, Götter in ihrem eigenen Bereich.

Geleitet von dem Feuer, das in ihren Adern brannte, ergab sich Brianna dem Bedürfnis, mit dem Mann eins zu werden, der da in ihren Körper eingedrungen war. Sie legte die Beine um ihn, nahm ihn ganz tief in sich auf und spürte seine Berührung im Innersten ihrer Weiblichkeit. Sie schwelgte in diesem Gefühl und machte sich bewußt, daß Nick Sebastains

Aphrodisiakum nur noch wenig mit ihrer Reaktion auf Roarke zu tun hatte. Nach Jeremys Verrat hatte sie sich geschworen, nie wieder ihrem Herzen zu vertrauen. Doch dieser Schwur war unter Roarkes Zärtlichkeiten völlig belanglos geworden. Das Herz hämmerte ihr in der Brust, als sie im Strom der Elektrizität dahinglitt, der von ihrem Innersten ausging, sich in zuckenden Blitzen entlud und in ihren Gedanken nur noch Raum für den Mann in ihr ließ. Sie bewegte sich mit ihm im gleichen Rhythmus, schenkte ihm ihren Körper und ihr Herz. Für sie gab es weder Vergangenheit noch Zukunft. Es gab nur noch Roarke und sie in dieser neuen Welt, die er durch seine Liebe zu ihr geschaffen hatte.

Brianna spürte das Gefühl in dem Moment, in dem es in ihr entstand. Es begann als winziger Funke, der immer weiter um sich griff, bis er sie völlig überwältigte. Sie drängte sich Roarke entgegen und keuchte seinen Namen, als sich ihre Finger krampfhaft in seinen Rücken bohrten. Woge auf Woge wilder Lust durchfuhren sie, als sich Roarke aufbäumte und tief in sie eindrang. Seine weißen Zähne blitzten im Licht der Lampe, seine Züge verzerrten sich, und er ergoß seinen Samen in den warmen Hafen, der das Leben barg.

Roarke brach über Brianna zusammen und blieb in ihrer Umarmung, bis sein Herz wieder gleichmäßiger schlug. Unfähig, Worte für das zu finden, was sich gerade zwischen ihnen ereignet hatte, glitt er zur Seite, zog sie an sich und nahm sie fest in die Arme. Wenige Augenblicke später schliefen sie erfüllt und erschöpft ein.

Kapitel 7

Eine kühle Brise wehte vom Meer durch die offene Balkontür herein und brachte Brianna dazu, sich noch enger an Roarke zu schmiegen. Ihre Bewegung versetzte ihn in eine Art Halbschlaf. Daran gewöhnt, daß Roselee in seinem Bett schlief, schlang er die Arme um sie und zog sie an sich, ohne die Augen zu öffnen. Ein leiser Ruf des Entsetzens ließ ihn einen Moment später hellwach werden. Er öffnete die Lider und blickte verblüfft in ein Paar schockierter Augen, das ihn vom selben Kissen her anstarrte. Er blinzelte einige Male, aber Briannas Bild verschwand nicht. Schließlich drängte sich die Erinnerung an die vergangene Nacht vollends in sein Bewußtsein.

Bevor Roarke ein »Guten Morgen« über die Lippen bringen konnte, schoß Brianna kerzengerade in die Höhe und entzog ihm damit die Bettdecke. Sie starrte ihn an, als hätte er sich unvermittelt in eine Schlange verwandelt. »Was machen Sie denn hier?«

Roarke gähnte und streckte mit der sehnigen Grazie eines entspannten Panthers die Arme hoch über den Kopf. Er setzte sich auf, sah die überraschte Frau neben sich an und erklärte gelassen: »Wie es aussieht, habe ich bis eben geschlafen.«

Unwillkürlich wanderte Briannas Blick über Roarkes Körper. Ihre Wangen erglühten vor Scham, als sie sich bewußt machte, daß der Mann neben ihr bis auf einen Rest der

Bettdecke um die schmalen Hüften absolut nackt war. Sie richtete ihre Augen wieder auf sein Gesicht und mußte sich buchstäblich dazu zwingen, sie nicht wieder über die breiten Schultern abwärts gleiten zu lassen. Brianna schluckte hart und wollte gerade fragen, was zwischen ihnen genau vorgefallen war, als sich ihre Blicke trafen. Auch ihre Erinnerung setzte ein: Nick, der berauschende Rum, ihr Verlangen nach Roarke. Die Frage erstarb ihr auf den Lippen. Wieder mußte sie trocken schlucken. Ihr Atem kam ihr in kurzen, abgehackten Stößen über die Lippen, als sie eine zitternde Hand hob, um sie zu berühren. Ihre Augen wurden zu unergründlichen, goldgesprenkelten Tiefen, als sie sich genauer an das erinnerte, was sie getan hatte. Erneut versuchte Brianna zu sprechen, aber kein Laut kam ihr über die aschfahlen Lippen. Unfähig, Roarke anzusehen, senkte sie den Kopf, während Tränen ihre Augen füllten.

Roarke blickte auf ihren gesenkten Kopf und kam sich plötzlich wie ein Verbrecher vor. Sie wirkte wie ein zutiefst gekränktes und gedemütigtes Wesen. Und er war zum Teil dafür verantwortlich. Er fand keine Entschuldigung für sein Verhalten in der vergangenen Nacht. Er hatte die Unschuld des Mädchens schamlos ausgenutzt, obwohl er genau wußte, daß es unter dem Einfluß von Ole Harrys Liebestrank stand. Die ungewohnten Schuldgefühle behagten ihm gar nicht. Er schwang die Beine aus dem Bett, griff nach seinen Hosen und zog sie sich schnell über die Hüften.

»Verflucht«, murmelte er, angewidert von sich selbst, daß er sich von dem Mädchen um seine Beherrschung hatte bringen lassen. Roarke konnte Brianna nicht länger ansehen und wandte sich ab. Er trat auf den Balkon hinaus, fand aber auch in der stillen Dunkelheit des frühen Morgens keine Ruhe. Er sah zum Himmel empor und verfluchte sich, genau das geworden zu sein, was er am meisten verabscheute: ein Mann, der Frauen Gewalt antat.

Mit der Hand fuhr sich Roarke abwesend durch die schulterlangen Haare, zupfte abwesend an seinem goldenen Ohrring. Im Laufe seines Lebens hatte er viele Schimpfnamen erhalten, aber bis zur letzten Nacht hatte ihn zumindest niemand beschuldigen können, einer Frau gegen ihren Willen Gewalt anzutun – sei sie nun eine Hure oder eine Lady. Bei dieser Vorstellung drehte sich ihm der Magen um, und er mußte schlucken, um die Galle hinunterzudrängen, die ihm in die Kehle gestiegen war. In seiner Erinnerung stieg das Bild der Vergewaltigung auf, deren Zeuge er als Kind geworden war: Vor seinem inneren Auge nahm der Verbrecher seine eigenen Züge an, und Brianna wurde zu dem Opfer, das sich verzweifelt wehrte, um seine Würde zu bewahren.

Roarke holte tief Atem, verdrängte energisch die Vergangenheit und rieb sich, entsetzt über sich selbst, den Nacken.

Er dachte daran, wie er sich stets gerühmt hatte, nie einer Jungfrau zu nahe getreten zu sein. Es gab genügend Frauen, die bereit waren, das Bett eines Mannes zu teilen, ohne daß er sich genötigt sah, eine Unschuld zu verführen. Die Frauen, mit denen er ins Bett gegangen war, wußten genau, was sie zu erwarten hatten und waren bereit, seine Bedingungen zu akzeptieren. Sie waren sich im klaren darüber, daß sie ihr Verhalten selbst zu verantworten hatten – und nicht er.

Roarkes Augen wurden ganz schmal, als er seine Gewissensbisse verdrängte und entschlossen das Kinn vorschob, um weitere unerwünschte, unnötige und ungewohnte Gefühle abzuwehren. Bisher war es ihm gelungen, sein privates Leben vor Verpflichtungen gegenüber anderen Menschen zu bewahren, und das wollte er auch weiterhin so halten – ganz gleich, welche Vorstellungen Miss Tarleton in dieser Hinsicht auch hegen mochte. Seit Jahren standen seine Pläne fest, und die würde er nun nicht wegen einer Jungfrau oder Hure ändern. Über sein Bett hinaus gab es in seinem Leben keinen

Platz für irgendeine Frau. Das hatte er Roselee gegenüber sehr deutlich gemacht, als sie in sein Haus gezogen war. Sie wußte, daß ihre Beziehung nur so lange anhielt, wie er Verlangen nach ihr hatte. Sie wußte auch, daß sie keine Liebe von ihm bekommen würde, da er über wenige Minuten der Lust hinaus zu keinen anderen Empfindungen gegenüber einer Frau fähig war.

Roarke fuhr sich mit der Hand über das Gesicht und erstarrte, als er den Duft einatmete, der seiner Haut noch immer anhing. Er konnte Briannas Duft noch immer an sich spüren. Ein Gefühl der Resignation machte sich in seiner Magengrube breit, als ihn eine neue Woge des Verlangens überkam. Das mußte ein Ende haben. Er empfand keine Schuld an den Ereignissen. Sie allein war dafür verantwortlich, weil sie ihn buchstäblich in ihr Bett gelockt hatte. Aber er würde ihr nicht gestatten, ihn erneut zu umgarnen. Er hatte sich stets seiner Selbstdisziplin gerühmt und konnte sich selbst nicht erklären, was ihn dazu gebracht hatte, derart die Beherrschung zu verlieren. Doch das würde nie wieder geschehen. Jetzt am frühen Morgen, bei Anbruch des Tageslichts, sah er die Dinge ganz klar und logisch. Er würde Miss Tarleton den Kopf zurechtsetzen, wenn sie glaubte, wegen einer gemeinsam verbrachten Nacht irgendwelche Ansprüche an ihn stellen zu können.

Plötzlich sehr zornig auf sich und Brianna, stieß Roarke einen unterdrückten Fluch aus. Ein Geräusch vom Bett erregte seine Aufmerksamkeit und ließ seine Gesichtszüge hart werden. Über die Schulter sah er zu der Frau hinüber, die zusammengekauert am Kopfende saß und sich die blutbefleckte Decke bis ans Kinn zog. Ihre von seinen Küssen noch immer geschwollene Unterlippe bebte, bevor sie sie schnell zwischen die Zähne zog, um sie so am Zittern zu hindern. Sein Temperament entlud sich vehement. »Sieh mich nicht so an, als wäre ich dafür verantwortlich«, rief er, ohne Rücksicht auf die Kränkung, die seine Worte verursachen mußten. »Du warst es, dich mich heute nacht unbedingt in ihrem Bett haben wollte. Und du warst es, die es offenbar nicht für nötig hielt, mich darüber zu informieren, daß du noch unschuldig bist.«

Verwirrt über seine plötzliche Attacke, starrte Brianna den zornigen Mann an. Sie wußte, daß sie unrecht gehandelt hatte. Die Erinnerung an ihre Demütigung durch Roarke bereitete ihr Übelkeit. Sie konnte seinen Beschuldigungen nichts entgegenhalten, aber das änderte nichts an der Kränkung, die sie durch ihn erfuhr. Briannas Selbstwertgefühl stürzte in ungeahnte Tiefen. Tränen tiefer Beschämung liefen ihr über die Wangen, als sie flüsterte: »Es tut mir leid.«

Weitere Schuldgefühle durchzuckten Roarke, aber er ignorierte sie standhaft. »Es sollte dir auch leid tun. Damit hast du dir jede Möglichkeit genommen, den Ehemann zu finden, den du hier auf den Inseln so verzweifelt finden wolltest. Kein Mann wünscht sich eine Frucht, von der bereits ein anderer gekostet hat.«

Briannas verwirrte Miene mißdeutend, fuhr Roarke fort: »Tu nicht so, als wüßtest du nicht, wovon ich rede. Nick hat mich über die Gründe informiert, die dich und deine Freundin zur Abreise aus England bewogen.«

Erneut mißdeutete Roarke Briannas unvermittelt totenblasses Gesicht. »Glaube ja nicht, daß ich dich heiraten werde, nur weil du mir deine Unschuld geschenkt hast. Ich habe bereits eine Geliebte, die meine Bedürfnisse im Bett vollauf befriedigt, und ich habe nicht die Absicht, mich jemals zu verheiraten.«

Brianna entspannte sich. Eine Sekunde lang hatte sie angenommen, Roarke hätte den wahren Grund ihrer Flucht aus England erfahren. Doch ihre Erleichterung währte nicht lange. Schnell, zu schnell drang die eigentliche Bedeutung seiner Worte in ihr Bewußtsein. Sie reckte das Kinn, funkelte

Roarke wütend an und hätte ihn am liebsten in sein gutaussehendes Gesicht geschlagen. Wie konnte er so anmaßend sein anzunehmen, sie würde auch nur erwägen, ihn zu heiraten? Gut, sie hatte einen Fehler begangen, aber sie wollte verdammt sein, wenn sie ihm gestattete, ihr das dauernd unter die Nase zu reiben. Sie hatte diesen fatal angereicherten Rum nicht freiwillig getrunken. Sein Freund hatte ihn ihr gegeben. »Ich würde Sie nicht einmal heiraten, wenn Sie der letzte Mann auf Erden wären. Und es geht Sie gar nichts an, ob ich mich und meine Aussichten auf eine Heirat ruiniert habe. Was ich mit meinem Leben anfange, ist allein meine Sache.«

Mit drei, vier Schritten stand Roarke wieder am Bett. Die Hände in die Hüften gestemmt, starrte er Brianna an. »Du hast es zu meiner Sache gemacht, indem du mich in dein Bett gelockt hast.«

»Den Teufel habe ich getan«, fauchte Brianna. Ihre Wut überwand jede Scheu oder Furcht vor dem finsteren, gutaussehenden Kapitän der *Black Angel.* Sie raffte die Bettdecke um ihre Brüste und rutschte auf den Knien näher an Roarke heran. »Sie hätten meinen ›Lockungen‹ ja widerstehen können, Captain O'Connor. Ich bin sicher, daß mir irgendeiner der Männer unten im Schankraum freudig dabei geholfen hätte, die Wirkung des Aphrodisiakums auszukosten, das mir Ihr Freund gegeben hat, wenn Sie es über sich gebracht hätten, mir zu widerstehen.«

Roarke merkte, daß es ihm in der Hand juckte, dem Mädchen das arrogante Hinterteil zu versohlen, bis es eingestand, daß er keine Schuld trug. Doch dieser Wunsch schwand so schnell wie er gekommen war. Roarke könnte nie eine Frau schlagen. Ein solches Verhalten entsprach nicht seiner Vorstellung von männlicher Würde. In seiner Wange begann ein Muskel zu zucken. »Verdammt noch mal, Brianna, ich wollte dich vor dir selbst schützen. Ich wußte, daß dir Nick einen von Ole Harrys Liebestränken gegeben hatte.

Und mir war klar, was geschehen würde, wenn ich dich dir selbst überlasse.«

Briannas Unterlippe begann zu zittern, und neue Tränen erschienen in ihren goldgefleckten Augen. »Aber wie es aussieht, ist es Ihnen jedoch nicht gelungen, mich vor Ihnen zu schützen oder, noch weniger, vor mir selbst. Ist es nicht so, Roarke?«

Zorn und Verärgerung in Roarke ließen nach. Er schüttelte bekümmert den Kopf und fuhr sich mit einer Hand über das Gesicht. »Nein, es ist mir nicht gelungen.« Er bückte sich und hob Briannas Kleid auf. Einen Augenblick lang behielt er es in der Hand und befühlte den billigen Stoff. Außer diesem Kleid hatte Brianna nichts als ihren Namen, und er hatte die Umstände gekannt, unter denen sie die Gangway zu den Docks hinuntergegangen war. Er war zurückgeblieben, nachdem das Schiff mit George und seiner jungen Frau davongesegelt war – nur um zu sehen, was das Mädchen tun würde. Er war sich sehr großzügig vorgekommen, sie mit diesem Kleid ausgestattet zu haben und hatte keine weitere Verantwortung mehr für sie verspürt. Erneut plagten Roarke Gewissensbisse, ihr nicht die Hilfe gewährt zu haben, die sie für einen guten Start auf Statia brauchte. Hafenhuren hatte er in der Vergangenheit häufig und ohne nachzudenken Geldbeträge gegeben, um ihre Lebensumstände zu verbessern.

Roarke reichte Brianna das Kleid. »Zieh dich an. Es ist Zeit zu gehen.«

»Ich gehe nirgendwohin«, verkündete Brianna und umklammerte Kleid und Bettdecke, als könnten sie sie vor Roarke schützen.

»O doch, das wirst du. Du kommst mit in mein Haus. Nach ein oder zwei Tagen der Ruhe werde ich vielleicht klarer denken können, um zu entscheiden, was mit dir zu tun ist.«

»Sie werden gar nichts mit mir tun. Ich bin weder Ihr Eigentum noch unterliege ich Ihrer Verantwortung«, erklärte Brianna und rutschte noch ein wenig weiter von ihm fort.

»Nach den Geschehnissen der letzten Nacht bin ich für dich verantwortlich. Aber jetzt zieh dich endlich an. Zum gegenwärtigen Zeitpunkt bin ich nicht in der richtigen Stimmung, mich mit deinem zänkischen Temperament auseinanderzusetzen.«

»Von wegen zänkisches Temperament! Ich gehe mit Ihnen nirgendwohin. Und was die Geschehnisse der letzten Nacht anbelangt, so war ich schließlich nicht allein im Bett. Wenn Sie sich recht erinnern, hat Sie niemand gezwungen, mich zu lieben. Sie waren auch nicht betäubt«, fauchte Brianna, zu erregt, um zu bedenken, wie zornig sie Roarke unter Umständen machte. Sie hatte nichts zu verlieren. Ihre Mutter, ihre Freundin, ihr Geld, ihr Schmuck und nun auch ihre Unschuld waren ihr genommen worden. Nur noch ihr Stolz war ihr geblieben, und selbst der hatte durch ihr eigenes Verhalten in der vergangenen Nacht beträchtlichen Schaden erlitten.

Roarkes Züge verfinsterten sich. »Verdammt, Brianna. Du weißt genau, wer für die Ereignisse von heute nacht verantwortlich ist. Das Aphrodisiakum hat dir lediglich die Hemmungen genommen, das zu tun, was du vom ersten Moment an tun wolltest, als du an Bord der *Black Angel* kamst. Ich habe sehr wohl bemerkt, daß du mich mit den Augen verschlungen hast wie eine hungrige Katze. Aber nun zieh dich endlich an, verdammt. Du kommst mit mir, ob es dir nun paßt oder nicht.«

Roarkes Worte trafen Brianna wie Schläge, aber nie hätte sie ihm gezeigt, wie verletzt sie war. Störrisch schüttelte sie den Kopf. »Den Teufel werde ich. Nie wieder lasse ich zu, daß ein Mann über mich bestimmt. Sie können mich nicht zwingen, mit Ihnen zu kommen. Und wenn Sie es doch versuchen, schreie ich um Hilfe.«

Roarke stürzte sich auf ihren zweiten Satz wie ein Jagdhund auf die Fährte eines Fuchses. Argwöhnisch kniff er die Augen zusammen. »Mit was für einem Mann warst du schon einmal zusammen, Brianna?«

Brianna hätte sich für ihre unbedachte Äußerung ohrfeigen können, hielt aber Angriff für die beste Verteidigung. Sie reckte das Kinn und zeigte auf die Blutflecken auf dem Bett. »Wie Sie sich gestern nacht selbst überzeugen konnten, bin ich noch nie mit einem Mann zusammengewesen. Und nun verlassen Sie dieses Zimmer, Roarke O'Connor, bevor ich laut schreie. Ich will Sie nie wiedersehen.«

Roarke verzog die gutgeformten Lippen zu einem humorlosen Lächeln. Er hob eine Braue und sah sie ironisch an. »Du glaubst wohl, das würde mir etwas ausmachen. Ich habe es dir schon einmal gesagt, Brianna. Ich mache, was ich will, und hier wie auf der *Black Angel* gibt es niemanden, der mich daran hindern könnte.«

»Sie sind nicht Gott! Sie sind nur ein Mensch wie Millionen anderer. Man kann Ihnen sehr wohl verwehren, andere auszunutzen.«

»Sicher nicht Gott, Brianna«, erwiderte Roarke leise, beugte sich vor und sah ihr tief in die Augen. »Aber vielleicht ein Teufel. Hast du dir das schon einmal überlegt? Und wenn du dich nicht endlich bequemst, werde ich dir zeigen, daß ich Himmel und Hölle in Bewegung setzen kann.« Seine Augen musterten sie von Kopf bis Fuß, seine Stimme wurde rauh, und er preßte die Worte zwischen zusammengebissenen Zähnen hervor. »Zieh dich an, bevor ich ein paar der Männer da unten heraufrufe. Ich bin sicher, daß sie dir liebend gern beim Anziehen helfen werden, nachdem sie sich von deinen vielfältigen Reizen überzeugt haben.«

Brianna erblaßte. Roarkes harter Gesichtsausdruck ließ in ihr keinen Zweifel, daß er seine Androhungen auch wahrmachen würde. Auf der *Black Angel* hatte sie mit Schmerzen erfahren, daß er es nicht bei leeren Drohungen beließ. »Gut, gut«, murmelte sie trotzig und schwang die Beine aus dem Bett. »Ich werde mitkommen, aber Sie können mich nicht zum Bleiben zwingen.«

Wieder umspielte ein kleines sarkastisches Lächeln Roarkes Mund. »Darauf würde ich an deiner Stelle keine Wette abschließen, Brianna.«

»Ich hasse Sie, Roarke O'Connor«, rief Brianna, zutiefst frustriert, sich wieder einmal den Wünschen eines Mannes beugen zu müssen – und dann noch eines Mannes, der hochaufgerichtet neben dem Bett stand wie ein antiker Racheengel.

Roarkes Lächeln wankte nicht, obwohl ihn ihre Worte tiefer trafen, als er je eingestanden hätte. »Das ist nicht ungewöhnlich, meine Liebe. Damit gehörst du nur zu Tausenden anderer. Aber nun zieh dich endlich an. Ich habe keine Lust, weitere Zeit mit dir zu vergeuden. Die Sonne geht bereits auf, und ich muß das Beladen der *Black Angel* überwachen.«

***

Die Hände in die Hüften gestemmt, musterte Roselee Roarke und seinen Gast. Ihre üppigen Brüste sprengten fast den Stoff ihrer dünnen Baumwollbluse. Das rebellische Funkeln in ihren dunklen Augen hätte Roarke auf den heraufziehenden Sturm aufmerksam machen müssen. Aber weder war ihm seit seiner Ankunft im Haus am Berghang die Miene seiner Geliebten einen einzigen Blick wert gewesen, noch hatte er sich überlegt, wie Roselee wohl darauf reagieren würde, daß er die ganze Nacht ausblieb, um dann mit einem weiblichen Hausgast zurückzukehren. Seit dem Verlassen des Statia Inn war er mit Briannas störrischer Gereiztheit beschäftigt gewesen. Für Roselees Reaktion auf Briannas Anwesenheit war in seinen Gedanken kein Platz gewesen.

»Warum ist sie hier?« erkundigte sich Roselee und ließ Brianna keine Sekunde lang aus den Augen. Sie hatte geglaubt, die junge Frau nach der Hochzeit des Schiffsarztes nie wiederzusehen. Roarke hatte versichert, daß das Mädchen ihm absolut nichts bedeute, doch das zerstreute Roselees Mißtrauen keineswegs. Ihr war die Art und Weise nicht entgangen, wie Roarke das Mädchen während der Hochzeit zwar geflissentlich überging, es dann aber immer wieder verstohlen musterte. Zwischen den beiden bestand mehr, als Roarke eingestehen wollte.

Feindselige Abneigung kroch Roselee über den Rücken und ließ die Haare in ihrem Nacken sich sträuben wie das Fell einer Hündin, die eine Rivalin auf ihrem Territorium wittert. Sie wollte verdammt sein, wenn sie zuließ, daß sich diese kleine Schlange in Roarkes Leben schlich.

»Sie ist mein Gast«, erwiderte Roarke ohne jedes Gefühl dafür, wie seine Worte auf seine Geliebte wirken mußten.

Die Luft um Roselee schien zu knistern. »Dieses Haus ist nicht groß genug für zwei Frauen, Roarke.«

»Mein Haus ist so groß, wie ich es für nötig halte, Roselee«, erklärte Roarke und sah sie zum ersten Mal richtig an.

»Ich will keine andere Frau hier haben.«

»Unter meinem Dach wirst du tun, was ich von dir verlange. Und jetzt schlage ich vor, daß du Rhama rufst und sie bittest, Brianna ihr Zimmer zu zeigen«, sagte Roarke und ging zu dem Tisch hinüber, auf dem ein Krug Fruchtsaft stand. Er goß sich ein Glas ein, drehte sich wieder um und stellte fest, daß sich keine der beiden Frauen gerührt hatte. »Hast du mich nicht verstanden, Roselee? Du sollst Rhama rufen, damit sie Brianna in ihr Zimmer führt.«

Roselee schoß ihm einen giftigen Blick zu und stapfte davon. Ihre Sandalen klapperten laut auf dem Marmorfußboden.

»Sie will mich hier nicht haben, und ich möchte nicht bleiben. Also warum lassen Sie mich nicht einfach gehen, um weitere Auseinandersetzungen zu vermeiden?« fragte Brianna.

Roarke zuckte mit den Schultern. »Roselee wird sich an deine Anwesenheit gewöhnen.«

»Das bezweifle ich. Sehen Sie denn nicht, daß die Frau Sie liebt? Das ist mir schon bei Ra... ich meine Sabrinas Trauung aufgefallen. Sie will keine weitere Frau unter demselben Dach mit Ihnen – schon gar keine Frau, die mit Ihnen auf der *Black Angel* die Kabine geteilt hat. Und ich möchte gar nicht daran denken, was sie tun wird, wenn sie von der vergangenen Nacht erfährt.«

»Roselee kennt ihren Platz hier sehr gut. Sie weiß auch, daß unsere Beziehung nichts mit Liebe zu tun hat.«

»Wie können Sie nur so grausam sein? Haben Sie denn gar kein Herz? Diese Frau gibt sich Ihnen hin, aber Sie benutzen sie, wie Sie eine Gabel, ein Messer oder das Glas da in Ihrer Hand benutzen. Sie ist nur ein Werkzeug zur Befriedigung Ihrer Lust«, erklärte Brianna verächtlich.

Roarkes Augen wurden ganz schmal. »Es geht dich nichts an, wie ich mein Leben eingerichtet habe, kleine Miss. Roselee ist sehr zufrieden damit, wie ich sie behandle. Ihr Leben hier ist sehr viel besser als das, was sie zuvor führte.«

»Ich kann mir nicht vorstellen, daß irgend jemand zufrieden sein kann, mit Ihnen unter einem Dach leben zu müssen.«

Roarkes Lippen verzogen sich, in seinen Augen zuckte ein geradezu teuflisches Licht auf. »Heute nacht hattest du eine andere Meinung, Brianna.«

»Heute nacht war ich betäubt. Jetzt bin ich wieder bei klarem Verstand und kann sehr wohl sehen, was Sie wirklich sind: ein herzloser, anmaßender Unhold, der Frauen nur dazu benutzt, seine Lust zu stillen.«

Roarkes Lächeln verblich, er hob die Schultern. »Das ist deine Ansicht, nicht Roselees. Sie weiß die Tatsache zu schätzen, daß ich sie von der Straße geholt habe. Sie akzeptiert mich so, wie ich bin, weil das sehr viel besser ist, als für jeden Seemann die Beine breit machen zu müssen, der bereit ist, den Preis für eine Viertelstunde Gerangel zu zahlen. Das solltest du nicht vergessen. Du könntest sehr leicht enden wie sie nach dem Tod ihrer Eltern. Genau wie du hatte sie weder Geld noch Freunde, die ihr halfen.«

»Ich ende nicht in den Docks. Ich kann mir meinen Lebensunterhalt verdienen.«

Roarkes Lächeln wurde hinterhältig. »Vielleicht glaubst du, daß das Verdienen eines Lebensunterhalts im Liegen leicht ist, aber Roselee könnte dir da vermutlich nicht zustimmen. Sie würde sagen, daß sie härter gearbeitet hat als jede Dienstmagd. Ich las sie im Rinnstein auf, nachdem ihr einer ihrer Kunden das Nasenbein zertrümmert hatte. Nein, Brianna. Das Leben einer Hure ist selbst bei blühendster Phantasie nicht schön.«

Brianna erschauerte bei der Vorstellung, was ihr hätte zustoßen können, wäre Roarke nicht rechtzeitig zur Stelle gewesen. Nick hätte sie behandelt wie eine der Hafenhuren und sie dann sich selbst überlassen. Auch wenn sie ungeheuer wütend auf Roarke war und ihn mit jedem Schimpfnamen unter der Sonne bedachte, mußte sie doch zugeben, daß alles sehr viel schlimmer hätte ausgehen können. Er war ein einfühlsamer Liebhaber gewesen, der sie auf die Gipfel der Leidenschaft geführt hatte. Er hatte den Liebesakt zu einem wundervollen Erlebnis gemacht und sie nicht erniedrigt, um selbstsüchtig seine eigenen Bedürfnisse zu befriedigen, ohne einen Gedanken an sie zu verschwenden. Und er hatte sie nicht allein gelassen.

Die Erinnerung an ihre Augenblicke in Roarkes Armen ließ sie erneut erschauern, aber diesmal war etwas dabei, was bedenklich an Sehnsucht grenzte. Hastig konzentrierte sie sich wieder auf die Gegenwart und den Mann, der vor ihr stand. Sie senkte den Kopf und sah auf ihre verkrampften Hände. »Ich gebe zu, daß ich mit meinem Urteil vielleicht ein wenig voreilig war. Ganz gleich, was auch geschieht, würde ich mich nie der Prostitution hingeben.«

»Es gibt sehr viele ›anständige‹ Frauen, die dieselbe Erklärung abgaben, bis sie nur noch Haut und Knochen waren und die Bäuche ihrer Kinder vor Hunger anschwollen wie Melonen. Wir alle behaupten gern, dies oder das nie tun zu wollen, aber wenn es dann ums nackte Überleben geht, würden wir alles tun.«

Wie ich auf Montvale, dachte Brianna. Nie hätte sie geglaubt, zu einem Mord fähig zu sein – bis Lord Montague ihr zu nahe trat. Sie schluckte, ihre Wangen wurden blutrot. Nach allem, was sie sich hatte zuschulden kommen lassen, sollte sie sich davor hüten, andere zu verurteilen. Roarke mochte ein Pirat sein, der über die Meere fuhr, um Schiffe zu überfallen und zu berauben, aber jetzt wußte sie, daß er nicht herzlos war. Seine Worte sagten ihr, daß er die Menschen und ihre Handlungen viel zu gut verstand, um nicht selbst gelitten zu haben. Sie bewiesen auch das Mitgefühl, das sich hinter der gleichgültigen Maske verbarg, die er der Welt zeigte.

Brianna hob den Kopf. Ihre braunen Augen erforschten Roarkes Gesicht, erkundeten jedes Detail, suchten nach dem wahren Mann hinter der Fassade des kalten, autoritären Kapitäns der *Black Angel*. Eigenartigerweise brachte sie das dazu, auch sich selbst zu erforschen. Und sie erkannte, daß sie nach und nach, Stück um Stück, erwachsen wurde. Nach dem Untergang der *Merry Widow* hatte sie angenommen, zur Frau geworden zu sein. Aber jetzt wußte sie, daß so etwas nicht über Nacht geschah. Es brauchte Zeit, von einem Kind zum Erwachsenen zu werden.

Ein seltsames Gefühl der Zuversicht überkam Brianna. Als sie vor Stunden die Augen aufgeschlagen hatte, war ihr ihre Zukunft düster und hoffnungslos erschienen. Jetzt wußte sie, daß irgendwie alles gut werden würde. Roarke wußte es nicht, und selbst wenn er es wüßte, würde er es nie zugeben, aber er hatte sie aus dem gleichen Grund in sein Haus geholt wie Roselee: aus Güte.

Brianna wandte ihre Augen von Roarke ab und blickte durch den elegant möblierten Raum auf den Balkon hinaus. Dahinter sah sie Fort Oranje und die Gallows Bay. Jetzt konnte sie seine Gastfreundschaft ohne ihre früheren Bedenken annehmen. Allerdings blieb ihr auch kaum etwas anderes übrig, wenn sie nicht Zuflucht zu Roselees ehemaliger Tätigkeit nehmen wollte. Aber sie schwor sich, eine Arbeit gefunden zu haben und nicht mehr auf Roarkes Großzügigkeit angewiesen zu sein, bevor die *Black Angel* wieder hinausfuhr. Der Rest von Stolz, den sie noch besaß, gestattete ihr nicht, eine Roselee zu werden, die ihren Verbindlichkeiten nicht nachkam.

***

Roselee verstellte Brianna den Weg zum Balkon. Ihre scharlachroten Lippen verzogen sich abfällig, als sie die Rivalin von Kopf bis Fuß musterte. »Sie werden ihn nicht bekommen.«

Brianna holte tief Luft. Vor diesem Augenblick hatte sie sich seit Tagen gefürchtet. Nur in Roarkes Anwesenheit war es Roselee gelungen, ihre Feindseligkeit gegenüber Brianna zu zügeln. »Ich weiß zwar nicht, was Sie als Grund für meinen Aufenthalt hier vermuten, Roselee, aber Sie irren sich, wenn Sie glauben, ich wollte Ihnen Roarke nehmen.«

Roselee schnaufte verächtlich. Sie wußte sehr wohl, was vorging. Roarke würde längst in ihrem Bett liegen, wäre er nicht so intensiv darauf aus, diese kleine englische Schlampe zu verführen. Er konnte es leugnen soviel er wollte, aber Roselee kannte Roarkes leidenschaftliches Naturell. Er kam ohne eine Frau in seinem Bett einfach nicht aus, wenn er im Hafen war. »Sie brauchen mich nicht zu belügen. Ich bin nicht blind. Mir ist nicht entgangen, wie Sie ihn ansehen. Am liebsten würden Sie ihn verschlingen, aber daraus wird nichts. Roarke gehört mir.«

»Ich belüge Sie nicht. Ich bin nur hier, weil Roarke mich dazu gezwungen hat. Wenn Sie mich jetzt bitte entschuldigen würden …«, sagte Brianna betont höflich und wollte um Roselee herumgehen, aber eine Hand griff nach ihrem Arm und hielt sie zurück.

Roselee sah Brianna ungläubig an und bohrte ihre lackierten Nägel fast schmerzhaft in Briannas Oberarm. »Was meinen Sie damit, Roarke hätte Sie gezwungen? Roarke hat es nicht nötig, eine Frau zu etwas zu zwingen.«

»Nun, bei mir war es der Fall. Ich habe diese weite Reise nicht gemacht, um von einem Mann abhängig zu werden. Ich kam her, um frei zu sein. Das war mein einziger Wunsch, seit ich meinen Fuß auf Statia gesetzt habe. Aber wegen Roarke und Nick Sebastain ging er bisher nicht Erfüllung. Und jetzt bitte ich Sie ernsthaft, mich zu entschuldigen«, fügte Brianna energisch hinzu. Ein Anflug von Schmerz überzog ihr Gesicht, als sie ihren Arm aus Roselees Griff befreite und sich wieder dem Balkon zuwandte. Roselee folgte ihr auf den Fersen.

»Was hat Nick damit zu tun, daß Roarke Sie in sein Haus geholt hat?«

Brianna blickte auf die azurblaue Weite des Meeres hinaus. Es sah aus wie ein riesiger, glatter Spiegel, der die goldenen Strahlen der Sonne reflektierte.

Briannas Schweigen beeindruckte Roselee nicht. »Ich habe Sie gefragt, was Nick damit zu tun hat.«

Unnachgiebig straffte Brianna die Schultern. Sie hatte nicht die Absicht, Roselee in ihr Vertrauen zu ziehen. Sie hatte sich tief genug erniedrigt, ohne das auch noch aller Welt kundzutun, und dann noch einer Frau, die sie für etwas verabscheute, was gar nicht in ihrer Absicht lag. »Roselee, vergessen Sie, was ich gesagt habe. Sie werden schon bald von meiner Anwesenheit befreit sein, das verspreche ich Ihnen.«

Roselee runzelte skeptisch die Stirn. Sie konnte nicht begreifen, daß eine Frau bereit sein sollte, Roarke und den Luxus zu verlassen, den er bot. »Sagen Sie mir auch die Wahrheit? Wollen Sie hier tatsächlich wieder verschwinden?«

Brianna atmete tief durch und sah die Frau an, die begierig auf ihre Antwort wartete. Sie konnte sich ein Lächeln der Sympathie nicht verkneifen. Roselee trug ihr Herz auf der Zunge – und in ihren Augen. »Ja, Roselee, ich möchte wieder fort. Als ich nach St. Eustatius kam, hatte ich nicht die geringste Absicht, in Roarkes Haus zu wohnen. Bevor ich jedoch eine Möglichkeit finde, mir meinen Lebensunterhalt zu verdienen, bleibt mir keine andere Wahl, als seine Gastfreundschaft anzunehmen.«

Noch immer ungläubig, schüttelte Roselee den Kopf. Sie konnte offenbar nicht fassen, was sie da hörte. »Wollen Sie damit sagen, Sie würden hier ausziehen, wenn ich Ihnen helfe, Arbeit zu finden?«

Briannas Gesicht hellte sich überrascht auf. Sie nickte. »Ja, sofort.«

»Dann werde ich Ihnen helfen«, verkündete Roselee und lächelte selbstgefällig.

»Wenn Sie Arbeit für mich finden können, warum haben Sie sich dann nicht selbst geholfen?« fragte Brianna, plötzlich argwöhnisch, ob die Frau wirklich etwas für sie tun konnte.

Roselee sah Brianna an, als hätte diese plötzlich den Verstand verloren. »Ich soll mir selbst helfen?« fragte sie und zeigte um sich. »Das ist doch längst geschehen. Ich habe ein wundervolles Haus, einen gutaussehenden Geliebten. Was könnte eine Frau mehr vom Leben verlangen?«

»Unabhängigkeit, damit Sie einem Mann nicht jeden Wunsch von den Augen ablesen müssen«, entgegnete Brianna.

Wieder blickte Roselee Brianna an, als zweifle sie an ihrem Geisteszustand. »Ich habe das kennengelernt, was Sie als Unabhängigkeit bezeichnen, und es gefällt mir ganz und gar nicht. Es ist sehr viel angenehmer, einem einzigen Mann die Wünsche von den Augen abzulesen, als vielen Männern zur Verfügung stehen zu müssen, damit Sie sich etwas zu essen kaufen können.« Ein wissendes Lächeln breitete sich auf ihrem Gesicht aus. »Und wenn dieser Mann Sie liebt, wie Roarke mich liebt, ist es ein ausgesprochenes Vergnügen, ihm die Wünsche von den Augen abzulesen.« Sie warf Brianna einen herablassenden Blick zu, in dem aber auch ein Hauch Sympathie lag. »Vielleicht werden Sie das eines Tages verstehen. Eines Tages werden Sie einen Mann finden, der Sie so liebt wie Roarke mich.«

Ein unerwarteter Stich der Eifersucht durchfuhr Brianna bei Roselees Behauptung, Roarke würde sie lieben. Sie wandte den Blick wieder der Bucht unter dem Balkon zu und biß sich hastig auf die Lippe, um ihren heftigen Protest zu unterdrücken. Vielleicht liebte Roarke Roselee und all die anderen Frauen, die in verschiedenen Häfen auf ihn warteten. Ihr machte das nichts aus. Er bedeutet mir nichts, gar nichts, redete sich Brianna energisch ein. Nur weil sie Roarke gegenüber einen Fehler begangen hatte, brauchte sie ihr Fehlverhalten nicht noch dadurch zu vergrößern, indem sie sich einbildete, für den Mann etwas zu empfinden.

Brianna schüttelte innerlich heftig den Kopf. Nein. Roarke O'Connor bedeutete ihr nichts. Sie verdankte ihm zwar ihr

Leben und hatte ihm ewige Dankbarkeit geschworen, als sie Statia erreichten, aber nach ihrer gemeinsam verbrachten Nacht war sie fest überzeugt, diese Schuld voll und ganz beglichen zu haben. Sobald sie sein Haus verlassen konnte, würde sie Roarke O'Connor und alles, was zwischen ihnen vorgefallen war, weit hinter sich lassen. Doch im gleichen Moment, in dem sie diese Entschlüsse faßte, verspürte sie auch tief innen einen dumpfen Schmerz. Sie konnte die Frage nicht verdrängen, die ihre Schwüre überschattete. Und wenn Roarke Roselee nun doch liebte?

Brianna schüttelte diese Überlegung ab und sah wieder Roarkes Geliebte an. »Roselee, ich wäre Ihnen ewig dankbar, wenn Sie mir helfen könnten.«

Ein eigenartiges Licht blitzte in den dunklen Augen auf. Roselee lächelte Brianna an. Sie hob die Hand und legte sie sich aufs Herz. »Ich werde Ihnen helfen, Brianna. Ich werde dafür sorgen, daß sich Roarke nie wieder in Ihr Leben einmischt. Ich verspreche Ihnen, daß Sie ihn nie wiederzusehen brauchen, sobald Sie dieses Haus verlassen haben.«

***

Rauschend schlugen die Wellen auf den Strand und brachten Muscheln, Krebsschalen und Korallen aus den Tiefen des Ozeans mit. Eine kühle Brise trieb über das nächtliche Meer heran. Erschauernd hüllte sich Roselee enger in ihren Schal. Noch war der Mond nicht aufgegangen, aber ein paar Sterne erhellten das Dunkel und beschienen die weißen Kronen der Wellen.

Roselee verschwendete keinen Blick auf das Meer, sondern hielt Ausschau nach dem Mann, mit dem sie sich treffen wollte. Walker Ford hatte gesagt, er würde gegen neun Uhr am Ufer sein.

Erneut suchte Roselee die Dunkelheit nach ihrem Bruder ab. Ungeduldig trat sie auf dem harten Sand von einem Fuß auf den anderen. Wenn Walker nicht wollte, daß sie ihm bei lebendigem Leib die Haut über die Ohren zog, konnte sie ihm nur dringend raten, jetzt nicht in irgendeiner Schenke zu sitzen und ihre Verabredung vergessen zu haben.

»Guten Abend, Rosie«, sagte eine Stimme und ließ Roselee zusammenzucken.

»Wo bleibst du nur? Ich warte hier schon fast eine Stunde. Roarke wird bald nach Hause kommen und sich fragen, wo ich mich so spät aufhalte«, rief Roselee empört und stemmte die Hände in die vollen Hüften.

Walkers Lächeln ließ keinen Zweifel an dem schlechten Zustand seiner Zähne. »Sag ihm einfach, du hättest dich mit einem Verwandten getroffen. Das wird ihn beruhigen.«

»Roarke weiß nicht, daß ich noch Verwandte habe. Er glaubt, daß ich nach Mamas und Daddys Tod als Waise zurückgeblieben bin.«

Walker rieb sich grinsend das stoppelige Kinn. »Und du hieltest es nicht für ratsam, ihn über dieses Mißverständnis aufzuklären?«

»Warum sollte ich? Hätte er von dir und Zeb gewußt, hätte er mich doch nie bei sich aufgenommen, und ich müßte in den Docks noch immer die Beine breit machen.«

»Der Aufenthalt in seinem eleganten Haus hat aber nicht sehr zur Verbesserung deiner Sprachgewohnheiten beigetragen. Ich hätte doch angenommen, daß dein Benehmen mittlerweile dem einer wirklich feinen Lady entspricht.«

»Ich tue was ich kann, um Roarke glücklich zu machen. Aber das ist nicht der Grund, weshalb ich mit dir sprechen möchte. Ich benötige deine Hilfe.«

»Das habe ich mir schon gedacht. Fast ein Jahr lang habe ich von dir nichts mehr gehört, aber wenn du Hilfe brauchst, kommst du zu dem guten alten Walker gerannt. Viel hat sich nicht verändert, seit du dir mit dreizehn Jahren deinen ersten Bastard von diesem Seemann hast anhängen lassen.«

»Ich möchte nicht über meine Vergangenheit sprechen. Ich brauche deine Hilfe, sonst könnte ich Roarke unter Umständen verlieren.«

Walker Ford betrachtete seine Schwester nachdenklich. Ein schmaler Mondstrahl kroch über den Horizont und erleuchtete ihr besorgtes Gesicht. »Du steckst echt in Schwierigkeiten, stimmt's?«

»Das weiß ich noch nicht, aber ich möchte es keinenfalls darauf ankommen lassen.«

Wieder rieb sich Walker das bärtige Gesicht. »Und was genau soll ich für dich tun?«

»Ich möchte, daß du mir jemanden vom Leibe schaffst.«

Walker schüttelte den Kopf. Eine Strähne seiner ungepflegten Haare fiel ihm in die Stirn, und er strich sie abwesend zurück. »Ich habe zwar einiges in der Vergangenheit getan, aber ich bringe niemanden um, wie du sehr wohl weißt.«

»Ich verlange von dir doch nicht, daß du jemanden ermordest«, entgegnete sie aufgebracht.

»Und auf welche Weise soll ich dir dann diesen Jemand vom Leibe schaffen?«

»Ich dachte, du wüßtest vielleicht von einem Schiff, das noch vor Ende der Woche ausläuft und dessen Kapitän nichts gegen einen zusätzlichen Passagier einzuwenden hat.«

Walker nickte lächelnd. »Ich könnte ein solches Schiff durchaus kennen, aber das wird dich einiges kosten, Schwesterchen. Weder meine Freunde noch ich arbeiten für Gotteslohn. Wieviel bietest du mir?«

»Ich besitze nur das Geld von den Kleidern, die Roarke mir gekauft hat.«

Walker beäugte seine Schwester skeptisch. »Wie kannst du Geld von den Kleidern haben, die dieser Mann dir gekauft hat?«

Roselee reckte stolz das Kinn. »Ich bin immerhin meiner Mutter Tochter. Nachdem ich die Kleider einmal getragen habe, gebe ich sie zurück und verlange Erstattung des Kaufpreises, weil sie nicht richtig passen. In den letzten Monaten ist es mir gelungen, ein ganz hübsches Sümmchen zusammenzusparen.«

»Weiß der Mann, was du da tust?«

»Das glaube ich kaum. Roarke fragt mich nie nach meinen Kleidern. Darüber hinaus ist er so oft unterwegs, daß er bei der Heimkehr kaum bemerkt, was ich trage.«

Walker schmunzelte anerkennend. »Verdammt, Schwesterchen, du bist ganz schön schlau. Ma wäre stolz auf dich. Du hast ihren Geschäftssinn geerbt.«

»Ich mußte schon früh lernen, wie man mit Männern umgeht. Und was das Ding zwischen seinen Beinen anbelangt, ist Roarke nicht anders als alle anderen. Biete ihm was im Bett, und er gibt dir alles, was du willst. Er ist nur anders, wenn es um Huren und Kinder geht. Jeder hält ihn für einen herzlosen Piraten, aber dieser Mann ist geradezu davon besessen, Huren und Bälgern zu helfen. Ich habe selbst gesehen, wie er für die kleinen Bettler bedenkenlos die Taschen leert, wenn er unten am Hafen ist.«

»Ich habe gehört, daß der Mann ein erbarmungsloser Feind sein kann, Schwesterchen. Ich hoffe nur, daß du weißt, was du tust, wenn du ihn hintergehst. Ich möchte dich nur ungern mit durchschnittener Kehle auffinden.«

»Roarke wird mir nichts tun, weil er nie erfahren wird, was ich mit den Geschenken mache, die ich von ihm bekomme. Ich mache ihn im Bett glücklich, und das ist alles, was er will.«

»Ich dachte, du liebst diesen Mann.«

»Das tue ich auch«, erwiderte Roselee. »Deshalb will ich doch auch, daß du mir hilfst, diese Schlampe loszuwerden, die ihn mir abspenstig machen will. Das kann ich nicht zulassen. Miss Brianna Tarleton muß verschwinden – auf die eine oder andere Art.«

»Nun, wenn du das so beschlossen hast, werden meine Freunde und ich den Rest übernehmen. Da ich nun mal dein Bruder bin, kann ich doch nicht untätig zusehen, daß du unglücklich wirst.«

»Deine brüderliche Sorge wärmt mir das Herz«, entgegnete Roselee ironisch. »Genau diese brüderliche Sorge war es, die du mir zeigtest, als ich mit der Hurerei anfing. Du hast mir die Kunden gebracht, damit ich keinen Hunger zu leiden brauchte.« Roselee hatte nur ein Lachen für seine bekümmerte Miene übrig. Er konnte Reue heucheln soviel er wollte, aber sie wußte, daß er für sie wieder den Zuhälter spielen würde, sobald eine andere Frau sie bei Roarke ersetzte.

Walker verzog das Gesicht. »Unnötig, mir das jetzt vorzuwerfen, Schwesterchen. Hätte ich es nicht getan, wären es Mom und Dad gewesen. Immerhin brauchten wir so nur durch zwei zu teilen, nicht durch drei.«

Roselee nickte. Sie konnte nicht bestreiten, was Walker über ihre Eltern gesagt hatte. Jedes Kind, das Pearl und Sam Ford in die Welt gesetzt hatten, sah sich von klein auf genötigt, seinen Lebensunterhalt auf jede erdenkliche Weise zu verdienen. Zwei ihrer Schwestern waren an der Syphilis gestorben, ein Bruder kam als Pirat an den Galgen. Nur Zeb, Walker und sie waren von sechs Kindern geblieben. Aber das bedeutete nicht, daß ihr Leben anders verlief. Sie hurte, um zu überleben, während Zeb und Walker ihre Dienste an jeden verkauften, der ihnen ein paar Geldstücke dafür gab. Walker mochte Stein und Bein schwören, noch niemanden getötet zu haben – sie wußte es besser. Ein Menschenleben galt wenig bei ihren Brüdern, und sie würden jeden umbringen, selbst sie, wenn sie das Geld brauchten.

Kapitel 8

Nick lehnte sich gegen den Türrahmen und sah zu der Frau, die eine große scharlachrote Hibiskusblüte betrachtete. Sie beugte sich zu der Blume hinunter, roch daran und verzog dann das Gesicht, als sie sich den Blütenstaub von der Nasenspitze wischte. Nick mußte über die unschuldige Geste des Mädchens unwillkürlich lächeln und hätte sich zum hundertsten Mal am liebsten dafür geohrfeigt, daß er sich dieses reizende Geschöpf hatte durch die Finger gleiten lassen. Dann wandte er sich wieder dem Mann zu, der hinter dem Schreibtisch saß und die in Stiefeln steckenden Füße auf die polierte Tischplatte gelegt hatte. Die Stiefel waren so blank wie das Holz unter ihnen. Nick schüttelte den Kopf.

»Verdammt, Roarke, du bist der größte Glückspilz unter der Sonne.«

Roarke sah zu Nick auf und legte die Papiere beiseite, in denen er gerade gelesen hatte. Er runzelte die Stirn und nahm die Füße vom Tisch. »Wie kommst du denn darauf?«

Nick neigte den Kopf in Richtung Garten. Roarkes verständnisloser Blick veranlaßte ihn, dieser Geste Worte folgen zu lassen. »Du weißt genau, aus welchem Grund ich dich für glücklich halte. Oder kennst du noch andere Männer, die zwei wunderschöne Frauen gleichzeitig unter ihrem Dach zu ihrer freien Verfügung haben? Und ich hätte angenommen, die beiden hätten einander im Kampf um dich längst die Augen ausgekratzt.« Verwundert schüttelte Nick den Kopf.

»Aber nein. Nicht Roarke O'Connors Gespielinnen. Sie kommen offenbar glänzend miteinander aus«.

Roarkes gleichmütiges Lächeln schwand, als er aufstand und an die Balkontür trat. Er erspähte eins der Objekte von Nicks völlig unangebrachtem Interesse, als es sich auf die kleine Bank unter der hohen Palme setzte. Brianna fächelte sich mit ihrem breitkrempigen Strohhut gemächlich Luft zu und blickte in die Ferne – nicht ahnend, daß sie erneut Gesprächsthema zwischen den beiden Freunden war.

In dem Drang, Brianna gegen Nicks Verleumdung zu verteidigen, sah Roarke den Mann an, der neben ihn getreten war. »Roselee ist die einzige Frau in diesem Haus, mit der ich das Bett teile, Nick.«

Nick runzelte die Stirn. »Du brauchst nicht zu lügen, um Briannas Ruf zu retten, Roarke. Wir wissen doch beide, was sich in Ole Harrys Gasthaus abgespielt hat.«

Roarke hob spöttisch die Brauen und verschränkte die Arme vor der breiten Brust. »Tatsächlich? Dann muß ich wohl doch alt und vergeßlich werden, denn ich hätte geschworen, daß du das Gasthaus kurz nach meinem Eintreffen dort verlassen hast.«

»Teufel, du weißt genau, was ich meine. Du bist bei ihr geblieben. Und ich weiß, wie wild sie auf dich war. Das habe ich mit meinen eigenen Ohren von ihr gehört. Und da ich die Frauen ebensogut kenne wie dich, hege ich keinerlei Zweifel an dem weiteren Verlauf der Dinge.«

»Da irrst du dich gründlich, Nick. Nachdem du gegangen bist, ist absolut nichts geschehen. Ich bin nur geblieben, um dafür zu sorgen, daß Brianna dich in ihrem Bett nicht mit einem noch verrufeneren Kerl ersetzt«, erklärte Roarke ungerührt. Wieder blickte er zu der jungen Frau im Schatten hinunter.

Nick grinste Roarke an. »Ich glaube dir zwar kein Wort, *mon ami*. Aber ich werde mich mit deiner Erklärung zufriedengeben.«

Dichte schwarze Wimpern verbargen Roarkes Augenausdruck, als er sich dem Freund wieder zuwandte. »Dir bleibt keine andere Wahl. Und ich möchte von keiner Stelle irgend etwas anderes hören als das, was ich dir gerade gesagt habe.«

Nicks Grinsen schwand. »Was ist in letzter Zeit nur in dich gefahren, Roarke? Du benimmst dich wie ein echter Hundesohn. Du weißt sehr wohl, daß du mir nicht zu drohen brauchst, damit ich dein Privatleben vertraulich behandle. Aber so, wie du dich verhältst, und wenn ich dich nicht besser kennen würde, könnte man glatt auf den Gedanken kommen, daß du dich in Miss Tarleton verliebt hast. Du tust ja gerade so, als wäre sie zerbrechlich wie Glas.«

Lachend schlug Roarke Nick auf die Schulter. »Gott sei Dank kennst du mich gut genug, um auf eine derart absurde Idee gar nicht erst zu kommen. Und es tut mir leid, wenn ich mich in letzter Zeit nicht richtig verhalten habe. Mir gehen ein paar ernste Dinge durch den Kopf. Der Botschaft zufolge, die ich gestern von unseren amerikanischen Freunden erhalten habe, ist es mehr als dringend für uns, nach Frankreich zu segeln und die Munition von Beaumarchais entgegenzunehmen. Wie zuvor schon werden wir uns in Brest mit ihm treffen. Beaumarchais wird dort als Vertreter des privaten Handelshauses Roderigue Hortalez und Kompanie auftreten.«

Gutmütig lächelnd entschloß auch Nick sich zu einer Entschuldigung. »Auch mir tun die Dinge leid, die ich getan habe, Roarke. Es war nicht richtig von mir, dem Mädchen diesen Liebestrank zu geben, um es ins Bett zu bekommen. Mir ist bewußt, daß meine Handlungsweise das gute Verhältnis zwischen uns beeinträchtigt hat.« Er sah zu Brianna hinunter und schüttelte bekümmert den Kopf. »Aber verdammt, wenn ich sie mir ansehe, glaube ich doch, daß sie ein Kielholen durchaus wert gewesen wäre.«

»Du bist und bleibst unverbesserlich.« Roarke lachte und setzte sich wieder hinter seinen Schreibtisch. Er zog eine Schublade auf und entnahm ihr eine kleine Lederkassette. Er öffnete auch diese und holte einen prallgefüllten Geldbeutel heraus. »Hier, dein Anteil von der letzten Fahrt. Bei deinen Gepflogenheiten sollten dich die Goldstücke für mindestens eine Woche mit Wein und Frauen versorgen können.«

»Nun, ich habe eben nicht soviel Glück wie du«, bemerkte Nick und steckte den Beutel in die Innentasche seiner Jacke.

»Glück hat damit gar nichts zu tun«, gab Roarke schmunzelnd zurück. »Sondern Charme. Mein unwiderstehlicher Charme. Aber jetzt habe ich noch eine Menge zu erledigen, wenn wir morgen aufbrechen wollen.«

Nick nahm den Hinauswurf mit Würde hin. »Da meine Gesellschaft hier nicht länger erwünscht ist, werde ich zum Fort Oranje hinuntergehen und sehen, wie viele Frauen bereit sind, mein Lager zu teilen, wenn sie meine Barschaft sehen.«

»Nick, wenn du klug bist, gibst du nicht all dein Geld für Huren aus. Im Moment besitzen wir zwar Kaperbriefe vom Continental Congress, aber sobald der Krieg vorbei ist, werden wir als ganz gewöhnliche Piraten gebrandmarkt, wenn wir weiterhin die Meere heimsuchen.«

Unbeeindruckt von den Sorgen des Freundes um die Zukunft zuckte Nick mit den Schultern. »Ich bin nicht wie du, alter Freund. Ich kann mein Geld nicht in Lagerhäuser und Schiffe stecken. Ich muß die Früchte meiner Arbeit auch genießen können. Und was die Zukunft anbetrifft – die wird sich finden.«

»Es ist dein Leben, Nick«, sagte Roarke. Es war nicht das erste Gespräch dieser Art. Immer wieder versuchte er, Nick begreiflich zu machen, daß die Dinge nicht so bleiben würden, wie sie jetzt waren. Die Welt veränderte sich nahezu täglich. Und die Kolonien waren das beste Beispiel dafür, wie rasend schnell das geschah.

Nein. Die Dinge veränderten sich, und Roarke hatte vor, sich mit ihnen zu verändern. Dennoch genoß er sein Leben, kostete jeden Moment voll aus, besaß aber genug Verstand, nicht alles, was er verdiente, für Frauen und Rum zu verschwenden. Er hatte zu lange in Armut leben müssen, war von den Begüterten genügend verhöhnt worden, als wegen weniger Momente flüchtigen Vergnügens in dieses Leben zurückkehren zu wollen.

Nick setzte sich die Mütze auf dem Kopf zurecht und salutierte spaßhaft vor Roarke. »Solltest du dich wider Erwarten hier mit deinen Schönheiten langweilen, komm ins Statia Inn hinunter, dann gebe ich dir einen aus.«

Nick wartete Roarkes Antwort nicht ab. Er drehte sich um und schlenderte aus dem Arbeitszimmer. Als er sich den vor ihm liegenden Abend vorstellte, zuckte ein mutwilliges Lächeln um seine Lippen. In der Nähe der Tür zum Garten blieb er kurz stehen und überlegte, der liebreizenden Brianna einen kurzen Besuch abzustatten. Doch diese Idee schwand so schnell, wie sie gekommen war. Er hatte keine Lust, sich heute noch einmal Roarkes Zorn zuzuziehen. Obwohl es sein Freund nicht zugab, vermutete Nick, daß das Mädchen irgendeine verborgene Nische in Roarkes Herzen gefunden hatte, von der sein Freund behauptete, daß er sie gar nicht besaß.

Das Wissen, Roarke weit besser zu kennen als der sich selbst, ließ Nick selbstgefällig lächeln, als er zu dem zweirädrigen Eselskarren zurückkehrte, den er gemietet hatte. Auf einem Pferderücken fühlte er sich nicht wohl. Auf See kannte er sich aus, aber wenn es um Tiere ging, waren die Weibchen seiner eigenen Spezies die einzigen, die er reiten wollte. Er kletterte auf den Sitz und schlug mit den Zügeln auf den Rücken des Esels ein. Das Tier wandte den Kopf und warf Nick einen tiefgekränkten Blick zu. Es spitzte ein Ohr und wedelte ausgiebig mit dem Schwanz, bevor es sich dazu herabließ, die Reise in einer ihm genehmen Geschwindigkeit anzutreten. Nick fluchte unterdrückt und lehnte sich zurück, um die anstrengende Fahrt über die gewundene Bergstraße über sich ergehen zu lassen.

***

Mit den Gedanken noch immer bei seiner Unterhaltung mit Nick, verschloß Roarke die Lederkassette und legte sie in die Schublade zurück, bevor er auf den Balkon hinaustrat. Sein Blick schweifte über die ausgedehnte Rasenfläche zu der Frau, die im Schatten der hohen Palme saß. Sie sah wunderschön aus, wie sie dasaß, in dem hellen Musselinekleid, das er ihr am Tag nach ihrer Ankunft in seinem Haus gekauft hatte. Mit dem Kleiderkauf hatte er sein Gewissen beruhigt, aber ansonsten war zwischen ihnen alles beim alten.

Roarke kniff nachdenklich die Augen zusammen. Vor seiner Abreise wollte er die Situation zwischen Brianna und sich klären. Er hatte als Friedensangebot vor, sie sein Haus während seiner Abwesenheit nutzen zu lassen. Er hoffte darauf, daß sein Angebot als eine Art Wiedergutmachung betrachtet würde. Das konnte zwar die Fehler der Vergangenheit nicht ungeschehen machen, aber zumindest hätte sie in den kommenden Monaten eine Unterkunft.

Höchst zufrieden mit sich und seiner Entscheidung wandte sich Roarke der Treppe zu, die in den Garten hinunterführte. Er lief gerade über den Rasen auf seinen Hausgast zu, als einer seiner Diener mit einer Erfrischung auf Brianna zutrat. Einen Moment später, als er zusah, wie sie das Glas Fruchtsaft an die Lippen hob, vergaß er alle Gedanken an sein Friedensangebot. Wie angewurzelt blieb Roarke stehen und nahm das Bild in sich auf. Hungrig hing sein Blick an Briannas korallenfarbenen Lippen, als sie die süße, kühle Flüssigkeit trank.

Roarkes Körper reagierte schon, bevor sein Verstand die natürliche Sinnlichkeit ihrer anmutigen Geste registrierte. Einen fast unendlichen Moment lang verharrten seine Blicke auf ihrem Mund, bevor er langsam weiter auf Brianna zuging und ihren Anblick förmlich in sich einsog: den warmen Schimmer ihrer sonnengebräunten Haut, die dichten Wimpern, die ihre samtbraunen Augen beschatteten, während sie auf die Gallows Bay hinausblickte, die feinen Konturen ihres Halses und die verlockenden Wölbungen ihrer Brüste oberhalb ihres Dekolletés.

Roarke schluckte und atmete tief durch, um das wilde Verlangen zu unterdrücken, das ihm das Blut in den Schläfen pochen ließ. Weshalb er eigentlich in den Garten gekommen war, wußte er nicht mehr.

Das Knirschen seiner Stiefel auf dem Muschelpfad ließ Brianna den Kopf wenden. Er lächelte auf sie hinunter, seine tiefblauen Augen gaben sie keine Sekunde lang frei. »Es ist ein wundervoller Tag. Vielleicht möchtest du einen Ausflug über die Insel machen, um deine neue Heimat kennenzulernen?«

Instinktiv wollte Brianna seine Einladung annehmen, doch dann zögerte sie. Sie wußte nicht recht, wie sie auf den Mann reagieren sollte, der sie zur Frau gemacht, aber ansonsten seit ihrer Ankunft in seinem Haus keinerlei Interesse an ihr gezeigt hatte. Warum ging Roarke ihr nun plötzlich nicht aus dem Weg wie sonst?

Ihre Unsicherheit bemerkend, streckte Roarke ihr auffordernd die Hand entgegen. »Sei ein braves Mädchen und streite diesmal nicht mit mir, Brianna. Für mich ist es die letzte Möglichkeit, dir Statia zu zeigen, da ich morgen mit der *Black Angel* in See steche.«

Ein unerklärliches Gefühl von Verlust überkam Brianna. Morgen würde Roarke aus ihrem Leben verschwinden und sie ihn wahrscheinlich nie wiedersehen. Sie stand auf und ergriff Roarkes Hand. »Das würde mir sehr gefallen«, lächelte sie. »Ich habe mich schon gefragt, wie der Rest von Statia aussieht. Von hier oben aus wirkt die Insel einfach wundervoll.«

»Ich werde Thomas bitten, die Kutsche vorzufahren«, erwiderte Roarke, begeistert über ihre Zustimmung. Ihr war gar nicht bewußt gewesen, wie sehr er sich vor einer Ablehnung gefürchtet hatte. Erleichtert und sehr viel entspannter kehrte er zum Haus zurück, um die Kutsche für ihren Ausflug vorbereiten zu lassen.

Brianna sah Roarke nach. Sie konnte nicht umhin, seine Figur zu bewundern. Die enggeschnittenen Leinenhosen unter dem weiten weißen Hemd betonten die muskulösen schmalen Hüften, die kräftig-straffen Schenkel. Betroffen über ihre verwegenen Gedanken, wandte Brianna den Blick ab.

Sie konnte die seltsame Macht nicht verstehen, die Roarke O'Connor über sie hatte. In einer Minute verabscheute sie ihn mit jeder Faser ihres Seins, aber in der nächsten fühlte sie sich versucht, ihm die Welt zu schenken, wenn er sie darum bat.

Brianna runzelte die Stirn und wunderte sich über ihre widersprüchlichen Stimmungen, was Roarke betraf. Sie wollte so schnell wie möglich von ihm frei sein, doch nun, da dieser Moment nahte, empfand sie eine unerklärliche Traurigkeit. Mit einem leichten Schulterzucken verdrängte Brianna jede weitere Überlegung. Von morgen an würde sie sich keine Sorgen mehr über Roarke zu machen brauchen. Mit der *Black Angel* würde er aus ihrem Leben verschwinden, wie er in ihm aufgetaucht war.

Geblendet von der Sonne und mit den Gedanken bei Roarke, bemerkte Brianna die Frau gar nicht, die oben an der

Treppe zum Haus auf sie wartete. Fingernägel bohrten sich in ihren Arm und ließen sie abrupt innehalten.

Mit einem schnellen Blick vergewisserte sich Roselee, daß niemand sie hören konnte. »Ich habe getan, worum Sie mich gebeten haben«, flüsterte sie leise. »Ich habe mit einem Freund gesprochen, und er sagt, er könnte Ihnen helfen. Er kennt einen Mann, der eine Gouvernante sucht. Wir sollen uns heute abend um acht Uhr mit ihm treffen.«

»Vielen Dank, Roselee, ich werde pünktlich zur Stelle sein«, erwiderte Brianna fast abwesend. Ihre Gedanken waren noch immer bei dem Mann, mit dem sie sich in wenigen Minuten treffen würde. Sie versuchte, ihren Arm aus Roselees festem Griff zu befreien, und sah das feindselige Funkeln in den Augen der Frau nicht. »Wenn Sie mich jetzt bitte entschuldigen würden. Ich möchte mich umziehen.«

Roselee ließ Brianna gehen, aber der Blick ihrer zusammengekniffenen Augen blieb auf den Rücken ihrer Rivalin gerichtet, bis Brianna die Tür ihres Zimmers hinter sich schloß. Sie preßte die Lippen zusammen und kämpfte gegen den unbändigen Drang an, dem Mädchen nachzulaufen und ihm jedes einzelne Haar vom Kopf zu reißen. Sie hatte die Schlampe mit Roarke zusammen im Garten beobachtet. Das Mädchen konnte das Blaue vom Himmel herunterlügen, aber Roselee wußte Bescheid. Briannas Gesichtsausdruck während der Unterhaltung mit Roarke sagte ihr eindeutig, daß sie nur aus einem Grund hier war: um ihr Roarke abspenstig zu machen.

Roselee lächelte in sich hinein. Das war ihr von Anfang an klar gewesen. Beim ersten Blick auf dieses Mädchen hatte sie gewußt, daß es nur Ärger und Probleme brachte. Roselee drehte sich um und lief in entgegengesetzter Richtung den Korridor entlang. Sie würde der kleinen Schlampe ihren Nachmittag mit Roarke nicht nehmen. Es würde ihr letzter sein. Heute abend, wenn Walker sein Versprechen einlöste, wäre sie es, die zuletzt lachte.

Vor seiner Abreise bliebe Roarke gar keine Zeit, sich darüber Gedanken zu machen, was aus dem Mädchen geworden war. Und wenn er nach Statia zurückkehrte, würde Brianna Tarleton für sie beide nur noch eine ferne, unerfreuliche Erinnerung sein.

***

Das üppige Grün der Landschaft ging in Strände aus feinem vulkanischen Sand über. Brianna sog die frische Meerluft tief ein und kostete den Augenblick voll aus. Die Fahrt über die gewundene Bergstraße, auf der Roarke Einzelheiten aus der Geschichte der Insel erzählte, war ihr vorgekommen wie ein Ausflug unter Freunden in England. Etliche Male, wenn die hohen Bäume den Blick auf den Ozean öffneten, der das vulkangeborene Eiland umgab, hatte er die Kutsche angehalten. Ausführlich erläuterte er, warum die niederländische Insel zum Golden Rock geworden war. Und zu dem Zeitpunkt, da sie den Strand erreichten, konnte Brianna über den Mann an ihrer Seite nur staunen. So, wie er über die Insel und ihren wirtschaftlichen Reichtum sprach, wirkte er eher wie ein Kaufmann oder Bankier und nicht wie ein verwegener Pirat.

An den Nachmittag verloren, ohne einen Gedanken an die Vergangenheit oder die Zukunft, ließ sich Brianna von Roarke aus der Kutsche heben. Einen endlosen Moment lang hielt er sie hoch in der Luft, seine faszinierend dunkelblauen Augen senkten sich in ihre, ein leichtes Lächeln spielte um seine sinnlichen Lippen. Dann, mit einem kleinen Seufzer, der an Bedauern grenzte, setzte er sie auf dem Sand ab.

Nachdem der Zauber gebrochen war, nahm Roarke ihre Hand und lief mit ihr auf die Brandung zu. Umgeben von steilen Klippen, war der Strand leer und verlassen. Nur die

Rufe der Möwen und das Rauschen der Brandung durchbrachen die Stille.

Brianna lachte laut auf, als ein kleiner Krebs mit einer Welle auf den Sand gespült wurde und sofort die winzigen Scheren in Verteidigungsposition brachte. Tapfer marschierte er in das Wasser zurück, das ihn an Land geworfen hatte. Fasziniert von seinem Mut gegenüber so großen Feinden, kniete sich Brianna in den Sand und wollte dem kleinen Meeresbewohner behutsam auf den richtigen Weg helfen. Prompt zwickte er sie in den Finger. Verblüfft steckte Brianna den verletzten Finger in den Mund und sah zu Roarke auf, der sie lächelnd betrachtete.

»Er scheint deine Hilfe nicht zu schätzen«, sagte Roarke, verwundert über seine Reaktion auf Briannas naive Natürlichkeit. Eine Frau wie sie hatte er noch nicht kennengelernt. Sie war keine Unschuld mehr, und doch schien sie eine Aura unverstellter Natürlichkeit zu umgeben. Sie hatte das leidenschaftlichste Verlangen des Mannes kennengelernt, und doch hatte ihr das nicht ihr Vertrauen genommen, sonst würde sie ihn mit ihren goldgefleckten Augen jetzt nicht so ansehen, als wäre er ihr Freund. Sich nichts sehnlicher wünschend, als sich mit Brianna im Sand auszustrecken, um sie zu lieben, zwang Roarke seine Hand zur Ruhe, als er Brianna beim Aufstehen half.

»Nein. Offensichtlich nicht«, erwiderte Brianna und hielt ihm anklagend ihren Finger entgegen.

Diese harmlose Geste brach die Zurückhaltung, um die sich Roarke bemühte, seit er Brianna im Garten beobachtet hatte. Sein Blick sog sich an dem Mund fest, den er schon den ganzen Nachmittag lang kosten wollte. Er erinnerte sich an ihren letzten Kuß und mußte sich die unvermittelt trockenen Lippen befeuchten. Sein Verlangen, ihre sinnlichen Lippen zu berühren, steigerte sich ins Unermeßliche. Bevor er sich davon abhalten konnte, griff er nach ihrer Hand, küßte ihren Finger und umschloß ihn dann zärtlich aber ungeheuer erotisch, mit der Zunge.

Ungeahnte Empfindungen überwältigten Brianna, erfaßten jede Faser ihres Seins und machten ihr Roarkes Männlichkeit ebenso bewußt wie ihre eigene Sinnlichkeit. Scharf sog sie den Atem ein und blickte ihm tief in die Augen. Aber sie zog die Hand nicht fort, konnte es nicht. Ihr Herz begann wild zu schlagen, ihr Puls pochte an ihrer Kehle, flatterte dort wie ein in einem seidenen Netz gefangener Schmetterling. Unbewußt verführerisch fuhr sie sich mit der Zunge über die Unterlippe und kämpfte gegen das unmittelbare Verlangen an, sich in Roarkes Arme zu werfen.

Aufstöhnend gab sich Roarke seinem Verlangen hing. Er riß sie in die Arme und zog sie eng an sich, als er ihre Lippen zu einem allesverzehrenden Kuß einfing.

Brianna wehrte sich nicht. Wie von selbst wanderten ihre Arme über sein weißes Hemd und schlossen sich um seinen sehnigen Nacken. Ihre Finger spielten mit den dunklen, lockigen Haaren. Wie ein Schiff auf der Suche nach dem Heimathafen schmiegte sich ihr Körper an Roarke. Sie standen eng aneinandergedrängt, und elektrische Ströme durchfuhren sie wie die Elemente eines ungestümen Gewitters. Kleine Blitze durchzuckten Brianna und ließen sie erbeben. Ihre Knie gaben nach, und sie drängte sich haltsuchend näher an Roarke.

Behutsam gab Roarke ihren Mund frei. Er umfaßte ihr Kinn und sah ihr tief in die samtbraunen Augen. Ein kleines Lächeln verzog seine sinnlichen Lippen, und seine Worte klangen sehr zärtlich. »Was soll ich nur mit dir machen, Brianna? Du bringst mich dazu, mich wie ein unerfahrener Schuljunge aufzuführen, der sich nach seinem ersten Liebeserlebnis sehnt. In deiner Nähe höre ich nur die Botschaft meines Herzens. Und die sagt mir, daß ich dich lieben muß. Ich habe versucht, dem zu widerstehen, aber wenn ich dir ins wunderschöne Gesicht sehe, fehlt mir dazu alle Kraft.«

Bei Roarkes Worten dachte Brianna, vor Glück vergehen zu müssen. Sie verstand seinen Wunsch nach Widerstand ebenso wie die Erfolglosigkeit, diesen Wunsch in die Wirklichkeit umzusetzen. Sie empfand ähnlich. Sie wußte, daß sie sich nicht von Roarkes Armen umfangen lassen und seine Küsse genießen sollte, konnte sich dieses Glück aber nicht versagen. Morgen würde er aus ihrem Leben verschwinden, aber heute wollte sie ihre Zeit mit ihm bis zum letzten Moment auskosten. Die Welt würde sie für zügellos halten, unpassend für einen anständigen Mann und die Ehe, aber im Augenblick, mit Roarkes Wärme, in seinen Armen, machte ihr das nichts aus. Das lag in der Zukunft, und im Moment gab es weder Zukunft noch Vergangenheit.

Hier am Strand befanden sie sich in ihrer eigenen Welt, die Zeiger der Uhren waren angehalten, die Sonne stand still und erlaubte der Zeit nicht, zu vergehen.

Ihr Verlangen entsprach dem Roarkes. Diesmal konnte sie ihre Handlungen nicht mit der Einnahme von Rauschmitteln rechtfertigen, aber auch das war ihr egal. In den vergangenen Tagen hatte sie alle Gedanken an Roarke und ihre gemeinsame Nacht im Statia Inn verdrängt, aber nun explodierten die Erinnerungen in ihr wie ein Feuerwerk und ließen Brianna in Erkenntnis der Wahrheit erbeben. Sie wollte, daß dieser Mann sie noch einmal nahm, daß er ihr noch einmal die Ekstase schenkte, die sie in seinen Armen in jener Nacht kennengelernt hatte, in der er sie zur Frau gemacht hatte. Sie wollte, daß Roarke sie liebte.

»Liebe mich, Roarke«, flüsterte Brianna, und ihre Stimme erzitterte, als sie in Roarkes Augen blickte und sich bewußt machte, daß ihre Gefühle für ihn über die rein körperliche Anziehung weit hinausgingen. Irgendwie, irgendwann im Verlauf ihrer stürmischen Beziehung hatte sie es diesem Mann erlaubt, ihr Herz in Besitz zu nehmen.

Ein tiefer Seufzer kam über Roarkes Lippen, als er seinen Mund erneut auf Briannas Lippen senkte. Das erotische Duell, das sich daraus entspann, ließ Roarke und Brianna nach Atem ringen.

Unfähig, auch nur eine Minute länger warten zu können, hob Roarke Brianna auf die Arme, griff im Vorbeigehen eine Decke von der Kutsche und trug sie in den Schatten einiger Palmen. Dort gab er sie nur lange genug frei, um die Decke auf dem Sand auszubreiten. Auf der Decke kniend, streckte er Brianna die Hand entgegen. Sie ergriff sie mit ungewohnter Schüchternheit, ihre Wangen erglühten vor Verlegenheit über ihr Verlangen.

Roarkes leises Lachen wurde vom Wind davongetragen, als er sie zu sich herunterzog. Eng umschlungen taumelten sie auf das gemachte Bett.

»O mein Engel, wie bezaubernd du bist«, hauchte Roarke, bevor er wieder von ihren Lippen Besitz ergriff.

Erneut stand die Welt um sie still. Das Gezwitscher der buntgefiederten Vögel wurde zur Melodie der Liebe, das Rauschen der Brandung verstummte, und der Wind hielt den Atem an angesichts der beiden Liebenden, die einander die Kleider abstreiften und eins wurden.

Brianna stöhnte lustvoll auf, als Roarke in sie eindrang. Sie schlang ihre Arme um seinen Hals und legte ihre Beine um seine Hüften, um ihm so nahe wie möglich zu sein. Sehnsüchtig suchten ihre Lippen seinen Mund, ihre Zunge erforschte alle seine Tiefen, während sich die rhythmischen Bewegungen ihrer Hüften zu einem Inferno der Leidenschaft steigerten.

Brianna löste ihre Lippen von Roarkes Mund und konnte ihren Schrei unbändiger Lust nicht unterdrücken. Sie bog den Hals weit zurück und gab das ekstatische Stöhnen frei, das tief und heiser aus ihrer Kehle aufstieg. Roarkes Lippen bemächtigten sich des schmalen Halses, er atmete ihren Duft ein, küßte jeden Zentimeter ihrer samtweichen Haut, bis er seinen eigenen Orgasmus nicht mehr zurückhalten konnte. Er sog ihre Haut ein, wollte sie in seinem wilden Verlangen, sie ganz zu besitzen, fast verschlingen, während er seinen Samen in ihren warmen, weichen Körper ergoß.

Schweratmend brach Roarke auf Brianna zusammen und barg seinen Kopf an ihrer Schulter. Er erschauerte, als ihm zärtliche Finger über die dunklen Haare strichen, um dann langsam über seinen Hals und seine Schultern zu wandern und die Schweißperlen auf seiner bronzefarbenen Haut wegzuwischen. Die schmerzliche Leere in ihm begann sich unter Briannas Zärtlichkeiten langsam zu füllen.

»Roarke, lieber Roarke«, hauchte Brianna in seine schweißnassen Haare. Worte unbändiger Liebe wollten über ihre Lippen, aber Erinnerungen an die Vergangenheit ließen sie erstarren wie Tau an einem Wintermorgen. Schon einmal hatte sie den Fehler begangen, ihr Herz einem Mann zu schenken, der sie nicht liebte, und unter den Folgen seines Verrats gelitten. Diesen Fehler würde sie nicht wieder machen. Unabhängig davon, was sie für Roarke auch empfand – er würde von ihren Gefühlen zu ihm nichts erfahren, bis sie mit Sicherheit wußte, daß auch er sie liebte. Bisher hatte Roarke zu ihr von Liebe noch nicht gesprochen, noch nicht einmal einen Hinweis darauf gegeben, ob ihre Beziehung eine Zukunft hatte. Morgen würde er von Statia fortsegeln – ohne einen Blick für die Frau, die er zurückließ.

Briannas Augen füllten sich mit Tränen, als sie zum blauen Himmel aufblickte. Wolken trieben heran, und die Wogen schlugen donnernd auf den Strand. Die Vögel zwitscherten zornig, verärgert über die Liebenden, die es gewagt hatten, ihre Nachmittagsruhe zu stören. Brianna schloß die Arme enger um Roarkes Schultern und fragte sich, was sich in den letzten Minuten verändert hatte. Aber sie wußte es längst. Sie hatte sich in einen Piraten verliebt, der über den Moment hinaus nichts für sie empfand. Ihr Herz pochte schmerzhaft, als sie Roarke in einem letzten verzweifelten Versuch an sich zog, sich die Illusion zu bewahren, mit der sie sich in den letzten Minuten eingelullt hatte.

Die Anspannung in ihrem weichen, warmen Körper spürend, wußte Roarke, daß irgend etwas nicht stimmte. Er hob den Oberkörper, stützte sich auf die Ellbogen und sah sie an. Die Tränen in ihren Augenwinkeln ließen ihn besorgt die Stirn runzeln. Zärtlich wischte er sie mit einer Fingerspitze fort. »Habe ich dir weh getan?« fragte er beunruhigt.

Brianna schüttelte den Kopf und versuchte ein zittriges Lächeln. »Nein, ich mußte nur an morgen denken.«

Roarke griff nach seinen Hosen und zog sie sich über die schmalen Hüften, bevor er sie wieder ansah. »Darüber wollte ich schon mit dir sprechen.«

Plötzlich verlegen über ihre Nacktheit streifte sich Brianna schnell ihr Kleid über den Kopf und konzentrierte sich auf die Knöpfe ihres Mieders, als sie fragte: »Was wolltest du mir denn dazu sagen?«

»Ich möchte, daß du in dem Haus wohnst, so lange du willst. Es besteht für dich kein Anlaß, es zu verlassen«, sagte Roarke und schlüpfte in die Ärmel seines Hemdes. Als er es sich über den Kopf zog, bewahrte ihn das davor, den schmerzlichen Ausdruck auf Briannas Gesicht zu bemerken.

Sie wandte den Blick ab und sah auf das Meer hinaus. »Ich danke dir für das Angebot, Roarke. Aber ich weiß nicht, ob ich es annehmen soll. Vielleicht ist es besser auszuziehen, sobald ich eine Arbeit gefunden habe.«

Ihrer Stimme konnte Roarke entnehmen, daß seine Äußerungen ihr in irgendeiner Weise mißfallen hatten. Stirnrunzelnd fuhr er sich mit der Hand durch die Haare und rieb sich den Nacken, weil dort seine Muskeln plötzlich vor Anspannung schmerzten. Er wollte jede Mißstimmung zwischen ihnen unbedingt vermeiden. Er wollte sich an Brianna erinnern, wie sie heute nachmittag gewesen war, nicht an das rebellische, zänkische Geschöpf, mit dem er es in der Vergangenheit zu tun hatte. »Du mußt wissen, was das beste für dich ist«, sagte er schließlich, weil ihm nichts anderes zu ihrer Besänftigung einfiel.

Seine Antwort schien nicht den gewünschten Effekt zu haben. Mit einem Satz kam Brianna auf die Füße und lief davon. Verblüfft sah ihr Roarke nach. Er wußte wirklich nicht, was er falsch gemacht hatte, aber er wollte verdammt sein, wenn er ihr nachlief, um sich zu entschuldigen, wo er ihr doch nur einen Gefallen erweisen wollte. Verärgert sprang er auf, griff nach der Decke und schüttelte sie aus, bevor er zu der Kutsche zurücklief, neben der Brianna auf ihn wartete.

Auf der Fahrt sprach keiner von ihnen ein Wort. Als er die Kutsche vor dem Haus anhielt, sagte Brianna leise: »Vielen Dank für den wundervollen Nachmittag, Roarke. Ich werde ihn nie vergessen.« Ohne auf seine Antwort zu warten, sprang sie vom Wagen und lief auf die Haustür zu.

»Brianna«, rief Roarke ihr nach, aber sie tat so, als würde sie ihn nicht hören. Sie öffnete die Tür und verschwand im Haus.

»Verdammt«, fluchte Roarke vor sich hin und fuhr sich wieder verunsichert durch die dunklen Haare. Alles war wundervoll und harmonisch gewesen, bis er ihr die Nutzung seines Hauses in seiner Abwesenheit angeboten hatte. Er schüttelte den Kopf, schlug dem Pferd mit den Zügeln auf den Rücken und lenkte es in Richtung Fort Oranje. Vielleicht konnten ein paar Gläser in Nicks Gesellschaft seine Stimmung und seine Ansicht über Frauen im allgemeinen verbessern.

Vom Fenster ihres Zimmers aus sah Brianna der Kutsche nach, bis sie ihren Blicken entschwand. Die Tränen, die sie am Strand mühsam zurückgehalten hatte, liefen ihr nun ungehemmt über die Wangen. Roarke hatte ihr die Benutzung seines Hauses angeboten, aber kein Wort darüber gesagt, daß er sie nach seiner Rückkehr hier noch anzutreffen wünschte. Dieses Versäumnis sagte alles über seine Gefühle ihr gegenüber und eine gemeinsame Zukunft aus. Er hatte keinen Versuch unternommen, ihr ihre Absicht auszureden, das Haus so schnell wie möglich zu verlassen, und ihr lediglich mitgeteilt, das sei ihre eigene Entscheidung.

Brianna wandte sich vom Fenster ab und setzte sich an den Ankleidetisch. Ein elendes, hageres Gesicht blickte ihr aus dem Spiegel entgegen. Brianna hob die Hand, ihre Finger befühlten das rote Mal an ihrer Kehle. Roarke O'Connor hatte sein Zeichen auf ihr hinterlassen, sie gebrandmarkt, ob es ihr nun gefiel oder nicht. Er hatte ihr Herz ebenso in Besitz genommen wie ihren Körper und sie machtlos den Gefühlen ausgeliefert, die er in ihr erregte.

Ein namenloser Schmerz durchfuhr Brianna, und sie schloß die Augen, um das Bild der Frau zu verdrängen, die sie geworden war. Ihr Atem ging in keuchenden Stößen, als sie sich bewußt machte, daß sie ihre Mutter inzwischen verstand. Auch Sabrina war Lord Montague gegenüber hilflos gewesen. Sie hatte gefürchtet, den Mann zu verlieren, den sie mehr liebte als ihre eigene Tochter.

Dieser Gedanke ließ Brianna den Kopf wieder hochreißen. Ihre Augen wurden ganz groß, als sie ihr Spiegelbild anstarrte und dort ihre Mutter sah. Energisch schüttelte Brianna den Kopf. Nein, sie hatte die Schwäche ihrer Mutter nicht geerbt. Sie reckte das Kinn und funkelte das Spiegelbild zornig an. Sie würde sich von keinem Mann beherrschen lassen. Sie würde sich nicht zu einer Frau erniedrigen lassen, die nur durch und für den Mann lebte, den sie liebte – ganz gleich, welche Schmerzen das mit sich brachte, ganz gleich, was ihr Herz ihr befahl. Sie wollte nicht enden wie Sabrina, die aus Schwäche für einen Mann und seinen Besitz zu einem Schatten ihrer selbst geworden war.

Brianna stand auf und ging zur Tür. Die Sonne neigte sich bereits dem Westen zu, die Uhr zeigte auf sieben. Es war Zeit, zu Roselee zu gehen, damit sie sich auf den Weg zu ihrem Freund machen konnten. Mit ein wenig Glück konnte sie nach diesem Treffen auf Roarkes Gastfreundschaft verzichten.

***

Auf ihrem Weg zum Fort Oranje musterte Roselee Brianna verstohlen. Das Mädchen wirkte nach seinem Nachmittag mit Roarke nicht gerade glücklich. Roselee lächelte in dem sicheren Gefühl, den Grund für Briannas düstere Stimmung zu kennen. Das Mächen hatte die Finger nach einem Mann ausgestreckt, ohne zu wissen, wie er angepackt werden mußte. Jung und unerfahren wie sie war, hatte Brianna wahrscheinlich den Fehler begangen, Roarke nach ihrem sexuellen Abenteuer ihre Liebe zu gestehen. Und Roselee zweifelte nicht daran, daß Roarke Brianna über seine eigenen Gefühle keine Sekunde im Unklaren gelassen hatte.

Bei dieser Vorstellung mußte Roselee schmunzeln. Die kleine Schlampe hatte bekommen, was sie verdiente. Brianna war unbefugt auf ihr Territorium eingedrungen, und sie empfand keinerlei Mitleid mit ihr. Das einzige Gefühl, das Brianna in Roselee erregt, war Haß. Aber mit dem heutigen Abend wäre das Problem beseitigt.

Roselees leises Lachen brachte Brianna dazu, ihre Augen aus den Fernen zurückzuholen, in die sie seit dem Verlassen von Roarkes Haus geblickt hatten. »Es ist nicht mehr weit, Brianna. Mein Freund möchte sich mit uns in der Nähe des Lagerhauses treffen, in dem er arbeitet. Von dort aus will er Sie zu dem Mann bringen, der eine Gouvernante für seine kleine Tochter sucht.«

Brianna blickte zum dunkler werdenden Himmel empor. »Ist es nicht ein wenig seltsam, sich so spät abends zu einem Einstellungsgespräch für eine Gouvernante zu treffen? Ich hätte eher angenommen, der Mann würde mich in sein Haus einladen, damit auch seine Tochter mich kennenlernt.«

Hastig suchte Roselee nach einer Ausrede, um Briannas Besorgnisse zu zerstreuen. »Normalerweise hätte er Sie auch in sein Haus gebeten, aber in letzter Zeit hat er zu viel zu tun. Seit Ausbruch des Krieges zwischen den Kolonien und England ist er damit beschäftigt, Versorgungsgüter zu verschiffen«, erklärte Roselee und bezog sich damit auf Gespräche zwischen Roarke und Nick, die sie belauscht hatte. »Der Mann ist Witwer, also muß er seinem kleinen Mädchen auch die Mutter ersetzen. Und neben seiner aufreibenden Tätigkeit ist das nicht immer leicht für den armen Mann. Vermutlich werden Sie verstehen, daß er da mitunter zu ungewöhnlichen Mitteln greifen muß.«

»Wahrscheinlich haben Sie recht«, erwiderte Brianna abwesend, wunderte sich aber noch immer über die späte Stunde. Sie war von Roarkes Einladung zum Ausflug über die Insel so überwältigt gewesen, daß sie sich am Nachmittag gar keine Gedanken über den Zeitpunkt für das Treffen gemacht hatte. Aber vielleicht herrschten auf Statia andere Gepflogenheiten als in England. Sie konnte sich nicht vorstellen, daß ein englischer Gentleman nach fünf Uhr nachmittags irgendwelche Geschäfte abwickelte. Das würde als in hohem Maße unschicklich angesehen.

Der Eselskarren holperte über die kopfsteingepflasterte Straße. Die ruckartigen Bewegungen ließen Briannas Kiefer aufeinander schlagen, bis sie die Zähne fest zusammenbiß. Sie klammerte sich an ihren Sitz und blickte wachsam ins Dunkel, da sie sich nur zu gut an ihren ersten Aufenthalt in den Docks erinnerte. Zwei Frauen mußten das Interesse der zwielichtigen Gestalten nur verdoppeln, die die Schenken am Hafen bevölkerten.

Roselee lenkte den Karren in eine enge Gasse am Ende der Kais. Sie zügelte den Esel, sprang vom Sitz und sah Brianna an. »Kommen Sie schon. Ich habe nicht den ganzen Abend lang Zeit. Roarke wird bald nach Hause kommen und erwarten, mich dort vorzufinden.«

Roarkes Name versetzte Brianna in Bewegung. Wenig später stand sie neben dem Karren auf der sandigen Gasse. In der Ferne hörte sie die Wellen, die in regelmäßigen Abständen auf den Strand schlugen. Nervös blickte sie sich um. »Sind Sie auch sicher, daß sich Ihr Freund hier mit uns treffen wollte, Roselee?«

»Ja«, entgegnete Roselee knapp und mußte sich zusammenreißen, dem Mädchen nicht ins Gesicht zu schlagen. »Walker muß jeden Augenblick hier sein.«

Unwillkürlich schlug Brianna die Arme um ihren Oberkörper und sah ängstlich in die Dunkelheit. Sie spürte, daß sich in ihrem Nacken die Haare sträubten. Irgend etwas stimmte an dieser Verabredung nicht. Sie sah die Frau wieder an, die versprochen hatte, ihr dabei zu helfen, Arbeit zu finden. »Sie haben mich doch nicht hergebracht, damit ich mich um eine Stellung als Gouvernante bewerbe, stimmt's, Roselee?«

Roselee ließ die Maske fallen. Ihre Lippen verzogen sich zu einem triumphierenden Lächeln, als sie Brianna aus schmalen, haßerfüllten Augen anstarrte. »Also hat es die kleine Schlampe schließlich doch herausgefunden? Ich habe mich schon gefragt, wie lange Sie noch zu der Erkenntnis brauchen, wie dumm es von Ihnen war zu glauben, daß ausgerechnet ich Ihnen helfen würde.«

Ein Angstschauer kroch über Briannas Rücken, aber das ließ sie sich nicht anmerken. Roselee sollte ihre Furcht nicht sehen. Das würde die Situation nur verschlimmern. »Ich weiß zwar nicht genau, was Sie vorhaben, Roselee, aber es ist an der Zeit, das Spiel zu beenden.«

Leise lachend schüttelte Roselee den Kopf. »Das ist kein Spiel, Brianna. Es geht um mein Leben, und bevor Sie nicht verschwunden sind, werde ich keine Ruhe haben.«

Brianna runzelte die Stirn. »Ich weiß nicht, wovon Sie reden. Von mir haben Sie doch nichts zu befürchten.«

»Das haben Sie mir schon einmal vorgemacht, aber ich habe Sie zusammen mit Roarke beobachtet, und ich kann nicht zulassen, daß Sie sich zwischen Roarke und mich drängen. Roarke liebt mich.«

In der Erkenntnis, daß ihr Leben auf dem Spiel stand, wenn sie Roselee nicht davon überzeugen konnte, daß sie nicht ihre Rivalin war, versicherte Brianna schnell: »Ich weiß, daß er Sie liebt. Das hat er mir heute nachmittag selbst gesagt. Warum will ich Roarkes Haus wohl so schnell wie möglich verlassen? In Roarkes Leben gibt es keinen Platz für mich, Roselee, denn er liebt Sie.«

»Sie haben recht, Roarke liebt mich, aber ich möchte seine Liebe nicht auf die Probe stellen, indem ich Ihnen gestatte, auf Statia zu bleiben.«

Brianna streckte abwehrend die Hände aus und wich langsam ein paar Schritte zurück. »Ich werde Statia verlassen, wenn Sie das wollen, Roselee.«

»Das will ich, du Schlampe. Aber ich will mich mit eigenen Augen davon überzeugen, daß du das auch tust. Walker hat bereits alle nötigen Vorkehrungen getroffen. Und wenn Roarke von seiner Reise zurückkehrt, wirst du nichts weiter als eine schlechte Erinnerung sein.«

Brianna erkannte Roselees Pläne und wußte, daß sie fliehen mußte, so lange noch Zeit war. Sie drehte sich in dem Moment um, als sich ein kräftiger Arm wie eine eiserne Klammer um ihre Taille legte. Gleichzeitig erstickte eine rauhe Hand auf ihrem Mund jeden Hilfeschrei. Roh lachend hob sie der Angreifer von den Füßen.

»Da bin ich ja gerade noch rechtzeitig gekommen, Schwesterchen. Was für ein widerspenstiges Geschöpf.«

»Verdammt noch mal, Walker, mußt du dich denn immer verspäten? Wäre sie mir entkommen, hätte ich dir mit eigenen Händen die Kehle aufgeschlitzt.«

»Reg dich bloß nicht unnötig auf, Schwesterchen. Ich bin doch gekommen, oder? Und du warst doch diejenige, die sich unbedingt damit brüsten mußte, was ihr bevorsteht. Also lade nicht alle Schuld bei mir ab.«

Verzweifelt versuchte Brianna, sich loszureißen, aber es gelang ihr nicht. Die Hand auf Mund und Nase drohte sie zu ersticken. Sie rang nach Atem, bekam aber nicht genug Luft in die schmerzenden Lungen. In ihren Ohren begann es zu rauschen und zu summen, während der Mann weiter mit Roselee herumstritt. Dann senkte sich tiefe Bewußtlosigkeit über Brianna, und sie sank willenlos gegen Walker Ford.

Als sie in seinen Armen erschlaffte, löste Walker seine Hand von Briannas Mund. Verblüfft über ihre Ohnmacht, starrte er auf sie hinunter. »Nun sieh dir an, wozu du mich getrieben hast. Ich habe das Frauenzimmer umgebracht. Das wird Zeb aber gar nicht gefallen. Er hat alles so arrangiert, daß wir von Captain van Ness ein hübsches Sümmchen für sie bekommen. Der handelt mit den Heiden im Osten, die gute Preise für weiße Frauen für ihre Bordelle zahlen.«

»Zeb interessiert mich einen feuchten Kehricht. Ich bezahle dich dafür, daß du sie mir vom Halse schaffst. Wie du das anstellst, ist mir egal. Wenn sie tot ist, verfüttere sie an die Fische. Wenn sie noch lebt, mach mit ihr, was du willst – sofern sie bei Tagesanbruch nicht mehr auf Statia ist«, sagte Roselee und kam näher. Sie streckte die Hand nach Briannas Hals aus und fühlte nach ihrem Puls. Das Mädchen war nicht tot, nur bewußtlos. Sie warf ihrem Bruder einen verächtlichen Blick zu. Er war genau wie ihr Dad. Zu dämlich zum Überleben, wenn ihm niemand sagte, was er zu tun hatte. »Das Mädchen lebt, aber ich schlage vor, daß du es auf Captain van Ness' Schiff bringst, bevor es wieder zu sich kommt und um Hilfe schreit.«

Roselee wandte sich wieder dem Eselskarren zu. Sie kletterte hinauf und glättete umständlich ihre Röcke, bevor sie ihren Bruder wieder ansah. Ihre Miene verhärtete sich. »Ich warne dich, Walker. Mach bloß keinen Fehler. Sollte irgend etwas Unvorhergesehenes passieren, werde ich dafür sorgen, daß Zeb und du wegen Mordes an den Galgen kommen – falls ich euch zuvor nicht eigenhändig umbringe. Ich kämpfe hier um mein Überleben und werde das mit allen Mitteln schützen, was ich mir so hart erarbeitet habe. Also mach keinen Fehler, sonst steht dein Leben auf dem Spiel.«

Walker hob das bewußtlose Mädchen auf seine Arme. Er widersprach Roselee nicht. Er kannte sie gut genug, um zu wissen, daß sie ihre Drohungen wahr machte. Sie besaß genügend Beweise gegen ihn und Zeb, um sie dreimal an den Galgen zu bringen. »Ich werde keine Fehler machen, Rosie. Mit der nächsten Flut fährt sie hinaus.«

Zufrieden lächelnd warf Roselee ihrem Bruder einen Geldbeutel zu und schlug mit dem Zügel auf den Rücken des Esels ein, damit er sie dorthin zurückbrachte, woher sie gekommen war. Sie bemerkte den dunkeläugigen Mann nicht, der angetrunken an der Tür der Schenke lehnte.

Nick sah, daß Roselee an ihm vorbeifuhr, dachte sich aber nichts Besonderes dabei. Erst vor wenigen Minuten hatte ihn Roarke nach einem ausführlichen Zechgelage verlassen, daher nahm er an, die Frau wäre auf der Suche nach ihrem Liebhaber. Er blickte in die Richtung der dunklen Gasse, die zu den Kaianlagen führte, und sah einen Mann, der eine Last über der Schulter trug, einen Seesack oder etwas Ähnliches. Der Mann durchquerte den Lichtschimmer, der aus der Tür der Schenke gegenüber den Docks fiel. Mit einem Schmunzeln erkannte Nick, daß es sich bei dem Seesack in Wahrheit um eine der Hafenhuren handelte, die offenbar dem Rum zu ausgiebig zugesprochen hatte und ihren Kunden durch Bewußtlosigkeit um sein Vergnügen brachte. Auch dieser Anblick war nicht ungewöhnlich. Die Huren, die am Hafen arbeiteten, tranken sich oft genug in die Besinnungslosigkeit hinein.

Nach einem heftigen Aufstoßen und einem Blick auf die vollbusige Bedienung, die sich provokativ in sein Blickfeld schob, verdrängte Nick die Sache aus seinen Gedanken. Sollte sich Roarke seiner Geliebten widmen, wenn sie ihn endlich gefunden hatte, er würde sich der Schankmaid widmen. Nick grinste breit. Er würde sich ihren vielfältigen Reizen sogar höchst ausgiebig widmen, bevor der Morgen anbrach.

Kapitel 9

»Wo zum Teufel sind denn alle?« schrie Roarke lallend, bevor er laut aufstoßen mußte. Er schlug die Tür hinter sich zu und stolperte in sein Arbeitszimmer, um dort sofort in einem Ledersessel zusammenzubrechen. Verdrossen darüber, von keiner einzigen Seele unter seinem Dach einer Antwort gewürdigt zu werden, zerrte er sich die Stiefel von den Füßen und schleuderte sie quer durch den Raum. Sie polterten laut auf die Keramikfliesen. Roarke wischte sich mit der Hand über das Gesicht, um nicht mehr doppelt zu sehen, und schrie erneut los: »Wo zum Teufel alle sind, habe ich gefragt! Bekommt denn ein Mann in seinem eigenen Haus nichts zu trinken? Oder bin ich etwa nicht gut genug, um bedient zu werden?«

Seine Miene verdüsterte sich, als er erkannte, wieviel er da eben von seiner geheimen Unsicherheit verraten hatte. Mühsam stemmte er sich wieder auf die Füße. Verdammt noch mal, da hatte er nun zwei Frauen unter seinem Dach, war aber gezwungen, sich selbst einen Drink einzugießen. Das hatte er nun davon, daß er ihnen großzügig Obdach gewährte und ihre Münder stopfte – besonders Brianna. Roarkes Stirnrunzeln vertiefte sich. Da hatte er fast bis zur Bewußtlosigkeit getrunken und konnte Brianna doch nicht aus dem Kopf bekommen. Ihre gemeinsam verbrachte Zeit schien in seine Erinnerung eingebrannt. Er konnte sie nicht vergessen, so sehr er auch bemüht war, sich dringenderen Themen zu-

zuwenden. Zunehmend gereizt und fest entschlossen, die Dinge mit ihr ein und für allemal zu bereinigen, stolperte Roarke auf unsicheren Füßen zu Briannas Zimmer.

»Brianna Tarleton, es ist höchste Zeit, daß du dir Unterkunft und Verpflegung auch verdienst«, röhrte er und stieß die Tür so heftig auf, daß sie gegen die Wand schlug. Schwankend hielt er sich am Türrahmen fest und zwinkerte in das dunkle Zimmer. »Verdammt noch einmal, Brianna! Hast du nicht gehört, was ich gesagt habe? Es ist höchste Zeit, daß du dich ein bißchen nützlich machst. Heb dein reizendes Hinterteil aus dem Bett und gieß mir etwas zu trinken ein!«

Aber nur Schweigen antwortete auf Roarkes Befehle. Seine aufgestaute Wut brach sich Bahn. »Verfluchtes Frauenzimmer. Muß ich erst zu dir kommen und dich zum Befolgen meiner Anordnungen zwingen? Noch bin ich Herr im eigenen Haus. Daran solltest du dich besser erinnern, wenn du noch länger hier verweilen willst.«

Wieder Schweigen. Vor Wut schnaubend begab sich Roarke auf die heikle Hindernisstrecke an den Möbeln vorbei auf das Himmelbett zu. Er stolperte über einen Fußschemel, aber ein gezielter Tritt ließ ihn über den Fliesenboden schlittern und gegen die Wand krachen. Ein Stuhl folgte. Doch der erwies sich als zu groß, um mit einem Tritt beiseite geräumt zu werden. Fluchend schlängelte er sich daran vorbei. Schweratmend erreichte er schließlich das Bett, aber seine suchenden Finger fanden statt des Objekts seiner Begierde nur kühle, glatte Bettwäsche.

»Wo zum Teufel bist du, Brianna? Es ist sinnlos, sich vor mir zu verstecken. Du weißt genau, daß ich dich früher oder später doch finde. Los, zeig dich endlich, bevor ich die Beherrschung verliere.«

Erneut keine Antwort. Mit unsicheren Fingern suchte er auf dem Nachttisch nach Feuerstein und Zunder, um die Kerzen anzuzünden. Nach mehreren Versuchen, wobei es ihm fast gelang, den Kristalleuchter zu Boden zu werfen, schaffte er es endlich. Heller Lichtschein verbreitete sich um ihn und wies Briannas Bett eindeutig als leer aus. Seine Blicke erforschten den Raum und kamen verblüffend schnell zu der Erkenntnis, daß Brianna weder in ihrem Bett geschlafen hatte noch sich sonstwo im Zimmer aufhielt.

»Verdammt«, murrte Roarke und seine Augen zogen sich argwöhnisch zusammen. »Wo kann sie sein?«

Roarke blies die Kerze wieder aus und wandte sich der Tür zu. Roselee würde bestimmt wissen, wo Brianna war. Die Frau ließ sie nicht aus den Augen, seit er Brianna mit nach Hause gebracht hatte. Mit unsicheren Schritten lief er zu den Räumen hinüber, die er sich mit seiner Geliebten teilte. Er stieß die Tür zu seinem Schlafzimmer auf und rechnete fest damit, die vollbusige Frau in den Satinkissen liegen zu sehen: auf ihn wartend und bereit, ihn mit ihrem vielfältigen Charme zu umgarnen.

Roarke schüttelte den Kopf, als eine Erkenntnis seine alkoholvernebelten Vorstellungen zu durchdringen begann. In all den Monaten, in denen Roselee nun schon unter seinem Dach wohnte, war ihm nie der Gedanke gekommen, daß sie sich liebten. Sie hatten Sex miteinander, erregenden, faszinierenden Sex zugegeben, aber doch nichts anderes als Sex. Und das war etwas ganz anderes, als er am Nachmittag mit Brianna am Strand oder auch in ihrer ersten gemeinsamen Nacht in dem Gasthaus erlebte hatte. Bei Roselee hatte er nie die Art von Glücksgefühl empfunden wie in Briannas Armen. Ihre Berührungen hatten ihn besänftigt und ihm geholfen, die düstere Leere in ihm zu verdrängen.

Er schnaufte kurz und verächtlich auf. »Verdammt, ich muß schon ziemlich betrunken sein, wenn ich zu glauben beginne, Brianna hätte etwas mit meinen Gefühlen zu tun.« Er grinste anzüglich in sich hinein. »Ganz hervorragenden Sex, aber nicht mehr.« Er ignorierte das hohle Gefühl, das sich erneut in ihm auszubreiten begann.

»Roselee«, rief er und stolperte weiter ins Schlafzimmer hinein.

»Was ist denn, Roarke?« ertönte ihre Stimme hinter ihm. Noch außer Atem von dem schnellen Lauf aus den Ställen, wo sie nur wenige Sekunden zuvor den Eselskarren abgestellt hatte, lächelte sie Roarke verführerisch an.

»Wo bist du denn gewesen?« fragte Roarke zurück und musterte seine Geliebte mißtrauisch. »Ich rufe schon seit Stunden nach dir.«

»Ich habe einen kleinen Spaziergang unternommen. Der Abend ist viel zu schön, um ihn im Haus zu verbringen.«

»Du weißt sehr wohl, daß ich dich hier vorfinden möchte, wenn ich dich brauche«, murrte Roarke. In seinem benebelten Zustand fiel ihm Roselees plötzliches Interesse an den Schönheiten der Natur gar nicht auf.

Roselee lächelte. »Jetzt bin ich ja hier, Roarke.« Langsam kam sie auf ihn zu und nestelte an ihrer Bluse. Als sie vor ihm stand, ließ sie das Kleidungsstück von ihren Schultern gleiten. Sie gab ihm ausreichend Zeit, ihre Brüste zu bewundern, bevor sie die Arme hob und um seinen Hals schlang. Sie fuhr sich mit der Zungenspitze sinnlich über die vollen Lippen und drückte ihre Brüste verlangend an ihn. »Ich bin hier, Roarke«, wiederholte sie flüsternd, und ihre Stimme enthielt die ganze Hitze der tropischen Nacht. »Ich möchte dich berühren, kosten, schmecken. Ich möchte dich mit meinen ganzen Sinnen in mich aufnehmen.«

Als Roarke ihr ins geschminkte Gesicht sah, überkam ihn ein Gefühl fast unüberwindlicher Abneigung. Er mußte sich sehr zusammennehmen, nicht zu erschauern. Bis vor kurzem hatten ihn Roselees unverblümte und sehr direkte Verführungskünste erregt. Jetzt, nachdem er Briannas unschuldige Scheu kennengelernt hatte, stießen sie ihn ab. Er löste ihre Arme von seinem Nacken.

»Ich muß etwas trinken«, murmelte er und ging an ihr vorbei auf die Tür zu. »Steht denn zu dieser Zeit kein einziger verdammter Diener mehr zu meiner Verfügung?«

»Ich werde dir ein Glas holen«, erbot sich Roselee sofort und hätte vor Zorn über seine Zurückweisung am liebsten mit dem Fuß aufgestampft. Bevor die kleine englische Schlampe hier aufgetaucht war, hätte er sie unverzüglich aufs Bett geworfen und sich über sie hergemacht. Er hätte ihr gar keine Möglichkeit gelassen, sich weiter auszuziehen, sondern ihr die Röcke hochgeschoben, um dann – mit den Stiefeln noch immer auf dem Fußboden, um das Gleichgewicht nicht zu verlieren – fast gewalttätig in sie einzudringen.

»Dann hole es auch«, forderte Roarke gereizt. »Ich bin es verdammt leid, bei einem Haus voller Diener keinen einzigen vorzufinden, der bei meiner Heimkehr meine Wünsche erfüllt.«

»Ich wollte dir deine Wünsche erfüllen, aber das hast du ja abgelehnt«, entgegnete Roselee, bevor sie ihre Zunge zügeln konnte. Sie streifte sich wieder die Bluse über und lief ihm voran ins Arbeitszimmer.

Roarke warf ihr einen zornigen Blick zu. »Ich bin nicht in der richtigen Stimmung für weibliche Spitzfindigkeiten. Es ist mein letzter Abend zu Hause, und den möchte ich in Ruhe und Frieden verbringen, selbst wenn ich dazu jemanden erwürgen müßte.«

Roselee betrat das Arbeitszimmer und ging zu dem Tisch mit den Karaffen voller Rum, Brandy und schottischem Whisky. Sie goß Roarke ein Glas ein und lief zu dem Sessel zurück, in den er sich hatte fallen lassen. Sie sank neben ihm auf die Knie und streckte ihm das Glas entgegen. »Entschuldige, Roarke, es war nicht meine Absicht, dich zu verärgern.

Ich möchte, daß dein letzter Abend vor der Abreise so angenehm wie möglich verläuft, und ich verspreche dir, dazu alles in meiner Macht Stehende zu tun.«

Roarke hob das Glas an die Lippen und trank. Warm und weich lief der Alkohol seine Kehle hinunter und erhitzte sein Blut weiter. Er sah auf die Frau zu seinen Füßen. »Wo ist Brianna?«

Roselee zuckte mit den Schultern, vermied es aber, ihn anzusehen. »Das weiß ich nicht. Zu dieser Tageszeit sollte sie eigentlich in ihrem Bett sein.«

»Sie ist jetzt nicht in ihrem Bett. Hat heute abend noch keine Sekunde darin verbracht«, entgegnete Roarke.

Roselees Herz begann zu rasen. »Vielleicht hat sie sich wie ich zu einem Spaziergang entschlossen. Der Abend ist wirklich wunderschön.«

Roarke blickte von dem dunklen Kopf neben seinem Knie zu dem mondbeschienenen Balkon hinter den offenstehenden Türen hinüber. Der Duft von Hibiskus, Oleander, Jasmin und Rosen erfüllte die Nachtluft mit einem fast berauschenden Aroma.

Roarke atmete tief ein und leerte sein Glas. Wie gern würde er Brianna im mondbeschienenen Garten lieben, bevor er mit der *Black Angel* davonsegelte. Die Gedanken an den wundervollen Abend und Briannas Schönheit stürzten seine Sinne in ein Chaos. Ein unterdrückter Fluch kam ihm über die Lippen, und er stand abrupt auf. Er wandte sich der Frau zu, die zu ihm aufblickte, und wollte seine Leidenschaft mit ihr stillen, wußte aber gleichzeitig sehr genau, daß sich sein Körper weigern würde, sein Verlangen mit einer anderen als der Frau zu befriedigen, nach der er sich mit jeder Faser seines Seins sehnte.

Heftig wandte er sich ab und ging zum Tisch hinüber. Er füllte sich sein Glas auf und trank den Rum, als wäre es Wasser. Erneut goß er sich ein und sah zu Roselee. »Schlaf heute in deinem Bett. Ich brauche meine Ruhe, wenn ich morgen auslaufen möchte.«

Ihren Zorn gut verbergend, stand Roselee auf und ging zu Roarke. Sie reckte sich auf die Zehenspitzen und hauchte ihm einen Kuß auf die Wange. Dann fuhr sie mit der Zungenspitze kurz und verlockend über seine geschlossenen Lippen, bevor sie ihn anlächelte. »Ich weiß, daß du deine Ruhe brauchst. Schlaf gut, mein geliebter Roarke. Ich möchte, daß du gesund und voller Verlangen nach mir nach Statia zurückkehrst.«

»Gute Nacht, Roselee«, erwiderte Roarke und widerstand dem Bedürfnis, bei ihrer Berührung das Gesicht zu verziehen. »Wir sprechen morgen früh über meine Rückkehr.«

Roselee warf ihm noch eine zärtliche Kußhand zu und verließ den Raum, um ihr Schlafzimmer aufzusuchen. Doch sobald sie die Tür hinter sich geschlossen hatte, entlud sich ihre Verärgerung in blindwütigem Zorn. Sie griff sich eine Schere aus dem Nähkästchen neben dem Sessel und stach immer wieder auf die Kissen ihres Bettes ein. Dabei wünschte sie sich verzweifelt, sie hätte ihre Rivalin tatsächlich so verstümmelt, bevor sie sie Walker überlassen hatte.

Schließlich kamen ihr die Tränen und lösten den Druck aufgestauter Spannung. Sie strömten ihr fast unaufhörlich über die Wangen, während sie das Chaos betrachtete, das sie in ihrem Schlafzimmer angerichtet hatte. Als ihre Tränen versiegten, wischte sie sich über die Wangen, trat vor den Ankleidetisch und betrachtete ihr gerötetes Gesicht mit den geschwollenen Augen im Spiegel.

»Du willst mich vielleicht nicht mehr, aber ich habe dafür gesorgt, daß du sie auch nicht bekommen wirst«, sagte Roselee triumphierend zu ihrem Spiegelbild. Sie lächelte kalt. Nachdem sich der Aufruhr ihrer Gefühle gelegt hatte, konnte sie wieder rational denken. Wenn Roarke zurückkam, brauchte er ihren Körper, und sie würde für ihn dasein. Allerdings würde sie ihn auch ein wenig dafür bestrafen, sie in den letzten Tagen einer wahren Hölle ausgesetzt und vor das Problem gestellt zu haben, Brianna Tarleton loszuwerden. Roselees Lächeln vertiefte sich. Ja, der gute Roarke würde dafür bezahlen. Sie konnte ihn schon jetzt vor sich sehen. Sie würde eine ganze Reihe neuer Kleider bekommen, um ihren finanziellen Rückhalt auszupolstern, denn er würde sehr zerknirscht und sehr großzügig sein, wenn er nach Statia zurückkehrte, um sich ihres Körpers zu bedienen.

***

Die Morgensonne schien hell ins Arbeitszimmer und weckte Roarke aus seinem alkoholisierten Schlaf. Er blinzelte benommen in das grelle Licht. Ein scharfer Schmerz durchzuckte seinen Schädel, und er verzog das Gesicht. Schnell hob er die Hand, um seine Augen vor dem blendenden Sonnenlicht zu schützen. Angewidert stöhnte er auf. Der Geschmack in seinem Mund hatte entschieden etwas von verrottetem Fisch. Sein Magen begann heftig zu rebellieren.

»Verdammt!« fluchte Roarke und drückte sich aus dem Sessel hoch, in dem er die Nacht verbracht hatte. Seine Muskeln versagten ihm nahezu den Dienst, als er zu dem Tisch hinüberging, um sich ein Glas des frischen Fruchtsafts einzugießen, den ein Diener dort abgestellt hatte, ohne seinen Schlaf zu stören.

Roarke stürzte das aromatische Getränk hinunter und rührte sich nicht, bis sein Magen die Flüssigkeit angenommen hatte und sich beruhigte. Sich schon eine Spur besser fühlend, holte er tief Luft und sah sich verdutzt im Arbeitszimmer um. Warum hatte er die Nacht eigentlich im Sessel zugebracht und nicht in seinem Bett? Es dauerte geraume Zeit, bis er sich an seine letzten wachen Minuten erinnern konnte, bevor er im Sessel eingeschlafen war.

Roarke runzelte die Stirn. Er hatte auf Brianna gewartet, aber sie war nicht zurückgekommen, solange er wach gewesen war. Sie war nicht zurückgekehrt! Die Worte dröhnten durch Roarkes Schädel und setzten ihn in Bewegung, während ihm ein ahnungsvoller Schauer über den Rücken kroch. Seine nackten Füße verursachten kaum ein Geräusch auf dem Fliesenboden, als er zu Briannas Zimmer hinüberlief. Als er das leere Bett sah, blieb ihm fast das Herz stehen.

Roarke stützte seinen Arm gegen den Türrahmen und lehnte die Stirn darauf, während er versuchte, seine Gedanken zu ordnen. Er konnte nicht übersehen, daß Brianna von ihrem Spaziergang nicht zurückgekehrt war, aber wo war sie? Was war mit ihr geschehen? Hatte sie nach ihrem Zusammensein am Strand beschlossen, daß sie nicht länger unter einem Dach mit ihm leben konnte? Die Fragen bohrten sich in Roarkes Gehirn, aber er fand auf keine einzige von ihnen eine Antwort.

»Aber ich finde die Antworten, und wenn es das letzte ist, was ich tue«, schwor sich Roarke und richtete sich wieder auf. Er warf noch einen Blick durch den Raum, bevor er sich umdrehte und begann, seinen Angestellten Befehle zuzurufen. Er würde jeden Quadratzentimeter von Statia nach Brianna absuchen lassen, aber damit auf seinem eigenen Grundstück für den Fall beginnen, daß sie einen Unfall erlitten hatte.

Weniger als eine Stunde später war die Durchsuchung beendet. Hinter seinem großen Schreibtisch sitzend, das Gesicht blaß und hager nach den Ausschweifungen der vergangenen Nacht, hörte sich Roarke den Bericht des letzten Dieners an und entließ den Mann, bevor er mit der Faust donnernd auf die Tischplatte schlug und seine Frustration an dem unschuldigen Holz ausließ. Es war keinerlei Hinweis darauf gefunden worden, daß Brianna gestern abend zu einem Spaziergang aufgebrochen war. Sie schien vielmehr spurlos vom Angesicht der Erde verschwunden zu sein.

»Das ist doch unmöglich«, grollte Roarke und stand in dem Augenblick auf, als Nick Sebastain über die Schwelle trat.

»Was ist unmöglich?« wollte Nick wissen und wirkte in seinem schneeweißen Hemd und den blitzsauberen Leinenhosen wie aus dem Ei gepellt. Bei ihm hatte die in den Docks verbrachte Nacht offenbar keinerlei Nachwirkungen hinterlassen.

»Brianna ist verschwunden«, erwiderte Roarke.

»Was ist denn geschehen? Ein Zerwürfnis unter Liebenden?« erkundigte sich Nick mit einem kleinen anzüglichen Lächeln.

Roarkes Stimmung wurde noch düsterer. »Ich warne dich, Nick. Strapaziere unsere Freundschaft nicht. Ich habe heute keinen Sinn für deine Scherze. Mein Kopf fühlt sich an, als könnte er mir jeden Moment von den Schultern kippen, und Brianna ist verschwunden. Wenn du gekommen bist, um mir zu helfen, sie zu finden, kannst du bleiben. Wenn nicht, solltest du besser wieder gehen, bevor ich etwas sage oder tue, was nicht zu entschuldigen ist.«

Nicks Lächeln schwand. »Im Ernst? Das Mädchen ist fort?«

»Als ich gestern abend nach Hause kam, war sie nicht da, und Roselee sagte, sie wäre spazierengegangen. Ich habe auf sie gewartet, aber sie ist nicht zurückgekehrt«, erklärte Roarke und hätte sich am liebsten dafür geprügelt, einfach eingeschlafen zu sein, bevor er sich davon überzeugen konnte, daß sie warm und sicher in ihrem Bett lag. Er trat an die Balkontüren und starrte auf die Bucht hinaus. Es war ein klarer Tag, aber erste graue Wolken am Horizont deuteten auf einen Wetterumschwung hin. Doch dem schenkte Roarke keine Beachtung, denn seine Gedanken konzentrierten sich auf Brianna und nicht auf die Bedingungen, unter denen er am Abend mit der Flut auslaufen würde.

»Ich verstehe nicht, daß dich das so erregt. Hat sie dir gegenüber denn nicht betont, daß sie so schnell wie möglich dein Haus verlassen möchte?«

Die Falten auf Roarkes Stirn vertieften sich.

»Aye. Das sagte sie, aber Brianna ist nicht der Typ Frau, der sich mitten in der Nacht davonstiehlt. Sie geht am hellen Tag, reckt das Kinn, strafft die Schultern, bereit, es mit jedem aufzunehmen, der sie daran hindern möchte«, erwiderte Roarke und verriet damit einiges von seinem Respekt vor dem Mädchen, das sich ihm so leidenschaftlich hingegeben hatte. Bisher hatte Brianna ihm gegenüber noch keine Spur von Feigheit oder Schwäche gezeigt. Sie verteidigte ihren Standpunkt und gab stets ihr Bestes – ob aus Zorn oder aus Leidenschaft.

Roarke sah den Freund über die Schulter hinweg an. »Ich muß sie finden, Nick. Ich muß mich unbedingt davon überzeugen, daß es ihr auch wirklich gut geht, bevor wir heute abend Segel setzen.«

»Selbst dann, wenn sie gar nicht von dir gefunden werden will?« fragte Nick und erkannte an Roarkes Tonfall, wie recht er mit seinen Vermutungen über die Gefühle des Freundes für das Mädchen gehabt hatte.

Roarke nickte, auch wenn dieses Zugeständnis die Leere in ihm noch vergrößerte.

»Dann werden wir sie auch finden«, erklärte Nick und lächelte zuversichtlich.

»Aye. Wir werden sie finden. Und wenn es uns gelungen ist, drehe ich ihr den hübschen undankbaren Hals um«, verkündete Roarke energisch.

***

Roarke lehnte sich auf seinem Stuhl zurück und hob den Bierkrug an die Lippen. Er nahm einen tiefen Zug und ließ den Blick erneut über den Hafen schweifen. Von seinem Beobachtungsposten am Fenster der Schenke aus konnte er fast das gesamte Hafengelände überblicken.

»Nun, es sieht danach aus, als wäre deine Lady so spurlos von Statia verschwunden, als hätte sie nie einen Fuß auf die Insel gesetzt«, erklärte Nick nach einem erfrischenden Zug aus seinem eigenen Krug. Die Nachmittagshitze lag drückend und schwül über Statia, und jeder Bewohner, der nur einen Funken Verstand besaß, hielt sich innerhalb kühlender Mauern auf. Seit dem Morgen hatten sie die Insel von einem Ende zum anderen durchforscht. Und nicht nur die beiden Freunde allein. Als die Mannschaft der *Black Angel* am Hafen erschien, hatte Roarke auch sie mit der Suche nach Brianna beauftragt.

»Niemand kann spurlos verschwinden. Es muß irgendwelche Hinweise darauf geben, wohin sie sich gewandt hat. Irgend jemand muß sie gesehen haben oder wissen, wo sie sich aufhält«, entgegnete Roarke und setzte seinen Krug heftig auf dem Holztisch ab. Abwesend zeichnete er mit der Fingerspitze eine der Messerkerben nach, die den Tisch verunzierten, und sah wieder zum Fenster hinaus.

»Das sollte man meinen, aber wir haben inzwischen fast jeden einzelnen Bewohner der Insel gefragt, und niemand weiß etwas.«

Roarkes tiefblaue Augen zogen sich zusammen. »Irgend jemand muß sie gesehen haben. Offenbar will man uns nichts sagen.«

»Auf einer kleinen Insel wie Statia ist es sehr schwer, etwas verborgen zu halten. Seeleute sind wie alte Frauen. Sie lieben Klatsch und Gerüchte. Und eine Frau vom Aussehen Briannas bleibt nun einmal nicht unbemerkt, *mon ami*.«

»Aye, wir hätten vielleicht etwas erfahren, wenn sie ganz offen im Hafen erschienen wäre. Aber wenn sie nicht gesehen werden wollte, hätte sie sich sehr gut verkleiden oder die Insel verlassen haben können.«

»Mit einem Schiff kann sie die Insel nicht verlassen haben. Gestern ist nur ein einziges ausgelaufen, die *Sea Dragon* von Captain van Ness.«

Besorgt hob Roarke die Brauen. »Van Ness?«

»Aye. Die *Sea Dragon* ist gestern abend mit der Flut ausgelaufen.«

Die Falten auf Roarkes Stirn vertieften sich. »Aber Brianna kann doch nicht so töricht gewesen sein, an Bord von van Ness' Schiff zu gehen. Einem Schurken wie ihm kann eine Frau wie sie ein Vermögen einbringen.«

Nick hob die Schultern. »Mich darfst du nicht fragen, Roarke. Du kennst das Mädchen sehr viel besser als ich. Wenn du dich recht erinnerst, habe ich lediglich eine Stunde oder so mit Brianna verbracht.«

Roarke konnte die unangenehme Vorahnung nicht verdrängen, die ihm die Haare im Nacken zu Berge stehen ließ. Er schüttelte heftig den Kopf. »Es gab für sie keinen Grund zur Flucht. Wir hatten gerade begonnen, die Dinge zwischen uns zu klären. Ich hatte ihr sogar angeboten, in meinem Haus wohnen zu bleiben, während wir nach Frankreich segeln.«

»Ich wette, daß Roselee über dieses Angebot hocherfreut war. Kein Wunder, daß sie gestern abend an den Docks nach dir Ausschau gehalten hat. Offenbar ging sie davon aus, daß du mit Brianna zusammen warst«, sagte Nick und trank wieder einen Schluck Bier.

Roarke sah Nick direkt in die Augen. »Was sagst du da? Als ich nach Hause kam, hat Roselee dort auf mich gewartet.«

»Dann muß sie Flügel gehabt haben«, erwiderte Nick und verzog die Lippen zu einem sarkastischen Lächeln. »Denn ich sah sie hier an den Kais, nachdem du mich verlassen hattest, damit ich mich in die Arme der allzeit bereiten Flora stürzen konnte.«

»Du mußt dich geirrt haben, Nick. Roselee war im Haus, als ich zurückkehrte.«

»Ich gebe zu, daß ich gestern mehr als reichlich getrunken habe, aber ich erkenne deine Geliebte, wenn ich sie sehe. Sie war mit dem Eselskarren unterwegs.«

Der Verdacht, der Roarkes rumbenebeltem Hirn am Abend zuvor gar nicht gekommen war, meldete sich jetzt mit a 1 - ler Macht. Seine Miene verdüsterte sich. »War jemand bei ihr?«

»Nein. Sie kam aus der Gasse am Ende der Kaianlagen.« Dann erinnerte sich Nick an den Mann, den er kurz danach gesehen hatte, und auch sein Gesichtsausdruck wurde ernst. »Aber wenige Minuten später ist ihr ein Seemann gefolgt. Er trug eine der Hafenhuren über der Schulter.«

Ein Schauer überrieselte Roarke. Auf irgendeine Weise mußte Roselee etwas mit Briannas Verschwinden zu tun haben. Er sprang auf, warf ein paar Münzen auf den Tisch und stürmte zur Tür, ohne auf Nick zu warten.

Der eilte ihm nach. »Was denkst du?«

Roarke bedachte den Freund mit einem finsteren Blick. »Ich denke, daß meine entzückende kleine Hure weit mehr über Briannas Verschwinden weiß, als sie mir heute früh gesagt hat.«

»Aber sie würde sich doch selbst von ihrer Eifersucht nicht dazu hinreißen lassen, Brianna diesem Schurken van Ness zu überantworten. Wohl wissend, welches Schicksal den Passagieren der *Sea Dragon* bevorsteht, würde das keine Frau einer anderen antun.«

»Roselee schon. Die Frau denkt nur an sich.«

»Herr im Himmel, Roarke. Die Frau teilt immerhin dein Bett.«

»Aye. Sie teilt mein Bett, aber über das hinaus, was sie aus mir herausholen kann, schert sie sich keinen Pfifferling um mich. Sie verhökert sogar jedes einzelne Kleid, das ich ihr kaufe.«

Nick starrte den Freund fassungslos an. »Du weißt, was sie tut, hast aber noch nichts dagegen unternommen?«

Roarke schüttelte den Kopf. »Warum sollte ich? Die Kleider kosten mich nicht mehr als das, was ich ihr für ihre Dienste bezahlen würde, wenn sie mich darum bäte. Es ist eine Art Spielchen zwischen uns, bei dem sie sich für die Gewinnerin hält.« Roarkes Miene verfinsterte sich. »Aber wenn sie tatsächlich etwas mit Briannas Verschwinden zu tun haben sollte, hat sie ihr Blatt überreizt. So etwas dulde ich nicht, von niemandem.«

***

Roarke beugte sich über die Frau, die mit gesenktem Kopf und verkrampften Händen auf dem hochlehnigen Stuhl saß. Schweigend hörte Nick zu, wie der Freund seine Geliebte befragte.

»Es wäre für alle Betroffenen besser, wenn du mir endlich die Wahrheit sagen würdest, Roselee«, sagte Roarke und ließ an seiner Entschlossenheit keinen Zweifel.

»Ich habe dir die Wahrheit gesagt, Roarke. Zum letztenmal habe ich sie gesehen, als ich gestern abend zu meinem Spaziergang aufbrach.«

Roarkes Gesichtsausdruck verdüsterte sich. Es juckte ihm in den Fingern, die Frau vom Stuhl hochzureißen und die Wahrheit aus ihr herauszuschütteln. In dem Bemühen, sich zu beherrschen, ballten sich seine Hände zu Fäusten und öffneten sich wieder. Dann wandte er sich abrupt um und goß sich ein Glas Brandy ein, um ruhiger zu werden. Mit Gewalt würde er bei einer Frau wie Roselee gar nichts erreichen. Sie war im Hafen aufgewachsen und derartige Methoden von Männern gewöhnt.

Er ließ sich die bernsteinfarbene Flüssigkeit die Kehle hinunterrinnen, warf Nick einen bedeutsamen Blick zu und kehrte zu dem Stuhl zurück, auf dem seine Geliebte saß. »Es ist sinnlos, weiterzulügen, Roselee. Du bist gestern abend nicht spazierengegangen. Du warst am Hafen. Dabei wurdest du von einem sehr verläßlichen Zeugen ebenso beobachtet wie dein Kumpan. Ich möchte von dir nur noch wissen, warum du Brianna zu van Ness gebracht hast. Du weißt sehr wohl, was für ein Mann das ist und womit er sein Geld verdient.«

Raorkes Worte brachen Roselees Widerstand. Ihr Kopf zuckte hoch, und in ihren Augen zeigte sich die ganze bösartige Wut, die sie empfand. Ihre scharlachroten Lippen verzogen sich verächtlich. »Ich habe sie zu van Ness bringen lassen, weil ich sehr wohl weiß, was sich zwischen euch beiden abgespielt hat. Ich bin nicht blind. Ich weiß, wie sehr es dich nach der kleinen Schlampe verlangt, weil du hinter ihr herschnüffelst wie ein geiler Hund. Mich siehst du doch überhaupt nicht mehr an. Seit sie hier ist, hast du kein einziges Mal mit mir geschlafen.«

Die in Roarke aufgestaute Wut entlud sich sich mit der Heftigkeit eines Vulkanausbruchs. Mit wild blitzenden Augen wandte er sich an Nick und preßte zwischen den zusammengebissenen Zähnen hervor: »Schaff sie hier raus, Nick, bevor ich mich vergesse.« Dann sah er wieder Roselee an. »Nimm das Geld, das du aus dem Erlös der Kleider gehortet hast, und verschwinde. Ich will dich nie wieder sehen.«

Roselee verließ jeder Mut. Sie wurde blaß, als ihr bewußt wurde, Roarke die Wahrheit verraten zu haben. Hastig glitt sie vom Stuhl und umfaßte Roarkes Knie. Tränen liefen ihr über die Wangen, als sie zu ihm aufblickte. »Bitte, Roarke. Schick mich nicht fort«, flehte sie. »Ich liebe dich.«

Mit unsäglicher Verachtung sah Roarke auf die Frau hinunter, die seine Beine umklammerte. »Du liebst wie alle Huren, Roselee«, zischte er. »Die Gefühle halten nur so lange an, bis der nächste des Weges kommt. Und nun verschwinde.«

Roselee schüttelte heftig den Kopf. »Ich habe es nur für uns getan, Roarke. Sie hätte dich doch nicht glücklich gemacht. Mit ihrer zimperlichen Art ist Brianna keine Frau für dich. Ist dir das denn nicht aufgefallen, als du gestern nachmittag mit ihr geschlafen hast?«

Erinnerungen schossen durch Roarkes Kopf und weckten einen eigentümlich wehmütigen Schmerz in seiner Brust. »Brianna ist weit mehr Frau, als du es je sein wirst, Roselee. Sie versteht, sich zu verschenken ohne zu erwarten, für ihre Leidenschaft bezahlt zu werden.« Roarke beugte sich hinunter und löste Roselees Arme von seinen Beinen. »Bring sie fort, Nick. Und wenn sie das Grundstück verlassen hat, komm zurück. Ich habe neue Anordnungen für dich und die Mannschaft.«

Das selbstgefällige, wissende Lächeln, das Roselees Worte bei Nick hervorgebracht hatten, wich einem überraschten Stirnrunzeln. »Willst du der *Sea Dragon* hinterher?«

»Aye. Briannas Leben steht auf dem Spiel.« Roarke trat hinter seinen Schreibtisch und setzte sich. Er sah kein einziges Mal auf, als Nick die schluchzende Roselee aus dem Raum drängte, die immer wieder seinen Namen rief und um Vergebung bat. Er war bereits ganz darauf konzentriert, den neuen Kurs der *Black Angel* festzulegen. Glücklicherweise war das Schiff schon mit Proviant für die Fahrt nach Frankreich versorgt.

Roarke rieb sich abwesend den Nacken, als er in seine Unterlagen blickte. Van Ness hatte einen Vorsprung von gerade einmal vierundzwanzig Stunden. Wenn alles nach Plan verlief, konnte er die *Sea Dragon* einholen und Brianna erneut retten, ohne seine Tätigkeit in Frankreich zu gefährden.

Roarkes Finger wanderten zu seinen Schläfen, hinter denen es schmerzhaft pochte. Es schien mittlerweile seine vordringliche Aufgabe geworden zu sein, die hübsche Xanthippe vor einer Katastrophe nach der anderen zu bewahren. Unwillkürlich fragte er sich, was diese Frau eigentlich an sich hatte, daß er sich als ihr Beschützer aufspielte. Früher hatte er Frauen geholfen, die von ihrem Glück verlassen schienen, und hungernden Kindern, die ihn an seine eigene Jugend in den Docks von Yorktown erinnerten, sowie alten Seebären, die nach Jahrzehnten schwerer Arbeit auf See nichts zu beißen hatten, doch dann hatte er sie alle wieder sich selbst überlassen. Bei Brianna Tarleton lagen die Dinge jedoch grundsätzlich anders. Sie weckte in ihm ausgesprochene Beschützerinstinkte, ob ihm das nun gefiel oder nicht. Sie konnte er nicht aus seinen Gedanken verdrängen und einfach seiner Wege gehen.

Kapitel 10

Die See war glatt wie ein Spiegel. Kein Windhauch regte sich oder füllte die Segel der Black Angel, die wie ein riesiger schwarzer Reiher auf dem Wasser lag – flugwillig, aber des Windes bedürfend, um die großen Schwingen heben und über das Wasser schweben zu können. Der flüssige Spiegel reflektierte einen herrlichen Sonnenuntergang und tauchte die Welt um den schwarzen Schiffsrumpf in ein Meer aus gesponnenem Gold. Himmel und Erde verschmolzen miteinander und umgaben die Black Angel und ihre Mannschaft mit einer geheimnisvollen, unwirklichen Atmosphäre, in der sie unter den improvisierten Sonnensegeln darauf warteten, daß die Elemente sie aus ihrem ungewollten Ruhezustand befreiten.

Der goldene Ring in Roarkes Ohr funkelte auf, als er über die weite schimmernde Wasserfläche blickte, während er mit weißen Knöcheln die Reling umklammerte. »Verdammt, wenn ich nur einen Funken Verstand hätte, wäre ich mit der *Black Angel* in der Gallows Bay geblieben, bis das Unwetter vorüber ist. Aber nein, ich war so anmaßend anzunehmen, wir könnten es durchsegeln.«

»Und es ist uns gelungen, *mon ami.* Wir mußten lediglich einen kleinen Umweg in Kauf nehmen, als uns der Sturm vom Kurs abbrachte«, erwiderte Nick, und ein kleines Lächeln verzog seine sinnlichen Lippen.

Roarke fuhr sich mit der Hand über die Bartstoppeln und schüttelte aufgebracht den Kopf. »Ich weiß nicht, was ich mit dieser Entscheidung eigentlich erreichen wollte.« Er warf seinem Freund einen mürrischen Blick zu. »Keine Ahnung, was in mich gefahren ist.«

Nick schmunzelte. »Aber ich weiß es. Sie heißt Brianna.«

Roarke hob die Brauen. »Mach dich doch nicht lächerlich. Brianna hat mit meiner Handlungsweise absolut nichts zu tun. Mir geht in letzter Zeit einfach zu viel im Kopf herum. Das ist alles.«

Wieder schmunzelte Nick. »Du kannst dich gegen die Wahrheit wehren, soviel du willst, *mon ami*. Aber ich tue das nicht. Du hast es zugelassen, daß sich dieses Mädchen in dein Herz geschlichen hat.« Roarkes empörter Blick ließ Nick heftig den Kopf schütteln. Er hob die Hand. »Nein, leugne es nicht. Ich würde dir ohnehin kein Wort glauben. Kein Mann jagt um die halbe Welt einer Frau hinterher, wenn er sie nicht liebt.«

»Ich schon«, fauchte Roarke und wandte die tiefblauen Augen wieder besorgt dem unbewegten Meer zu. »Und unsere jetzige Lage beweist, was für ein Dummkopf ich gewesen bin. Wenn der Wind nicht bald auffrischt, wird alles umsonst gewesen sein. Van Ness wird seinen Hafen erreichen, und dann ist es zu spät, Brianna zu retten. Sie wird ins Innere des Landes geschickt, um die Konkubine eines arabischen Scheichs zu werden, oder in eines der Bordelle verkauft. In beiden Fällen werden wir sie nie wiederfinden.«

Roarke wandte seine Blicke dem wolkenlosen Himmel zu und verzog verdrossen das Gesicht. »Und wenn der Wind nicht bald auffrischt, werden wir auch unsere Verabredung mit Beaumarchais verpassen.«

»Vielleicht liegt auch die *Sea Dragon* in einer Flaute«, meinte Nick, um Roarke wieder einen Schimmer der Hoffnung zu geben, und schlug ihm brüderlich, aber nicht allzu sanft auf die Schulter.

Roarke sah seinen Freund an und lächelte. »Ich kann nur hoffen, daß wir Brianna finden und dann rechtzeitig nach Frankreich gelangen, um die Waffen an Bord zu nehmen, die dort auf uns warten.«

»Bisher hat dich dein Glück noch nie verlassen, *mon ami*. Bisher hattest du ausgesprochen teuflisches Glück bei allem, was du dir in den Kopf gesetzt hast. Und diesmal wird es nicht anders ein. Du wirst deine Brianna zurückbekommen und auch die Verabredung mit Beaumarchais einhalten.«

»Sie ist nicht meine Brianna. Ich habe absolut keine Rechte auf sie«, entgegnete Roarke, obwohl sich irgendwo ganz tief in seinem Inneren Nicks Worte völlig richtig anhörten.

»Nein? Natürlich gibt es da immer noch die Möglichkeit, daß du mich erfolgreich getäuscht hast. Aber noch nie habe ich es erlebt, daß du die Tugend einer Frau so glühend verteidigt hast wie die der schönen Brianna. Wenn du nicht vorziehst, es zu vergessen, wirst du dich vielleicht daran erinnern, selbst mir gegenüber heftig bestritten zu haben, daß zwischen euch beiden irgend etwas vorgefallen ist. Und dann werde ich Zeuge, daß du nicht einmal versuchst, Roselees Behauptung zu widersprechen, ihr hättet miteinander geschlafen.«

»Was ich tue und was ich unterlasse, geht nur mich etwas an.«

»Wohl wahr, alter Freund. Aber du mußt doch zugeben, daß du dich im Zusammenhang mit diesem Mädchen ganz anders verhältst als der Mann, den ich so gut kenne wie einen Bruder. Früher wäre ich der erste gewesen, der von sexuellen Intimitäten zwischen euch erfahren hätte«.

Verärgerte Röte färbte Roarkes Wangen, als er Nick direkt in die Augen blickte. Nicks Wortwahl für das, was sich zwischen Brianna und ihm ereignet hatte, gefiel ihm ganz und gar nicht. An seinem Kiefer zuckte ein Muskel, als er zwischen zusammengebissenen Zähnen hervorzischte: »Wir haben uns geliebt.«

Nick konnte sein Lächeln nicht länger unterdrücken. Er schlug Roarke gutmütig auf die Schulter. »Genau das wollte ich damit sagen. Früher bist du mit Huren sexuell intim geworden, aber Brianna hast du geliebt. Du bist derjenige, der auf den Unterschied zwischen den Frauen deiner Vergangenheit und der hinweist, die einen Platz in deinem Herzen erobert hat. Streite es ab, soviel du willst, *mon ami,* aber du hast dich verliebt.«

»Und du hast offenbar auch den letzten Rest deines Verstandes verloren«, erklärte Roarke und hob das Gesicht dem ersten kaum spürbaren Windhauch seit drei Tagen entgegen. Er lächelte. »Es sieht ganz so aus, als hätte das Schicksal dich prahlen hören, daß das Glück uns nicht verläßt. Der Wind regt sich.«

Roarke wandte sich von Nick ab und begann den Männern, die untätig an Deck herumlagen, Anordnungen zu erteilen. Im Inneren der *Black Angel* war die schwüle Hitze unerträglich gewesen, daher hatten sich die Männer an Deck geflüchtet und mit behelfsmäßigen Sonnensegeln versucht, sich vor dem feurigen Ball über ihren Köpfen so gut es ging zu schützen.

Nick sah dem Freund nach, wie er über die Deckplanken dem Steuerrad entgegenstrebte. Wie er gesagt hatte: Das Glück mußte Roarke O'Connor erst noch verlassen. Obwohl er von Roarkes Herkunft und Kindheit wußte, beneidete Nick den Mann. Roarke standen stets Gott oder Teufel bei. Nick vermutete sogar, daß der letztere gern mit seinem Freund und Kapitän getauscht hätte. Roarke besaß Charme, Liebenswürdigkeit und einen so scharfen Verstand, daß es nur wenige Männer oder Frauen mit ihm aufnehmen konnten.

Nicks Lächeln vertiefte sich, als er sich seinen Aufgaben zuwandte. Er war sich nicht sicher, ob Roarke nicht schließlich doch auf eine ebenbürtige Partnerin gestoßen war. Brianna Tarleton hatte geschafft, woran Hunderte anderer Frauen vor ihr gescheitert waren. Sie hatte das Herz eines Mannes eingefangen, der behauptete, gar kein Herz zu besitzen.

Nicks Lächeln schwand, als er unter Deck ging. Er konnte nur darum beten, daß es für Briannas Rettung nicht zu spät war. Er wußte nicht, wie Roarkes Reaktion im Falle ihres Scheiterns sein würde. Er wagte nicht einmal, darüber Spekulationen anzustellen. Wie er seinen Freund kannte, würde Roarke den Heiden vermutlich den Krieg erklären, um sie zu retten. Und im Moment kämpfte Roarke bereits an genügend Fronten, auch ohne die Barbaren auf die Liste seiner Gegner zu setzen.

***

Brianna wischte sich die Schweißperlen von der Stirn und befeuchtete ihre trockenen Lippen mit der Zungenspitze, als sie auf das unbewegte Wasser blickte. Mitten auf dem Ozean befand sich die *Sea Dragon* in einer verhängnisvollen Flaute. Von den unsichtbaren Händen der Naturgewalten festgehalten, konnte sie nichts anderes tun, als in der kaum spürbaren Strömung zu treiben, die unter der stillen Oberfläche dahinfloß.

Brianna richtete die Augen zum goldenen Horizont und fragte sich wieder einmal, wie lange sie eigentlich nun schon auf See war. Sie hatte keine Ahnung, wie lange sie unter dem Einfluß der Drogen ohne Bewußtsein gewesen war, die ihr der Kapitän verabreichen ließ, nachdem sie an Bord zu sich gekommen war, und seit sie erkannt hatte, daß sie eine Gefangene war. Als Folge der Opiate hatte sie jedes Gefühl für Zeit und Umgebung verloren. Als man ihr endlich gestattete, das Bewußtsein wiederzuerlangen, stellte sie fest, daß die *Sea Dragon* in einer Flaute festsaß.

Abwesend kratzte sich Brianna die juckende Haut, machte sich die schädliche Wirkung ihrer Handlung aber schnell bewußt und hörte wieder auf. Der brennende Schmerz, der ihrem Kratzen folgte, erinnerte sie an den Preis, den sie für den Aufenthalt in der winzigen, stickigen Kajüte zahlen mußte. Die stickige Luft in ihrem Kerker hatte ihr selbst das Atmen schwer gemacht. Sie hatte auch ihre Haut mit einem roten Ausschlag bedeckt.

Brianna biß die Zähne zusammen und kämpfte tapfer gegen den Drang an, sich die juckende Haut in Fetzen vom Körper zu kratzen. Sie ballte die Fäuste und holte tief Luft, um dem unbändigen Verlangen zu widerstehen, das ihr Elend nur vergrößern würde.

Brianna wandte sich von dem Bullauge ab und lief zur verschlossenen Tür. Wie schon so oft in den vergangenen Tagen begann sie mit den Fäusten wild gegen das Holz zu trommeln. Das brachte ihr zwar keine Freiheit, baute aber ihre Verzweiflung ab und half ein wenig gegen das unerträgliche Jucken ihrer Haut.

»Lassen Sie mich hier raus!« schrie sie zum tausendsten Mal. Ihr Ruf verhallte ungehört, aber sie hatte auch gar nicht mit einer Antwort gerechnet. Seit sie wieder bei Bewußtsein war, hatte sie nur zweimal täglich den Schiffsjungen zu Gesicht bekommen, wenn er ihr den ungenießbaren Mischmasch hinstellte, den der Koch der *Sea Dragon* Essen nannte. Sie hatte ihn angefleht, zum Kapitän der *Sea Dragon* gebracht zu werden, doch all ihr Bitten war erfolglos geblieben. Sie mußte in ihrem backofenheißen Verlies bleiben, um lebendig gebraten zu werden.

Brianna schlug gegen die Tür und trat verzweifelt mit dem Fuß dagegen, bevor sie wieder begann, in der gerade zweimal zwei Meter großen Kajüte hin und her zu laufen. Jetzt verstand sie, warum gefangene Tiere ihre Käfige von einer Ecke zur anderen ausmaßen. Wie sie auch, wußten sie, daß es sinnlos war. Es gab keine Fluchtmöglichkeit. Aber wie sie selbst konnten diese Tiere nicht damit aufhören. Sie weigerten sich, auch noch den letzten Funken Hoffnung zu verlieren – sonst würden sie sterben.

Mit zornig gerunzelter Stirn trat Brianna erneut an das Bullauge und blickte hinaus. Sie lächelte grimmig. Es war nicht ohne Ironie, daß sie einst von Abenteuern geträumt, sich vor wenigen Monaten noch danach gesehnt hatte. Und dann war sie innerhalb weniger Momente in eine Welt gestoßen worden, in der Abenteuer nur eine andere Bezeichnung für das tödliche Spiel war, in dem der Stärkere überlebte.

Brianna mußte die Augen vor der grellen Helligkeit schließen, die die Welt in ihren unheimlich blendenden Glanz hüllte. Hätte sie gewußt, was die Zukunft für sie bereithielt, hätte sie Roarke an jenem schicksalhaften Tag ihre Liebe gestanden, an dem sie sich ihrer Gefühle für ihn bewußt geworden war. Jetzt würde sie nie mehr die Möglichkeit dazu erhalten. Ihr Schicksal war von dem Mann beschlossen worden, der auf der *Sea Dragon* das Kommando führte.

Wieder erschauerte Brianna in der Erinnerung an die Unterhaltung, die sie gestern mit angehört hatte. Zwei Mannschaftsmitglieder hatten in der Nähe ihrer Kajütentür gearbeitet und sich dabei über ihren Zielhafen und das Schicksal unterhalten, das Brianna erwartete. Laut lachend hatten sie sich vorgestellt, was sie mit dem Extralohn anfangen würden, den sie bekamen, wenn die *Sea Dragon* die Barbarenküste erreichte und Brianna an den Meistbietenden verkauft wurde.

Bei dieser Vorstellung ließ Brianna mutlos die Schultern sinken. Es blieb ihr keine Hoffnung auf Rettung. Roarke würde sich über ihr Verschwinden keine Sorgen machen. Sie hatte geschworen, alles in ihrer Macht Stehende zu tun, um ihm wieder zu entkommen, als er sie mit in sein Haus nahm. Dieser Schwur und Roselees Lügen würden dafür sorgen, daß Roarke über ihren Verbleib keine Nachforschungen anstellte. Vermutlich war er sogar erleichtert, sie endlich los zu sein.

Brianna spürte das Schiff unter sich schwanken und erstarrte förmlich unter der plötzlichen Bewegung. Der Wind hatte schließlich doch aufgefrischt und erfaßte die schlaffen Segel der *Sea Dragon*. Und gleichzeitig damit setzte auch die Erkenntnis ein, daß sie mit jedem Meter, den das Schiff zurücklegte, ihrem letztendlichen Schicksal näherkam.

Brianna klammerte sich an das Bullauge und sog den erfrischenden Windzug ein, verspürte aber keine Erleichterung durch den kühlen Hauch, der sich in ihre überhitzte Kajüte stahl. Sie wünschte, sie hätte den Mut, sich selbst zu töten, bevor sie in die Sklaverei verkauft werden konnte. Gleichzeitig wußte sie, daß sie sich dazu nie überwinden könnte. Die Energie, die sie dazu brachte, aus Montvale zu fliehen, nachdem sie sich gegen Lord Montagues Annäherungen zur Wehr gesetzt hatte, würde sie auch jetzt nicht verlassen. Denn wider besseres Wissen leuchtete das unauslöschliche Licht der Hoffnung noch immer und gestattete ihr nicht, sich zu ergeben.

Der Wind nahm zu, und die Segel begannen zu rascheln und zu knattern. Über sich hörte sie Captain van Ness' Stimme, die der Mannschaft Befehle zurief. Eilende Füße beeilten sich, seinen Anordnungen Folge zu leisten.

»Lieber Gott, laß Roarke die Wahrheit erkennen. Bitte gib, daß er kommt, um mich zu retten«, flüsterte Brianna mit heiserer Stimme. Ihr Verstand sagte ihr, wie unsinnig diese Annahme war, aber ihr Herz weigerte sich, den Traum aufzugeben, und deshalb starrte sie so intensiv zum Horizont, als könne sie die *Black Angel* durch reine Willenskraft zum Erscheinen zwingen.

Der Abend nahte, und der goldene Himmel verblich langsam zu einem düsteren Mauve. Brianna wich nicht vom Bullauge. Irgend etwas hielt sie dort. Sie wußte, wie unrealistisch das war, aber so fühlte sie sich Roarke näher.

Das letzte Tageslicht wollte gerade am Horizont verschwinden, als Brianna erstmals die Segel erblickte. Das ganze Schiff konnte sie zwar nicht erkennen, aber jede Faser ihres Seins sagte ihr, daß diese Segel zur *Black Angel* gehörten. Dennoch zwinkerte sie einige Male, weil sie nicht glauben konnte, was sie da sah, und rieb sich dann heftig die Augen. Aber als sie die Lider wieder öffnete, war das Schiff nicht verschwunden, sondern wurde von Minute zu Minute größer.

»Roarke«, hauchte sie atemlos. Ihr Herz klopfte, als wollte es zerspringen, während sie ein namenloses Glücksgefühl erfaßte. Tränen stiegen ihr in die Augen.

»Roarke, du kommst, um mich zu holen«, flüsterte sie noch einmal, fast ungläubig.

An Deck gab Captain van Ness seiner Mannschaft Befehl, die Geschütze klarzumachen. Furcht riß Brianna aus ihrem Freudentaumel. Die tödliche Gefahr, der sich Roarke und seine Männer aussetzten, erstickte jedes Glücksgefühl in ihr. Wenige Augenblicke später sah sie, daß die *Black Angel* längs ging – mit geöffneten Stückpforten und bereit, notfalls auf die *Sea Dragon* eine Breitseite abzufeuern.

Eine Unterhandlungsflagge stieg am Mast der *Black Angel* empor. Sie konnte es nicht sehen, nahm aber an, daß Captain van Ness positiv auf das Angebot reagierte, denn wenige Minuten später wurde ein Boot von der *Black Angel* zu Wasser gelassen.

Brianna schenkte den sechs stämmigen Seeleuten, die die Strickleiter herunterkletterten, um ihre Plätze an den Rudern einzunehmen, keinen einzigen Blick. Ihre Augen hingen an dem hochgewachsenen dunkelhaarigen Kapitän, der als letzter in das Boot stieg. Beim Anblick des Mannes, den sie liebte, bekam ihr Herz Schwingen und erhob sich in ungeahnte Höhen. Gott hatte ihre Gebete erhört.

In Gedanken bei der bevorstehenden Unterredung und die Augen fest auf das Achterdeck gerichtet, wo Captain van Ness auf ihn wartete, bemerkte Roarke das kleine blasse Gesicht nicht, das ihn durch ein Bullauge anstarrte, als er sich der *Sea Dragon* näherte. Mit kräftiger Hand griff er nach der Strickleiter, die vom Deck herabhing, und kletterte an Bord. Er wirkte in der Tat wie ein tollkühner Pirat, als er dem Kapitän der *Sea Dragon* gegenübertrat. Sein Ohrring blitzte, ein verwegenes Lächeln verzog seine sinnlichen Lippen und enthüllte ebenmäßige schneeweiße Zähne, die mit seiner sonnengebräunten Haut kontrastierten, als er schwungvoll den Dreispitz zog.

»Captain van Ness, es ist lange Zeit her, seit sich unsere Pfade gekreuzt haben.«

Van Ness musterte Roarke feindselig. »Nicht lange genug, O'Connor. Nun sagen Sie schon, was Sie wollen. Sie halten mich doch nicht auf, um mir einen Höflichkeitsbesuch zu machen. So gute Freunde sind wir nicht.«

Roarkes Lächeln schwand, seine Stimme zeigte seine ganze Verachtung. »Sie haben recht, van Ness. Wir sind keine Freunde.«

»Nachdem das geklärt ist«, zischte van Ness, »sagen Sie endlich, was Sie wollen.«

»Sie haben etwas an Bord, das mir gehört«, erklärte er gelassen.

»Sie müssen den Verstand verloren haben«, knurrte van Ness und fragte sich nach Roarkes Absichten. Wenn dieser Pirat annahm, er könne an Bord der *Sea Dragon* kommen und sich mit der Fracht kampflos davonmachen, war ihm eine Überraschung sicher. Er würde die *Sea Dragon* nicht lebend verlassen. Dafür hatte van Ness bereits Vorsorge getroffen. Auf sein Zeichen hin würde der Pirat an einer Kugel aus der Pistole sterben, die auf seinen Rücken gerichtet war.

»Ich habe keineswegs den Verstand verloren, Captain. Ich bin nur entschlossen, das wieder an mich zu nehmen, was mir gehört. Wenn Sie es mir freiwillig geben, brauche ich Sie nicht dazu zu zwingen.« Roarke lächelte wieder, aber es lag keine Wärme in seinen Augen. »Und Ihren Männern können Sie sagen, daß sie keine Chance haben, selbst wenn es ihnen gelingen sollte, mich zu töten. Ich habe angeordnet, daß die *Sea Dragon* mit Mann und Maus versenkt wird, wenn ich nicht mit meinem Gut zur *Black Angel* zurückkehre. Wie Sie und Ihre Männer sicher erkannt haben, sind wir Ihnen an Waffen und Männern überlegen.« Roarke machte eine kleine Pause, um seinen Worten mehr Wirkung zu verleihen. Er musterte die Männer warnend, die sich um ihren Kapitän geschart hatten. »Ich mache keine leeren Drohungen. Im Augenblick sind fünfzehn Kanonen auf die *Sea Dragon* gerichtet.«

»Ich sagte es Ihnen bereits, O'Connor. Ich habe nichts, was Ihnen gehört«, erklärte van Ness und wandte unter Roarkes eisigem Blick die Augen ab. Er kannte O'Connors Ruf und zweifelte keine Sekunde lang daran, daß er genau das tun würde, was er gesagt hatte.

»Wenn ich mich nicht sehr täusche, haben Sie eine junge Frau an Bord der *Sea Dragon*«, sagte Roarke mit abgrundtiefer Verachtung.

»Ich … ja, aber sie ist ein Passagier. Sie gehört nicht zur Fracht«, stotterte van Ness und suchte verzweifelt nach einer Möglichkeit, das Wertvollste auf der *Sea Dragon* nicht aufgeben zu müssen. Das Mädchen war ein Vermögen wert.

»Dann sind Sie ein Glückspilz. Sie können ihre Passage kassieren, ohne Probleme mit ihrer Anwesenheit zu haben«, erklärte Roarke und grinste ironisch. Er warf dem Mann neben van Ness einen vernichtenden Blick zu. »Hol das Mädchen!«

Der Mann sah seinen Kapitän hilflos an und eilte davon.

»Sie haben kein Recht, meine Männer herumzukommandieren«, zischte van Ness.

Roarke hob die Schultern. »Vielleicht nicht. Aber ich habe nicht den ganzen Tag Zeit, um auf Ihre Anordnungen zu warten, Captain.«

»Das werden Sie noch bitter bereuen, O'Connor.«

Roarke hob eine dunkle Braue. »Muß ich das etwa als Drohung auffassen, Captain?«

»Nein. Es ist ein Schwur«, schrie van Ness mit wutverzerrtem Gesicht.

Erneut zuckte Roarke mit den Schultern. Sein Blick war auf die Luke gerichtet, aus der Brianna auftauchen mußte.

Wenige Momente später folgte sie dem Seemann an Deck. Ihre Augen hingen an dem Mann, der gekommen war, sie zu retten. Er stand da wie ein in Bronze gegossener Gott und strahlte Stärke und Selbstsicherheit aus. Stolz und unendliche Liebe überkamen Brianna. Am liebsten wäre sie auf ihn zugelaufen und hätte sich vor Glück weinend in seine Arme geworfen, aber ein warnender Blick von ihm hielt sie zurück. Und so folgte sie statt dessen langsam dem Seemann zu der Stelle, wo Roarke und van Ness standen.

Keine Sekunde in seiner Wachsamkeit nachlassend, ergriff Roarke Briannas Hand, zog sie neben sich und musterte den Kapitän der *Sea Dragon* grimmig. »Vermutlich werden Sie nie wissen, wieviel Glück Sie haben, van Ness. Dennoch gebe ich Ihnen den ernsthaften Rat, in Zukunft die Finger vom Menschenhandel zu lassen.«

»Fahr zur Hölle, verdammter Pirat. Du hast mir nicht vorzuschreiben, wie ich mich verhalte«, knurrte van Ness, dessen Wut mittlerweile seine Furcht überwog.

»Stimmt. Aber ich kann dafür sorgen, daß Sie es bereuen, sich meinen Wünschen zu widersetzen.« Roarke bedachte van Ness mit einem so eisigen Blick, daß selbst den Beherztesten unter der Mannschaft der *Sea Dragon* ein Schauer über den Rücken fuhr, bevor er wieder seine weißen Zähne zu einem Lächeln entblößte. »Und nun, Gentlemen, wünsche ich Ihnen einen guten Tag. Wenn Sie mich und meine Lady entschuldigen würden, möchten wir Ihrer Weiterfahrt nunmehr nichts mehr in den Weg legen.«

Niemand auf der *Sea Dragon* unternahm auch nur den geringsten Versuch, Roarke zu behindern, als er Brianna auf die Arme hob und behende die Strickleiter wieder in das kleine Boot hinunterkletterte, das sie zur *Black Angel* zurückbrachte.

Auch als sie auf den Deckplanken seines Schiffes standen, ließ Roarke Brianna nicht los. Er gab Anweisungen, Kurs auf Frankreich zu nehmen, und trug sie in die Kabine, die sie sich Wochen zuvor schon einmal geteilt hatten. Er trat die Tür mit dem Fuß hinter sich zu, lehnte sich gegen den Rahmen und genoß das Gefühl, Brianna wieder in seinen Armen halten zu können.

Brianna klammerte sich an Roarke und verbarg ihr Gesicht an seinem Hals. Sie hatte geglaubt, für diesen Mann nichts zu empfinden, doch das war ein Irrtum gewesen. Jetzt, in der Sicherheit seiner Umarmung, hätte sie sich am liebsten nie mehr von ihm getrennt. Roarke hatte sein Leben für sie aufs Spiel gesetzt, und ihre Liebe zu ihm kannte keine Grenzen.

Behutsam stellte Roarke sie auf den Boden und sah ihr fast eine Ewigkeit lang schweigend ins Gesicht. Selbst jetzt, in der abendlichen Dämmerung, wollte er die Lieblichkeit in sich aufnehmen, deren Anblick ihm in dem langen Monat verwehrt gewesen war, als Unwetter und Flauten sie voneinander ferngehalten hatten.

Sanft hob er eine Hand und legte sie an ihre Wange. Zärtlich fuhr sein Daumen über ihre samtweiche Haut. Seine Augen suchten den sanften Schwung ihres Mundes. Unfähig, sich länger zurückzuhalten, senkte er langsam den Kopf, um sich ihrer Lippen zu bemächtigen und das Glücksgefühl wieder zu empfinden, das ihre Berührung stets in ihm erregte.

Brianna schlang die Arme um seinen Hals und erwiderte seinen leidenschaftlichen Kuß. Sie schmiegte sich eng an ihn und fühlte sich sicher. Sie war nach Hause gekommen.

Mit einem sehnsüchtigen Aufstöhnen zog Roarke sie noch näher. Er erforschte den Mund, der ihn so leicht alles vergessen ließ. Seine Hände umfaßten ihre Hüften und drückten sie an sich. Instinktiv begannen sich seine Lenden in der uralten Geste des Verlangens an ihr zu reiben.

Feurige Ströme durchzuckten Brianna, als sie seine Erregung spürte. Sie rang nach Luft, als sein Mund ihre Lippen verließ und er sein Gesicht an ihren Brüsten verbarg. Sein heißer Atem durchdrang den dünnen Stoff ihres Kleides, und ihre Brustwarzen richteten sich zu kleinen festen Knospen auf, die sich nach der Berührung seiner Lippen sehnten.

»O Gott, Brianna, wie ich mich nach dir sehne«, keuchte Roarke, hob sie auf die Arme und trug sie zum Bett. Nicht einmal für den Bruchteil einer Sekunde wandte er den Blick von ihren Augen, als er ihr Kleid öffnete und von den Schultern schob, um die schwellenden Hügel ihrer Brüste zu enthüllen. Er ließ seine Augen über ihren Mund, ihren Hals weiter nach unten wandern und mußte hart schlucken. Zärtlich umfaßte er eine Brust, fühlte und betastete ihre Haut, bis er sein Verlangen nicht mehr unterdrücken konnte, sie auch mit den Lippen zu berühren. Er legte sich zu ihr aufs Bett, und während sich sein Kopf über ihre verlockenden Brüste senkte, schoben seine Hände ihr Kleid weiter hinunter. Als es ihm gelungen war, es ihr vom Körper zu streifen, schleuderte er es zu Boden. Seine Finger wanderten ziellos über ihren flachen Bauch und die Wölbungen der Hüften, bevor er die Liebkosungen mit seinen Lippen wiederholte.

Brianna verspannte sich und unterdrückte ein Aufstöhnen, als Roarkes Zärtlichkeiten ihre durch den Ausschlag geschädigte Haut weiter reizten. Verwirrt sah Roarke auf. Er sah ihren Gesichtsausdruck und forschte sofort nach dem Grund für ihre Reaktion. Als er den roten Ausschlag entdeckte, verdüsterte sich seine Miene vor Zorn. »Das soll dieser Hund mir büßen«, knurrte er durch zusammengebissene Zähne.

Roarke wollte seinen Worten unverzüglich die Tat folgen lassen, aber Brianna hielt ihn zurück. Sie schüttelte den Kopf, richtete sich halb auf und betrachtete ihre Finger, als könnte sie an ihnen Lord Montagues Blut sehen. »Bitte, Roarke, ich möchte nicht, daß meinetwegen noch ein Mensch …«, flüsterte sie und konnte gerade noch das letzte Wort unterdrücken. Mit gequälten Augen blickte sie ihn an. »Tu es nicht. Dank dir bin ich jetzt in Sicherheit, und meine Haut wird bald wieder heilen.«

Sanft umfaßte Roarke ihr Kinn und hauchte ihr einen Kuß auf die Lippen. »Du verzeihst zu schnell, mein Liebling. Aber ich werde tun, was du sagst.«

»Vielen Dank, Roarke«, erwiderte Brianna, und in ihren Augen stand ihre ganze Liebe.

Roarke lächelte. »Vorsicht, mein Herz. Wenn du mich noch lange so ansiehst, könnte ich vergessen, daß ich dich jetzt aus Rücksicht auf deinen Zustand lieber nicht lieben sollte.«

»Ich werde mir Ihre Warnung zu Herzen nehmen, Captain O'Connor«, lächelte sie mutwillig.

Roarke brauchte seine ganze Kraft, sie nicht wieder in die Arme zu ziehen. Er räusperte sich und schwang seine Beine vom Bett. »Es ist höchste Zeit, etwas für deine Haut zu tun. Du brauchst ein Natronbad. Es wird das schmerzhafte Jucken lindern und hoffentlich dafür sorgen, daß deine Haut schnell heilt.« Er hob eine Braue und lächelte sie anzüglich an. »Und wenn du mich fragst, kann das nicht schnell genug gehen.«

Tapfer widerstand Brianna dem Drang, sich die kleinen Pickel an ihrer Taille zu kratzen. Sie verzog bekümmert das Gesicht. »Das ist auch meine Meinung, Sir.«

Um ihre Qual nicht noch zu verlängern, ordnete Roarke schnell an, daß heißes Wasser und ein Abendessen bereitet wurden. Er befahl, die Wassereimer vor der Tür abzustellen, damit niemand Brianna in halbentkleidetem Zustand sah, und kümmerte sich dann selbst um ihr Bad. Eimer für Eimer goß er die heiße, dampfende Flüssigkeit in den großen Bottich, bevor er das weiße Pulver hinzufügte, das der Koch sonst zum Backen von Brötchen benutzte.

Als alles bereit war, hob er Brianna behutsam wie ein krankes Kind auf die Arme und ließ sie ganz sanft in das warme Wasser gleiten. Ebenso zärtlich wusch er ihren Körper und spülte auch den letzten Rest von Seife aus ihren schwarzen Haaren, bevor er sie wieder aufstehen ließ.

Ihr Anblick verschlug ihm den Atem. Nackt wie Gott sie geschaffen hatte, stand sie vor ihm, auf ihrem Körper schimmerten winzige Wassertropfen, ihre schwarzen Haarsträhnen lagen wie dunkle Seide auf Schultern und Brüsten. Roarke machte sich bewußt, noch nie etwas so Schönes gesehen zu haben. Und sofort meldete sich vehement sein Verlangen. Schnell wickelte er Brianna in ein großes Badetuch und hob sie aus dem Bottich, bevor er dem Sehnen in seinen Gliedern nachgeben konnte.

Als Roarke sie wieder aufs Bett legte, mußte sie gähnen und legte schnell die Hand vor den Mund. Er mußte lächeln und hob dann resigniert eine Schulter. »Vielleicht ist es besser so. Du brauchst deine Ruhe, und ich habe zu arbeiten.« Er drückte ihr einen Kuß auf die Stirn. »Schlaf jetzt. Wir haben noch alle Zeit der Welt.« Er ging zur Tür, aber bevor er sie öffnen konnte, ließ Briannas Stimme ihn innehalten.

»Vielen Dank, Roarke – für alles, was du für mich getan hast. Ich weiß, daß du mich gerettet hast, ohne es zu müssen, und ich bin dir unendlich dankbar. Ich erschauere bei der Vorstellung, was mit mir geschehen wäre, hättest du es nicht getan.«

Auch Roarke erzitterte unwillkürlich bei dem Gedanken an Briannas Schicksal, wenn die *Sea Dragon* mit ihr an Bord ihr Ziel erreicht hätte. Zutiefst verunsichert erkannte er, daß ihn diese Vorstellung bis ins Mark erschütterte. Seit dem Tod seiner Mutter hatte er nichts und niemand erlaubt, ihm so nahezukommen. Verstört öffnete Roarke die Kabinentür, drehte sich dann aber noch einmal um. Brianna hatte sich auf dem Bett aufgerichtet, das feuchte Handtuch entzog ihren faszinierend sinnlichen Körper seinen Blikken. Er wußte nicht, was er in diesem Moment sagen oder denken sollte. Und so räusperte er sich nur unsicher und meinte: »Schlaf jetzt, Brianna. Wir können uns später unterhalten.«

Lächelnd ließ sich Brianna in die Kissen fallen. Ja, sie würden später miteinander reden. Und dann würde sie ihm sagen, wie sehr sie ihn liebte.

***

Der Abendwind ließ die Segel flattern und zauste in Roarkes Haaren, als er an Deck stand und zum Sternenhimmel hinaufsah. Er umklammerte die Reling mit beiden Händen und versuchte, sich die neuen, beängstigenden Emotionen zu erklären, die die Frau in seiner Kabine in ihm aufgewühlt hatte. Er weigerte sich, es Liebe zu nennen, was ihn mit Brianna verband, weil er sich nicht zu dem Zugeständnis bringen konnte, daß es derartige Gefühle zwischen Mann und Frau gab. Er hatte zuviel Leid gesehen, zuviel Mißbrauch, Verrat und Betrug, um das, was er empfand, für etwas anderes zu halten als sexuelle Anziehung.

Zugegeben, Brianna hatte sich eine kleine Nische in seinem Herzen erobert, aber er würde nicht so töricht sein, das Liebe zu nennen. Er wurde lediglich von ihrer physischen Schönheit und ihrer Leidenschaft angezogen. Darüber hinaus weckte ihre Unschuld in ihm das Gefühl, sie beschützen zu müssen. Aber das war auch schon alles. Zufrieden mit seiner Bewertung, atmete Roarke tief durch und begann zu lächeln. Er hatte seine Empfindungen wieder unter Kontrolle.

»Was treibt dich denn zu dieser späten Stunde an Deck, *mon ami*? Ich hätte angenommen, daß du keine Sekunde von der Seite deiner hübschen Brianna weichst – nach allem, was du ihretwegen auf dich genommen hast.« Nick stellte sich neben Roarke und blickte wie er zum Himmel hinauf.

Roarke sah seinen Freund kurz von der Seite her an. »Brianna fühlt sich nicht ganz wohl. Dieser Bastard van Ness hat sie unter Deck eingeschlossen, und jetzt leidet sie unter Hitzeausschlag.«

»Von unserem guten Captain van Ness war nichts anderes zu erwarten. Dieser Hurensohn kennt keine menschlichen Gefühle. Er denkt nur an Geld.«

Nicks abfällige Bemerkung ließ Roarke unbehaglich von einem Fuß auf den anderen treten. Die Worte seines Freundes bestätigten die Besorgnis, die er seit Wochen empfand, aber immer wieder zu verdrängen suchte.

Das Dunkel der Nacht verbarg Roarkes Beunruhigung, lachend schlug Nick Roarke auf die Schulter. »Geduld, *mon ami*. Du hast deine Brianna wieder, und mit der Zeit wird auch ihre Haut heilen. Mitunter erhöht es den Reiz eines Preises, wenn man darauf warten muß.«

Roarke schüttelte Nicks Hand von seiner Schulter und wandte sich ab. »Ich habe es dir nun schon mehrfach gesagt, Nick. Sie ist ebensowenig meine Brianna wie ein Preis, den man erringen müßte.«

Nick runzelte die Stirn. »Du willst mir doch nicht etwa immer noch weismachen wollen, daß du das Mädchen nicht liebst? Weshalb haben wir uns alle dann den Strapazen ihrer Rettung unterzogen?«

Roarke fuhr sich mit den Fingern durch die windzerzausten Haare und schüttelte den Kopf. »Ich versuche keineswegs, dich von irgend etwas zu überzeugen, Nick. Ich gebe zu, daß ich für Brianna Gefühle hege, die ich noch keiner Frau gegenüber empfunden habe, aber ich habe weit wichtigere Dinge zu erledigen.«

Nick lachte rauh und ungläubig auf. »Es gibt nichts Wichtigeres als Herzensdinge, *mon ami*. Ich kenne dich fast so gut wie mich. Da gibt es etwas, was du mir nicht sagst.« Nick forschte besorgt in den düsteren Zügen des Freundes. »Hat das Mädchen dich abgewiesen?«

»Nein, sie hat mich nicht abgewiesen, wie du es nennst. Jetzt segele ich nach Frankreich, um mich mit Beaumarchais zu treffen. Und wenn das erledigt ist, bringe ich Brianna nach Statia und fahre ohne das geringste Bedauern wieder hinaus.«

Nick entging das qualvolle Aufzucken in Roarkes Augen nicht, und er wußte, daß unendliches Leid den Freund zu dieser Entscheidung gebracht hatte. Er schüttelte traurig den Kopf. »Das kann doch nicht dein Ernst sein.«

»Mein voller Ernst. In meinem Leben gibt es keinen Platz für Brianna, wie du sehr wohl weißt.«

»Ich begreife dich nicht«, entgegnete Nick betroffen.

Erstaunt sah Roarke den Freund an. »Wir beide wissen doch nur zu gut, daß das Leben unserer Männer von uns abhängt, Nick. Ich kann meine Zeit nicht mit einer jungen Frau vertändeln, die von dem Mann, mit dem sie ins Bett geht, die Ehe und Kinder erwartet. Brianna ist eine Lady.«

»Eine Lady! Wie kommst du darauf? Du weißt doch gar nichts über sie. Falls du es vergessen haben solltest:

Wir haben sie mitten auf dem Ozean aus dem Wasser gefischt.«

Roarke lächelte den Freund fast wehmütig an. »Mir ist klar, was du vorhast, Nick, aber das klappt nicht. Ich brauche nichts über Brianna zu erfahren, um zu wissen, daß ich es war, der ihr die Unschuld genommen hat. Sie war keine Hafenhure, die sich mir angeboten hat, sondern eine Unschuld unter dem Einfluß der Rauschmittel, die du ihr gegeben hast. Und ich war zu geil, um der Versuchung widerstehen zu können. Ich habe mich an ihr vergangen und stehe in ihrer Schuld, aber ein Leben als meine Geliebte kann ich ihr nicht zumuten. Sie verdient Besseres.«

»Dann heirate sie«, sagte Nick und ließ Roarke nicht aus den Augen.

»Du weißt, daß ich ihr keinen Heiratsantrag machen kann. Ich bin nicht mehr als ein Pirat.«

»Verdammt noch mal, Roarke«, entfuhr es Nick. »Wir beide wissen, daß wir keine Piraten sind und auch niemals welche waren. Zu dieser List haben wir gegriffen, um der Sache zu dienen, von der wir überzeugt sind. Du kannst doch nicht so dumm sein, auf deine eigene List hereinzufallen.«

Roarkes Hände verkrampften sich um die Reling. Er senkte den Kopf und starrte in die schwarzen undurchsichtigen Wellen, die gegen den Rumpf des gleichfalls schwarzen Schiffes schwappten, dem er den Namen des Todesboten gegeben hatte. Er holte tief und gequält Luft, bis er wieder zu dem Mann an seiner Seite aufblickte. Plötzlich meldete sich der altbekannte Schmerz mit aller Macht wieder. »Wir sind vielleicht keine wirklichen Piraten, aber ich bin der Bastard einer Hafenhure.«

Fassungslos verdrehte Nick die Augen. »Was hat das denn damit zu tun, *mon ami*? Du kannst doch unmöglich annehmen, Brianna würde anders über dich denken, wenn sie um deine Herkunft wüßte.«

Roarkes Lippen verzogen sich zu einem zynischen Lächeln. »Nur sehr wenige Frauen möchten sich mit einem Mann meines Rufs einlassen, und noch weniger wären bereit, über meine Abkunft hinwegzusehen. Brianna wird da kaum anders sein.« Roarke blickte über das dunkle Wasser, das am Horizont mit dem tiefblauen Himmel verschmolz. »Es gibt nur eine einzige Frau, die meine Geburt nicht als Makel ansah: Elsbeth Whitman.« In der Erinnerung an die Freundin wurden Roarkes Züge ganz sanft, fast zärtlich.

»Du bist deinen Männern gegenüber immer gerecht gewesen, Roarke. Sei es jetzt auch zu dem Mädchen in deiner Kabine. Erzähl ihr die Wahrheit über deine Vergangenheit und laß sie entscheiden, ob sie bei dir bleiben oder dich verlassen will, wie du offenbar befürchtest.«

Nicks Rat verblüffte Roarke. Er warf dem Mann, der plötzlich so auf Aufrichtigkeit bedacht schien, einen scharfen Blick zu. Er kannte Nick seit seinen Jugendtagen und liebte ihn wie einen Bruder, aber er war auch ein Mann, der alles sagte und tat, was ihm nötig schien, um eine Frau in sein Bett zu locken. Und dann, wenn er am Ziel seiner Wünsche war, verließ er seine Eroberung mit einem triumphierenden Lächeln. Noch nie in seinem Leben war Nick einer Frau gegenüber ehrlich gewesen, und doch riet er nun Roarke dazu, sich Brianna ganz zu offenbaren. Entschlossen verdrängte Roarke diese Vorstellung.

»Ich kann Brianna die Wahrheit über meine Vergangenheit ebensowenig sagen wie die über unseren Auftrag.«

»Entschuldige, *mon ami*, aber dann bist du ein unverbesserlicher Narr«, erklärte Nick und wandte sich ab. Er hatte offen die Meinung gesagt, die er für einen Freundschaftsdienst hielt. Er würde Roarke nicht weiter behelligen. Sein Freund hatte mitunter einen ausgesprochen störrischen Zug an sich, und der würde auch durch weitere Diskussionen nicht verschwinden.

Nachdenklich sah Roarke zum sternenübersäten Himmel hinauf. Vielleicht hatte Nick diesmal sogar recht. Jeder Mensch – auch Brianna – hütete Geheimnisse, aber vielleicht wäre es wirklich das beste, ihr von seiner Vergangenheit zu erzählen und ihr die Wahl zu überlassen, ob sie als seine Geliebte bei ihm bleiben wollte. Wenn sie sich zum Abschied entschloß, würde er ihr den Neuanfang erleichtern.

Schon die Vorstellung, Brianna könnte ihn verlassen, schien die düstere Leere in ihm unendlich auszudehnen, aber Roarkes Gesichtsausdruck veränderte sich nicht. Er lebte mit ihr nun schon so lange, daß sie nur noch eine dumpfe Qual war und nicht mehr der wilde Schmerz, den er als junger Mann empfunden hatte.

Nachdem seine Entscheidung gefallen war, bereitete sich Roarke auf die unvermeidliche Ablehnung vor, die ihm beschieden war. Er würde erst nach der Abreise aus Brest über dieses Thema sprechen. Das gab ihm noch einige Wochen, Briannas Nähe zu genießen, ein paar weitere Wochen, in denen sie so tun konnten, als wären sie ganz normale junge Liebende und nicht zwei Menschen, die das Schicksal zufällig zusammengeführt hatte.

Kapitel 11

Mit dem jungen Paar trieben Wind, Regen und Lachen in die Schenke. Die Gäste in der Nähe der Tür bekamen es zu spüren und warfen gereizte Blicke auf die Neuankömmlinge, bevor sie sich wieder ihrem Essen zuwandten. George Fielding ignorierte die verärgerten Blicke in seine Richtung und betrachtete seine junge Frau, die sich die Regentropfen aus dem Gesicht wischte. »Für eine kleine Mahlzeit siehst du gut genug aus.«

Freude und Verlegenheit röteten Rachels Wangen, und sie sah sich schnell um, ob jemand die Bemerkung ihres Mannes mitbekommen hatte. »Sei still und benimm dich. Wir haben den weiten Weg schließlich nicht unternommen, um hier herumzutändeln.«

George hob scherzend eine Braue. »Wer sagt das? Wir können morgen die Möbel aussuchen, aber heute abend sehr wohl ›herumtändeln‹, wie du es nennst. Wenn ich es mir recht überlege, bleibt uns kaum eine andere Möglichkeit, nachdem wir uns ein Zimmer genommen und zu Abend gegessen haben. Glücklicherweise sind die Werkstätten mittlerweile geschlossen, und das schlechte Wetter zwingt dich an meine Seite.«

Lachend schüttelte Rachel den Kopf. »Sie sind ein Spitzbube, Doktor Fielding.«

George hob schmunzelnd die Schultern. »Und genau deshalb lieben Sie mich, Mistress Fielding. Wagen Sie nicht, das zu leugnen.«

»Wie könnte ich das tun?« erwiderte Rachel, ergriff Georges Hand und ließ sich von ihm in das kleine Nebenzimmer führen, in dem der Gastwirt seinem eigenen Abendessen zusprach. Nachdem sie sich für die Nacht eingemietet hatten, ging George mit Rachel wieder in den Gastraum zurück.

Das Durcheinander an der Tür interessierte den Mann nicht, der an einem Ecktisch im hinteren Bereich des Schankraumes saß. Die Feuchtigkeit seiner Kleidung ließ ihn unwillkürlich erschauern. Seine blassen, düsteren Gesichtszüge wurden noch grimmiger, als der Mann, mit dem er verabredet war, endlich doch erschien. Ein weiteres Frösteln unterdrückend, trank er den letzten Schluck warmen Brandy und stellte das blaue Glas auf den Tisch. Verächtlich verzog er den Mund. Er war es gewöhnt, von allem nur das Beste zu erhalten, und konnte mit billigen Imitationen nichts anfangen. Bristol war für seine blauen Gläser berühmt, aber in dieser Schenke servierte man den Gästen die Getränke in Gläsern, die den Werken des Glasbläsers Lazarus Jacobs nur entfernt ähnelten. Lord Montague wandte seine Aufmerksamkeit von dem Brandy ab und blickte dem großen, häßlichen Mann entgegen, der sich seinem Tisch näherte. Lord Montague bot dem Mann keinen Stuhl an, und nach einem kurzen Moment der Unbehaglichkeit setzte sich der Mann selbst.

»Was haben Sie erfahren?« fragte Lord Montague, ohne den Mann einer Begrüßung zu würdigen. Er stand schließlich in seinen Diensten und hatte nichts anderes zu erwarten.

Branson Tanner wischte sich die letzten Regentropfen aus den Augen. Draußen peitschte ein heftiger Wind Regenschauer durch die Straßen und trieb jeden mit einigermaßen Verstand in die Obhut seiner vier Wände. »Nicht mehr, als ich Ihnen bereits bei unseren letzten Treffen sagte. Langsam beginne ich wirklich zu glauben, daß das Mädchen spurlos vom Erdboden verschwunden ist.«

Lord Montague rieb sich abwesend die feine Narbe unter seiner goldbestickten Weste. Er konnte sich glücklich schätzen, daß Brianna nicht genauer gezielt hatte. Wäre das Messer nur wenige Zentimeter tiefer in seinen Leib gedrungen, könnte er jetzt nicht mehr nach ihr suchen.

»Tanner, ich habe Sie dafür bezahlt, daß Sie das Mädchen finden. Also erwarte ich, daß Sie genau das tun. Erzählen Sie mir nichts von spurlosem Verschwinden. So etwas ist nicht möglich. Irgend jemand weiß, wo sie sich aufhält, und ich bin entschlossen, sie aufzuspüren, auch wenn ich den Rest meines Lebens dazu brauche. Brianna McClure wird ihrer Bestrafung nicht entgehen. Die Gesetzeshüter können sie für ihren Mordversuch an mir vielleicht nicht zur Rechenschaft ziehen, aber ich kann und werde es tun.«

»Ich weiß nicht, wo ich noch suchen soll. Meine Männer haben bereits ganz London und alle größeren Häfen durchkämmt. Aber wenn sie sich irgendwo auf dem Lande versteckt, bezweifle ich sehr, daß sie jemals zu finden ist.«

Lord Montagues Gesichtszüge verzerrten sich. Er beugte sich vor und knurrte: »Ich kann Ihnen nur dringend raten, das Mädchen zu finden. Es versteckt sich ebensowenig irgendwo auf dem Land wie Sie und ich im Moment. Schließlich besitzt Brianna nur das Geld, das sie mir gestohlen hat, und ein paar Schmuckstücke, die ich ihr im Verlauf der Jahre schenkte. Sie und ihre kleine Zofe müssen essen. Sie haben einfach nicht genügend Geld, um lange durchhalten zu können.«

Lord Montagues Drohungen färbten Tanners Wangen dunkelrot vor Verärgerung. Er wünschte inständig, sich mit dieser Kreatur nie eingelassen zu haben, und konnte verstehen, warum das Mädchen ihm gegenüber zum Messer gegriffen hatte. Schon seine wenigen Erfahrungen mit Lord Montague sagten ihm, daß dieser Mann es mehr als verdient hatte.

Mit einem innerlichen Schulterzucken machte sich Tanner die Nutzlosigkeit seiner verspäteten Einsicht bewußt. Jetzt war es zu spät, den Auftrag rückgängig zu machen. Er hatte Lord Montagues Geld angenommen und es bereits am Spieltisch und für Huren ausgegeben. Und er hegte nicht die Spur eines Zweifels daran, daß dieser Mensch ihn kaltblütig umbringen lassen würde, wenn er nicht beendete, wozu er engagiert worden war.

Von einem der Tische in der Nähe drang unbeschwertes Lachen an sein Ohr. Lord Montagues Laune verschlechterte sich weiter. Es paßte ihm nicht, daß sich andere Menschen amüsierten, wenn er zutiefst unzufrieden war. Grimmig sah er zu dem Tisch hinüber.

Er und Tanner saßen zwar im Dunkel, aber eine Laterne an der Wand breitete ihren Lichtschein über den Mann und die Frau, die dort ihr Abendessen einnahmen.

Beim Anblick der jungen Frau wurden Lord Montagues Augen ganz groß, und er holte tief und scharf Luft. Dieses Gesicht konnte er gar nicht vergessen, dafür hatte er es zu lange Jahre in seinem Haus gesehen. Es bestand keinerlei Zweifel: Er hatte sein Dienstmädchen Rachel gefunden.

Nur mit Mühe konnte sich Lord Montague soweit beherrschen, daß er nicht spontan aufsprang. Statt dessen lehnte er sich auf seinem Stuhl zurück und musterte sein Gegenüber mit kaum verhüllter Wut. »Sie Lump. Ich habe Sie engagiert, damit Sie Brianna und ihre Zofe finden.«

»Ich habe mich nach Kräften bemüht, Lord Montague, beginne aber langsam den Eindruck zu gewinnen, daß das ein undurchführbarer Auftrag ist.«

»Im Gegenteil, denn die Zofe sitzt da mit uns im selben Raum.«

Tanner fuhr herum. Seine Augen weiteten sich verdutzt, als er Rachel seelenruhig dort sitzen sah. Er blickte wieder auf Lord Montague und fragte mit hochroten Wangen: »Was wollen wir unternehmen?«

Lord Montague schnaubte verächtlich. »Ich denke, das sollten Sie besser wissen, da ich Sie schließlich für Ihre Dienste bezahle.«

Tanners Gesicht errötete noch tiefer. »Wenn Sie mit meinen Diensten nicht zufrieden sind, Mylord, sollte ich mich vielleicht besser von Ihrem Auftrag zurückziehen.«

Lord Montague befürchtete, vor Wut im nächsten Augenblick platzen zu müssen. »Sie dämlicher Hund! Sie werden sich nicht aus meinen Diensten stehlen, bevor ich Sie davon entbinde. Und jetzt sorgen Sie gefälligst dafür, daß uns das Mädchen die Informationen gibt, die wir benötigen, Sie Schwachkopf.«

Tanner musterte Lord Montague verdrossen, äußerte sich aber nicht.

»Haben Sie mich nicht verstanden, Tanner?« fügte Lord Montague drohend hinzu. »Ich habe einflußreiche Freunde, die sich mit Sicherheit für Ihr Treiben zu den Zeiten interessieren, in denen Sie nicht vorgeben, im Auftrag Nachforschungen anzustellen.«

Tanners Herz setzte einen Schlag aus. Er hatte das entsetzliche Gefühl, daß sich eine eisige Hand um seine Kehle legte. Jede Farbe wich aus seinem Gesicht. »Mylord, ich habe versucht, mein Bestes für Sie zu geben.«

»Dann sollten Sie sich vielleicht noch ein wenig verbessern, wenn Sie vermeiden wollen, daß ich von Ihrer kleinen Schenke erzähle, in der Sie und Ihre Kumpane gestohlenes Gut verhökern. Und ich vermute, daß Ihre Freunde einiges über diese Lagerhausdiebstähle wissen. Ich bin mir sicher, daß Sie mehr als den Marktpreis von Ihren Käufern bekommen, denn es ist ungesetzlich, Eigentum der Marine in den Kolonien zu verkaufen. Schon für das Wenige, das ich über

Ihre Aktivitäten weiß, könnten Sie und Ihre Spießgesellen an den Galgen kommen.«

Kreidebleich starrte Tanner Lord Montague an. Dieser Mann war der Teufel in Person, denn nur der Teufel konnte von seiner Beziehung zu den Schmugglern erfahren haben. »Was soll ich tun?«

Lord Montague lächelte selbstgefällig. Es hatte sich mehr als gelohnt, ein paar Nachforschungen über Tanner anzustellen. Um seinen Hals zu retten, würde dieser Mann alles tun. »Wie ich schon sagte. Die Zofe hat die Informationen, auf die wir aus sind. Und ich erwarte, daß Sie sie aus ihr herausholen – mit welchen Mitteln auch immer.«

»Ich habe schon einiges in meinem Leben gemacht, aber ich bin kein Mörder.«

Lord Montague zuckte mit dem Schultern und beugte sich dann vor, damit nur Tanner seine nächsten Worte hören konnte. »Sie werden, wenn nötig, auch töten, damit wir Briannas Aufenthaltsort erfahren. Haben Sie mich verstanden?«

Tanner nickte.

»Und nun schlage ich vor, daß Sie sich ein paar Männer zur Verstärkung besorgen. Der Begleiter der Zofe sieht nicht so aus, als würde er sie ohne Gegenwehr entführen lassen.«

Tanner stand auf. »Ich weiß, wie ich meine Arbeit zu erledigen habe, Mylord.«

»Dann ist es ja gut.« Auch Lord Montague erhob sich. »Ich erwarte, daß Sie mir bald in meinem Zimmer Bericht erstatten.« Er wandte sich ab und verließ den Schankraum durch die rückwärtige Tür. Er wollte nicht, daß Rachel ihn bemerkte und Brianna möglicherweise davon in Kenntnis setzte, daß ihr Versuch, ihn zu töten, fehlgeschlagen war.

Im Schatten der Tür blieb Lord Montague noch einmal stehen und sah auf das Paar zurück. Sein Mund verzog sich zu einem verächtlichen Grinsen. Die Schlampe war so fasziniert von ihrem Begleiter, daß sie ihn nicht einmal bemerkt hätte, wenn er direkt an ihrem Tisch vorbeigegangen wäre. Sein Grinsen wurde zynisch, als er sich der Treppe zuwandte. Sie würde seine Anwesenheit bald genug zur Kenntnis nehmen müssen. Und sie würde es bis zu ihrem Todestag bitter bereuen, wenn sie ihm nicht genau das erzählte, was er wissen wollte.

***

Rachel schob sich den letzten Bissen des zarten Rinderfilets in den Mund und lehnte sich befriedigt zurück. Selbst in ihren kühnsten Träumen hätte sie sich nicht vorstellen können, einmal so glücklich zu sein. Der einzige Wermutstropfen war die Erkenntnis, daß sie ihr Glück Briannas Tragödie zu verdanken hatte.

Rachel verdrängte diesen Gedanken ebenso energisch wie die Schuldgefühle, die sich dabei regelmäßig einstellten. Es war immer das gleiche. Sobald sie daran dachte, daß Brianna allein und ohne Freunde auf der fernen Insel leben mußte, empfand sie Gewissensbisse.

»Du grübelst schon wieder«, sagte George und faßte zärtlich nach ihrer Hand. Er kannte den Grund für den abwesenden Ausdruck in den Augen seiner jungen Frau nur zu gut.

»Aye. Immer, wenn ich ganz besonders glücklich bin, dich gefunden zu haben, muß ich an Brianna denken.«

»Und ich sage dir immer wieder, daß du dir keine Sorgen zu machen brauchst. Roarke wird sich um das Mädchen kümmern.«

Rachel warf ihrem Mann einen skeptischen Blick zu. »So, wie du dich um mich gekümmert hättest, hätte ich nicht auf eine Heirat bestanden, bevor wir miteinander schliefen.«

»Selbst dann wird er nicht zulassen, daß ihr irgendein Schaden zugefügt wird.«

»Kein Schaden? George, du bist ein Arzt, du solltest Frauen besser verstehen als andere Männer.«

Ein Lächeln überflog Georges Lippen. »Ich kann mich nicht daran erinnern, daß du dich über mein mangelndes Verständnis für Frauen beklagt hättest.«

Trotz ihrer Sorgen um die Freundin konnte sich Rachel seinen unbeschwerten Neckereien nicht entziehen. Lächelnd schüttelte sie den Kopf. »Männer! Ihr seid doch alle gleich. Ihr begreift einfach nicht, daß es nicht nur um das Körperliche geht, wenn eine unschuldige junge Frau wie Brianna mit einem Mann ins Bett geht. Es geht um Gefühle, und Brianna hat emotional bereits mehr als genug gelitten, um sich zusätzlich von Roarke O'Connors Charme und gutem Aussehen den Kopf verdrehen zu lassen.«

»Mein Liebes, wir haben schon so oft über dieses Thema gesprochen, ohne je zu einer Übereinkunft zu kommen. Wenn du dir so große Sorgen um Brianna machst, können wir jederzeit nach Statia zurückkehren.«

Rachel zögerte. Sie suchte im Gesicht ihres Mannes nach einem Hinweis darauf, daß er scherzte, fand aber keinen. »Du würdest tatsächlich zurückfahren?«

»Aye, wenn dich das so überzeugt, daß wir zur Ruhe kommen und eine Familie gründen können.«

Rachel lächelte leise. Eigentlich hatte sie damit warten wollen, bis sie sich in ihrem neuen Haus eingelebt und er seine Praxis eröffnet hatte. Aber nach seinen liebevollen Worten konnte sie es einfach nicht mehr für sich behalten. »Darauf brauchst du nicht mehr lange zu warten, George.«

Georges Augen wurden erst ganz groß, dann richtete er sie auf die schmale Taille seiner Frau. »Soll das etwa heißen, daß ...«, entfuhr es ihm.

Rachel nickte. »Aye, du wirst Vater, George Fielding.«

George warf den Kopf zurück und jubelte laut auf. Alle Augen im Schankraum wandten sich dem offenbar närrischen Mann zu, der aufsprang, seine Frau vom Stuhl riß und hoch durch die Luft schwenkte. »Ich werde Vater!«

»Laß mich sofort wieder runter, George. Jedermann starrt uns an«, sagte Rachel lachend.

»Laß sie doch starren, soviel sie wollen. Meine Frau bekommt mein Kind. Zu Ehren meiner wundervollen Frau spendiere ich ihnen allen ein Glas!« George setzte Rachel wieder ab und bestellte Getränke für alle Gäste der Schenke. Seine Großzügigkeit brachte ihm laute Hochrufe ein, als er Rachel erneut auf den Arm hob und mit ihr zur Hintertür hinaus auf die Treppe zustrebte. Er nahm jeweils zwei Stufen auf einmal und trug sie in ihr Zimmer, wo er sie zärtlich entkleidete und aufs Bett legte. Dann liebte er sie so behutsam, als wäre sie so zerbrechlich wie Glas. Er betete sie mit seinem ganzen Körper an und gab sich ihr hin, wie er sich zuvor nur der anderen Frau in seinem Leben hingegeben hatte, der blonden Josette. Doch diese Zeit lag in der Vergangenheit, wie auch der Schmerz über ihren Verlust. Jetzt waren Rachel und ihr gemeinsames Kind seine Gegenwart und seine Zukunft.

Später schmiegten sie sich unter den Decken liebevoll aneinander und sanken in den Schlaf erfüllter Liebe. Das leise Klicken, mit dem der Türriegel unter dem Druck einer Messerklinge zurückgeschoben wurde, hörten sie ebensowenig wie die leisen Schritte der Männer, die sich um ihr Bett herum aufstellten, um zu verhindern, daß George und Rachel einen Fluchtversuch unternahmen.

Branson Tanners roher Griff riß George aus dem Schlaf. Benommen öffnete er die Augen und starrte in ein verzerrtes, boshaftes Gesicht. Er blinzelte einige Male, um sich von dem Alptraum zu befreien, in dem er sich offensichtlich befand, und fragte sich unwillkürlich, ob das Fleisch, das er zu Abend gegessen hatte, nicht doch schlecht gewesen war. Nur so konnte er sich erklären, mitten in der Nacht vom Teufel und seinen Spießgesellen heimgesucht zu werden. George schüttelte den Kopf und rieb sich die Augen. Als er die Hand wieder senkte, wurden seine Augen vor Entsetzen ganz groß. Die Vision war keineswegs verschwunden, wie er angenommen hatte. Ein eisiger Schauer fuhr ihm über den Rücken. Instinktiv fuhr er hoch und griff nach der Pistole, die er im Nachttisch verwahrte. Sein Leben auf See und der Aufenthalt in fremden Häfen hatten ihn gelehrt, stets auf alles vorbereitet zu sein. Ein Feind konnte stets und ständig irgendwo auftauchen, selbst aus den Reihen der Männer, mit denen man tagtäglich zusammenarbeitete und die für seine Freunde hielt.

Georges Finger griffen ins Leere. Er warf einen erschreckten Blick auf seine schlafende Frau, bevor er die Augen erneut auf den Mann richtet, der auf ihn herabgrinste. Der Lauf der Pistole in seiner Hand war auf Rachel gerichtet. Vorsichtig ließ sich George in die Kissen zurückgleiten und fragte leise: »Was wollen Sie?«

Tanners Grinsen vertiefte sich. »Sie sind ein kluger Mann. Ich befürchtete schon, Sie wollten es auf einen Kampf ankommen lassen. Aber wie ich sehe, erkennen Sie sehr wohl, daß Sie keine Chance haben.«

George sah auf die Männer, die sein Bett umstanden und kalte Angst machte sich in seiner Magengrube breit. Es waren zu viele, um auch nur die vage Hoffnung zu hegen, Rachel und sich selbst verteidigen zu können. »Ich habe Sie gefragt, was Sie wollen, und nicht um eine Bewertung meiner Vernunft gebeten.«

Schmunzelnd steckte Tanner Georges Pistole in seinen Hosenbund. »Mir geht es lediglich um eine kleine Auskunft.«

Besorgt stellte George fest, daß Tanners Stimme Rachel geweckt hatte. Sie regte sich und öffnete dann langsam die Augen. George griff nach ihrer Hand und drückte sie warnend. Er wollte verhindern, daß sie irgend etwas unternahm, was die vier Männer zu Unbedachtsamkeiten hinreißen konnte.

Beim Anblick der Eindringlinge wurde Rachel blaß, verhielt sich aber ruhig.

»Was für eine Auskunft?«

»Ich will ganz genau wissen, wo sich Brinna McClure versteckt.«

Rachel warf George einen entsetzten Blick zu und umklammerte seine Hand in dem stummen Flehen, nichts zu verraten.

»Ich kenne keine Brianna McClure.«

Ohne jede Vorwarnung schlug Tanner George mit dem Handrücken heftig ins Gesicht. Georges Kopf flog nach hinten und krachte gegen die Wand. Rachel schrie leise auf und klammerte sich noch fester an ihren von dem Zusammenprall benommenen Mann.

»Ich bin nicht gekommen, um irgendwelche Ratespielchen mit Ihnen zu veranstalten. Die Frau in Ihrem Bett weiß sehr wohl, warum ich hier bin, und ich möchte Antworten, sonst war das eben nur ein Vorgeschmack auf das, was Ihnen bevorsteht.«

»Meine Frau weiß gar nichts«, erklärte George in dem Bemühen, Brianna zu schützen, und betupfte sich mit der Fingerspitze den dünnen Blutfaden, der ihm aus dem Mundwinkel rann.

Ein höhnisches Lächeln verzog Tanners Lippen, als er seine drei Kumpane ansah. »Sieht ganz so aus, als wäre der Mann auf eine Tracht Prügel erpicht.« Tanners Blick wanderte zu Rachel. »Oder es ist ihm lieber, daß wir uns seine Frau vornehmen. Sie ist ohnehin diejenige, die unsere Fragen beantworten kann.«

George schüttelte den Kopf. »Lassen Sie meine Frau in Ruhe. Sie erwartet ein Kind.«

Tanner zuckte mit den Schultern. »Für mich macht es keinen Unterschied, ob sie schwanger ist oder nicht. Ich bin hier, um zu erfahren, wo ich Brianna McClure finden kann, und fest entschlossen, ohne diese Auskunft nicht wieder zu gehen. Es liegt bei Ihnen und Ihrer Frau. Wenn Sie uns die Auskünfte freiwillig geben, wird Ihnen kein Leid geschehen. Aber ich warne Sie jetzt noch einmal: Ohne diese Information werde ich nicht gehen. Ich bin fest entschlossen, Brianna McClure zurückzuholen und der gerechten Strafe für ihr Verbrechen zuzuführen.«

Resigniert sah George seine Frau an. So sehr er Brianna auch schützen wollte, wenn es um die Unversehrtheit seiner Frau und seines Kindes ging, hatte er keine andere Wahl. »Sag ihm, was er wissen will, Rachel.«

»Das kann ich Brianna nicht antun«, hauchte Rachel und schüttelte den Kopf.

»Du mußt an das Kind denken, Rachel. Brianna ist weit fort, und ich bezweifle ernsthaft, daß sie sie jemals finden werden. Und selbst wenn, wird Roarke nicht zulassen, daß man ihr etwas antut. Wir dürfen aus Loyalität zu deiner Freundin nicht unsere Zukunft und das Leben unseres Kindes gefährden.«

Tränen traten in Rachels Augen, hilflos sah sie zu Tanner auf. »Brianna ist auf St. Eustatius«, flüsterte sie mit bebenden Lippen. »Das ist alles, was ich weiß.«

Tanners Miene veränderte sich nicht. Mit zusammengekniffenen Augen starrte er Rachel an. »Sie sollten mich besser nicht anlügen, sonst werden Sie es bitter bereuen. Das Kind in Ihrem Leib wird seinen ersten Geburtstag nicht erleben, wenn Sie mich hintergangen haben.« Er warf George einen warnenden Blick zu und befahl ihm und Rachel dann, sich anzuziehen.

»Wir haben Ihnen alles gesagt, was wir wissen. Was wollen Sie denn nun noch?« wollte George wissen und zog seine zitternde Frau an an sich.

»Ich will, daß Sie beide mit mir über das Meer fahren. Sie erwarten doch wohl nicht, daß ich Ihnen glaube, oder? Ich bin schließlich kein Dummkopf. Wenn Sie mich belogen haben, werde ich höchstpersönlich dafür sorgen, daß Sie beide mit dem Tod dafür büßen.«

»Verdammt noch mal«, rief George, dessen Sorge um Rachel alle Vernunft überwog. »Wir werden Sie nirgendwohin begleiten. Wir haben Ihnen gesagt, was wir wissen. Und nun verschwinden Sie und lassen Sie uns endlich in Ruhe.«

Tanner riß die Pistole aus dem Hosenbund und richtete sie auf Georges Brust. »Ich kann Sie sehr wohl in ewiger Ruhe zurücklassen – mit einem Stück Blei in der Brust. Wenn Sie weiter auf Erden weilen wollen, kommen Sie jetzt gefälligst mit.«

George hatte oft genug den gleichen irren Ausdruck in den Augen von Männern gesehen, die so kaltblütig und abgestumpft geworden waren, daß sie für einen Penny oder ein Fäßchen Rum ihrer eigenen Mutter die Kehle durchschnitten hätten. Dem Mann würde es absolut nichts ausmachen, ihn zu töten und Rachel gewaltsam nach Statia zu entführen. Und dann würde er sie ähnlich bedenkenlos umbringen. George schlug die Bettdecke zurück und stand auf. Er hatte schon einmal eine Frau und ein Kind verloren. Er würde bis zu seinem letzten Atemzug kämpfen, um Rachel und sein ungeborenes Kind zu beschützen – selbst wenn er dafür sein Leben hingeben müßte.

Rachel sah ihren Mann mit fragenden, tränengefüllten Augen an, aber er konnte ihr keine tröstende Antwort geben. Im Augenblick waren sie Geiseln. Und nach allem, was ihr Geiselnehmer gesagt hatte, bestand Georges einzige Hoffnung auf ihr Überleben darin, Brianna zu finden.

George streckte seiner Frau die Hand entgegen und lächelte sie an – beruhigend, wie er hoffte. »Es sieht ganz so aus, als hätten wir keine Wahl im Hinblick auf unser Reiseziel.«

Schmunzelnd steckte Tanner die Pistole wieder in den Hosenbund. »Offenbar wissen Sie jetzt, was gut für Sie ist. Also ziehen Sie sich endlich an und kommen Sie mit uns die Treppe hinunter, ohne irgendwelches Aufsehen zu erregen. Es wäre mir sehr unangenehm, Ihre Eingeweide über den Fußboden unseres guten Gastwirts verspritzen zu müssen, würde aber notfalls nicht davor zurückschrecken. Los jetzt! Die Nacht wird nicht länger, und ich habe noch viel zu tun, bevor wir lossegeln können.«

***

Der Tag zog kühl und klar herauf, als die *Black Angel* an dem französischen Marinegeschwader vorbeisegelte, das allzu neugierige Blicke auf die Schiffe verhindern sollte, die französische Häfen anliefen oder wieder verließen. Die weißen Segel knatterten im Wind, als am Mast langsam eine neue Flagge hochstieg, vom Wind erfaßt wurde und eine zusammengerollte Schlange zeigte. Erstaunt über die Veränderung, sah Brianna zum Kapitän der *Black Angel* hinüber und sah ihn lächeln, als die Flagge im Wind flatterte.

Brianna fühlte sich von einer Woge der Zuneigung überschwemmt, auch wenn sich ihr neue Fragen über den Mann aufdrängten, den sie liebte. Roarke O'Connor war für sie noch immer das Rätsel, als das sie ihn damals empfunden hatte, als sie zum ersten Mal an Bord der *Black Angel* gekommen war. Die vergangenen Wochen auf See waren die glücklichsten Zeiten ihres Lebens, aber dennoch hatte es Augenblicke gegeben, in denen sie das zarte Band, das Roarke und sie zusammenhielt, als so fragil empfand, daß es jederzeit zerreißen konnte. Sie spürte, daß auch Roarke die Feinheit dieses Bandes nicht entging. Sie teilten miteinander die intimsten aller Momente, schwelgten in der Leidenschaft und Ekstase ihrer körperlichen Liebe, wagten aber nicht, einander auch ihre Seelen zu offenbaren.

Brianna wandte den Blick der Küste Frankreichs zu. Am späteren Nachmittag würden sie in Rade de Brest einlaufen, wo sich Roarke mit einem Mann namens Beaumarchais treffen wollte. Er hatte ihr erzählt, daß dieser Beaumarchais für Hortalez und Kompanie arbeitete, eine Schiffsspedition. Diese Zusammenkunft überraschte Brianna. Sie fand es erstaunlich, daß ein Mann, den sie für einen Piraten gehalten hatte, mit Kaufleuten verhandelte und Fracht aufnahm wie jeder andere Kapitän der Handelsschiffahrt.

»Freuen Sie sich darauf, bald wieder festen Boden unter den Füßen zu haben?« fragte Nick Sebastain und trat neben Brianna. Nach ihrem kurzen Zusammensein auf Statia hatte er sich nach Kräften bemüht, ihr aus dem Weg zu gehen. Jetzt hielt er es im Hinblick auf seine Freundschaft mit Roarke jedoch für geraten, die Dinge zwischen ihnen zu klären. Er wollte weder Roarkes Freundschaft verlieren noch seinen Freund in eine Lage bringen, in der er zwischen Brianna und Nick wählen mußte. Wenn seine Vermutungen für Roarkes Gefühle zutrafen, stünde der Ausgang dieser Wahl ohnehin schon fest. Roarkes Verstand konnte seine Liebe zu dem Mädchen zwar standhaft leugnen, aber sein Herz würde ihm nicht gestatten, sie zu verlieren.

Beim Klang von Nicks Stimme verspannte sich Brianna unwillkürlich. Bis jetzt hatte sie eine Begegnung mit dem Mann erfolgreich vermieden. Resigniert holte sie tief Luft. Sie hatte gewußt, daß dieser Moment irgendwann kommen würde und ihn gefürchtet, weil sie nicht recht wußte, wie sie sich verhalten sollte. Der Mann hatte sie hintergangen, ihr Vertrauen mißbraucht, und doch hätte sie ohne ihn die Liebe seines Freundes Roarke O'Connor nie kennengelernt. Von ihren widersprüchlichen Gefühlen hin und her gerissen, sah sie Nick direkt an. »Ich hatte gehofft, daß dieser Augenblick nie kommen würde.«

»Ich weiß«. Er nickte bekümmert. »Auch ich wünschte mir, daß unsere Beziehung erfreulicher verlaufen könnte, aber wegen meines unbedachten Verhaltens ist das nicht möglich.«

»Dann wäre ich Ihnen sehr verbunden, wenn Sie mich wieder allein ließen. Ich möchte nicht mit Ihnen sprechen«, erwiderte Brianna und wandte ihm den Rücken zu.

»Ich habe volles Verständnis für Ihre Gefühle, möchte Sie aber bitten, mir zu erlauben, mich für mein verantwortungsloses Benehmen zu entschuldigen.«

Brianna sah Nick scharf an. »Sie erwarten also, daß ich Ihnen verzeihe? Nach allem, was Sie mir angetan haben? Sie sind abscheulich.«

Nicks Wangen wurden hochrot. Wieder nickte er. »Ich weiß. Ich hätte nie versuchen dürfen, Ihre Situation zu meinen Gunsten auszunutzen, aber damals kannte ich Roarkes Interesse an Ihnen nicht.«

»Also bereuen Sie Ihr verwerfliches Verhalten nur wegen Roarke«, explodierte Brianna, »und nicht, weil Sie mein Vertrauen und um ein Haar auch mich mißbraucht haben?«

Tiefbeschämt, ihren Vorwürfen nichts entgegenhalten zu können, nickte er erneut. »Roarke ist mein Freund, und ich möchte alles verhindern, was zu Mißverständnissen zwischen uns führen könnte. Ich bereue mein Verhalten und bitte Sie um Vergebung – um des Mannes willen, den wir beide schätzen.«

Fast berstend vor Zorn sah Brianna zum Achterdeck und zu Roarke hinüber. Ihre Wut riet ihr, Nicks Entschuldigung weit von sich zu weisen, aber ihr Herz warnte sie, nicht so voreilig zu sein. Sie liebte Roarke und wußte, daß er Nick Sebastain wie einen Bruder schätzte. Falls es ihr je gelang, Roarkes Liebe zu erringen, wollte sie nicht, daß ihre Abneigung gegen Nick zwischen sie trat. Außerdem könnte sie

Roarke niemals bitten, zwischen den beiden Menschen zu entscheiden, die er liebte. Es war einfach nicht richtig, irgendwelche Bedingungen an eine Beziehung zu knüpfen.

Brianna sah den Mann wieder an, der stumm neben ihr stand. Der Ausdruck in seinen dunklen Augen verriet seine aufrichtige Zerknirschung. Brianna nickte knapp. Sie würde seine Entschuldigung ebenso akzeptieren wie seine Liebe zu Roarke. »Roarkes wegen nehme ich Ihre Entschuldigung an, aber ich werde Ihnen nicht verzeihen, weil Sie Ihr Verhalten keineswegs bedauern.«

Nicks Lippen verzogen sich zu einem verwegenen Lächeln. Seine Stimmung veränderte sich sichtlich. In seinen Augen blitzte es mutwillig. »Mehr erbitte ich nicht, denn das einzige, was ich wirklich bedauere, ist die Tatsache, daß ich mein Bett nicht mit Ihnen teilen konnte, bevor Roarke Ansprüche auf Sie anmeldete.«

Brianna öffnete den Mund, um ihm gründlich ihre Meinung zu sagen, aber Nick hob schnell eine Hand. »Erregen Sie sich nicht so über mich, liebreizende Brianna. Ich spreche nur die Wahrheit. Ich beneide meinen Freund wirklich um sein Glück, denn Sie sind die wundervollste Frau, die ich je kennengelernt habe.« Nick blickte zum Achterdeck hinüber. »Aber Roarke hatte schon immer teuflisches Glück bei Frauen. Sie fliegen ihm zu wie die Bienen dem Honig.« Nicks Augen richteten sich wieder auf Briannas Gesicht. Seine Miene wurde fast sanft. »Aber Sie, Brianna, sind die einzige Frau, der er nicht entkommen konnte. Sie haben sich in sein Herz geschlichen, aber ich warne Sie hier und jetzt: Spielen Sie nicht das kapriziöse Weibchen bei meinem Freund. Verhalten Sie sich offen und aufrichtig Roarke gegenüber, verletzen Sie ihn nicht. Er hat in seinem Leben bereits mehr als genug Leid erfahren müssen, um sich nun auch noch von den unberechenbaren Launen einer Frau zerreißen zu lassen.«

Bevor Brianna ein Wort über die Lippen bringen konnte, drehte er sich um und schlenderte davon. Sie sah ihm nach. Sie verstand die unausgesprochene Drohung nicht. Sie würde doch nie etwas tun, was Roarke verletzen könnte. Verhalten Sie sich offen und aufrichtig … Die Worte hatten Brianna getroffen wie ein Schlag in die Magengrube. Sie schluckte unbehaglich und wandte ihren Blick wieder der französischen Küste zu. Sie konnte Roarke nicht die Wahrheit sagen. Wie sollte sie ihm erklären, daß sie einen Menschen getötet hatte – wenn auch nur in Notwehr? Ihre Hände umklammerten die Reling, als wäre sie ein Rettungsring. Sie konnte es nicht tun. Nie würde sie den Mut aufbringen, das zarte Band zwischen sich und Roarke zu gefährden. Dazu war es ihr zu kostbar.

Entschlossen reckte sie das Kinn. Lord Montague und ihr Leben auf Montvale lagen in der Vergangenheit. Sie würde nicht zulassen, daß diese die Zukunft zerstörte, die ihr vielleicht mit dem Mann beschieden war, den sie liebte.

Kapitel 12

»Vor kurzem erfuhr ich, daß Admiral d'Estaing am sechzehnten September Savannah eingenommen hat«, sagte Pierre Caron, bevor er einen Schluck des ausgezeichneten Burgunders trank, den er Roarke zu Ehren hatte auftischen lassen. Es war keineswegs unüblich für den Mann, den viele nur als Beaumarchais kannten, seine Geschäftsgespräche mit Wein und gutem Essen günstig zu beeinflussen. Der Juwelier, Komponist, Dichter und Abenteurer Pierre Augustin Caron verfügte auch über ausgeprägte wirtschaftliche und politische Instinkte. Er war sich sehr wohl bewußt, daß es für die französische Regierung billiger war, die Amerikaner in den ehemaligen Kolonien mit den dringend benötigten Waffen und Waren zu versorgen, als in den Krieg gegen England zu ziehen. Mit französischer Hilfe zogen die Amerikaner Soldaten, Seeleute und Geld aus England ab und gaben Frankreich gleichzeitig die Möglichkeit, seinen Einfluß auf den nordamerikanischen Kontinent zu wahren.

Roarke lächelte erfreut. »Dann verläuft ja alles nach Wunsch. Admiral d'Estaing verfügt über genügend Männer, um Savannah den Winter hindurch zu halten.«

»Das war geplant. Mit d'Estaings Leuten und General Lincolns Continentals sah sich der englische Bürgermeister einer Armee von fast siebentausend Mann gegenüber.«

Roarke runzelte die Stirn, beugte sich vor und stellte das Glas auf dem Intarsientisch ab. »Was meinen Sie mit ›war geplant‹? Was ist dazwischengekommen?«

Caron atmete tief durch. Diesen Moment hatte er gefürchtet. Er prahlte sehr viel lieber mit Erfolgen, als daß er Niederlagen eingestand. Selbst aus der Entfernung von fast fünftausend Kilometern war ihm das Scheitern der Mission höchst unangenehm, vor allem, weil einer der besten französischen Admirale diese Schlappe erlitten hatte. »Bedauerlicherweise sieht es so aus, als hätte sich unser guter Admiral von den Engländern übers Ohr hauen lassen. D'Estaing hatte Savannah praktisch in der Hand, ließ dem Bürgermeister aber genügend Zeit, nach Verstärkung zu rufen. Das gab den Engländern auch die Möglichkeit, ihre Befestigungen zu verstärken. Statt siegreich genommen werden zu können, wird Savannah nun belagert.«

»Verflucht«, knurrte Roarke. »Und was ist mit Carolina?«

Caron zuckte mit den Schultern. »Ich befürchte, daß nach Savannah als nächstes Charleston fallen wird. Die Briten halten es nun, da wir die Vereinbarung mit Ihrem Kongreß unterzeichnet haben, für noch vordringlicher, die Rebellion im Keim zu ersticken.«

»Dann muß ich so schnell wie möglich auslaufen. Unsere Männer werden die Munition dringend benötigen«, erklärte Roarke und stand auf. Er fuhr sich mit der Hand durch die dunklen Haare und runzelte die Stirn, als ein neues Problem auftauchte. Er hatte gehofft, Brianna zunächst nach Statia bringen zu können, wo sie keiner Gefahr ausgesetzt war. Jetzt sah es jedoch so aus, als müßte er sie mit nach Amerika nehmen oder hier in Frankreich zurücklassen. Beide Möglichkeiten gefielen ihm nicht, aber er hatte keine andere Wahl.

Caron nickte und erhob sich gleichfalls. »Wann wollen Sie Segel setzen?«

Roarke griff nach seinem Dreispitz und setzte ihn sich unbewußt so schräg auf, daß es ihm das verwegene Aussehen gab, das auf das andere Geschlecht nie die Wirkung verfehlte. Sein goldener Ohrring funkelte im Kerzenlicht, als er Caron ansah, und seine Miene spiegelte die harte Entscheidung wider, die er einen Moment zuvor getroffen hatte. »Sobald die Fracht verladen und die *Black Angel* mit Proviant versorgt ist. Ich wollte zwar noch der Werft einen Besuch abstatten, doch diese Pläne müssen in die Zukunft verschoben werden. Es gibt Wichtigeres zu tun. In den folgenden Tagen muß jede Minute darauf verwandt werden, die *Black Angel* für ihre Reise auszustatten.«

»Sollten Sie meine Hilfe benötigen, Monsieur O'Connor, wenden Sie sich bitte ohne Zögern an mich. Wir dienen derselben Sache«, erklärte Caron und verbeugte sich verbindlich vor Roarke.

»Ich weiß Ihr Angebot sehr zu schätzen, Monsieur Caron. Der Continental Congress steht tief in Ihrer Schuld für die Hilfe, die Sie uns in der Vergangenheit gewährten, wie auch in der Gegenwart«, erwiderte Roarke diplomatisch. Ihm war sehr wohl bewußt, daß Carons Hilfe zu einem Preis gewährt wurde, über den den um ihre Unabhängigkeit ringenden Kolonien zunächst nichts gesagt worden war, die angenommen hatten, Frankreichs Großzügigkeit wäre ein Geschenk. Als sie von den Schulden erfuhren, die sie gegenüber der französischen Regierung hatten, paßte ihnen das zwar ganz und gar nicht, aber ihnen blieb keine andere Wahl, als den eingeschlagenen Kurs beizubehalten. Die Armee würde in den kommenden Wintermonaten Hunger leiden, wenn die Hilfe ausgeschlagen wurde, die Frankreich bieten konnte.

»Monsieur, wir tun, was wir müssen«, sagte Caron höflich.

»Ja, so ist es«, erwiderte Roarke, aber er war mit seinen Gedanken bereits bei der Frau, die an Bord der *Black Angel* auf ihn wartete.

***

Brianna erkannte Roarkes Schritte und hielt erwartungsvoll den Atem an. Ganz unabhängig davon, wie oft am Tag Roarke auch die Kabine betrat, ihre Reaktion bei seinem Anblick war stets die gleiche. Ihr Herz begann wild zu klopfen und ihr Blut vor einem Verlangen zu sieden, das erst gestillt wurde, wenn Roarke sie in die Arme nahm und liebte.

Als sie über ihre lustvollen Regungen nachdachte, errötete Brianna heftig. Sie hatte sich bemüht, sich in Roarkes Anwesenheit nicht so skandalös zu verhalten, war damit aber kläglich gescheitert. Wenn es um ihn ging, hatte sie ihre Gefühle einfach nicht unter Kontrolle. Sie liebte jeden Quadratzentimeter an diesem Mann. Sie liebte es, mit den Fingern durch sein rabenschwarzes Haar zu fahren. Sie liebte das Gefühl seiner morgendlichen Bartstoppeln auf ihrer Haut. Sie liebte den Geruch nach Gischt und Wind an ihm, wenn er von Deck zurückkehrte. Sie liebte sogar die harten Narben auf seinem Rücken, obwohl sie bei ihrer Berührung am liebsten geweint hätte, wenn sie an die Schmerzen dachte, unter denen er so gezeichnet worden war.

Brianna dachte daran, daß sie die Gesellschaft, aus der sie kam, wegen ihrer Gefühle zu einem Mann, der ihr nie eine Hoffnung darauf gemacht hatte, daß ihre Beziehung über ihren Aufenthalt auf der *Black Angel* fortgesetzt werden könnte, als Außenseiterin betrachten würde.

Die Gedanken an die Zukunft dämpften Briannas Erregung. Alte Zweifel und Unsicherheiten stiegen in ihr auf. Vor ihrer Rettung von der *Sea Dragon* hatte sie sich geschworen, Roarke ihre Liebe zu gestehen, und das sogar mehrmals in der vergangenen Wochen versucht. Doch jedesmal hatte sie wieder irgend etwas davon abgehalten. Vielleicht war das ihre Furcht vor Zurückweisung, vielleicht spürte sie instinktiv, daß er von ihr keine Schwüre ewiger Liebe hören wollte. Doch was es auch war, was sie daran hinderte, Roarke von ihrer Liebe zu sprechen – auf jeden Fall blieben die entscheidenden Worte unausgesprochen, obwohl ihre Gefühle für ihn von Tag zu Tag intensiver wurden.

Brianna sah sich um und dachte an die Veränderungen, die mit ihr vorgegangen waren, seit sie zum ersten Mal in dieser Kabine erwacht war und bemerkte, daß der gutaussehende Kapitän der *Black Angel* auf sie herabblickte. Damals hatte sie sich große Sorgen darum gemacht, was man wohl darüber sagen würde, daß sie mit Roarke einen Raum teilte. Jetzt scherte sie sich nicht mehr darum, was die anderen von ihr dachten. Sollte man sie doch als leichtfertig und frivol verurteilen. Für sie war Roarke alles, was zählte.

Plötzlich tauchte Sabrinas Bild vor ihr auf und ließ sie erschauern. Brianna wollte es schnell wieder verdrängen, aber es gelang ihr nicht. In diesem Moment kam es ihr vor, als wären Sabrina und sie dieselbe Person. Sie hatte sich geschworen, nie so wie ihre Mutter zu werden, aber nun saß sie hier in Roarkes Kabine und war physisch wie psychisch absolut von ihm abhängig – genau wie Sabrina von Lord Montague. Brianna versuchte sich einzureden, daß sie mit Roarke etwas ganz anderes verband als ihre Mutter mit Lord Montague, schaffte es aber nicht. Nicht in der Lage, die Ähnlichkeit noch eine Sekunde länger zu ertragen, stand Brianna genau in dem Moment auf, als sich die Tür öffnete.

Sie sah Roarke an und hätte am liebsten laut aufgeschluchzt. Sie liebte diesen Mann mit jeder Faser ihres Seins, obwohl sie wußte, daß ohne seine Liebe ihre gemeinsame Zeit nicht von Dauer sein würde. Eine düstere Vorahnung kroch über Briannas Rücken und ließ sie erbeben. Sie sah ihre trostlose Zukunft buchstäblich vor sich. Ganz gleich, wie sie auch empfand, sie konnte nicht bei Roarke bleiben und die Fehler ihrer Mutter wiederholen. Der Abschied von ihm würde ihr zwar das Herz brechen, aber er blieb ihre einzige Wahl, wenn sie noch einen Rest von Selbstachtung erhalten wollte. Anderenfalls würde sie zur Sklavin ihrer eigenen Schwäche – genau wie Sabrina.

Brianna schlug die Arme um sich, drehte sich um und sah auf das mondbeschienene Wasser der Bucht hinaus. Sie schluckte ihre Tränen hinunter und bemühte sich, ihre Gefühle zu beherrschen. Sie durfte sich nichts anmerken lassen, wenn sie Roarke ihre Entscheidung mitteilte. Sie atmete tief und entschlossen durch. Zumindest blieben ihr die Erinnerungen. Sie hatte sie alle wie kleine Schätze sorgsam verwahrt, um sie später hervorholen und sich an ihnen erfreuen zu können. Nie würde sie ihre Zeit mit Roarke bereuen. Dafür war sie ihr zu kostbar. Wie die Sonne war er in ihr Leben getreten, das bis dahin leer und trostlos gewesen war. Roarke hatte sie gelehrt, wie eine Frau zu lieben.

Brianna spürte Roarkes Wärme hinter sich, bevor er seine Hände auf ihre Schultern legte und sie an sich zog. Sie sog seinen männlichen Duft ein, den Geruch nach Brandy, Tabak und Meer, der in seiner Kleidung hing. Unwillkürlich begann Briannas Haut erwartungsvoll zu prickeln, schlug das Herz in ihrer Brust einen wilden Trommelwirbel. Fast verzweifelt schloß Brianna die Augen. O Gott, wie sie Roarke liebte!

»Was ist denn los, Liebes?« fragte Roarke, der sehr wohl spürte, wie sich ihr Körper verspannte.

Brianna holte tief Luft. Jetzt oder nie. Sie mußte Roarke ihre Entscheidung mitteilen, bevor ihre Entschlossenheit seiner Anziehungskraft völlig erlag. »Wir müssen miteinander reden, Roarke«, sagte sie leise.

»Aye, ich weiß, daß es nötig ist. Deshalb komme ich auch schon so früh zurück.«

Roarkes ernster Tonfall brachte Brianna dazu, sich zu ihm umzudrehen. Der grimmige Ausdruck in seinen Augen ließ ihr Herz einen Schlag aussetzen. Ihre Sorge um Roarke drängte ihre soeben erst getroffene Entscheidung in den Hintergrund. »Was ist geschehen? Irgend etwas Ernsthaftes?«

Roarke fing ihre Hand ein und drückte sie an seine Brust, während er tief in Briannas goldgefleckte Augen sah. In ihnen spiegelte sich ihre ganze Beunruhigung wider. Sein Magen fühlte sich an, als wäre er aus Blei, und er spürte, daß die Leere in ihm noch größer wurde.

»Es gibt da etwas, was ich dir sagen muß. Ich wollte eigentlich schon mit dir reden, nachdem du dich von den Strapazen auf van Ness' Schiff erholt hattest, aber es schien mir nie der richtige Zeitpunkt zu sein.«

Briannas Herz rauschte in ihren Ohren, und sie mußte heftig schlucken, bevor sie überhaupt einen Ton aus der Kehle brachte. »Was wolltest du mir sagen?«

Roarke ließ seinen Blick über Briannas makellose Züge gleiten, bevor er ihn wieder in ihre Augen senkte. »Ich wollte dir sagen, daß ich dich nach Statia zurückbringe, nachdem wir Brest verlassen haben.«

Briannas Herz schlug Purzelbäume, alte Träume wurden wach. »Du wolltest mich mit nach Statia zurücknehmen?«

»Aye. Dort wärst du während meiner Abwesenheit sicher.«

Brianna hielt den Atem an und ließ die Wärme seiner Worte auf sich wirken. Roarke sorgte sich um sie.

»Aber ich fürchte, daß ich meine Pläne ändern muß.«

»Oh«, flüsterte Brianna mutlos, als ihre Träume zerbrachen.

»Denn ich kann dich nicht nach Statia zurückbringen«, fuhr Roarke fort. Er mußte Brianna sagen, daß sie in Frankreich zu bleiben hatte, bis er aus Amerika zurückkehrte.

Wenn er zurückkehrte. Er mußte ihr die Risiken bewußt machen. Anders wollte er es nicht. Sie hatte ihr eigenes Leben zu leben.

Brianna hatte das Gefühl, jede Sekunde in Tränen ausbrechen zu müssen. Roarke wollte sie hier in Frankreich zurücklassen, und ohne jedes Bedauern davonsegeln.

»Ich muß nach Amerika aufbrechen, sobald die Fracht verladen und die *Black Angel* bereit ist.«

»Nimm mich mit«, flehte Brianna. Ihr Herz veranlaßte sie zu der spontanen Bitte, bevor ihr Verstand die Konsequenzen ihrer Worte erkannte.

Roarke sah tief in Briannas unergründliche Augen, bevor er ihr zart über die Wange strich. »Du weißt nicht, worum du mich da bittest, Brianna. Die Fahrt nach Amerika ist gefährlich, denn die *Black Angel* trägt eine Fracht, die die Briten nicht in die Kolonien gelangen lassen wollen. Sie werden alles tun, um uns daran zu hindern, unser Ziel zu erreichen. Und das heißt, daß wir uns auf dem Grund des Meeres widerfinden könnten.«

Plötzlich tief besorgt um Roarkes Sicherheit, erklärte Brianna: »Das macht mir nichts aus. Ich möchte mit dir kommen.«

Roarke holte tief Atem, bevor er sich von Brianna löste und einen Schritt zurücktrat. Ihre Bitte war zu verlockend, wenn er ihr so nahe war, wenn er ihren süßen Duft einatmen, ihr in die Augen und die Seele blicken konnte. Er wandte ihr den Rücken zu und nahm allen Mut zusammen, die Worte zu sagen, die ihn wieder ins tiefste Elend stürzen würden. »Es ist besser für dich, wenn du hier in Frankreich bleibst. Ich kann nicht zulassen, daß du als Unbeteiligte dein Leben aufs Spiel setzt.«

Mit einem Schritt war Brianna hinter ihm. Ihre Liebe zu Roarke verdrängte alle Bedenken, die Fehler ihrer Mutter zu wiederholen. Die Vorstellung, Roarke für immer verlieren zu können, ließ sie erkennen, daß es ihr völlig gleichgültig war, ob sie sich genauso verhielt wie Sabrina. Nur das Zusammensein mit Roarke zählte.

Brianna schlang die Arme um Roarkes Taille und schmiegte ihre Wange an seinen Rücken. Durch den dünnen Stoff seines Rocks und seines Hemds hindurch konnte sie den kräftigen, regelmäßigen Schlag seines Herzens hören. Die Worte, die sie bisher nicht über sich gebracht hatte, kamen ihr nun ganz leicht über die Lippen. Sie konnte nicht zulassen, daß Roarke sie verließ, ohne ihre Gefühle zu ihm zu kennen. »Es ist zu spät, Roarke. Ich bin bereits beteiligt.«

Roarke löste ihre Hände und drehte sich um, um sie anzusehen. »Brianna, du verstehst das nicht. Die *Black Angel* bringt Waffen und Munition in die aufständischen Kolonien. Du bist an diesem Krieg nicht beteiligt, daher kann ich dir nicht gestatten, uns zu begleiten.«

»Nein, du bist es, der nicht versteht. Ich bin beteiligt, Roarke – deinetwegen.«

Noch immer mißverstand Roarke Briannas Worte. »Verdammt. Ich beteilige mich an diesem Krieg, weil ich davon überzeugt bin, daß alle Menschen mit gleichen Rechten geboren werden, ganz unabhängig von ihrer Herkunft. Mich verlangt es nach einem Land, in dem die Menschen nach ihren Leistungen bewertet werden, nicht nach ihren Namen. Verstehst du denn nicht? Ich kämpfe für die Freiheit aller Menschen, die so sind wie wir.«

»Und ich kämpfe für uns«, entgegnete Brianna unbeeindruckt.

Ihre Worte trafen Roarke völlig unvorbereitet. Sein Herz schien stillzustehen, sein Blick senkte sich tief in Briannas Augen. Er runzelte die Stirn, verblüfft über die Erregung, die ihn erfaßte, als er den Sinn ihrer Worte endlich begriff. Dennoch fragte er sicherheitshalber: »Was?«

»Ich kämpfe für uns, sagte ich. Ich möchte bei dir sein, Roarke. Ich will an deiner Seite sein, ganz gleich, was auch geschieht. Dorthin gehöre ich.«

»Aber warum?« fragte Roarke und sehnte sich danach, flehte darum, daß sie die Worte sagte, die sein Herz hören wollte.

»Ich sage es dir, wenn du es noch nicht weißt. Ich liebe dich, Roarke.«

Roarkes Blut rauschte in seinen Ohren, als ihn unaussprechliche Seligkeit erfaßte. Er holte tief Luft in dem Bemühen, den kurzen Moment festzuhalten, bevor der Verstand wieder über die Emotionen siegte. Er zog Brianna in seine Arme, hielt sie ganz fest und verwehrte der Wirklichkeit, ihm das Glück zu nehmen, das ihre Worte in ihm ausgelöst hatten.

Großer Gott. Wie sehr wünschte er sich, Briannas Liebe annehmen zu können, ohne ihr von seiner Vergangenheit zu erzählen. Der Wunsch verblich, und er weinte ihm keine Träne nach. Das konnte er nicht tun. Er mußte Nicks Rat beherzigen und aufrichtig zu ihr sein.

»Ich danke dir, Brianna. Du wirst nie wissen, wieviel mir diese Worte bedeuten«, flüsterte Roarke. Er strich ihr über die dunklen Haare, drehte ihre Locken um seine Finger und genoß das Gefühl, das ihre Berührung in ihm auslöste, selbst als er die Worte formulierte, die sie von ihm trennen konnten. »Aber deine Empfindungen könnten sich ändern, wenn du die Wahrheit über mich erfährst.«

Brianna legte den Kopf zurück und sah ihm ins ernste Gesicht. Sie schüttelte den Kopf. »Nichts könnte meine Liebe zu dir ändern. Ganz gleich, was andere auch über dich sagen mögen, ich kenne dich, wie du wirklich bist.«

Ein ironisches kleines Lächeln verzog Roarkes Lippen. »Soll das heißen, daß du mich auch dann lieben würdest, wenn ich ein Pirat wäre?«

Brianna nickte.

Roarkes Glücksgefühl kehrte zurück. Vielleicht hatte Nick recht. Vielleicht besaß diese Frau ein so reines, aufrichtiges Herz wie Elsbeth Whitman. »Aber ich bin kein Pirat, Brianna. Ich bin ein Geschäftsmann, dessen Mission es ist, denen zu helfen, die ihr Leben für die Freiheit einsetzen.«

Brianna mußte lächeln. »Immerhin ist es dir gelungen, eines der Rätsel um dich zu lösen.«

Roarke hob verständnislos die Brauen. »Rätsel?«

»Ja, Rätsel. Ich empfand schon deine Lebensumstände auf Statia als höchst seltsam für einen Piraten. Noch verblüffender fand ich allerdings deine Zusammenkunft mit dem Vertreter eines Handelshauses hier in Brest.«

Wider Willen mußte Roarke schmunzeln. Er konnte Briannas Verwunderung gut verstehen. Die Piraten, die er im Verlauf der Jahre kennengelernt hatte, waren eine rücksichtslose Bande von Seewölfen, die sich um Leben und Tod anderer ebensowenig scherten wie um das eigene Ende. Aber noch kannte Brianna nicht alle seine Geheimnisse. Roarkes Lächeln erlosch. »Es gibt da noch einige Dinge, die du wissen solltest, bevor du dich entscheidest, Brianna.«

Bevor Roarke sie daran hindern konnte, schlang Brianna ihre Arme um seine Hüften und zog ihn an sich. »Verstehst du es denn noch immer nicht, Roarke? Was du mir auch sagen wirst – es wird nichts an meiner Liebe zu dir ändern. Ich liebe dich, etwas anderes zählt für mich nicht.«

Roarke schloß die Augen und rang um den Mut, seine Beichte fortzusetzen. Es gelang ihm nicht. Der weiche, warme Körper, der sich an ihn drückte, forderte nachdrücklich seine Aufmerksamkeit. Er wollte sich an Briannas Liebreiz verlieren. Er wollte in ihren Armen das Leid vergessen, das sein Leben überschattet hatte, solange er sich erinnern konnte. Er wollte die Leere in sich mit der Düsternis seiner Vergangenheit füllen und für immer versiegeln. Sein Verlangen, die Bitternis, den Groll und die Schmerzen endlich zu vergessen, waren die Kraft, die ihn in Briannas Arme getrieben hatte. Bis zu diesem Moment hatte er es sich nicht bewußt gemacht, aber sie war zu seinem Hafen geworden, eine sichere Zuflucht vor den Dämonen, die in den Abgründen seiner Seele hausten.

»Liebe mich, Brianna«, bat Roarke, hob ihr Kinn mit Daumen und Zeigefinger an, zwang sie so, ihn anzusehen. Der Blick in ihre Augen war seine Antwort. Er senkte die Lippen auf ihren Mund.

Brianna schmiegte sich eng an Roarke, als er sie hochhob und zum Bett trug. Dann half sie ihm fast hastig, sie und sich zu entkleiden. Sie öffnete die Schenkel und nahm ihn mit der ganzen Liebe, die sie empfand, in der Wärme ihres Körpers auf.

Mund an Mund, Zunge an Zunge, Brust an Brust strebten sie ihrer Vereinigung entgegen, und ihre Körper tanzten ein leidenschaftliches Ballett zu der sinnlichen Musik, die ihre Adern durchpulste. Sie gaben sich ihrem Sehnen hin, liebkosten, streichelten, tasteten und schmeckten, bis sie den Gipfel der Lust erreicht hatten.

Unter Wonneschauern brach Roarke über Brianna zusammen. Er barg das Gesicht an ihrer Halsbeuge. In diesem Moment existierte in seiner Welt nichts als die Frau, die ihre Arme um seinen Nacken geschlungen hatte und ihn eng an sich drückte.

Plötzlich empfand Roarke das Bedürfnis zu weinen. Die Tränen brannten in seinen Augen, als er gegen den überwältigenden Drang ankämpfte. Noch nie in seinem Leben hatte er geweint, nicht einmal am Grab seiner Mutter. Doch jetzt, in den Armen der Frau, die sich ihm mit Herz und Seele hingegeben hatte, wollte er weinen. Der Ansturm der Gefühle, die in ihm tobten, kam Roarke höchst sinnlos vor. Er schluckte heftig und versuchte, sich wieder unter Kontrolle zu bekommen. Nur Jungfrauen weinten nach dem Liebesakt.

Zitternd holte Roarke Luft. Im Grunde war er noch wenige Minuten zuvor eine Jungfrau gewesen. Körperlich hatte er so viele Frauen geliebt, daß er sich kaum an ihre Zahl erinnern konnte, geschweige denn an ihre Gesichter. Aber bis eben, bis zu dieser Vereinigung mit Brianna, hatte er das Gefühl nicht gekannt, von dem er nun wußte, daß es Liebe war.

Die Wucht dieser Erkenntnis ließ Roarke abrupt hochfahren. Er sah auf Brianna hinunter, als wäre sie eine Fremde. Fluchend tastete er nach seinen Hosen, zog sie an und stand auf, bevor sie sich über seine plötzliche Veränderung wundern konnte.

Dann trat er an den Tisch mit der Brandykaraffe. Er goß sich ein Glas ein und spülte den Inhalt die Kehle hinunter. Fast verzweifelt fuhr er sich mit der Hand durch die Haare. Das konnte nicht sein. Das durfte nicht sein. Damit konnte er sich nicht abfinden. Damit würde er sich nicht abfinden. Er brauchte Briannas Liebe, aber nie würde er dieses Gefühl erwidern. Er eignete sich nicht zur Liebe. Falls er überhaupt je zur Liebe fähig gewesen sein sollte, hatte die Vergangenheit diese Fähigkeit schon vor vielen Jahren abgetötet.

Roarke füllte sein Glas erneut und trat an das Bullauge. Das durchs Fenster eindringende Mondlicht tauchte ihn in Silber, betonte seine breiten Schultern ebenso wie seinen gequälten Gesichtsausdruck.

»Was ist denn, Roarke?« fragte Brianna fast verzagt vom Bett her. Sie setzte sich auf und zog die Bettdecke bis über die Brust, als könnte der dünne Stoff sie vor Roarkes Antwort schützen. Ihr Herz pochte voll dunkler Vorahnungen. Der Ausdruck auf Roarkes Gesicht ließ sie erschauern.

Mit flatternden Nasenflügeln holte Roarke tief Atem. Er konnte ihre Frage nicht beantworten, da er ja selbst noch den Grund für die seltsamen Gefühle erforschen mußte, die ihn erfaßt hatten. Er nahm einen großen Schluck Brandy, bevor er die Frau auf dem Bett wieder ansah. Ihr Gesichtsausdruck zerriß ihm fast das Herz. Mit zusammengebissenen Zähnen kämpfte er gegen den Drang an, zu ihr zu gehen und sich ihr zu erklären. Er schüttelte unsichtbar den Kopf. Das wäre eine weitere Unmöglichkeit.

»Ich bin zu einer Entscheidung gekommen, Brianna, und nichts, was du sagen könntest, wird daran etwas ändern.«

Brianna begann langsam den Kopf zu schütteln. »Nicht, Roarke. Sag es nicht. Bitte. Laß mich bei dir bleiben.«

»Morgen werde ich alle nötigen Vorkehrungen treffen. Ich sorge dafür, daß du eine Unterkunft und genügend Geld hast. Dir wird es an nichts fehlen.«

»Bis auf dich«, murmelte Brianna kaum hörbar und fügte dann entschlossen hinzu: »Roarke, das kannst du uns nicht antun.« Sie vermochte die Veränderung nicht zu fassen, die in dem zärtlichen Liebhaber, der er vor wenigen Minuten noch war, vor sich gegangen war.

»Ich kann und ich werde. Ich will dein Leben nicht gefährden. Du verdienst weit mehr, als ich dir bieten kann.«

Brianna spürte, wie ihre Welt ins Wanken geriet. Sie wußte, daß es nichts nutzte, wenn sie Roarke weiterhin anflehte, bei ihm bleiben zu dürfen. Das wußte sie aus ihrer Beobachtung seines Umgangs mit der Mannschaft. Wenn er einmal einen Entschluß gefaßt hatte, konnte ihn nichts mehr davon abbringen. Sie schluckte die Tränen hinunter, die ihr die Kehle eng machten, und brauchte ihre ganze Willenskraft, um ihre Stimme so gelassen wie möglich klingen zu lassen. »Ich liebe dich, Roarke«, sagte sie ruhig, »aber ich werde nicht um deine Liebe betteln.«

Ihre Worte trafen Roarke wie die Peitsche, die seinen Rücken für immer gezeichnet hatte. Er versteifte sich gegen den unerwarteten Schmerz. »Dann ist es also abgemacht.«

Er trank den letzten Schluck Brandy und widerstand tapfer dem überwältigenden Drang, das Glas gegen die Wand zu schleudern. Abrupt setzte er das Glas auf dem Tisch ab und verließ die Kabine.

Als sich die Tür hinter Roarke geschlossen hatte, gab sich Brianna ihren Tränen hin. Sie hatte ihm ihre Liebe gestanden und ein paar kurze, herrliche Momente lang geglaubt, Roarke würde auch sie lieben. Brianna verbarg das Gesicht in den Kissen und schluchzte noch verzweifelter auf, als sie den Duft des Mannes wahrnahm, den sie bis zum Wahnsinn liebte.

***

»*Mon dieu!* Das kann doch unmöglich dein Ernst sein«, rief Nick und konnte seine Verblüffung nicht verbergen.

»Mein völliger Ernst. Brianna bleibt hier in Frankreich.«

»Ich begreife dich einfach nicht mehr, *mon ami.* Das Mädchen ist dir nicht gleichgültig, aber nun läßt du sie einfach zurück.«

»So ist es besser für Brianna«, erklärte Roarke und leerte seinen Bierkrug.

»Ist das ihre Meinung oder deine?«

Roarke zuckte mit den Schultern warf ein paar Münzen auf den Tisch und stand auf. »Was macht das schon aus? Meine Entscheidung ist gefallen.«

»Dann bist du ein Narr, Roarke O'Connor. Du läßt dir von deiner Vergangenheit die Zukunft zerstören.«

Roarke sah auf Nick hinunter und lächelte, obwohl Nicks Worte wie Paukenschläge ihn ihm nachhallten. »Und du bist zu einem rührseligen alten Kuppler geworden.« Er schüttelte schmunzelnd den Kopf. »Hätte mir jemand gesagt, daß ein alter Lüstling wie du eine sentimentale Ader besitzt, hätte ich ihm ins Gesicht gelacht.«

Nick ging nicht auf Roarkes scherzhaften Ton ein. Er kannte den Mann lange genug, um seine Unruhe nicht zu spüren. Er sah die feinen Falten der Anspannung um Mund und Augen, auch wenn er lächelte, um ihm etwas vorzumachen. Roarke wollte Brianna ebensowenig in Frankreich zurücklassen wie er sich wünschte, daß die Briten den Krieg gewannen. »Du kannst dich bemühen wie du willst, Roarke, deine Witzchen verbergen deine wahren Gefühle keineswegs.«

»Ich weiß nicht, wovon du redest, und mir fehlt die Zeit, mir deine Phantastereien über mein Verhalten weiter anzuhören. Ich habe ein Schiff zu führen und muß mich um das Verladen der Fracht kümmern.« Er neigte den Kopf zur Seite. »Und ich nehme an, daß auch du bestimmte Pflichten zu erfüllen hast.«

Nick sprang auf und salutierte spöttisch vor Roarke. »Aye, Sir. Ich habe Pflichten zu erfüllen – wie immer, wenn du ein heikles Thema abbrechen willst. Ist es nicht merkwürdig, daß du mich stets an meine Aufgaben erinnerst, wenn wir beginnen, über deine Gefühle gegenüber Brianna zu sprechen?«

Roarke biß die Zähne zusammen, seine Miene verdüsterte sich. »Wir sehen uns dann auf dem Schiff.« Er drehte sich um und lief davon, bevor er etwas sagen oder tun konnte, was vielleicht nicht wiedergutzumachen war.

Ein kalter Wind kam vom Meer und schlug Roarke ins Gesicht, als er aus der Schenke trat. Verdammt! Er war es wirklich leid, daß ihm jedermann sagte, wie er sich zu verhalten hatte. Dabei wußte niemand, was ihn der Entschluß gekostet hatte, Brianna in Frankreich zurückzulassen. Niemand wußte, daß die kalte schwarze Leere in ihm dabei war, ihn völlig zu verschlingen.

Roarke schlug den Kragen hoch und zog die Schultern gegen die Kälte zusammen, die etliche Grade wärmer zu sein schien als der Frost in seinem Inneren. Er rieb sich die Hände und steckte sie dann in die Taschen, während er zusah, wie die letzte große Frachtkiste in der Ladeluke der *Black Angel* verschwand. Morgen würden sie Segel setzen.

Roarke überquerte das Kopfsteinpflaster und eilte dann an den Schauerleuten vorbei die Laufplanke hinauf. Heute würde seine letzte Nacht mit Brianna sein, und er war entschlossen, genügend Erinnerungen an die gemeinsam verbrachten Stunden in sich zu bewahren, um in der Zukunft von ihnen zehren zu können.

Brianna saß in der Nähe des kleinen Kanonenofens, der die Kapitänskabine erwärmte. Es war ein kühler Tag, aber die Kälte in ihr, seit Roarke beschlossen hatte, sie hier zurückzulassen, hatte nichts mit den Außentemperaturen zu tun.

Das Zwielicht der Dämmerung trübte den Himmel und mit dem Tagesende nahm auch die Geschäftigkeit der Schiffmannschaft ab. Die letzte der Frachtkisten für die aufständischen Kolonien war sicher an Bord verstaut, und nun freuten sich die Männer auf ein paar unbeschwerte Stunden an Land, bevor die *Black Angel* wieder in See stach. Lachend und scherzend liefen sie an der Kapitänskabine vorbei. Sie wollten in ihre Unterkünfte, um sich dort genügend Münzen für den Wein und die Frauen zu holen, die ihnen die Nacht vertreiben sollten.

Die Unbeschwertheit der Männer trug nicht dazu bei, Brianna aus ihrer melancholischen Stimmung zu reißen. Aus ihren Gesprächen wußte sie, auf welche Weise sie ihre letzte Nacht an Land verbringen wollten.

Brianna stand auf und begann in der Kabine auf und ab zu laufen. Ihre Zeit mit Roarke näherte sich dem Ende, und es gab nichts, was sie dagegen tun konnte. Sie warf einen besorgten Blick auf das Heck-Bullauge. Heute nacht war ihre letzte Möglichkeit, Roarke davon zu überzeugen, daß er einen Fehler machte, wenn er sich von ihr trennte. Brianna rieb sich die frierenden Arme, und diese Geste spiegelte unbewußt die Furcht wider, die sie tief in sich empfand.

Als es wenig später an der Tür klopfte, fand Brianna kaum genug Energie, um den Besucher hereinzubitten. Von einem überwältigenden Gefühl der Sinnlosigkeit erfaßt, sah sie über die Schulter, als sich die Tür öffnete und der Schiffsjunge eintrat. Er stellte ein Tablett auf dem Tisch ab und nahm das schützende Tuch von dem Abendessen, das Roarke für ihre letzten gemeinsamen Stunden bestellt hatte. Brianna biß sich hart auf die Lippe, um angesichts der mit Honig glasierten Rebhühner, des getrüffelten Reises, der zarten Karotten, des Burgunders, der Früchte und des feinen Gebäcks nicht in Tränen auszubrechen. Es war ein Essen für einen König – oder eine Henkersmahlzeit.

Erneut kämpfte sie mit den Tränen. Vielleicht war sie nicht gerade zum Tode verurteilt worden, aber wenn Roarke aus ihrem Leben verschwand, würde etwas in ihr sterben.

»Guten Appetit, Mistress«, sagte John, erhielt aber keine Antwort. Er sah auf den Tisch und dann wieder auf Brianna, bevor er mit den Schultern zuckte. Er war zwar erst dreizehn Jahre alt, wußte aber bereits, daß er Frauen wohl nie ergründen würde. Dennoch wünschte er sich, wenigstens eine Chance dazu zu erhalten. Lächelnd dachte er an seinen Landausflug mit den anderen Mannschaftsmitgliedern. Hoffentlich hatte er heute das Glück, eine Frau zu finden, die ihm zeigte, wie man das machte, wozu ihn sein Körper drängte. Mit den Gedanken ausschließlich bei dem Teil seiner Anatomie, der dringend Ausbildung brauchte, verließ John die Kabine und schloß die Tür hinter sich.

Unfähig, den Anblick des Essens länger zu ertragen, wandte sich Brianna vom Tisch ab. Sie konnte sich nicht in das offenbar Unvermeidliche schicken. Bis die *Black Angel* ihren Blicken entschwand, würde sie weiterhin darauf hoffen, daß Roarke seine Meinung änderte.

Zum ersten Mal bemerkte Brianna in ihrer Gedankenverlorenheit nicht, wie Roarke die Kabine betrat. Sie wurde sich seiner Anwesenheit nicht bewußt, bis er die Arme um ihre Taille schlang und sie an sich zog. Er schob ihre Haare zur Seite, um sie auf den schlanken Hals küssen zu können. »Hmmm, du riechst so gut wie das Essen aussieht.«

Sein Kuß schickte kleine Blitze über ihren Rücken, und sie holte zitternd Atem, während Gänsehaut ihre Arme bedeckte. Roarke brauchte sie nur anzusehen, und sie wurde buchstäblich zu Wachs in seinen Händen. Schon seine Anwesenheit verwirrte ihr die Sinne, und sie vergaß alles um sich herum.

Energisch riß sie sich zusammen. Wenn sie wirklich hoffte, Roarke zu einer Meinungsänderung bewegen zu können, brauchte sie ihren ganzen Verstand.

Sie entwand sich seiner Umarmung, drehte sich um und sah ihn an. Sie suchte in seinen dunkelblauen Augen nach einem Anzeichen dafür, daß er anderen Sinnes geworden war, fand in ihnen aber nur das sinnliche Leuchten, das sie immer zeigten, wenn er erregt war. Alles in Brianna erbebte, aber sie widerstand tapfer dem Drang, sich in seine Arme zu werfen. »Guten Abend, Captain O'Connor.«

»Es ist ein sehr angenehmer Abend, Miss«, erwiderte Roarke und musterte Brianna leicht erstaunt. Er sah zum Tisch hinüber. »Wie ich sehe, wurde das Essen meinen Anweisungen entsprechend zubereitet.«

»Ich kann weder den Abend noch das Essen als besonders angenehm empfinden«, entgegnete Brianna fest entschlossen, sich von Roarkes Charme nicht beeindrucken zu lassen.

Roarke holte tief Luft. »Es ist unsere letzte gemeinsame Nacht, Brianna. Laß sie uns friedlich verbringen.«

»Friedlich, Captain O'Connor? Wie alte Freunde?« Brianna schüttelte den Kopf. »Ich fürchte, das ist unmöglich. Du hast keinen Zweifel an deinen Gefühlen mir gegenüber gelassen.«

»Brianna, bei meiner Entscheidung geht es mir ausschließlich um deine Sicherheit.«

»So? Dann hast du dich also wegen unserer Freundschaft dazu entschlossen, mich in Frankreich zu lassen?« fragte Brianna und hatte plötzlich das Bedürfnis, es aus Roarkes Mund zu hören. Er hatte viel zuviel zwischen ihnen ungesagt gelassen, als er ihr seine Entscheidung mitteilte. Sie wollte hören, daß er sie loswerden wollte. Sie wollte nichts mehr über seine Sorgen um ihre Sicherheit hören. Sein Entschluß entstammte ganz anderen Motiven.

»Verdammt noch mal, Brianna. Ich habe dir gesagt, daß diese Reise für dich zu gefährlich ist.«

Briannas Beherrschung geriet ins Wanken. Sie straffte die Schultern und stemmte die Hände in die Hüften. »Und ich habe dir gesagt, daß mir die Gefahr nichts ausmacht.«

Roarkes Ohrring funkelte im Lampenlicht, als er fast resigniert den Kopf schüttelte. »Ich hatte gehofft, den heutigen Abend für uns beide unvergeßlich zu machen. Aber nun sehe ich, daß es eine vergebliche Hoffnung war.«

Mit blitzenden Augen deutete Brianna auf den Tisch. »Dein Festmahl bestätigt nur, daß du mich aus deinem Leben verbannen willst.«

Roarke hob die Brauen. »Deine Verbannung kann dir möglicherweise das Leben retten.«

»Warum kannst du nicht wenigstens einmal aufrichtig zu mir sein, Roarke? Warum sagst du nicht einfach, daß du mich loswerden willst? Sag mir, daß ich dir nicht mehr bedeute als Roselee. Dann brauche ich wenigstens nicht mehr darauf zu hoffen, daß du eines Tages für mich ebenso empfinden könntest wie ich für dich.«

Mit einem Schritt war er bei ihr und schloß sie in die Arme. Sein Mund umfing ihre Lippen in einem leidenschaftlichen, verzehrenden Kuß, bevor sie einen Protest äußern konnte. Als er sie wieder freigab, atmeten sie beide heftig. »Verdammt, Brianna. Hat dieser Kuß deine Frage nicht beantwortet?«

Brianna legte die Finger auf ihre bebenden Lippen und schüttelte langsam den Kopf. »Nein, Roarke. Er sagt mir nur, daß wir körperliche Leidenschaft füreinander empfinden – nicht mehr. Die gleiche Leidenschaft hast du auch einmal für Roselee empfunden.«

Roarke schlug die Augen zur Kabinendecke und flehte den Allmächtigen an, ihm die Kraft und die Geduld zu verleihen, derer es bedurfte, um die Frau in seinen Armen zu begreifen. Als er Brianna wieder ansah, waren seine Züge sanft, aber seine Worte nicht die, die sie hören wollte. »Ich möchte dich in Sicherheit wissen, Brianna. Das ist alles, was ich im Augenblick sagen kann. Wenn ich nach Frankreich zurückkehre, werden wir sehen, was die Zukunft für uns bereithalten könnte.«

»Ich fürchte, es gibt keine Zukunft für uns«, erklärte Brianna und entzog sich Roarkes Armen. Tränen brannten in ihren Augen, aber sie drängte sie zurück und ging zu dem Fußschemel, auf dem sie ihre Kleidung zusammengelegt hatte. Es war alles, was sie besaß. Sie nahm den kleinen Stapel auf und hielt ihn sich vor die Brust, als wollte sie sich damit vor Roarke schützen. »Hast du jemanden, der mich in meine neue Unterkunft begleitet?«

»Laß das, Brianna. Du brauchst die *Black Angel* erst morgen früh zu verlassen.«

»Aber ich muß gehen, Roarke. So, wie du morgen hinaussegeln mußt. Wir tun, was wir tun müssen – wie weh das auch tun mag.«

Ein letztes Mal blickte Roarke zum Tisch hinüber. »Bleib wenigstens zum Essen.«

Brianna schüttelte den Kopf. »Nein, Roarke. Es ist Zeit, daß ich gehe. Wenn ich bleibe, bringt mir das nichts als Leid.«

Roarke atmete tief und resigniert durch. Vielleicht war es besser so. Er wandte sich der Tür zu. »Ich werde Nick bitten, dich zu begleiten und dafür zu sorgen, daß es dir an nichts fehlt.«

»Danke, Roarke. Ich werde deine Großzügigkeit nie vergessen.«

Kapitel 13

Nick sah auf die junge Frau in der viel zu großen Seemannsjacke hinunter. Der hohe Kragen verbarg ihr Gesicht, so daß nur ihre kleine rote Nase und die traurigen Augen über dem groben Stoff zu sehen waren. Sie umklammerte ihre wenigen Habseligkeiten wie einen Rettungsring und folgte ihm stumm zu dem kleinen Haus, das Roarke am Rande der Stadt für sie gefunden hatte.

Nick fluchte unhörbar und stieß seine kalten Fäuste in die Jackentaschen, als er zum klaren Himnmel über sich aufblickte. Er hatte keine Ahnung, wie es eigentlich dazu gekommen war, daß er sich so intensiv mit Roarkes Liebesleben befaßte. Heute war seine letzte Nacht an Land, aber anstatt sich mit einem der Schankmädchen zu unterhalten, lief er hier neben Brianna her. Nick schnaufte verächtlich. Er war nie ein Mann gewesen, der sich um mehr scherte, als ein paar Augenblicke seines Vergnügens. Aber nun spielte er den Beschützer für eine Frau, die ihn gründlich verabscheute. Nick zuckte inwendig mit den Schultern. Er hatte sich für sein Verhalten im Statia Inn entschuldigt, mehr konnte er nicht tun.

Verdammt! Genau deshalb hatte er sich in das alles hineinziehen lassen. Wegen seines Benehmens in jener Nacht hatte er sich für Roarkes jetziges Dilemma verantwortlich gefühlt. Wenn er dem Mädchen nicht Ole Harrys Liebestrank eingeflößt hätte, wäre sein Freund nicht in Briannas Bett gelandet.

Nick schüttelte den Kopf. Eigentlich konnte er nicht glauben, daß das der Grund für seinen Geleitschutz war. Das würde immerhin bedeuten, daß er Gewissensbisse empfand. Aber um Gewissensbisse zu empfinden, mußte man erst einmal ein Gewissen haben. Und das habe ich nicht, entschied Nick, als er die Pforte im Gartenzaun aufstieß, der das kleine Haus umgab.

»Nun, da wären wir«, sagte Nick und trat zur Seite, um Brianna vorbeizulassen.

Brianna blieb stehen und betrachtete ihr neues Heim. Mit dem Reetdach, den weißgetünchten Steinwänden, den kunstvoll geschnitzten Fensterläden und der mächtigen Eichentür sah es aus wie ein Haus aus dem Märchen.

Tränen des Bedauerns tropften aus Briannas Augen, als sie daran dachte, was hätte sein können. Das kleine Haus hätte die romantische Liebeslaube werden können, der es ähnelte. Doch nun wurde es die Unterkunft einer Verbannten, die ihre Tage mit der Trauer über eine Liebe zubrachte, die sie nie erringen konnte.

Nick entriegelte die Haustür und zündete die Petroleumlampe auf dem Tisch in der kleinen Diele an, die sofort ihren warmen Lichtschein verbreitete.

Brianna betrat ihr neues Heim und mußte erneut ihre Tränen zurückdrängen. Roarke hatte sich um alles gekümmert, sogar um die Einrichtungsgegenstände. Die von ihm ausgewählten Möbel waren nicht extravagant, sondern schlicht und behaglich. Sie erinnerten Brianna an das kleine Cottage, in dem sie vor der Heirat ihrer Mutter mit Lord Montague gewohnt hatte. In besonders schlimmen Zeiten auf Montvale hatte sie sich oft nach dem Cottage zurückgesehnt, in dem sie sich ihrer Mutter so nahe gefühlt hatte, wie später nie wieder.

Die Erinnerungen trafen sie wie körperliche Schläge. Brianna schluchzte wild auf und sank auf den nächsten Sessel.

Sie weinte um ihren augenblicklichen Verlust ebenso wie um die Vergangenheit. Bis jetzt war ihr gar nicht bewußt geworden, daß sie ihre Mutter schon Jahre vor deren Tod verloren hatte.

Unbehaglich trat Nick von einem Fuß auf den anderen, während er schweigend zusah, wie Brianna weinte. Er wußte nicht, was er tun sollte. Er war ein Liebhaber, kein Tröster. Als Briannas Tränen einfach nicht versiegen wollten, nahm seine Unruhe zu. Er fummelte eine Weile an der Lampe herum, bis er mißmutig zu der Erkenntnis gelangte, daß ihm keine andere Wahl blieb. Er ging zu Brianna, kniete sich neben sie und strich ihr sanft über die dunklen Haare. Er hatte keine Ahnung, wie er weiter vorgehen sollte, wußte aber, daß er etwas tun mußte, um diese Tränenflut zu stoppen, bevor sie noch krank davon wurde. Roarke würde es ihm nie verzeihen, wenn Brianna erkrankte, wo er es hätte verhindern können.

»Nun, nun«, begann Nick versuchsweise. »Dieses Haus ist vielleicht kein Palast, aber Sie werden es hier ganz behaglich haben. Roarke hätte Sie nie hier zurückgelassen, ohne sich davon überzeugt zu haben.«

Bei der Erwähnung von Roarkes Namen schluchzte Brianna noch heftiger auf. Die einzigen Menschen, die sie jemals geliebt hatte, hatte sie verloren.

Erschreckt erkannte Nick seinen Fehler. Unbeholfen strich er wieder über Briannas Haare und flüsterte tröstend: »Es tut mir leid, *chérie*. Ich weiß, wie schwer es für Sie sein muß.«

Brianna hob den Kopf und sah Nick mit rotgeschwollenen Augen an. Sie wischte sich mit dem Handrücken über die Nase und sagte mit zitternden Lippen: »Ich bete darum, daß Sie nie erfahren müssen, wie schwer es ist, jemanden zu lieben, der Sie nicht liebt, Nick. Diese Qual wünsche ich meinem ärgsten Feind nicht.«

Nicks mitfühlendes Lächeln war nicht mehr als eine Grimasse, als er sich bewußt machte, daß Brianna ihn noch immer nicht als Freund betrachtete. Er bezweifelte ernsthaft, daß sie das je tun würde. Aber da sie beide Roarke liebten, gab es zwischen ihnen zumindest eine gewisse Gemeinsamkeit. Auf dieser Grundlage würde er alles versuchen, um ihr begreiflich zu machen, daß auch Roarke unter dem Entschluß litt, sie zurückzulassen. »Roarke geht es ausschließlich um Ihr Wohlbefinden, Brianna, um nichts anderes. Wir fahren dem Krieg entgegen, wenn wir Frankreich verlassen, Brianna.«

»Sie brauchen sich nicht so zu bemühen, Nick. Ich weiß, warum Roarke mich hiergelassen hat. Er möchte mich loswerden«, erwiderte Brianna und kämpfte erneut mit den Tränen.

»Sie irren sich, *ma petite.* Nicht einmal im Traum würde Roarke daran denken, Sie loswerden zu wollen. Er sorgt sich um Ihre Sicherheit.«

Brianna stand auf und sah den Mann an, der sich nun gleichfalls aus seiner knienden Position erhob. »Ich weiß wirklich zu schätzen, daß Sie sich so um mich bemühen, Nick, aber Sie können mich nicht vor der Wahrheit bewahren. Ich weiß, was Roarke empfindet. Von Anfang an hat er mir sehr deutlich gemacht, daß es in seinem Leben keinen Platz für mich gibt. Aber ich war töricht genug, mich dennoch in ihn zu verlieben.«

»*Mon dieu*!« entfuhr es Nick. »Hat er Ihnen das wirklich gesagt?«

Brianna nickte und ihre Wangen röteten sich in der Erinnerung an ihre erste Nacht mit Roarke. Unfähig, Nick in die Augen zu blicken, sah sie auf ihre Hände, als sie leise eingestand: »Er hat zu mir von seinen Gefühlen gesprochen, als wir noch im Statia Inn waren.«

Nick schlug die Augen gen Himmel, und seine Miene war ein beredtes Spiegelbild seiner Fassungslosigkeit über Brianna wie auch über Roarke. »Das hat der Mann doch nur gesagt, um sich selbst zu schützen. Er liebt Sie, fürchtet sich aber davor.«

»Er fürchtet sich? Machen Sie sich doch nicht lächerlich. Roarke O'Connor fürchtet sich nicht einmal vor dem Teufel!«

»Vor dem Teufel fürchtet er sich wirklich nicht, aber er hat Angst vor Ihrer Reaktion, wenn Sie von seiner Herkunft erfahren.«

Brianna erstarrte und erinnerte sich an Roarkes Worte. Er hatte angedeutet, daß sie ihn ablehnen könnte, sobald sie von seiner Vergangenheit erfuhr, aber sie hatte sich geweigert zuzuhören, als er davon berichten wollte. Sie sah Nick an. »Was ist denn so furchtbar, daß es meine Gefühle für Roarke ändern könnte?«

Nick vergrub seine Hände in den Jackentaschen und schlenderte zum Kamin hinüber. Er starrte auf den leeren Rost und wußte nicht, was er sagen sollte. Er bückte sich, legte zwei Holzscheite in den Kamin und sah sie nicht an, als er sie mit Feuerstein und Zunder in Brand setzte. »Es kommt mir nicht zu, darüber mit Ihnen zu sprechen. Roarke muß selbst entscheiden, was er Ihnen anvertrauen will und was nicht.«

Mit zwei Schritten war Brianna bei ihm, packte ihn an den Revers und zwang ihn so, sie anzusehen. »Nick, wenn Sie etwas wissen, dann sagen Sie es mir bitte, bevor es zu spät ist.«

Bekümmert schüttelte Nick den Kopf. Sein Gesichtsausdruck verriet tiefes Mitgefühl, dennoch sagte er: »Ich kann Roarkes Vertrauen nicht mißbrauchen. Er ist wie ein Bruder für mich und würde einen solchen Verrat nie verzeihen.«

»Aber ich liebe ihn auch, Nick. Und bevor ich nicht weiß, worum es eigentlich geht, kann ich ihm auch nicht helfen, es zu überwinden.«

»Lassen Sie es gut sein, Brianna. Ich werde Ihnen nichts aus Roarkes Vergangenheit erzählen. Ich kann Ihnen jedoch sagen, daß ich von Roarkes Liebe zu Ihnen fest überzeugt bin – ganz unabhängig davon, was er gesagt oder getan hat.« Nick brach ab, und seine Lippen verzogen sich zu einem kleinen Lächeln angesichts der unübersehbaren Hoffnung, die seine Worte hervorriefen. »Aber das ist lediglich meine Einschätzung, da Roarke mit mir über seine Gefühle Ihnen gegenüber nicht gesprochen hat.«

Unschlüssig biß sich Brianna auf die Unterlippe. Sollte Nick recht haben, ließ Roarke sie tatsächlich aus Sorge zurück. Aber nach allem, was er über die Briten gesagt hatte, war es durchaus vorstellbar, daß er nicht zurückkehrte. Eine eisige Hand schien nach Briannas Herz zu greifen. Sie konnte nicht zulassen, daß die *Black Angel* ohne sie davonfuhr. Sie mußte an Roarkes Seite sein, ganz gleich, was die Zukunft auch für sie bereithielt. Es wäre weit besser, mit ihm zu sterben, als hier – vielleicht vergeblich – auf seine Rückkehr zu warten.

»Ich kann nicht hierbleiben, Nick.«

Nick runzelte die Stirn. »Ich kann nicht erkennen, daß Ihnen eine andere Wahl bleibt. Wenn sich Roarke einmal entschlossen hat, kann nichts seine Entscheidung ändern.«

»Sie müssen mir helfen«, erklärte Brianna, während in ihrem Kopf langsam ein Plan Gestalt annahm.

»Das versuche ich schon den ganzen Abend zu tun«, erwiderte Nick und drehte sich um, um ein neues Holzscheit auf die Flammen zu legen.

»Nein, Sie verstehen mich nicht. Ich muß an Bord der *Black Angel* sein, wenn sie morgen ausläuft. Und nur Sie können mir dabei helfen.«

Nick starrte Brianna nur stumm an.

»Ich kann nicht hierbleiben, wenn sich Roarke in Gefahr begibt. Ich muß bei ihm sein. Sie müssen mir helfen, mich auf der *Black Angel* zu verstecken, bis es für ihn zu spät ist, etwas dagegen zu unternehmen.«

»*Mon dieu!* Halten Sie mich für schwachsinnig? Roarke würde mich kielholen lassen, nur um meine Schreie zu hören.« Er schüttelte den Kopf. »Nay, *ma petite.* Ich habe mich bemüht, das wiedergutzumachen, was ich Ihnen im Statia Inn angetan habe, aber ich muß auch an mich selbst denken.«

»Tun Sie es nicht für mich. Tun Sie es für Roarke. Wenn Ihre Vermutungen zutreffen, sollten wir beieinander sein – ganz gleich, was auch geschieht.«

Nick seufzte tief auf und schüttelte wieder den Kopf. »Sie verlangen zuviel, Brianna.«

Brianna reckte das Kinn und starrte Nick trotzig an. »Dann werde ich eben ohne Ihre Hilfe an Bord kommen. Auf jeden Fall bin ich auf der *Black Angel*, wenn sie morgen den Hafen verläßt, Nick Sebastain.«

»Offenbar sind Sie wild entschlossen, uns beide umzubringen.«

»Nein, Nick. Ich bin nur wild entschlossen, mit dem Mann zusammenzusein, den ich liebe.«

»Sie sind eine Närrin«, knurrte Nick und funkelte Brianna zornig an. »Sie könnten Ihr Leben verlieren. Wir gehen auf keine Vergnügungsfahrt. Die *Black Angel* hat Waffen und Munition für die aufständischen Kolonien an Bord.«

»Roarke hat mir von seiner Mission erzählt, aber das ändert nichts an meiner Entschlossenheit, bei ihm zu sein. Er braucht mich, und ich brauche ihn.«

So etwas wie Neid regte sich in Nick. Er kannte all die Balladen von ewiger Liebe und hatte den alten Männern zugehört, wenn sie beim Rum von längst vergangenen Tagen und den Lieben ihres Lebens schwatzten. Er hatte selbst sogar einmal geglaubt, in ein Mädchen von den Inseln verliebt zu sein. Aber als der Rausch der Leidenschaft verflogen war und wieder die kühle Vernunft vorherrschte, erkannte er sehr schnell, daß er sich von einem Körperteil hatte beeinflussen lassen, der mit Sicherheit nicht sein Herz war. Und vor Roarkes Beziehung zu Brianna war die Liebe für Nick ein Vorwand gewesen, mit dem man sich gegenseitig ins Bett lockte. Doch jetzt erkannte er, daß sich eine Liebesbeziehung nicht nur im Körperlichen erschöpfte. Liebe war nicht nur der simple Akt, daß sich zwei Körper in der Hitze ihrer Leidenschaft vereinigten. Liebe war Aufopferung, Anteilnahme und die Bereitschaft von zwei Menschen, ihr Leben füreinander einzusetzen. Und diese Liebe sollte keinem Menschen verwehrt werden.

Diese Überlegung warf Nicks frühere Entscheidung über den Haufen. Er konnte und wollte Brianna nicht davon abhalten, mit dem Mann zusammenzusein, den sie liebte. »Also gut, ich werde Ihnen helfen, an Bord zu kommen. Sie können in meiner Kajüte bleiben, bis Sie den Zeitpunkt für gekommen halten, Ihre Anwesenheit bekanntzumachen. Aber eines sage ich Ihnen jetzt in allem Ernst, Miss Tarleton: Das ist der letzte Gefallen, den ich Ihnen erweisen werde. Wenn ich Ihnen helfe, riskiere ich eine Menge: meinen Platz auf der *Black Angel* und Roarkes Freundschaft. Mehr werde ich für Sie nicht tun. Wir sind quitt. Meine Schuld ist bezahlt.«

Spontan warf Brianna ihre Arme um Nicks Hals und zog ihn an sich. Neue Tränen schimmerten in ihren Augen, als sie ihn anlächelte. »Vielen, vielen Dank, Nick. Sie sind ein guter Freund.«

Nick konnte sein eigenes Lächeln nicht unterdrücken, als er sich fragte, ob er eine Freundschaft wie die Briannas wohl überstehen würde. Es war immerhin eine, die einen sehr leicht umbringen konnte.

Weniger als eine Stunde später blieb Nick am Fuß der Planke stehen, die aufs Schiff führte, und hielt Ausschau nach dem Wachhabenden. Als er sah, daß sich der Mann im Achterdeck mit einem anderen Mannschaftsmitglied unterhielt, flüsterte er Brianna schnell zu: »Halten Sie sich eng an mich. Und verhalten Sie sich so still, als hinge Ihr Leben davon ab. Weil es durchaus so sein könnte, wenn Roarke vor dem Auslaufen bemerkt, daß Sie an Bord sind.«

Brianna nickte und verschwand noch tiefer in der unförmigen Jacke. Sie würde leiser sein als eine Maus, wenn davon abhing, daß sie vor Abfahrt der *Black Angel* an Bord war.

Nick verzog das Gesicht angesichts seines plötzlichen Dranges, zärtlich über die dunklen Haare zu fahren, die aus dem hochgeschlagenen Kragen hervorlugten. Wie klein und hilflos sie aussah, wie ein mutwilliges Kind, das auf einen Streich aus war. Nick schüttelte den Kopf und erinnerte sich energisch daran, daß seine Hilfe bei ihren Eskapaden ihn sehr gut seine Freundschaft zu Roarke kosten konnte, des Mannes, der ihm mehr bedeutete als alles andere auf der Welt. Er hatte Briannas Hartnäckigkeit nachgegeben, aber nun kamen ihm beträchtliche Zweifel. Roarke würde es ihm nie verzeihen, falls ihr auf der *Black Angel* irgend etwas zustieß.

Mit der Hand am Tau der Planke drehte sich Nick zu dem Mädchen um. Er unternahm einen letzten Versuch, es davon zu überzeugen, sich Roarkes Wünschen zu fügen. »Wollen Sie es sich nicht doch einmal überlegen, Brianna?«

Brianna schüttelte energisch den Kopf. »Nein, Nick. Wenn das die einzige Möglichkeit ist, mit Roarke zusammenzusein, wird mich nichts, was Sie sagen oder tun können, davon abbringen.«

»Ich könnte Roarke Ihre Absicht verraten.«

»Aber Sie würden es nie tun, weil Sie wissen, daß wir zusammengehören, selbst wenn Roarke das Gegenteil behauptet.«

Nick nickte. Sie hatte recht. Aber Roarke würde das ganz anders sehen. Allmächtiger Himmel! Nick wußte, daß er es ganz anders sehen würde. Es widersprach allen Überzeugungen, die ihm sein Freund seit Jahren einzutrichtern versuchte. Aber Nick wußte auch, daß Roarke ein wenig Glück verdient hatte, selbst wenn er den Freund dazu zwingen mußte, sich das einzugestehen.

»Also gut. Jetzt oder nie«, sagte Nick und schlich behende die Planke hinauf. Brianna folgte ihm dicht auf den Fersen und hielt sich bewußt in seinem Schatten. Sie hielt den Atem an, bis sie an Deck die Luke erreicht hatten, die zu den Unterkünften führte, und holte auch dann keine Luft, als sie auf Nicks Kajüte zuliefen.

Als eine Planke knarrte, blieb Brianna wie erstarrt stehen, bis Nick knurrte: »Kommen Sie schon oder wir werden beide kielgeholt.«

Die Vorstellung, Roarke könnte sie erwischen, bevor sie die Sicherheit von Nicks Kajüte erreicht hatte, trieb Brianna zur Eile an. Sie packte Nicks Ärmel und klammerte sich an ihm fest, bis er die Kajütentür hinter ihnen geschlossen hatte.

Brianna glaubte, ihre Lungen würden zerspringen. Ihr Herz hämmerte schmerzhaft gegen ihre Rippen, als sie endlich wieder tief Luft holte. »Wir haben es geschafft«, keuchte sie.

Nick musterte sie grimmig. »So weit, so gut. Aber wir müssen uns noch immer auf die Auseinandersetzung mit Roarke gefaßt machen, wenn er von Ihrer Anwesenheit erfährt. Und das wird keine erfreuliche Begegnung, kann ich Ihnen versichern.«

»Roarke wird es verstehen«, erklärte Brianna und betete, daß sie recht behielt.

»Das kann ich nur hoffen«, entgegnete Nick, griff nach einer Decke und wandte sich der Tür zu. Die Hand am Knauf, hielt er noch einmal inne. »Halten Sie die gut verschlossen.

Sobald ich eine Möglichkeit habe, bringe ich Ihnen Wasser und etwas zu essen.«

»Danke, Nick. Sie werden nie wissen, was Ihre Hilfe für mich bedeutet.«

»Ich hoffe, daß uns Roarke dieses Abenteuer nicht bitter bereuen läßt, *ma petite.*«

»Roarke wird nie erfahren, daß Sie mir geholfen haben, Nick«, versicherte Brianna.

»Er wird es wissen, sobald er erfährt, daß Sie sich in meiner Kajüte verstecken«, meinte Nick und lächelte. »Aber darüber brauchen wir uns jetzt noch keine Gedanken machen. Wir werden dem Tiger entgegentreten, wenn der Zeitpunkt gekommen ist, uns seiner Wut zu stellen.«

»Gute Nacht, Nick.«

»Schlafen Sie gut, *ma petite.* Mit meiner Hilfe haben Sie es geschafft, auf dieses Schiff zu kommen. Der Rest liegt bei Ihnen.«

***

Die angenehmen Klänge eines Shanties erfüllten die Nachmittagsluft, als John über den Durchgang schlich und vor der Kajüte des Ersten Maats stehenblieb. Er beugte sich vor und legte das Ohr an die Holztür. Als er die leise Frauenstimme hörte, lächelte er bewundernd. Nick Sebastain war doch wirklich unersättlich. An Land war er stets von Frauen umgeben, und nun hatte er sogar eine an Bord der *Black Angel*.

John schmunzelte. Eines Tages würde er genauso sein wie Nick, ein Mann von Welt, dem die Frauen in allen Häfen der Welt zu Füßen lagen. Eine feste Hand an seinem Kragen ließ sein Lächeln verschwinden. Höchst widerwillig drehte er sich um und sah zu dem Mann auf, der ihn da fest im Griff hielt. Er schluckte nervös und lächelte seinen Kapitän zaghaft an.

»Was ist denn das, John? Hast du etwa gelauscht?«

John befeuchtete sich die Lippen und warf einen besorgten Blick auf die Kajütentür. Er konnte Captain O'Connor nicht die Wahrheit sagen, ohne Nick in Schwierigkeiten zu bringen. Erneut schluckte er, blieb aber stumm.

Roarkes Stirnfalten vertieften sich. »Ich habe dich etwas gefragt, John, und erwarte eine Antwort. Warum schleichst du hier um die Kajüte des Ersten Maats herum?«

Tiefe Verunsicherung zeigte sich auf Johns jungem, sommersprossigen Gesicht, während er fieberhaft nach einer glaubhaften Lüge suchte. Im Gegensatz zu den anderen Mitgliedern der Mannschaft mußte er die Zungenfertigkeit erst noch lernen, die stets das Seemannsgarn spann, das gerade verlangt wurde. Nervös trat er von einem Fuß auf den anderen und biß sich verwirrt auf die Unterlippe.

Roarkes Gereiztheit nahm zu. John war der beste Schiffsjunge, den er je auf der *Black Angel* gehabt hatte. Er war stets offen und ehrlich gewesen und hatte widerspruchslos jede Anordnung ausgeführt. Roarkes dichte Wimpern senkten sich nachdenklich, als er auf die Kajütentür blickte. Hier ging irgend etwas vor sich, was John ihm nicht sagen wollte. Zutiefst mißtrauisch geworden, hielt er John weiter fest am Kragen gepackt, während er mit der anderen Faust an die Tür klopfte. Er erhielt keine Antwort.

John wurde kreidebleich und schnappte nach Luft. Roarke warf ihm einen prüfenden Blick zu und lockerte seinen Griff um den Kragen des Schiffsjungen, bevor er noch einmal gegen die Tür hämmerte. Er hörte drinnen eine Bewegung, dann öffnete Nick die Tür einen Spaltbreit und verwehrte ihm mit seinen breiten Schultern jeden Blick in die Kajüte. Er blickte von Roarke auf John, dann wieder auf seinen Kapitän und begann ausgiebig zu gähnen.

»Ist irgend etwas vorgefallen, *mon ami*?« fragte Nick. Er machte keine Anstalten, die Tür weiter zu öffnen.

»Ja, es muß schon etwas vorgefallen sein, wenn mein Erster Maat den Nachmittag schlafend in seiner Kajüte verbringt, anstatt seinen Pflichten nachzukommen.«

»Ich hatte in der vergangenen Nacht Wache, Captain«, erwiderte Nick und wand sich unter Roarkes verärgertem Blick.

»Aye, wie andere Mannschaftsmitglieder auch, aber die verschlafen den Tag nicht. Wir sind Freunde, Nick, aber wir sollten auch beide wissen, daß dir unsere Freundschaft keine Sonderstellung auf der *Black Angel* einräumt.«

»Aye, Captain, meine Stellung auf dem Schiff ist mir bewußt.«

»Dann schlage ich dir vor, endlich deinen Aufgaben nachzukommen.«

Nick salutierte. »Aye, Captain. Sofort, Sir.«

Roarke hatte den Schiffsjungen ganz vergessen, der ihn mit großen Augen verängstigt anstarrte, und wollte schon gehen, als er John aus den Augenwinkeln wahrnahm und wieder stehenblieb. Er sah den Jungen an, und seine Miene spiegelte seine ganze Verärgerung wider. »Das gleiche gilt für dich. Geh an deine Arbeit, bevor ich dir eine empfindliche Lektion für dein Herumtrödeln erteile.«

Nick schloß die Tür und sah die junge Frau auf seiner Koje an. Er atmete tief durch. »Das war knapp.«

Brianna stand auf. »Nick, es tut mir leid, Sie in Schwierigkeiten zu bringen. Aber bald wird es vorbei sein.«

Nick fuhr sich mit der Hand über das Kinn und lächelte. »Das kann ich nur hoffen. Das Schlafen auf dem Vorderdeck entspricht nicht unbedingt meinem Geschmack. Und Diebstahl noch weniger. Heute früh hat mich der Smutje fast dabei erwischt, wie ich in die Kombüse schlich, um Ihr Frühstück zu holen.«

»Ich weiß, wie schwer die letzten beiden Wochen für Sie waren«, versicherte Brianna.

»Aye. Und die Männer fangen an, sich über meine plötzliche Vorliebe für das Schlafen auf dem Vorderdeck zu wundern. Einige haben sich sogar schon zu der anzüglichen Bemerkung hinreißen lassen, daß ich wohl Gefallen an einem Mannschaftsmitglied gefunden hätte und in der Nähe meines Herzblatts nächtigen wolle.«

Brianna runzelte die Stirn. »Aber wie kann man so etwas nur sagen? Es sind doch gar keine Frauen an Bord.«

»Vergessen Sie einfach, was ich sagte«, erwiderte Nick und schüttelte ungläubig den Kopf. Nach allem, was das Mädchen erlebt hatte, war es noch immer eine erstaunliche Unschuld. Er konnte verstehen, warum sich Roarke von Brianna so angezogen fühlte. Ihre unverbildete Naivität mußte auf einen Mann, der seit seiner Geburt nur die laszive Seite des Lebens kennengelernt hatte, wie ein Aphrodisiakum wirken.

Nick wandte sich der Tür zu. Er mußte sich seinen Pflichten widmen, bevor Roarke auf den Einfall kam, noch einmal nach ihm zu schauen. Er öffnete die Kajütentür und wandte sich noch einmal zu Brianna um. »Wir sehen uns dann heute abend«, sagte er leise zu ihr.

Als er sich umdrehte, sah er sich Roarke gegenüber. Roarkes Blick wanderte von Nicks blaß werdendem Gesicht zu der jungen Frau, die in der Mitte der winzigen Kajüte stand. Wie Blitze zuckten Roarkes blaue Augen auf Nicks Gesicht zurück. »Was zum Teufel geht hier vor?«

»Ich kann alles erklären, *mon ami*«, sagte Nick hastig und fragte sich, ob irgendeine Erklärung ihn davor bewahren konnte, kielgeholt zu werden.

»Ich hege die größten Zweifel, ob du dich diesmal herausreden kannst, Nick«, knurrte Roarke.

»Es ist nicht seine Schuld«, kam Brianna Nick zur Hilfe.

Roarke ignorierte sie. »Für diese Gehorsamsverweigerung werde ich dich in Ketten legen lassen, Nick.«

Schnell schob sich Brianna zwischen die beiden Männer. »Das kannst du nicht tun, Roarke. Er hat es für uns getan. Er wollte uns nur helfen.«

Wieder ignorierte Roarke sie. Er packte Nicks Arm und zerrte ihn an Brianna vorbei, als gebe es sie gar nicht. Er schob seinen Ersten Maat über den Durchgang an Deck. Vor der gesamten Mannschaft ließ er ihn in Ketten legen und in den Laderaum werfen.

Vor Verzweiflung schluchzend, folgte Brianna den beiden und versuchte erneut, Nick zu verteidigen. Mit wutverzerrtem Gesicht drehte sich Roarke zu ihr um. »Schätzen Sie sich glücklich, Miss, nicht als blinder Passagier gleichfalls im Laderaum zu landen.«

»Aber du scheinst nicht zu verstehen. Ich habe Nick dazu gebracht, mich an Bord zu schmuggeln. Er wollte mir nicht helfen, aber ich habe ihn dazu gezwungen.«

Roarke lächelte dünnlippig und zynisch. »Vergeben Sie mir, wenn ich Ihren Worten nicht glaube, Miss Tarleton. Aber mein Maat kann nicht von Ihnen gegen seinen Willen gezwungen worden sein, Sie auf die *Black Angel* zu bringen. Jeder Schwachkopf kann sehen, daß er sehr viel größer und kräftiger ist als Sie. Wie ich Nick kenne, waren seine Handlungen mit Sicherheit nicht von Wohltätigkeit motiviert. Und nach allem, was Sie mit ihm bereits erlebt haben, hätte ich Sie nicht für so naiv gehalten, etwas anderes anzunehmen.«

»Nein, Roarke. Du irrst dich. Nick wollte wirklich nur helfen, mehr nicht. Du kannst ihn nicht für etwas bestrafen, was allein meine Schuld ist.«

Roarkes Züge entspannten sich nicht. »Wie ich Ihnen schon mehrmals erklärt habe, tue ich, was mir verdammt noch mal paßt. Auf der *Black Angel* bestimme ich, und jedermann ist mir Gehorsam schuldig. Das schließt auch mögliche blinde Passagiere ein.«

Er wandte sich John zu, der die Szene zwischen seinem Kapitän und der wunderschönen jungen Frau ängstlich beobachtete. Er verstand nicht ganz, was sich da abspielte, denn zunächst hatte sie zum Kapitän gehört, dann zu Nick, und nun wußte er gar nichts mehr. »Bring Miss Tarleton in die Kajüte des Ersten Maats zurück. Dort sollte sie es jetzt sehr viel bequemer finden, da sie den Raum nicht mehr mit ihm zu teilen braucht.«

Die Sonne schien hinter dunklen Gewitterwolken hervorzubrechen, als Brianna begriff, daß Roarkes Zorn zum großen Teil auf Eifersucht beruhte. Er nahm an, Nick hätte bei ihr in der Kajüte geschlafen. Glückliche Erregung ergriff sie. Roarkes Eifersucht war ein Anzeichen dafür, daß Nick recht haben könnte. Roarke empfand etwas für sie. Als John vortrat, um sie in Nicks Kabine zu geleiten, lächelte Brianna Roarke an. »Roarke, ich habe bisher nur die Kabine eines Mannes geteilt: deine.«

Roarkes Gesichtsausdruck blieb unverändert. »Das ist Ihr Problem, Miss, nicht meins. Und nun gehen Sie unter Deck, bevor ich meine Meinung ändere und Sie in Ketten legen lasse wie Ihren Freund.«

Roarkes Worte trafen Brianna völlig unvorbereitet, und sie zuckte zusammen, als hätte er sie geschlagen. Sie sah den Mann an, dem ihr ganzes Herz gehörte, und zweifelte erstmals an der Weisheit ihrer Entscheidung, sich auf der *Black Angel* zu verstecken. Im Augenblick verhielt sich Roarke ganz und gar nicht wie ein Liebender. Seit dem Moment, als er sie in Nicks Kajüte gesehen hatte, konnte sie an ihm keine Spur des zärtlichen Liebhabers entdecken, den sie vor ihrer Ankunft in Frankreich kennengelernt hatte. Vor ihr stand der unerbittliche Pirat, der sein Schiff mit eiserner Hand führte. Er gab keinen Zentimeter nach, wenn sich jemand seinen Befehlen widersetzte.

Kapitel 14

Mit rebellischer Miene lief Brianna in der winzigen Kajüte auf und ab. Nichts war so gelaufen, wie sie es anfangs geplant hatte. Nick wurde noch immer im Laderaum festgehalten, und sie blieb von Mannschaft und Kapitän des Schiffes weiterhin isoliert.

Am liebsten hätte Brianna ihre Empörung laut herausgeschrieen, wußte aber, wie nutzlos das wäre. Roarke schien es absolut nichts auszumachen, wenn sie in der Kajüte des Ersten Maats den Verstand verlor. In den vergangenen zwei Monaten hatte er es nicht einmal für nötig befunden, sie zu besuchen. Sie hatte keinerlei Kontakt mit irgend jemandem an Bord der *Black Angel,* mit Ausnahme des Schiffsjungen, der ihr ihre Mahlzeiten und Badewasser brachte.

Brianna machte auf dem Absatz kehrt, trat an das Bullauge und blickte auf die endlose, von der Nachmittagssonne beschienene Wasserfläche hinaus. Den wenigen Informationen zufolge, die sie John hatte entlocken können, würde die *Black Angel* ihr Ziel bald erreichen.

»Aber für mich nicht bald genug«, knirschte sie zwischen zusammengebissenen Zähnen hervor. In diesem Moment hätte sie alles dafür gegeben, Roarke unmißverständlich zu sagen, was sie von seinem Verhalten ihr gegenüber hielt, wo sie doch nur alles getan hatte, um in seiner Nähe sein zu können. Wie konnte der Mann es wagen, sie in seiner Anmaßung einfach in eine Kajüte einzuschließen, ohne ihr die Möglichkeit zu einer Erklärung zu geben?

In den Wochen ihrer Isolation hatte sie immer wieder über ihr letztes Gespräch nachgegrübelt, und jedesmal, wenn sie daran dachte, wurde sie zorniger. Nach allem, was sie beide vor ihrer Ankunft in Frankreich verbunden hatte, war er ganz selbstverständlich davon ausgegangen, sie hätte Nick gestattet, seinen Platz in ihrem Bett einzunehmen, als wäre sie nichts weiter als eine Hafenhure. Seinerzeit war sie viel zu fassungslos über diese unverfrorene Beleidigung gewesen, um sich darüber erregen zu können, aber das hatte sich in den vergangenen Wochen gründlich geändert. Jetzt wäre sie Roarke für seine schamlose Unterstellung liebend gern an die Kehle gesprungen. Anfangs hatte sie angenommen, seine Entscheidung beruhe auf Eifersucht, doch nun war sie überzeugt davon, daß er lediglich mit maßloser Wut darauf reagierte, sie als blinden Passagier und seinen Ersten Maat als ihren Komplizen vorzufinden.

Brianna verdrängte den dumpfen Schmerz, der ihre Überlegungen in ihrem Herzen verursachte. Immer wieder hatte sie sich die Szene zwischen Roarke, Nick und ihr selbst vor Augen geführt, aber sie begriff noch immer nicht, warum Roarke so absurd reagierte. Seine Haltung ihr gegenüber hatte sich so abrupt geändert, daß sie sich unwillkürlich fragte, ob sie das, was sie vor der Landung in Brest zwischen ihm und ihr zu spüren glaubte, nicht doch falsch eingeschätzt hatte. Brianna schüttelte den Kopf. Sie konnte sich, was den Mann betraf, nicht geirrt haben. Sie wußte, daß Roarke etwas für sie empfand, und nichts könnte sie davon überzeugen, das Gegenteil anzunehmen.

Ein Schlüssel drehte sich knirschend im Türschloß und riß Brianna aus ihrem Nachdenken über den rätselhaften Kapitän der *Black Angel.* Noch einmal sah sie auf die sonnenbeschienene Wasserfläche hinaus und runzelte die Stirn. Für das Abendessen war es noch zu früh, und sie hatte John nicht gebeten, ihr Badewasser zu bringen.

Die Tür ging auf, und der Schiffsjunge strahlte Brianna an. Sein Lächeln spiegelte die zunehmende Bewunderung wider, die er für die junge Frau empfand, die sein Kapitän in der Kajüte des Ersten Maats hinter Schloß und Riegel hielt. Während der vergangenen Wochen war seine Zuneigung zu ihr gewachsen, mit ihrer sanften Freundlichkeit – in seiner Welt eine überaus seltene Tugend – hatte sie sich einen Platz in seinem dreizehnjährigen Herzen erobert.

John konnte nicht anders, als Miss Briannas Haltung zu bewundern. Nie hatte sie auch nur ein einziges böses Wort für ihn, obwohl sich ihre Qualen über ihre Situation deutlich auf ihrem hübschen Gesicht abzeichneten. Andere in ihrer Lage wären so empört und zornig, daß sie ihren Unmut an ihm ausgelassen hätten. Aber nicht das Liebchen des Kapitäns, wie er sie insgeheim wieder nannte. Sie war ein wahres Juwel von einer Lady. Sie hielt sich weder an ihm schadlos noch hatte sie irgendwelche unbotmäßigen Forderungen an ihn gestellt.

»Ich wünsche einen guten Nachmittag, Miss«, sagte John und tippte sich an die Mütze, bevor er sie höflich vom Kopf riß. Sein Lächeln wurde noch strahlender. Er freute sich sehr, ihr sagen zu können, daß sie auf Anweisung des Kapitäns an Deck durfte, um ein wenig frische Luft zu schnappen.

Mit erhobenen Brauen sah Brianna den Jungen an. »Was gibt es denn, John? Ist irgend etwas geschehen?«

John schüttelte den Kopf. »Nein, Ma'am. Der Captain schickt mich, um Sie an Deck zu holen. Er sagte, Sie sollten für eine gewisse Zeit an die frische Luft.«

Briannas Miene veränderte sich nicht. »Wie außerordentlich liebenswürdig von deinem Captain, nach so vielen Wochen an mich zu denken.«

Unbehaglich trat John von einem Fuß auf den anderen, sein Lächeln verschwand. Er fing es tapfer wieder ein und sagte: »Es ist ein sehr schöner Tag, Miss. Ich bin sicher, es wird Ihnen Freude machen, ein paar Minuten hier herauskommen zu können.«

»Schon seit Wochen hätte es mich gefreut, hier ein paar Minuten herauszukommen, John. Doch da hielt dein Captain es offenbar nicht für angebracht, an meine Gefühle zu denken. Warum also jetzt?«

Wieder verblich Johns Lächeln und schwand dann völlig, als er erkannte, daß es da Unterströmungen zu geben schien, die er nicht bewältigen konnte. Er zuckte mit den Schultern. »Das weiß ich nicht, Miss. Ich führe nur aus, was mir aufgetragen wurde. Wenn Sie jetzt bereit wären, würde ich Sie gern an Deck geleiten.« Ein schüchternes Lächeln zuckte um seine Lippen. »Ich glaube, es wird Ihnen wirklich gefallen. Es ist sehr viel wärmer als in den letzten Wochen.«

Der bekümmerte Ausdruck auf Johns jungem, sommersprossigen Gesicht weckte Briannas Schuldgefühle. Sie hatte nicht das Recht, ihre Verärgerung an ihm auszulassen. Er konnte nichts dafür, wie sich die Dinge zwischen ihr und Roarke entwickelt hatten. Daran hatte nur ein einziger schuld: der Kapitän der *Black Angel* persönlich. Roarkes überhebliches, anmaßendes, gefühlloses und zutiefst mißtrauisches Wesen hielt sie voneinander getrennt, während sie alles unternahm, um ihm ihre Liebe zu beweisen. Dieser Gedanke ließ ihren Zorn erneut aufflammen.

Brianna schob das Kinn vor, und in ihren samtbraunen Augen begann es zu funkeln. Ja, sie würde ihre Zeit an Deck auf eine Art und Weise genießen, die Roarke nach all diesen Wochen mit Sicherheit nicht erwartete. Sie lächelte John an. »Ich glaube, du hast recht, John. Ich habe ein paar Minuten im Freien wirklich nötig. Vielleicht tragen sie dazu bei, daß ich danach wieder ein bißchen umgänglicher bin.«

Plötzlich hatte John das unangenehme Gefühl, gefährlich nahe an einem Abgrund zu stehen. Aber er verdrängte diese Empfindung schnell und lächelte Brianna an. »Wenn Sie gestatten, Miss …« Er trat zur Seite, um sie vorbeizulassen, und folgte ihr dann dicht auf den Fersen auf das sonnenüberflutete Deck.

Fast geblendet von Sonne und Wasser blieb Brianna wie angewurzelt stehen. Sie schaute an den weißen Segeln hinauf, atmete die frische Seeluft tief ein und bereitete sich auf die erste Begegnung mit Roarke nach fast zwei Monaten vor. Ihr Entschluß festigte sich, als sie noch einmal tief Luft holte und um sich blickte. Sie mußte die Hand über die Augen legen, um sie vor dem strahlendblauen Himmel und dem schimmernden Glanz des Meeres zu schützen, während sie nach dem Mann Ausschau hielt, der ihr Herz genommen und brüsk von sich gewiesen hatte, ohne über den Schmerz nachzudenken, den er damit verursachen mußte.

Als sie Roarke auf dem Achterdeck erspähte, straffte Brianna die Schultern, raffte die Röcke und lief energisch die Stufen zu der Stelle hinauf, wo ihr Rachegott lässig an der Mahagonireling lehnte.

Mit locker vor der breiten Brust verschränkten Armen sah ihr Roarke entgegen und gab durch nichts zu erkennen, daß er an ihren energischen Schritten und der entschlossenen Miene irgend etwas ungewöhnlich fand.

»Wie ich sehe, hast du meine Einladung an Deck angenommen«, stellte er fest, als Brianna vor ihm stehenblieb, die Hände auf die Hüften gestemmt, das Gesicht wutverzerrt.

»Einladung?« zischte sie fassungslos, und ihre Erbitterung über sein lässiges Benehmen ließ ihren Zorn auflodern.

Roarke zuckte mit den Schultern. »Vielleicht kann man es nicht unbedingt als Einladung betrachten, aber selbst ein Gefangener sollte dann und wann für kurze Zeit an Deck dürfen, um Luft zu schnappen.«

»Hast du auch Nick aus dem Laderaum bringen lassen, damit er die frische Luft genießen kann?« erkundigte sich Brianna.

Roarkes Miene verfinsterte sich. »Meine Feststellung eben hat gewisse Einschränkungen. Ich erlaube nur solchen Gefangenen den Aufenthalt an Deck, die kein Risiko für mein Schiff darstellen.«

»Du weißt ganz genau, daß Nick kein Risiko für die *Black Angel* darstellt. Er ist dein Erster Maat. Nie würde er irgend etwas tun, was dein Schiff oder seine Freundschaft zu dir gefährdet.«

Roarke hob skeptisch eine Braue. »Wenn du dich richtig erinnerst, hat er das bereits getan, indem er dich in Brest unerlaubt an Bord brachte.«

Ihre Empörung über ihre zweimonatige Isolation wie auch über Roarkes störrische Haltung erreichte einen neuen Höhepunkt. »Du bist ein uneinsichtiger, arroganter Dummkopf, Roarke O'Connor!« explodierte sie. »Du bist ein Mann, der den Wald vor lauter Bäumen nicht sieht. Aus mir unbegreiflichen Gründen weigerst du dich, die unabweisbare Tatsache zu akzeptieren, daß Nick nur aus seiner Freundschaft und Zuneigung zu dir gehandelt hat.«

»Und du scheinst nicht zu begreifen, daß meine Befehle ausgeführt werden müssen. Es hängen zu viele Leben davon ab, daß ich Nicks Ungehorsam ahnde. Ein Kapitän muß sein Schiff gerecht führen und selbst seine Freunde bestrafen, wenn sie gegen seine Anweisungen verstoßen. Sonst käme es an Bord zu heilloser Anarchie.«

»Zum Teufel mit deiner Anarchie! Wir kennen beide die Gründe für Nicks Gefangenschaft, und die haben absolut nichts mit Nick zu tun. Ich bin es, die du verletzen willst. Also bestrafe mich, wenn du unbedingt willst, aber gib Nick die Freiheit wieder. Er sollte nicht wegen seiner Zuneigung zu dir leiden.«

Roarkes Augen begannen zu funkeln, sein Mund verzog sich zu einer störrischen, schmalen Linie. »Sie scheinen anzunehmen, ich hätte meine Entscheidung Ihretwegen getroffen, Miss Tarleton. Ich fürchte, da muß ich Sie enttäuschen. Meine vorrangigen Überlegungen gelten der *Black Angel.* Von der Fracht dieses Schiffes hängen Menschenleben ab, und die kann ich nicht den Risiken meiner persönlichen Gefühle aussetzen.«

Plötzlich fühlte sich Brianna unendlich mutlos. Es war genauso wie vor zwei Monaten, als Roarke Nick in den Laderaum werfen ließ. Er hörte ihr einfach nicht zu. »Ich verstehe dich nicht mehr, Roarke. Und ich muß dir auch gestehen, daß mir der Mann nicht besonders gefällt, den ich jetzt vor mir sehe. Es gab eine Zeit, in der ich glaubte, der überhebliche Kapitän wäre nur eine Maske, die du trägst, aber inzwischen weiß ich es besser. Ich fürchte, ich habe mich in einen Mann verliebt, den es gar nicht gibt, wenn du einen Menschen, der dich so liebt wie Nick, so grausam behandeln kannst.«

Brianna wandte sich ab, aber Roarkes Hände hielten sie zurück. Sie sah dem Mann wieder ins Gesicht, den sie mehr liebte als ihr Leben, und spürte brennende Tränen hinter ihren Lidern. Sie zwinkerte schnell und sah auf ihre Hände hinunter, um ihre Verzweiflung zu verbergen. Roarkes einzige Liebe war die *Black Angel.*

»Sie sind noch nicht entlassen, Miss. Ich habe mir angehört, was Sie zu sagen hatten. Jetzt bin ich an der Reihe.«

Erneut fühlte sie sich von einer Woge tiefer Erbitterung über seine Arroganz überwältigt. »Gehen Sie doch zur Hölle mit Ihren Befehlen, Captain O'Connor. Es reicht mir. Ich bin kein Mitglied Ihrer Mannschaft, daß Sie mir Anweisungen erteilen könnten. Ich will auch nichts mehr von Ihren Schiffsregeln hören. Seit wir uns kennengelernt haben, kommandieren Sie mich nur herum. Aber nun nicht mehr!« Mit einer heftigen Bewegung befreite sich Brianna und wollte davonstürmen, aber Roarkes Hand griff erneut zu.

»Wenn ich einen Befehl gebe, werden Sie …«, begann Roarke, aber bevor er seinen Satz beenden konnte, riß Brianna ihren Arm los und stieß ihn mit beiden Händen gegen die Brust.

»Lassen Sie mich in Ruhe«, rief sie und stürmte davon. Blind vor Tränen der Wut und des Schmerzes lief sie in ihre winzige Gefängniskajüte zurück und schlug die Tür hinter sich zu.

Die Wucht von Briannas Stoß schleuderte Roarke nach hinten. In seinem Gesicht spiegelte sich erst Verärgerung wider, dann aber helles Entsetzen, als er das Gleichgewicht verlor. Erfolglos suchte seine Hand nach irgendeinem Halt, während er den Boden unter den Füßen verlor und über die Reling ins glitzernde Wasser stürzte. Sein Hilfeschrei blieb ungehört, da die an Deck befindlichen Männer sich gerade mit einem Shanty die Arbeit versüßten.

Der Mann im Ausguck erspähte Roarkes dunklen Kopf und die heftig fuchtelnden Arme, als die *Black Angel* an ihrem Kapitän vorbeisegelte. Unfähig zu glauben, was er da sah, rieb er sich erstmal die Augen. In der Vergangenheit hatte er schon häufig Seekühe für Seejungfrauen gehalten, wenn er längere Zeit den Horizont absuchte, und nun narrte ihn offenbar das Trugbild, daß sein Kapitän dem Schiff nachschwamm. Der Mann im Ausguck schüttelte den Kopf und äugte erneut ins Kielwasser hinunter. Aber die Vision löste sich nicht in eine der verspielten Meereskreaturen auf, die häufiger die *Black Angel* begleiteten. Immer noch ungläubig, sah er zum Quarterdeck hinüber, wo er noch wenige Minuten zuvor Captain O'Connor gesehen hatte. Und nun legte er schließlich doch die Hände wie einen Trichter um den Mund und schrie den Männern zu: »Ahoi, ihr da unten! Mann über Bord!«

Von seinem Aussichtspunkt hoch am Mast beobachtete der Mann die emsige Geschäftigkeit, die sein Ruf unter der Mannschaft auslöste. Wie ein vielfüßiges Tier bewegten sich die Männer geschlossen zum Heck und starrten zu dem Mann hinunter, der ihnen aus dem Kielwasser zuwinkte. Schließlich gab einer der Seeleute die für das Rettungsmanöver nötigen Anweisungen. Wenige Augenblicke später befand sich der Kapitän endlich wieder auf seinem Schiff – tropfnaß und außer sich vor Wut über die Frau, die ihn über die Reling geschleudert hatte.

»Dafür drehe ich ihr den kleinen Hals um«, fluchte Roarke, während er die nassen Haarsträhnen aus der Stirn strich. Keiner der Umstehenden sagte ein Wort, als er auf dem Absatz kehrtmachte und sich der Luke zuwandte, die zu seinem Opfer führte.

Er hatte gerade die Tür erreicht, die ihn von Brianna trennte, als er erneut einen Schrei aus dem Ausguck hörte. »Ahoi, britische Schiffe an Steuerbord!«

Roarke musterte die Tür kurz mit einem finsteren Blick, bevor er sich umdrehte und den Weg zurücklief, den er gerade gekommen war. Die britische Marine mochte Briannas Haut für den Moment gerettet haben, aber wenn er das neue Problem gelöst hatte, würde sie spüren, was mit allen geschah, die glaubten, sich gegen Roarke O'Connor widersetzen zu können. Es juckte ihm geradezu überwältigend in der Hand, ihr das wohlgeformte Hinterteil zu versohlen.

Roarke nahm dem Mann, der Nick inzwischen ersetzte, das Fernglas ab. Jacobs war ein guter Mann, der bereitwillig alle Anordnungen ausführte, aber geistig nicht beweglich genug, notfalls ein Schiff zu kommandieren. Bis zur Erfüllung dieser Mission würden seine Fähigkeiten ausreichen, aber Roarke wußte, daß er vor Antritt einer weiteren Fahrt einen Nachfolger für Nick suchen mußte.

»Sieht nach einem Konvoi aus, Sir«, meinte Jacobs.

»Aye. Das ist ein Konvoi, aber so wie es scheint, begleiten sie kein Handelsschiff. Das ist eins von King Georges besten Kriegsschiffen.«

Jacobs sah seinen Kapitän an. »Glauben Sie, daß sie nach uns Ausschau halten?«

Roarke nickte und schob das Fernglas zusammen. »Aye. Aber eigentlich hatte ich schon früher mit ihnen gerechnet. Die britischen Spione müssen gewisse Schwierigkeiten haben, ihre Nachrichten der Admiralität zu übermitteln. Hoffentlich ist das ein Anzeichen dafür, daß die Aktivitäten von Beaumarchais' Männern nicht ohne Wirkung geblieben sind.«

Roarke erkannte, daß sein neuer Erster Mann nicht ganz begriff, was er da sagte. Er hatte vergessen, daß er nicht mit Nick sprach, der die Tricks kannte, die sie anwandten. Oh, wie er Nick doch vermißte – besonders in Momenten wie diesen. »Sorge dafür, daß sich die Männer auf den Kampf vorbereiten. Ich gehe davon aus, daß die Kriegsschiffe uns nicht ungehindert weiterziehen lassen.«

»Aye, Captain«, erwiderte Jacobs und salutierte knapp vor Roarke, bevor er sich umdrehte, um den Befehl weiterzugeben.

Roarke sah ihm nach. Die Auseinandersetzung wurde durch die Tatsache nicht leichter gemacht, daß ein unerfahrener Erster Maat die Männer befehligte. Aber das konnte er nicht ändern, ohne sich Briannas Forderungen zu fügen und alle seine eigenen Regeln zu brechen. Er schüttelte den Kopf und strich sich erneut eine feuchte Haarsträhne aus der Stirn. Ihm war ernst mit dem, was er zu Brianna gesagt hatte. Er war der Kapitän der *Black Angel*, und ganz unabhängig davon, was er persönlich empfand, konnte und wollte er gegen die von ihm aufgestellten Gesetze nicht verstoßen.

Roarke blickte an seiner nassen Kleidung hinab und neuer Zorn auf Brianna stieg in ihm hoch. Wenn er mit den Kriegsschiffen fertig war, würde er die Situation zwischen sich und der kleinen Rebellin unter Deck endgültig bereinigen. Roarke sah zu den feindlichen Schiffen hinüber, die den Abstand zur *Black Angel* erstaunlich schnell überwanden. Großer Gott! Alles, was er so sehr befürchtet hatte, schien nun einzutreffen. Brianna war auf der *Black Angel*, und die Engländer würden alles in ihrer Macht Stehende tun, um sein Schiff und alle an Bord auf den Boden des Atlantiks zu schicken. Und dazu brauchte lediglich eine Kanonenkugel den Frachtraum der *Black Angel* zu treffen, der bis obenhin mit Schwarzpulver gefüllt war.

Zum ersten Mal in seinem Leben trat Roarke dem Feind mit Furcht im Herzen entgegen. Er empfand keine Angst um sich oder seine Männer, sondern um die Frau, die ihn vor wenigen Minuten über Bord gestoßen hatte. Roarke lächelte, als ihm eine Erkenntnis dämmerte. Die rebellische kleine Schönheit hatte vor langer Zeit schon sein Herz über Bord gestoßen, und er hatte versäumt, es wiederzuholen, bevor sie es vollständig beherrschte.

Roarkes Miene verdüsterte sich. Er liebte Brianna, aber wenn die Briten siegten, bekäme er vielleicht nie die Chance, ihr seine Gefühle zu gestehen. Roarke rief seinen Männern zu, die Gefechtspositionen zu besetzen, als ein englisches Flaggschiff beidrehte und sich anschickte, eine Breitseite auf die *Black Angel* abzufeuern. Das dumpfe Geräusch, mit dem die geöffneten Geschützluken gegen den Rumpf knallten, hallten fast gespenstisch auf dem plötzlich sehr stillen Schiff wider.

Erstmals in seinem Leben hob Roarke den Blick zum Himmel und flehte Gott um Schutz für die an, die er liebte. Sich seiner vergangenen Sünden sehr wohl bewußt, bat er Gott für sich nicht um Gnade. Er hatte das Gefühl, sie nicht zu verdienen.

***

Noch immer schäumend vor Wut hockte Brianna auf der Koje, als die erste Kugel dicht neben der *Black Angel* einschlug und hohe Wasserfontänen am Heck hochspritzen ließ. Namenloses Entsetzen ließ ihren Zorn sofort verrauchen. Sie sprang auf die Füße und eilte zum Bullauge, als bereits eine zweite Kugel über die *Black Angel* hinwegpfiff und mit einem dumpfen Klatschen im Wasser versank. »Mein Gott, wir werden angegriffen!«

Nur an Roarkes Sicherheit denkend, stürmte Brianna aus der Kajüte und lief bereits den Durchgang hinunter, bevor ihr die Gefahr, die für sie selbst bestand, bewußt wurde. Sie erreichte das Deck gerade in dem Moment, als die Kanonen der *Black Angel* ihre erste Salve auf das Flaggschiff abfeuerten.

Zwei der hohen Masten erbebten, gerieten ins Wanken, begannen knirschend zu bersten und rissen beim Stürzen Segel, Taue und Männer der Besatzung mit sich in den Ozean. Angeschlagen aber nicht kampfunfähig, schoß das Flaggschiff weiter auf die *Black Angel*. Behende und kampferprobt änderte Roarke den Kurs seines Schiffes so, daß es von der Salve kaum etwas abbekam. Doch nun tauchte ein Kriegsschiff auf, um das zu beenden, was das Flaggschiff begonnen hatte. Eine Kanonenkugel schlug ein und zerschmetterte den Hauptmast der *Black Angel*. Das Holz erzitterte mit einem Geräusch, das sich fast wie ein Klagelaut anhörte, bevor es in sich zusammenstürzte. Die Männer schrien laut auf, als das Segeltuch auf sie stürzte und dann Feuer fing. Erstarrt und entsetzt sah Brianna zu, wie die Besatzung versuchte, die Flammen zu löschen, bevor sie ihre Gefährten erfaßten.

»Was zur Hölle willst du hier oben?« schrie Roarke. Furcht krampfte seinen Magen zusammen, als er Brianna an Deck erblickte. Ohne auf ihre Antwort zu warten, schob er sie durch die Luke wieder unter Deck. »Geh zurück in deine

Kajüte und bleib dort. Ich habe hier weiß Gott genug zu tun, um mir auch noch um dich Sorgen machen zu müssen.«

Brianna öffnete den Mund, um zu fragen, wo sie helfen konnte, aber die Worte kamen ihr nie über die Lippen. Jacobs kam herangetaumelt, stürzte durch die Luke, die Stufen hinab und brach zu Roarkes Füßen zusammen. Die Briten zur Hölle wünschend, beugte sich Roarke zu seinem Ersten Maat hinunter und fühlte dessen Puls. Sein Gesicht wurde starr. Jacobs war tot. Schweigend richtete sich Roarke wieder auf und wandte sich von dem Mann ab, der kurze Zeit als Erster Maat für ihn gearbeitet hatte. Für Trauer war keine Zeit, wenn er die *Black Angel* und den Rest ihrer Mannschaft retten wollte. Er bemühte sich, nicht an das Leben zu denken, das ihm weit mehr bedeutete, als sein eigenes, als er wieder auf das brennende Deck hinaustrat.

Brianna sah zu dem Toten hinunter und machte sich bewußt, daß Roarke die Hilfe jeden Mannes an Bord brauchte. Ohne lange nachzudenken, griff sie sich eine Laterne vom Wandhaken, zündete sie an und lief die drei Decks zum Frachtraum hinunter, in dem Nick gefangengehalten wurde. Sie benötigte ihre ganze Kraft, um den Riegel aufzuschieben, aber schließlich gelang es ihr.

»Nick, die Briten greifen an, und Roarke braucht Sie«, rief Brianna, als sie die Tür aufstieß, die Laterne hob und in das dunkle kleine Verlies blickte, das Nicks Zelle war.

»Wie unangenehm«, erklärte Nick und streckte nonchalant die langen Beine. Er verschränkte die Hände im Nacken und sah zu der jungen Frau auf, die für seine Notlage verantwortlich war. Er lächelte grimmig.

»Haben Sie nicht verstanden, was ich sagte? Die Engländer greifen die *Black Angel* an.«

Nicks Lächeln änderte sich nicht. »Das dachte ich mir schon, als ich die Explosionen da oben hörte.«

»Roarke braucht Sie, Nick«.

Jetzt erlosch Nicks Lächeln. »In den zwei Monaten, in denen er mich nun schon in diesem Loch festhält, scheint er mich nicht gebraucht zu haben.«

»Verdammt, Nick. Sie sind ja genauso stur wie Roarke. Ihr beide würdet uns alle lieber auf den Grund des Ozeans sinken lassen, als den Groll aufeinander zu vergessen.«

»Hat Roarke Sie geschickt?«

»Nein, aber trotzdem braucht er Sie.«

Nick schüttelte den Kopf. »Roarke wird mit jeder Situation fertig, in die die *Black Angel* kommen kann.«

»Aber es handelt sich nicht nur um ein Kriegsschiff.«

Jetzt änderte sich Nicks Miene erkennbar. »Wie viele sind es denn?«

»Ich habe drei gesehen.«

»Verdammt«, fluchte Nick und kam auf die Beine. »Offenbar muß ich selbst als Gefangener Roarke auf die eine oder andere Art zur Hilfe kommen.«

»Schnell, Nick«, drängte Brianna und hob die Laterne, um ihren Weg nach oben zu beleuchten. Als sie den letzten Durchgang durchquerten, ließ ein gewaltiger Stoß die *Black Angel* erbeben. Brianna erinnerte sich an die letzten Minuten der *Merry Widow* und griff mit schneeweißem Gesicht nach Nicks Arm. »Beschützen Sie Roarke«, flehte sie. »Bitte.«

»Ich werde mein verdammtes Bestes tun, *ma petite*.« Mit grimmiger Miene wandte er sich dem Deck zu.

In der Überzeugung, in dem Durchgang sehr viel sicherer zu sein als in der dünnwandigen Kajüte, kauerte sich Brianna in der Nähe ihrer Kajütentür zusammen und hielt sich die Ohren zu, um die Explosionsgeräusche nicht zu hören. Sie sah kurz auf Jacobs und richtete die Augen dann entschlossen auf die gegenüberliegende Wand, um dem Tod nicht ins Auge blicken zu müssen, während der Mann, den sie liebte, oben an Deck kämpfte. Eine eiskalte Vorahnung fuhr ihr über den Rücken, aber energisch schüttelte Brianna sie ab. Sie wollte nicht einmal denken, daß Roarke etwas geschehen könnte. Sie mußte fest daran glauben, daß schon alles gut werden würde, um nicht der Hysterie zu erliegen, die von allen Seiten auf sie einstürmte.

Der Kampf schien sich stundenlang hinzuziehen. Schreie von Verwundeten und Sterbenden erfüllte die rauchgeschwängerte Luft. Ein erstickender Geruch von Pulver, verbranntem Fleisch und Teer lag über dem Schiff, während die Dämmerung herabsank und die Seeschlacht behinderte, die bereits ein Kriegsschiff und das Flaggschiff der Briten gekostet hatte.

Als die Kanonade nachließ, hob Brianna den Kopf und lockerte langsam ihre verkrampften Glieder. Mit angstgeweiteten Augen spähte sie um sich und holte zitternd Atem. Ihr Blick fiel auf die Luke zum Deck, die, von Kugeln zerfetzt, nur noch an einer Angel hing.

Briannas Herz drängte sie, an Deck zu gehen, aber die Furcht davor, was sie dort vorfinden könnte, ließ ihre Knie schwanken, als sie mühsam aufstand und zögernd die Stufen hinaufging. Sie trat in das Zwielicht hinaus und fand sich in einer beißenden Rauchwolke wieder. Sofort traten ihr Tränen in die Augen und sie mußte heftig zwinkern, um in dem düsteren Grau etwas erkennen zu können, das ihr den Blick auf die Männer verwehrte, deren Stöhnen sie vernahm. Sie hörte auch die leisen, heiseren Stimmen der Männer, die ihren verletzten Freunden Hilfe leisteten.

Obwohl sie kaum zwei Meter weit sehen konnte, führte der Instinkt Brianna zum Achterdeck, wo sie Roarke zuletzt gesehen hatte. Sie stolperte über eine zersplitterte Spiere, die die nach oben führenden Stufen beschädigt hatte. Im Straucheln griff sie nach dem Geländer, aber nicht schnell genug, um sich vor dem Sturz bewahren zu können. In ihrem verzweifelten Bemühen, Roarke zu finden, schenkte Brianna weder ihren Rißwunden noch dem zerfetzten Kleid irgendwelche Beachtung, während sie hastig die restlichen Stufen hinaufkroch. Mit wild klopfendem Herzen und zunehmendem Entsetzen suchte sie in der grauen Finsternis weiter nach dem Mann, den sie liebte.

Brianna sah Nick am Ruder stehen, und ihr Herz setzte einen Schlag aus. Mit zerrissenem Hemd, blutverkrusteten Haaren und kalkweißem Gesicht hielt er das Steuer fest in den Händen und lenkte das beschädigte Schiff von den Angreifern fort, bevor sie sich neu formieren und einen letzten, entscheidenen Schlag gegen die *Black Angel* führen konnten.

Mit vor Angst trockenem Mund suchte Brianna im düsteren Dunst nach irgendeinem Anzeichen von Roarke. Sie fand keins. Entschlossen gegen die Panik ankämpfend, die sie zu überwältigen drohte, zwang sie sich dazu, die wenigen Meter zu der Stelle hinter sich zu bringen, an der Nick am Ruder stand.

»Nick, wo ist Roarke?« schrie Brianna, als sie den Ersten Maat erreicht hatte. Er sah sie nicht an, sondern starrte mit zusammengekniffenen Augen weiter geradeaus und schien seine ganze Kraft zu benötigen, um sich aufrechtzuhalten. Brianna packte seinen Arm und wiederholte ihre Frage: »Wo ist Roarke, Nick?«

Endlich wandte Nick Brianna den Blick zu. Anstrengung und Erschöpfung hatte tiefe Falten in sein ruß- und blutverschmiertes Gesicht gegraben. Er zwinkerte, damit ihm der Schweiß nicht in die Augen rann. Zusätzlich wischte er sich mit dem Arm über die Stirn und wandte sich dann wieder seiner Aufgabe zu. »Gehen Sie unter Deck, Mädchen. Ich habe keine Zeit, Sie zu verhätscheln, während ich hier alles in meiner Macht Stehende tue, diejenigen von uns zu retten, die noch am Leben sind.«

Wieder überkam hysterische Panik Brianna, aber entschlossen schüttelte sie den Kopf. »Bevor ich nicht weiß, wo Roarke ist, gehe ich nirgendwohin.«

Nicks Hände umkrampften das Steuerrad so heftig, daß seine Knöchel weiß wurden, und seine dunklen Augen musterten sie kühl. »Sie werden sich ihn nicht ansehen wollen.«

Dunkle Schatten tanzten vor Briannas Augen, aber sie wehrte sich gegen die Ohnmacht. »Wo ist Roarke, Nick?« fragte sie und zwang ihre Stimme zu einer Gelassenheit, die sie nicht empfand.

Nick kämpfte gegen die Woge der Verzweiflung an, die ihn bei dem Gedanken an seinen Freund überkam. Mit versteinertem Gesicht drehte er sich um und sah in den wabernden Rauch hinter sich. »Roarke ist tot.« Dann biß er die Zähne zusammen und konzentrierte sich wieder darauf, die *Black Angel* auf ihrem schwankenden Kurs zu halten. »Aber nun lassen Sie mich endlich meine Arbeit tun. Sie haben mich bereits zuviel gekostet. Ich werde nicht zulassen, daß durch Ihre Einmischung auch der Rest der Besatzung das Leben verliert.«

Plötzlich drehte der Wind und Brianna sah Roarke auf den Deckplanken liegen, als sich der Rauch verzog. Sie lief bereits auf ihn zu, bevor Nick seine Worte beendet hatte. Ein eiskalter, allesverzehrender Schmerz durchzuckte Brianna, als sie neben ihm auf die Knie sank und in seine aschfahlen Züge blickte. Roarke hatte sein Leben eingesetzt, um Fremden in ihrem Kampf um die Freiheit zu helfen, und als Ergebnis davon hatte sie ihn verloren. Namenloser Zorn erfaßte sie, als sie ihm ins Gesicht sah. »Warum mußtest du das nur tun? Warum konnte meine Liebe nicht für uns beide ausreichen? O Gott, Roarke, ich brauche dich!«

Ihr Zorn verging so schnell, wie er gekommen war. Tränen der Trauer liefen über ihre Wangen, als sie zärtlich die Hand ausstreckte, um noch einmal seine blassen Lippen zu berühren – Lippen, die ihr so viel Glück geschenkt, Lippen, die mit ihrem Lächeln ihre Welt erhellt hatten. »Roarke«, flüsterte Brianna, »ich liebe dich.«

Brianna beugte sich vor, um einen letzten Kuß auf die Lippen zu hauchen, die sie nie wieder anlächeln würden. Sie zuckte zurück, und ihre Augen weiteten sich ungläubig, als sie seinen schwachen Atem wahrnahm. Sie holte erbebend Luft und fürchtete sich fast zu glauben, daß ihre Gebete erhört worden waren. Benommen vor schwindelerregender Hoffnung legte sie ihre Wange an seine Brust und hörte den ruhigen Schlag seines Herzens.

»Lieber Gott, ich danke dir«, hauchte Brianna, richtete sich halb auf und drehte sich um, um Nick zuzurufen: »Roarke lebt!«

Tränen des Glücks liefen ihr über die Wangen, als sie mit fliegenden Fingern nach dem Grund seiner Bewußtlosigkeit suchte. Aus einer tiefen Wunde an seiner rechten Seite sickerte noch immer und erschreckend stetig Blut. In der Erkenntnis, daß er einen weiteren Blutverlust nicht überleben würde, sprang Brianna auf, zog ihren Unterrock aus und riß ihn in Streifen. Sie verband die Wunde so gut sie konnte, und betete, damit die Blutung stoppen zu können, aber schon bald war der weiße Stoff tiefrot.

»Roarke braucht einen Arzt, Nick«, schrie sie und wechselte den Verband.

Mit verzerrtem Gesicht schaute Nick über die Schulter. »Er wird ihn bekommen, wenn es die *Black Angel* bis zur Küste schafft.«

»Aber er braucht sofort Hilfe! Er stirbt, wenn die Blutung nicht gestoppt werden kann«, rief Brianna in ihrem verzweifelten Bemühen, Nick die Lage deutlich zu machen.

»Wir werden alle sterben, Mädchen, wenn es uns nicht gelingt, die Küste zu erreichen«, erwiderte Nick und klammerte sich an das Steuerrad, um den Boden nicht unter den Füßen zu verlieren. Als das Kriegsschiff den Besanmast getroffen hatte, war ihm eine Spiere ins rechte Bein gedrungen. Er mußte seine ganze Energie zusammenreißen, um die

Black Angel auf Kurs zu halten. Mit ein bißchen Glück könnte es ihm gelingen, das angeschlagene Schiff in die Flußmündung zu lenken und damit den Blicken der britischen Patrouillen zu entziehen, bevor er den Befehl geben mußte, von Bord zu gehen. Wenn ihm das Glück hold und seine Kraft erhalten blieben, könnte er die Fracht der *Black Angel* retten und Roarke nach Whitman Place bringen. Und dort würde Elsbeth wissen, was zu tun war. Dort würde sich Elsbeth um sie alle kümmern.

Nick biß die Zähne zusammen und stützte sein Gewicht auf sein linkes Bein. Er wollte verdammt sein, wenn er die *Black Angel* kampflos aufgab und Roarke sterben ließ. Falls der Namensgeber der *Black Angel* annahm, er würde seine Freunde so einfach aufgeben, dann irrte sich Gevatter Tod gründlich.

Brianna hörte den Schmerz in Nicks Stimme, und das machte ihr seine Qualen bewußt. Sie wußte, daß er alles in seiner Macht Stehende tun würde, um sie zu retten. Mehr durfte sie von ihm nicht verlangen, denn sie war selbst hilflos. Jetzt konnten sie nur noch auf Gott vertrauen. Brianna ergriff Roarkes Hand und hielt sie zärtlich fest. Nur Gebete und Nicks Fähigkeiten konnten sie retten.

Gespenstische kahle Baumskelette erhoben sich aus dem hohen Schilfgras der Marschen. Die hohen, stolzen Masten zerschmettert, ohne Takelage und geräuschlos wie ein Geisterschiff mühte sich die *Black Angel* durch die Küstengewässer ihrem Treffen mit den Rebellen entgegen. Ihre geschundenen Planken ächzten bedrohlich, aber schließlich traf der Kiel auf das schlickreiche schwarze Ufer der Marsch, und die *Black Angel* lag einen Moment lang ganz reglos, bevor sie sich mit einem leisen Klagelaut langsam auf die Seite legte und den Kanonenwunden erlag, die britische Kriegsschiffe ihr zugefügt hatten. Die *Black Angel* hatte ihre letzte Reise hinter sich gebracht.

Die dezimierte Besatzung der *Black Angel* hinkte an Land oder wurde von den Männern an Land getragen, die gekommen waren, den Munitionsnachschub für ihre Truppen zu inspizieren und nicht die blutigen Körper der Seeleute, die ihr Leben aufs Spiel gesetzt hatten, um ihnen die dringend benötigten Waffen zu bringen. Brianna wich nicht von Roarkes Seite, als ihn zwei in Leder gekleidete Männer auf eine improvisierte Trage hoben und ihn zum letzten Mal von Bord seines geliebten Schiffes trugen. Nick weigerte sich, die *Black Angel* zu verlassen, bevor nicht alle anderen an Land waren. Dann taumelte er die zerbrochenen Stufen zur Kapitänskabine hinunter. Er trat an den Schreibtisch, an dem Roarke so viele Stunden verbracht hatte, und rollte die Pläne für die zweite *Black Angel* zusammen. Er wollte sie nicht zurücklassen. Sie würden Roarke einen Grund zum Weiterleben geben. Er stopfte sich die Pläne unter den Arm, hinkte wieder an Deck und nannte den Männern mit Roarkes Trage die Richtung von Whitman Place, bevor auch er zusammenbrach.

***

Mordechai ließ die Lippen über Elsbeths zarten Hals wandern und murmelte: »Hmm, du riechst ja ganz köstlich.«

Elsbeth fuhr ihrem Mann mit zärtlichen Fingern durch die sandfarbenen Haare und lächelte. »Das ist nichts weiter als einfaches Quellwasser und Seife. Seit mehr als einem Monat habe ich keinen Tropfen Parfüm mehr.«

Mordechai stützte sich auf einen Ellbogen, seine Miene wurde finster. »Dieser verfluchte Krieg dauert entschieden zu lange, wenn er meiner Frau ihr Parfüm vorenthält.«

Liebevoll strich Elsbeth über Mordechais Wange und sah ihm in die hellen Augen. Sie wußte, daß diese Worte seine wahren Gefühle kaschierten. Sie hatten bereits zu viele Freunde für das sterben sehen, was jetzt Freiheit genannt wurde. Es ging ihnen längst nicht mehr nur um ein fremdbestimmtes Steuersystem. Sie wollten ein eigenes Land mit eigenen Gesetzen, wollten als freie Menschen ohne einen Monarchen oder eine Adelskaste leben, die über jene bestimmte, die sie als weniger gleich erachteten. »Aye, der Krieg dauert schon viel zu lange. Aber es sieht ganz so aus, als würde er endlich doch ein Ende finden.«

Unfähig, unter dem Ansturm der Empfindungen ruhig zu bleiben, die seine Gedanken ausgelöst hatten, setzte sich Mordechai auf. Er stellte die Füße auf den Dielenboden und griff nach dem Nachthemd, das er wenige Minuten zuvor ausgezogen hatte. Er zog es sich über den Kopf, stand auf und ging zum Kamin hinüber, in dem die Flammen zu ersterben begannen. Er warf ein neues Scheit in die Glut und sah dann seine Frau an, die auf dem Bett saß. »Hunter hat erfahren, daß täglich mit einer Schiffsladung Waffen zu rechnen ist. Hoffentlich hören nicht auch die Briten davon. Der Winter wird hart für unsere Truppen, wenn sie nicht bald Nachschub erhalten. Es heißt, daß im Norden bereits Männer verhungert sind und andere ohne Stiefel in den Kampf ziehen müssen.«

Elsbeth trat neben ihren Mann an den Kamin. Ihre nackten Füße lugten unter dem Saum ihres langen weißen Nachthemds hervor, ihre Nachthaube war verrutscht, und ein paar Locken umrahmten ihr entmutigtes Gesicht. Sie wirkte wie ein kleines Mädchen, als sie da neben dem hochgewachsenen Mann stand und zu ihm aufblickte. Die Wölbung unter ihrem Nachtgewand jedoch wies eindeutig darauf hin, daß sie bald eine Mutter sein würde.

Mordechai legte einen muskulösen Arm um die Schultern seiner Frau und zog sie an sich – tief zufrieden mit seinem Leben und doch beunruhigt von den Ereignissen, gegen die er nichts unternehmen konnte. Ereignisse, die all seine Träume für ihre Zukunft vernichten konnten, wenn die Briten den

Krieg gewannen. Die letzten Neuigkeiten waren nicht gerade ermutigend gewesen. Mordechai zog seine Frau noch enger an sich. Er legte eine Hand auf ihren Bauch und spürte, wie sich sein Kind bewegte. Erneut erfaßte ihn die Erregung, die er vor einigen Wochen bei der ersten Bewegung des ungeborenen Kindes verspürt hatte. Vermutlich würde er sich nie daran gewöhnen. Jedesmal bekam er eine Gänsehaut und das Gefühl, Gott näher zu sein. Fast ehrfürchtig spreizte er die Finger auf Elsbeths Bauch. Er hatte das winzige Leben geschaffen, das da im Leib seiner Frau heranwuchs, und er würde es bis zu seinem letzten Atemzug beschützen. Sanft hauchte er einen Kuß auf Elsbeths Stirn. »Es ist höchste Zeit für Sie, Mylady, wieder ins Bett zurückzukehren. Wenn du hier weiter mit nackten Füßen herumstehst, wirst du dir noch den Tod holen, und das können wir nicht zulassen. In wenigen Wochen sollst du schließlich unseren Sohn zur Welt bringen.«

Elsbeth drehte sich in den Armen ihres Mannes halb um und schmiegte sich an seinen festen Körper. Ihre Arme reichten kaum um seine Taille, als sie ihre ausladende Mitte an ihn drückte. Sie legte eine Wange an seine Brust und flüsterte: »Ich bezweifle ernsthaft, daß ich mich in deinen Armen jemals erkälten könnte, Liebster. Ich brauche dir nur nahe zu sein und mein Blut beginnt zu sieden.«

Mordechai verdrehte verzweifelt die Augen, als er in sich das drängende Verlangen spürte, seine Frau auf die Daunen zu betten und tief in ihre Wärme einzudringen. Aber er widerstand seinem Drang. Der Arzt hatte ihm gesagt, daß es gefährlich für Mutter und Kind sein könnte, wenn er seinen lustvollen Instinkten nachgab. Und so hielt er sie nur ganz eng an sich gedrückt und ließ sein Kinn sanft auf ihrem Kopf ruhen. Er mußte über sein Dilemma schmunzeln. Im Grunde fand er die Situation gar nicht komisch, aber er wußte, wenn er nicht lächelte, würde er in Tränen ausbrechen. Er nahm Elsbeth auf die Arme, trug sie zum Bett zurück und mußte über ihren gekränkten Blick unwillkürlich lächeln. »Liebes, wenn wir nicht vorsichtig sind, machen wir unser Kind noch vor seiner Geburt zur Waise, denn ich werde aus Sehnsucht nach dir sterben.«

Elsbeth lehnte sich in die Kissen zurück. »Ich liebe dich, Mordechai«, flüsterte sie lächelnd und zog sich die Decke bis ans Kinn, um die Kühle abzuwehren, die sich plötzlich im Schlafzimmer ausbreitete.

Mordechai beugte sich zu ihr, küßte sie auf die Lippen, und sein Kuß sagte mehr als alle Worte. »Ich glaube, ich genehmige mir noch einen Brandy, bevor ich wieder zu dir ins Bett komme«, erklärte er und setzte ihr noch einen flinken Kuß auf die Nasenspitze. »Schlaf ruhig schon ein, Liebes.«

Elsbeth sah zu, wie ihr Mann die Tür hinter sich schloß. Sie wußte, daß ihn die letzten Nachrichten beunruhigten, die Hunter von General Washington erhalten hatte. Sie wußte auch, daß er sich um ihre Gesundheit und die ihres Kindes sorgte. Die Briten hatten Savannah gehalten, und es wurde allgemein angenommen, daß sie sich nun Charleston zuwenden würden. Im Augenblick sah es nicht so aus, als hätten die Patrioten gute Aussichten, den Krieg zu gewinnen. Elsbeth holte tief Atem und schloß die Augen. Sie wünschte sich sehnlich, ihrem Mann seine Sorgen nehmen zu können. Aber sie konnte nichts anderes tun, als ihm ihre ganze Liebe zu zeigen und darum zu beten, daß die gerechte Sache siegte. An eine andere Möglichkeit wagte sie nicht zu denken. Ihres Kindes wegen mußte sie alle düsteren Gedanken von sich fernhalten.

Lautes Klopfen an der Haustür riß Elsbeth wieder aus dem Schlaf. Eiskalte Angst überfiel sie. Waren etwa die Briten gekommen, um ihren Mann festzunehmen? Mit zitternder Hand griff sie neben sich, wo Mordechai eigentlich liegen sollte. Als sie den Platz leer fand, fuhr sie hoch und schwang sich, so schnell es ihre Leibesfülle erlaubte, aus dem Bett. Ohne nachzudenken lief sie zur Tür und aus dem Zimmer. Unten in der Diele waren Stimmen zu hören, einige männliche und eigentümlicherweise auch eine weibliche. Elsbeth blieb an der Treppe stehen und sah, wie sich Mordechai unten über eine Gestalt auf einer Trage beugte. Neben ihm stand eine Frau mit zerfetztem Kleid, wirren Haaren und rußverschmutztem Gesicht, die die Hände zu Fäusten ballte. »Was gibt es, Mordechai?« fragte Elsbeth, als sie die Stufen hinunterging.

Mordechai sah mit ernstem Gesicht zu ihr hiauf. »Es sind Roarke O'Connor und sein Erster Maat. Sie wurden verwundet.«

»Dann laß sie nach oben bringen«, sagte Elsbeth und trat zur Seite, damit die Männer ihre bewußtlose Last die Treppe hinauftragen konnten.

Mordechais Züge verfinsterten sich nachdenklich. »Sie sind kaum mehr als Piraten, Elsbeth. Wir sollten uns zur Zeit keine zusätzlichen Probleme aufhalsen.«

Elsbeth sah ihren Mann an. Hunter und Mordechai waren stets gleicher Meinung über Roarke gewesen. Sie hatten den Mann stets nach seinen Handlungen beurteilt, ohne zu erkennen, wodurch diese ausgelöst wurden. Aber sie kannte das Leid, das Roarke wegen der Tatsache erfahren mußte, außerhalb der honorigen Familie Barcley geboren worden zu sein. Elsbeth sah die junge Frau an, in deren Gesicht sich alle Gefühle widerspiegelten, die sie für den bewußtlosen Mann empfand. Sie lächelte sie aufmunternd an. Ihre Miene sagte Elsbeth, daß sie in ihr jemanden gefunden hatte, der Roarke verstand, liebte und nicht wegen seiner Vergangenheit verurteilte.

Sie streckte der jungen Frau ihre Hand entgegen. »Kommen Sie, sorgen wir dafür, daß er es so bequem wie möglich hat.« Dann wandte sie sich an Mordechai: »Schick bitte jemanden zum Arzt.«

Angesichts der Entschlossenheit seiner Frau zuckte Mordechai nur ergeben mit den Schultern. Er hatte nicht die Absicht, sich mit Elsbeth über Roarke O'Connor zu streiten. Es würde ohnehin nichts bringen. Seine Frau konnte einfach nichts Schlechtes an einem Menschen finden, nicht einmal an einem verdammten Piraten wie Hunters Cousin. Mordechai sah Elsbeth nach, wie sie und die junge Frau hinter der Trage die Treppe hinaufgingen. Er wußte, daß Hunter Roarke das Leben seiner Schwester zu verdanken hatte, aber es war nun einmal verdammt schwer, die Jahre zu vergessen, in denen dieser Mann seinem Freund schwer zugesetzt hatte. Immer wieder hatte Hunter versucht, Roarke seine Hilfe anzubieten, doch der hatte sie mehr als schroff abgelehnt. Er rühmte sich, von einem Barcley keine Wohltaten anzunehmen. Der einzige Mensch, dem Roarke O'Connor nicht nur abweisend entgegentrat, war offenbar seine Frau. Elsbeth.

Mordechai folgte dem Geleitzug die Treppe hinauf und zog sich an. Er würde zu der kleinen Hütte reiten, die Hunter für seine Frau Devon und sich gebaut hatte, nachdem Barcley Grove von den Engländern niedergebrannt worden war. Mordechai wollte Hunter davon in Kenntnis setzen, daß sein Cousin wieder da war und – falls er überlebte – mit Schwierigkeiten gerechnet werden mußte. Mordechai warf einen Blick auf die Tür, hinter der O'Connor jetzt lag. Er hegte nicht den geringsten Zweifel daran, daß er seine Wunden bei dem Versuch erlitten hatte, die Briten gegen die eigenen Landsleute zu verteidigen. Dieser Mann würde selbst seine Seele verkaufen, wenn damit genügend Geld zu machen war.

Kapitel 15

Mit besorgtem Gesicht und tiefen Schatten unter den Augen saß Brianna neben Roarkes Bett und sah zu, wie sich sein Oberkörper mühsam hob und senkte. Seit er nach Whitman Place gebracht worden war, ließ Brianna Roarkes Hand nicht los – aus Angst, in diesem Moment könnte der Tod ihn ihr nehmen. Sie sah zum Fenster, sah die Morgendämmerung die letzten Schatten der Nacht vertreiben und betete, daß der neue Tag auch eine Verbesserung von Roarkes Gesundheitszustand brachte. Bisher war es ihm ständig schlechter gegangen. Das Fieber, das ihn gleich nach dem Verlassen der *Black Angel* erfaßt hatte, zehrte an seiner Widerstandskraft.

Wieder schaute Brianna in Roarkes aschfahles Gesicht. Roarke war ein kräftiger Mann, stärker als die meisten, aber sie wußte nicht, wieviel sein Körper noch ertragen konnte. Die Wunde begann langsam zu heilen, aber das Fieber laugte ihn aus.

»Wie geht es ihm heute?« fragte Elsbeth leise.

In ihrer Konzentration auf Roarke war es Brianna entgangen, daß Elsbeth das Zimmer betreten hatte. Sie schüttelte resigniert den Kopf, stand auf und sah die liebenswürdige Frau an, die ihnen gegen die Wünsche ihres Mannes Obdach in ihrem Haus gewährte. »Unverändert.« Brianna beugte sich über Roarke, strich ihm zärtlich eine Haarsträhne aus dem Gesicht und befühlte seine Stirn. »Er hat noch immer hohes Fieber.« Sie hauchte ihm einen Kuß auf die

Lippen, bevor sie sich wieder auf den Stuhl neben seinem Bett setzte.

Elsbeth legte beruhigend eine Hand auf Briannas Schulter. »Sie lieben ihn sehr, nicht wahr?«

Brianna ließ Roarke keine Sekunde aus den Augen. Sie nickte. »Aye. Er ist mein ein und alles. Wenn ich ihn verliere, werde ich sterben.«

»Das werden wir nicht zulassen«, meinte Elsbeth und übte einen leichten, aufmunternden Druck auf Briannas Schulter aus. »Es wird ihm bestimmt bald bessergehen. Wir müssen den Medikamenten nur eine gewisse Zeit lassen, damit sie auch wirken, und dürfen nicht die Hoffnung verlieren.«

»Ich hoffe, daß es ihm bald bessergeht, aber ich habe auch große Angst.«

»Roarke kann sich glücklich schätzen, einen Menschen wie Sie gefunden zu haben, den er lieben kann.«

Brianna holte tief Luft und sah zu der Frau auf, die sie inzwischen als Freundin betrachtete. »Ich wünsche mir unendlich, daß es so wäre, Elsbeth. Aber ich weiß nicht, ob Roarke mich liebt oder nicht. Er hat es mir nie gesagt.«

»Ah«, machte Elsbeth verständnisvoll. Sie wußte sehr wohl, wie es war, einen Mann zu lieben, sich aber nicht sicher zu sein, ob diese Gefühle auch erwidert wurden. »Männer wie Roarke haben oft Schwierigkeiten, über ihre Gefühle zu sprechen, aber nach allem, was ich von Nick erfahren habe, empfindet Roarke weit mehr für Sie, als er zuzugeben bereit ist.«

Brianna ließ die Schultern sinken, ihre Finger schlossen sich noch fester um Roarkes Hand. »Das hat Nick mir auch gesagt, aber ich fürchte, er irrt sich. Seit er mich an Bord der *Black Angel* entdeckte, hat mir Roarke keinen Hinweis darauf gegeben, daß er mich gern hat, geschweige denn liebt. Wir haben uns nur gestritten.«

Elsbeth nickte. »Das ist typisch für den Mann, den ich kenne. Roarke würde Ihnen wohl kaum sagen, was er für Sie empfindet. Er ist ein Mann, der seine Emotionen immer für sich behalten hat. Er lebt sein Leben nach bestimmten Regeln und führt sein Schiff auf die gleiche Weise. Er kann es nicht zulassen, daß sein Herz mit seinen Pflichten in Konflikt gerät – ganz unabhängig davon, was geschieht oder wie er empfindet. Das kann bei einen Mann wie Roarke auch gar nicht anders sein, weil es in seiner Vergangenheit allzu viele Schatten gibt.«

Erneut sah Brianna zu Elsbeth auf. »Sie wissen es, nicht wahr? Sie wissen alles, was Nick mir über Roarke nicht erzählen wollte. Sie wissen, was Roarke zu dem Mann gemacht hat, der er ist.«

»Aye, ich weiß es«, erwiderte Elsbeth und setzte sich neben Brianna. Sie sah den Mann an, der bleich und reglos dalag. Sein Teint war fast so weiß wie das Bettzeug. Sie atmete tief durch. Vielleicht würde das, was sie tun wollte, ihre Freundschaft mit Roarke beenden, aber sie konnte nicht zulassen, daß Brianna weiterhin befürchtete, Roarke würde sie nicht lieben. Sie mußte der jungen Frau begreiflich machen, daß es nicht leicht sein würde, Roarke zu lieben – einen Mann, der von Dämonen gehetzt wurde, bis er sein Herz verschlossen hatte, das in seinen Kindertagen zu oft zu tief verletzt worden war. Er war ein Mann geworden, der niemandem gestattete, nahe genug an ihn heranzukommen, um ihn erneut verletzen zu können. Dieser Tatsache rühmte er sich sogar. Dieser jungen Frau war es gelungen, die Mauer der Abwehr zu durchdringen, die er um sich errichtet hatte, und Elsbeth wollte, daß nichts mehr zwischen sie kam, um das Glück zu zerstören, das sie miteinander finden konnten, wenn es ihnen gelang, sich von den Geistern der Vergangenheit zu befreien. Sie wollte, daß die beiden das Glück erfuhren, das sie bei Mordechai gefunden hatte.

Elsbeth griff nach Briannas freier Hand. »Und ich glaube, auch Sie verdienen, es zu wissen. Ich brauche Sie nicht erst zu fragen, ob Sie Roarke lieben. Das sehe ich in Ihren Augen, in jeder Nuance Ihres ausdrucksstarken Gesichtes. Und nichts, was ich sagen könnte, wird daran etwas ändern.«

»Nein. Nichts, was irgend jemand sagen könnte, wird etwas an meinen Gefühlen für Roarke ändern. Er ist mein Leben.«

»Ich verstehe Roarke wohl besser als die meisten Menschen«, begann Elsbeth. »Ich kenne ihn, seit wir Kinder waren, und ich habe den Schmerz in seinem Gesicht gesehen, wenn die anderen Kinder nicht mit ihm spielen wollten, weil er zerrissene Hosen trug und nicht über den Rückhalt eines Familiennamens verfügte, der ihm Zugang zu unserer engbegrenzten Gesellschaft gewährt hätte. Sie haben ihn wegen seiner Herkunft verspottet.«

Brianna spürte, daß sich Roarkes Hand unter ihren Fingern anspannte und sah ihn forschend an, während sie sich fragte, ob er wohl zu Bewußtsein gekommen war. Wenige Sekunden später ließ sie den Atem wieder aus ihren Lungen, den sie erwartungsvoll angehalten hatte. Nein. Es war nur ihre Einbildung gewesen, daß er sich gerührt hatte. Alles war unverändert. In der sicheren Erwartung, daß Elsbeths Worte ihr dabei helfen würden, Roarke endlich zu verstehen, sagte sie leise: »Bitte, fahren Sie fort.«

Und Elsbeth begann mit ihrer Schilderung von Roarke O'Connors Leben. Sie erzählte Brianna von den Jahren der Entbehrungen und Verhöhnungen. Sie berichtete, wie er das kleine Kinn gereckt und die Fäuste gegen alle geschwungen hatte, die ihn oder die Frau verleumdeten, die ihm das Leben geschenkt hatte, die aber ihren Körper feilbieten mußte, um Essen auf den Tisch bringen zu können. Sie erzählte Brianna auch von der Familie seiner Mutter, den Barcleys, die sie verstoßen hatten, als sie von ihrer Schwangerschaft erfuhr. Elsbeth schilderte, daß Roarkes Mutter keinen Menschen hatte, den sie um Hilfe bitten konnte, und daß sie sogar den Namen O'Connor annahm, um der Familie keine weitere Schande zu machen, als sie eine Prostituierte wurde, um überhaupt überleben zu können.

Roarke litt genauso wie seine Mutter, aber er hatte genug von dem Barcley-Stolz geerbt, um sich seine Gefühle von niemandem anmerken zu lassen. Als sein Cousin Hunter großjährig geworden war und Roarke Hilfe anbot, gestattete diesem seine Abneigung gegen die Familie nicht, das, was seine reichen Verwandten seiner Mutter und ihm angetan hatten, zu vergeben und zu vergessen. Er hatte seinen Weg allein und ohne Unterstützung durch Geld oder Einfluß gemacht.

Elsbeth drückte Briannas Hand und blickte auf die reglose Gestalt auf dem Bett. »Aber ich fürchte, daß er trotz aller Leistungen, trotz seines Reichtums noch immer der kleine Junge ist, der sich vor Zurücksetzung und Ablehnung fürchtet.«

Sie sah Brianna an und bemerkte, daß Tränen in ihren Augen standen. Mit einem letzten Druck gab Elsbeth Briannas Hand frei und erhob sich. »Jetzt wissen Sie, wovon Roarke getrieben wird. Sie wissen, daß die Vergangenheit vieles in seinem Leben bestimmt. Er hat viele Kämpfe ausgefochten, aber ein wichtiger steht ihm noch bevor, wenn er die Vergangenheit hinter sich lassen will. Und das ist der Kampf gegen sich selbst.«

Briannas Lippen zitterten, als sie nickte. »Wenn es soweit ist, werde ich an seiner Seite sein.«

Elsbeth lächelte Brianna liebevoll an. »Das weiß ich, sonst hätte ich Ihnen das alles nicht erzählt. Roarke ist ein stolzer Mann, Brianna. Aber er ist auch sehr verletzlich. Schützen Sie sein Herz mit Ihrer Liebe.«

»Ich werde es wie die größte Kostbarkeit auf Erden behüten«, erwiderte Brianna, als Elsbeth das Zimmer verließ.

Die ersten Strahlen der Morgensonne drangen in den Raum und vertrieben auch die letzten Schatten der Nacht, als Brianna Roarkes Hand sanft an ihre Wange hob und leise zu weinen begann. Sie beweinte das Leid, das der kleine Junge und später der Mann erdulden mußte. Tränen liefen ihr über die Wangen und fielen auf das Bett, durchnäßten den feinen Stoff. »Nie wieder sollst du leiden, geliebter Roarke«, schluchzte sie leise. »Ganz gleich, was in deiner Vergangenheit auch geschehen ist, jetzt werde ich stets für dich da sein. Auch wenn es mich den Rest meines Lebens kostet – ich werde alles in meiner Macht Stehende tun, um dich das Leid vergessen zu lassen, das dir die Grausamkeit anderer Menschen zugefügt hat.« Brianna streckte die Hand aus und strich zart über Roarkes bärtige Wange. »Du bist ein viel zu guter Mensch, und ich liebe dich viel zu sehr, um zuzulassen, daß deine Vergangenheit die Zukunft zerstört, die uns beschieden sein kann. Wenn es dir wieder bessergeht, werde ich dich davon überzeugen, daß wir füreinander bestimmt sind, Roarke ...«

Plötzlich hielt Brianna den Atem an. Irrte sie sich wieder oder spürte sie wirklich, daß sich Roarkes Finger ganz leicht um ihre Hand schlossen? Als sie ihren Kopf hob, sah sie tatsächlich in tiefblaue Augen. Ein leises Lächeln zitterte über seine blassen Lippen, aber der Ausdruck in seinen Augen sprach deutlicher als alle Worte. Brianna nickte. Er hatte Elsbeths Schilderung gehört. Jetzt gab es nur noch drei Worte zu sagen, und die kamen ihr erbebend über die Lippen: »Ich liebe dich.«

Erneut spürte sie den Druck seiner Finger in ihrer Hand, dann fielen ihm langsam die Lider zu. Ein friedlicher Ausdruck entspannte seine Züge, seine Brust hob und senkte sich ruhig und gleichmäßig. Erstmals seit Tagen mußte er nicht mehr um Luft ringen.

Brianna wußte es, bevor ihre Hand seine Stirn berührte. Sie fühlte sich schon sehr viel kühler an. Erneut traten ihr Tränen in die Augen. Sie legte den Kopf auf das Bett und schluchzte vor glücklicher Erleichterung. Roarke würde leben. Wenige Augenblicke später schlief auch sie ein.

***

Brianna streckte die Arme weit über den Kopf und freute sich über den herrlich klaren Wintertag ebenso wie über die Tatsache, daß sie Whitman Place heute verlassen würden.

Sie sah sich in dem Raum mit seinen selbstgewebten Bettvorhängen und den handgeknüpften Teppichen um. Elsbeth war es gelungen, aus diesem Haus wirklich ein Heim zu machen. Alles trug ihre ganz persönliche Handschrift, selbst die Glasschalen mit getrockneten Blüten, die das Zimmer mitten im kalten Winter mit zartem Frühlingsduft erfüllten.

Brianna lächelte. Sie verstand, warum Roarke Elsbeth für ein engelgleiches Wesen hielt. Denn sie war eins. Sie hatte geholfen, Roarkes Leben zu retten, indem sie sich selbst und ihr Haus zur Verfügung stellte. Nur wenige Menschen wären bereit, sich gegen die Wünsche ihrer Nächsten zu wenden, um einem Mann zu helfen, den andere für lebensunwürdig hielten. Aber genau wie sie selbst kannte Elsbeth den Mann hinter der unzugänglichen Maske, die Roarke einer Welt zeigte, die ihn stets für Dinge zu strafen suchte, die er nicht kontrollieren konnte. Und Brianna würde Elsbeth für ihre Freundschaft stets dankbar sein.

Ein leises Klopfen an der Tür unterbrach Briannas Gedanken. Sie hatte gerade noch Zeit, sich aufzusetzen und die Decke bis ans Kinn zu ziehen, bevor die Tür aufging und Roarke über die Schwelle trat. Er trug ein schneeweißes Hemd, engsitzende Leinenhosen und ein mutwilliges Lächeln auf den sinnlichen Lippen, als sein Blick langsam über die von der Bettdecke verhüllten Kurven fiel. Er drehte sich um, warf schnell einen Blick in den Korridor zurück, dann schloß er leise die Tür und verriegelte sie.

»Guten Morgen, Miss Tarleton. Ich hoffe, Sie haben gut geschlafen«, sagte er und durchquerte den Raum.

»Ganz ausgezeichnet, vielen Dank, Captain. Haben auch Sie gut geschlafen? Wie fühlen Sie sich heute? Was macht Ihre Wunde?«

Roarke hob nachlässig die Schultern, trat an ihr Bett und blickte verlangend auf sie hinab. »In Gesellschaft hätte ich sehr viel besser geschlafen. Meine Wunde ist längst verheilt, wie du sehr wohl weißt.«

Das Bett senkte sich unter Roarkes Gewicht, als er sich neben sie setzte und den Arm ausstreckte, um Briannas Kinn mit der Hand zu umfassen. Sein Blick nahm ihre goldgefleckten Augen, ihre schmale Nase und die hohen Wangenknochen in sich auf, bevor er zu den vollen Lippen wanderte, die sich jetzt leicht öffneten, als sie erschauernd Atem holte.

»Du bist wunderschön«, flüsterte Roarke, beugte sich vor und schloß ihre Lippen mit seinem Mund. Seine Zunge glitt in ihren Mund und verlockte sie, auf sein Spiel einzugehen. Roarke spürte, wie sie erbebte, als es ihm gelungen war, ihr Verlangen zu wecken. Ein kaum hörbarer Seufzer entfuhr ihr, als sie die Arme um seinen Nacken schlang und ihn an sich zog.

Roarke gab ihre Lippen frei und sah ihr tief in die goldenen Augen. In ihnen spiegelte sich die Glut seiner Leidenschaft wider. Schnell legte er sich neben sie aufs Bett und schmiegte sich an ihren weichen, warmen Körper. »Ich will dich, Brianna«, flüsterte er heiser.

Brianna verlor keine Zeit. Sie verdrängte jeden Gedanken aus ihrem Kopf, der nicht den Mann betraf, den sie liebte. Sie würde nicht zulassen, daß sich wieder irgend etwas zwischen sie drängte – keine Entfernung, kein Mensch, kein Ereignis. Roarke gehörte zu ihr und sie zu ihm. Sie liebten einander aus tiefstem Herzen, und sie konnte nichts Falsches oder Verderbliches daran finden, wenn sie sich auch körperlich liebten.

Wenige Augenblicke später lagen sie einander nackt in den Armen, und Brianna schwelgte in den Gefühlen, die seine Lippen auf ihrer Haut hinterließen, als sie ganz langsam über ihren Hals und zu ihren Brüsten wanderten.

Mit noch immer eng verbundenen Körpern lagen Roarke und Brianna später beisammen und genossen den Moment absoluter Erfüllung. Als sie ihm durch die dunklen Haare fuhr, zitterten ihre Finger noch immer unter dem Nachhall der gerade ausgelebten Gefühle. »Ich liebe dich, Roarke«, hauchte sie.

Roarke stützte sich auf die Ellbogen und spürte, wie sich ihre Brüste an die dichte Haarmatte seiner Brust drückten. Ihr Körper gewährte seinem nun befriedigten Glied noch immer Zuflucht, und er wünschte sich, daß es für immer so bleiben könnte. Er lächelte sie zärtlich an. »Und ich liebe dich, Brianna.«

Brianna spürte, daß Tränen hinter ihren Lidern brannten und zwinkerte schnell, um sie zurückzuhalten. Wie lange hatte sie darauf gewartet, diese Worte zu hören! Sie befeuchtete ihre plötzlich ganz trockenen Lippen, konnte sie aber nicht am Zittern hindern. »Sag es mir noch einmal.«

Roarke lächelte. »Ich liebe dich, Brianna. Wieviel ich für dich wirklich empfinde, wurde mir angesichts der englischen Kriegsschiffe bewußt. Und ich schwor mir, für den Fall, daß wir überlebten, dir meine Liebe zu gestehen, selbst auf die Gefahr hin, daß du dich von mir abwendest, sobald du die Wahrheit über mich kennst.«

»So etwas würde ich nie tun«, versicherte Brianna und legte ihm die Arme um den Hals. Sie setzte kleine, atemlose Küsse auf seine Brust und atmete seinen männlichen Geruch ein. Sein leises Lachen ließ ihren Körper erbeben.

»Aye, jetzt weiß ich das auch. Nick riet mir, dir die Wahrheit zu erzählen, aber ich hatte Angst vor den Folgen. Ich erinnerte mich zu gut an die Reaktionen anderer, wenn sie erfuhren, daß ich nur ein illegitimer Abkömmling der reichen Familie Barcley aus Williamsburg bin.«

»Nick riet dir dazu?« fragte Brianna und machte ganz große Augen.

Ein weiteres Lachen durchfuhr Roarkes Körper, und er rutschte neben sie. Er zog die Bettdecke über sie beide, um sie vor der morgendlichen Kühle zu schützen. »Ich weiß, das ist kaum zu glauben, aber so war es. Und er hatte recht. Ich hätte schon sehr viel früher aufrichtig zu dir sein sollen. Denn nun, da du meine Vergangenheit kennst, lauern nirgendwo mehr dunkle Schatten, die unsere Zukunft gefährden könnten.«

Er hob die Hand und machte eine umfassende Geste von seinen Zehen bis über den Kopf. »Du bekommst, was du siehst«, grinste er durchtrieben.

»Und ich liebe jeden Quadratmillimeter davon«, erklärte Brianna und täuschte eine Unbeschwertheit vor, die sie nicht empfand. Sie hatte ihre eigenen Geheimnisse, die sie ihm nicht anvertrauen konnte. Unwillkürlich mußte sie schlucken. Wie würde Roarke wohl reagieren, wenn er feststellte, daß die Geheimnisse ihrer Vergangenheit sehr viel schwerer wogen als die seinen?

Roarke zog sie fest an sich. Ein zufriedenes Lächeln umspielte seine Lippen, als er zur Zimmerdecke hinaufblickte. Nicht einmal im Traum hätte er sich vorstellen können, jemals so glücklich zu sein. »Ich war ein Narr, Brianna. Und fast hätte ich dich verloren. Ich hätte deiner Liebe vertrauen müssen, denn du hast mir nie Anlaß zu der Annahme gegeben, dir nicht trauen zu dürfen.«

Brianna schmiegte sich an Roarke und hätte seine Arme am liebsten nie wieder verlassen. Sie drückte ihre Lippen auf die Muskeln seines Oberkörpers und verdrängte ihre Schuldgefühle. Sie konnte doch nicht aufs Spiel setzen, was sie gerade erst gefunden hatte, indem sie ihm von Lord Montague erzählte. Das lag in der Vergangenheit, und sie waren weit von England und jedem, der davon wissen konnte, entfernt. »Die Vergangenheit ist vorüber«, flüsterte sie und meinte damit nicht nur Roarkes Vergangenheit. »Jetzt möchte ich nur noch nach Statia zurück, um dort mit dir leben zu können.«

»Dein Wunsch soll in Erfüllung gehen. Heute abend mit der Flut laufen wir aus. Mordechai ist es gelungen, ein Schiff aufzutreiben, das uns durch die britische Blockade bringen wird.«

Brianna richtete sich auf und sah Roarke an. »Also scheint es Elsbeth geschafft zu haben, ihren Mann davon zu überzeugen, daß du kein allzu schlechter Kerl bist.«

Roarke lächelte skeptisch. »Vielleicht. Aber vermutlich war es die Fracht der *Black Angel*, die zu seinem Stimmungsumschwung geführt hat. Wie Hunter hat er stets nur das Schlimmste von mir angenommen. Aber er ist dankbar für die Munition und die Waffen. Wie die meisten von uns hat auch er Freunde, die ohne sie sterben würden.«

Ein Klopfen an der Tür unterbrach ihre Unterhaltung. Als sie nicht sofort reagierten, schlug eine Faust gegen das Holz. »Es ist höchste Zeit, mit den Tändeleien aufzuhören, Roarke«, rief Nick. »Wie Mordechai sagte, werden die Pferde bereits gesattelt.«

Roarke küßte Brianna zärtlich auf die Nasenspitze und richtete sich auf. Zärtlich liebkoste er ihre Wange. »Es ist Zeit, Liebling. Wir müssen zur Küste reiten, denn dort liegt das Schiff, das uns nach Statia zurückbringen soll. Wir werden den Treffpunkt erst abends erreichen, also solltest du dich besser mit dem Anziehen beeilen. Wir möchten doch nicht, daß das Schiff ohne uns davonfährt.«

»Ich bin sofort fertig«, versicherte Brianna und kletterte bereits aus dem hohen Himmelbett. Ihr nackter Körper glänzte wie eine Alabasterstatue in der Morgensonne, als sie an die Truhe trat und das Kleid herausnahm, das Elsbeth ihr gegeben hatte. Sie sah das leichte Wollkleid an und dachte darüber nach, daß es ihr seit ihrer Abreise aus England beschieden zu sein schien, die Kleider anderer Frauen zu tragen. Schnell verdrängte sie diesen Gedanken wieder. Sie mochte vielleicht nicht mehr die elegante Garderobe besitzen, über die sie auf Montvale verfügte, aber sie besaß etwas sehr viel Wertvolleres: Roarkes Liebe. Liebend gern würde sie für den Rest ihres Lebens in Lumpen gehen, wenn sie nur mit ihm zusammenbleiben konnte.

Brianna schlüpfte in das ebenfalls geliehene Batisthemd und zog sich dann das Wollkleid über den Kopf. Roarke diente ihr als Zofe und wollte ihr das Kleid schließen. Nachdem er jeden Zentimeter freier Haut geküßt hatte, bevor er die Haken und Ösen schloß, atmeten beide ziemlich heftig und hätten das Ganze am liebsten rückgängig gemacht, wenn sie Whitman Place nicht hätten innerhalb der nächsten Stunde verlassen müssen. Murrend überließ es Roarke Brianna, ihre Toilette zu vervollständigen.

Der Abschied gestaltete sich tränenreich. Zwischen Elsbeth und Brianna hatte sich eine Freundschaft entwickelt, die mit Sicherheit die Zeiten überdauern würde. Nach vielen Umarmungen, Dankbarkeitsbezeugungen und dem Versprechen, einander wiederzusehen, sobald es der Kriegsverlauf zuließ, hob Brianna winkend die Hand. Sie wußte, daß sie Elsbeth ihre Güte nie vergelten könnte. Sie hatte Roarkes und Nicks Leben gerettet, indem sie sie in ihr Haus aufnahm. Und sie hatte es Brianna durch ihre Erzählungen möglich gemacht, endlich die Mauer zu durchbrechen, die Roarke um sein Herz errichtet hatte. Allein dafür stand Brianna für immer in Elsbeths Schuld.

***

Die Sonne versank hinter dem Horizont und hüllte den Himmel in goldene und hellviolette Töne. Die Dämmerung warf bereits ihre Schatten über die Marschen, als die Reiter ihre Pferde am Rand der Meeresbucht zügelten, in der das Schiff auf sie wartete, verborgen hinter hohen, kahlen Baumgerippen und dichtem Unterholz, das für alle undurchdringlich schien – bis auf jene, die den Weg zum Treffpunkt kannten.

Hinter den vier Reitern lagen nur wenige Meilen, und doch hatten sie den ganzen Tag gebraucht, um an ihr Ziel zu kommen. Die Patrouillen, mit denen die Engländer die Gegend durchkämmten, machten ein zügiges Vorankommen unmöglich. Jedesmal, wenn die Reiter einen anderen Menschen gehört oder gesehen hatten, waren sie von der Straße gewichen und hatten abgewartet, bis die Gefahr vorüber war.

Nick saß als erster ab. Er verzog das Gesicht, rieb sich sein Hinterteil und streckte dann vorsichtig sein rechtes Bein, um die Verkrampfungen zu lockern, zu denen es durch das stundenlange Reiten in seinem noch immer empfindlichen Oberschenkel gekommen war. Die Spiere hatte ihm zwar keine Knochen gebrochen, doch der Blutverlust war erheblich gewesen und hatte ihn so geschwächt, daß er in Whitman Place etliche Tage das Bett hüten mußte, bis er wieder kräftig genug war, um aufstehen zu können. »Ich will verdammt sein, wenn ich mich je an das Leben an Land gewöhne. Es verlangt dem Hinterteil eines Menschen entschieden zuviel ab.«

Lachend hob Roarke Brianna aus dem Sattel. »Mit ein wenig Übung würde dir das Reiten vielleicht sogar gefallen, Nick.«

Nick warf einen Blick auf die Stute, die ihm Mordechai zur Verfügung gestellt hatte, und verzog verächtlich die Lippen. »Nie im Leben. Es gibt nur eine Art des Reitens, an der ich Freude empfinde, und die hat mit Pferd und Sattel wenig zu tun.« Er grinste anzüglich. »Obwohl ich hin und wieder gebeten wurde, so zu tun, als befände ich mich bei einem Pferderennen und müßte meine Stute mit der Peitsche zur Eile antreiben. Seltsam, wie sich einige Frauen bei der Vorstellung erregen, man könnte die Peitsche auf ihren reizenden Hinterteilen tanzen lassen.«

Kopfschüttelnd verdrehte Roarke die Augen. Nick und seine Frauen. Er lächelte Brianna an und setzte sie behutsam zu Boden. »Er wird sich wohl nie ändern.«

»Das würde uns auch gar nicht gefallen«, versicherte Brianna und blickte über Roarkes Schulter hinweg auf Nick. Sie sah, wie er sich verspannte und dann einen unbehaglichen Blick auf Roarke warf. Sofort spürte Brianna, daß da etwas nicht stimmte.

»Roarke«, sagte Nick leise und nickte warnend zum Anlegeplatz hinüber.

Roarke blickte in die angegebene Richtung und erstarrte angesichts des Mannes, der dort stand.

Brianna bemerkte, daß Roarkes Gesicht wieder den abweisenden Ausdruck annahm, den sie bei sich seine Piratenmaske nannte. Furcht durchpulste Brianna. Instinktiv wußte sie, daß der Mann Roarke verletzen konnte, und das würde sie nicht zulassen. Er hatte in seinem Leben bereits mehr als genug gelitten. Sie griff nach seinem Arm. »Wer ist das, Roarke?«

»Mein Cousin. Hunter Barclay«, erwiderte Roarke düster.

Brianna betrachtete den Mann, von dem Elsbeth erzählt hatte, und sah dann Roarke wieder an. »Die Vergangenheit ist vergangen, Roarke. Laß uns nach Statia zurückkehren und alle bösen Erinnerungen vergessen.«

»Ich habe ihn nicht gebeten herzukommen, aber ich werde auf keinen Fall vor ihm davonlaufen.«

»Ich habe dich nicht gebeten, vor ihm davonzulaufen. Ich bitte dich lediglich, alle Differenzen zwischen euch beiden hinter dir zu lassen.«

Roarkes Miene veränderte sich nicht. »Du verlangst viel von mir, Liebes.«

»Weil ich den Mann kenne, der du wirklich bist. Du hast viel überwunden und erreicht. Du brauchst weder Hunters Anerkennung noch die eines anderen Menschen. Du bist ein erwachsener Mann, kein kleiner Junge. Und ich liebe dich.«

Zärtlich streichelte Roarke Briannas Wange und senkte den Kopf, um sie sanft auf die Lippen zu küssen. Der düstere Ausdruck lag noch immer in seinen Augen, aber er nickte. »Und ich liebe dich.«

»Das ist alles, was zählt.«

Roarke straffte sich, nahm Briannas Arm und ging gelassen auf den Anlegeplatz zu. Er musterte seinen Cousin kühl von Kopf bis Fuß, bevor er sagte: »Ich hatte nicht erwartet, dich hier zu treffen.«

»Wir müssen noch ein paar Dinge zwischen uns regeln«, erwiderte Hunter und zwang sich unter Roarkes kühler Abschätzung zur Gelassenheit.

Roarke hob die Brauen. »Ich wüßte nicht, welche Dinge es zwischen uns zu regeln gäbe.«

»Vielleicht hätte ich bei unseren letzten Treffen sagen sollen, was mir auf den Lippen lag, aber … Wir haben uns nie besonders gut verstanden, und es fällt mir noch immer schwer, mir vorzustellen, du könntest einen Funken Anstand in dir haben, obwohl ich weiß, daß es so ist.«

»Wie können Sie wagen, so etwas zu sagen?« mischte sich Brianna erregt ein. »Roarke ist ein anständiger Mann. Jedenfalls sehr viel anständiger als die Familie, die ihm das Leben zur Hölle gemacht hat.«

»Es reicht, Brianna«, sagte Roarke scharf.

Errötend sah Brianna den Mann an ihrer Seite an. Sein tadelnder Blick verursachte ihr Unbehagen. Sie wußte, daß Roarke seine Auseinandersetzungen allein durchstehen wollte, aber es war für sie nahezu unmöglich, ruhig zu bleiben, wenn jemand den Mann angriff, den sie liebte. »Entschuldige, Roarke.«

Roarke legte einen Arm um Briannas Schultern und zog sie leicht an sich.

Hunter lächelte. Das Mädchen erinnerte ihn an seine Frau Devon, die sogar einen Kampf mit einem Bären aufnehmen würde, um die zu verteidigen, die sie liebte. »Es tut mir leid. Ich wollte Sie nicht erzürnen. Offenbar neige ich dazu, im Zusammenhang mit Roarke ständig ins Fettnäpfchen zu treten. In der Vergangenheit ist es mir mehrfach gelungen, bis zu den Hüften darin zu verschwinden, aber Roarke hat auch stets dafür gesorgt, daß ich es nicht umging.« Er sah wieder seinen Cousin an. »Ich bin hier, um dir dafür zu danken, daß du meiner Schwester geholfen hast. Dafür stehe ich für immer in deiner Schuld.«

Roarke hob gleichmütig die Schultern. »Es besteht kein Anlaß, mir dafür zu danken. Ich war nur zur falschen Zeit am falschen Ort und konnte mich nicht rechtzeitig absetzen.«

»Jetzt mag es leicht für dich sein, darüber zu witzeln. Aber wir sind uns doch beide der Konsequenzen bewußt, wenn du Celia nicht geholfen hättest. Die Briten hätten sie an den Galgen gebracht, weil sie einen ihrer Offiziere erstochen hat.«

»Wie geht es Celia?« fragte Roarke, der der Feststellung seines Cousins nichts hinzuzufügen hatte.

»Sie wohnt mit Devon und mir in der Hütte. Sie ist nicht mehr das verwöhnte Kind, das sie früher einmal war. Nach ihren Erlebnissen ist das nur zu erklärlich. Aber ich bin davon überzeugt, daß sie das alles charakterlich stärker gemacht hat, als wäre sie weiterhin auf Barclay Grove behütet und verwöhnt worden. Eines Tages wird sie eine Frau sein, mit der zu rechnen ist.«

Roarke lächelte erleichtert. Er hatte sich immer wieder gefragt, wie das Mädchen mit der Vergewaltigung und dem Tod seines Angreifers seelisch fertig wurde. Er mußte Celias Mut bewundern. Nur wenige Frauen hätten sich so verteidigt, wie sie es getan hatte. »Es freut mich, das zu hören. Übermittle ihr und deiner Frau meine besten Grüße.«

Hunter verdrängte die Erinnerung daran, wie Roarke Devon helfen wollte, ihn zu verlassen, entschlossen aus seinen Gedanken. Er wollte alle Differenzen zwischen Roarke und sich endgültig bereinigen. Sie kämpften alle um einen Neuanfang, und er hatte die Absicht, es in seinem privaten Leben genauso zu halten.

Hunter trat einen Schritt vor und streckte die Hand aus. »Ich fürchte, die Vergangenheit kann ich nicht ungeschehen machen, aber ich hoffe, daß wir von heute an versuchen können, Freunde zu werden.«

Roarke betrachtete Hunters Hand und griff dann langsam zu. »Aye. Es ist Zeit für einen Neubeginn. Für uns alle.« Er blickte auf Brianna und sah, daß sie lächelte.

Kapitel 16

Brianna hob ihr Gesicht dem leichten, warmen Wind entgegen, der die Palmwedel über ihr rascheln ließ. Das Leben war wundervoll. Hätte ihr vor Monaten jemand gesagt, daß sie soviel Glück mit Roarke O'Connor finden würde, hätte sie ihm nicht geglaubt. Auch jetzt mochte sie die Veränderungen kaum glauben, die sich zwischen ihnen ereignet hatten. Roarke war schon immer ein wundervoller Liebhaber gewesen, doch nun schien er sich ganz und rückhaltlos hinzugeben.

Der einzige Schatten an ihrem Horizont war die Tatsache, daß er sie noch nicht gebeten hatte, ihn zu heiraten. Sie sehnte sich danach, seine Frau zu werden und eine eigene Familie zu gründen. Als einziges Kind wünschte sie sich ein Dutzend Kinder. Sie träumte von ihrem ersten Kind, einem dunkelhaarigen, blauäugigen Jungen, der das genaue Abbild seines Vaters war. Das wäre ihr Geschenk für Roarke, ein lebendes Symbol ihrer Liebe.

Brianna lehnte sich wieder gegen den Palmenstamm, schloß die Augen und gab sich ihren Träumen hin. Fast konnte sie schon ihre Kinder hören, wie sie laut lachend durch das ganze Haus liefen und einander Streiche spielten, aber sich in ihrer Welt stets sicher fühlen konnten, weil sie geliebt wurden. Liebe und Lachen würden das Haus über der Gallows Bay erfüllen …

»Ich wußte, daß ich dich hier finden würde«, sagte Roarke und setzte sich neben Brianna auf die Bank, die kreisförmig um den mächtigen Stamm herumgebaut worden war.

Brianna schlug die Augen auf und lächelte den Mann an, dem ihr Herz gehörte. »Ich genieße den schönen Tag. Nach dem Wetter in Virginia und Frankreich weiß ich die Wärme der Inseln zu schätzen.«

»Du blühst unter der wärmenden Sonne auf wie eine Rose. Sie gibt deiner Haut einen Hauch von Gold, der sie aussehen läßt wie elfenbeinfarbenes Porzellan.« Roarke küßte Brianna leicht auf die Schulter. »Ich hatte eigentlich vor, mit dir in die Kolonien zurückzukehren, aber jetzt weiß ich nicht recht, ob ich dich aus den Tropen entführen soll.«

»Ich gehe überallhin, wo du mich haben willst«, sagte Brianna, nahm Roarkes Hand und verflocht ihre Finger mit seinen.

Roarke sah ihr in die goldbraunen Augen und wußte, daß sie nicht log. Ihre Liebe würde sie dazu bringen, ihm auch ans Ende der Welt zu folgen, wenn er es verlangte. Ein zärtliches Lächeln überflog seine Züge, er hob ihre Hand an die Lippen und küßte sie. »Würdest du mich auch zum Fort Oranje begleiten?«

»Selbstverständlich«, erwiderte Brianna, verblüfft über eine so absurde Frage.

»Und würdest du mich auch in die Kirche begleiten?«

Briannas Herz ließ einen Schlag aus und begann dann wie wild zu klopfen. Sie sah Roarke an, ihre Augen spiegelten ihre Hoffnung wider, aber sie wagte kaum zu glauben, was er da andeutete. »Ich gehe mit dir in die Kirche – ebenso wie überallhin.«

»Und wirst du mit mir auch vor den Altar treten, um meine Frau zu werden?«

Mit einem Freudenschrei warf sich Brianna in Roarkes Arme. »Ja, Roarke, o ja!«

Roarke schlang seine Arme um Brianna und zog sie eng an sich. Nie hätte er sich vorstellen können, einen Menschen so zu lieben wie diese wunderschöne, bezaubernde Frau.

Er hatte sehr lange dazu gebraucht, aber nun wußte er, daß ihn seine Abneigung gegen seine Mutter davon abgehalten hatte, sich vor Brianna emotional an eine Frau zu binden. Roarke hatte seine Mutter geliebt, sie aber auch auf vielfältige Weise verabscheut. Er war sich der Gefühle der Verbitterung, die die langen Jahre der Entbehrung in ihm verursacht hatten, erst vor kurzem bewußt geworden. Er hatte sich nie eingestanden, derartige Emotionen gegen die Frau zu haben, der er sein Leben verdankte. Aber schließlich hatte er sich der Wahrheit doch gestellt. Und er erkannte, daß er nie fähig sein würde, umfassend und rückhaltlos zu lieben, wenn er diese Verbitterung nicht überwand.

Er hatte Briannas Verständnis und Liebe gebraucht, um endlich seine Vergangenheit begraben und sich der Zukunft zuwenden zu können. Und er begriff, daß es ohne Brianna keine Zukunft für ihn gab. Bis zu diesem Punkt hatte er eine Ehe nie als Alternative zu dem Leben in Betracht gezogen, das er im Augenblick führte. Aber nun wußte er, daß Brianna weit mehr verdiente, als nur seine Geliebte zu sein. Sie verdiente seinen Namen und alles, was eine Heirat mit sich brachte. Ihre Kinder sollten niemals unter dem Stigma der illegitimen Geburt leiden müssen. Das war eine viel zu schwere Last für kleine, wehrlose Schultern.

Brianna nahm Roarkes Gesicht in beide Hände und überschüttete es mit kleinen, hastigen Küssen, bis sie spürte, daß sich der Druck seiner Arme um sie verstärkte.

Brianna lehnte sich zurück, sah Roarke mit vor Leidenschaft dunklen Augen an und hob provozierend eine Braue. »Gehen wir ins Haus?«

»Hätten wir nicht an die Dienerschaft zu denken, würde ich hier und jetzt über dich herfallen«, meinte Roarke lachend, hob sie auf die Arme und lief mit langen Schritten auf das Haus zu. Jeweils zwei Stufen auf einmal nehmend, stürmte er mit ihr den langen Flur entlang in sein Schlafzimmer. Er trat die Tür hinter sich mit dem Fuß zu und fiel mit ihr auf das große Bett. Für sie existierte auf der Welt nichts mehr als die Leidenschaft, die sie ineinander weckten.

»Wirst du mich heute heiraten?« fragte Roarke Stunden später und spielte gedankenverloren mit Briannas schwarzen Locken.

Briana sah zu den Fenstern hinüber, hinter denen sich die Sonne bereits dem Horizont zuneigte. »Ich heirate dich jederzeit und überall, fürchte aber, daß wir den Tag vertändelt haben und bis morgen warten müssen.«

Lachend richtete sich Roarke auf. Er griff nach seinen Hosen, stand auf und streifte sie sich über. »Inzwischen solltest du mich gut genug kennen, um zu wissen, daß ich alles bekomme, was ich haben will. Sei bereit, wenn ich zurückkomme, denn heute abend wirst du meine Frau.«

»Ich werde bereit sein«, erwiderte Brianna leise und hielt die Freudentränen zurück, die hinter ihren Lidern brannten. Sie hob die Lippen Roarkes Abschiedskuß entgegen und sah ihm nach, wie er das Zimmer verließ und die Tür hinter sich schloß. Erst dann ließ sie ihren Tränen freien Lauf. In wenigen Stunden würde ihr Traum Wirklichkeit werden.

Doch dann erkannte sie fast entsetzt, wie wenig Zeit ihr blieb, um sich auf das wichtigste Ereignis in ihrem Leben vorzubereiten. Sie sprang aus dem Bett und klingelte nach Rhama. Sie mußte ein Bad nehmen, sich frisieren lassen, ein Kleid auswählen und viele andere Dinge innerhalb weniger Stunden entscheiden. Sie hatte keine Zeit zu verlieren.

***

Noch waren die Lampen nicht entzündet, um das Zwielicht der Dämmerung zu vertreiben, das Schatten auf die Gesichter der Gäste warf. »Das ist er«, sagte Roselee und ignorierte das Schnarchen des Betrunkenen am Nebentisch, der den Kopf auf die Hände gelegt hatte und schlief. Sie sah Roarke nach, wie er vor dem Fenster der Schenke vorbeiritt, bevor sie wieder die beiden Männer an ihrem Tisch anblickte. Sie hob ihr Rumglas und nahm einen tiefen Schluck. »Das heißt, daß er die Schlampe zu Hause gelassen hat.«

Lord Montague lächelte. Seine Suche näherte sich ihrem Ende. Er hatte ganz England und die halbe Welt durchquert, um Brianna zu finden, und nun war sie nur noch wenige Meilen von ihm entfernt. Er sah Tanner an. »Überbringen Sie unserer jungen Freundin die Botschaft, sie hätte sich um acht Uhr auf der *Wild Goose* einzufinden, wenn sie ihre Freunde lebend wiedersehen will.«

»Sie glauben also, sie wird kommen?« erkundigte sich Roselee.

»Sie wird kommen. Sie ist ihrer törichten Mutter viel zu ähnlich, um an ihre Sicherheit zu denken.«

»Dann ist alles also bald erledigt?«

»Aye. Es ist erledigt, wenn ich Miss McClure beigebracht habe, daß niemand glauben darf, mir ungestraft Schaden zufügen zu können«, erwiderte Lord Montague und hatte keine Ahnung, daß ihn zwei dunkle Augen vom Nebentisch her unauffällig musterten.

Nick schnarchte weiter, während er intensiv die Unterhaltung zwischen Roselee und den beiden Fremden lauschte. Anfangs hatte er vermutet, die drei würden von Brianna sprechen, aber dann wurde der Name Miss McClure erwähnt. Irgend etwas stimmte da nicht, aber er wußte nicht was. Am besten wäre es, wenn er mit seinem Wissen zu Roarke ging. Der war hoffentlich nüchtern genug, um hinter das Ganze zu kommen.

Nick verharrte in seiner Haltung, bis Roselee und die beiden Männer die Schenke verlassen hatten. Dann stand er schwankend auf, trat auf die dämmerige Straße hinaus und machte sich auf die Suche nach Roarke. Als Roselee und ihre Begleiter die Schenke betreten hatten, war er tatsächlich mehr als berauscht gewesen. Seit der Rückkehr nach Statia war er gerade besessen bemüht, die Mengen an Rum »nachzutrinken«, auf die er während der Fahrt verzichten mußte. Aber er stellte auch fest, daß es gar nicht genug Rum gab um die letzten Stunden auf der *Black Angel* vergessen zu können.

Nicks Sinne waren noch immer benommen, als ihn das Gespräch am Nebentisch weckte und dazu brachte, seinen Verstand wenigstens soweit zusammenzureißen, um Schlaf vorzutäuschen und den Worten zu lauschen. Glücklicherweise hatten ihn die Dunkelheit und der Rauch in der Schenke davor bewahrt, von Roselee erkannt zu werden. Aber selbst jetzt, als er Roarkes Pferd vor der kleinen Kirche stehen sah, verstand er noch immer nicht, was er da eigentlich gehört hatte. Aber er wußte, daß Roarke es verstehen würde.

***

Rhama klopfte an die Tür von Briannas Zimmer. Nachdem sie von ihrer Herrin zum Eintreten aufgefordert worden war, gab sie ihr den Zettel, den sie von dem großen, pockennarbigen Mann erhalten hatte.

Alle Gedanken auf ihre bevorstehende Hochzeit konzentriert, las Brianna den hastig gekritzelten Zettel, ohne zunächst seine Bedeutung zu begreifen. Doch dann wich langsam alle Farbe aus ihrem Gesicht. Hilflos fuhr sie sich mit bebenden Fingern an die blassen Lippen und las die Nachricht noch einmal.

»Miss McClure, wenn Sie Ihre Zofe Rachel und ihren Mann lebend wiedersehen wollen, sollten Sie sich heute

abend um acht Uhr am Hafen mit mir auf dem Schiff *Wild Goose* treffen. Kommen Sie allein und sagen Sie niemandem etwas von dieser Verabredung, sonst geht der Tod der beiden auf Ihr Konto.
Ihr ergebener Diener Branson Tanner.«

Brianna zerknüllte den Zettel und schloß die Augen. Ihr Herz flatterte in ihrer Brust wie ein gefangener Vogel, während sie glaubte, vor Angst vergehen zu müssen. Der Mann kannte ihren richtigen Namen und bedrohte Rachels und Georges Leben.

Erschauernd holte sie tief Luft. Es gab nur einen Grund, aus dem der Mann ihren Namen kennen konnte. Sie sollte nach England zurückgebracht werden, um am Galgen zu enden.

Brianna widerstand dem Drang, ihren Zorn über die Ungerechtigkeit des Lebens laut hinauszuschreien. Hier auf Statia hatte sie endlich die Liebe ihres Lebens gefunden und sollte in weniger als einer Stunde Roarkes Frau werden. Und nun war das alles zunichte gemacht, weil ihre Vergangenheit sie schließlich doch eingeholt hatte.

Verzweifelt rieb sich Brianna die schmerzenden Schläfen. Ihre schlimmsten Befürchtungen waren wahr geworden. Mühsam stand sie auf und sah in das schneeweiße Gesicht, das ihr aus dem Spiegel des Ankleidetisches entgegenstarrte. Die Erde schien unter ihr zu schwanken, als sie das volle Ausmaß der Ereignisse erkannte. Sie rang nach Atem und schlug sich mit der Hand vor den Mund, um den Aufschrei der Qual zu unterdrücken. Wie Roarke sie hassen würde, wenn er von all den Lügen erfuhr, die sie ihm erzählt hatte. Er hatte ihr sein Herz geöffnet, ihr alles Leid seiner Vergangenheit offenbart. Aber sie hatte in der unsinnigen Annahme geschwiegen, er würde nie etwas von ihrer Vergangenheit erfahren. Jetzt war es zu spät. Wäre sie aufrichtig gewesen, hätte Roarke Verständnis gehabt, aber ihre Lügen würde er ihr nie verzeihen.

Ein unbeschreiblicher Schmerz durchfuhr Brianna, als sie sich von ihrem Spiegelbild abwandte. Sie trat an den Schreibtisch und setzte sich. Mit unsicherer Hand zog sie einen Bogen Papier aus der Schublade und tauchte die Feder in das Tintenfaß. Ihr Herz starb mit jedem Wort ein wenig mehr, als sie langsam einen Abschiedsbrief an Roarke schrieb.

Wenn sie sein Haus verließ, würde das für immer sein. Es wäre besser, sich jetzt und für immer von Roarke zu trennen, als zusehen zu müssen, wie sich seine Liebe in Haß verwandelte, wenn er die Wahrheit erfuhr. Das wäre leichter für ihn und für sie. Sie wollte nicht, daß er miterleben mußte, wie sie für den Mord an ihrem Stiefvater gehängt wurde.

»Ich werde dich immer lieben, Roarke«, flüsterte Brianna mit tränenverschleierten Augen. Leise schloß sie die Tür hinter sich und verließ das Haus. Sie verzichtete auf den Eselskarren und lief zu Fuß über die gewundene Straße dem Hafen entgegen, in dem sie sich schließlich doch ihrer Vergangenheit stellen mußte. An der Gangplanke der *Wild Goose* blieb Brianna stehen und sah zu den hohen Masten hinauf, die sich schwarz und kahl vom Abendhimmel abhoben. In dem Wissen, daß ihr keine andere Wahl blieb, legte sie die Hand auf das Haltetau und ging langsam und resigniert an Bord. Über die Schulter blickte sie zu dem Berg zurück, an dessen Hang Roarke sein Haus gebaut hatte. Das Haus, in dem sie von einer gemeinsamen Zukunft geträumt hatte. Es war dunkel. Wie ihre Zukunft. Tief Luft holend betrat sie das Deck. In der Ferne schlugen die Kirchenglocken achtmal. Es war an der Zeit, ihrem Schicksal zu begegnen.

Brianna zuckte zusammen, als sich Branson Tanner wie ein Phantom aus dem Schatten löste. Seine kräftige Hand schloß sich um ihren Arm.

»Hier entlang, Miss McClure. Ihre Freunde warten bereits auf Sie«, sagte er und zerrte sie durch die Luke die Treppe hinunter zu der großen Kabine, die Lord Montague für die Überfahrt aus England gebucht hatte. Er drängte sie grob hinein und schlug die Tür hinter sich zu.

Brianna öffnete den Mund, um gegen die unsanfte Behandlung zu protestieren, als ihre Augen auf Rachel und George fielen, die schweigend vor dem Bullauge saßen. Die Worte erstarben ihr auf den Lippen. Sie eilte durch die Kabine und warf sich in Rachels Arme. »Rachel, kannst du mir verzeihen, daß ich dich in solche Schwierigkeiten gebracht habe?«

»Ich bin es, die um Verzeihung bitten muß. Ohne mich hätten sie dich nie aufspüren können.« Bittere Tränen liefen über Rachels verhärmte Züge.

»Das haben wir doch nun wirklich hinter uns, Rachel. Du mußtest an dich und unser Kind denken«, sagte George, legte einen Arm um Rachels Schulter und zog sie an sich, fort von Brianna.

»Du bekommst ein Kind?« fragte Brianna verblüfft nach einem Blick auf Rachels unförmige Taille.

Wieder kamen Rachel die Tränen. »Nur das Wohlbefinden meines Kindes konnte mich dazu bewegen, ihnen deinen Aufenthaltsort zu verraten«, sagte sie und lächelte scheu.

Brianna nahm Rachels Hand und drückte sie. »Du hast richtig gehandelt. Dein Kind ist wichtiger als alles andere.«

Briannas mitfühlende Worte ließen Rachel völlig zusammenbrechen. Sie drehte sich zu ihrem Mann um und schluchzte sich an seiner Brust ihre ganze Verzweiflung von der Seele.

»Was für ein herzzerreißender Anblick«, sagte Lord Montague und trat aus dem Schatten heraus, in dem er gewartet hatte wie eine Spinne in ihrem Netz auf ihre Beute.

Der Klang der verhaßten Stimme ließ Brianna herumfahren, der Stimme, von der sie angenommen hatte, sie mit einem Messerstich zum Schweigen gebracht zu haben. Mit weitaufgerissenen Augen starrte sie den Mann ihrer Alpträume an und fragte sich einen flüchtigen Moment lang, ob sie diesen ganzen Schrecken vielleicht nur träumte.

»Du scheinst überrascht, mich zu sehen, Brianna. Gibt es denn keine Umarmung und keinen Kuß für deinen lieben Stiefvater? Erinnerst du dich nicht mehr? Ich bin der Mann, der dich aufgezogen und seinen ganzen Besitz großzügig mit dir und deiner Schlampe von Mutter geteilt hat.«

Noch immer zutiefst schockiert, wehrte sich Brianna nicht, als Lord Montague auf sie zutrat, ihr Kinn umfaßte und sie so zwang, ihn anzusehen. Mit drohendem Lächeln bohrte er seine Finger in ihre zarte Haut. »Du kleines Miststück. Offenbar glaubtest du, auf mich ungestraft einen Mordanschlag in meinem eigenen Haus verüben zu können.« Widerwärtig lächelnd übten seine Finger noch stärkeren Druck auf ihr Kinn aus und zogen sie so auf die Füße. »Aber ich habe nicht sechs lange Jahre gewartet, damit du dich mir verweigerst. Deine Schlampe von Mutter dachte, mich durch ihre Drohungen von dir abbringen zu können, aber sie wurde eines Besseren belehrt.«

Brianna hielt den Atem an. »Was meinst du damit, daß Mutter eines Besseren belehrt wurde? Sie hat dich geliebt.«

Lord Montague schleuderte Brianna von sich und wandte sich dem Tisch zu, auf dem ein Messer im Lampenlicht schimmerte. Er nahm es auf und fuhr mit dem Daumen über die lange, scharfe Klinge. Sie hinterließ eine Reihe winziger Blutstropfen auf seinem Daumen. Finster lächelnd blickte er wieder auf Brianna, die ihn wachsam musterte. »Deine Mutter hat mich nie geliebt. Sie hat nur dich geliebt. Deshalb hat sie mich geheiratet. Sie wollte mein Geld. Die Schlampe wollte meinen Reichtum, war aber nicht bereit, mir das zu geben, wofür ich bezahlt hatte.«

Von Lord Montagues Worten zutiefst überrascht, dachte Brianna nicht an die Gefahr, die er für sie darstellte. Jahrelang hatte sie die Frau, der sie ihr Leben verdankte, für ihre Schwäche verurteilt, aber wenn das zutraf, was Lord Montague sagte, war sie sogar stärker gewesen als Brianna. Sie hatte Brianna geliebt und ihr eigenes Glück geopfert, um Brianna Leid zu ersparen.

»Sabrina war tatsächlich davon überzeugt, ich würde mich ihrer Androhung einer Scheidung beugen, weil sie meine Abneigung gegen einen Skandal kannte«, fuhr Lord Montague ungerührt fort, »aber sie hat sehr schnell begriffen, daß ich Drohungen ebenso verabscheue wie jede Verleumdung meines guten Rufes.« Er schnippte lächelnd mit den Fingern. »So leicht ist ihr Hals gebrochen.«

»Du hast Mutter getötet?« hauchte Brianna fast unhörbar.

»Wie ich dir schon mehrfach sagte, meine liebe Brianna. Wenn ich etwas will, lasse ich mich von niemandem davon abhalten, es auch zu bekommen. Und Sabrina stand mir im Weg, dich zu bekommen.«

Brianna streckte die Hand aus und umklammerte eine Stuhllehne, um nicht zu Boden zu stürzen. Dieser Mann war der Mörder ihrer Mutter! Sie hatte gewußt, daß er zu vielem fähig war, aber nie hätte sie es für möglich gehalten, daß auch Mord dazu gehörte. Blinde, unkontrollierbare Wut erfaßte Brianna und löschte jede andere Überlegung aus. Bevor sie an die Folgen ihrer Handlung denken konnte, stürzte sie sich auf den Mann, der mit selbstgefälligem Grinsen vor ihr stand. Ihre Fingernägel durchfurchten sein langes, boshaftes Gesicht, bevor er sie daran hindern konnte.

»Ich bringe dich um«, schrie sie, als Lord Montague versuchte, sie abzuwehren. Ein dünnes Lächeln auf den Lippen, setzte sich endlich Tanner in Bewegung, um Brianna von seinem Auftraggeber fortzuziehen. Seine kräftigen Arme legten sich um Brianna und hielten sie eisern fest. In maßloser Wut wand sie sich heftig in seinem Griff, trat nach seinen Schienbeinen, schrie und tobte.

»Du kleine Schlampe«, knurrte Lord Montague und betupfte sich seine Wunden mit einem weißen Taschentuch. »Diesen erneuten Angriff wirst du mir noch teurer bezahlen, als ich es ursprünglich geplant hatte.« Lord Montagues trat einen Schritt zurück und rammte seine Faust mit aller Gewalt in Briannas Magen. Im selben Moment ließ Tanner sie los. Die Wucht des Schlages warf sie zu Boden. Nach Atem ringend blieb sie zu Lord Montagues Füßen liegen. Er griff wieder nach dem Messer, beugte sich langsam über sie, faßte nach ihren Haaren und riß ihren Kopf hoch, damit er ihr ins Gesicht lächeln konnte. »Ich wollte dich. Ich hätte dir alles gegeben, hätte dich auf Montvale zur Königin gemacht, aber du glaubtest, dich gegen mich auflehnen zu können.« Er riß ihren Kopf noch weiter zurück. »Niemand widersetzt sich meinen Wünschen, Brianna, wie auch du sehr schnell lernen wirst.«

Lord Montague legte die Messerklinge an Briannas weiße Kehle. Mit einem Aufschrei sprang Rachel auf die Füße. »Nein! Tun Sie ihr nichts! Bitte!«

George machte Anstalten, Brianna zur Hilfe zu eilen, aber ein finsterer Blick von Lord Montague hielt ihn zurück. »Noch eine Bewegung, und ich schlitze ihr die Kehle auf.«

George zog Rachel in seine Arme, als Tanner eine Pistole zog und auf ihn richtete. Lord Montague lächelte triumphierend. »Bringen Sie sie hinunter. Ich kümmere mich später um sie.«

Lord Montagues Anordnungen folgend, drängte Tanner Rachel und George mit gezückter Pistole aus der Kabine.

Auf der Schwelle riß George all seinen Mut zusammen. »Das wird Sie teuer zu stehen kommen«, rief er und weigerte sich, weiterzugehen. Er konnte Brianna doch nicht einfach sterben lassen. Er mußte zumindest versuchen, diesen Wahnsinnigen zur Vernunft zu bringen.

Tanner hieb ihm den Pistolenlauf über den Kopf. Benommen ging George in die Knie und hörte vage den Schrei seiner Frau über das Rauschen in seinen Ohren hinweg.

»Aufstehen«, knurrte Tanner. »Sonst puste ich Ihnen gleich hier das Gehirn weg.«

Mit Rachels Hilfe gelang es George, sich wieder aufzurichten. Er stützte sich schwer auf seine Frau, als beide langsam auf die winzige Kajüte zuliefen, die sie während der Überfahrt aus England bewohnt hatten.

Völlig auf sein Opfer konzentriert, entging es Lord Montague, daß Tanner die Tür nicht geschlossen hatte, sondern senkte seinen Mund auf die Lippen, nach denen es ihn seit Jahren verlangte.

Diese Berührung erregte tiefe Übelkeit in Brianna, und sie spürte, wie es ihr hochkam. Verzweifelt versuchte sie, seinem Griff zu entkommen, aber das Brennen der Messerklinge ließ sie erstarren. Sie fühlte die Wärme des Bluts, das ihr über den Hals rann, und wußte, daß sie die *Wild Goose* nicht lebend verlassen würde. Lord Montague hatte ihre Mutter getötet und wollte nun auch sie und ihre Freunde töten, um sein krankhaftes Rachebedürfnis zu befriedigen.

Lord Montague hielt das Messer noch immer in der Hand, als er sich auf sie warf. Er ließ ihre Haare los und stützte sich auf seinen Ellbogen, um sie ansehen zu können. Er lächelte. »Ah, meine süße Brianna. Wie deine Lippen, werde ich jetzt deinen wundervollen Körper kosten.«

Brianna war sich bewußt, lieber sterben zu wollen. Ihr Körper und ihre Liebe gehörten Roarke, und sie würde diese Kreatur nicht beschmutzen lassen, was sie mit dem Mann geteilt hatte, den sie liebte. Sie spuckte ihm mit voller Kraft ins

Gesicht, forderte ihn heraus, sie zu töten. »Du widerwärtiger Lump! Lieber sterbe ich, als mich von dir vergewaltigen zu lassen.«

Das Lächeln wurde zu einem höhnischen Grinsen. »Wenn das dein Wunsch ist, meine liebe Brianna, kann ich ihn dir mit Leichtigkeit erfüllen.« Seine Finger schlossen sich fester um den Messergriff.

Ergeben schloß Brianna die Augen.

»Das würde ich lieber nicht tun«, zischte Roarke. »Denn dann wäre ich gezwungen, Sie zu erschießen.«

Lord Montague fuhr herum und sah Roarke auf der Schwelle stehen. Seine Pistole zielte genau zwischen Lord Montagues Augen. Er ließ das Messer fallen. »Wer zum Teufel sind Sie?«

»Mein Name ist Roarke O'Connor, und ich bin der Verlobte der jungen Lady.«

Lord Montague sah fast anklagend auf Brianna. »Sie meinen, diese Schlampe ist Ihre Hure?«

Roarkes Miene verfinsterte sich. »Ich meine, daß ich die Absicht habe, diese Lady zu heiraten. Und wenn Sie sie nicht sofort freigeben, kann ich für meine Handlungen nicht mehr garantieren.«

Mit verzerrtem Gesicht verlagerte er sein Gewicht, und sie rollte schnell von ihm fort, bevor sie aufsprang und auf Roarke zulief. Der hochgewachsene Fremde legte ihr einen Arm um die Schultern und zog sie beschützend an die breite Brust.

»Dann müssen Sie meine Genehmigung einholen, denn ich bin ihr Vormund und Stiefvater«, erklärte Lord Montague unverfroren. Er stand auf, strich seinen Rock glatt und bemühte sich, Haltung zu wahren. Es gelang ihm jedoch nicht, den Schauer der Angst zu verdrängen, der ihm bei Roarkes Lachen über den Rücken lief.

»Das glaube ich nicht, Sie Bastard!«

Angesichts des drohenden Funkelns in Roarkes Augen trat Lord Montague einen Schritt zurück und hob abwehrend die Hände. »Sag es ihm, Brianna. Sag ihm, daß ich dein Stiefvater bin.«

»Du bist nichts als ein abscheulicher, böser alter Mann, der meine Mutter ermordet hat«, zischte Brianna.

Aufflammende Wut überzog Lord Montagues Gesicht mit fleckigem Rot. »Ihre Schlampe nennt mich einen Mörder, aber sie hat mit einem Messer auf mich eingestochen und als tot liegengelassen. Ich kam nach Statia, um sie wegen des Anschlags auf mein Leben nach England zurückzubringen, damit sie sich der Gerechtigkeit nicht entziehen kann.«

Roarke spürte, wie Brianna erstarrte, und sah sie an. Er sah die Furcht in ihren Augen und wußte, daß er endlich alle ihre Geheimnisse erfahren hatte. Er wandte seine Aufmerksamkeit wieder dem Mann vor ihm zu. Die Frau, die er inzwischen mehr liebte als sein Leben, könnte keiner Fliege etwas zuleide tun, ohne zuvor nicht ernsthaft provoziert worden zu sein. Er erinnerte sich an die junge Frau, die ihren Angreifer erstochen hatte, und sein Gesicht verhärtete sich. »Zu bedauerlich.«

Lord Montague lächelte befriedigt. »Dann lassen Sie uns von weiteren Auseinandersetzungen zwischen uns absehen, Sir, und dafür sorgen, daß der Gerechtigkeit genüge getan wird.«

Roarke hob erstaunt eine Braue, senkte aber seine Waffe nicht. »Ich glaube, Sie mißverstehen mich, Mylord. Es ist zu bedauerlich, daß es ihr nicht gelang, Ihrem erbärmlichen Leben ein Ende zu setzen. Das hätte mir die Mühe erspart, es nun selbst tun zu müssen.«

»Es kann doch nicht Ihr Ernst sein, mir wegen einer verbrecherischen Schlampe Schaden zufügen zu wollen. Eines Tages wird sie auch Ihnen ein Messer in den Rücken stoßen.«

Lächelnd blickte Roarke die junge Frau an seiner Seite an. Er zwinkerte. »Das Risiko gehe ich ein. Jetzt möchte ich Sie dringend ersuchen, mir an Land zu folgen, denn ich bin davon überzeugt, daß die Hafenbehörden Ihre Aktivitäten sehr interessant finden werden. Wir befinden uns auf einer holländischen Insel und sind gehalten, uns an die holländischen Gesetze zu halten.«

Lord Montague hätte am liebsten laut aufgelacht, als hinter Roarke Tanner auftauchte. »Packen Sie ihn«, befahl er.

Roarke gelang es nur, einen kurzen Blick auf den Mann hinter ihm zu werfen, als sich Lord Montague auch schon auf ihn stürzte. Er griff nach der Pistole und versuchte, sie Roarke zu entreißen. Brianna wollte Roarke zur Hilfe eilen, aber das heftige Gerangel der beiden kräftigen Männer ließ das nicht zu. Tanner wollte Roarke von hinten angreifen, aber ein gezielter Schlag mit der Keule in Nicks Händen schickte ihn besinnungslos zu Boden.

Plötzlich beendete ein lauter Knall den verzweifelten Kampf der beiden Männer. Lord Montague erstarrte und sah Roarke in die Augen, bevor er auf den roten Fleck auf seiner Weste blickte, der schnell größer wurde. Er wandte sich Brianna zu, streckte eine zitternde Hand nach ihr aus und brach dann tot zu Roarkes Füßen zusammen.

Brianna sank auf einen Stuhl und verbarg das Gesicht in den Händen. Sie konnte den Mann nicht ansehen, von dem sie monatelang angenommen hatte, ihn getötet zu haben. Jetzt war er wirklich tot. Es war endlich vorbei.

Sie konnte auch Roarke nicht ansehen. Wieder hatte er ihr das Leben gerettet, und doch fürchtete sie seine Ablehnung, jetzt, da er die Wahrheit über sie wußte. Ihr war der Ausdruck auf seinem Gesicht nicht entgangen, als er die Lügen erkannte, die sie ihm erzählt hatte. Lord Montague war tot und sie konnte ihr Leben fortführen, aber nun befürchtete sie, gar kein Leben mehr zu haben. Ohne Roarke wollte sie nicht leben.

»Sieh mich an, Brianna«, sagte Roarke leise und verlieh seiner Bitte mit einem Griff unter ihr Kinn Nachdruck. »Es ist vorüber, endgültig. Es ist höchste Zeit für uns, nach Hause zu gehen.«

»Ich kann nicht«, flüsterte Brianna.

Roarke kniete sich neben sie und sah ihr direkt in die Augen. »Doch, du kannst.«

»Wie kannst du so etwas sagen – nach allem, was du gerade über mich erfahren hast?«

»Liebes, seit dem Tag, an dem du an Bord der *Black Angel* kamst, wußte ich, daß du Geheimnisse hast. Du solltest sie für dich behalten, bis du bereit warst, sie mir zu erzählen.«

»Wie kannst du so verständnisvoll sein, nachdem du mir alles über dich erzählt hast?«

»Weil ich dich liebe, Brianna. Du hast dich nicht von mir abgewandt, als du von meiner Herkunft erfuhrst. Du hast mich schon akzeptiert, als du mich noch für einen Piraten gehalten hast. Wie sollte ich mich dir gegenüber da anders verhalten? Wir alle machen Fehler, Liebling.« Er lächelte sie umwerfend an. »Dein Fehler war, dich für eine Mörderin zu halten. Aber ich würde dich auch dann noch lieben, wenn es die Wahrheit wäre. Kein Mann kann eine Frau verurteilen, die ihre Ehre einem Mann gegenüber verteidigt. Und dein Stiefvater hat das abscheulichste Verbrechen von allen begangen. Er hat deine Abhängigkeit von ihm ausgenutzt, um sich an dir zu vergehen. Du hast weder etwas zu bereuen noch habe ich irgendwelche Kritik an dem, was du getan hast – nur Bewunderung.«

»Ist das deine aufrichtige Meinung?«

Roarke nahm Brianna in die Arme und küßte sie zärtlich. »Aye, meine mehr als aufrichtige Meinung. Ich kann nur hoffen, daß unsere Kinder den Mut ihrer Mutter erben. Aber zunächst sollten wir heiraten, meinst du nicht auch?«

Brianna nickte und schlang ihre Arme um Roarkes Hals. Sie schluchzte erleichtert an seiner Schulter, und ihre Tränen spülten die letzten Schatten fort, die ihre Zukunft verdunkelt hatten. Heute abend würden sie heiraten, im Beisein ihrer Freunde. Und auch wenn dann Dunkelheit über der kleinen holländischen Insel St. Eustatius lag, wäre ihre Welt strahlendhell und voller Liebe, wenn sie auf den Altar der kleinen Kirche zuschritten, um Mann und Frau zu werden.

Band 12645

Mary Jo Putney

Der Spion und die Lady

Nach langer, aufreibender Spionage kehrt Robert Andrewville auf das Schloß seiner Väter zurück. Doch nichts kann ihm Ruhe und Erfüllung geben, bis die bezaubernde Maxima in sein Leben tritt. Halb Indianerin, halb Weiße, ist sie nach England gekommen, um die Wahrheit über den Tod ihres Vaters zu erfahren.
Gemeinsam durchqueren die beiden das Land, weichen Verfolgern aus und umkreisen einander in einem Tanz sehnsüchtigen Verlangens. Doch dann zerstören dunkle Geheimnisse die Romanze, und allein die Liebe hat die Macht, die Vergangenheit zu bewältigen.

Band 12646

Tamara Leigh

Verführung im Morgengrauen

Um seine eigene Freiheit wiederzugewinnen, erklärt sich Lucien Gautier zu einem riskanten Abenteuer bereit: Er soll eine junge Frau aus einem Harem befreien und auf ein englisches Schiff schmuggeln. Doch weit mehr als die Gefahren der Reise verwirren ihn die smaragdgrünen Augen und das kupferrote Haar seines Schützlings. Und obwohl er auch ihr nicht gleichgültig ist, weist Alessandra ihn in die Schranken. Zu spät erkennt sie, daß sie seine Gefangene ist ...

Band 12539

Judith McNaught

Für immer und ewig, mein Herz

Plötzlich verwaist, reist Victoria Seaton von New York nach England, um ihr verlorenes Erbe zurückzufordern. Der Herzog von Atherton, ein entfernter Cousin, nimmt sie bei sich auf, obgleich er im Gegensatz zu seinem angeblichen Neffen ziemlich verarmt ist. Lord Jason, ein vielbegehrter Gast auf allen Empfängen und Bällen der Londoner Society, bleibt für Victoria ein Rätsel. Sein arrogantes Auftreten irritiert sie. Dennoch fühlt sie sich magisch zu ihm hingezogen und spürt, daß ihn etwas bedrückt. Kann sie Jason von der Last, die auf seiner Seele liegt, befreien und sein Herz für sich gewinnen?

BASTEI
LÜBBE